INDICES ZUR DEUTSCHEN LITERATUR

Herausgegeben von
Winfried Lenders, Helmut Schanze, Hans Schwerte

Band 20

Wörterbuch zu
HEINRICH VON KLEIST

Sämtliche Erzählungen,
Anekdoten und kleine Schriften

2., völlig neu bearbeitete Auflage
von Helmut Schanze

 Max Niemeyer Verlag
Tübingen 1989

CIP-Titelaufnahme der Deutschen Bibliothek

Schanze, Helmut: Wörterbuch zu Heinrich von Kleist : sämtliche Erzählungen, Anekdoten und kleine Schriften / von Helmut Schanze. – 2., völlig neu bearb. Aufl. – Tübingen : Niemeyer, 1989
  (Indices zur deutschen Literatur ; Bd. 20)
NE: HST; GT

ISBN 3-484-38020-9   ISSN 0073-7208

© Max Niemeyer Verlag, Tübingen 1989
Druck und Einband: Weihert-Druck GmbH, Darmstadt

Vorwort

Textgrundlage

Der vorliegende Band der 'Indices zur deutschen Literatur' ist eine vollständig revidierte Neuauflage der Bände 2 und 3 der Reihe. Er umfaßt den gesamten Wortbestand von Kleists Erzählungen und Kleinen Schriften.

Wie die Notwendigkeit einer Neuauflage zeigt, hat sich der Kleist–Index als Hilfsmittel für die literatur– wie sprachwissenschaftliche Forschung behauptet, wie es gerade für das Werk Heinrich v. Kleists – in all seiner Besonderheit und oft diskutierten sprachlichen Festgelegtheit, aber auch seiner Variabilität und seiner stilistischen Fülle (man denke nur an den Chronik– oder Kanzleistil seiner Erzählungen) – erforderlich ist.

Der Kleist–Index ist, im Sinne der Definition von Wiegand, ein "Formwörterbuch".[1] Er umfaßt eine alphabetische Aufstellung sämtlicher vorkommender Wortkörper, versehen mit allen Belegstellen. Die Belegstellen verweisen auf die Ausgabe von Helmut Sembdner, 7. Auflage, München 1977, die derzeit als die zuverlässigste Darbietung der Kleistschen Texte gilt. Folgeauflagen sind nur dort berücksichtigt, wo sich Textverbesserungen ergaben.

Im Unterschied zur Erstauflage ist das vorliegende Wörterbuch vollständig lemmatisiert und wird in einem neuen Druckbild dargeboten, das eine Weiterentwicklung des Druckbilds des Wörterbuchs zu den "Dramen" darstellt. Das Druckbild soll zur Lesbarkeit und Benutzbarkeit beitragen, es soll, trotz der Zahlenhäufungen, auch die durchgehende Buchlektüre ermöglichen, Proportionen im Kleistschen Wortschatz auch sinnlich vermitteln. Die wünschbare Entscheidung zugunsten einer vollständigen Satzkonkordanz wurde allerdings aufgegeben, da der Umfang alle bezahlbaren Grenzen gesprengt hätte.

Der Satz, daß der Wörterbuchmacher nicht dem vorgreifen sollte, was mit dem Wörterbuch gemacht werden kann, gilt aber auch hier. Trotzdem – und dies unterscheidet das vorliegende Buch von den zur Verfügung stehenden elektronischen Hilfsmitteln der Texterschließung (Volltextsystem, Datenbanksysteme) – erst eine Vielzahl von konkreten Entscheidungen, die auch in Zukunft dem Wörterbuchmacher nicht abgenommen werden können, ermöglichen die Präsentation des Wortmaterials in der vorliegenden Form. Entscheidungen waren zu treffen im Bereich der Textaufnahme, der Lemmatisierung, der Druckbildgestaltung, um nur die Hauptschritte zu nennen. Überall hat sich die Elektronische Datenverarbeitung als außerordentlich nützliches Hilfsmittel erwiesen. Der detaillierte Vergleich mit der vollelektronischen Indexform oder der vollelektronischen Konkordanz würde jedoch zeigen, daß es in der Tat darum gehen mußte, die

---

[1] Wiegand, Herbert Ernst: Bedeutungswörterbücher oder sogenannte Indices in der Autorenlexikographie? In: Kontroversen, alte und neue: Akten d. VII. Internat. Germanisten-Kongresses, Göttingen 1985 / hrsg. von Albrecht Schöne. Bd. 3. Textlinguistik contra Stilistik? Tübingen 1986, S. 165

für das Buch charakteristischen Lesemöglichkeiten für ein Nachschlagewerk so optimal wie nur möglich zu unterstützen. Da auch hierbei Fehlentscheidungen möglich sind, sei vorab bereits die weitere Mithilfe der Benutzer angefragt.

Lemmatisierung

Die vollständige Lemmatisierung und deren elektronische Unterstützung erwies sich als das Problemfeld, das über Jahre hinweg eine, wenn auch immer nur vorläufige Fertigstellung der zweiten Auflage des alten Index zu den Erzählungen verzögerte. Hierbei waren nicht nur eine Fülle von theoretisch denkbaren und bereits praktisch erprobten Lemmatisierungsverfahren zu prüfen, es war auch, als die Entscheidung für ein bestimmtes Verfahren getroffen war, dieses Verfahren selbst in der Umgebung des anspruchsvollen Verfahrens zur Gestaltung des Druckbilds zu implementieren und schließlich auch, zur Eigenüberprüfung des Ansatzes, in allen Schritten in möglichst transparenter Weise durchzuführen. Die Entscheidung, die Lemmatisierung und die Erstellung des Druckbildes zu integrieren, ermöglichte eine hohe Flexibilität bei der Erstellung des Buchs bis zum Schluß, ist in ihrer besonderen Komplexität beim Erstversuch jedoch außerordentlich zeitaufwendig gewesen.

Ein wichtiges Hilfsmittel für die Lemmatisierung war die in dem Ausgangstext bereits eingebrachte Wortartklassifikation, die eine erste Trennung grammatisch-syntaktischer Homographen, d. h. gleich geschriebener Wörter, die unterschiedlichen Grundformen zuzuordnen sind, ermöglichte.

Im vorliegenden Wörterbuch wird jedoch die ohnehin im Einzelfall problematische Klassifikation nicht mehr eigens ausgewiesen, da ihre Funktion bis auf wenige Einzelfälle auf die Konstitution der Lemmata beschränkt war. Im Vergleich zu Klassifikationen in allgemeinsprachlichen Wörterbüchern war sie zudem zu undifferenziert. Die Entscheidung fiel deshalb zugunsten einer Darbietung ohne weitere Klassifikation, um das Druckbild zu entlasten. Die Darbietung entspricht damit z. B. der in den Konkordanzen der Reihe gewählten.

Sämtliche flektierten Wortformen sind lemmatisiert, d. h. hier, sie wurden ihren Grundformen zugeordnet und alphabetisch unter dem Lemmawort, das der Grundform in normalisierter Schreibweise entspricht, zusammengefaßt. Als Grundformen wurden angesetzt:

- bei Substantiven und Eigennamen der Nominativ Singular,

- bei Adjektiven der Nominativ Masculinum,

- bei Verben der Infinitiv,

- bei Pronomina der Wortstamm (also dies-, jen-) bzw. er-sie-es.

Substantivierte Wortformen

werden entsubstantiviert behandelt: (des) "Suchens" wird also unter *suchen* eingeordnet, "Treulose" unter *treulos*. Ausnahmen bilden Substantive, deren Charakter als substantivierte Infinitive kaum mehr im Bewußtsein des heutigen Sprachteilhabers ist: "Leben" ist also nicht unter dem Lemma *leben* zu finden, "Kosten" nicht unter dem Lemma *kosten*.

Partizipialadjektive

sind unter dem entsprechenden Verb eingeordnet: "küssend" also unter dem Verb *küssen*. Das gilt grundsätzlich auch für Adjektive, deren Partizipialform heute kaum mehr realisiert wird, etwa im Fall von "gespannt" (bei *spannen*), "verborgen" (bei *verbergen*), "vergnügt" (bei *vergnügen*), "verschwiegen" (bei *verschweigen*).

Eine Ausnahme macht etwa "entfernt": dieses Adjektiv erhielt ein eigenes Lemma, da bei ihm ein deutlicher semantischer Unterschied zum Partizip besteht und beide Verwendungen vorkommen.

Vergleichsformen (Steigerungsformen)

von Adjektiven wurden dem entsprechenden Positiv zugeordnet: "größer", (die)"größte" also dem Lemma *groß*. Ausnahme: *besser* und *lieber* bilden eigene Lemmata.

Grammatische Homographen

wurden getrennt und den jeweiligen Lemmata zugeordnet. Hingegen wurde auf eine Trennung semantischer Homographen weitgehend verzichtet, so daß bei einer verbleibenden, sehr geringen Anzahl von Fällen die Differenzierung durch semantische Interpretation vom Benutzer vorgenommen werden muß.

Diese Regelung gilt nur für Substantive, Adjektive und Verben; bei Pronomina und Partikeln wurde auf eine Homographentrennung nach ihrer Funktion in der Regel verzichtet.

Beispiele:

See (masc) und *See (fem)* werden unterschieden, da sie sich durch ein grammatisches Merkmal, das Genus unterscheiden; ebenso "Bande" (fem) im Nominativ Singular und "Bande" (neutr) im Akkussativ Singular. Hingegen wird nicht zwischen "publici" (aus lat. "publicum") und "Publikum" im eingedeutschten Sinn von "Zuschauer" unterschieden, da angenommen wird, daß der Wechsel von lateinischer Flexion zur durchgehend deutschen Flexion entweder um

1800 noch nicht abgeschlossen sein könnte, oder daß Kleist hier bewußt ein Stilistikum einsetzt und damit eine solche Unterscheidung rein semantischer Natur wäre und erst vom Benutzer nach den jeweiligen Kontexten getroffen werden kann.

Fälle wie "Rat" (Substantiv zum Verb *raten*) und "Rat" (Titel) werden voneinander getrennt, da sie im Plural auch grammatisch differenziert werden können. Ebenso wurden Eigennamen wie Müller oder Karl in ihrer semantischen Bestimmung durch Zusatz der Vornamen bzw. der römischen Ziffern differenziert wenn dies möglich war.

Eine Trennung zweier gleichlautender Wörter fand immer auch dann statt, wenn sie verschiedenen Wortklassen angehören: ist "Küssen" Substantiv im Dativ Plural wird es unter *Kuß* lemmatisiert; "Küssen" als substantivierter Infinitiv gehört dagegen unter das Verb *küssen*. Ähnlich ist die Unterscheidung der Wortform "sein" in eine Form des Verbs (Infinitiv oder substantivierter Infinitiv) und in das Possssivpronomen *sein*. Zwischen "Berliner" (adj), das unter dem Lemma *Berlin* steht, und "Berliner" (subst), das ein eigenes Lemma bildet, wurde ebenfalls differenziert.

Die Partikel "als" wurde nicht in ihre Funktionen "Vergleichspartikel" bzw. "Konjunktion" getrennt. Dasselbe gilt für "seiner", "meiner", "deiner", die unter den Lemmata *sein, mein* bzw. *dein* (pron) stehen und sowohl Personal- wie Possessivpronomen sein können.

Ausnahme bilden "ihr", "ihre" etc.; hier wurden zwei Lemmata erstellt, eines für das Personal-, das andere für das Possessivpronomen.

Bei den Pronomina "sie" und "ihr" wurde keine Unterscheidung nach Singular und Plural getroffen, wie sonst auch bei den Substantiva. Belegstellen für "ihr", "ihre", "ihrem", "ihren" sind deshalb sowohl unter dem Lemma *er–sie–es* als auch unter *ihr* (pers. pron) verzeichnet; die Belegstellen für "sie" sind für Singular und Plural unter dem Lemma *er–sie–es* zusammengefaßt.

Reflexive Verben

werden ohne Berücksichtigung des Reflexivpronomens aufgeführt: "sich freuen" also unter *freuen*.

Verben mit abgetrenntem Verbzusatz (Präfix)

werden unter der zusammengesetzten Form lemmatisiert: "kniete nieder" also unter *niederknien,* wobei zur Vereinfachung des Druckbilds das Präfix "nieder" nicht noch einmal aufgeführt wurde. "kniete" unter dem Lemma niederknien bedeutet also "kniete ... nieder". (Die von dieser Regel abweichende Nennung des Präfixes beispielsweise in "heran drängte" unter dem Lemma *herandrängen* verweist auf die damals noch nicht vereinheitlichte Rechtschreibung.)

Kleists Stil ist offensichtlich geprägt von einer großen Zahl zusammengesetzter Verbformen. Es taucht jedoch eine ganze Reihe von Zweifelsfällen auf, bei denen schwer zu entscheiden ist, ob Kleist ein Adverb als unmittelbaren Verbzusatz gebraucht oder als vom Verb relativ unabhängiges Adverb. An dieser Stelle sei darauf hingewiesen, daß in Zweifelsfällen der Duden zu Rate gezogen und zugunsten der Zusammenfassung von Adverb und Verbform entschieden wurde (Beispiele: *krummbeugen, hinauserstrecken, emporzucken*).

In diesem Sinne wurden auch Lemmata wie *ab- und zugehen* oder *auf- und abgehen* gebildet. Bei Unterschiedlichkeit der Schreibung, etwa "in Acht zu nehmen" gegenüber "inachtzunehmen", wurde bei der Lemmatisierung die zusammengesetzte Form gewählt. Bei Adjektiven in eindeutig adverbieller Funktion, etwa "recht haben", wurde auf eine Zusammenführung dagegen verzichtet.

Sonderfälle der Lemmatisierung

zeigen sich bei temporalen Genitiven wie (des) "Mittags" gegenüber Temporaladverbien wie "mittags"; hier wurde formal entschieden: (des) "Mittags" steht unter dem Lemma *Mittag* mit einem entsprechenden Kontext, "mittags" unter dem Lemma *mittags*.

"*Quell, Quelle*" wurde ausnahmsweise zu einem Lemma zusammengefaßt, obwohl die beiden Wörter nach dem Prinzip der grammatisch- syntaktischen Unterscheidbarkeit (Genus und eigene Grundform) getrennt werden könnten; die Entscheidung ergab sich daraus, daß bei den Pluralformen eine korrekte Zuweisung nicht mehr möglich ist.

Die Schreibweise der Lemmata ist in der Regel nach Duden normalisiert: "Detaschement" wird also unter *Detachement* lemmatisiert. Dieses Prinzip mußte jedoch dort seine Grenzen finden, wo die Normalisierung einen Eingriff in Sprachentwicklungsprozesse oder noch nicht erfolgte Normierungen der Orthographie bedeutet hätten.

Die Lemmata mit sehr hohen Belegungen

und, der-die-das sowie *ein-eine-ein, er-sie-es, auf, daß, in, mit, nicht, von* und *zu*, also Kopula sowie bestimmter und unbestimmter Artikel, Personalpronomen und einige Partikel, wurden bei der Textaufnahme zwar berücksichtigt, im Wörterbuch aber nicht ausgedruckt, d. h. es ist lediglich die Anzahl ihrer Belegstellen an entsprechender Stelle angegeben. Der Umfang des Wörterbuchs konnte hierdurch erheblich reduziert werden.

Abkürzungen

werden im Wörterbuch bei den entsprechenden Lemmata mit aufgeführt (Beispiel: "allgem." unter *allgemein*, "Hr.", "Hrn." unter *Herr*.) Ist die Bedeutung eines Kürzels nicht bekannt wie bei "Konv.", so bildet dies selbst das Lemma.

Wortformen der lateinischen u. der französischen Sprache

wurden nicht lemmatisiert, also nicht auf ihre Grundformen zurückgeführt, da
diese in vielen Fällen als Stilistika (fremdsprachliche Brocken) bewußt eingesetzt
sind. Als Lemmata fungieren demnach die flektierten Wortkörper, so wie sie im
Kleistschen Text auftreten. Beispiele: *mangeant, peut, erat, demonstrandum* etc.,
also Verben, stehen nicht unbedingt im Infinitiv; Substantive kommen sowohl im
Singular als auch im Plural vor (*Provinces, Turcs, amici* etc.). Die Groß– bzw.
Kleinschreibung der Lemmata ist ebenfalls dem Originaltext angepaßt: *l'appétit*
und *l'idée*, aber *l'Empereur* und *Fourage*.

Sonderzeichen

wie Zahlen, Symbole, Paragraphenzeichen, die im Text vorkommen, ausgenommen die Satzzeichen, stehen zusammengefaßt am Ende des Wörterbuchs. An-
zumerken ist hier, daß die Zahlen in Kardinal– und Ordinalzahlen nicht weiter
differenziert wurden, d. h. 1 und 1. oder 7 und 7. wurden nicht unterschieden.

Druckbild

Für die Lemmatisierung des vorliegenden und korrigierten Rohindex' wurde ein
Programm erstellt, das, um den Aufwand im Einzelfall zu rechtfertigen, auch
für weitere Lemmatisierungsaufgaben zur Verfügung steht. Es kann z. B. vom
Index–Format des Systems "WordCruncher"[2] ausgehen. Es stellt eine Art Dreh-
buch dar, nach der die Lemmatisierung, einschließlich der Auszeichnungen für den
Druck, automatisch vorgenommen werden können. Eine ausführliche Beschrei-
bung der bei der Lemmatisierung auftretenden Probleme sowie der gewählten
Lösungsansätze des Programms findet sich im Aufsatz von Manfred Kammer zu
Problemen des interkulturellen Transfers von Programmen.[3]

Das Druckbild wurde mit Hilfe des Satzsystems TEX aufbereitet. Für die von
den Bearbeitern konstituierten Lemmata wurde eine Kursivschrift gewählt, die
zur Erhöhung der Übersichtlichkeit etwas größer als die gerade Schrift für die
Wortformen des Textes und die Belegstellen erscheint. In die Kopfzeilen wurde
kursiv die Angabe des ersten bzw. des letzten Lemmas aufgenommen.

Hinweise zur Benutzung

Der vorliegende lemmatisierte Index umfaßt den gesamten Wortbestand von
Kleists Erzählungen, Anekdoten und Kleinen Schriften. Für die Angabe der
Belegstellen wurden folgende Abkürzungen benutzt:

---

[2]WordCruncher ist ein Produkt der *Electronic Text Corporation* Provo, Utah, USA

[3]Kammer, Manfred: WordCruncher. Problems of Multilingual Usage. In: Literary & Lin-
guistic Computing. Vol. 4, No. 2. Oxford 1989

E   = Erzählungen und Anekdoten
KS = Kleine Schriften

Die Belegstellen zu den Erzählungen wurden weiterhin differenziert nach:

K   = Michael Kohlhaas
M   = Die Marquise von O ...
E   = Das Erdbeben in Chili
V   = Die Verlobung in St. Domingo
B   = Das Bettelweib von Locarno
F   = Der Findling
C   = Die heilige Cäcilie oder die Gewalt der Musik
Z   = Der Zweikampf
AN = Anekdoten
AB = Anekdoten-Bearbeitungen

Beispiel:

     Aar   E:V-175:21

Das Wort "Aar" steht in dem Band Erzählungen und Anekdoten in der Erzählung *Die Verlobung in St. Domingo* auf Seite 175 der Sembdner-Ausgabe in der Zeile 21.

Der erste Buchstabe kennzeichnet also den Teilband der Ausgabe, der zweite, hinter dem Doppelpunkt, den Titel der Erzählung bzw. enthält die Angabe, daß es sich um eine Anekdote handelt. Die übrigen "Kleinen Schriften" wurden nicht gesondert bezeichnet. Hinter dem Bindestrich folgt die Seitenangabe und hinter einem weiteren Doppelpunkt die Zeilenangabe.

     abgebrannt   KS-424:14,18,21,28

Folgen hinter dem zweiten Doppelpunkt mehrere Ziffern, jeweils durch Kommata getrennt, so kommt die betreffende Wortform auf der gleichen Seite, hier Seite 424, mehrmals vor.

Die Gruppen der Belegstellen einer Buchseite sind jeweils durch ein Semikolon voneinander getrennt. Das Kürzel für die entsprechende Erzählung bzw. die Kleinen Schriften insgesamt wird jeweils nur bei der ersten Belegstelle genannt, die folgenden Ziffern beziehen sich hierauf, solange kein neues Kürzel aufgeführt wird.

Bei mehr als 10 Belegstellen pro Wortform wird die entsprechende Anzahl in runden Klammern rechtsbündig unter der Belegaufzählung angegeben.

Textstellen in der Ausgabe, die nicht von Kleist selbst stammen, sondern vom Herausgeber – meist markiert durch eckige Klammern – hinzugefügt wurden, sind im Index durch ein hochgestelltes Sternchen hinter der betreffenden Zeilenangabe des Belegs gekennzeichnet.

Es wurden nur bedruckte Zeilen d. h. keine Leerzeilen gezählt. Bei Worttrennung gilt als Beleg die Zeile, in der der Wortanfang steht. Ausgangszeilen, auf denen sich lediglich der Rest eines in der voraufgehenden Zeile begonnenen Wortes befindet, werden durch diese Konvention geleert; sie werden konsequenterweise nicht gezählt. Die nachfolgenden Zeilenangaben verschieben sich daher gegenüber einer mechanischen Zeilenzählung in einigen wenigen Fällen um den Faktor 1. Dies ist zu beachten, wenn z. B. ein seitlich angelegtes Lineal zum Aufsuchen der Belege benutzt werden soll.

Danksagung

Da die Textaufnahme und die Rohindexerstellung bereits mit der ersten Auflage 1969 praktisch abgeschlossen war, schien die Neubearbeitung nur eine Frage der Zeit.

Entscheidende Hinweise zur Verbesserung kamen u. a. von Dr. Helmut Sembdner und ganz besonders von Prof. Dr. Klaus Kanzog. Ihnen und der Kleistforschung der erste Dank.

Die vergangenenen zwanzig Jahre brachten jedoch eine derartig rasante Entwicklung der Datentechnik, daß, bei den beschränkten vorhandenen Mitteln, allein die Erreichung des 'Stands der Kunst' vor fast unlösbare Probleme stellte. So war die Neuauflage zwar mehrfach bereits faktisch fertiggestellt, es erwies sich aber bereits der Probeausdruck als Fossil in der Entwicklung der sog. "Desk Top Publishing"–Technologie. Die Entscheidung für ein bestimmtes Satzsystem erforderte die Einarbeitung in dessen Funktionsumfang, was sich nicht bei einem Einzelbuch auszahlen kann. Das eingesetzte Hilfsmittel und sein Wandel zehrte paradoxerweise den entscheidenden Zeitgewinn bei der Erstellung des Wörterbuchs immer wieder auf. So ist an dem vorliegenden Wörterbuch lernend geforscht worden; der Zeitaufwand wird von keinem der Beteiligten als vergebens angesehen. Wichtige Erfahrungen über Textsysteme konnten gewonnen werden.

Wegen der langen Zeitdauer können aber die Beteiligten kaum alle aufgeführt werden. Dr. Manfred Kammer hat immer wieder erneut seine Erfahrungen mit der Erstauflage und mit dem parallel entstehenden Hölderlin–Wörterbuch eingebracht. Ihm ist auch die Lösung der schwierigen Fragen der endgültigen Form der Druckaufbereitung sowie eine Unzahl von Einzelentscheidungen zu danken. Die Schlußredaktion wurde in mühevoller Einzelarbeit von Frau Barbara Hilger geleistet. Dem Verlag Max Niemeyer ist zu danken für die unendliche Geduld bei gleichzeitiger stetiger Ermutigung zur Fertigstellung.

Siegen, im Mai 1989   Helmut Schanze

Konkordanz Kleist, Sämtliche Werke und Briefe. Hsrg. Helmut Sembdner. 7. Aufl. 1977, Bd. II, zu Kleists Werke. Im Verein mit Georg Minde-Pouet und Reinhold Steig hrsg. von Erich Schmidt. Leipzig, Wien o. J. (1905), Bd. III und IV

Sembdner Bd. II	Schmidt Bd. III	Sembdner Bd. II	Schmidt Bd. III	Sembdner Bd. II	Schmidt Bd. III	Sembdner Bd. II	Schmidt Bd. III	Sembdner Bd. II	Schmidt Bd. IV	Sembdner Bd. II	Schmidt Bd. IV
Michael Kohlhaas								Anekdoten		Anekdote (Diogenes)	
9	141	77	218,27	142	292,18	200	359,08			284,33	–
10	142,10	78	219,31	143	293,25	201	360,11			Helgoländisches	
11	143,15	79	221,03			202	361,15	Tagesbegebenheit		262	199
12	144,19	80	222,08	Das Erdbeben		203	362,18			Gottesgericht	
13	145,25	81	223,14	in Chili		204	363,22	Franzosen-Billigkeit		285,05	178,25
14	146,32	82	224,18	144	295	205	364,28	262,10	–	Beispiel einer uner-	
15	148,02	83	225,23	145	296,07	206	365,34	Der verlegene Magistrat		hörten Mordbrennerei	
16	149,08	84	226,27	146	297,09	207	367,05	262,21	191,22	285,14	169,05
17	150,13	85	227,30	147	298,14	208	368,09	Der Griffel Gottes		Merkwürdige	
18	151,19	86	229,01	148	299,18	209	369,13	263,14	196,04	Prophezeiung	
19	152,24	87	230,04	149	300,20	210	370,17	Anekdote aus dem		286,05	172,04
20	153,28	88	231,08	150	301,23	211	371,21	letzten preußischen		Beitrag zur Natur-	
21	154,34	89	232,14	151	302,27	212	372,25	Krieg		geschichte des Menschen	
22	156,04	90	233,18	152	303,32	213	373,29	263,29	188	286,25	–
23	157,08	91	234,22	153	305,03	214	374,33	Mutwille des Himmels		Wassermänner	
24	158,12	92	235,26	154	306,05	215	376,03	265,22	192,16	und Sirenen	
25	159,17	93	236,30	155	307,09			Charité-Vorfall		287,03	
26	160,21	94	238,01	156	308,11	Die heilige Cäcilie		266,21	199,25	Geschichte eines	
27	161,27	95	239,06	157	309,18	oder die Gewalt		Der Branntweinsäufer		merkwürdigen	
28	162,31	96	240,12	158	310,21	der Musik		und die Berliner		Zweikampfs	
29	164,02	97	241,16	159	311,25	216	377	Glocken		288,33	160,11
30	165,06	98	242,22			217	378,06	267,13	193,20	Varianten zu den	
31	166,10	99	243,27	Die Verlobung		218	379,10	Anekdote aus dem		Erzählungen	
32	167,16	100	244,31	in St. Domingo		219	380,13	letzten Krieg		292–298	–
33	168,22	101	246,03	160	313	220	381,17	268,05	190,08		
34	169,25	102	247,07	161	314,10	221	382,21	Anekdote (Bach)			
35	170,29	103	248,11	162	315,18	222	383,25	268,29	197,14		
36	172,01			163	316,26	223	384,30	Französisches			
37	173,05	Die Marquise		164	317,31	224	385,34	Exerzitium			
38	174,13	von O ...		165	319,01	225	387,05	269	191		
39	175,19	104	249	166	320,06	226	388,09	Rätsel			
40	176,23	105	250,09	167	321,10	227	389,13	269,22	196,19		
41	177,27	106	251,13	168	322,15	228	390,17	Korrespondenz-			
42	179,06	107	252,16	169	323,19			Nachricht			
43	180,09	108	253,24	170	324,23	Der Zweikampf		270	198,17		
44	181,12	109	254,29	171	325,30	229	391	Anekdote (Kapuziner)			
45	182,17	110	256,01	172	327,02	230	392,10	270,15	197,03		
46	183,23	111	257,05	173	328,06	231	393,15	Anekdote (Baxer)			
47	184,29	112	258,09	174	329,10	232	394,19	270,26	194,15		
48	185,33	113	259,12	175	330,14	233	395,22	Anekdote (Jonas)			
49	187,05	114	260,16	176	331,19	234	396,26	271,10	–		
50	188,12	115	261,19	177	332,22	235	397,30	Sonderbare Geschichte,			
51	189,18	116	262,23	178	333,26	236	398,34	die sich, zu meiner Zeit,			
52	190,22	117	263,28	179	334,29	237	400,05	in Italien zutrug			
53	191,26	118	264,32	180	335,33	238	401,08	271,30	150,19		
54	192,28	119	266,02	181	337,02	239	402,12	Neujahrswunsch eines			
55	193,32	120	267,07	182	338,07	240	403,15	Feuerwerkers an seinen			
56	195,03	121	268,11	183	339,10	241	404,20	Hauptmann, aus dem			
57	196,09	122	269,15	184	340,15	242	405,23	siebenjährigen Kriege			
58	197,12	123	270,22	185	341,19	243	406,27	274,27	181		
59	198,19	124	271,28	186	342,24	244	407,32	Der neuere			
60	199,23	125	272,33	187	343,28	245	409,04	(glücklichere) Werther			
61	200,27	126	274,04	188	344,32	246	410,07	276	158,22		
62	201,30	127	275,08	189	346,04	247	411,11	Mutterliebe			
63	203,02	128	276,15	190	347,07	248	412,17	277,15	167,17		
64	204,06	129	277,19	191	348,12	249	413,21	Unwahrscheinliche			
65	205,12	130	278,25	192	349,16	250	414,25	Wahrhaftigkeiten			
66	206,16	131	279,29	193	350,20	251	415,28	277,30	163,24		
67	207,20	132	281,01	194	351,25	252	416,33	Sonderbarer Rechtsfall			
68	208,24	133	282,05	195	352,29	253	418,02	in England			
69	209,27	134	283,10			254	419,06	281,06	168		
70	210,31	135	284,17	Das Bettelweib		255	420,12	Anekdote (Napoleon)			
71	212,01	136	285,22	von Locarno		256	421,18	283	–		
72	213,05	137	286,26	196	354	257	422,22	Uralte Reichstags-			
73	214,11	138	288,01	197	355,08	258	423,26	feierlichkeit, oder			
74	215,16	139	289,05	198	356,11	259	424,30	Kampf der Blinden mit			
75	216,19	140	290,08			260	426,02	dem Schweine			
76	217,23	141	291,12	Der Findling		261	427,05	283,21	–		
				199	358						

XIV

a
  a   KS-385:5; 440:11,11

à
  à   KS-385:4; 400:36; 401:8; 459:24

A...
  A...   E:K-15:21

Aachen
  Aachen   E:C-216:8,20; 219:14; 220:27;
  225:18; 228:10; E:VAR-293:26; 294:2

Aar
  Aar   E:V-175:21

ab
  ab   E:K-86:8

Abänderung
  Abänderung   E:M-111:22; KS-400:13

abbestellen
  bestellte   E:F-205:34

abbitten
  abbitten   E:M-137:23

abbrechen
  abbrechend   KS-342:11
  abgebrochen   E:M-109:30; KS-397:14
  abzubrechen   E:M-112:37; KS-460:6

abbrennen
  abbrennen   KS-428:18
  abgebrannt   KS-424:14,18,21,28
  abgebrannten   KS-425:9,9
  Abgebrannten   KS-427:22

Abbruch
  Abbruch   KS-316:23; 327:18,22

abbüßen
  abzubüßen   E:Z-230:16

Abdachung
  Abdachung   KS-397:18

abdanken
  abgedankten   E:K-65:28
  dankte   E:F-201:17

Abdecker
  Abdecker   E:K-15:26; 58:5,27,30; 59:19;
  60:17,22; 61:1,14,24,27,33; 63:24,31; 64:9
                                      (15)
  Abdeckers   E:K-88:24; 101:27

Abdeckerei
  Abdeckerei   E:K-65:15

abdrücken
  drückte   E:V-192:19

Abel
  Abels   KS-420:28

Abend
  Abend   E:K-18:8; 19:16; 23:4; 29:34;
  30:1; 36:29; 37:14; 70:34; 73:8; 76:33;
  81:4; 82:18; 99:33; E:M-136:13; 137:9;
  138:14; 139:25; 143:20; E:V-174:36;
  182:38; E:B-197:36; E:F-206:16; 209:33;
  E:C-216:22; 217:29; 222:8; 227:30; E:Z-
  256:32; 257:27; E:AN-279:25; 281:15;
  E:AB-283:9; E:VAR-294:5; 295:4; KS-
  328:11; 330:34; 331:17; 354:35; 355:2;
  373:14; 424:20; 440:29; 452:30; 453:1,
  6; 455:18   (46)
  Abends   E:V-174:12; E:AB-289:21; KS-
  330:29; 338:30

Abendblatt
  Abendblatt   KS-391:25; 394:2; 423:28;
  454:4; 455:10; 456:24; 460:27
  Abendblatte   KS-429:23
  Abendblätter   KS-386:32,34; 391:17;
  394:6; 395:11; 451:6*,8,17,20; 452:17,
  21,30; 453:1,22; 454:26; 455:16; 456:10,
  19; 457:17,22,30; 458:19,25; 459:8,10,13,
  22,32,35; 460:5,13   (31)
  Abendblättern   E:VAR-293:22*; KS-
  426:24

Abendbrot
  Abendbrot   E:V-164:11

Abenddämmerung
  Abenddämmerung   KS-390:35

Abendessen
  Abendessen   E:V-183:7; KS-438:18,20

Abendmahl
  Abendmahl   E:K-20:21; E:F-214:34;
  KS-316:36; 328:23,35
  Abendmahle   KS-317:1

abends
  abends   E:K-19:4; E:M-130:3; E:AN-
  272:27; 276:17; 278:24; 279:22; KS-
  424:17; 436:25; 451:24; 452:3,28   (11)

Abendsonne
  Abendsonne   E:E-155:15

Abendstunde
Abendstunde   E:K-43:30

Abendtafel
Abendtafel   E : M-115 : 23;   116 : 14;
138:18; 139:6; KS-438:9

Abendzeit
Abendzeit   E:F-205:11

Abenteuer
Abenteuer   E:Z-257:34
Abenteuers   E:Z-242:11

abenteuerlich
abenteuerlichen   E : K-90 : 32;   E : AN-
280:35; KS-329:10

Abenteurer
Abenteurers   E:Z-241:23

aber
aber   E:K-9:17,21; 10:12,21; 11:37; 13:24,
30,33; 14:4; 17:19,22; 18:6,32; 19:13;
23:25; 24:19,30; 29:12,22; 37:6; 40:33;
41: 4; 43: 30; 44: 10; 47: 38; 48: 8, 18,
25; 50:38; 52:13; 53:17; 55:23; 56:34,
38; 57: 19; 58: 4, 13; 59: 3, 10; 64: 24;
68 : 29; 70 : 33; 74 : 37; 76 : 22; 77 : 12,
35; 79:12; 82:2; 83:32; 85:11; 86:8,
31; 88: 1; 93: 4; 96: 8, 11, 17; 97: 12,
35; 99:4; 100:14,35; 103:9,20; E: M-
111: 18; 112: 7; 113: 5; 114: 9; 116: 6,
31; 125:38; 126:25; 132:10,18; 133:24,
30; 134:31; 135:2; 136:34; 137:7,25,25,
28; 139:7; 141:13; E:E-151:26; 153:15;
155: 38; E : V-162 : 13; 164: 7; 168 : 7,
26; 170:5; 172:21; 177:37; 180:1; 182:10;
183:36; 184:8; 187:1,15; 189:30; 192:4,
31; 193:16; 194:4,12,30; E:B-196:17,
24; 197: 17, 29; 198: 24; E : F-200 : 10,
33; 201: 8; 204: 34; 205: 19; 206: 19;
207: 22; 211: 22; 212: 32, 36; 213 : 2;
E: C-217: 36; 218: 13; 220: 5; 222: 14;
224: 13; 228: 14; E : Z-229 : 28; 232: 30;
234:30; 235:4; 236:30; 238:24; 239:3,
25; 242:25; 245:5,31; 246:29; 247:4,28,
35; 248:17,28; 250:9,16; 252:17; 254:37;
255:13; 256:21; 257:1,33; 259:25; 261:11;
E: AN-263 : 2; 265 : 26; 266 : 10; 267 : 2,
19; 268:31; 269:35; 270:4,8,21; 271:1,
9,17; 275:34; 276:3; 277:7,33; 278:7,21;
279:23,27; 281:3,28; 282:2; E:AB-283:26,
30; 284:20; 285:34; 289:13,21; 290:3,
28, 32; E : VAR-295: 12; 296: 21; 297: 5,

18; KS-301: 10, 16; 303: 3, 17; 304: 4,
23, 25; 305: 10, 16; 307: 9, 13; 309: 4,
13, 33; 311: 27, 32, 33; 312: 2; 313: 6, 17,
30; 314:6,6,14; 315:10,13,24; 316:14;
317:11,26,32; 319:11,34; 320:26; 322:22;
323: 13, 35; 325: 12; 326: 18; 327: 19,
24; 328:27; 330:25; 331:6,24,30; 332:2,
30; 333:29; 334:33; 335:5; 336:8; 337:5,21;
338:5; 347:10; 348:11,26; 350:12; 353:14,
18; 357: 3; 358: 1; 360: 6, 28; 362: 18, 20,
21, 27, 29; 363:25; 364:7; 365:15; 367:10;
368: 1; 369: 12; 370: 30; 374: 21; 375: 9,
27; 379: 22; 380: 14, 23; 381: 9; 382: 9;
384: 26, 37; 385: 35; 389: 23, 33; 390: 8,
16; 391: 6; 392: 7, 33; 393: 19; 394: 13,
18; 397:19,32; 398:20; 400:18,23; 401:3,
14, 23; 402: 2; 405: 14; 406: 19; 407: 6,
18; 408:21,36; 409:15; 410:9,17; 412:2,
11,24; 413:23,24; 415:32; 417:33; 420:16;
422: 8; 426: 30; 427: 9; 428: 28; 429: 17;
430:18,23; 432:30; 435:19; 436:11; 437:22;
441: 11, 24, 28; 442: 23; 445: 10; 446: 31;
447:3; 448:26; 449:5,26; 450:30; 454:21,
32; 455:4; 456:31; 459:16   (345)

Aberglaube
Aberglauben   KS-394:15,32

abermals
abermals   KS-395:23

aberwitzig
aberwitzige   KS-394:9

abfahren
abfuhr   E:Z-239:2
abführe   E:K-81:38
abgefahren   E:AN-266:31
abzufahren   E:B-198:23
fährt   E:AN-273:38
fuhr   E:K-94:13; E:M-126:3; 142:30

Abfahrt
Abfahrt   KS-389:14

Abfall
Abfall   E:AN-280:38

abfassen
abgefasst   KS-350:2
abgefaßt   KS-361: 9; 391: 19; 434: 33;
454:31; 455:5
abgefaßten   E:K-74:23; E:Z-236:2
abzufassen   E:K-65:12

Abfassung
Abfassung   E:K-55:29

abfertigen
abfertigte   KS-320:31
abzufertigen   E:M-130:8
fertigte   E:Z-256:24

Abfertigung
Abfertigung   E:K-87:11

abfordern
abforderte   E:AN-268:33
abzufordern   E:K-96:1; 97:12
forderte   E:K-88:32

Abforderung
Abforderung   E:M-131:1

abführen
abführen   E:K-24:13; 60:34; 83:32
abgeführt   E:K-30:9; 50:19; 67:8; E:F-
200:8; E:C-222:5

Abführung
Abführung   E : K-38 : 16; KS-371 : 24;
372:10

Abgang
Abgang   KS-430:6; 458:6

abgeben
abgab   E:F-214:17
abgeben   E:K-75:23; E:F-205:31; E:AN-
267:28
abgibt   KS-392:18
abgegeben   E:K-35:9; 94:12; KS-454:5,
7

abgefeimt
abgefeimteste   E:M-133:10

abgehärmt
abgehärmt   E:K-24:28; 47:14
abgehärmte   E:K-13:34
abgehärmten   E:E-151:12

abgehen
abgegangen   E:K-87:21
abgehen   KS-389:16
abgehn   KS-368:22
abging   E:K-12:9; E:Z-258:20
abzugehen   E:K-38:21
ging   E : K-12 : 34; 98 : 33; E : M-120 : 32;
127:25; 128:11; E:F-212:8

abgekartet
abgekartet   E:K-16:10
abgekartete   E:K-14:7

Abgeordneter
Abgeordnete   E:Z-229:32
Abgeordneten   E:Z-230:9; 233:8,27

Abgesandter
Abgesandten   E:K-97:9; 100:13

abgeschieden
Abgeschiedene   E:K-31:4
abgeschiedenen   E:V-175:14
Abgeschiedenen   E:K-103:16

Abgeschlossenheit
Abgeschlossenheit   KS-330:34

abgewinnen
abgewann   E:F-205:23

Abgrund
Abgrund   E:Z-252:16

Abguß
Abguß   KS-343:24

abhalten
abgehalten   E:K-82:20
abgehaltene   KS-421:2
abgehaltenen   E:Z-229:8
abhielt   E:K-64:19
abhielten   E:M-119:13
abzuhalten   E:M-114:17
halten   KS-395:2
hielt   E:V-165:5

abhandenkommen
abhanden gekommen   E:K-57:33
abhanden gekommenen   E:K-56:33
abhanden kommen   KS-410:20; 455:12
abhanden kommt   KS-422:33

Abhandlung
Abhandlung   KS-386:17

abhängen
abhangen   KS-372:32
abhinge   KS-302:16
abhängt   KS-414:15
hangt   KS-302:11; 305:31

abhelfen
abhilft   KS-387:2
abzuhelfen   E:Z-255:15

abholen
abholen   E:K-12:27; 31:6; 60:27; E:V-191:24; KS-453:1
abzuholen   E:VAR-292:15; KS-456:11, 20

Abholung
Abholung   E:K-53:31

abhungern
abgehungert   E:K-24:27

abkälten
abkälten   E:V-173:24

abkaufen
abkaufen   E:K-76:8

abknüpfen
knüpfte   E:K-102:34

Abkürzung
Abkürzung   KS-454:32

ablaufen
abgelaufen   E:M-126:31; E:B-197:23
abzulaufen   KS-384:11

ablegen
abgelegt   E:V-171:20; E:VAR-297:31; KS-431:15
ablegte   E:K-16:27
abzulegen   E:V-183:21

ablehnen
abzulehnen   E:M-119:10; 127:24
lehntest   E:V-172:35

Ablehnung
Ablehnung   E:Z-230:30

ableisten
abgeleistet   E:Z-237:13; 244:18

ableiten
ableiten   KS-322:16

ablenken
abzulenken   E:V-183:4

ablernen
abgelernten   E:K-65:37

ablesen
abgelesen   E:Z-242:17

ableugnen
leugnete   E:V-169:9

abliefern
abliefern   E:K-43:6
abliefert   KS-416:20
abzuliefern   E:K-57:38

Ablieferung
Ablieferung   E:K-97:19

ablocken
abzulocken   KS-324:11

ablösen
ablösten   KS-440:35
abzulösen   E:K-61:37; E:AN-279:14

Ablösung
Ablösung   E:K-71:18

abludern
abludern   E:K-62:29

abmachen
abgemacht   E: K-63:24; 76:9; 92:21; E:M-108:8; 114:37; 119:33; E:F-214:16; E:VAR-293:29; KS-328:28
abgemachten   E:K-26:36
abgemachter   E:K-76:27
abzumachen   E: K-49:1; 85:19; E:F-213:14
mache   E:AN-275:28

Abmachung
Abmachung   E:K-69:15; 88:18

abmurmeln
murmelt   E:C-221:34

abmüßigen
abmüßigen   E:M-107:10

abnehmen
abgenommen   E:K-30:4; 31:15; 58:23; 99:37; E:E-153:2; E:V-182:17
abgenommenen   E:K-78:16
abgenommener   E:K-56:8
abnahm   E:K-19:4; 44:15; 102:29; E:M-143:2
abnehmen   E:K-60:22; E:E-154:18
abnimmt   E:AN-264:15
abzunehmen   E: K-58:13; E: Z-234:5; 255:12; E:AN-266:14
nehmen   E:C-221:23

Abneigung
Abneigung   KS-439:3

abnötigen
abnötigen   E:K-71:27

abnutzen
abgenutzt   KS-433:28

Abonnement
Abonnement   KS-451 : 27, 31;   452 : 5;
460:13
Abonnements   KS-452:28

Abonnementsgeld
Abonnementsgeld   KS-460:21

Abonnementsquittung
Abonnementsquittung   KS-452:32

Abonnent
Abonnenten   KS-453:8,11

abonnieren
abonnieren   KS-453:6
abonniert   KS-452:31; 453:20

abordern
abgeordert   E:M-111:6

abordnen
abgeordnet   E:K-100:2

abprallen
prallt   KS-401:18

abprotzen
abprotzen   E:AN-269:11

abrechnen
abgerechnet   KS-324:5

Abrede
Abrede   E:K-91:16

Abreise
Abreise   E : K-35 : 32;   86 : 8;   87 : 16,
24;   88 : 16;   94 : 13;   E : M-119 : 6, 15,
19; 125 : 34;   E : F-209 : 33;   E : Z-237 : 30;
252:35; 256:17; KS-393:36   (15)

abreisen
abgereist   E:K-80:24
abreisen   E:M-111:35
abreiste   E:K-99:13
abzureisen   E:AN-274:12
reiste   E:M-119:26; E:B-197:7
reisete   E:F-199:16

abreißen
abgerissene   E:K-95:33
abgerissenen   E:Z-249:31
abreißen   E:K-50:33
riß   E:K-62:36; 63:5

abreiten
abzureiten   E:K-12:3

Abruf
Abrufe   E:F-212:6

abrufen
rief   E:M-142:2

abschätzen
abschätzen   E:K-46:32

Abschätzung
Abschätzung   E:M-104:29

Abscheu
Abscheu   E:V-170:34; KS-329:22
Abscheus   KS-442:29

abscheulich
abscheulich   E:V-171:1
abscheuliche   E:K-22:38
abscheulichen   E : M-105 : 23;   E : Z-
231:29; 233:37; KS-312:19; 435:21
abscheulichste   E : F-212 : 10;   E : AN-
272:8
abscheulichsten   E : Z-234 : 29;   KS-
434:25

Abscheulichkeit
Abscheulichkeit   KS-380:29

abschicken
abgeschickt   E : K-88 : 5;   91 : 30;   E : M-
114:11
abgeschickten   E:K-37:23; 75:21
abschicken   E:M-113:33; 114:13
schickte   E:K-29:20; 74:22; E:Z-254:31;
259:31; E:AN-263:5
schickten   E:Z-243:5

Abschickung
Abschickung   E:K-87:33

Abschied
Abschied   E : K-100 : 29;   E : M-119 : 25;
E:V-191:7; E:Z-236:3,19; KS-368:8

abschiedlich
abschiedlich   E:K-86:37

abschießen
abgeschossene   E:M-130:38

abschlagen
abgeschlagen   E:K-59:20

abschlämmen
abgeschlämmten   KS-333:16

abschleichen
schlich   E:V-172:35

abschließen
abgeschlossen   E:Z-248:36; 249:4; KS-350:23; 374:11
abgeschlossene   E:Z-230:1
abgeschlossenen   E:K-94:25
abzuschließen   E:K-21:30; 25:19
schließen   KS-457:7

abschlüpfen
schlüpfte   E:M-136:30

Abschluß
Abschluß   E:M-143:26; E:Z-255:17

abschmecken
abgeschmackt   E:K-97:14

abschnallen
abschnallte   E:V-164:6

abschneiden
abgeschnitten   KS-398:12
abschneidenden   E:V-180:12
abzuschneiden   E:V-169:30

Abschnitt
Abschnitt   KS-421:33

abschrecken
abschreckenden   E:K-90:12
abzuschrecken   KS-332:22
schreckte   E:B-197:9

Abschrift
Abschrift   E:K-34:17; 101:16; KS-434:6; 437:17

absehen
abgesehen   E:C-217:25; E:VAR-294:38
absehe   KS-387:12
abzusehen   E:K-91:12

absenden
sandte   E:K-31:19; E:AB-290:8

Absendung
Absendung   E:M-114:21

absetzen
abgesetzt   E:K-77:5
abgesetzten   E:K-94:5
abzusetzen   E:B-196:10

Absicht
Absicht   E:K-12:11; 55:10; 59:28; 60:12; 66:18; 69:20; 76:35; 89:30; 93:2; 97:12; 101:2; E:V-164:17; 183:23; 191:1; 192:38; E:B-198:3; E:F-207:6; E:C-225:2; 226:15; E:Z-254:34; 257:5; 260:7; E:AN-271:21; KS-318:21; 319:13; 331:22; 348:30; 349:1; 394:8,13; 400:16; 407:2,14; 427:1; 448:17, 26; 449:8   (37)
Absichten   KS-370:18; 447:20

absichtlich
absichtlich   E:K-72:2; E:Z-246:7

absingen
abgesungen   E : C-228 : 16; E : VAR-298:10
absingen   E:VAR-297:4

Absingung
Absingung   E:C-220:29

absolut
absoluten   KS-392:26

Absolution
Absolution   E : F-214 : 21, 23; 215 : 15; E:AN-263:19

absondern
abgesondert   KS-438:15

Absonderung
Absonderung   KS-323:33

abspannen
abspanne   KS-376:35
abzuspannen   KS-322:36

abspielen
abgespielt   E:V-185:1

absprechen
abgesprochen   E:K-99:38
absprechen   E:C-220:25
abspräche   E:K-78:25

abstammen
abstammen   KS-332:7; 442:2

abstatten
  abgestattet   E:Z-236:17; 237:23; 238:17;
    KS-438:16
  abstatten   KS-372:33
  abstattete   E:Z-256:10
  abzustatten   KS-424:3

abstechen
  absticht   KS-383:23

abstecken
  abzustecken   E:C-226:35

abstehen
  abzustehen   E:V-190:20

absteigen
  abgestiegen   E:K-82:26; E:M-128:13
  absteigen   E:M-128:22
  abzusteigen   E:K-29:31; 60:6

abstracto
  abstracto   KS-367:3

abstrahieren
  abstrahierten   KS-327:7

abstreifen
  streifte   E:K-82:8

abstumpfen
  abstumpft   KS-307:7

abteilen
  abteilen   KS-338:24

Abteilung
  Abteilungen   E:K-37:10

Äbtissin
  Äbtissin   E:K-33:38; 34:5; 35:9; E:E-
    144:33; 148:21, 28, 33; E:C-217:1,
    28; 218:11,13,28; 225:25,36; 226:1,19;
    227:5; E:Z-236:4; E:VAR-294:16; 295:4,
    25,27; 296:1; 297:27; 298:2   (25)

abtragen
  trug   E:E-145:9

Abtragung
  Abtragung   KS-405:32

abtreten
  abtrat   E:K-56:11; E:C-225:34
  abtrete   E:M-135:15
  abtreten   E:K-20:30; E:AN-273:15; KS-
    324:9; 375:10
  abzutreten   KS-377:34

abtrocknen
  abtrocknet   E:AN-264:17
  abtrocknete   E:K-84:34; 93:24
  abzutrocknen   KS-343:27

abtun
  abgetan   E:F-212:35; KS-337:29

ab- und zugehen
  ab- und zuging   E:K-86:8

abverdienen
  abverdient   E:K-14:23

abwarten
  abwarten   E:K-38:19
  wartete   E:F-212:21

abwärts
  abwärts   E:Z-246:34

Abwechselung
  Abwechselung   KS-307:2,6,7; 396:30
  Abwechselungen   KS-307:11

abwehren
  abwehrend   E:Z-246:10

abweichen
  abweichende   KS-457:3
  abzuweichen   E:K-90:3

abweisen
  abgewiesen   E:K-46:10; 49:17; 53:14;
    E:Z-240:17
  abzuweisen   E:C-224:20

abwenden
  abwandte   E:V-174:29; E:Z-251:36

abwesend
  abwesend   E:M-120:8; E:V-163:27; E:Z-
    232:1; 233:4; 234:34; 237:23; KS-370:28
  abwesenden   E:VAR-296:25

Abwesenheit
  Abwesenheit   E:K-70:20; 88:29; E:M-
    126:25; 127:32; E:V-161:12,33

abwischen
  abwischte   E:V-193:12; E:AN-271:1
  wischte   E:M-138:10

abziehen
  abgezogen   KS-348:22
  abziehen   E:V-178:3
  zieht   KS-408:23
  zog   E:K-44:27; E:AN-268:24

Abzug
Abzug   KS-460:11

abzwecken
abzweckende   E:V-181:8

account
account   KS-440:12

ach
ach   E : V-164 : 15;   174 : 3;   193 : 14,
32; E: C-222 : 33; E: Z-248 : 21; 249 : 15;
E : AN-264 : 14, 28; KS-305 : 38; 306 : 6,
19; 312:32; 314:31; 435:11; 437:15   (16)

Achim
A.   KS-422:25; 454:30,33; 456:27

Achse
Achse   KS-322:32; 338:22; 393:21,30;
401:25

Achsel
Achseln   E:M-107:37; E:C-220:26; KS-
337:12

acht
acht   E:K-30:36; 69:28,38; 70:8; 79:20;
E:VAR-293:17; KS-403:1; 406:26

acht-
achten   E:AB-286:34
achtes   KS-355:24

achten
achten   E:V-185:18; 193:5; KS-348:25
achtend   E:E-149:15
achtest   KS-328:17
achtete   E:AB-289:14; KS-331:38
achteten   E:V-190:11
geachtet   E:E-152:29

Achtung
Achtung   E : M-122 : 20; E : Z-243 : 38;
E:AB-285:23; KS-436:35

achtungswürdig
achtungswürdigen   KS-455:34

achtzehn
achtzehn   KS-451:28; 452:6

achtzehnt-
achtzehnte   E:K-10:32

achtzig
achtzig   E:K-41:30

ächzen
Ächzen   E:B-196:17,31; E:AB-288:20
ächzte   E:E-146:20

Ackerwagen
Acker-   KS-401:28

Adam
Adam   KS-410:3; 446:5; 447:22; 448:7;
455:28

Adel
Adel   E:AB-283:25
Adels   E:AN-262:26

Adelbert
Adelbert   E:V-187:36; 188:33; 191:29;
192:12,36; 194:25

Ader
Ader   KS-302:1

Aderlaß
Aderlässen   E:K-11:3

adies
adies   E:AN-265:19

adieu
adieu   KS-437:21

Adjutant
Adjutant   E:M-115:3,11,13
Adjutanten   E:M-114:30; 115:1,5,8

Adler
Adler   KS-377:12

adoptieren
adoptieren   E:M-139:22
adoptierte   E:F-201:14

Adreßbuch
Adreßbuch   KS-422:5,8,11,16
Adreßbuches   KS-422:18

Adresse
Adresse   E:M-133:14; KS-432:10; 448:2,
13
Adressen   KS-432:6

adressieren
adressieren   KS-453:9

Advokat
Advokaten   E : K-21 : 24; 23 : 8; 55 : 30;
69:37; 70:15; 89:23

Aeronaut
Aeronaut   KS-388:27; 393:28

Aeronautik
Aeronautik   KS-391:15

Affekt
Affekt   E:M-136:14
Affekten   E:F-206:27; KS-331:8
Affekts   KS-408:23

Affichen
Affichen   KS-459:36

affichieren
affichiert   KS-384:8
affichierte   KS-384:31

Afrika
Afrika   E:V-160:6; KS-443:2

Afrikaner
Afrikaner   KS-442:3,30

afrikanisch
afrikanischen   E:V-165:26

Agincourt
Agincourt   KS-349:3

ägyptisch
ägyptische   KS-351:15
ägyptischen   KS-363:18

ahnden
ahnde   KS-304:4; 308:6
ahnden   KS-325:30; 428:10
ahndete   E:Z-257:11; KS-339:37; 444:6
geahndet   KS-392:20

Ahndung
Ahndung   E:K-24:6; E:E-148:9; 154:14;
    E:Z-260:25

ähnlich
ähnlich   E:K-66:4; E:M-115:27; E:F-
    207:24; KS-339:34; 395:17
ähnliche   E:E-153:12; KS-346:14; 415:1;
    432:29
ähnlichen   E:K-42:1; E:V-182:31;
    184:32; 192:30; KS-321:16; 419:15;
    456:18
ähnlicher   E:K-18:16
ähnliches   E:AN-266:23

Ähnlichkeit
Ähnlichkeit   E:K-96:32; E:V-172:9;
    173:32; E:F-208:23; E:AB-288:13

Ahnung
Ahnungen   E:K-13:32; 34:29

Akademie
Akademie   KS-420:30

Akt
Akt   KS-328:14; 409:12
Akten   KS-408:32
Akts   KS-445:8

Akte
Akten   E:K-87:27; 88:34; 99:19; E:Z-
    239:23; KS-319:18

Aktenstück
Aktenstück   KS-418:30
Aktenstücke   E:Z-234:4; KS-419:17,20

Aktien
Aktien   KS-388:13

Aktivität
Aktivität   KS-411:13

Akzent
Akzent   E:F-207:4

al
al   KS-387:27

albern
albern   KS-346:7,8
albernen   KS-370:29

Alenson, von
Alenson   E:AB-288:34; 290:2

Alexandrine
Alexandrine   KS-432:34

algebraisch
algebraische   KS-319:23
algebraischen   KS-385:2

all
all's   KS-440:37

alldieweil
alldieweil   E:AN-274:32

alle
all   KS-413:17
alle   E:K-9:18; 10:28; 11:15,18; 30:8;
    37:20; 57:7; 58:21; 65:6; 74:8; 77:9; 82:1;
    83:27; 84:26; 86:20; 90:17; E:M-106:33;
    109:38; 111:25; 112:23,38; 114:23; 115:32;
    119:20; 120:35,37; 124:1; 125:11; 127:9;

allein

alleinig

Allemagne

allenfalls

allenthalben

alleräußerst

allerdings

allereifrigste
allereifrigste   E:M-107:38

allerentgegengesetzte
allerentgegengesetztesten   KS-448:20

allererste
allererst   E:K-51:27; E:AN-277:1; KS-319:8; 323:37; 337:2; 362:14; 370:35; 376:5; 412:26
allerersten   KS-346:22

allergerechteste
allergerechteste   E:K-19:15

Allerheiligste
Allerheiligstes   KS-417:10

allerlebhafteste
allerlebhaftesten   E:M-118:31

allerliebst
allerliebsten   E:AN-274:15

allerneueste
allerneuester   KS-329:9; 455:8

allerunglücklichste
allerunglücklichste   E:K-29:23

allerwenigste
allerwenigsten   E:Z-250:9

alles
alles   E:K-17:3; 21:15; 28:13; 32:26; 34:14,24; 47:12; 52:31; 53:26; 56:34; 59:17; 64:32; 66:8; 71:5; 74:6; 75:18; 83:7; 90:13,24,34; 91:17; 93:11; 98:11, 30; 101:34; E:M-109:9; 110:13; 116:3, 15; 118:15; 119:15; 124:32; 125:34; 129:7; 138:14; 139:15; 141:8, 28, 29; 142:17; E:E-145:3,33; 149:28; 150:2; 152:25; 154:10; 158:30; E:V-161:6, 29; 165:9; 167:6; 168:15; 169:25; 175:12; 176:3,10,19; 177:15,32; 179:37; 180:3,19, 38; 182:1; 187:14,17; 188:24; 190:36; 192:4; 193:1; E:F-204:3; 207:22; 214:24; E:C-221:13; E:Z-242:24; 245:16; 246:19; 259:14; E:AN-268:14, 20,31; 273:29; 274:7; 276:17; 282:4; E:AB-286:33; 287:37; E:VAR-296:31; KS-304:2; 314:1; 316:33,37; 317:18; 324:32; 326:18,36; 327:14; 329:23, 28; 332:11,34; 334:14; 335:28; 341:26; 344:27; 347:3; 354:24,24; 356:1,2,12, 22; 358:23; 360:21; 362:10; 364:30; 365:27; 372:22; 373:21; 374:24,31; 375:13, 16,16; 376:26; 378:29; 396:15; 398:13; 403:30; 406:24; 409:12; 417:16; 420:13; 422:37; 423:2,32; 427:11; 428:24; 431:17; 443:36; 444:9; 448:17; 450:27; 458:9,17, 34; 459:6   (147)

allgemein
allgem.   KS-422:7
allgemein   E:K-49:8; KS-317:12; 369:5; 406:31; 411:8,33; 418:7; 420:4; 423:14
allgemeine   E:E-152:24; E:V-170:3; E:Z-242:21; KS-382:12; 433:12; 435:1
Allgemeine   KS-419:15
allgemeinem   E:K-38:13
allgemeinen   E:K-13:20; 36:14; 52:36; 100:19; 103:13; E:M-108:10; 124:22; E:E-146:11; 153:1,35; E:V-160:23; 170:20; E:AN-269:33; E:VAR-292:21; KS-311:22; 314:25; 382:28; 388:8; 439:23; 458:11, 36   (21)
allgemeinere   KS-331:7; 446:7
Allgemeines   KS-417:32; 422:4,8,11,15

allgewaltig
allgewaltige   KS-310:30

allhier
allhier   KS-450:33

Allmacht
Allmacht   E:C-227:3

allmächtig
Allmächtige   E:Z-253:23
Allmächtigen   E:E-155:28

allmählich
allmählich   KS-405:5
allmählichen   KS-322:3

alltäglich
alltägliche   E:K-93:3
alltäglichen   KS-376:31
alltägliches   KS-376:31

Alltäglichkeit
Alltäglichkeiten   KS-422:32

Alltagsgesicht
Alltagsgesicht   KS-313:24

allwissend
allwissend   E:M-129:14

allzubeträchtlich
allzubeträchtlichen   KS-392:12

allzugerngläubig
allzugerngläubigen   E:M-122:33

allzugroß
allzugroß   E:M-118:2
allzugroßer   E:V-176:25

allzuneu
allzuneu   E:K-25:14

allzurasch
allzuraschen   E:K-100:22

allzuwohlbekannt
allzuwohlbekanntes   E:M-121:21

Alonzo
Alonzo   E:E-157:14,20,22; 159:4
Alonzos   E:E-159:2

Aloysius
Aloysius   E:K-79:27; E:F-211:27

Alpen
Alpen   E:B-196:2

als
als   E: K-9: 22; 10: 13; 11: 7, 9, 11, 21,
25; 13: 19, 33; 14: 10; 15: 6, 9, 16, 27,
32; 16: 4, 6; 17: 17, 38; 18: 2, 16, 33,
36; 19:22; 20:36; 21:9,12; 22:19,29; 23:14,
25; 24: 23; 25: 12, 22, 33, 34; 27: 9, 26,
27; 28: 12, 37; 29: 3, 5, 7, 17, 33; 30: 22,
33, 38; 31: 3; 32: 10, 27, 31; 33: 15, 27,
29; 34:1; 35:9,19,26,35; 36:14,21,28; 37:1,
4; 38:7,11,27; 39:13; 40:8; 41:33; 42:4,
14; 43:25; 44:5,11,17,20; 45:2,8; 46:3,
20, 27; 49: 10, 27, 28, 30; 50: 12, 13, 20,
23; 52: 9, 16, 23; 53: 23, 27, 35; 54: 8;
55: 6, 35; 56: 1; 57: 30; 58: 14; 60: 11,
31; 62:5; 63:13; 64:2,15,17,27;.65:11,
22; 66:5,18,24,31; 67:25; 68:1; 69:3,19,
33; 70:7,34; 71:23,31,37; 72:3,11; 73:12,
27; 74: 29; 75: 22, 28; 76: 32, 37; 77: 4,
18, 21; 78: 6, 29; 79: 38; 80: 18; 81: 16,
34; 82:14,32; 83:25,28; 84:23; 86:3,16,24,
29,36,38; 87:12,18; 88:7,12; 89:10,11,13,
35; 91:36; 92:2,25; 93:8,15; 94:18; 95:25;
96:11; 97:18; 98:3; 100:13,27,36; 101:11,
32, 36; 102: 22, 23, 35; E: M-105: 2, 5, 8,
29; 106:9,22,36; 107:12,13,22; 108:14,
19; 109: 12, 25; 110: 24; 112: 14, 29,
29; 113: 22, 37; 114: 8, 12, 23; 116: 17,
25; 118: 29; 119: 8, 33, 34; 120: 19;
121:31; 122: 24, 25; 123: 30, 37; 124: 10,

36; 125: 10, 13, 19, 25, 34; 126: 7, 17, 32,
38; 127:3; 128:6,12,27,31,33,36; 129:14,
14, 28; 130: 32, 37; 131: 6, 7; 132: 3, 24,
34; 133:7,15,21,32; 134:12; 135:1,5,12,
17, 24, 25, 35; 136: 9, 35; 137: 27; 140: 6,
10, 17, 34; 141: 10, 19; 142: 10, 13, 23, 29,
35; 143: 25; E: E-144: 9, 22, 28; 145: 14,
21, 32, 33, 35; 146: 9, 25, 29, 33; 147: 4, 8,
21; 148: 2, 6, 11, 15, 26, 30, 36; 149: 8, 16,
26; 150: 23, 27, 31; 151: 8, 21, 23; 152: 24,
33; 153: 2, 27; 154: 6, 29, 34; 155: 6,
17, 21, 29; 156: 2, 11, 16, 26; 157: 31,
38; 158: 10, 27, 31; 159: 15; E: V-160: 3,
17, 32; 161: 27; 162: 9, 12; 163: 5, 11, 16,
19; 165: 16, 18; 166: 5, 10; 167: 2; 168: 3;
169: 7, 34; 170: 3, 17, 30; 171: 9; 172: 4,
12; 173: 18, 20; 174: 22; 175: 7, 15; 176: 7,
17; 177: 33; 178: 7, 18; 179: 17, 32; 181: 28,
29; 182: 9, 32; 183: 26; 184: 9; 185: 2,
24, 31; 186: 4, 14; 187: 31; 188: 3, 35,
38; 189: 7, 24, 29; 190: 14; 191: 2, 22;
192: 14, 17; 194: 18; 195: 7; E: B-196: 25,
28; 197: 6, 17, 19; 198: 17; E: F-200: 2,
16; 201: 14, 17, 23, 27; 202: 5, 21, 32,
34; 203: 25; 204: 9, 14, 38; 205: 10, 13,
30; 206:7,23,32,33; 207:10,19,22; 208:15,
18, 19, 21; 209: 1, 3, 9, 10; 210: 6, 20, 28,
38; 211:2,24; 212:13,27; 213:21; 214:14,
22; 215: 6, 14; E: C-216: 5, 8, 21; 217: 6,
14, 34; 218: 25; 219: 5, 36, 37; 220: 6,
14, 26; 221: 21; 222: 6, 16, 23; 223: 5,
27; 224:21; 225:9; 226:37; 227:22; E:Z-
229: 13, 15, 28, 29; 231: 28, 29, 32; 232: 8,
11, 29, 33; 233: 9, 18, 21, 28, 31; 234: 4,
6, 18, 31; 235: 35; 236: 4, 9; 237: 20, 31,
37; 238: 6, 14; 239: 7, 10, 14, 26; 240: 12,
13,22,23,27,35; 241:14; 242:9,10,20,26,
35; 243:8,13,14,21; 244:15,19,27; 246:5,
13,21; 247:29; 249:8; 250:17,33; 251:14,
34; 254: 26; 255: 13, 38; 256: 5; 257: 24;
258: 6, 28; 259: 33; E: AN-263: 7, 11,
11, 18, 24; 264: 3; 265: 13, 27; 266: 33;
267: 2; 268: 18, 28, 30; 269: 32; 270: 8,
32; 271: 1, 15, 32, 32; 272: 10; 273: 2, 22,
23; 277: 9, 35; 278: 4, 33; 280: 6; 281: 26,
34; 282: 2, 5; E: AB-283: 23, 27; 284: 9,
15, 34; 285: 15, 28, 31; 286: 3, 9, 12, 14,
20; 287: 11; 289: 6, 6, 21; 290: 18, 26, 28,
32; E: VAR-292: 21; 293: 3, 23, 26; 294: 4,
15, 28; 295: 10, 36; 296: 14, 29; 297: 24,
35; KS-302: 4, 7, 28, 34, 35, 36; 303: 11, 12,
15, 16, 26; 304: 1, 8, 18; 306: 4, 15; 307: 1;
309: 4, 20, 22, 25, 37; 311: 1, 5, 10; 312: 3,

10; 313:14, 14, 34; 316:2, 31; 317:5,
31; 318:29; 319:7,11,21,29,32; 320:10,
11,23; 321:11,15,28,28; 322:36; 323:20,
22,24; 324:5,26; 327:3,5,6,7,25,29,31,
32; 329:22; 330:27; 331:24; 333:35; 334:7,
8, 9, 35; 335:2; 336:10, 23, 31; 337:1,
25; 338:1, 17, 29, 31; 339:9, 21, 23,
28; 340:16,18,21; 341:34,37; 342:6,8,
22,31,35; 344:8,32; 345:13,22; 346:11,
13,16,17,21,27; 347:16,32; 348:6,8,16,
31,34; 349:8; 351:18; 352:31; 354:31,35,
36; 355:15; 357:20,22; 359:19; 362:15;
365:15; 366:20; 370:17,31,33; 371:5,8,
30; 372:21,28; 373:11; 375:3,20; 376:33,
33; 377:2; 378:30,33; 379:31; 381:4,
8; 382:6; 383:5,13,31,33; 385:11,14,23,
29; 386:23,25; 387:2,19; 388:6; 390:14,
21; 392:14,19; 393:20; 394:2,33; 395:31;
396:33,37; 397:1,26; 398:35; 399:7,17,
27,30,34; 400:8,33,35; 401:7; 404:24,
32; 405:31; 406:10,11,27; 407:1,6,14,
15,24; 408:9,13,16,23,27; 409:1,17,20,
36; 410:29; 412:10,24; 413:29; 414:1,
14, 22, 34; 415:35; 416:7, 11, 19, 31,
36; 417:2,20; 418:8,15; 419:4; 420:2,
10, 23; 421:34; 423:1, 20, 32; 427:5,
34; 428:15; 430:3,19; 432:34; 433:12,
27; 434:18,32,33; 435:4,13,27,27,30,
31; 436:5,11; 438:31; 439:23; 440:1; 441:4,
6,12,19,35; 442:3,13; 445:3,15; 446:7,14,
25; 447:1; 449:8; 450:19; 451:3; 452:34;
455:30; 456:31; 458:3,31; 459:36   (864)

alsdann

alsdann   E:K-27:38; E:M-112:6; 117:26;
122:8; E:E-154:2; E:V-166:22; E:F-
203:22; 206:9; E:C-220:20; E:AB-285:13;
KS-322:30; 368:6; 374:36; 396:9; 402:21;
442:6; 451:15   (17)

also

also   E:K-19:7; 23:36; 28:26; 29:30;
32:6; E:V-172:28; 177:1; E:Z-235:10;
E:AN-263:25; 281:27; E:AB-290:2,29;
KS-301:19,24; 302:16,21,24,26; 303:19;
308:37; 309:17; 311:30; 314:20; 316:28;
317:7,19; 340:13; 347:7; 351:21; 352:13,
19; 353:1; 354:9,14; 355:19; 356:23; 358:3;
359:10; 360:21; 362:17; 373:25; 374:35,
37; 384:34; 385:2; 396:14; 407:31; 413:24;
451:27; 452:6; 459:22   (51)

alt

alt   E:V-168:20; 172:27; E:AB-287:2,
17; KS-445:1

alte   E:K-9:34; 32:31; 37:4; 46:28; 57:3;
71:3; 96:13; 97:4; 102:19; E:M-109:9;
E:V-160:15; 161:8,38; 168:33; 176:14;
181:36; 190:6; E:B-196:7; E:AN-276:28;
E:VAR-295:38; KS-350:29; 353:34; 354:4;
356:13; 395:30; 412:32; 421:7; 424:17;
447:17; 449:35   (30)

Alte   E:K-71:17; E:V-162:22,24; 163:33;
164:9, 20, 32; 165:17, 29; 166:2, 18,
38; 167:10,21,33; 169:8; 170:34; 177:17,
36; 178:28,36; 179:34; 180:3,10; 184:20;
186:5,23,35; E:F-200:32; 206:12; 213:13;
KS-350:3   (32)

alten   E:K-9:3; 27:38; 34:31; 36:24; 54:2;
55:37; 72:10; 96:20; 102:24; E:M-136:15,
28; E:E-144:12; E:V-161:33; 175:24;
188:7; 189:18; 191:27; 192:29; E:F- 210:5;
213:28; 214:1; E:C-216:10; E:Z-230:26;
235:21; 239:36; 240:34; 245:18; E:AN-
272:7; 277:2; E:VAR-293:28; KS-328:24,
26; 398:36; 405:25; 412:16; 413:25;
443:15; 446:15   (38)

Alten   E:K-97:30; E:V-162:6; 164:4;
165:9; 166:30; 169:20; 178:5,7; 179:21,37;
181:2; 185:23,34,38; 187:15; E:F-199:25,
29; 200:21; 201:15,26,32; 204:3,20; 206:4,
16,22,32; 210:2; 213:11,22   (30)

alter   E:K-10:2; 35:12; 71:31; E:V-
160:5; 164:26; E:C-217:14; E:AN-268:32;
277:31; KS-413:19; 425:28; 432:15   (11)

Alter   E:K-10:8

ältere   E:Z-253:3; KS-344:20; 442:12

Ältere   E:V-191:37; E:Z-235:35

altes   E:K-95:16; 100:31; E:B-196:3;
E:AB-283:32

ältesten   E:E-155:22

Alt-Hüningen

Alt-Hüningen   E:Z-229:4

Alt-Schönberg

Alt-Schönberg   KS-424:20

Altan

Altan   E:C-218:22; 222:1; 227:27; E:Z-
243:21; 259:5,13; 260:27; E:VAR-295:35

Altar

Altar   E:C-222:17; E:AB-291:6
Altare   KS-317:3
Altäre   E:K-32:38

Altarbild

Altarbild   E:M-142:33

altdeutsch
altdeutsch   KS-411:27

altenburgisch
altenburgischen   E:K-74:24; 76:13,32

Alter
Alter   E:K-67:17; 95:19; E:V-175:23;
E: C-228 : 15; E : Z-230 : 16; 244 : 27;
257:23; E:AN-265:27; 275:16; KS-309:6,
36; 311 : 7; 412 : 28; 432 : 22; 443 : 21,
37   (16)
Alters   E:Z-236:22; KS-412:12; 432:20;
443:9

altern
altern   E:C-218:4; E:VAR-295:18

Alternative
Alternative   E:F-209:14; KS-406:27

Amalie
Amalie   KS-395:29

Amen
Amen   KS-326:21

Amerika
Amerika   KS-440:10; 442:37; 443:5

amerikanisch
amerikanische   KS-441:4

amici
amici   KS-334:36

Amnestie
Amnestie   E:K-49:12; 52:14; 53:19;
65:28,38; 66:7,18; 67:38; 68:6,10,
22; 70:37; 71:24; 73:31; 74:2; 79:17;
87:25; 88:2; 89:27; 90:5,6   (21)

amor
amor   KS-450:12

Amt
Amt   E:F-215:2; KS-434:31
Ämter   E:Z-230:30

Amtmann
Amtmann   E:K-24:37; 25:10,25; 26:3,
8,20; 27:6,9; 30:31; 53:30; 69:12; 72:15;
73:23; 100:5; 102:32   (15)
Amtmanns   E:K-54:1; 69:25

Amtskleider
Amtskleidern   E:K-38:17

Amulett
Amulett   E:K-83:10

an
am   E: K-9: 34; 10: 3; 17: 33; 18: 31, 35;
19:16; 22:22,27; 23:4; 24:1; 29:32,33;
35:6; 36:29; 37:14,17,33; 39:15; 41:2,
6; 49:4; 56:28; 57:5; 64:36; 70:29,34;
73:8; 75:25; 82:11,27; 83:34; 90:29; 92:28;
94:33; 95:6,7; 99:24,33; E:M-108:19;
116:33; 118:16; 126:29; 127:18; 128:13,
31; 131:31,34; 132:15,18,32; 133:19,21;
136:14,23; 139:25,27; 142:23; E:E-144:20;
150:7,23,25; 152:5; 153:10,14; E:V-161:5;
169:22; 175:19; 176:26; 182:37; 183:10;
186:18; 187:31; 189:36; 190:3; 191:10,20,
37; 194:36; E:B-196:2; 197:22,35; E:F-
202:18,33; 203:2,4; 207:8; 209:16,33,
36; 211:12; 213:32; 215:6; E:C-216:22;
217:15,28; 219:19; 220:34; 221:1; 222:8,
20; 223:8; 224:20; 225:1,6; 226:27; 227:15,
30; E:Z-230:17,24; 234:18; 236:21; 238:8,
15; 241:5; 248:2; 250:3,9; 256:32,36;
257:27,30; 258:1; E:AN-263:12; 267:19;
271:9,31; 278:29; 279:7,37; 280:1; E:AB-
283:9; 288:6; 290:30; E:VAR-294:5,29;
295:4; 296:18; 297:25; 298:5; KS-302:19;
306:11; 308:10,11,35; 309:34; 312:10,
11; 313:11; 315:29; 320:33; 323:2; 327:10;
330:23; 331:34; 336:15; 338:5; 345:32;
346:23; 354:26; 360:22; 368:31; 373:14;
376:6; 378:20; 382:29; 383:17; 384:7,
38; 385:13; 388:15*; 391:5,20; 395:16,
34; 399:4; 404:7; 405:21; 412:17; 417:12;
423:3; 424:13,17; 429:8; 431:20; 433:2,6;
437:4,12; 440:29; 442:34; 443:33; 444:33;
447:25; 449:19; 455:17; 460:14,15   (197)
an   E: K-9: 4, 22; 11: 11, 31, 32; 12: 23,
23; 14:5; 15:33,33; 18:10,14; 19:27; 21:8,
9,19; 23:1,1,7; 24:4,5,5,11; 25:13; 26:1,
28; 27: 23, 35; 28: 1, 25, 33; 29: 26, 27,
35; 30: 24; 31: 3, 18, 33; 32: 14; 33: 17,
38; 34:15,32; 36:30,32; 37:22,26; 38:17,
22,27; 39:15; 40:3,13,18,24,32; 41:13,
15,21; 42:9,16,24,37; 43:26,31; 44:5,
10, 34; 46: 15, 21, 34; 47: 34; 48: 2,
25; 49:4,32; 50:37; 52:7,17; 53:7,26,
30, 36; 54: 16, 20; 55: 1, 30; 56: 22, 31,
32; 57:14,21,31; 58:1,3,16,19,28,34; 59:3,
10, 12, 20, 30; 60: 37; 61: 3, 15, 20, 22,
28; 62:27; 63:26; 64:1,21,22,26,37; 65:29,
35,38; 66:9,16; 68:4,5; 69:1,17; 70:17,
37; 71:8,9,18,24,36; 72:22; 74:14,23,

28; 75:22; 76:11; 77:5,9,24,32; 78:31; 79:3,9,27,38; 81:12; 82:4; 84:14,31, 32; 85:33; 86:7,8,35; 87:22; 88:3,9, 32,37; 89:7,28; 90:14,19,22,27; 91:1, 19; 92:3, 20, 23; 93:14, 37; 94:10, 35; 96:8,9,11,12,25,29,37,38; 97:11,19, 26; 98:7,30; 99:25,29; 100:2,17,21,34, 38; 101:11,33; 102:11,31,33; 103:16, 19; E:M-106:17; 107:19,36; 108:8, 36; 109:15; 110:16,34; 111:3; 113:28; 115:35; 116:19,23,32; 117:36; 120:38; 121:9,13,33; 123:2,16,18,31; 124:17, 28; 126:5; 127:6,20; 128:29; 129:3, 38; 130:10,16,23; 131:18,23; 132:8,23, 24; 133:14; 134:19,36; 135:25; 138:16, 20; 139:6; 141:21; 142:13,31,32; 143:15, 18, 29; E:E-144:6; 145:12, 29, 31, 31, 36,37; 147:8,16,20,23; 148:7; 149:3, 10, 19; 151:1, 10, 12, 14; 152:7, 27, 35; 153:34; 155:10,35; 156:7; 158:2, 23, 29; E:V-160:15; 161:9, 11, 18, 37; 164:4,6; 166:25; 167:1,4; 168:13, 15,18,26; 169:1,6,16; 170:8,14,19,20, 27; 171:7,16; 172:29; 173:5,9; 174:7, 11,12,38; 175:6,21; 176:16,38; 177:29, 30; 178:15, 15; 179:14; 180:25, 36, 38; 181:11,36; 182:20,22; 183:1; 184:6; 185:1,14,17,19; 186:4,11,38; 187:28, 38; 188:35; 189:3, 8, 20; 190:1, 5, 9, 24; 191:11,18,30; 192:11,15,17,23; 194:14, 18,25,38; 195:8; E:B-196:22; 198:28; E:F-200:17,27,33,36; 201:6,9,23; 202:1,16,18, 34; 203:10,18,21; 204:12,32,33; 205:2,9, 25; 206:16,36; 208:14; 209:3,31; 210:3; 211:34; 213:22,31; 214:8,12,24; 215:7, 13; E:C-216:11; 217:24,38; 218:6,15, 32,36; 219:8,20,31; 220:37; 222:1,13, 20; 223:13; 225:33; 226:9,23; 227:3, 7, 30, 31, 33; E:Z-229:24, 32; 230:10, 25; 231:3,20; 233:30; 234:16,19; 235:5,8, 19; 236:6,19,21,23; 237:12,25; 239:1,24, 36,37; 240:19; 241:23,34; 242:31; 243:7, 9,33; 244:28; 245:12; 246:6,6,15; 247:13, 17,33,34; 248:1,4,7; 249:2,26; 250:6,11, 11,17,22; 252:6,16; 253:19; 254:20,33, 38; 255:28,38; 256:19,25,32; 257:11,18, 25,28; 258:25; 259:6,11,18,37; 260:26; E:AN-263:1,6; 264:1; 265:24,28; 266:3, 28; 268:15; 269:17,18; 270:23; 271:6, 20; 272:1,24; 273:5,6,7,11,26; 274:27; 275:8, 9, 9, 10, 11, 17, 23; 276:8, 21, 36, 37; 277:29; 279:24; E:AB-283:29; 284:30; 285:25; 286:19; 287:14, 28; 290:38;

E:VAR-292:5; 293:9; 294:38; 295:14, 20,29; 296:5; 297:22,23,29,38; 298:7; KS-301:5; 302:26,29; 303:25; 304:10, 11, 14; 306:34; 309:27; 310:4, 5, 9, 9; 311:19; 313:18; 314:4; 317:7,23,27,28; 318:15,17; 319:2,18; 320:19,38; 321:13, 25; 322:31,32; 323:7; 327:21; 328:18, 27; 329:13,29; 330:1,6; 331:18; 332:12, 34; 333:19, 20; 334:27, 30; 335:9, 19, 22; 336:1, 33; 338:6; 339:20; 341:1, 23; 342:22; 344:3,33,33; 346:19; 347:14; 348:5,15,16; 349:7; 351:1; 352:17; 354:32; 355:6, 33; 356:19; 358:4, 10; 359:24; 363:17; 364:18; 366:26; 367:15; 368:13, 25, 27; 369:7, 24; 370:28; 371:16, 30; 372:10; 373:12; 374:16; 375:5,27, 32; 377:26; 378:5,28,38; 380:1; 381:30; 382:8, 20; 383:10, 13, 22, 26; 386:27, 31; 387:7; 388:1, 36; 389:15; 391:27; 392:10; 393:25; 394:5; 395:1,2,9; 396:14, 19, 23, 31; 397:2, 3, 8, 24, 31; 398:1, 8, 16; 399:3, 18,30,32; 400:25; 401:1,25, 29; 402:2,34; 403:17,18,20,35; 406:6; 407:33; 408:25; 410:32,33; 411:2,12, 32; 412:1, 3; 413:11, 15; 415:11, 18, 20; 416:19; 417:20; 419:14,24; 420:15, 21; 423:9,13; 425:22,32,32,34; 426:5, 28; 430:14; 431:6; 432:6,10,29; 434:3, 9; 435:27; 436:16,30,37; 437:15; 438:9,20, 23,24; 440:32; 441:9; 442:10,28; 443:18, 31; 444:1,11,14,26; 445:19; 446:33; 447:8, 18,25,31,33; 448:1,2,13,34; 449:2,26,30, 35; 450:3,22,34; 451:4,4,25,33; 452:10, 11, 15, 21, 32; 453:8, 10, 20; 454:5, 7, 23; 455:12, 33; 456:17, 25; 457:15, 18, 27,31; 458:22,26; 459:10,18,19,28,32, 35; 460:31 (791)

ans   E:K-47:17; 51:32; 55:3; 61:7; E:M-114:27; E:V-194:6; E:F-202:38; 207:16; E:Z-244:12; 248:16; 261:16; KS-307:8, 11; 329:1; 330:25; 365:32; 432:3 (17)

Ananas
Ananas   KS-441:17

Ananias
Ananias   KS-377:17

Anarchie
Anarchie   KS-333:5

anatomieren
anatomierte   E:AB-288:25

anbefehlen
anbefohlen   KS-320:34; 359:13

anbeten
  angebetete E:M-135:35
  anzubeten E:C-220:10

anbetreffen
  anbetreffe E:M-117:20
  anbetreffend E:K-31:23; E:V-181:35;
    185:23; E:Z-241:11

Anbetung
  Anbetung E:C-223:7

anbieten
  anbiete E:K-86:24
  anzubieten E:K-85:30; E:Z-241:37
  bot E:M-119:4; KS-344:21
  boten E:Z-233:32

anbinden
  angebunden E:K-18:10

Anblick
  Anblick E:K-15:11; 44:8; 84:12; 86:13;
    93:15; 96:25; 103:8; E:M-105:22;
    125:18; 139:2; 140:12; E:E-148:9;
    E:V-173:29; 185:38; 192:16; E:B-
    198:18; E:F-200:15; 204:16; 205:14;
    214:26; E:C-220:30; 221:36; 224:18;
    227:1; E:Z-238:23; 251:9; E:AN-276:22,
    31; 278:19; KS-304:21; 306:32; 312:29,30,
    31; 313:21; 332:21; 435:2   (37)
  Anblicke E:E-148:32; 149:10

anbrechen
  anbrach E:K-18:33; 33:27; 71:28; E:M-
    107:13
  angebrochen E:K-44:31; E:V-176:14;
    187:31
  brach E:K-53:35; E:C-217:10; E:VAR-
    294:24

anbringen
  angebracht E:M-130:6; E:Z-253:35
  angebrachte E:Z-236:13
  angebrachten KS-393:7
  anzubringen E:K-11:7; E:AB-289:30

Anbruch
  Anbruch E:K-31:32; 37:3; 38:10; 40:14,
    35; E:M-139:10; E:V-167:5,25,30; 170:24;
    186:33; E:C-217:1; E:AN-273:37; KS-
    403:11; 440:36   (15)

anbrüllen
  anbrüllen E:C-223:25

Ancien
  Ancien E:AB-286:7

Ancillon
  Ancillon KS-404:5

and
  and KS-440:12,13

andächtig
  andächtig E:VAR-297:19

Andenken
  Andenken E:K-9:15; E:Z-236:19;
    249:22; 257:25; KS-403:18
  Andenkens E:Z-260:35; KS-418:20

andere
  andere E:K-16:35; 25:26; 28:13; 39:6;
    66:14; 71:9; 73:21; 76:37; 98:19; E:M-
    112:29; 118:9; 121:37; 130:14; 143:16;
    E:E-146:18; 156:16; 157:3; E:V-165:20;
    171:19; 174:35; 181:17; 191:2,35; 194:10;
    E:F-203:25; 204:21; 209:5; E:C-228:5;
    E:AN-270:27; 280:5; E:AB-285:1; 286:28,
    34; KS-302:36; 307:9; 308:32; 310:17;
    318:29; 319:12; 320:24; 322:29,36; 329:11;
    332:30; 337:32; 344:15; 346:4,7; 349:8;
    352:20; 362:18,29; 378:37; 380:27; 383:14;
    396:9; 399:30; 401:1,36; 403:4,18; 407:24;
    412:28; 413:20; 444:23,30; 447:1; 454:5
                                          (68)
  anderen E:K-23:11; 32:15; 36:15; 47:5;
    49:4; 91:9; E:M-105:38; 107:1; 111:26;
    117:23; E:E-153:2; E:F-210:5,32; E:C-
    227:17; E:Z-257:30; E:AN-269:15; 280:1;
    E:AB-285:8; E:VAR-294:15; KS-317:14;
    330:12; 331:28; 334:15; 337:36; 344:6;
    347:14; 358:13; 378:20,33; 387:21; 399:11;
    410:25; 460:31   (33)
  anderer E:K-16:32; 36:12; 67:36; 69:22;
    78:16; 86:9; E:M-126:38; E:E-146:24;
    E:F-214:30; E:AB-286:1; 288:36; KS-
    310:17; 320:7; 336:34; 341:4; 385:6;
    422:14; 453:26   (18)
  anderes E:K-41:33; 49:10; 65:23; 84:29;
    E:V-193:24; E:AN-278:18; KS-322:32;
    413:3,7,9; 416:19; 417:37; 423:8   (13)
  andern E:K-11:16; 15:12; 18:31; 29:14,
    32; 41:6; 56:28; 75:25,35; 83:34; 95:18;
    E:M-106:35; 121:22; 135:11; 142:10,
    23; E:E-150:36; 158:6; E:V-166:8; 177:24;
    188:1; E:B-197:22; E:F-210:7; 211:12;
    213:32; E:C-216:32; 223:5; E:Z-229:19;
    230:29; 231:31; 233:21; 237:5; 249:7;

E: AN-262: 6, 8; 266: 30; 279: 18, 20, 37;
280: 34; 281: 13; E: AB-284: 21; E: VAR-
297: 20, 31; KS-301: 23; 308: 19; 313: 19;
335: 23, 30; 340: 15, 19; 341: 34, 36; 345: 27;
348: 34; 363: 20; 372: 33; 374: 26; 391: 5;
393: 35; 399: 36; 410: 14; 413: 33; 417: 23;
418: 14; 420: 36; 421: 28; 427: 20; 431: 20;
438: 36; 447: 4; 454: 8   (72)
andre E: K-20: 36; 22: 4; E: M-104: 8;
136: 9; 140: 14; E: C-220: 14; KS-312: 8,
9; 362: 20; 407: 15; 418: 4; 420: 16; 428: 16;
435: 31; 447: 7; 451: 3   (16)
andrer   E:K-79:30; KS-312:6; 335:27
andres   KS-396:33

ändern
ändern   E:K-17:22; E:C-226:7; KS-303:1
änderte   E:K-15:6; E:Z-239:3
geändert   E:M-142:9; KS-366:17,24

anders
anders   E: K-12: 36; 14: 9; 28: 17; 46: 3;
47: 7; 56: 1, 31; 60: 31; 73: 27; 92: 16;
E: M-112: 14, 15; E: F-208: 21; E: Z-
233: 17; E: AN-266: 18; 275: 1; KS-312: 3;
313: 30; 316: 38; 321: 11, 15; 340: 16,
17; 369:36; 390:14; 406:9; 412:27; 418:1
                                           (28)

anderweitig
anderweitigen   E:M-113:24; KS-394:31
anderweitiges   E:K-85:19

andeuten
angedeutet   KS-404:12
anzudeuten   E: Z-246: 32; KS-321: 5;
323:10

Andrang
Andrang   E:K-54:15; 63:11
Andrange   KS-452:19

andrerseits
andrerseits   KS-403:33; 421:13

aneignen
anzueignen   KS-336:24

aneinander
aneinander   E:AB-284:14,22

Anekdote
Anekdote   E:AN-262:22; 263:29; 265:23;
267: 14; 268: 5, 29; 270: 15, 25; 271: 10;
E:AB-283:2,4; 284:33; KS-415:5   (13)
Anekdoten   E:Z-261:17; E:AN-262:1

Anekdoten-Bearbeitung
Anekdoten-Bearbeitungen   E : AB-
283:1*

anempfinden
anempfundene   KS-423:2

anerbieten
anerbieten   E: K-49: 16; E: M-113: 26;
E:E-151:5; E:Z-238:24

Anerbietung
Anerbietungen   KS-426:19

anerkennen
anerkannt   E:Z-229:29; KS-377:26
anerkannten   KS-416:8; 446:15
anerkenne   E:K-77:11; E:Z-233:15
anerkennen   KS-422:18; 423:20
anerkennt   KS-369:29
anzuerkennen   E:K-15:17; 60:21
erkennen   KS-456:28

Anfall
Anfall   KS-395:31
Anfälle   E:M-126:19

anfallen
angefallen   KS-429:12
fiel   E:K-41:2; E:V-161:4

Anfang
Anfang   E:K-44:15; 55:28; E:E-144:22;
E: V-195: 5; E: C-218: 21; E: Z-246: 24;
255:1; E:VAR-295:34; 297:17; KS-320:1,
2, 29, 38; 322: 4; 327: 3; 336: 30; 354: 24;
357:33; 393:20; 412:28; 444:2,32; 449:10;
459:35   (24)
Anfange   E:K-17:26; E:V-160:3

anfangen
anfangen   E:K-33:21; 57:1; E:V-192:19;
E:F-199:32; E:C-216:29; E:VAR-294:11;
KS-342:31
anfängt   KS-409:13; 450:11
anfing   E:K-12:17; 15:34; 70:24; 103:6;
E:M-106:21; 123:14
anfingen   E:K-10:37; E:Z-246:26
angefangen   E: K-11: 10; KS-354: 3, 12,
14
anzufangen   E: V-194: 8; E: C-224: 17;
E:VAR-297:2
fangen   E:C-223:22
fängt   E:AN-276:38
fing   E:K-95:5; E:M-143:21; E:E-147:12;
155:22; E:AB-284:5,18; KS-331:38; 344:5
fingen   E:K-68:32

anfänglich
anfänglich   KS-392:37; 441:37

anfangs
anfangs   E: M-109 : 5; E : AB-287 : 23;
289:26; KS-404:33

anfechten
angefochten   KS-381:12

Anfechtung
Anfechtungen   KS-305:5

anfertigen
fertigte   E:K-20:26

anflehen
anzuflehen   E:E-153:31
flehe   E:Z-251:4
flehte   E:V-183:18

Anforderung
Anforderung   KS-406:23
Anforderungen   E:M-138:5

Anfrage
Anfrage   E:K-57:5; KS-403:23
Anfragen   KS-453:17; 455:15

anfragen
fragen   KS-387:20

anfressen
angefressen   E:F-202:29

anfrischen
angefrischt   KS-373:23

anführen
anführen   KS-305:29; 358:25
anführt   E:V-164:19; KS-351:2
anzuführen   E:AN-281:22; KS-351:11
führen   KS-405:7; 417:8
führt   E:Z-234:32; KS-384:9
führte   E:AN-281:28

Anführer
Anführer   E:M-106:15; E:C-221:38

Anführung
Anführung   E: K-39 : 36; 44 : 26; 74 : 24;
76:30

anfüllen
angefüllt   E:C-223:33
angefüllte   KS-386:8
angefüllten   E:AB-287:34; KS-333:2
anzufüllen   E:V-165:13
füllte   E:K-80:14; E:AB-287:25

Anfüllung
Anfüllung   KS-389:33

Angabe
Angabe   E:K-42:35; 89:37; E:C-219:29;
E:Z-252:4; KS-352:22
Angaben   E:K-50:7; E:AB-286:9; KS-
352:19; 433:30

angaffen
angaffenden   E:K-55:38

angeben
angab   E:E-152:8
angeben   E:E-152:38; E:AB-286:3; KS-
302:38; 381:7; 385:24; 407:9; 440:7
angegeben   E: V-176 : 35; KS-420 : 13;
460:26
angegebene   KS-367:1
angegebenen   E:C-219:18; KS-372:29
anzugeben   E: K-70 : 7; 76 : 19; E: M-
107:31; 119:12; E:AN-276:27; KS-440:4
gab   E:K-27:1; E:M-124:30; E:Z-258:4;
E:AN-262:13
gabst   E:K-18:29
gibt   KS-397:4

angeblich
angeblich   KS-399:22; 424:30; 425:22
angebliche   KS-391:18

angeboren
angeborenen   E:K-31:14

angedeihen
angedeihen   E:K-87:38; 89:33

angehen
angeht   KS-439:6; 449:32
anging   E:K-63:26; 77:38; E:F-205:22
angingen   E:K-10:29
angegangen   E:K-32:25
geht   E:AB-284:3
gings   E:K-18:38

angehören
angehört   171:29; KS-350:10,12,13,15;
379:11

Angehöriger
Angehörigen   E:K-64:31; E:V-176:20

Angeklagter
Angeklagter   E:E-144:5
Angeklagten   E:Z-242:19; 244:7

Angelegenheit
Angelegenheit E:K-89:8
Angelegenheiten E: AB-288: 35; KS-457:15,27; 458:22

angelegentlich
angelegentlich E:Z-237:3

angeloben
anzugeloben E:F-206:18

Angelobung
Angelobung E:K-36:12

angemessen
angemessen KS-308:17
angemessener KS-446:25

angenehm
angenehm E:K-92:5; KS-441:6
angenehme E:K-72:23; KS-418:6
angenehmen KS-306:38
angenehmsten KS-435:3

Angesicht
Angesicht E: K-38: 34; 90: 34; E: AN-270:31; 273:38
Angesichts E:Z-251:15; KS-301:14

angestrengt
angestrengtes KS-320:12

angewöhnen
angewöhnte KS-422:36

anglotzen
anglotzte E:M-128:3

angreifen
angegriffen E:K-37:13; 41:7; 87:3; E:V-166:35; KS-331:11; 354:8
angreifen E:V-194:30
angreift KS-381:24
angriff E:Z-246:10
greift E:AN-265:12
griff E:K-40:29

Angreifer
Angreifer E:AB-284:10

angrenzen
angrenzenden E:V-165:1; E:Z-230:12

Angriff
Angriff E:K-44:28; E:AB-283:10; 284:3; KS-456:3
Angriffe E:E-146:13; KS-418:21
Angriffs E:Z-246:19

angrinsen
grinset KS-313:24

Angst
Angst E: K-38: 38; E: M-123: 24; E: E-156: 32; E: V-175: 32; 181: 19; 185: 13; 188:29; E:C-217:12; E:Z-251:1; 255:25; E:VAR-294:26 (11)

ängstigen
ängstigt KS-307:28

ängstlich
ängstliche KS-427:8
ängstlichen E:V-179:37
ängstlicher E:C-223:20

anhaben
anhaben E:AB-290:29

anhalten
angehalten E:V-172:20
anhalten E:V-175:20
anhaltende E:K-64:12
anzuhalten E: K-57: 36; 69: 11; E: M-126:3; KS-428:1
hält E:AN-272:32
hielt E:K-10:16; E:F-199:11

Anhang
Anhang E:K-25:16; E:C-219:6; E:AN-280:38
Anhanges E:K-23:16
Anhangs E:C-216:31; E:VAR-294:13

anhängen
angehängt E:K-68:19; KS-451:14
hänge KS-366:27

Anhänger
Anhänger KS-367:23

anhängig
anhängig E:K-21:32; 23:21; 78:12; 90:8; 101:23; E:Z-258:16; E:AB-290:6

Anhänglichkeit
Anhänglichkeit E:K-66:9; 74:30; KS-443:1

anhäufen
häuft KS-329:34

Anhebung
Anhebung E:C-221:23

anheften
angeheftet E:K-44:5
anheften E:K-41:36

anheim
anheim E:V-163:8

anheischig
anheischig E: K-69: 3; 74: 31; E: M-
118:19

anhero
anhero KS-368:23

anhören
angehört E:V-163:34
anhören E:C-223:24
anzuhören E:C-216:15; E:VAR-293:33;
KS-436:12
hört E:K-45:7
hörte E:AB-289:32

animaux
animaux KS-321:38; 322:23

Anisette
Anisette E:AN-268:1,1,1

Ankauf
Ankauf E:K-24:38; 26:5

ankaufen
kaufte E:V-195:11

Anker
Anker KS-393:35

Ankertau
Ankertau KS-334:35

Anklage
Anklage E:K-51:27; E:Z-232:35; 234:32;
235:16

anklagen
angeklagt E:Z-255:26
anklagte E:AN-282:3
anzuklagen E: K-43: 12; KS-354: 25;
406:10

Ankläger
Ankläger E:K-88:7; 89:11; E:Z-233:7

Anklang
Anklange E:E-144:23

ankleben
ankleben E:M-127:1
anklebende KS-328:25
anklebt KS-356:8
klebt KS-348:29
klebte E:K-36:31

ankleiden
angekleidet E:M-140:7
ankleiden E:K-39:11
anzukleiden E:V-178:12

Ankleidung
Ankleidung E:K-72:1

anklingen
anklingen KS-349:2

anklopfen
anklopfte E:K-54:2

anknüpfen
angeknüpften KS-448:11
anzuknüpfen E:E-144:18
knüpfte E:M-109:10

ankommen
angekommen E:K-34:38; 57:14; 67:11;
87:10; 94:15; E:M-133:21; E:V-163:30;
E:F-200:7; E:C-222:35; E:Z-261:14; KS-
391:1; 430:3,6; 445:22   (14)
angekommenen KS-458:4
Angekommenen KS-442:9
ankam E: K-101:12; E: M-131:8; E: Z-
239:15; KS-348:22
ankäme E:V-176:19
ankamen E:E-155:6
ankomme E:K-59:17
ankommt KS-319:33; 405:30
kam E: M-127: 26; E: C-219: 12; E: Z-
259:3; KS-403:10
kommt KS-347:32; 381:26
kömmt KS-435:1; 444:15

ankündigen
angekündigt E: F-213:9; E: C-225:31;
KS-385:1; 404:14
ankündigt KS-314:21; 320:23; 422:12
anzukündigen E:Z-254:32
kündigte KS-385:6
kündigten E:K-56:14

Ankündigung
Ankündigung KS-366: 26; 457: 11;
459:34
Ankündigungen KS-384:37

Ankunft
Ankunft E:K-13:10; 16:13,30; 40:12;
66:2; 68:7; 69:1; 71:2; 72:27; 83:33,
34; 87:17; 88:18; 94:33; E:M-126:17; E:V-
188:28; 193:23; E:C-226:4; E:Z-236:21;
239:16; 256:26; E:AN-273:6; KS-366:22;
389:16; 437:4; 438:10,32; 440:29; 442:4;
444:7   (30)

anlächeln
lächelte KS-306:17

anlachen
lachte E:K-97:36

Anlage
Anlage KS-333:36; 383:32; 397:28;
420:13
Anlagen KS-311:12; 335:12; 386:16;
417:22

anlangen
angelangt E:K-58:9; E:Z-257:29
anlangend KS-328:16

Anlaß
Anlaß KS-429:15

Anlauf
Anlauf E:M-114:25; E:Z-235:29

anlaufen
anläuft E:K-19:24

anlegen
angelegt E:K-39:13; KS-424:25
angelegten KS-386:6; 387:3
anlegen E:K-9:20; 35:13
lag E:K-11:23

Anleihe
Anleihe KS-406:22

Anleitung
Anleitung E:AN-280:20; KS-328:26;
419:4; 433:13; 441:37

anliegen
anliegen E:C-221:6
anzuliegen E:K-79:18

anloben
angelobt E:K-71:24; 75:15; 89:27; E:E-
148:23
angelobte E:K-73:30; E:AN-272:17
angelobten E:K-66:7

anmachen
anmachen E:AN-264:36
anmachte E:V-162:25

anmelden
angemeldet E:Z-250:14
anmelden E:M-109:36; 128:22; 133:25;
140:13; E:V-179:28; E:Z-239:16
anzumelden KS-389:16

Anmerkung
Anmerk. KS-453:28
Anmerkung KS-362:1; 363:21; 364:20;
365:1,29; 366:7,28; 449:20

Anmut
Anmut E:K-80:11; E:E-154:24; E:V-
172:5; 173:6; KS-341:16; 342:34; 343:19;
348:10

anmutig
Anmutigen KS-414:12

Annäherung
Annäherung KS-425:31

Annahme
Annahme KS-387:9; 447:34

Annales
Annales KS-433:10

annehmen
angenommen E:K-50:20; E:M-140:3;
E:E-151:26; E:V-167:30; 168:26; 187:28;
E:Z-249:9; KS-329:24; 390:2; 416:35;
452:29   (11)
angenommenen E:K-68:3
annähme E:K-29:16; 76:13
annehmen E:K-21:15; 55:5; 63:30;
E:M-113:27; E:E-151:5; E:Z-233:29;
244:32; 245:6; KS-406:1; 407:2   (10)
annimmt KS-329:22; 332:31
anzunehmen E:K-18:2; 49:11; 53:2;
E:M-112:21; E:Z-238:25; 252:30; KS-
315:18; 405:24
nahmen E:E-159:13
nehme E:AN-273:1
nehmen E:C-224:17; KS-394:19
nehmt E:Z-240:25
nimmt KS-330:15

annisteln
angenistelt KS-397:32

anonym
anonymer KS-454:18

Anonymus
Anonymus   KS-387:37; 402:28

anordnen
angeordnet   E: K-30: 33; E: F-210: 19; E:C-221:14; KS-329:26
angeordnete   E: C-218: 14; E: VAR-295:28
angeordneten   E:K-85:29; E:V-187:26
anordne   E:V-192:4
anordnete   KS-445:5
ordnete   E: M-105: 6; 142: 17; E: VAR-293:13
ordneten   KS-413:6

Anordnung
Anordnung   E:K-72:9; E:Z-237:30; KS-341:27
Anordnungen   E:K-22:29; KS-381:32

anplacken
plackte   E:K-37:21; 40:11

Anplackung
Anplackung   E:K-47:29

anraten
angeraten   KS-332:20
Anraten   E:Z-231:14
rate   KS-313:13

anrechnen
rechnet   E:V-166:9

Anrede
Anrede   E:K-38:35; E:M-105:37

anregen
anregen   KS-414:4
anzuregen   KS-356:27

Anregung
Anregung   KS-391:23

anrichten
angerichtet   E:K-86:2
anrichtet   KS-343:11

anrücken
anrücken   KS-369:35
anrückte   E:V-180:16

anrufen
angerufenen   E:Z-254:28
anrief   E:M-142:14
anrufend   E:M-125:12
rufe   KS-330:26

Anrufung
Anrufung   E:Z-254:12

anrühren
anzurühren   KS-405:28; 406:20
rührst   E:K-62:6

ansagen
angesagt   E:V-167:16
sag   E:K-28:19; KS-353:22
sagt   E:V-167:35

Ansatz
Ansatz   KS-319:24

anschaffen
anschaffen   E:K-62:10
anzuschaffen   KS-431:16

anschauen
anschauen   E:F-212:30
anschaun   KS-305:1
anzuschauen   E:Z-251:14; KS-336:25
schaute   E:V-182:27; E:Z-234:25

Anschauung
Anschauung   KS-336:36; 384:6; 420:25

Anschein
Anschein   E:K-16:9; 69:27; E:Z-230:3; 246: 17; 254: 38; E: VAR-296: 25; KS-408:12

anschicken
schicke   KS-326:6
schicken   E:C-223:6
schickte   E:V-171:38; E:C-225:30
schickten   E:C-217:12; 218:22; E:VAR-294:26; 295:35

Anschlag
Anschlag   E: M-107: 23; E: V-177: 3; 184:25; 186:32; 190:35; KS-439:30
Anschlage   E:K-11:28; 20:28; 26:6

anschlagen
angeschlagen   E: K-42: 16, 25; 43: 26; 77:10
angeschlagene   E:K-43:22
angeschlagenen   E:K-53:22; KS-459:36
anschlagen   KS-402:14

anschließen
angeschlossen   KS-344:33; 403:35
anschließen   E: E-153: 35; KS-358: 10; 421:10
anzuschließen   E:K-41:21; E:M-142:32; E:V-189:22; KS-351:2; 358:4
anschloß   E:AN-272:7

anschmauchen
angeschmaucht E:AN-265:1

anschuldigen
angeschuldigte E:Z-236:37

Anschuldigung
Anschuldigung E:M-110:6

anschwimmen
anschwimmen E:AN-280:24

ansehen
angesehen E:K-14:18; E:E-147:21; KS-369:21; 373:19; 381:9
ansah E:K-10:24; 25:10; 44:9; 45:24; 48:7,10; 51:18,31; 59:9; 81:22; 87:30; 91:29; 97:37; 100:33; E:M-111:34; 113:29; 121:33; E:V-177:8; 185:35; E:F-207:29; 208:22; E:AN-262:18 (22)
ansähe E:M-136:21
ansähen E:V-171:10
ansehe E:V-174:5
ansehen E:V-165:16; E:C-222:32
ansieht E:AN-269:14
anzusehen E:F-210:34; E:AB-290:11
anzusehn E:AB-285:28
sah E:K-9:32; 30:21; 46:34; 92:2; E:M-110:21; 113:13; 120:17; 138:36; 142:10; E:E-156:28; E:V-181:27; E:F-200:28, 35; E:AB-288:8 (14)
sähe KS-401:3
sehen KS-310:8; 342:4,7
seht E:V-173:26; KS-337:11

Ansehen
Ansehen E:K-61:17; 98:36; E:F-212:38
Ansehn E:K-42:21; E:C-225:37; KS-380:10; 415:21

ansehnlich
ansehnlichen E:M-112:32; E:V-160:19; E:AN-269:26
ansehnlicher E:K-21:24

ansetzen
ansetzen E:K-46:25
ansetzte E:F-213:35
setzte E:Z-243:11

Ansetzung
Ansetzung KS-365:26

Ansicht
Ansicht E:K-93:26, 26; KS-333:18; 336:22; 369:31; 407:17
Ansichten E:K-52:21; KS-416:13; 447:2; 448:20

anspannen
angespannt E:M-119:15
angespannten E:M-114:26
anspannen E:K-29:19; 71:29; E:M-125:29; E:B-197:7; 198:22

Anspielung
Anspielung KS-456:35

ansprengen
sprengten E:AB-290:27

Anspruch
Anspruch E:K-50:27; 51:3; E:V-160:32; 172:11; E:Z-238:36; E:AN-278:8; KS-315:21; 327:17,21; 377:34 (10)
Ansprüche E:K-78:30; E:M-132:38; E:Z-230:22; 241:29; KS-302:24

anspruchlos
anspruchlosen KS-348:17

Anstalt
Anstalt E:K-47:35; 56:17; KS-334:26; 395:16,22; 399:34; 410:21
Anstalten E:K-11:38; 14:9; 22:16; 27:14; 37:19,37; 72:4; 76:25; 95:34; E:M-106:3; 118:14; 120:24; 126:23; E:E-154:12,20; 157:35; E:V-163:4; 180:32; 181:19; E:F-212:13; E:Z-238:32; 247:4; E:AN-268:30; E:AB-287:36; KS-335:30; 371:3; 403:27; 417:24 (28)

Anstand
Anstand E:K-53:1; 62:31; 81:8; KS-412:6; 415:15

anständig
anständig E:K-103:14; E:Z-244:31
anständige E:Z-241:4
Anständige KS-428:24

anstarren
starrte E:V-178:36

anstatt
anstatt KS-429:25

anstecken
angesteckt E:K-35:6; E:B-198:28; E:F-199:21; 200:11; 204:10; KS-381:2
ansteckenden E:Z-235:19
steckt E:K-35:26

anstehen
anstehen E:K-60:20; E:Z-245:10
ansteht KS-307:36; 318:26

anstellen
angestellt   E:K-79:33; E:E-144:9; E:C-216:8; E:Z-235:25; 237:4; 241:22; 255:33; E:VAR-293:26; KS-334:5; 338:31; 388:31; 431:33; 434:7; 441:31   (14)
angestellten   E:K-55:30
angestellter   KS-370:23
anstellen   E:K-67:6; 68:16; KS-332:11
anstellte   E:K-57:8; E:F-201:19
anzustellen   E:K-29:8; E:Z-230:38; KS-334:17
stellte   E:C-219:13; E:Z-231:34

Anstellung
Anstellung   KS-395:23

anstemmen
anstemmte   E:K-59:1

anstiften
anstiften   KS-442:6

Anstifter
Anstifter   KS-435:19

anstimmen
anstimmten   E:K-15:12

Anstoß
Anstoß   KS-407:8

anstoßen
angestoßen   KS-374:36
anstoßen   E:C-221:31

anstößig
anstößig   E:V-172:7
anstößige   E:Z-237:5

anstrengen
angestrengtes   KS-320:12
anstrengen   KS-338:2

Anstrengung
Anstrengung   E:M-106:22; 126:4; KS-342:29
Anstrengungen   E: K-56 : 24; E : V-186:13; KS-380:18; 398:14

Ansuchen
Ansuchen   E:K-13:14; 56:30

Antäus
Antäus   KS-374:17

antedatieren
antedatiere   KS-367:9

Anteil
Anteil   E:K-69:21; E:V-160:2; 161:10; E:C-221:2; KS-413:28; 443:32; 446:12
Anteils   KS-455:33; 457:15,27; 458:22

antigrav
antigrav   KS-342:20

Antikritik
Antikritik   KS-454:5

Antipode
Antipoden   KS-385:27

Antlitz
Antlitz   E:K-14:28; 44:14; 86:32; E:M-110:12; 135:22; 138:31; 140:29; 141:17; E:E-149:31; 154:5; 159:3; E:V-162:8; 165:22; 168:19; 183:33; E:F-206:27; 210:28; E:C-226:13; E:Z-239:26; 244:33; 247:3; 250:25; 251:1; 254:7; KS-301:17, 23; 320:21; 355:17   (28)
Antlitzes   E:K-43:12

Anton
Anton   E:K-101:18

Antonia
Antonia   E:K-34:1,18,31; E:C-217:22, 35; 218:25; 227:18,25; E:VAR-294:36; 295:11,36; 297:22   (12)

Antonio
Antonio   E:F-199:2; KS-432:14

Antrag
Antrag   E:K-64:22; 97:23; E:M-111:16; 117:18,27; 128:8; 129:16; 130:5; E:V-172:35; E:Z-234:10; 241:31; 245:12; E:AN-272:35   (13)
Anträge   E:Z-259:29

antragen
angetragen   E:K-88:25; 96:31
antrage   KS-371:11
antrug   E:K-21:11; E:Z-230:31
trugen   E:Z-241:24

antreffen
angetroffen   KS-358:14
anträfe   KS-332:37
traf   E:M-130:4; KS-338:29

antreten
antrat   E:K-101:10
antreten   E:K-43:29; E:V-182:10; E:Z-238:28
anzutreten   E:K-29:18; E:Z-257:6
traten   KS-331:19

antun
angetan   E:E-155:23; E:F-206:13

Antwerpen
Antwerpen   E:C-216:7; 219:21; 226:9;
E:AN-280:17; E:VAR-293:25
Antwerpner   E:AN-280:19

Antwort
Antwort   E: K-32: 35; 57: 2; 64: 24,
34; 70: 18, 35; 72: 14; 77: 4, 12; 82: 2;
97:8; E:M-112:8; 131:33; 133:15; 134:11,
18; 139:32,35; E:E-157:23; E:V-163:7;
189:35; 193:22; E:F-211:4; E:C-226:28;
E: Z-234: 17; 250: 2; 256: 31; E: AN-
271:18; KS-315:5; 317:35; 324:3; 350:8,
11, 18, 20, 24, 27, 29; 351: 6, 8, 13, 15, 22,
24, 28, 32; 352: 2, 5, 7, 10, 12, 15, 17, 22,
24, 28, 30, 33, 35; 353: 3, 5, 8, 10, 13, 15,
21, 23, 26, 28, 30, 34; 354: 4, 6, 13, 15, 20,
23, 29, 31, 35; 355: 2, 8, 10, 13, 15, 20, 23,
29, 31, 35; 356: 3, 5, 7, 9, 17, 19, 26, 30,
36; 357: 2, 5, 7, 9, 13, 18, 20, 31, 36; 358: 2,
5, 7, 9, 12, 20, 23, 27, 31, 35; 359: 6, 8, 14,
16, 18, 26, 28, 32, 36; 360: 2, 11, 13, 20, 24,
26, 29; 387: 24; 388: 1; 389: 2; 391: 24;
402: 7; 409: 32; 437: 33; 438: 1, 6, 9, 13,
17, 20, 25, 31, 37; 439: 7, 10, 16, 22, 28,
33; 440:7; 443:18; 454:3; 456:18   (160)
Antworten   E: K-97: 31; E: M-115: 26;
KS-387:30

antworten
antworten   E: K-22: 36; 33: 23; 61: 21;
E: M-118: 28; E: C-221: 32; KS-319: 9;
331:21; 353:5; 385:30; 387:8,9   (11)
antwortet   E:K-19:25; 83:8; E:B-198:21;
E:AN-264:6
antwortete   E: K-9: 30; 12: 8; 14: 2,
12; 16:28; 17:14; 18:4, 17; 19:15; 26:6;
27: 32; 28: 9; 30: 15; 33: 10; 35: 3, 23,
30; 45:29; 46:17; 47:16; 48:35; 52:25;
54: 23; 65: 13; 71: 5; 72: 16; 73: 20,
33; 77:12; 78:22; 80:20; 83:18; 85:13;
86: 24; 87: 15; 88: 10; 89: 5, 38; 92: 16;
93:30; 94:10; 97:6,29; 98:17,28; 101:7;
E: M-105: 2; 106: 11; 107: 30; 111: 36;
113:15; 114:29; 115:8,16,38; 116:6; 117:7,
21; 120: 12, 26; 121: 10; 124: 21; 127: 33;
128:16; 130:6; 133:23,28; 135:10; 136:21,
35; 137:36; 141:34; 142:11; 143:31; E:E-
151:5; 153:12; 154:13, 19; 155:3; 156:8;
157:12; 158:9; E:V-166:1, 18, 28; 174:8,
26; 176:3; 179:6; 180:35; 181:16; 182:3,

13,24; 184:33; 186:7,28; 191:12; 193:12;
194: 34; E: F-199: 20; 200: 33; 205: 27;
206:6; 214:34; E:C-218:30; E:Z-233:15;
237: 31; 251: 10; 260: 16; E: AN-266: 34;
267:3,23; 268:34; 271:26; E:AB-284:35,
37; 290: 19; E: VAR-296: 3; KS-320: 36;
339:23; 340:24; 341:25; 345:37; 379:34;
390:15; 430:14; 440:33   (128)
antworteten   E:C-220:12; E:AB-290:36
geantwortet   E: K-26: 22; E: M-133: 8;
E:E-151:36

anvertrauen
anvertrauen   E:M-135:10; E:V-164:36;
KS-334:25
anvertraut   E:K-57:33; E:V-177:2; E:F-
212:1; E:Z-251:38

anwachsen
anwuchs   E:E-149:22

Anwalt
Anwalt   E:K-78:12,13; 87:12,18; 88:12,
21; 89: 13; 90: 1; 94: 27; 101: 16, 18, 30;
102:27; E:Z-240:28   (14)
Anwalts   E:K-94:19

anwandeln
anwandle   E:V-192:13

Anwandlung
Anwandlung   E:M-131:3

anwehen
anwehte   E:E-146:34

anweinen
anweinte   E:E-149:31

anweisen
angewiesen   E:K-22:8; 71:1; E:M-134:2;
E:V-163:1; KS-318:9
anweisen   E:M-115:15; E:V-171:13
anwies   E: K-12: 38; E: V-160: 12; E: F-
201:10
anzuweisen   E:Z-240:6
wies   E:Z-241:3

anwenden
angewendet   E:K-42:11
anwenden   KS-404:37
wandte   E:AN-282:3

Anwendung
Anwendung   KS-362:6; 366:11; 404:28;
410:19

anwesend
Anwesenden   E:F-206:8; E:AN-266:36

Anwesenheit
Anwesenheit   E:K-39:1; 69:32; 72:30;
76:29; E:V-184:17; E:C-228:9; E:Z-
246:31

anwiehern
anwieherten   E:K-14:1

anwünschen
anzuwünschen   E:AN-275:7

Anzahl
Anzahl   E: C-216: 22; E: AN-262: 14;
263:24; E:VAR-294:5; KS-383:17

Anzeige
Anzeige   E: K-99: 25; E: C-219: 25,
36; E:Z-229:32; 231:35; 232:16; 236:11,
26; 239:32; 252:15; 256:30; E: AB-
287: 14; KS-421: 29; 422: 9; 448: 5,
32; 451: 13; 453: 31; 454: 2; 456: 6,
15; 460:25   (22)
Anzeigen   KS-387:2,17; 459:37

anzeigen
angezeigt   E:K-42:5; KS-404:2; 448:12;
453:5; 458:13; 459:2
anzeigen   E:V-177:5
anzuzeigen   E: C-224: 25; E: Z-254: 13;
KS-427:13
zeige   KS-408:10
zeigte   E:K-15:13; 18:13; E:VAR-296:24
zeigten   KS-436:22

anzetteln
angezettelt   E:E-157:20; E:V-174:31
angezetteltes   E:K-66:25

anziehen
angezogen   E:V-162:18; 185:19
anzog   E:V-162:28; E:AN-262:15
zieht   E:AN-266:9; 276:34
zog   E:M-125:31; 142:28

Anzug
Anzug   E:F-212:15
Anzuge   E:K-39:37

anzünden
angezündet   KS-426:5; 440:31
anzünden   E:K-20:19
zündete   E:V-162:28; 181:9

Apchon
Apchon   E:AB-286:10,18,21

Apfel
Apfel   E:K-97:38; KS-342:9; 413:20,22,
24

Apfelschimmel
Apfelschimmeln   KS-401:12

Apokalypse
Apokalypse   KS-327:29

Apoll
Apoll   KS-342:5

Apologie
Apologie   KS-322:1

Apotheker
Apotheker   KS-425:33

Appetit
Appetit   E:AB-287:24

appétit
l'appétit   KS-319:16

Apposition
Apposition   KS-320:7

April
April   KS-411:17

Arabeskeneinfassung
Arabeskeneinfassung   KS-399:24

Arabien
Arabiens   KS-307:25

Arbeit
Arbeit   E:K-30:38; E:M-116:8; E:V-
165: 31; E: F-209: 36; 210: 30; E: AN-
271: 24; KS-315: 19; 379: 29; 432: 20;
440:20; 441:9,11,27   (13)
Arbeiten   KS-383:15; 446:33; 449:3

arbeiten
arbeite   KS-304:10
arbeiten   E: M-128: 30; KS-441: 29, 37;
449:8
arbeitend   E:M-131:23
arbeitender   E:M-134:20; E:E-154:12
arbeitet   KS-313:3; 319:28; 359:20
arbeitete   E:M-115:35; E:AB-287:31
arbeiteten   E:AN-280:20
gearbeitet   E:E-156:25; E:Z-231:5; KS-
427:34
gearbeitete   E:E-155:14

Arretierung
Arretierung   KS-365:25
Arretierungen   E:C-222:3

Arsenal
Arsenal   E:AN-275:5
Arsenälen   E:M-106:26

Art
Art   E:K-9:21; 16:3,35; 17:29; 18:22;
25 : 26; 26 : 10; 34 : 22; 36 : 18; 40 : 1,
17; 41:22; 51:16,37; 54:33; 66:19; 67:12,
33; 68:33; 69:22; 72:24; 74:15,34; 75:16,
30; 78:6; 80:8,17; 85:10; 86:6; 99:13; E:M-
110:27; 113:32; 120:6,21; 121:27; 128:18;
130:26; 131:15; 132:31; 139:30; 140:14;
E:E-148:32; 151:17; 154:21; E:V-177:11;
188 : 38; 189 : 24; E : F-199 : 18; 200 : 1;
211 : 10; E : C-216 : 27; 217 : 17; 224 : 31;
E : Z-241 : 6; 246 : 24; 252 : 37; 254 : 35;
256:29; E : AN-262:25; 272 : 23; 273 : 24;
277 : 32; 279 : 4; E : AB-285 : 6; 286 : 36;
287 : 6; E : VAR-294 : 10,31; KS-304 : 31;
305 : 9; 308 : 5; 315 : 10; 321 : 23; 325 : 22;
328 : 6; 329 : 31; 333 : 1; 334 : 6; 335 : 14,
28; 339 : 8,33; 346 : 14; 347 : 20; 363 : 6,
11; 364 : 26; 365 : 13,13; 375 : 33; 387 : 16,
18; 392 : 2; 395 : 17; 396 : 36; 399 : 8,
20; 400 : 8; 404 : 17,21; 406 : 26; 407 : 15;
408:14; 409:3; 414:34; 415:7,23,28; 417:6,
11; 419:16; 420:2; 421:6; 423:30; 431:22;
433 : 23,28; 437 : 32; 438 : 26,35; 439 : 8;
440 : 30, 37; 441 : 22; 449 : 10; 451 : 11,
13; 455:15; 458:8,31   (131)
Arten   KS-428:28

Arthur
Arthur   E:K-11:28

Artigkeit
Artigkeiten   E:F-209:21; E:Z-240:15

Artikel
Artikel   E : K-95 : 32; 102 : 5; KS-373 : 4;
374:20,34; 384:9; 391:17; 429:24,25,26;
430:30; 458:14; 459:3   (13)
Artikeln   E:K-74:1
Artikels   E:M-132:1; E:C-219:9; E:VAR-
296:19; KS-421:21

Artillerie
Artillerie   E:AN-275:22

Artilleriekapitän
Artilleriekapitän   E:AN-269:3

Artilleriestation
Artilleriestationen   KS-386:7; 387:3

Artillerist
Artilleristen   E:AN-269:17

Arts
Arts   KS-433:10

Arzneikunde
Arzneikunde   KS-395:19

Arzt
Arzt   E:K-83:30; 87:2; E:M-106:3; 120:2,
7, 10, 17, 26; 121 : 3, 34; 123 : 15, 17,
21; 138:13; E:Z-236:29; 260:15; E:AN-
266:31; E:VAR-297:9,24   (19)
Ärzte   E:K-22:32
Ärzte   E:K-39:6; E:F-203:6; E:Z-247:30,
38; 255:5,15; E:AN-277:4
Ärzten   E:M-121:16
Arztes   E:K-83:35; E:M-106:31; 122:25;
E:V-192:30; E:Z-260:17; KS-405:4

ärztlich
ärztliche   E:C-224:27

Asche
Asche   E : K-37 : 20; 38 : 10; KS-376 : 25;
377:11; 425:21

Aschenbrödel
Aschenbröd'l   KS-412:6,7
Aschenbrödel   KS-411:26
Aschenbröl   KS-412:6

Ascherlein
Ascherlein   KS-411:26

Ascherlich
Ascherlich   KS-411:26; 412:7

Ascherling
Ascherling   KS-411:26

Asiat
Asiaten   E:M-106:26

Aspern
Aspern   E:AB-283:7

Assonanz
Assonanzen   KS-349:7

Asteron
Asteron   E:E-144:7,32; 157:22
Asterons   E:E-147:16; 148:1; 156:27

Ästhetik
Ästhetik   KS-326:31

ästhetisch
ästhetischer   KS-417:2

Astrologe
Astrologen   E:K-98:35

Asymptote
Asymptote   KS-340:27

Atem
Atem   E:K-30:12; E:V-173:14; 183:36;
E:C-223:26; KS-377:3

atemholen
Atemholen   E:K-22:24

atemlos
atemlos   E:V-181:33

Atemzug
Atemzug   KS-375:12

Athlet
Athlet   KS-337:35

atmen
atmen   E:K-16:20; KS-308:28
atmet   E:Z-236:25
atmete   E:E-145:34

Atmosphäre
Atmosphäre   KS-321:18; 329:19; 332:10;
389:8

Ätna
Ätna   E:AN-272:5

atridisch
atridischen   KS-376:28

Attest
Attest   KS-370:11

ätzen
ätzender   E:Z-255:7

au
au   E:V-160:2,31; 161:28; 164:18; 165:14;
166:24; 169:36; 180:15; 189:21; 191:4;
193:2; 195:6; E:AB-286:6; KS-322:18;
384:13,22   (16)

Aubin
Aubin   KS-432:34

auch
auch   E: K-9: 22, 27; 11: 1, 23; 14: 4;
16:19; 17:31; 19:2,24; 20:10,28; 21:18,
31; 25: 34; 26: 9,13,14; 27: 33; 28: 28,
30; 30:26; 31:25,32,36; 33:32; 36:28;
37: 31; 40: 24; 43: 10; 45: 28; 46: 7,
24; 47:17; 48:14; 49:27; 51:37; 52:16;
53:23; 55:35; 56:3; 57:10,36,38; 62:2;
63:34; 64:30; 65:3; 67:23; 68:9; 69:18,
21; 70:27,28; 71:26; 72:25; 74:1; 75:10,30,
38; 76:16; 77:1; 80:12; 81:37; 82:24; 83:8,
15; 85: 35; 88: 5, 25; 90: 38; 91: 35;
93:20; 94:29; 96:2,35,37; 97:20; 100:9;
101: 13; 102:5,17; E: M-104: 25; 106: 1;
107:4; 109:33; 110:19; 111:26; 112:7;
113:12; 115:10; 117:13; 121:34; 122:21;
124:30; 126:28,37; 127:11,15,26; 128:9,
16; 129:34; 130:5; 134:13,26; 137:18,25,
26,37; 138:23; 139:4,12,29,31; 143:4,
25; E: E-144: 33; 145: 13, 16; 147: 9,
30; 148:36; 149:8; 150:26; 151:6,13; 152:3,
13; 153:13,34; 154:11; 156:10; 157:34;
159:3,7; E:V-162:22; 166:32; 168:14,28,
33; 174:2; 175:23; 177:14,35; 179:32;
180:33; 182:10; 183:22,22; 184:15,17,
21; 185:5; 187:11,30; 188:33; 190:33;
193:17; 194:16; E: F-201:8; 203:3,21,
24; 204:26,27; 207:24; 208:12; 209:11;
210:24; 212:13,23,36; 213:13,32; E: C-
216:19; 217:9,27; 219:7; 226:6; 227:10,
32; E:Z-230:15; 231:30; 232:20; 233:3,
33; 234:16; 235:8,15; 236:34; 238:22;
239: 18,37; 241: 3; 247: 29, 36; 250: 8;
252: 13; 254: 32; 255: 11, 13; 256: 35;
257:31; 258:10; 259:11; E: AN-262:5;
264:3; 265:10; 267:18; 270:4,23; 271:5,
9,28; 273:8,31; 275:24; 278:32; 279:21;
281:28; E:AB-284:8; 286:20,22; 287:25,
30; 288:30; 289:7,17,36; E:VAR-292:16,
27; 293:10; 294:2; 295:3; 296:16; KS-
301: 3, 26; 302: 7, 11, 16, 37; 304: 3, 10,
13,28; 305:24,37; 306:23; 307:3,23,24,
27, 34; 309: 25,33; 310: 29; 311: 14, 32,
37; 312:32; 313:11,12,16; 314:6,26,35,
36; 315:24; 316:16,19,24,30,37; 318:11,
23, 33; 319: 7, 32; 320: 2, 6; 321: 35,
37; 322:11,38; 323:25; 324:16; 326:4,16,
19; 329:12; 330:9; 331:8; 332:36; 335:15,
31; 336:31; 337:34; 340:11,28; 341:20,
25; 342:32,37; 345:29; 346:4,7,32; 347:30;
348:4,33; 353:19,32; 355:10,22,32; 356:5,
16; 357: 21; 359: 12; 360: 21; 362: 3,
23; 363: 1, 26; 364: 4, 24; 365: 4, 10,

11; 366 : 9, 20; 372 : 9, 28; 374 : 3, 10,
31; 378:24,26; 379:29; 381:27; 383:9,
13; 385 : 33; 386 : 2; 387 : 19; 388 : 7,
12; 389 : 5; 392 : 24, 27; 393 : 12, 17,
23, 33; 395 : 18; 398 : 8, 25; 399 : 11,
24; 400:29; 401:19,29; 403:27; 404:26,
32; 405:24; 407:7,34; 408:25,36; 409:4,23,
33; 413:23; 414:10; 416:27; 417:27; 418:7,
33; 419 : 4; 420 : 5; 423:12,17,20; 424:5,
29; 425:4; 427:2,9; 428:26,28,33; 429:32;
431:32; 432:19,32; 435:35; 436:5; 440:2,
4; 441:12,20,27; 442:25; 446:23; 447:5;
448:36; 449:9; 450:17,28; 451:30; 452:28;
453 : 1, 4, 17, 19, 26; 458 : 34; 459 : 14, 19,
36; 460:20   (422)

Auerstädt
Auerstädt   KS-367:26

Auerstein
Auerstein   E:Z-235:13,14,18; 254:27

auf
auf   (1457)
aufs   (21)

Aufbau
Aufbau   KS-407:13

aufbauen
aufgebaut   E:AB-290:13; KS-387:26

aufbewahren
aufbewahre   E:C-220:4
aufbewahrt   E:K-91:9; KS-378:33

Aufbewahrung
Aufbewahrung   E:K-96:1

aufbieten
Aufgebotenen   KS-404:2
aufzubieten   KS-372:22

aufblühen
aufblühenden   E:Z-252:28

aufbrechen
aufbrach   E:K-36:29; E:Z-250:13
aufbrachen   E:Z-238:20
aufbrechen   KS-379:21
aufbrechenden   E:C-222:7
aufgebrochen   E:K-82:13; E:V-161:34
aufzubrechen   E:K-11:38
brach   E: K-21 : 4; 31 : 34; 40 : 19; 85 : 35;
   E: E-152 : 32; E:V-189:9; 194:21; E:F-
   203:23

aufbringen
aufbringen   E:K-57:17; E:Z-241:19
aufzubringen   E:Z-240:25

Aufbruch
Aufbruch   E:M-108:10
Aufbruche   E:E-154:12
Aufbruchs   E:M-108:19

aufbürden
aufbürden   E:M-132:15
aufzubürden   E:M-122:33

Aufdeckung
Aufdeckung   E:Z-242:10

aufdringen
dringt   KS-311:29; 315:5

aufdrücken
aufdrückte   E:E-153:11; E:V-163:37

aufeinander
aufeinander   E:AB-290:28

Aufenthalt
Aufenthalt   E: K-39 : 31; 57 : 35; E: M-
   108 : 37; 117 : 17; E: Z-240 : 37; 241 : 36;
   256:12; KS-437:2
Aufenthalte   E:K-71:1
Aufenthalts   E: K-22 : 22; E: V-168 : 30;
   KS-440:16

auferbauen
auferbaut   E:K-18:14

auferlegen
auferlegt   E:M-111:20; KS-440:21
auferlegten   KS-400:3

auferziehen
auferziehen   KS-344:31
auferzog   KS-379:9

auffahren
aufgefahren   E:AN-269:18

auffallen
auffallende   E:F-208:23; E:C-221:24
auffallenden   E: V-184:22; E:Z-238:17;
   E:VAR-296:24
fällt   E:V-173:28
fiel   E:V-172:9

auffangen
aufgefangen   E:K-73:10
aufgefangenen   KS-426:17
aufzufangen   E: K-38 : 33; E: Z-246 : 29;
   256:30; 257:33

Auffassungsvermögen
Auffassungsvermögen   KS-346:27

auffinden
auffinden   KS-337:10; 386:10; 390:23
aufgefunden   KS-432:17
aufzufinden   E: K-18: 20; E: Z-231: 17;
KS-393:24

aufflammen
aufflammen   KS-323:7
aufflammenden   E:M-110:18

auffordern
auffordern   KS-451:32
auffordernden   E:K-38:25
aufforderte   E:K-34:10; 36:13; 75:28
aufgefordert   E: K-56: 6; E: M-104: 33;
127:21
aufzufordern   E: K-20: 33; 57: 36; KS-
426:30
fordern   E:M-134:27; E:C-221:30
forderte   E:K-11:21; 25:36; 59:32; 62:17;
64:25; 67:21; 102:17; E:M-104:26; 115:30;
127:29; E:E-154:15; 157:33; E:V-161:7;
171:17,35; 175:36; 176:34; 186:22; E:F-
213:38; 215:1; E:C-222:18; 224:35; E:Z-
234: 12; 248: 10; 255: 18; E: AN-276: 10;
278:11   (27)
forderten   E:K-56:15; E:V-192:1; E:AN-
278:20; KS-331:20

Aufforderung
Aufforderung   E:K-86:33; E:M-105:6;
106: 11; 127: 17; 130: 15; E: Z-234: 20;
236:12; KS-414:25; 427:10; 453:11   (10)

auffressen
auffrißt   KS-322:25

aufführen
aufführen   KS-363:27; 367:3; 417:37
aufführte   KS-443:26
aufführten   KS-302:17
aufgeführt   E:C-217:31; 226:28; E:VAR-
295:6; 296:11; 297:33; KS-384:4; 413:40;
414:9; 446:18
aufgeführten   E : VAR-297 : 26; KS-
446:11
aufzuführen   E:VAR-296:1; KS-364:24;
443:34
führen   E:C-217:16; E:VAR-294:30

Aufführung
Aufführung   E: K-39: 9; E: M-110: 21;
111:35; E:C-217:27; 218:20,28; 219:33;
223:12; 227:19; E:Z-245:36; 253:7; E:AN-
267: 17; E: VAR-295 : 3, 34; 296 : 24; KS-
418:11; 432:27; 435:25; 444:35   (19)

auffüttern
auffüttern   E:K-47:24
aufzufüttern   E:K-57:28

Aufgabe
Aufgabe   KS-319:23; 336:34; 362:8,18;
364:9; 365:16; 366:13; 382:10; 418:8

Aufgang
Aufgang   KS-441:8

aufgeben
aufgäbe   E:V-177:4
aufgebe   E:E-153:8
aufgeben   E:K-28:21
aufgegeben   E:K-31:23; 43:4; 77:3; E:F-
203:36; 210:4; 214:6; KS-378:1
aufzugeben   E:K-16:37; KS-331:23
gab   E:M-107:36; E:B-196:22; E:Z-236:32
gaben   E:V-190:35
geben   KS-371:28

Aufgebot
Aufgebot   KS-359:23

aufgehen
aufgegangen   E:C-216:26; E:VAR-294:9
aufgehen   E:B-198:26
aufgeht   KS-363:18
aufzugehn   E:E-152:18
geht   E:Z-253:27; KS-321:4

aufgreifen
aufgegriffen   E:C-222:5
aufgreift   E:AN-265:18
aufgriff   E:K-96:20
griffen   E:F-202:36

aufhaben
aufgehabt   E:V-168:12

aufhalten
aufgehalten   E:K-67:11; E:Z-234:17
aufhalte   E:K-22:8
aufhalten   E:K-10:31; 63:25; KS-370:22
aufhielt   E:Z-234:7; E:AB-289:5; KS-
419:11
aufhielten   E:M-127:19
halten   KS-387:33
hielt   E:AN-274:22

Aufhaltung
Aufhaltung   KS-365:22

aufhängen
aufgehängt   E:F-202:19; KS-433:24
aufhängen   E:K-13:36

aufhäufen
aufgehäuft   KS-396:24
aufgehäufter   KS-372:4

aufheben
aufgehoben   E:F-204:26; E:Z-247:20;
    KS-329:27
aufheben   E:K-99:30; E:M-135:29; E:V-
    176:2; 190:23; 191:20; E:F-205:37
aufhob   E:K-67:38; E:V-179:1; KS-
    344:26
aufhoben   E:K-103:10,14; E:V-192:28
aufzuheben   E:K-37:6; 47:33; 51:11;
    55:13; 67:14; E:V-176:7; E:Z-242:2;
    E:AN-262:28; KS-393:8; 447:3   (10)
hob   E:K-25:6; E:M-123:1; 126:1; 133:35;
    E:F-212:32; E:Z-247:25; E:AN-272:20
hoben   E:K-63:19; 83:23; E:Z-236:29

Aufhebung
Aufhebung   E:Z-243:6; KS-320:32;
    404:9,11,31

Aufhetzerei
Aufhetzerei   E:K-62:18

aufhorchen
aufgehorcht   E:C-223:17
Aufhorchen   E:V-173:17

aufhören
aufgehört   E:K-11:14; E:E-150:16
aufhört   KS-330:11; 409:12
hören   KS-419:23

aufjagen
jagte   E:E-149:11

aufjauchzen
aufjauchzte   E:K-31:28; E:AN-271:6

aufkeimen
aufkeimenden   E:K-30:18
aufkeimender   E:K-13:4

aufklären
aufgeklärte   KS-394:8
aufklärt   KS-304:13
aufzuklären   KS-319:23
klärten   E:AB-286:1

Aufklärung
Aufklärung   E:M-133:17; E:Z-243:12;
    KS-315:26*,29; 318:25

aufknacken
knackte   E:F-201:2

aufknüpfen
aufgeknüpft   E:E-152:3
aufknüpfen   E:K-43:33
knüpfte   E:F-215:16

aufkritzeln
aufzukritzeln   E:K-82:37

auflachen
lachten   KS-344:28

auflauern
lauerte   E:V-161:3

Auflauf
Auflauf   E:K-83:3

auflegen
aufgelegt   E:M-120:22; KS-443:16
aufgelegten   E:K-65:30
auflegte   E:K-19:4

auflehnen
auflehne   E:K-49:29
auflehnst   E:K-43:10

auflockern
aufgelockerten   E:Z-246:8

auflodern
auflodern   E:V-169:33
aufloderte   E:V-160:25; 170:14; 173:5
aufloderten   E:K-41:27

auflösen
aufgelöst   E:E-149:13; E:C-225:20
aufgelöstem   E:Z-250:18
aufgelösten   E:K-74:25
auflösen   KS-312:3; 397:17
auflösete   E:K-37:10
auflöste   E:Z-255:16
aufzulösen   KS-457:7

Auflösung
Auflösung   E:K-50:23; 54:24; 66:30;
    67:36; E:Z-258:21; E:AN-269:36; KS-
    304:25; 319:25; 362:13,16; 364:12; 365:19,
    20,31; 366:16; 367:6   (16)

aufmachen
aufgemacht E:K-91:37
aufmachen E:V-165:7
aufmachte E:K-54:4; E:V-165:28; KS-320:25
macht E:AN-276:17
machte E:K-48:26

aufmerken
aufmerken KS-376:21,21

aufmerksam
aufmerksam E:K-43:34; E:V-173:26; KS-317:4; 333:15; 422:30; 456:29
aufmerksamern E:Z-239:3

Aufmerksamkeit
Aufmerksamkeit E:E-144:13; E:F-206:21; E:Z-232:12; KS-323:9; 340:33; 343:6; 361:8; 363:25; 384:15; 388:33; 392:31; 408:24; 433:12 (13)

aufmuntern
aufgemuntert E:AN-272:4
munterte E:V-169:4

Aufmunterung
Aufmunterung KS-303:11

Aufnahme
Aufnahme E:V-188:13

aufnehmen
aufgenommen E:K-46:24; E:V-180:30; E:C-227:17; E:Z-242:34; 248:38; KS-365:5; 406:25; 416:27; 448:35; 453:34; 454:9; 456:9 (12)
aufgenommene KS-459:12
aufnahm E:K-58:38; E:M-120:29; E:F-210:31; 213:32
aufnehmen E:F-214:38; KS-426:19
aufzunehmen E:K-83:20; E:M-115:18; E:V-175:23; 176:28; 180:7; E:Z-248:33; 249:5; E:AN-281:5; KS-329:33; 378:30 (10)
nehmen KS-456:24

aufopfern
aufgeopfert E:V-193:1; E:F-209:24
aufopfern E:K-16:38; 98:7; E:Z-246:22; KS-312:6,9

Aufopferung
Aufopferung E:E-152:32; KS-402:3; 406:14

aufpflanzen
aufgepflanzt E:K-51:11
aufgepflanztem E:AN-275:29

aufprasseln
aufprasselnd E:Z-260:38

Aufprasselung
Aufprasselung E:K-32:1

aufraffen
raffte E:M-120:33

aufrecht
aufrecht E:K-18:19; 19:2; E:M-138:1; E:VAR-296:35; KS-333:13; 338:8

Aufrechthaltung
Aufrechthaltung E:K-66:21; 68:5; E:V-171:5

aufrichten
aufgerichtet E:V-176:36; 192:5
aufrichten E:E-151:38
aufrichtete E:K-65:18; E:V-162:21
richtete E:K-83:37; E:V-193:5

aufrichtig
aufrichtig E:M-135:35; KS-322:9

Aufrichtigkeit
Aufrichtigkeit E:AN-281:32

Aufruf
Aufruf E:M-131:20; 134:19; KS-352:18

aufrufen
aufgerufen E:Z-239:10; KS-351:1
aufrufen E:K-23:10
aufzurufen E:Z-248:20
rief E:K-41:18; E:E-154:9

Aufruhr
Aufruhr E:K-38:13; E:M-126:7; E:E-157:20
Aufruhrs E:V-170:21

aufrütteln
aufzurütteln E:M-113:6

Aufsatz
Aufsatz KS-301:2; 329:14; 387:6; 453:32; 454:4,6,24,30,34; 455:34; 457:8 (11)
Aufsätze KS-454:3,13; 455:9; 456:24
Aufsätzen KS-396:31; 421:1,29; 454:8
Aufsatzes KS-455:13; 456:7

aufsätzig
aufsätzig   KS-333:9

aufschieben
aufschieben   E:Z-258:28
schob   E:AN-276:11

aufschlagen
aufgeschlagen   E:C-226:36; 227:12; KS-398:19
aufgeschlagene   E:C-226:20
aufschlagen   E:B-197:16
aufschlug   E:K-83:30; E:M-128:33; E:Z-251:30
aufzuschlagen   E:V-172:30
schlug   E:K-44:7

aufschließen
aufschloß   E:K-9:31

Aufschluß
Aufschluß   E:K-98:19
Aufschlüsse   E:K-30:14
Aufschlüssen   KS-392:4

aufschneiden
schnitt   KS-413:12

aufschrecken
aufgeschreckt   E : AN-276 : 30;   KS-355:28

aufschreiben
aufschreiben   E:K-92:14; KS-308:29
aufschreibt   E:K-45:8
schreib   E:K-92:17

Aufschub
Aufschub   E:K-48:38

aufschwingen
aufschwingen   E:K-28:23

aufsehen
aufsehen   E:F-210:23
aufzusehen   E:M-131:27; E:V-193:29

Aufsehen
Aufsehen   E:B-197:8
Aufsehn   E:E-144:25

Aufseher
Aufseher   E:V-160:14; KS-441:29

aufsetzen
aufgesetzt   E:K-39:14; 47:14; 55:37; E:Z-233:15; KS-437:13
aufgesetzter   E:K-25:31
aufsetzen   E:K-23:8; E:V-187:4
aufsetzte   E:K-39:24; 60:36; E:M-106:4
setzt   E:AN-264:29
setzten   E:Z-233:30

aufseufzen
seufzte   E:K-35:2

Aufsicht
Aufsicht   E : F-200 : 7;   201 : 37;   E : AB-287:16; KS-410:23

aufsitzen
aufsitzen   E:K-35:4; KS-325:8
aufzusitzen   E:K-34:24; 84:19

aufsparen
sparen   E:V-167:18

aufspringen
sprang   E:M-110:3; 118:21

aufspüren
aufspürten   E:AN-268:17

aufstapeln
aufgestapelt   E:C-223:11; E:Z-252:10
aufgestapeltes   E:V-171:21

aufstecken
aufstecken   KS-331:30

aufstehen
aufgestanden   E:K-68:6; E:V-162:17; 193:11; E:B-196:29; E:F-204:5; KS-350:30
aufgestandener   E:K-66:6
aufstand   E:K-27:22; 102:9; E:M-117:35; 118:32; 129:9,21; 136:3; 141:12; E:E-154:4; E:V-162:27; 172:12; 177:28; 178:1; 183:28; 192:17; E:B-196:15; E:F-210:38; E:Z-239:29; KS-321:27; 354:36   (20)
aufstanden   E:Z-247:14
aufstehe   KS-355:3
aufstehen   E:M-106:36; 116:36; E:B-197:3; 198:33; E:F-211:2; KS-368:6
aufstehend   E:C-222:23
aufsteht   KS-317:10
aufzustehen   E:B-196:11
stand   E:K-20:25; 28:29; 47:35; 48:23; 80:14; E:M-122:15; 125:37; 132:6; 137:2; 140:16; 142:28; 147:33; E:V-178:34;

179:24; 187:17; E:F-214:16; E:C-226:31;
E:Z-232:29; 237:28; 244:20; 245:22;
E:AN-281:25; KS-442:31   (23)
standen   E:V-192:36
stehen   E:M-135:33; E:C-224:14
stehn   E:M-141:6,7
steht   E:K-82:37; E:AN-272:36; 276:34;
KS-444:7

aufsteigen
aufgestiegen   E:E-153:13; KS-390:35;
393:1
aufsteigen   KS-390:8
aufstieg   KS-392:20
stiegen   E:K-39:17

aufstellen
aufgestellt   E:K-31:1; E:F-207:27;
208:8; E:Z-245:25; KS-381:26; 391:25;
402:36; 407:18; 415:32
aufstelle   KS-302:34
aufstellen   E:Z-237:19; KS-326:28
aufstellte   E:C-217:16; E:VAR-294:30;
KS-369:31
stellt   E:AN-269:5

Aufstellung
Aufstellung   E:F-210:26; KS-333:24

aufstoßen
aufstößt   KS-319:5

aufstreben
aufstrebendes   E:V-168:35

aufstützen
aufgestützten   E:V-168:18

aufsuchen
aufgesucht   E:M-108:35
aufsuchen   E:K-11:28; KS-392:29
aufzusuchen   E:M-129:37; E:V-165:2;
E:F-210:5; E:C-223:38; E:Z-241:36; KS-
388:29
sucht   E:M-137:4; E:E-158:9

Auftrag
Auftrag   E:K-23:34; 95:4; 97:6; E:V-
181:4; E:Z-239:17; KS-372:5
Auftrage   E:K-34:18; KS-372:7
Aufträgen   E:K-22:11; 86:11; E:VAR-
292:32

auftragen
aufgetragen   E:K-48:38; E:V-180:38;
KS-352:36
auftrug   E:K-99:12
trug   E:K-85:27; 95:37; E:V-182:16; E:Z-
249:35

auftreiben
aufgetrieben   E:K-40:24; E:V-169:35;
E:AN-268:13
aufzutreiben   E:M-138:14; E:V-165:5

auftreten
aufgetreten   E:K-88:12
auftrat   E:K-77:20; KS-348:32
aufträte   E:K-88:8
aufträten   KS-333:7
auftreten   E:Z-243:7; KS-414:28
auftritt   E:AN-273:26; KS-428:31; 457:4
auftritten   E:M-105:38; E:F-211:10
aufzutreten   E:K-89:12
trat   E:K-92:34

Auftritt
Auftritt   E:K-13:25; 63:4; E:M-118:36;
123:18; E:V-185:1; E:F-208:36; E:C-
223:29; KS-321:14
Auftritte   E:M-130:29; 131:4; 136:25;
E:C-216:14; 218:5; 221:18; E:VAR-
293:32; 295:19

auf- und abgehen
ging   E:K-25:38

auf- und niedergehen
ging   E:AB-289:22
niederging   E:M-115:37

auf- und niederführen
führte   E:E-153:5

Auf- und Niederschwebung
Auf- und Niederschwebungen   KS-
390:36

Aufwand
Aufwand   KS-338:16; 410:31

aufwärmen
aufwärmen   KS-330:32

aufwecken
aufgeweckt   E:K-90:31
aufzuwecken   E:F-213:2

aufweisen
aufzuweisen   E:Z-244:2; KS-379:7

aufwerfen
aufgeworfen   E:E-153:34
aufgeworfene   E:AB-288:27

aufwiegen
aufwiegen   KS-307:19
wiegt   KS-312:33

Aufzug
Aufzug   E:F-208:24
Aufzuge   E:K-43:36

Augapfel
Augapfel   E:E-156:10

Auge
Aug   KS-345:13; 419:10; 434:16
Auge   E:K-30:15; 73:33; 83:2; 103:4;
    E:M-138:29; E:E-146:34; 152:19; E:V-
    168:14; 179:6; E:F-201:2; 209:7,15; E:Z-
    236:24; 249:24; E:AN-265:8; 266:32,
    34; E:AB-286:14; KS-325:33; 337:10;
    344:35; 345:13; 348:35; 406:11; 432:32;
    433:5   (26)
Augen   E:K-17:35; 18:27; 28:33;
    30:30; 44:7; 48:23; 55:3; 73:30;
    81:30; 83:30; 87:30; 88:2; 92:11,20,
    38; 93:6,23; 97:37; 102:3; E:M-108:22;
    115:2; 117:29; 123:20; 125:6; 128:23,
    33; 132:3,9; 134:3; 136:38; 138:27;
    140:25; 142:10; E:E-148:33; 149:14;
    151:31; 152:9; 158:33; E:V-172:6,
    17,30; 177:8; 182:28; 184:38; 185:13;
    186:29; 188:27; 190:38; E:B-198:13; E:F-
    205:14; 206:38; 207:29; E:C-222:34;
    E:Z-234:26; 240:10; 242:24; 247:3,
    6; 251:30; 252:15; 256:38; 259:18;
    260:6; E:AN-265:3; 269:9; 271:4;
    272:28; 278:19; 279:38; E:AB-283:19;
    288:27; E:VAR-293:13; KS-301:17,
    21; 308:26; 319:9; 328:32; 333:17; 341:10;
    343:13; 344:10; 367:2; 368:3; 386:9;
    390:22; 407:21; 421:33; 440:2   (88)

Augenblick
Augenblick   E:K-9:25; 12:4,31; 33:3,
    6; 39:9; 58:14,15; 62:12; 72:34; 81:24;
    83:21; 92:35; 95:14; 97:28; 98:25; 101:9;
    E:M-107:3,9; 108:1,24; 109:18; 113:19,
    28; 114:26; 116:14; 118:26; 125:25;
    129:30; 130:22,36; 137:18; 141:26;
    143:11; E:E-149:11; 152:5; 157:10; E:V-
    163:27; 164:34; 166:17; 167:17; 169:2,
    38; 171:7; 173:13; 180:14; 181:13;

182:22; 183:13; 184:20,28; 185:3;
186:18; 188:25; E:B-198:11; E:F-199:28;
206:23; 207:9; 212:30; E:C-222:3,
19; 223:17; 224:9,16; 225:30; 226:12;
E:Z-235:15; 237:12,16; 242:3,23; 244:24,
33; 246:22; 248:28; 252:14; 254:6,
12; 255:31; 260:29; E:AN-265:9,15; 266:3;
267:29; 269:30; 273:5; 274:7; 279:17;
280:5, 22; E:AB-286:18; KS-305:19;
314:11; 320:25; 328:33; 330:1; 337:25,
35; 343:26,30; 344:3; 354:10; 355:16;
368:9; 369:13; 372:21; 374:35; 375:25,
35; 378:21; 380:9; 406:7; 425:1;
429:6; 435:14; 437:10; 443:35; 444:29,
31   (119)
Augenblicke   E:K-58:21; 72:18; E:M-
    105:14; 115:32; E:E-144:3; 150:33;
    156:37; E:V-174:32; 184:8; E:Z-246:11;
    KS-305:4; 317:6; 393:24; 414:23   (14)
Augenblicken   E:M-122:23; E:E-147:28;
    148:22; 151:37; 152:15; E:AN-270:33;
    KS-322:13; 371:4; 400:9
Augenblicks   E:E-147:2,10; E:V-185:20;
    E:F-210:23; E:Z-244:8; 245:15; 253:3;
    KS-361:25; 402:4; 436:7   (10)

augenblicklich
augenblicklich   E:K-54:7; 63:1; 91:19;
    E:M-118:24; 122:12; 123:28; 124:26;
    127:25; 129:18; E:V-186:38; 190:18; E:B-
    198:23; E:F-205:32; 213:27; E:C-218:35;
    E:Z-236:26; 237:27; 238:30; 239:36;
    251:7; E:AN-264:31; KS-330:11; 348:13
                                          (23)
augenblickliche   KS-342:27
augenblicklichen   E:Z-247:1; KS-338:1;
    345:5

Augenlider
Augenlider   KS-327:32

Augenschein
Augenschein   E:K-54:17; 82:21; 86:4;
    E:C-225:4; KS-383:15

augenscheinlich
augenscheinliche   E:Z-258:13; KS-
    405:36
augenscheinlichen   KS-390:3; 404:15

Augenwimper
Augenwimpern   E:M-141:31; E:V-
    172:7; E:Z-234:26

Augenzeuge
Augenzeuge   E:AB-283:12

Augsburg

Augsburg   E:AB-283:23

August

August   KS-390:33; 437:25

Augustinerkirche

Augustinerkirche   E:M-142:1,28

Augustinerkloster

Augustinerklosters   E:Z-251:38; 255:19

aus

aus   E:K-9:3,27,30; 11:31; 12:4; 13:8;
14:34; 17:16,19; 18:12; 19:5,20; 20:1,
35; 21:31; 22:15,31; 24:2; 28:33; 29:14;
30:2,21,23; 32:28; 33:3,4,11; 37:29; 38:16,
21; 39:2,5; 40:14; 41:19; 42:12; 45:20,
23,26; 46:15; 47:18; 49:26; 50:34; 51:6,
34; 52:34; 53:8; 54:22; 56:37; 57:11,
19; 58:2,5,8,10,34; 59:1,12,24,25,
38; 60:26; 61:4,25; 62:16; 63:1,6,
9; 64:6,10; 66:9,33; 67:10,31; 69:5,
8; 71:35; 72:12; 74:25,27,32; 75:17; 76:2,
14,19; 77:19; 78:20,38; 79:24; 81:25;
82:23,35; 83:35; 84:27; 85:32; 86:18;
88:23,38; 89:20,33; 90:17; 91:15,25,
31; 92:10; 94:1,4,19; 95:9; 96:26; 99:26,
28; 100:27; 101:27; 102:7,20; E:M-104:9;
105:35; 106:10,32; 108:1,19,33; 109:16,
18,19,28; 110:29; 113:6; 114:1; 115:11,
32,37; 116:28; 118:18; 119:31; 121:16,
16; 124:36; 125:6,28; 126:5; 127:4,
11,29; 128:23; 129:19,36; 130:34,
35; 132:20; 134:6; 135:4,37; 136:38;
137:1; 138:8; 140:11; 142:36; E:E-144:9,
27; 146:11,17,18,31; 147:15; 148:28;
149:1,14; 150:36; 152:2; 153:16,
32; 155:18,19; 157:36,38; 158:32;
E:V-160:16; 162:15; 164:36; 165:20,
32; 166:7,24; 167:12; 168:15; 169:10;
170:17; 171:27,33; 172:19; 174:22,
35; 175:30; 176:35; 177:14; 178:35;
179:38; 180:23; 181:17,22; 182:29; 183:7;
184:3,13; 185:24; 187:22,34; 188:1,
4,15,22,30,38; 189:26; 190:5; 191:2,
27; 192:19; 194:29; E:B-196:8,11; 198:6,
19,24; E:F-200:18,38; 201:18,25; 202:13,
13,22; 203:6,8,31; 204:25; 205:34;
207:6,12,13,19; 209:19,22; 211:13,
24,34; 212:29; 213:35; E:C-219:12,
15; 221:20; 222:7,34; 223:32,36;
224:26; 226:17; E:Z-229:3,15; 231:12,
22; 232:37; 233:4,25,26; 234:25,34,

37; 235:25,31,36; 236:20; 237:23,25,
32; 238:35; 240:4,10,12,23; 241:1,
16,26; 242:25; 245:1; 246:23; 247:27;
253:21; 255:5,32; 257:34; 258:8;
260:22; E:AN-263:20,29; 264:33; 268:3,
5,28; 269:30; 270:4,26,27; 272:7,
32; 274:28; 276:11,26,33,38; 277:14,
21; 278:31; 279:18; E:AB-283:19; 286:29;
287:33; E:VAR-293:8; 297:8; 298:2; KS-
301:12,16; 302:1; 303:29; 308:33,36;
309:20; 310:22,33; 312:4; 314:27; 317:1,
14; 318:1; 319:12,20,25; 320:27; 322:3,
23; 324:25; 325:10,18; 326:3; 328:13,
25,30; 329:28; 330:20,36; 331:28,32,
33; 332:13; 333:7,15; 334:25; 335:10,
15; 337:27; 340:29; 342:7; 343:24; 346:18;
348:5,9,30; 352:31; 355:27; 366:19; 368:3;
371:7; 373:34; 374:13; 376:16; 377:2,7,
7; 380:11; 382:23; 383:3; 384:5; 386:7;
388:9,17; 389:7; 392:35,36; 393:31;
397:12; 398:9,14,36,37; 399:10,11; 401:2,
37; 402:29,31; 403:5; 405:12,18; 411:17,
20; 412:34; 413:25; 415:30; 416:10,26,
33; 418:29; 419:2,8,17; 420:10; 424:5,
10; 427:7; 428:13,30; 429:10,19,23; 430:6;
431:10; 432:12,26; 433:19; 434:1; 436:27,
29; 437:31; 440:25; 442:2; 443:19; 453:15,
33; 454:18; 455:19; 456:1,8; 460:9,
10   (443)

Ausbesserung

Ausbesserung   KS-405:36

ausbieten

ausbieten   E:Z-258:9

ausbilden

ausbilden   KS-339:6
ausgebildeten   KS-348:28

Ausbildung

Ausbildung   KS-304:27; 311:11; 392:24

ausbitten

ausbat   E:Z-242:23
ausbitten   E:K-70:4
ausgebeten   E:K-85:35; 100:26; E:E-
157:33
bat   E:K-67:5; 106:12; E:C-217:5; E:Z-
249:37; 256:33; E:AN-268:21
bitte   E:M-111:22

ausblasen

ausgeblasen   E:AN-264:34

ausbleiben
ausbleibt   KS-366:24

ausbrechen
ausbrechenden   E:Z-252:14
ausgebrochen   E:V-170:15; E:F-199:8;
E:Z-240:36
ausgebrochenen   E:V-169:24

ausbreiten
ausbreitete   E:M-128:25; E:E-150:5
ausgebreitet   E:V-165:37; E:Z-253:27;
KS-383:28
ausgebreitete   E:K-21:20
ausgebreiteten   E:M-122:16; E:F-208:8
breiten   E:C-224:5

Ausbruch
Ausbruch   E:V-166:4; 168:37; 173:38;
177:26; KS-397:2

ausbrüten
auszubrüten   E:F-212:10

Ausdauer
Ausdauer   KS-376:13

ausdehnen
ausdehnender   KS-320:8

Ausdehnung
Ausdehnung   KS-457:32; 458:26

ausdenken
ausgedacht   E:F-212:14; E:Z-245:16;
E:AB-283:27

ausdonnern
ausgedonnert   E:C-225:18

Ausdruck
Ausdruck   E:K-30:22; 49:1; 87:28;
E:M-118:6; 122:1; 135:7; E:V-163:25;
170:30; 171:3; 173:10, 22; 177:18,
36; 179:24; 185:34; 192:8; E:C-222:33;
E:Z-244:21; 250:24; KS-313:17; 320:24;
348:9; 408:23; 442:29; 445:12   (25)
Ausdrucks   KS-347:23

ausdrücken
ausdrücken   KS-304:6; 306:37; 316:38;
323:14; 374:29; 440:1
ausdrückt   KS-319:25; 321:10; 374:31
ausdrückte   E:K-36:12,35
ausgedrückt   E:K-100:34; E:M-139:34;
KS-322:37
ausgedrückten   KS-323:2

auszudrücken   KS-303:38; 327:18;
330:14; 369:7
drücke   E:M-110:12
drücken   KS-374:24,25
drückt   KS-374:30; 408:14

ausdrücklich
ausdrücklich   E:K-100:25; E:AN-281:1
ausdrückliche   E:V-178:3; KS-427:2
ausdrücklichen   E:Z-242:12

ausdrucksvoll
ausdrucksvollen   KS-408:24

Ausdrückung
Ausdrückung   KS-322:34

auseinander-eilen
Auseinander-Eilenden   E:M-108:12

auseinandergehen
auseinander gegangen   E:K-68:1
auseinander gehen   E:K-46:10; 52:13;
53:25
auseinander zu gehen   KS-320:33

auseinanderlegen
auseinandergelegt   E:K-85:21
auseinander gelegt   E:K-50:3
auseinander legen   E:K-89:2
auseinander zu legen   E:K-67:27; KS-
451:12
legt   KS-405:20

auseinandersetzen
auseinandergesetzt   E:K-95:33
auseinander setzte   E:K-94:29
auseinander zu setzen   E:Z-244:10

Auseinandersetzung
Auseinandersetzung   KS-386:16
Auseinandersetzungen   E:K-69:5

auseinandersprengen
auseinander gesprengt   E:E-148:16

auseinanderstürzen
stürzen   E:C-223:29

außen
außen   E:M-105:9; KS-320:12

Außenseite
Außenseite   KS-312:37

Außenwerk
Außenwerk   E:M-105:5

außer

außer E:K-36:20; 49:25; 60:25; E:M-123:5; 124:24; E:V-162:10; E:B-198:3; E:F-203:27; 204:30; 206:35; 207:24; 212:3; E:Z-231:4; E:VAR-297:4; KS-385:11; 401:30; 437:33 (17)

äußere

äußere KS-301:25; 302:26; 306:28
äußeren E:Z-230:3; 240:14; KS-302:12, 15,23; 305:31; 308:37; 421:11
äußeres KS-308:9

außerdem

außerdem KS-358:19; 458:30

außerhalb

außerhalb E:K-41:34; E:F-209:26; KS-379:22; 424:30; 425:5

auserlesen

auserlesene KS-400:38

äußerlich

äußerlich KS-305:26,27

äußern

äußern E:K-68:21; KS-301:21; 305:6; 307:34; 308:2; 415:25
äußerte E:K-50:22, 36; E:M-107:19; 112:9, 30; 114:7, 13; 120:19; 123:37; 128:20; E:E-154:4; E:F-208:7; E:Z-232:12; E:AN-265:27; KS-340:33; 341:17 (16)
äußerten E:K-11:35; 66:23
geäußert E:K-90:2; E:V-177:4; 182:33; 186:23; E:C-220:27

außerordentlich

außerordentlich E:M-116:34; 122:2
außerordentliche E:K-9:7; E:M-117:16; KS-415:22
außerordentlichem KS-364:5
außerordentlichen E:K-49:21; E:Z-232:17; 242:8; KS-308:12; 347:9; 452:19
außerordentlicher KS-347:17; 406:26
außerordentliches E:E-144:25; E:B-197:8; KS-338:32; 392:3
außerordentlichste E:AN-269:20
außerordentlichsten E:VAR-292:7; KS-398:21

äußerst

äußerst E:K-40:4; E:M-111:30; 113:30; 120:1; 130:32; 136:18; E:V-190:16; E:C-219:34; E:Z-229:18; 231:25; 232:21;

236:23; 238:19; 239:14; 255:2; E:AN-279:8; KS-396:22 (17)
äußerste E:K-37:25; 89:7; 101:5; E:M-106:30; 107:24; 112:12; E:V-166:35; E:Z-231:8; 249:34; 259:22 (10)
Äußerste E:K-14:1; 50:17; E:F-202:6; KS-380:22
äußerstem E:E-155:15
äußersten E:K-84:18; 89:19; 95:36; E:M-119:11; 141:4; E:F-211:37; KS-329:29; 397:13
Äußerstes E:K-68:27; E:M-113:1

außerstand

außerstand E:AN-277:24; KS-343:37; 370:29

Äußerung

Äußerung E:K-84:25; E:M-108:17; 111:34; 113:9; 117:6; 119:25; 122:37; E:E-157:8; E:V-178:4; E:Z-233:20; 248:12; E:AN-273:27; KS-305:19; 339:8; 387:6; 439:18 (16)
Äußerungen E:M-112:23; E:V-174:13; 178:22; E:C-218:8; E:Z-240:32; 241:19; E:VAR-295:22; KS-311:14; 328:10; 417:7; 439:22 (11)

ausfahren

ausgefahren E:AN-266:35

ausfallen

ausfallen KS-389:12
ausgefallen E:M-115:26
fiel KS-344:38; 345:4

ausfechten

auszufechten KS-377:34

Ausfechtung

Ausfechtung E:K-78:30; E:Z-243:23; 248:37

ausfegen

ausfegte E:K-18:37

ausfertigen

ausfertigen KS-370:12
ausgefertigten E:K-89:5
fertigte E:AN-281:27

ausforschen

auszuforschen E:K-93:35; KS-315:33

ausfragen

ausgefragt E:V-189:6

ausfressen
ausgefressen   E:K-17:38

ausführbar
ausführbar   KS-405:33; 451:11

ausführen
ausgeführt   E: E-156:13; E: C-219:2;
E:AN-269:20
ausgeführte   KS-449:29
auszuführen   E:K-52:31; E:M-133:18
führte   E:K-38:5

ausführlich
Ausführliche   KS-436:15
ausführlichen   KS-424:2
ausführlicher   KS-458:3

Ausführung
Ausführung   E: K-12:12; 96:5; E: V-
186:34; 190:35; E:C-221:13; E:Z-236:9;
KS-310:12; 397:21; 422:19; 443:31;
449:24   (11)

Ausgang
Ausgang   E:K-21:28; 23:24; 63:21,35;
E:M-119:28; 135:13; E:Z-248:16; 258:18
Ausgänge   E:K-32:22; 74:8; E:V-185:33

ausgeben
ausgab   E:K-99:34; E:AN-280:36
ausgeben   E:K-11:37
ausgegeben   E: E-157:16; KS-451:24;
452:5,23; 453:21

ausgehen
ausgehen   KS-425:26
ausgehst   E:K-55:6
ausginge   E:K-55:18
ging   E:M-122:10; 140:24

ausgelassen
ausgelassenen   KS-400:5
ausgelassenes   E: C-216:27; E: VAR-
294:10
ausgelassenster   KS-378:12

Ausgelassenheit
Ausgelassenheit   E: C-219:22; KS-
442:32

ausgießen
auszugießen   E:K-71:15

ausglitschen
glitschte   E:B-196:13

ausgraben
ausgraben   E:K-101:3

Aushängeschild
Aushängeschilde   KS-383:28

aushauchen
hauchte   E:V-193:33; E:Z-260:25

aushauen
ausgehauen   E:K-82:34

auskämpfen
ausgekämpft   E:Z-253:35

auskochen
kochte   E:E-149:5

auskommen
ausgekommen   KS-424:22
auszukommen   E:K-42:38

Auskunft
Auskunft   E: K-23:36; 88:36; E: E-
147:18; E:F-204:30; E:C-220:33; 228:1;
KS-383:30; 405:17; 437:22

auslachen
auslachen   E:M-123:25
lachte   E:B-197:2

Ausland
Ausland   E:K-9:19; KS-365:24; 415:11,
18; 459:14
Auslande   KS-420:3
Auslandes   KS-458:5,32

Ausländer
Ausländer   E:K-49:28

ausländisch
ausländischen   KS-416:27

auslassen
auslassen   E:K-27:4; E:C-219:24
ausließ   E:M-124:37
auszulassen   E: M-111:29; E: Z-241:7;
KS-371:29
ließ   E:K-13:21

Auslassung
Auslassungen   KS-419:30

auslegen
auslegen   KS-456:29
auszulegen   E:Z-248:24

Auslegung
Auslegung   E:K-76:1; KS-400:18

auslesen
ausgelesen   E:C-227:5

ausliefern
ausgeliefert   E:K-88:4; KS-456:13
ausliefere   E:K-36:35
auszuliefern   E:K-22:9; 34:15; 79:3;
    97:26

Auslieferung
Auslieferung   E:K-78:9

ausmachen
ausmachen   E:F-210:6
machen   KS-338:27

ausmessen
auszumessen   KS-377:36

ausmitteln
ausgemittelt   KS-424:29
ausmittelte   E:Z-231:36
auszumitteln   E:K-60:32; 93:18; 94:3;
    E:C-219:27
mittelte   E:Z-257:3

Ausnahme
Ausnahme   E:M-128:17; E:F-202:8;
    E:AN-265:30; KS-438:26

ausnehmen
ausgenommen   E:K-34:13; KS-341:4
ausnehmend   KS-389:18
ausnehmender   E:V-172:5
ausnimmt   KS-401:6
nähme   KS-402:11

ausplündern
ausplündern   E:V-177:12
ausplünderte   E:AN-268:15

Ausplünderung
Ausplünderung   KS-369:20

ausprägen
prägt   KS-319:36

ausputzen
auszuputzen   E:V-161:21

ausrichten
ausrichten   E:Z-239:8
auszurichten   E:K-49:20; E:F-213:21;
    KS-384:27

Ausruf
Ausruf   E:AB-283:16

ausrufen
ausgerufen   E:AB-284:28
ausrief   E:K-11:11; 45:2; E:V-174:25;
    E:F-208:20; E:Z-233:11
rief   E:E-156:13
riefen   E:M-119:20

Ausrufung
Ausrufungen   E:C-224:2; E:Z-247:13

ausruhen
ausgeruht   KS-391:1
ausruhen   E:K-36:7
auszuruhen   E:E-149:37; E:V-175:38;
    E:C-224:6; E:AN-267:29
ruhete   E:K-34:26

ausrüsten
ausgerüstet   E:K-40:25; E:Z-248:32
ausrüsten   KS-337:4

Aussage
Aussage   E:K-15:3, 3; 16:33; E:M-
    120:26; E:Z-237:12; 241:38; 244:17;
    255:24; 258:12,23; KS-391:12; 426:17
    (12)
Aussagen   E:K-69:35

aussagen
sagte   E:K-57:22
sagten   E:K-57:13 E:AB-289:2; E:VAR-
    297:17

ausschelten
schalt   E:AN-266:16

ausschicken
ausschickte   E:K-41:31; E:Z-241:36
schickte   E:K-33:34
schickten   E:V-165:3

ausschlagen
ausgeschlagen   E:V-172:21
ausschlüge   E:K-89:34

ausschließen
ausgeschlossen   KS-307:3; 412:12;
    448:19
ausschließe   KS-394:33
ausschließendem   E:M-126:20
ausschließendes   KS-410:18

Ausschließung
Ausschließung   E:Z-232:19

Ausschluß
Ausschluß KS-451:25; 452:2

ausschmücken
ausgeschmückt KS-398:34

ausschreiben
ausgeschrieben KS-400:4,17; 401:36
ausgeschriebenen KS-400:16
ausschreibt KS-394:12
ausschrieb KS-402:10

ausschütten
ausschütte KS-324:22
schüttet KS-399:23
schüttete E:K-59:5

ausschweifen
ausgeschweift E:K-9:16
ausschweifendem KS-414:9
ausschweifenden E:Z-231:27; 258:3;
   KS-442:23

Ausschweifung
Ausschweifung E:C-219:32

aussehen
aussah KS-346:11,13,15
aussehe E:K-99:16
aussehen KS-335:1
aussieht KS-346:17; 373:22
sieht KS-383:11

aussenden
aussandte E:K-37:5

aussetzen
ausgesetzt E:K-29:2; E:M-104:31; E:V-
   187:6; 189:23; 190:22; E:F-205:36; KS-
   336:10; 440:25; 443:7
ausgesetzten E:AB-287:11
aussetzen E:K-41:33; 65:4; E:M-113:12;
   KS-366:1
aussetzte E:K-73:24; E:AB-291:3
auszusetzen E:F-201:23; E:C-224:17;
   KS-335:19

Aussicht
Aussicht E:K-34:21; 36:19; 82:35; E:E-
   148:3; E:F-209:4; KS-303:5,15; 308:18,
   22

aussöhnen
ausgesöhnt E:M-130:27; KS-406:12

Aussöhnung
Aussöhnung E:V-173:15

ausspannen
ausspannen E:K-74:3
spannte E:K-12:37

aussprechen
ausgesprochen E:F-207:4; E:C-227:34
ausgesprochenen E:K-78:35
aussprechen KS-375:13
ausspricht KS-455:1
auszusprechen E:Z-254:13; KS-328:9;
   423:1; 444:27
sprach E:AB-287:30; E:VAR-297:38

aussprengen
sprengte E:K-65:37

Ausspruch
Ausspruch E: M-122:24; E:Z-244:11;
   248:35; E:AN-270:24; 281:8

ausspucken
ausspuckt E:AN-265:8

ausstatten
ausgestattet E:Z-244:29

Ausstattung
Ausstattung E:F-202:3

ausstehen
ausgestandenen E:Z-250:21

aussteigen
ausgestiegen E:M-136:28
aussteigen E:AN-273:12
auszusteigen KS-390:17
stieg E:M-133:34; E:F-199:30

ausstellen
ausgestellt E:K-37:31; E:F-205:33; KS-
   440:34
ausgestellte KS-449:32
ausgestellten E:K-54:30
stellte E:V-187:8

Ausstellung
Ausstellung E:AN-266:14; KS-399:16;
   419:3; 453:26
Ausstellungen KS-446:19; 450:7

ausstoßen
ausgestoßen E:AN-281:17

ausstrecken
ausgestreckt E:K-29:26
ausstrecken KS-413:22
ausstreckte E:F-199:18
streckte E: M-125:17; 137:21; E: V-
   162:5; 193:14; KS-445:17

ausstreifen
streifte E:K-15:5

ausstreichen
auszustreichen E:Z-241:27

ausstreuen
ausstreute E:K-41:14
streute E:K-34:16; KS-435:15

aussuchen
ausgesuchteste E:AN-273:21

austauschen
austauscht KS-450:5

austeilen
austeilen KS-389:21

Austeilung
Austeilung KS-452:17

Austern
Austern KS-325:2; 367:21

austreten
ausgetreten E:AN-280:5
trat KS-331:28

ausüben
ausgeübten E: K-53: 19; 68: 11; KS-
434:27
auszuüben E:K-50:12
üben E:Z-249:12

aus- und einlaufen
aus- und einliefen E:K-18:19

Auswahl
Auswahl KS-409:36; 444:34

auswählen
ausgewählten E:AN-269:6

auswärtig
auswärtige KS-444:20; 453:8
Auswärtige KS-451:32; 452:9
auswärtigen KS-419:24
Auswärtiger KS-455:15
auswärtiges KS-418:18

Auswechselung
Auswechselung E:K-48:5

ausweichen
ausweichen E:M-124:31; E:AB-284:18
ausweichend E:AB-283:14
ausweichenden E:Z-260:2
auswich E:K-43:35; E:M-141:14; E:Z-
237:29
auswichen E:K-44:8
auszuweichen E:M-113:2; 122:30
weicht E:B-198:18
wich E:M-129:22; 137:31; E:Z-257:35;
KS-324:34

Ausweichung
Ausweichungen KS-338:11

ausweinen
ausgeweint E:E-147:32
ausweinen E:F-203:26
weinte E:E-159:9

ausweisen
auswies E:M-143:15

auswendig
auswendig E:M-132:14; KS-324:1

auswerfen
auswarf E:V-160:21

auswirken
ausgewirkt E:K-87:26; E:Z-229:12
ausgewirkten E:K-70:37
auszuwirken E:F-213:34

Auswurf
Auswurf E:M-127:10

auszahlen
auszahlen E:AB-291:2

auszeichnen
ausgezeichnet E:Z-237:6
ausgezeichnete KS-447:16
ausgezeichnetem KS-432:31
ausgezeichneten KS-395:23; 403:32
auszeichnet KS-403:26; 419:16

Auszeichnung
Auszeichnung KS-311: 19; 367: 28;
444:5

ausziehen
auszieht E:V-166:21
auszuziehen E:V-194:3
zieht E:AN-276:24
zog E:K-37:33

Auszug
Auszug   KS-458:4,32

authentisch
authentisch   KS-426:27
authentische   E:AB-288:32; KS-419:31

Autor
Autor   KS-444:18
Autoren   KS-447:6

aux
aux   E:AB-286:7

avancieren
avanciert   KS-367:27

Avril
Avril   KS-384:33

Axt
Äxte   E:V-190:12
Äxten   E:C-216:27

B.
B.   KS-442:16,24,25,32

B...
B...   E:M-119:7

Babekan
Babekan   E : V-160 : 16; 161 : 8, 17, 38;
    162 : 7; 176 : 15; 179 : 15, 24; 185 : 28,
    30; 186:6,36; 187:1; 189:13,30; 190:2,
    6; 191:7   (18)
Babekans   E:V-191:27

Bach
Bach   E:AN-268:30; KS-379:20

Bachus
Bachus   KS-450:13

Backe
Backen   KS-364:8

Bäcker
Bäcker   KS-400:27; 410:3; 456:17

Bäckermeister
Bäckermeister   KS-424:27

Bacon
Bacon   KS-420:21

Bad
Bad   E:K-24:8; E:V-179:3
Bade   E:V-172:2
Bäder   E:AN-272:3

baden
baden   E:AN-274:6
badete   E:AB-287:26; KS-343:18

Baden
Baden   KS-419:22

bagage
bagage   KS-364:14

Bahn
Bahn   E : K-67 : 26; 81 : 6; KS-309 : 15;
    327:34; 335:24; 379:6
Bahnen   KS-309:3

Bahre
Bahre   E : K-31:3; E:Z-247:31; 258:33;
    259:5; 260:10,24

Bajonett
Bajonett   E:AN-275:29
Bajonette   KS-320:38; 321:12

bald
bald   E : K-9 : 27; 25 : 24; 36 : 15; 54 : 9;
    68 : 34, 38; 86 : 10; 94 : 5, 29; 100 : 9;
    103 : 18; E : M-105 : 25, 26; 106 : 2, 4,
    20, 23, 25; 109 : 33; 128 : 17; 130 : 26,
    35; 134:25; 141:16,17; 143:20; E:E-
    148:19; 149:16; 156:28,29; E:V-161:3,
    4; 169 : 14; 171 : 27; 173 : 24; 175 : 18,
    19; E:F-203:3; 204:24; 208:12; 212:25,
    32; E:C-220:31; E:Z-238:22; 247:35;
    256:17; E:AN-271:1; E:VAR-293:29;
    297:21; KS-324:34,35; 325:1; 326:2,
    3; 346:12; 347:21,22,22,23; 376:24; 413:39
                                                (61)

Balken
Balken   E:K-38:14; E:F-202:18,26,29,33,
    35

Balkon
Balkon   E:Z-243:27

Ballade
Ballade   KS-412:34

ballen
geballten   E:AN-269:11; 270:31; 271:3

Ballon
Ballon   KS-388 : 21, 24; 389 : 8, 30, 35;
    390:12,20,25; 391:4,12; 392:23,37; 393:32;
    433:6   (14)
Ballons   KS-389:25

Band

Band E: M-143: 35; E: E-159: 17; E: B-198: 33; E: F-215: 18; E: C-229: 1; E: Z-261: 17; E: AN-283: 1; E: AB-292: 1; E: VAR-298: 12; KS-303: 25; 370: 34; 421:28   (12)
Bande E:AN-276:7
Banden KS-305:35; 325:25
Bänder KS-399:19

Bande

Bande E: K-38: 33; 73: 8; 76: 31; KS-426:18; 428:13,26

Bank

Bank E: K-26: 35; 43: 5; 82: 33; 83: 17; 92:28; E:AN-274:21; KS-369:26; 401:15
Bänke E: K-32:38; E:Z-243:19; 259:14; KS-410:8
Bänken E:C-219:3; E:VAR-296:13; KS-383:27

bankerott

bankerott KS-387:13; 398:20

Bankett

Bankette E:Z-237:4
Banketten E:Z-235:23

bar

bar E:K-26:34; E:AN-264:24; KS-405:23

Bär

Bär KS-344:32; 345:2,4,6,11
Bären KS-344:30; 345:8

Baracke

Baracken E:K-32:1,23

Barbar

Barbaren KS-422:35

Barbarei

Barbarei E:AB-285:18

Barbier

Barbier E:AN-266:13,17

Barmherzigkeit

Barmherzigkeit E:AB-290:25

Bart

Bart E:K-12:25; E:AN-264:23; 266:14, 19; E:AB-288:30

Baß

Bässe E:C-218:24

Base

Base E:V-182:3

Basedow

Basedow KS-332:19

Basel

Basel E:Z-234: 7,20; 236:14; 239:2,8, 34; 240:5,25,29; 241:8,11,31; 243:11,14, 18,32; 254:25; 258:16; 259:19   (19)

Basrelief

Basrelief KS-399:8

bassa

bassa E:AN-265:10,18

Bastard

Bastard E:E-158:20

Bastardkind

Bastardkinder E:V-189:17

Bastardknabe

Bastardknabe E:V-180:4

Bataillon

Bataillon E:AN-275:30

Batarden

Batarden KS-401:21,30

Batterie

Batterie E:AN-269:4,18; E:AB-285:29

Bau

Bau E:K-96:36; E:E-146:1; E:AB-288:1; KS-342:35; 391:30; 442:19
Baus E:C-225:17

bauen

bauen E:K-10:4; E:AB-285:34; E:VAR-293:17; KS-341:2,19
bauend E:K-42:24
baute KS-317:11
gebaut E:C-225:6; KS-354:33; 397:9

Bauer

Bauer E:AB-285:24
Bauern KS-339:16

Bauerhof

Bauerhof KS-425:2
Bauerhöfe KS-424:20

Bäuerin

Bäuerinnen E:E-152:21

Bauernstube
Bauernstube KS-413:38

baufällig
baufällig KS-424:28

Baum
Baum E:K-10:1,10; E:AN-262:5; KS-
342:12; 345:35; 398:6; 432:4
Bäume KS-390:9
Bäumen E:E-150:29; E:V-187:33; KS-
348:36
Baums E:V-188:4

Baumgarten
Baumgarten KS-433:3

Baumschatten
Baumschatten E:E-150:9

baumwollen
baumwollener KS-425:28

Baxer
Baxer E:AN-270:26

Bayern
Bayern KS-373:12; 375:5

beabsichtigen
beabsichtigt KS-417:3
beabsichtigte KS-422:16; 425:34; 427:4

beachten
beachtete KS-330:9

Beamtenpersonal
Beamtenpersonale KS-402:19

Beamter
Beamten E:Z-231:36; KS-422:15

Beängstigung
Beängstigung E:M-124:28

beantworten
beantworten E:K-75:23
beantwortet E:K-27:31; E:V-162:4

bearbeiten
bearbeiten E:K-88:34
bearbeitet KS-412:33

Bearbeitung
Bearbeitung KS-431:4

beauftragen
beauftragt KS-437:30; 440:3
beauftragte E:K-74:33

beben
Beben E:C-218:19; E:Z-237:20
bebend E:V-190:14
bebenden E:K-59:33; E:V-177:19
bebender E:K-35:23

Becher
Becher E:K-11:5; 80:13,25; E:V-168:16

Beckedorff
Beckedorff KS-453:25

bedauern
bedauern KS-369:21
Bedauern E:K-50:22; E:M-130:11; KS-
394:13
bedauerte E:M-107:16; 108:13,35

bedauernswürdig
bedauernswürdig E:F-205:2

bedecken
bedeckt E:K-79:36; E:M-143:10; E:E-
150:9; E:C-225:14; E:AN-264:5; 266:28;
E:AB-287:22
bedeckte E:V-162:30; E:F-212:27; KS-
411:28
bedeckten E:K-33:7; 63:20

Bedeckung
Bedeckung E:K-81:38; 84:5; E:F-200:3;
KS-403:6

Bedenken
Bedenken E : K-50 : 26; E : V-173 : 3;
190:23; KS-371:27

bedenken
bedachte E:M-127:14
bedenke E:K-51:1; KS-328:35
bedenken E:K-10:30
bedenkt KS-400:3

bedenklich
bedenklich E:Z-232:13; 249:10; 253:5
bedenkliche E:B-196:19
bedenklichen E:K-26:23; 69:20,31
bedenklicher E:F-199:13
bedenklichsten E : C-218 : 5; E : VAR-
295:19

Bedenklichkeit
Bedenklichkeit E:K-49:21
Bedenklichkeiten E:Z-235:6

Bedenkzeit
Bedenkzeit E:M-112:26

bedeuten
bedeute   E:F-206:4
bedeuten   E:K-27:14; 62:25; 71:4; 82:6; 88:27; E:V-163:4; E:AN-263:6; KS-440:33
bedeutet   E:K-55:16; E:V-163:35
bedeutete   E:V-186:15; 187:3; KS-442:26

bedeutend
bedeutende   KS-421:9; 435:36
bedeutendem   E:E-157:10
bedeutenden   E:K-50:28; E:M-104:4; KS-457:18
bedeutender   E:K-44:24; KS-395:2
bedeutenderes   E:K-65:23
Bedeutendes   KS-333:27
bedeutendsten   E:K-21:23; KS-395:22; 446:6; 458:12; 459:1

Bedeutung
Bedeutung   E:K-65:14; E:V-190:9; E:F-208:11; E:Z-244:34; KS-348:10; 411:29

bedeutungslos
bedeutungslosen   KS-412:2

bedeutungsvoll
bedeutungsvolle   KS-304:25

bedienen
bediene   KS-320:7; 348:1
bedienen   E:K-14:14; 50:2; 72:28
bedient   E:K-79:37; 85:18; E:C-227:9; KS-428:15
bediente   E:V-182:38; KS-443:14

Bedienter
Bediente   E:M-114:29; E:V-164:27; E:F-204:26; KS-400:21,29; 434:29
Bedienten   E:K-94:14; E:M-114:28; 128:20; 132:20; E:V-165:3; E:B-197:29; E:AB-289:9; KS-400:35; 402:23, 24   (10)
Bedienter   E:AN-268:32

bedingt
bedingte   KS-365:31

Bedingung
Bedingung   E:K-53:9; E:AN-277:35; KS-330:15,15,16,16; 379:16
Bedingungen   E:K-56:6; KS-418:9

bedingungsweise
bedingungsweise   E:K-53:23

bedrängen
bedrängt   E:K-23:38
bedrängten   E:K-79:6; 82:31; E:V-167:24

Bedrängnis
Bedrängnis   E:K-78:21; E:C-217:21; E:Z-245:15; E:VAR-294:35
Bedrängnisse   E:M-104:29
Bedrängnissen   KS-396:36

bedrohen
bedroht   KS-380:10
bedrohte   E:K-33:5; E:E-145:3

bedürfen
bedarf   E:K-45:31; E:M-122:4; KS-315:24; 317:25; 336:23; 365:4; 392:24, 30; 407:26; 410:22   (10)
bedarfst   KS-348:2
bedürfe   E:K-23:15; 29:17; 55:14; 69:27, 36; 73:19; 76:18; E:V-190:27; KS-391:8; 408:7   (10)
bedurfte   E:K-44:21; 60:11; 86:16; E:M-135:27; E:F-206:16,32; KS-375:17; 406:1
bedürfte   E:K-67:31

Bedürfnis
Bedürfnis   KS-326:27; 329:11; 403:31; 415:27
Bedürfnisse   E:AN-275:7; KS-398:8,34
Bedürfnissen   KS-433:31

bedürftig
bedürftig   E:V-166:20

beehren
beehren   E:Z-253:9; KS-454:11
beehrten   KS-457:16,29; 458:24

beeifern
beeiferte   E:V-163:20; KS-443:37

Beeiferung
Beeiferung   E:M-129:29; 141:36; E:F-204:22

beeilen
beeilten   E:Z-258:17

beeinträchtigen
beeinträchtige   E:K-51:4

beendigen
beendigt   KS-448:11

Beendigung
Beendigung   E:V-191:30; E:Z-252:30;
E:VAR-296:27; KS-382:27

befallen
befallen   E:M-109:14

befangen
befangen   E:K-51:34; E:Z-234:6; KS-
324:19; 326:3; 376:31; 434:21

befassen
befassen   E:K-62:28; KS-387:2; 388:5;
410:6,22

Befehl
Befehl   E:K-23:5; 62:21,31; 72:19; 73:25;
76:30; 87:17,26; 88:7,10; 93:36; 99:36;
E:M-106:20; 108:9; 125:35; 126:34; E:E-
144:28; 151:35; E:V-178:32; 191:31;
E:F-200:2; E:C-222:2; 223:9; 224:27;
225:31; E:Z-242:12; 247:28; 259:32;
E:AN-266:12; 270:8; E:AB-287:15; 290:8;
E:VAR-297:24; KS-320:35,37; 331:15,
24; 430:12; 436:28   (39)
Befehle   E:K-43:31; 72:33; E:M-106:23;
131:16; KS-321:5,7
Befehls   E:M-129:19; E:V-190:31

befehlen
befahl   E:K-61:36; 91:18; E:M-107:29;
E:V-162:32; 163:29; 164:10; 180:5; 181:8;
183:11; 184:18; 186:36; E:B-196:10;
E:F-215:15; E:C-218:18; E:Z-232:16;
237:25; 239:4; E:AN-265:30; E:AB-290:2;
E:VAR-295:31; KS-331:12   (21)
befehle   E:M-114:35
befiehlt   KS-357:22
befohlen   E:K-29:32; E:M-131:8; E:V-
171:22; E:C-217:29; 226:2; E:Z-250:8;
E:VAR-295:5; KS-329:8; 337:12; 357:35;
390:17; 430:25   (12)

befehligen
befehligt   E:VAR-297:10

Befehlshaber
Befehlshaber   E:M-107:14; 109:4

befestigen
befestigen   E:K-64:8
befestigt   E:K-58:17; E:M-141:21;
E:AB-283:29; KS-443:18
befestigte   E:E-145:29
befestigten   KS-340:25

befeuchten
befeuchtet   E:K-92:22
befeuchtete   E:Z-245:19

befinden
befand   E:K-22:12; 33:28; 42:7; 78:22;
93:16; 99:9; 100:9; 101:14; E:E-146:9;
E:V-174:34; 175:9; 187:12; E:B-196:2;
E:F-202:25; 206:25; E:C-224:28; E:Z-
241:5; E:AN-271:31; 272:12; 277:10;
279:5; E:AB-287:20; KS-324:34; 344:17;
388:35; 402:34; 407:9   (27)
befände   E:M-124:34
befanden   E:K-60:17; 91:4; E:V-161:32;
E:C-218:37; 219:31; E:Z-241:2; E:AN-
269:25; E:VAR-296:8; KS-355:36
befinde   E:K-42:17; 52:3; 97:9,16; E:M-
107:12; 110:9; E:V-180:28; E:F-211:4;
E:C-217:36; E:Z-249:30; E:VAR-295:12
(11)
befinden   E:K-85:3; KS-400:38; 433:22
Befinden   E:C-226:5
befindet   E:V-162:11; 164:25,33,37;
166:16; 177:35; KS-320:13; 341:34;
343:25; 397:30; 399:15; 407:26; 419:5;
425:34; 429:6   (15)
befunden   E:K-65:29; 77:31; 80:6; E:E-
144:11; 149:4; E:V-186:26; KS-323:30;
452:20

befindlich
befindlich   E:K-34:31; 42:3,5; 81:16;
82:6; 101:4; 102:23; E:M-108:5; E:V-
163:23; 168:34; 184:20,29; E:AN-277:3;
279:30; KS-397:3,35; 398:7; 415:14
(18)
befindliche   E:Z-245:23; KS-459:37
befindlichen   E:K-22:6; 54:29; 56:31;
70:38; 83:32; 86:9; 92:23; 102:18; E:V-
180:26; 181:11; E:C-224:15; E:Z-243:26;
245:35; 246:14; KS-392:10   (15)
befindlicher   KS-372:25
befindliches   E:K-83:24; E:C-225:33

beflecken
beflecken   E:K-67:1
befleckt   E:Z-245:19

beflügeln
beflügelte   E:M-118:30

befolgen
befolgte   E:M-106:23

Befolgung
Befolgung   E:K-66:6

Beförderer
Beförderer   KS-451:3

beförderlich
beförderlich   KS-395:5

befördern
befördern   E:Z-236:14; 240:5; KS-388:7

Beförderung
Beförderung   KS-385:20; 432:9; 454:21

befragen
befragen   E:C-227:29; KS-319:7
befragt   E:K-62:26; 73:12; KS-390:14
befragte   E:K-11:23; E:M-130:5; E:AN-267:21; KS-320:35

befreien
befreien   E:V-188:31; 191:3; KS-360:8
befreit   E:K-74:2; E:E-157:7,13; E:V-180:32
befreite   E:K-17:1; 62:24; E:V-171:37; 189:20
befreiten   E:Z-246:7; 247:26

Befreier
Befreier   KS-375:7

Befreiung
Befreiung   E:K-74:32; 76:14,29; E:V-188:15; 193:27; KS-351:2; 426:22; 448:23

befremden
befremde   E:K-89:7
befremden   E:K-34:36; 44:4; 67:7; 83:9; E:F-206:36; E:Z-232:9; E:AN-269:33
befremdend   E:B-197:11; KS-388:24
befremdende   E:K-99:29; E:C-227:27; E:Z-231:4
befremdenden   E:K-103:2; E:Z-232:3
befremdender   E:K-70:25
befremdendes   E:C-223:21
Befremdendes   KS-392:2; 423:3
befremdet   E:K-25:10; 48:29; 100:33; E:C-223:12
befremdete   E:K-21:38; KS-422:35

befremdlich
befremdlicher   E:K-85:10

befriedigen
befriedige   E:M-111:25
befriedigen   E:F-209:5; 214:38; KS-390:19; 426:27; 452:17
befriedigend   E:K-67:27
befriedigende   E:K-23:36; 82:2
befriedigt   E:K-81:25; KS-403:32

Befriedigung
Befriedigung   E:K-64:3

befruchten
befruchtet   E:M-121:11

Befruchtung
Befruchtung   KS-323:4

befugt
befugt   E:K-46:5; 50:11; 60:33; 65:9; KS-460:29

Befugnis
Befugnis   E:K-50:1; 69:10

befühlen
befühlte   E:E-146:31

befürchten
befürchten   E:K-97:17; E:V-162:23; 175:10; 191:6; E:F-212:3

begeben
begab   E:K-13:9; 33:19; 55:21; 67:2; 71:38; 74:3; 81:3; E:V-183:11; 184:36; 187:14; E:F-205:32; E:C-220:1,32; E:Z-256:38; E:AB-290:23; 291:5   (16)
begaben   E:K-58:9
begeben   E:K-23:6; E:M-106:13; 109:6; E:C-218:13; E:Z-238:34; 260:29; E:AN-273:17; E:AB-289:22; E:VAR-295:26; KS-441:8; 445:11   (11)
begibt   E:AN-266:9; KS-450:4

Begebenheit
Begebenheit   E:K-17:4; E:M-104:2; 131:12; E:E-159:7; E:F-203:29; 208:4; E:C-219:11; 220:33; 224:37; E:AB-286:22   (10)
Begebenheiten   E:Z-240:24; KS-361:23

begegnen
begegne   KS-326:13
begegnen   E:K-40:28; E:Z-243:5; 246:1; KS-343:32; 380:31; 405:8; 441:23
begegnende   E:E-146:2
begegnet   E:K-36:11; E:AB-289:25; KS-380:8; 422:12
begegnete   E:M-105:20; E:E-147:36; 148:37; E:F-205:21

begehen
begangen   E : K-66 : 16;   78 : 26;   96 : 19;
E : M-112 : 18;   E : V-175 : 8;   178 : 19;   E : C-
216:17;   218:14;   E:Z-234:29;   E:AN-274:5;
E : AB-285 : 32;   E : VAR-293 : 35;   295 : 28;
KS-426:35   (14)
begehen   E:AB-289:38; KS-316:2
begeht   E:AN-276:23; KS-359:23
beging   KS-316:2

begehren
begehren   E:C-223:7; 224:21; KS-448:23
Begehren   KS-437:27
begehrst   E:K-48:9
begehrt   E:K-98:23; E:V-162:20
begehrte   E:K-78:13; 83:2; E:Z-258:37
begehrten   E:Z-241:27

Begehrung
Begehrungen   KS-331:7

begeistern
begeistern   KS-304:15

Begeisterung
Begeisterung   E:E-154:4; E:C-218:32;
E:VAR-296:5; KS-320:20; 321:23; 328:25;
375:24; 445:19

Begierde
Begierde   E : V-175 : 32;   E : F-206 : 31;
209:3,16; E:Z-256:7

begierig
begierig   KS-412:36

Beginn
Beginn   E:Z-243:29; E:AN-269:3

beginnen
begann   E:K-90:28; E:E-155:24; E:F-
209:30; E:Z-229:7; E:AN-278:12
beginnen   E:C-216:28; 217:11; E:AN-
269:10; E:VAR-294:10,25; KS-435:14;
444:34; 446:9
Beginnen   E:C-223:21; E:VAR-297:18
beginnt   E:Z-244:29

Beglaubigung
Beglaubigung   E:K-85:35

begleiten
begleiten   E : K-72 : 19;   E : Z-256 : 18;
E:AB-289:9
begleitenden   E:K-24:9

begleitet   E : K-40 : 15;   55 : 22;   61 : 9, 31;
94:14; 101:32; E:F-205:38; E:Z-230:31;
232:23; 243:32; KS-302:3; 305:31; 443:32;
447:26; 449:33   (15)
begleitete   E:K-80:3; E:M-115:5; E:F-
215:16; E:AN-270:16; KS-309:29
begleiteten   E:E-145:25; E:VAR-292:25

Begleiter
Begleiter   E:K-103:9

Begleiterin
Begleiterin   KS-416:4

Begleitung
Begleitung   E : K-39 : 3;   55 : 38;   58 : 10;
72:36; 73:13,27; 74:3,38; 100:23; E:M-
106:16; E:F-207:11; E:C-220:1; E:Z-
240:5; 247:31; 250:14; 252:29; KS-371:20
                                                    (17)

beglücken
beglücken   E:M-111:26
beglückend   KS-308:12,19
beglückende   KS-309:2
beglückenden   KS-306:7
beglückt   E:M-111:12

Begnadigung
Begnadigung   E:AN-281:27; 282:7

begnügen
begnügen   E:K-81:1; E:V-167:17; KS-
422:28
begnügte   E:F-205:17

begnügsam
begnügsam   KS-307:35

begraben
begraben   E : K-57 : 24;   103 : 15;   E : F-
200 : 13;   214 : 7;   E : AN-265 : 33;   266 : 20;
277:6; E:AB-284:34; KS-376:26; 429:18
                                                    (10)
begrub   E:E-145:34; E:AN-277:28; KS-
429:14

Begräbnis
Begräbnis   E:K-82:11; E:AN-268:30
begräbnisses   E:K-46:28; E:F-205:11

Begräbnisort
Begräbnisort   KS-403:15

Begräbnistag
Begräbnistag   E:K-30:38

begreifen
begreife E : M-115 : 37; 135 : 23; E : V-
186:10; KS-320:16
begreifen E : C-227 : 11; KS-317 : 22;
344:15; 345:21; 346:24; 380:30; 402:4
begreifst E:K-92:24
begreift E : K-57 : 25; E : Z-257 : 12; KS-
332:4; 420:16
begriff E:M-126:15; E:E-146:37; 147:27;
E:V-163:3; 186:30
begriffe E:K-52:8
begriffen E:K-92:30; E:V-190:33; E:C-
220:13; E:Z-249:37; KS-317:15; 319:22;
320:23
begriffenen E:K-67:30
begriffenes E:V-164:22

begreiflich
begreifliche E:F-201:13
begreiflicheren E:Z-254:3

Begriff
Begriff E:K-35:26; 38:25; 47:33; 99:12;
E:M-112:19; E:V-163:9; 190:12; E:F-
214:30; E:Z-233:8; 236:8; 260:36; KS-
304:9; 329:1; 340:3; 387:14   (15)
Begriffe KS-312:1; 323:34; 334:28

begründen
begründet KS-424:24
begründetem KS-447:6

begrüßen
begrüßende KS-334:31
begrüßt KS-444:17

Begrüßung
Begrüßung E : K-80 : 30; E : M-127 : 31;
E:F-211:23
Begrüßungen E:V-188:9; E:Z-239:22

begünstigen
begünstigenden KS-396:22
begünstigte KS-302:20
begünstigtes KS-446:12

Begünstigung
Begünstigung KS-447:20; 449:12
Begünstigungen E : M-139 : 18; KS-
301:20

begütert
begüterten KS-399:34; 401:34
Begüterten KS-398:34
begütertsten E:Z-235:26

behalten
behält E:M-127:14; E:AB-283:19
behalten E:K-18:27; 26:15; 27:4; 86:22;
98:3; E:M-139:21; E:E-154:22; KS-415:26

Behältnis
Behältnis E:K-18:15; E:M-108:4
Behältnisse KS-308:31

behandeln
behandelt E:E-151:18; E:V-170:19; KS-
437:9

Behandlung
Behandlung E : K-86 : 19; KS-436 : 35;
439:35; 440:15; 448:16; 449:21

Behandlungsform
Behandlungsform KS-448:32

beharren
beharrend E : M-110 : 11; E : C-217 : 34;
E:VAR-295:10
beharrte E:K-70:1; E:AN-281:23

behaupten
behaupte KS-304:35
behaupten E : F-213 : 25; KS-304 : 27;
340:37; 372:24; 408:22
behauptet E:K-61:14; KS-352:3
behauptete E:K-16:2; E:M-118:1
behaupteten KS-305:5

Behauptung
Behauptung E : M-121 : 8; E : Z-240 : 11;
KS-339:10; 392:1,18; 406:32
Behauptungen KS-343:4

Behausung
Behausung KS-438:27

behelfen
behelfen KS-398:1

behend
behend E:Z-246:9

beherbergen
beherbergen E:V-167:2

beherrschen
beherrscht KS-353:2

Beherrscher
Beherrscher KS-377:26

beherzigen
beherzige KS-411:5

beherzt

beherzte   E:K-76:22; KS-430:23

Behuf

Behuf   E:AN-266:13; KS-362:13

behufs

behufs   E:K-53:11; 88:24; E:F-205:25;
E:Z-255:34; E:AN-262:13; KS-372:12;
405:32

behülflich

behülflich   E:V-186:32

behüten

behüte   E:K-18:7; 46:25; E:V-164:2

Behüter

Behüter   KS-440:28

bei

bei   E:K-9:23; 10:16; 12:13; 13:1,17; 14:2,
14; 15:33; 16:13; 17:13,15; 21:24,26,34,
37; 22:3,5; 23:13,15,30,32; 24:16; 25:2,5,
7; 26:5; 27:20; 28:1,18; 29:17,33; 30:37;
31:6,20,25,32; 32:8,13,18; 34:13,30; 35:2;
36:18,38; 39:28; 40:30,30; 41:2,9,14,
25; 42:15,17; 44:8; 45:9; 46:11,20,22;
47:14; 48:19; 49:9,31; 50:4,23,24; 51:31;
52:5,17,27,33,36; 53:13,27,31,34; 55:30,
35; 56:23,34; 57:26; 58:29; 59:3,11; 60:6;
61:31; 62:20,29; 63:34; 64:15; 66:2; 67:11,
13,31; 68:7; 69:1,27; 70:3,15,29; 71:2,
7; 72:10,27; 73:12,17,23; 74:14,35; 75:37;
76:16,23,29; 77:20,25; 78:19; 79:7,18;
80:35; 83:16,34; 86:3,20; 87:16; 88:13,
24; 89:11,21; 90:8,10,33; 94:36,37; 95:25,
38; 96:6,10; 97:17,18; 99:32,34; 100:11;
101:38; 102:23; 103:8; E:M-104:14,19,
28; 105:22; 106:33; 107:25,31; 108:33;
109:22; 111:10,17,38,38; 112:13; 113:35;
115:21; 116:17,18; 117:4,20; 118:2; 119:6,
6; 121:29; 124:4; 125:9,18; 127:2; 128:7,
8,22; 129:28; 130:4,31; 131:10,16; 132:32;
133:22,25; 134:16; 135:19; 136:5,23,30;
137:27; 139:1,21; 140:1,12,19; 141:27;
143:5,33; E:E-144:4,22; 148:9,11,32;
149:9; 151:24; 152:3; 153:6; 154:15,18,26;
155:13; 156:2,4,19,28; 157:35; 158:28,34,
35; 159:1,4,7; E:V-160:11,23; 161:10,23;
162:2; 163:19,34; 164:30; 165:4; 166:17;
167:13; 168:17,31; 169:28,32; 170:25;
171:7; 172:10,13; 173:34; 174:37; 175:19;
177:2; 178:4,14,16; 179:4; 185:6,9,36;
38; 186:3,33; 187:10,25,28; 188:28; 189:7,

24; 191:26; 192:9,16; E:B-196:2,9,20;
198:4,18; E:F-200:15; 201:1,6,29; 203:38;
204:16,23; 205:12,14,17,23; 206:28,31;
207:8; 210:9; 211:28; 213:7; E:C-216:24;
218:1,31; 219:4,4,14; 220:28; 221:23;
222:12; 223:28; 224:20; 225:27; 227:1;
228:11; E:Z-232:10,16,17,28; 233:37;
235:11,22,27; 236:7,16,25; 237:22; 238:22;
240:7,15,31; 241:11,21; 242:14; 248:2;
249:23; 250:14,17,23,36; 251:24; 252:1;
254:19; 256:2,9,12,17; 257:2,8; 258:14;
259:12,31; 260:24; 261:7; E:AN-263:12,
30; 265:18; 266:5,17,24; 268:12; 269:12,
25; 270:8,16,18,21; 272:9; 273:24; 275:2,
19; 276:19,22,31; 278:19; 279:9; 280:17;
281:23; E:AB-283:7; 285:7,20; 287:5;
288:1; 289:30; 290:4; E:VAR-292:12;
294:7; 295:15; 296:13,13,22; 297:1; KS-
301:20,22; 302:19; 304:20,27,30,30; 306:8;
307:6,32; 309:27,28; 310:27; 315:3; 317:1;
319:21; 320:38; 321:14,22; 322:34; 323:22;
324:3; 326:36; 331:27; 336:6; 338:32;
339:9,37; 342:2,25; 344:14,30; 347:5,16;
348:27,32,33; 354:7; 364:4,5; 365:12,26;
367:21,25; 368:32; 371:7; 372:1; 373:10;
374:35; 377:29; 378:17; 381:10; 383:7,25,
32; 384:12,31,35; 385:13; 389:5,13; 390:1,
24,28,37,38; 391:2,7; 393:9,22,36; 394:18,
28; 395:18; 397:14,33; 400:27; 401:17;
403:4,10,36; 404:34; 405:25; 406:24,33;
407:12; 408:16; 409:36; 410:8,28,29,29,
33; 411:15; 416:17,28; 417:33; 418:4,
6,26,31; 419:4; 420:34; 421:5; 425:7,
31,33; 426:6,12; 427:2,30,33; 428:4,5;
429:29; 430:6; 433:3,22; 435:10; 436:14,
34; 437:4; 438:12,15,20,22,25,28; 439:8,
35; 440:3; 441:11,19; 442:4,5,8,17; 449:5;
452:19,26; 456:11; 459:12,17,21; 460:6,
13,19   (523)

beim   E:K-11:5; 15:10; 22:24; 31:36;
32:4,12; 33:30; 38:2,10; 40:14,35; 62:5;
63:12; 75:36; 86:13; 93:8; E:M-104:12;
109:18; 113:3; 114:10; 131:31; 134:22;
139:10; E:E-151:4; 153:4; E:V-162:37;
165:29; 166:4; 167:25,29; 168:37; 170:24;
177:27; 178:29; 183:36; 184:27; 186:2;
E:B-197:15; E:F-203:1; 205:20; E:C-
217:1; E:Z-236:19; 241:33; 252:6; 257:24;
E:AN-269:3; 272:27; 279:3; E:AB-289:18;
E:VAR-297:18; KS-319:1; 336:20; 347:27;
389:20; 390:8; 398:32; 411:33; 447:29;
449:10   (59)

beibehalten
beibehielt   E:AB-286:20

beibringen
beibringen   E : K-46 : 30;   KS-328 : 7;
344:38
beizubringen   E : K-99 : 13;   KS-394 : 3;
439:31
brachten   E:K-69:5

Beichte
Beichte   E: K-48: 5;   E: F-211: 19;   E: Z-
252:2; 253:21

beide
beide   E:K-11:3; 25:14,17; 48:33; 58:10;
61:8; 68:1; 76:9; E:M-131:31; 132:14;
139:5,29; 140:6,13,38; E:E-153:3; 159:15;
E:V-176:6; 189:32; 190:2; 191:22; E:B-
197:36; 198:2; E:F-202:1; 209:5; 214:33;
E:Z-243:14,22; 245:27; 246:12; 253:6;
254:28; E:AN-262:5; 270:31; 273:17;
274:26; 277:12; E:AB-284:13; 290:28;
KS-319:14; 330:6; 347:12; 400:28; 411:15,
17; 413:21   (46)
beidem   KS-308:20
beiden   E:K-18:30; 19:25; 33:7; 41:12;
43:35; 44:3; 48:16; 49:2,35; 67:8; 72:16;
100:24; 101:20; 102:3,13; E:M-104:20;
105:16; 126:21; E:E-151:8; 156:1; 157:28,
30; E:V-163:28; 172:22; 177:22; 191:33;
192:27; 194:19,23; 195:4; E:F-205:4;
208:13; 209:14; 210:19; E:Z-230:18;
232:4, 23; 233:14; 234:14; 235:31,
35; 236:36; 243:31; 245:38; 247:15; 249:3;
250:15; 252:34; 260:3; 261:7; E:AN-
266:27; E:AB-290:26; KS-303:11; 308:33;
309:23; 317:29; 343:1; 377:31; 383:29;
387:27; 393:3; 403:8; 409:8; 418:11;
425:19; 431:27; 442:12; 455:4; 460:11
                                    (69)
beider   E:K-52:21;   E:E-146:7;   E:V-
182:26; 189:24; KS-414:18
beides   E:E-156:9; KS-308:20; 338:26;
405:33

beiderlei
beiderlei   KS-398:27

beiderseitig
beiderseitigen   E:E-157:18

Beifall
Beifall   E:E-153:21; E:V-187:8; KS-
345:18; 414:9; 423:19; 432:36; 457:16,
28; 458:23
Beifalls   E:K-52:22

beifällig
beifälligen   KS-347:18

beifallklatschen
beifallklatschen   KS-444:16

beifügen
beifügten   E:Z-258:23
beigefügt   KS-434:14
beigefügte   KS-450:2
beigefügten   KS-424:4
fügte   E:K-37:22

Beihülfe
Beihülfe   E:M-106:31; E:Z-247:30

beikommen
beizukommen   E:K-85:29; E:F-212:12

Beil
Beil   E:K-103:11; KS-459:31
Beilen   E:K-32:38; E:C-218:3; 221:19;
E:VAR-295:17

Beilage
Beilagen   KS-386:1

beilegen
beilegen   E:K-23:8
beizulegen   E:K-51:16; 65:3
lege   KS-370:5
legte   E:V-160:14

beimessen
beimesse   E:AN-277:33
beimessen   E:M-132:23
beizumessen   E:K-16:3; 55:9

Bein
Bein   E:K-10:6; 19:32; KS-338:7
Beine   E:K-47:19; 54:14; E:M-126:28;
E:B-198:10; E:AN-266:27,30; KS-382:4
Beinen   E:K-59:15; 61:23; E:E-158:28;
KS-341:7

Beinkleid
Beinkleidern   E:K-15:24

beiordnen
beigeordnet   E : C-227 : 23;   E : VAR-
297:35

beisammen
beisammen   E:AN-267:36

Beischläferin
Beischläferin   E:F-201:31

beiseite
beiseite   E:K-27:30

beißen
biß   KS-429:18
gebissen   KS-429:10,16,17
gebissene   KS-429:14

beisetzen
beigesetzt   KS-403:12
beisetzen   E:F-206:1

Beisetzung
Beisetzung   KS-402:34

Beisitzer
Beisitzer   E:AN-281:19

Beispiel
B.   KS-304:21; 347:5; 364:13,23; 367:7;
   374:27; 385:3; 426:33
Beispiel   E:K-30:19; E:C-216:19; E:AB-
   283:6; 285:14; E:VAR-294:1; 297:20;
   KS-322:2; 328:32; 331:32; 332:29; 334:12;
   335:3; 357:16; 358:14; 367:19; 372:33;
   384:7   (17)
Beispiele   E:E-152:28,30; KS-302:17;
   330:18; 332:21; 333:25,31; 406:17
Beispielen   KS-326:30; 449:34
Beispiels   E:K-90:13

beispiellos
beispiellos   E:K-40:7

beispringen
beispringen   E:F-204:18
beizuspringen   E:K-63:9; 83:20; E:V-
   180:23; E:Z-238:21

Beistand
Beistand   E:Z-239:7

beistehen
beizustehen   E:V-161:3

Beitrag
Beitrag   E:AB-286:25; KS-400:9; 448:35
Beiträge   KS-358:26; 448:29
Beiträgen   KS-358:17; 454:10

beitragen
beitragen   E:K-64:7; E:V-180:20; KS-
   313:27
beizutragen   KS-421:36
trage   E:V-182:1

beiwohnen
beigewohnt   KS-332:16
beiwohnt   KS-355:16
beiwohnte   KS-335:16; 343:31
beizuwohnen   E:K-81:12; E:E-145:12;
   KS-439:2

Beiwohnung
Beiwohnung   E:Z-243:11

beizen
gebeizt   E:C-223:15

bejahrt
bejahrt   E:V-172:25
bejahrte   E:AN-263:15
bejahrten   E:AN-276:4

bejammernswürdig
Bejammernswürdigen   E:V-166:16
bejammernswürdigste   E:K-56:19

bekämpfen
bekämpfen   KS-431:32
bekämpfenden   E:M-105:25

Bekämpfung
Bekämpfung   E:V-187:5; KS-312:17

bekannt
bekannt   E:K-22:23; 23:2; 30:19; 34:2;
   36:28; 47:29; 49:8; 51:29; 82:12; 85:11;
   86:6; 96:8; 100:33; E:M-104:7; 126:4;
   E:F-205:14; E:C-217:17; E:Z-234:35;
   239:21; E:AN-271:12; 272:23; 279:7;
   E:AB-283:7; E:VAR-293:7; 294:31; KS-
   330:21; 335:18; 343:25; 389:15; 390:28;
   411:18; 419:5,32; 420:3; 426:33; 428:13;
   432:7; 433:11; 436:5; 452:16   (40)
bekannte   E:K-96:13; 100:34; E:M-
   107:35; KS-412:32; 426:17
bekannten   E:C-219:35; KS-394:25
bekanntes   E:K-15:38

Bekannter
Bekannten   E:K-24:31; 60:1; 100:28;
   E:E-150:31; E:AN-272:7; KS-319:5
Bekannter   E:K-71:31; E:AN-277:13

bekanntlich
bekanntlich   KS-374:24

Bekanntmachung
Bekanntmachung   E:M-134:11; KS-
   395:13; 423:18

Bekanntschaft
Bekanntschaft   E:K-21:21; E:M-112:3,
14,24; 113:23; 134:24; E:F-208:9; KS-
311:4; 343:12

bekennen
bekennen   KS-322:9

beklagen
Beklagte   E:AN-281:7
Beklagten   E:AN-282:5

bekleiden
bekleidet   KS-333:12

Bekleidung
Bekleidung   E:Z-231:7

beklemmen
beklemmtem   E:E-152:8
beklemmten   E:E-146:37
beklemmter   E:M-140:33
beklommenen   E:F-210:30

Beklemmung
Beklemmung   E:E-153:36; E:C-218:36;
E:Z-239:23; E:VAR-296:8

bekommen
bekam   E:K-87:1; E:AN-267:17; 282:6
bekäme   E:V-180:20; E:AN-268:26
bekamen   E:Z-247:33
bekomme   KS-437:10
bekommen   E:K-14:4; 22:33; 29:6; E:F-
200:3; E:AN-264:19; KS-356:10; 367:21;
455:21
bekommt   E:AB-285:12; KS-441:14
bekömmt   KS-364:24

bekümmern
bekümmern   E:K-15:29; E:Z-249:11
bekümmerte   E:K-63:27; E:C-219:26

Bekümmernis
Bekümmernis   E:M-112:12; E:Z-250:10

belächeln
belächelt   KS-378:21

beladen
beladen   E:K-77:8; E:AN-279:37
beladener   KS-424:14

belagern
belagern   E:V-164:20

Belagerung
Belagerung   E:V-195:5; E:AN-280:17

belangen
belangt   E:K-94:26

belasten
belastet   E:K-38:35

belästigen
belästigen   E:F-214:6

Belästigung
Belästigungen   E:K-39:38

belaufen
beläuft   KS-400:23; 457:24

belauschen
belauschte   E:F-209:11

beleben
beleben   KS-342:28; 376:12
belebte   KS-305:19

Belebung
Belebung   KS-457:14,27; 458:21

Beleg
Beleg   E:K-69:9; KS-392:18

belegen
belegen   E:C-225:15; E:AN-280:15; KS-
435:32
belegt   E:AB-286:9

belehren
belehren   KS-319:13; 328:11
belehrte   E:K-29:17

Belehrung
Belehrung   E:K-68:16; 94:27; KS-416:14

beleidigen
beleidigend   E:Z-233:9
beleidigende   E:Z-253:7
beleidigt   E : K-48 : 10; E : M-120 : 35;
121:28; KS-352:4,7
beleidigten   E:Z-241:25

Beleidigung
Beleidigung   E:M-121:5; KS-377:30
Beleidigungen   E:K-16:1; 56:26; E:M-
120:25

Belenz
Belenz   KS-421:21

beleuchten
beleuchten   KS-306:29

belieben
beliebe   E:K-60:34
belieben   KS-451:32; 452:10
beliebst   KS-347:19
beliebt   E:K-92:29
beliebte   KS-409:5

beliebig
beliebigen   E:K-74:11; KS-335:6

Bellanti
Bellanti   KS-432:15

bellen
bellend   E:B-198:17

Belohnung
Belohnung   E:K-96:3; E:V-166:34; KS-302:28,34; 307:21

belügen
belogen   E:E-158:8

belustigen
belustigen   KS-383:8
belustigte   KS-339:3

Belustigung
Belustigung   E:AB-283:26

bemächtigen
bemächtigen   E:V-176:31
bemächtigte   E:E-145:26; E:V-189:15; E:AB-290:37

bemalen
bemalt   E:C-216:30; E:VAR-294:13

bemannen
bemannte   E:M-106:19

bemänteln
bemänteln   E:F-213:11

bemeistern
bemeisterte   E:F-208:3

bemerken
bemerke   E:M-136:20; KS-348:34
bemerken   E:K-92:33; E:AN-268:27; KS-369:9; 387:5; 393:14; 422:6; 425:7
bemerkt   E:K-89:21; 95:10,19; E:V-163:34; 172:11; 184:27; E:F-210:26; E:Z-238:16; E:AN-281:1; E:AB-287:7; 289:18; E:VAR-298:7; KS-346:3, 11; 347:26; 383:12; 429:30; 437:8; 439:9; 442:1; 453:18; 455:17   (22)

bemerkte   E:K-22:32; 49:13; 50:9, 28; 72:2; 82:4; 88:19; 90:3; 96:33, 38; E:M-107:35; 114:26; 117:12; 119:35; 132:35; 138:23; 139:36; E:V-171:15; 173:33; 176:32; E:F-199:17; 204:13; E:AN-266:28,31; 278:13; KS-342:17; 440:29; 442:8   (28)
bemerkten   E:K-43:27; E:E-150:24; E:F-214:13

Bemerkung
Bemerkung   E:K-67:28; KS-339:35; 343:13; 400:11; 409:30; 448:32
Bemerkungen   E:K-49:17; KS-449:20

bemitleiden
bemitleiden   E:E-152:22; KS-369:21

bemitleidenswürdig
bemitleidenswürdigen   KS-375:3

Bemittelter
Bemittelter   E:F-202:14

bemühen
bemühe   KS-348:8
bemühen   KS-361:11
Bemühen   E:K-47:34; KS-369:10
bemüht   E:K-22:17; E:E-146:23; E:F-213:1; E:AN-280:2; KS-348:24; 420:1, 24
bemühte   E:M-108:36; 142:5; KS-442:18

Bemühung
Bemühung   E:K-43:3; 93:16; E:V-194:4; KS-311:20
Bemühungen   E:K-22:5; 30:12; 83:26; 89:22; E:C-219:26; E:Z-238:22; KS-343:14; 426:30,31

benachbart
benachbarten   E:V-178:10

benachrichtigen
benachrichtigt   E:K-38:12; 40:27; 41:9; 42:7; E:E-159:9; E:C-217:3; E:VAR-294:18

Benachrichtigung
Benachrichtigungen   E:K-30:8

Benefiz
Benefiz   KS-411:22

benehmen
benahm   E:K-37:7
benehmen   KS-428:8

beneidenswürdig
beneidenswürdiger   KS-396:33

benennen
benannt   E:K-52:4
benannte   E:K-57:13
benannten   KS-304:28

benetzen
benetzt   E:M-125:4

benommen
benommen   E:K-52:30

benutzen
benutzt   KS-458:7
benutzte   E : V-181 : 13;   KS-428 : 22;
440:19

beobachten
beobachten   E : F-207: 7; E : AN-282: 2;
KS-442:33
beobachtet   E : K-49 : 24; E : V-178 : 20;
194:30; KS-316:34; 383:21; 416:38
beobachtete   E:F-210:34; E:Z-234:34;
E:AB-283:9; 287:33

Beobachter
Beob.   KS-433:7

Beobachterin
Beobachterin   KS-423:20

Beobachtung
Beobachtung   KS-316:29

bequem
bequem   E : K-94 : 18; E : M-126 : 28;
136:29; E:V-171:20; 175:22; E:Z-252:10
bequemer   E:K-66:11

Bequemlichkeit
Bequemlichkeiten   E:M-116:20

beratschlagen
beratschlagenden   E:V-190:32
beratschlagten   E:V-194:8

berauben
beraube   E:M-130:12
beraubt   E : M-128 : 10; E : C-220 : 11;
221:38; E:Z-238:11
beraubte   E:Z-248:6

Berberitzenstrauch
Berberitzenstrauch   KS-327:36

Berbice
Berbice   KS-440:13

berechnen
berechnen   E : K-76 : 27; E : AN-279 : 20;
KS-338:2
berechnet   KS-381:2; 406:38
berechnete   E:E-147:23; KS-408:6
berechneten   KS-371:33; 393:27

Berechnung
Berechnung   E:K-46:29; KS-386:19
Berechnungen   E:K-85:1

berechtigen
berechtige   E:M-111:37
berechtigen   KS-311:12
berechtigt   KS-321:3; 454:33

Beredsamkeit
Beredsamkeit   E:K-50:17; E:M-122:18;
E:E-155:33; KS-347:17

beredt
beredte   KS-420:2

bereichern
bereichern   KS-424:6
bereicherten   KS-310:9

bereit
bereit   E:K-25:18; 60:38; 102:30; E:M-
119:15; 125:34; E:AN-279:16; KS-322:15

bereiten
bereiten   E : E-150 : 25; E : V-164 : 11;
171:22; 181:21
bereitet   E:E-151:4; E:V-167:33; 179:4;
E:F-206:1
bereitete   E:K-82:31; E:M-138:15
bereiteten   E:E-149:36

bereiten
beritt   E:K-31:34
berittene   E:K-72:18
berittenen   E:K-34:23
berittener   E:K-63:14; 73:27

bereitliegen
bereit liege   E:K-23:12
liegt   KS-453:34

bereitmachen
mache   E:K-102:26
machte   E:Z-242:18

bereits

bereits   E:K-35:31; 37:5; 39:35; 42:7;
57:23; 58:14; 78:30; 80:23,37; 85:2; 86:12;
88:11,15,22; 89:12; 99:20; 103:5; E:M-
130:13; E:V-183:25; E:B-198:30; E:C-
217:25; 218:5; 221:17; 226:3; 227:33; E:Z-
233:37; 240:33; 245:13; 259:2,34; E:AN-
266:23,34; 273:27; 277:13; E:VAR-295:1,
18; KS-319:11; 333:17; 370:4; 371:4;
372:4; 388:30; 397:13; 399:14; 411:23;
426:17; 432:9; 444:2; 446:8; 454:7   (50)

Bereitschaft

Bereitschaft   E:V-190:36

bereitwillig

bereitwillig   KS-406:28
bereitwilligst   E:AN-275:3

Bereitwilligkeit

Bereitwilligkeit   E:K-64:32; 86:20; KS-
423:31

berennen

berennt   E:M-104:33

bereuen

bereuen   E:M-115:33
bereut   E:M-141:28

Berg

Berg   KS-325:11
Berge · E:E-144:16
Bergen   E:V-167:29; 180:12

bergen

bergend   E:Z-251:12

Berger

Berger   KS-322:18; 409:22; 417:36

Berggipfel

Berggipfel   E:E-147:34

Berghöhle

Berghöhlen   E:V-186:18

Bergschlucht

Bergschlucht   E:V-167:12

Bergwaldung

Bergwaldung   E:V-169:22

Bericht

Bericht   E:K-24:15; 79:14; 89:8; 99:29;
E:E-151:27; E:V-185:23; E:C-224:38;
226:21; E:Z-238:17; 243:2,6; KS-372:32;
424:3; 426:21   (14)
Berichte   E:K-88:11; KS-370:29
Berichten   KS-386:1
Berichts   E:VAR-297:9

berichten

berichten   E:K-96:17; KS-320:18
berichtet   E:C-227:33; E:VAR-298:1
berichtete   E:K-34:35; 96:22; E:M-108:1
berichteten   E:K-29:38

Berichterstatter

Berichterstatter   E:AN-267:7

Berichterstattung

Berichterstattung   KS-383:1

berichtigen

berichtige   KS-330:26
berichtigen   E:K-72:38; 93:27; KS-
426:29; 427:6
berichtigt   KS-418:35

Berichtigung

Berichtigung   KS-456:22; 457:9; 459:30

Berlin

B...   KS-370:11,21,22
Berlin   E:K-23:21; 28:35; 78:12; 79:8,18,
25; 83:14; 85:24; 89:13,20,33; 90:8; 94:7,
14,15; 95:18; 96:20,27; 97:9; 99:12,35;
100:37; E:AB-285:15; KS-386:20,23,29;
387:37; 388:17; 395:10,18; 402:29; 403:17;
411:20; 412:34; 415:20; 417:25; 419:6;
422:5; 424:7,30; 426:5; 430:2; 447:36;
451:10,17; 452:13; 453:15,22; 455:19,
21; 459:15,19,26,27; 460:23   (55)
Berliner   E:K-78:21; 79:3; 90:22; E:AN-
267:13; E:VAR-293:22*; KS-386:31,34;
394:6; 403:37; 410:24; 423:28; 451:6*,
8,20; 452:17; 455:16; 457:17,30; 458:19,
25; 459:8,10,32; 460:3,17   (25)

Berliner

Berliners   KS-387:7; 415:10,17

berlinisch

berlinischen   KS-425:5

Bernin

Bernins   KS-342:7

Berry

Berry   E:AB-290:10

bersten

bersten   E:C-220:20

Bertha

Bertha   E:Z-239:18; 243:32; 251:28
Berthas   E:Z-250:22

Bertrand
Bertrand   E:V-168:27,28,33; 169:9

berüchtigt
berüchtigte   KS-429:3
berüchtigten   E:AB-285:15

berücksichtigen
berücksichtigen   E:K-87:38; 90:13

Berücksichtigung
Berücksichtigung   E:Z-245:15

Beruf
Beruf   KS-302:37; 326:6; 456:27
Berufe   KS-406:30

berufen
berief   E: K-72: 31; E: M-117: 22; E: V-179:8; E:Z-233:24
beriefen   E:K-69:2
berufen   E: K-79: 11; E: Z-237: 21; KS-332:15; 412:10; 449:11; 456:1

beruhen
beruhe   KS-391:21
beruhen   E: K-74: 7; E: Z-246: 20; KS-387:20
beruht   KS-429:27

beruhigen
beruhige   E:K-47:37; E:M-122:8; 137:11
beruhigen   E:K-22:10; 39:3; 40:1; 84:3, 28; E:M-111:28; 118:11; 121:20; 132:10; 137:33; E:E-155:4; 157:16; E:V-175:12; E:VAR-292:31; KS-309:10   (15)
beruhigt   E:K-21:28; 25:25; 45:15; E:M-119:18; 142:25; E:E-153:27
beruhigte   E:K-65:19; 68:19; E:M-124:2, 29; E:E-154:15; E:V-186:35; 190:29
beruhigter   E:K-23:24

beruhigend
beruhigendes   E:M-138:14; KS-426:11

Beruhigung
Beruhigung   E: K-39: 35; E: B-197: 3; E:F-203:23; E:Z-249:35; KS-425:15

berühmt
berühmt   KS-314:15; 338:19
berühmte   E:AN-270:26; KS-411:14
berühmten   E: K-55: 30; E: C-220: 35; KS-354:18; 395:17; 432:21

berühren
berühre   E:Z-250:32
berühren   E: Z-259: 22; E: AN-265: 31; E:AB-284:23; KS-329:25
berührenden   E:K-25:1
berührte   E:E-147:3
berührten   E:Z-247:36

Berührung
Berührung   E: M-143: 7; KS-330: 13; 447:17

besagen
besagen   KS-460:20
besagt   KS-422:4
besagte   E:K-69:18; E:AN-263:2; 269:32; KS-372:7; 405:18
besagten   E:K-60:24; 87:33; 96:5; E:B-197:16; E:Z-237:8; 256:26; E:AN-263:28; KS-387:18; 402:7; 419:19   (10)

besänftigen
besänftigen   KS-309:9
besänftigt   KS-322:6

Besatzung
Besatzung   E:M-108:9

besaufen
besoffen   E:AN-267:19

beschädigen
beschädigt   E: E-150: 30; E: AN-267: 3; 277:18
beschädigte   E:B-196:13

beschaffen
beschaffen   E:K-60:19; E:M-139:17

Beschaffenheit
Beschaffenheit   KS-389: 34; 395: 17; 396:28; 450:31

beschäftigen
beschäftigen   KS-313:25; 340:36
beschäftigt   E: K-22: 14; 58: 31; 72: 1; 73:10; E:M-104:22; 138:38; E:E-147:15; 148: 8; 150: 24; 152: 4; E: F-209: 22, 36; 211:12; E:C-225:12; KS-404:36   (15)
beschäftigte   E:V-173:27; 183:37; E:Z-258:22; E:AB-289:28; KS-432:16

beschämen
beschämen   KS-347:20
beschämte   E:F-206:10

Beschämung
Beschämung   E:F-212:9

beschatten
beschattend   E:F-200:31
beschatteten   E:K-91:8
beschattetes   E:E-149:24

Bescheid
Bescheid   E:K-69:23

bescheiden
bescheiden   E : K-27 : 29;   KS-307 : 35;
444:26
bescheidenen   E:K-61:19; 64:27
bescheidener   E:K-69:38; E:M-128:36;
E:AN-262:7
beschied   E:K-76:5

Bescheidenheit
Bescheidenheit   E : M-108 : 33;   E : E-
150 : 28;   KS-304 : 22,33;   312 : 26;   315 : 3;
320:19; 376:1

bescheinen
beschien   E:V-183:33

beschenken
beschenkt   E:Z-244:29; KS-368:25
beschenkte   E:K-68:24; 76:33

bescheren
beschert   KS-356:28

beschimpfen
beschimpft   E:AB-289:13

beschirmen
beschirmen   E:K-39:34; E:C-218:17;
E:Z-245:21; E:VAR-295:31
beschirmt   E:K-42:34; 45:19; 46:7; E:C-
227:8; KS-446:20

beschlagen
beschlagen   E:K-30:34; 31:2; E:VAR-
293:15
beschlagenen   E:Z-245:24

Beschlagnehmung
Beschlagnehmung   E:AN-262:13

beschleunigen
beschleunigen   E:K-66:27; E:V-182:10
beschleunigt   KS-449:25
beschleunigte   E:K-94:11; KS-450:23

Beschleunigung
Beschleunigung   KS-386:3

beschließen
beschließen   E : E-150 : 21;   KS-372 : 11;
382:18
beschließt   E:AB-284:31
beschloß   E : K-79 : 13;   89 : 24;   90 : 32;
95:24; E:M-118:24; 126:19; 133:17; E:E-
145:27; E:B-197:14; E:Z-241:38; 254:13;
E:AN-282:2   (12)
beschlossen   E:M-139:20; E:E-150:16;
E : V-178 : 28;   E : C-216 : 19;   E : Z-244 : 6;
E:AN-270:28; E:VAR-294:2; KS-382:18;
449:2

Beschluß
Beschluß   E:K-76:6; 87:32; 89:4; 91:11
Beschlusses   KS-382:20

beschränken
beschränkt   KS-318:31; 341:14
beschränkte   KS-316:6; 397:19
Beschränkte   KS-404:21
beschränkten   KS-391:25
beschränkter   E:Z-249:8

Beschränkung
Beschränkung   KS-404:20,29
Beschränkungen   KS-404:24

beschreiben
beschreiben   E:K-10:21; 29:14; E:M-
110 : 37;   E : V-184 : 2;   E : F-210 : 31;   KS-
340:7; 398:30
beschreibst   KS-356:15
beschreibt   E:K-42:13; 44:10; 100:35;
E : V-184 : 8;   E : C-220 : 5;   E : Z-239 : 25;
250:16; E:AN-277:8
beschrieb   E:K-89:31; E:V-175:20; E:C-
220:1; E:Z-230:9
beschrieben   E : K-95 : 20;   E : Z-241 : 17;
252:8; E:VAR-297:12; KS-339:32; 385:10;
420:15
beschriebenen   E:V-180:36

Beschreibung
Beschreibung   E : K-57 : 32;   E : AB-
288:32; KS-386:15; 391:8; 409:11; 449:29

beschuldigen
beschuldigt   E:Z-234:27; E:AB-289:36

Beschuldigung
Beschuldigung   E : Z-236 : 13;   237 : 18;
240:9; KS-414:28
Beschuldigungen   E:K-67:27

beschützen
beschützen   E: K-39: 38; E: V-166: 29;
E:F-214:2; KS-379:12
beschützt   E: V-164: 24; 169: 37; KS-
377:10
beschützte   E:C-217:14; E:VAR-294:28

Beschützung
Beschützung   E:K-72:35

Beschwerde
Beschwerde   E: K-11: 7; 21: 7; 23: 22;
87:14; 89:16; 90:5; 94:27
Beschwerden   E:V-177:13; KS-456:17

beschweren
beschweren   E:K-79:17
beschwert   KS-388:9
beschwerten   E:V-183:21; E:Z-246:35

beschwerlich
beschwerliche   E:K-95:1
beschwerlichen   E:AN-275:19

beschwichtigen
beschwichtige   KS-435:8
beschwichtigen   E:M-106:34; KS-435:8
beschwichtigenden   E:K-38:38
beschwichtigender   E:K-42:20
beschwichtigt   E:K-40:19

beschwören
beschwor   E:C-218:11; E:VAR-295:25;
KS-436:19
beschwöre   E: M-135: 33; 137: 7; E: Z-
245:2; KS-369:12
beschworen   E:Z-252:5
beschwören   E:M-120:26; KS-440:3
beschwört   E:K-16:35

Beschwörung
Beschwörungen   E:M-136:12

Beschwörungsformel
Beschwörungsformel   KS-309:7

beseelen
beseelt   KS-381:27

besehen
besehen   E:F-208:17; KS-383:6

beseitigen
beseitigen   E:K-85:7
beseitigt   KS-450:28

Beseitigung
Beseitigung   E:Z-230:35

besessen
besessen   E: K-19: 22; 46: 27; 59: 24;
E:AN-264:12; KS-377:36

besetzen
besetzen   E:K-32:22
besetzt   E:K-37:32; E:V-185:32; E:AN-
263:34; KS-414:15; 444:4

Besetzung
Besetzung   E:V-185:4

besichtigen
besichtigte   E:M-107:14

Besichtigung
Besichtigung   E:K-60:7; 61:1; 73:8

besinnen
besinne   E:M-122:28
besinnen   E:M-114:12
besonnen   E:K-55:11; E:V-164:35
besonnenen   E:Z-240:8

Besinnung
Besinnung   E: K-10: 37; 30: 16; 48: 7;
E: M-140: 3; E: E-145: 14; 148: 18; E: V-
173:35; 194:11; E:C-226:17; E:Z-238:23;
248:5; E:VAR-293:5   (12)

besinnungslos
besinnungslos   E: M-105: 18; E: E-
146:11; 149:10; E:V-185:11; E:C-223:29;
E:Z-236:32; 247:18

Besitz
Besitz   E:K-84:18,32; 85:22; 99:17; E:V-
166:15; 183:10; 189:23; E:F-214:5; E:Z-
244:27; 261:5; E:AN-274:13; KS-320:13;
345:21; 446:26   (14)
Besitze   KS-301:7

besitzen
besaß   E:K-9:9; 13:8; 62:1; 100:11; E:M-
120: 7; E: C-226: 10; E: AN-265: 24; KS-
443:11
besäße   E:K-84:26; 90:21
besaßen   E:K-56:30
besitze   E:K-78:28; 100:3; E:V-175:22
besitzen   E:E-150:37; KS-355:4; 372:4;
414:1; 415:27
besitzt   KS-305: 32; 347: 13; 383: 26;
414:23; 420:19; 423:21

Besitzer

Besitzer   E:E-152:2; E:V-166:1; 171:29;
E:F-213:24; E:AB-285:33; KS-378:19;
423:14

Besitztum

Besitztum   E:K-34:15

Besitzung

Besitzung   E:K-26:3,18; 53:36; E:V-
160:14,32; 163:7
Besitzungen   E:K-24:38; 25:3; 79:28;
E:F-213:35; E:Z-261:10; KS-404:13

besondere

besondere   E:Z-247:37; KS-423:1
besonderen   E:K-44:35; 86:11; E:AN-
276:26; 278:8; E:VAR-295:8
besonderer   E:Z-240:34; KS-443:13
besonderes   KS-442:32
besondern   E:F-200:29; 207:26; E:C-
217:32; KS-388:33
besonders   E:K-22:17; 33:36; 53:6;
70:36; 95:10,31; 96:36; E:M-107:20;
116:26; 131:12; E:V-161:20; 170:11;
189:18; E:F-208:23; 209:33; E:C-219:3,
36; E:Z-250:12; E:AN-263:16; 279:11;
E:AB-288:1; E:VAR-296:13; KS-304:21;
308:8; 309:19,21; 311:3,7,14,16; 315:7,
10; 337:18,22; 339:13; 341:27; 344:19;
355:6; 363:18; 382:11; 383:16; 408:20;
415:30; 426:29; 428:17; 433:13; 441:24;
448:23   (48)

Besonnenheit

Besonnenheit   E:E-157:13; KS-326:12

besorgen

besorgen   E:K-16:30; 63:32; E:AN-
268:32
besorgt   E:K-13:30; E:V-180:3

besorglich

besorglichen   KS-426:32

Besorgnis

Besorgnis   E:K-39:28; 87:4; 90:4; 91:15;
98:27; E:M-114:13; E:V-187:27; E:F-
204:20; E:Z-235:31; 244:6,37; 249:34;
KS-348:19; 375:15; 397:16; 436:3; 440:26
                                          (17)
Besorgnisse   E:V-176:1; KS-427:1
Besorgnissen   KS-426:8

besorgt

besorgt   E:K-96:31; E:M-120:1
besorgte   E:K-50:2; 64:10; E:V-172:2;
E:F-212:15
besorgtes   KS-419:25

Besorgung

Besorgung   KS-419:30

bespannen

bespannten   KS-403:1

besprechen

besprach   E:K-34:19

besprengen

besprengte   E:M-141:22

besprützen

besprützt   E:E-158:20

bespülen

bespülte   KS-397:9

besser

besser   E:K-10:11; 11:20; 19:6; 20:13,
23; 47:12; 63:38; 74:29; E:M-107:16;
124:35; E:E-158:25; E:C-220:14; E:AN-
281:26; E:AB-290:18; KS-302:6; 305:15;
306:9; 335:20; 353:14; 380:30; 401:35;
409:6; 436:11; 440:1   (24)
bessere   E:M-107:6; KS-406:10; 412:24;
447:25
besseren   E:K-41:11,20; E:V-194:5; KS-
407:14; 410:16; 416:35
Besseren   E:K-63:35
Besseres   E:K-82:5
bessern   E:K-11:19
bessrer   KS-303:14

bessern

bessern   E:AN-267:17
bessert   E:AN-267:11

Besserung

Besserung   E:Z-249:37; E:AN-272:15;
KS-381:21

beständig

beständig   E:M-116:22; KS-380:17

Beständigkeit

Beständigkeit   KS-432:30

Bestandteil

Bestandteile   KS-301:29; 307:1

bestärken
bestärken   E:M-114:19
bestärkt   E:K-70:6
bestärkte   E:K-20:35; E:M-121:4

bestätigen
bestätigen   E:F-211:22; E:AB-286:22;
   KS-344:13
bestätigt   E:F-214:5; E:C-227:28,37;
   KS-317:30
bestätigte   E:K-34:28; 35:34; E:Z-256:6;
   E:VAR-298:5

bestatten
bestatten   E:Z-230:27
bestattet   E:K-31:10

Bestattung
Bestattung   E:AN-266:2

beste
beste   KS-403:18
Beste   KS-303:31; 383:26
besten   E:K-67:29; E:E-153:18; E:V-
   161:21; E:F-215:13; KS-306:10; 308:8;
   348:9; 399:4
Besten   E:C-224:30; 228:11; E:AN-
   262:14; KS-367:22; 398:27; 427:21
bester   KS-369:22; 370:38

bestechen
besticht   KS-307:22,24
bestochen   E:Z-255:34; KS-414:30;
   416:12; 432:32
bestochene   KS-357:24

Bestechung
Bestechung   E:K-76:21

bestehen
bestand   E:K-17:37; 42:1; 71:19; 74:20;
   E:M-139:29; E:E-154:9; E:V-170:6;
   187:34; E:C-218:13; E:Z-233:24; 238:29;
   E:AN-277:14; 281:20; E:VAR-295:27;
   KS-405:35; 430:11   (16)
bestanden   E:K-30:8; E:V-188:26; E:C-
   218:28; 219:9; E:VAR-296:1,18
bestandenen   KS-419:23
bestehe   E:K-85:31; E:M-113:24
bestehen   E:K-12:12; 45:27; 46:36;
   83:15; 91:25; KS-319:15
bestehenden   E:K-41:25; 64:13; 92:15;
   E:V-178:27; E:Z-254:29; 255:22
bestehn   KS-410:12
besteht   E:Z-248:35; KS-315:29; 401:1,
   37; 410:1; 460:9

besteigen
besteige   E:Z-252:31
besteigen   E:Z-259:33
bestieg   E:K-33:23; 34:7; 86:37; E:M-
   128:12; E:F-200:14; 215:1; E:Z-229:31
bestiegen   E:K-72:11; E:E-146:26; E:B-
   197:38

bestellen
bestellen   E:M-119:5; E:V-181:1
bestellt   E:K-59:21; KS-341:24
bestellte   E:K-30:32; 95:16; KS-351:1;
   375:31

Bestellung
Bestellung   E:K-62:15; 69:19; E:E-
   144:12; E:Z-231:18; KS-372:3; 457:23
Bestellungen   KS-447:31,34; 448:8,13;
   451:5; 459:20

Besteurung
Besteurung   KS-405:19,32

Bestie
Bestie   KS-322:18

bestimmen
bestimmen   E:F-205:27; E:Z-243:3; KS-
   337:23; 368:2; 416:13; 454:17; 460:26
bestimmt   E:K-66:6; 70:28; 80:38; 98:9;
   E:M-115:25; E:V-182:28; E:B-198:2; E:Z-
   255:35; E:AN-265:30; 269:4,18; 276:12;
   E:AB-286:11; KS-325:21; 330:12; 376:17;
   379:3; 403:20; 415:23; 416:25; 417:18;
   444:5   (22)
bestimmte   E:K-66:23; 71:26; 91:6;
   E:M-112:8; 117:14; E:V-171:18; E:F-
   209:9; E:Z-248:1,26; 256:26; KS-394:11
   (11)
bestimmten   E:K-34:18; 41:37; 67:13;
   68:17; 76:30; E:M-113:34; 115:19; 127:27;
   E:Z-229:26; 230:18; 232:26; 258:26;
   E:AN-262:27; 273:7; KS-334:5; 381:30;
   388:23; 389:4; 392:30; 416:34; 428:18;
   444:17; 447:18   (23)
bestimmter   E:K-89:1
bestimmtere   E:M-111:30; KS-394:2,
   32
bestimmteren   E:K-87:26
bestimmtes   KS-362:6; 455:1
Bestimmtes   E:V-179:6

Bestimmtheit
Bestimmtheit   KS-374:37

Bestimmung
Bestimmung E:K-84:3; KS-315:30,32;
316:14; 317:37; 318:1,15,17,19,27,27,
31; 369:15   (13)

bestrafen
bestrafen E:K-41:18; KS-359:9
bestraft E:M-114:8; KS-382:26

Bestrafung
Bestrafung E:K-21:10; 23:31; 46:17;
51:4; 55:33

bestrahlen
bestrahlt E:F-207:27

bestreben
bestrebte E:V-163:20

Bestreben
Bestreben KS-319:22; 329:25; 388:5;
410:13; 423:19; 446:6,22

bestreiten
bestreiten E:K-13:9; KS-400:6

Bestreitung
Bestreitung E:K-21:26; 46:23; 76:24;
KS-358:20

bestürmen
bestürmen E:M-116:11
bestürmt E:V-188:21; 191:25

bestürzen
bestürzt E:K-80:20; 101:5; E:M-135:22;
E:V-185:25; E:Z-236:29; 238:19
bestürzte E:M-121:1
bestürzten E:K-38:12; 103:9; E:Z-
229:20

Bestürzung
Bestürzung E:K-41:27; 43:27; 54:3;
83:25; E:M-106:30; 114:32; 140:14; E:V-
178:6; 181:32; E:F-204:13; 211:5; E:AN-
263:3; 270:10   (13)

Besuch
Besuch E:K-48:29; E:M-115:18; E:E-
159:8; E:Z-236:16; 256:9; KS-438:16
Besuchs E:Z-237:22

besuchen
besuche KS-332:38; 398:25
besuchen E:K-28:6; 71:33; 81:35; E:F-
208:13; E:Z-248:12; 250:1; 256:23,34;
KS-399:35; 403:22; 440:18   (11)

besucht E:K-64:38; E:F-209:20; E:AB-
289:5; KS-330:33; 385:15; 441:5
besuchte E:K-90:19; 96:7; E:E-147:35;
E:F-209:25; E:VAR-292:16
besuchten E:Z-257:7
besuchtes E:E-148:4

Besuchzimmer
Besuchzimmer E:M-140:7

betäuben
betäuben KS-307:28
betäubt KS-303:22
betäubten E:K-32:18

Betäubung
Betäubung E:AB-286:36

beten
beten E:C-217:12; E:VAR-294:26; KS-
353:10
betet KS-313:3; 316:35
betete E:E-145:20
gebetet E:VAR-297:21

beteuern
beteuerte E:V-179:12
beteuerten E:Z-241:21

Beteurung
Beteurung E:K-84:7; E:F-213:12
Beteurungen E:AB-289:27

Bethmann
Bethmann KS-411:22; 412:8,11; 414:2
Bethmanns KS-412:26

betiteln
betitelt E:AB-283:3; KS-454:3,5

betören
betörte KS-369:37

betrachten
betrachten E:K-11:12; 49:29; 81:20
betrachtet E:K-58:22; 61:26; 62:12;
67:17; KS-327:32; 348:5; 369:5; 455:30
betrachtete E:K-61:36; E:V-163:17;
172:2,27; 173:25; 177:18; 178:29; 193:12;
E:F-212:31; E:C-226:33   (10)
betrachteten E:C-225:23; E:Z-232:32

beträchtlich
beträchtlich E:M-124:30; KS-372:31
beträchtliche E:K-79:28; E:V-176:33;
E:C-221:4
beträchtlichem KS-396:25
beträchtlichen E:K-22:15; 94:4; 96:3;
E:V-160:14; E:F-201:24; 202:4
beträchtlicher E: AN-279: 9, 29; KS-
392:6; 406:12; 441:19
beträchtliches E:K-78:28
beträchtlichsten KS-397:6

Betrachtung
Betrachtung E: K-95: 6; KS-309: 27;
420:5; 421:15; 422:27; 450:8
Betrachtungen E:E-153:3; KS-326:22;
405:6

Betrag
Betrag KS-447:29

betragen
betragenden KS-397:1
beträgt KS-396: 35; 400: 24; 401: 31;
451:27; 452:5; 459:15; 460:12

Betragen
Betragen E:M-114:24; 143:6; E:AN-
281:15
Betragens E:K-13:26; E:M-142:6; E:E-
145:1; 154:24

betreffen
betreffe E:K-25:35; 85:11
betreffen KS-361:21
betrifft KS-394: 1; 401: 20; 409: 19;
412:18; 457:5
betroffen E: K-17: 19; 22: 36; 28: 15;
51:31; 55:7; 61:3; 96:24; 98:28; E:M-
106: 29; 131: 21; 141: 24; E: V-163: 16;
166: 38; 170: 2; 179: 33; E: F-208: 19;
E:C-225:30; 226:7; E:Z-229:18; 231:25;
248:13; 249:6; 250:34; 259:13; E:AN-
276:32; 278:35 (26)
betroffene E: K-23: 35; 88: 14; E: Z-
233:13; KS-440:32

betreffend
betreffend E:K-11:10; 76:13; 98:17;
E:V-184:23; E:F-203:29; 211:15; E:Z-
242:37; KS-415:10,17; 421:21; 448:6;
456:17 (12)
betreffende E:K-61:6; KS-458:1,29
betreffenden E:K-60:10; E:C-225:26;
KS-457:19

betreiben
betreiben E:K-21:1; E:M-114:34; E:E-
153:17; 154:13; KS-441:36; 448:27
betrieb E:K-59:8; E:V-172:12
betrieben E:Z-236:8; KS-340:6

betreten
betrat E:E-148:3
betreten E:K-10:20; 12:28; 48:10,23;
58:14; 70:33; 81:22; 83:6; E:M-111:36;
E:V-173:25; E:B-196:25; E:AN-268:19;
273:16; KS-341:22 (14)
betretene E:K-80:19
betretne E:K-83:17

Betriebsamkeit
Betriebsamkeit KS-410:14

betrüben
betrüben E:E-150:4
betrübtem E:F-205:17
betrübten E:C-219:13

Betrübnis
Betrübnis E:K-89:19

Betrug
Betrug E: K-98: 5; E: F-212: 11; E: Z-
257:12
Betruges KS-428:29

betrügen
betrog KS-309:30; 310:23
betrogen E:M-134:29; E:AN-272:8
betrogenen KS-374:12
betrügen KS-301:32

Betrügerei
Betrügerei E:M-132:12,37

Bett
Bett E: K-16: 20; 20: 24; 30: 11; 83: 24;
90: 26; E: M-106: 35; 123: 3, 15; 138: 16;
E:V-162:21; 171:21,26; 175:11; 176:16;
183:32; 186:11; E:B-197:15; 198:8; E:F-
204:33; 211:5; 212:35; E:Z-249:26; KS-
437:19,20 (24)
Bette E:K-16:38; 30:19,25; 31:11; 71:20;
83:38; E:M-116:23; 133:20; 142:25; E:V-
162:1; 170:30; 175:35; 176:9,36; 178:25;
183: 12, 16; 184: 6, 28; 185: 9; 186: 1, 27;
187:16,22; 189:26,31; 192:5,26; 193:5,10;
E:F-201:9; 204:25; 213:31; E:C-227:25;
E:AN-276:30; 279:29; E:AB-289:22,24;
E:VAR-293:9; KS-303:25; 354:35; 355:2;
370:31 (43)

Betten   E:AN-267:9

Bettes   E:V-175:18; 176:5; 185:19; E:F-213:17; E:AN-276:22

betteln
bettelnd   E:B-196:7

Bettelweib
Bettelweib   E:B-196:1; 198:33

betten
gebettet   E:B-196:8; E:Z-252:12

Bettkissen
Bettkissen   E:V-175:27

Bettler
Bettler   E:E-152:20; KS-307:21; 441:21

Beuche
Beuche   KS-433:16

beuchen
gebeucht   KS-433:15

beugen
beugen   E:K-73:2
beugt   KS-342:6
gebeugt   E:K-61:23; E:M-137:38; 140:31
gebeugte   E:K-77:1
gebeugtem   E:M-138:31

beunruhigen
beunruhigen   E:K-27:15
beunruhigt   E:M-121:14; 122:24; E:V-173:11; KS-426:16
beunruhigte   E:K-33:37

beurlauben
beurlaubt   E:Z-244:5
beurlaubte   E:K-61:6

beurteilen
beurteile   E:M-134:30
beurteilen   E:K-26:4; E:E-159:8; KS-319:20; 392:36; 396:13; 451:16

Beute
Beute   E:K-32:28; 34:21; 36:19; 93:8; E:M-126:8; E:E-149:7; E:F-201:30

Beutel
Beutel   E:K-61:34,34

Bevölkerung
Bevölkerung   E:C-219:5; KS-377:13; 397:5,21; 442:36

bevollmächtigen
bevollmächtigen   E:K-51:28

bevor
bevor   E:K-21:30; 47:8; 62:35; 65:15; 68:28; 91:5; 98:19; 99:13; E:M-112:2, 27; E:V-164:18; 187:3; E:B-197:27; E:F-214:21; E:Z-259:6; KS-328:22; 417:34
(17)

bevorbehalten
behalte   KS-334:21
behalten   KS-386:16

bevorstehen
bevorstand   E:Z-252:2
bevorstanden   E:M-136:26
bevorstehende   KS-398:24
bevorstehenden   E:F-205:11; KS-411:9

bewachen
bewacht   E:Z-259:36
bewachten   E:K-76:20; E:V-191:33

Bewachung
Bewachung   E:M-116:5

bewaffnen
bewaffnen   E:Z-247:23; KS-382:5
bewaffnet   E:V-161:1; E:AB-283:31; KS-447:4
bewaffnete   E:K-31:34; 34:22; 38:23
bewaffneten   E:K-40:15; 79:15; 94:23; E:V-161:4; 180:31; 188:34; 189:2; E:C-217:15; E:VAR-294:29
Bewaffneten   E:V-185:26
bewaffneter   E:V-167:14

bewahren
bewahre   E:Z-253:36; 254:7; KS-325:15; 407:12

bewähren
bewähren   KS-321:36
bewährte   E:K-22:19; KS-436:22

bewahrheiten
bewahrheiten   E:K-57:29
bewahrheitet   E:C-227:28

bewandert
bewandert   KS-324:14

bewandt
bewandten   E:AN-263:12

Bewandtnis
Bewandtnis   E:K-54:32; 82:10

bewässern
bewässerte   E:E-148:7

bewegen
bewegen   E:K-59:8; 74:20; E:AB-283:24;
KS-358 : 26; 368 : 30; 388 : 25; 390 : 26;
407:19
bewegenden   KS-453:33
bewegt   E:K-24:25; 48:32; E:M-118:36;
E:F-200:14; E:C-224:10; 228:13; E:Z-
260:12; KS-339:31; 370:34; 376:7; 423:14
                                                    (11)
bewegte   E:E-147:36; E:V-188:1; E:F-
203:20
bewegten   E:M-133:2; KS-303:29
bewegtes   E:F-206:27
bewog   E:V-178:2,11
bewogen   E:Z-236:1; 252:29

Beweglichkeit
Beweglichkeit   KS-341:26

Bewegung
Bewegung   E : K-13 : 38; 55 : 19; 95 : 9;
100 : 19; E : M-120 : 36; 121 : 19; 133 : 11,
35; E:E-146:10; E:V-175:3; E:F-200:26;
208:36; E:C-221:24; 223:18; E:AB-283:8;
KS-309:16; 320:10; 323:7; 338:3; 339:26,
30,34; 340:11,25; 341:35; 343:37; 345:2,
7; 398:16; 447:17   (30)
Bewegungen   E: K-71: 34; 72: 1; E: V-
173 : 9; E : F-200 : 38; 210 : 34; E : VAR-
297:28; KS-309:12,29; 339:12,21; 340:24;
341 : 13; 343 : 38; 388 : 28; 408 : 15; 418 : 4
                                                    (16)

beweinen
beweinen   E:Z-244:28

Beweis
Beweis   E:K-23:18; 74:30; E:F-202:3;
E:Z-233:17; 241:6; KS-347:8; 362:19;
363:16,17; 395:24; 401:26; 415:12   (12)
Beweise   E : V-160 : 21; E : Z-240 : 23;
241:35; 259:26; E:AN-281:19; KS-370:30;
442:38
Beweisen   E:AB-289:20
Beweises   KS-365:3

beweisen
beweisen   E: Z-242: 33, 38; KS-353: 25,
27; 366:10
beweist   KS-322:24; 426:16
bewiesen   E:K-38:18; 75:9; E:Z-233:19;
KS-347:26; 434:22

bewenden
bewenden   E:AB-290:5

Bewenden
Bewenden   E:K-73:26; KS-337:21

bewerben
bewerben   KS-395:8
bewirbt   KS-396:34
beworben   KS-449:15

Bewerbung
Bewerbung   E:M-115:29; 143:23

bewerfen
bewarfen   E:K-32:2
beworfen   E:M-116:27

bewerkstelligen
bewerkstelligen   E : V-184 : 31; KS-
356:12
bewerkstelligt   KS-390:18
bewerkstelligte   E:K-19:1

bewilligen
bewillige   E:K-47:28
bewilligen   KS-372:11
bewilligt   E:K-47:11; 53:18; KS-371:27

Bewilligung
Bewilligung   E:K-70:13

bewillkommnen
bewillkommten   E:M-143:13

bewimpeln
bewimpelter   E:K-79:34

bewirken
bewirken   E: K-74: 32; 80: 37; E: M-
114:18; KS-306:36; 382:13
bewirkt   E:M-116:2; KS-333:29; 382:6
bewirkte   KS-321:26
bewirkten   KS-420:25

bewirten
bewirten   E:K-72:22
bewirtet   E:AN-273:21
bewirtete   E:F-209:24

bewirtschaften
bewirtschaften   KS-441:15

Bewirtung
Bewirtung   E:C-223:8

bewohnen
bewohnen   KS-351:29; 378:11
bewohnt   E:M-104:19; E:E-149:17
bewohnte   E:V-161:11; E:F-202:15
bewohnten   KS-397:4

Bewohner
Bewohner   E:K-34:12; 36:30; E:V-168:4;
   KS-311:26; 428:21

Bewohnung
Bewohnung   E:K-34:8

bewundern
bewundern   KS-355:17,19
bewundert   KS-337:2

bewundernswürdig
bewundernswürdiger   KS-444:34
bewundrungswürdiges   KS-314:21

Bewunderung
Bewunderung   KS-313:7; 314:5; 354:17;
   355:12

bewußt
bewußt   KS-337:32
bewußte   E:K-37:21; E:M-134:11
bewußten   E:Z-237:22

bewußtlos
bewußtlos   E: M-106: 1; E: F-213: 30;
   E:C-227:20
bewußtlosem   E: K-30: 1; E: C-217: 38;
   E:VAR-295:13

Bewußtlosigkeit
Bewußtlosigkeit   E:E-146:28

Bewußtsein
Bewußtsein   E:K-30: 13; E: M-121: 14;
   122: 4, 10; E: E-145: 36; E: Z-247: 21;
   248:18; 254:23; E:AN-274:10; KS-305:3;
   310:31; 343:11; 345:33; 445:22   (14)
Bewußtseins   E:M-126:10; E:Z-244:7

Beyer
Beyer   E:AN-266:23

bezahlen
bezahlen   E:K-96:4; KS-402:20,26
bezahlt   E: AN-264: 24; KS-315: 22;
   460:22

Bezahlung
Bezahlung   E:K-25:27; KS-315:18

bezeichnen
bezeichnen   KS-304:18
bezeichnet   E:K-93:18; 96:38; E:Z-252:5
bezeichnete   E: V-184: 21; E: Z-236: 14;
   KS-428:35
bezeichneten   E:V-185:25; KS-456:32

Bezeichnung
Bezeichnungen   KS-322:28

bezeugen
bezeugen   E:M-106:37; 107:11
bezeugte   E:M-107:15

beziehen
beziehe   E:K-99:5
beziehen   E:M-113:34; KS-459:21
beziehn   KS-315:1
bezieht   KS-302:8; 459:16
bezog   E:M-109:7; 143:2

Beziehung
Beziehung   E:K-51:5; E:M-132:28; E:F-
   210:7; KS-450:18; 458:17; 459:6
Beziehungen   KS-418:32

bezimmern
bezimmern   KS-442:20

Bezirk
Bezirkes   KS-379:22

Bezug
Bezug   E: K-68: 15; 73: 26; 76: 6; E: F-
   209: 29; E: Z-234: 23; 239: 34; 242: 19;
   252:4; 255:21; KS-348:7; 402:17; 437:34
   (12)

bezwecken
bezwecken   E:K-13:17; E:M-132:11
bezweckt   E:M-132:12; KS-355:28
bezweckten   E:K-68:29

Bezwinger
Bezwinger   KS-375:36

Bibel
Bibel   E:K-30:21,23; E:VAR-293:7

biblisch
biblischen   E:C-216:30; E:VAR-294:12

biegen
bog   E:M-128:24; E:Z-244:34

Biene
Biene   KS-378:29

Bier
Bier   KS-315:18; 398:13

bieten
biete   E:M-136:9
bot   E:M-105:36; 142:35; E:E-154:23;
157:32
boten   E:K-22:30; 31:18; 81:13; 83:29;
91:30; E:M-131:10; 133:15; E:V-180:2;
KS-455:11

Bigotterie
Bigotterie   E:F-201:22; 205:4; KS-334:7

Bild
Bild   E:K-13:37; E:F-207:25,35; 208:7,
22,29; 209:10; 212:19,21,34; E:Z-239:28;
KS-303:37; 304:11,13; 327:22,22,23,28;
328:1; 336:23; 345:27; 399:13; 446:19;
449:21   (24)
Bilde   KS-304:18; 306:8,24,31; 327:19,
20,21; 336:27; 449:28; 450:6,12   (11)
Bilder   KS-347:2
Bildern   KS-306:7
Bildes   E:F-207:29; 211:31

bilden
bilden   KS-310:17; 421:34; 424:8
bildende   KS-447:10
bildenden   KS-448:15
bildet   E:F-210:15; KS-329:30
bildete   E:K-102:36; E:E-156:17; KS-
434:29
gebildet   E:K-62:3; E:Z-246:25; KS-
310:17; 347:19; 397:24; 443:24
gebildeten   E:C-225:35; KS-310:10

Bilderstürmerei
Bilderstürmerei   E:C-216:5,20; 221:31;
227:13; E:VAR-293:23; 294:3

bildlich
bildliche   KS-308:28

Bildnis
Bildnis   E:K-35:15; E:V-183:15; KS-
432:16
Bildnisse   E:E-145:19

Bildung
Bildung   E:Z-240:14; 257:22; E:AB-
287:18; KS-304:10,11,30; 310:10; 314:37;
326:23; 343:8,19   (11)
Bildungen   KS-310:36

Billet
Billet   E:F-211:14; KS-437:10
Billetts   KS-411:2

billig
billig   E:K-14:21; 25:37
billiger   E:K-64:16

billigen
billigen   E:K-64:27; KS-360:23

bimmeln
bimmle   E:AN-267:32

binden
band   E:K-63:25; E:V-193:16; E:AN-
271:20
binden   E:V-188:38; 191:1
Binden   KS-306:13
gebunden   E:K-40:19; 58:3,34; 61:28;
62:27; 79:17; 90:8; E:V-186:8,34; 193:13;
E:AB-283:31; KS-348:15   (12)

binnen
binnen   E:K-25:35; 26:29; 31:16; 44:28;
53:9; 69:29; 71:36; E:Z-248:3; KS-386:19;
393:19; 419:9; 426:5   (12)

Birkenreiser
Birkenreisern   E:C-222:36

bis
bis   E:K-9:8; 13:2; 16:28,30; 27:35;
28:1; 33:27; 39:2; 41:4,10; 42:4,
30; 44:16; 52:27; 55:28; 63:31; 84:36;
88:7; 89:3; 90:11; 91:13; 93:12,
38; 99:10; 101:37; E:M-104:23; 110:28;
112:36; 118:8; 119:13; 120:5; 121:25;
125:30; 128:31; 129:33; 135:30; E:E-
151:23; 155:9; 158:27; E:V-161:16,
22; 165:14; 168:3; 169:2,16; 172:7;
180:14; 184:28; 191:35; 193:26; E:F-
203:22; 204:35; 214:14; E:C-219:8; 222:1,
23; 225:13; E:Z-235:15; 242:27; 246:6,
6; 247:33; 249:2; 251:34; 255:8; E:AN-
263:17; 266:2; 267:5; 273:25; 274:7,
23; 275:16, 33, 35; 281:11; E:AB-
285:22; 287:10,27; 288:9,29; 290:9,
14; E:VAR-292:9; 296:17; KS-309:15,
17; 310:26; 328:11; 331:16; 333:2,
3; 348:27; 358:3,23; 361:20; 366:17;
370:34; 371:5, 8; 378:27; 382:22;
384:25; 385:10; 396:21; 398:12; 420:21;
424:10; 433:19; 436:31; 437:7; 440:36;
441:28; 444:14; 448:12; 452:16,25,27,
27; 460:7   (119)

Bischof
Bischof   E: F-211:17; 214:2; E: AB-
286:16,18,19,21
Bischofs   E:F-201:31

bisher
bisher   E:K-71:18; E:M-104:19; E:E-
157:26; E:AB-288:4; KS-310:17; 333:22;
375:30; 395:18; 402:32; 404:13,34,36;
419:23; 450:24; 452:25; 453:21; 458:3,16,
31; 459:5   (20)

bisherig
bisherige   KS-452:19
bisherigen KS-448:8

bisjetzt
bisjetzt   KS-395:18

bissel
bissel   E:K-18:37

Bissen
Bissen   E:AN-277:27

Bitte
Bitte   E:K-37:28; 48:1; 65:4; 70:1,26;
79:24; E:V-169:24; E:F-205:25; E:Z-
232:26; 237:33; E:AN-275:30; KS-371:10;
399:15   (13)

bitten
bat   E:K-12:14; 56:26; 60:5,35; 64:24;
70:6,33; 72:36; 80:19; 84:18; 85:16; 88:8,
38; 89:25; 90:13, 23; 93:28; E:M-
107:1; 112:36; 114:15; 118:34; 119:25;
120:18; 124:27,35; 131:3,15; 132:32;
137:33; 139:38; 142:7; E:E-158:38;
E:V-171:13; 178:21; 179:21; E:B-197:4,
26; E:F-211:15; 213:11; E:C-220:2; E:Z-
234:4; 237:28; 238:26; 240:4; 248:13;
256:27; E:AN-265:34; 278:22; E:VAR-
294:19; KS-342:18   (50)
baten   E:K-67:14; E:Z-243:33; E:AN-
281:22; KS-315:17
bitte   E:K-10:30; E:M-111:14,32; 112:21;
122:6,14; 140:26; E:F-199:23; 211:36;
KS-370:22; 373:25; 394:29; 436:28   (13)
bitten   E:K-28:22; E:M-118:25; 134:8;
E:V-179:26; E:C-224:19,25; E:VAR-
297:7; KS-448:12; 454:11; 455:9   (10)
bittend   E:Z-237:16
gebeten   E:V-186:31

bitter
bitter   KS-359:9
bittere   E:F-208:30
bitteren   E:K-49:5; E:M-130:7
bitteres   E:K-13:19; E:VAR-292:21
bittersten   E:K-84:9; E:F-209:30; E:Z-
230:22

Bitterkeit
Bitterkeit   E:V-187:24; KS-369:2

bitterlich
bitterlichen   E:C-223:15

bittersüß
bittersüßen   E:Z-236:34

Bittschrift
Bittschrift   E:K-23:11; 27:30; 28:34;
29:4,19; 30:3; 31:4

bizarr
bizarre   KS-384:20

blaß
blaß   E:V-193:19; E:Z-242:34
blassem   E:K-17:12

blasen
blies   E:Z-245:26

Blässe
Blässe   E:K-15:20; E:M-127:34; 140:29;
E:F-212:2; E:Z-244:33

Blatt
Blatt   E:K-25:29; 36:32; 44:11,18; 85:34;
97:17; 98:10; 100:31,33; E:M-130:15,
23; 132:2,3; 142:22; E:C-227:3; E:Z-
236:27; KS-362:27; 373:22; 375:17;
384:32; 394:30; 396:34; 409:28; 418:19;
419:25; 451:9, 29; 452:7; 453:15,
34; 454:17,31; 455:11; 456:3; 457:8; 458:6
(36)
Blatte   KS-452:2; 459:37
Blätter   KS-329:14; 362:17; 364:18;
388:14; 395:27; 399:11; 416:26; 422:25;
424:4; 427:28; 452:24; 453:6; 454:9,
32; 458:3, 31; 459:32; 460:8, 10, 12,
22   (21)
Blättern   E:K-42:1; E:M-134:11; KS-
376:7; 391:9; 396:18; 409:14; 414:27,
28; 415:12; 416:8; 419:29; 420:33; 423:16;
430:31; 435:22; 449:32; 455:32   (17)
Blattes   E:K-84:36; KS-404:3; 453:11,
13,20; 454:11

blättern
blätterte   E:K-30:23,23; E:VAR-293:8,
8

blau
blau   E:K-76:38; KS-384:14
Blaue   KS-355:33
blauen   E:K-101:1; 102:38; 103:5,7

bläulich
bläuliche   E:AB-288:28

Blei
Blei   E:V-161:36; 166:20; 194:5; E:AB-286:31

bleiben
bleib   E:M-137:17
bleibe   E:M-137:27
bleiben   E:K-15:22; 18:12; 27:25; E:M-127:23; E:AN-263:12; 281:11; KS-304:24; 330:37; 335:28; 375:15; 423:18; 450:18
(12)
bleibt   E:K-48:36; KS-319:16; 399:10; 401:6; 409:3; 446:30; 448:19; 452:24; 454:19; 455:21; 458:9,34   (12)
blieb   E:K-12:22; 32:33; 57:22; 61:26; 73:6; E:M-128:34; 134:2; E:E-154:35; E:F-200:9,15; 204:31; E:Z-248:24; E:AN-263:8; E:AB-290:23   (14)
bliebe   KS-360:23
blieben   E:K-63:28
geblieben   E:K-10:10; 89:35; KS-314:19; 378:35; 439:37; 460:13

bleich
bleich   E:K-20:9; 29:27; 35:16; E:M-110:4; E:E-146:24; E:B-196:26; E:F-204:18; E:C-218:26; E:Z-237:28; 239:27; E:VAR-292:24; 295:37; KS-331:27   (13)
bleiche   KS-303:28
bleichen   E:K-59:33

bleichen
bleicht   KS-301:11

bleiern
bleierne   E:K-82:3
bleiernen   E:K-61:35; 84:13; 92:23

blenden
geblendet   KS-325:26

Blesse
Blesse   E:K-11:16

blessieren
Blessierten   KS-364:23
blessierter   E:AB-283:11

Blick
Blick   E:K-30:27; 39:11; 48:20; 50:28; 52:25; 54:28; 58:24; 73:1; 76:4; 77:14; 80:14; 86:37; 92:10; 102:35; E:M-116:1; 120:11; 128:19; 140:28; 142:33; E:V-167:34; 174:28; 179:8; 193:6,15; E:B-196:28; E:F-207:12; 208:31; 209:7,23; 210:18,30; 213:12,16; E:C-220:6; 226:20; E:Z-232:37; 242:27; KS-313:1,22; 320:22; 341:6; 343:26; 442:21   (43)
Blicke   E:K-11:30; 25:7; 35:12; E:E-151:27; E:V-187:22; KS-301:11; 307:23; 444:10
Blicken   E:K-11:4; 35:33; 44:16 52:7; 59:6; 85:12; E:E-155:11; E:V-164:6; E:B-197:24; E:F-200:36; 207:21; 212:4; E:Z-237:38; KS-420:16   (14)

blicken
blicken   E:K-81:8; 99:16; E:E-146:36; E:C-218:10; VAR-295:23; KS-324:33; 327:24;
blickend   E:Z-229:14
blickt   E:M-141:18; KS-301:16
blickte   E:K-9:34; E:E-156:32

blind
Blinde   E:AB-283:31
blinden   KS-369:15
Blinden   E:AB-283:22; 284:2,3,6,7,13, 19,22

blindgeboren
blindgeborner   KS-405:3

Blindheit
Blindheit   KS-325:27; 358:29,34; 376:22, 26

Blitz
Blitz   E:K-17:18; 20:17; 93:14; E:F-204:15; E:AN-262:9; 263:23
Blitze   E:C-225:5,19; E:Z-246:2
Blitzes   KS-385:32

blitzen
blitzend   E:E-146:17; E:AN-265:8
blitzenden   E:Z-234:26
blitzten   E:M-105:18

Block
  Block   E:K-102:34; E:AN-279:13,15,23,
    23,31; 280:10
  Blöcken   E:AN-279:10

Blocksberg
  Blocksbergs   KS-308:18

blond
  blonden   E:K-97:35

bloß
  bloß   E:K-16:10; 18:30; 26:22; 39:11;
    40:11; 43:30; 52:11; 55:17; 68:31,
    35; 75:14; 92:15; 94:14; E:M-114:3;
    116:33; 137:38; E:E-151:20; E:V-177:19;
    E:F-205:37; 206:6; 213:17; E:C-220:12,
    18; 227:38; E:Z-237:4; E:AN-270:21;
    E:AB-287:18; 289:28; KS-310:21; 318:14;
    330:26; 331:6, 35; 333:19; 334:11;
    338:20; 339:33; 340:35; 345:10; 346:3,
    6; 348:11; 355:9; 361:19; 372:32; 380:3;
    391:28; 392:26; 404:25; 407:17; 426:25;
    427:6; 429:27; 433:16,24; 438:37; 443:15;
    448:21; 453:15; 459:13   (60)
  bloße   E:K-38:29; 65:12; 95:1; 98:18;
    E:V-173:9; E:Z-232:20; KS-329:12;
    343:13; 400:30; 407:16; 412:10; 431:4
                                      (12)
  bloßem   E:AB-285:25; KS-397:38
  bloßen   E:K-21:16; 29:36; 52:25; 64:3;
    66:5,21; E:E-155:31; E:V-162:1; 181:28;
    189:1; E:C-227:1; E:Z-229:31; E:AN-
    262:31; KS-322:34; 326:15; 329:1; 338:1;
    342:1; 363:2; 384:8; 391:21; 422:17   (22)
  bloßer   E:K-25:16; 86:18; E:M-114:10;
    E:F-210:20; KS-339:9
  bloßes   KS-364:16

Blöße
  Blöße   E:M-114:23
  Blößen   KS-324:25

bloßgeben
  bloßgegebene   E:Z-246:38

blühen
  blühende   E:E-146:35
  blühenden   E:Z-249:22; KS-450:5
  blühendes   E:V-183:33
  blüht   E:Z-259:20

Blume
  Blume   E:E-152:18; KS-310:33
  Blumen   E:F-206:29; KS-379:7; 399:6,
    11,20

Blumenstrauß
  Blumenstraußes   KS-399:13

Blut
  Blut   E:K-16:20; 47:18; 63:20; E:M-
    105:35; 123:36; 130:17; E:V-193:6; E:Z-
    237:35; 245:33; 247:16,27; E:AN-263:10,
    17; 266:28; 270:34; E:AB-285:8; KS-
    360:18; 369:6; 376:16; 379:14; 413:10,
    13   (22)
  Blute   E:K-30:3; E:E-158:20; E:AN-
    277:20; KS-430:22

blutdürstend
  blutdürstenden   E:E-158:17

blutdürstig
  blutdürstige   KS-322:25

Bluthochzeit
  Bluthochzeiten   KS-376:29

Bluthund
  Bluthunde   E:E-158:25

blutig
  blutige   KS-413:34
  blutigen   E:V-177:3

Blutigel
  Blutigel   E:K-39:19

Blutmensch
  Blutmenschen   E:V-174:31

blutrot
  blutrot   E:M-116:34

blutrünstig
  blutrünstig   E:AB-284:29

blutspeien
  Blutspeien   E:K-16:28

Blutsturz
  Blutsturz   E:AN-271:9

Bock
  Bock   E:M-136:19

Boden
  Boden   E:K-17:35; 25:6; 48:23; 63:3,
    20; 78:15; 83:19; 85:3; 93:10; 98:13;
    102:4,31; 103:10; E:M-105:29; 133:36;
    E:E-145:38; 147:3; 156:20; 158:4,
    25; E:V-177:21; 179:1,7; 182:25; 188:19;
    190:23; 191:20; E:B-196:13; 198:16;

E:F-199:29; 203:4; E:C-222:16,32; E:Z-
236:29; 237:28; 245:22; 246:5; 247:9,19,
27; 251:1; E:AN-272:21; E:AB-290:33;
KS-302:30; 333:16; 336:21; 338:5; 342:26;
354:11; 374:3; 378:4; 430:19; 443:22
(53)
Bodens   E:F-204:17; 212:29; E:C-224:7;
KS-431:4

Boerhaave
Boerhaave   KS-407:4

Bogen
Bogen   E:K-25:4; KS-326:10; 447:24;
449:1

Bogenzahl
Bogenzahl   KS-448:33

Böhmen
Böhmen   KS-381:12

böhmisch
böhmischen   E:K-65:29

Bolingbroke
Bolingbroke   KS-440:14

bombardieren
bombardierte   E:M-105:3

Bombe
Bomben   E:M-106:27; E:AN-275:10;
KS-387:4; 388:11

Bombenpost
Bomben-   KS-387:19
Bombenpost   KS-385:19; 386:5, 36;
388:12

Börsenhalle
B.   KS-432:10

bösartig
bösartiges   E:AN-263:16

böse
böse   E:K-20:20; E:M-119:24; E:C-
224:26; E:VAR-297:8
bösen   KS-311:5
Bösen   KS-354:24
böser   KS-332:21; 352:2

Bösewicht
Bösewicht   E:K-84:31; E:Z-260:21; KS-
302:13
Bösewichten   KS-332:34

Bösewichter
Bösewichter   E:C-221:20; KS-425:25
Bösewichtern   E:K-66:19; KS-312:34
Bösewichts   E:F-213:33

Bosheit
Bosheit   E:M-121:17,24; E:V-169:29;
E:F-214:3

Bosquez
Bosquez   E:AB-288:23

Botany-Bai
Botany-Bai   KS-333:15

Botschaft
Botschaft   E:Z-232:29

Botschafter
Botschafters   E:V-190:34

Bottich
Bottich   E:AB-287:25

Bourbon
Bourbon   E:AB-290:11

Boutique
Boutique   KS-431:22

Brand
Brand   E:K-17:16; 36:31,34; 37:18; 38:4;
41:13; E:M-105:4; E:V-160:30; 169:30;
E:AB-285:27,30,32; KS-424:24; 425:19,
35; 428:9,22   (17)
Brande   E:K-57:12; 58:8; KS-427:30;
429:29
Brände   KS-425:4
Brandes   E:K-34:36; 59:12

Brandbrief
Brandbrief   KS-426:4; 427:7
Brandbriefe   KS-426:34; 434:30

Brandenburg
Brandenburg   E:K-22:12; 23:7; 24:8;
77:19,37; 79:21; 82:16; 87:18; 89:12,25,
37; 90:29; 97:15; 99:19; 101:12   (15)
Brandenburger   KS-403:9

brandenburgisch
brandenburgische   E:K-88:21; 90:11
Brandenburgische   E:K-38:1; 96:26
Brandenburgischem   E:K-85:3
brandenburgischen   E:K-57:10; 77:21;
78:10; 81:15; 85:32; 88:3; 100:16
Brandenburgischen   E:K-25:3; 38:11;
53:9; 57:7; 69:8,30; 78:34
brandenburgischer   E:K-84:5

Brander
Brander   E:AN-280:21

brandmarken
brandmarkten   E:M-107:28

Brandmarkung
Brandmarkung   E:Z-260:35

Brandmaterial
Brandmaterialien   KS-426:34

Brandstifter
Brandstiftern   KS-425:11

Brandstiftung
Brandstiftung   KS-425:23; 428:15
Brandstiftungen   KS-425:26

Branntewein
Branntewein   E:AN-264:6
Brannteweins   E:AN-267:18

Branntweinsäufer
Branntweinsäufer   E:AN-267:13

brauchbar
brauchbar   E:K-34:8; E:V-161:20

brauchen
brauch   KS-401:17
brauche   E:K-101:2; E:M-120:17; E:C-226:30; E:Z-233:22; KS-400:32; 401:22
brauchen   E: K-26: 12; 36: 36; E: M-120: 31; E:V-175:5; E:AN-272:35; KS-342:26,28; 442:19
brauchst   E:K-28:12; E:AN-270:20
braucht   E: AN-262: 19; KS-319: 6; 364:22,22; 369:4; 378:24; 385:14; 388:27; 392:15; 426:6; 446:14   (11)
brauchte   E:F-210:2; KS-321:6

braun
Braune   KS-401:13
Braunen   E:K-15:31; 28:31; 29:19; 33:24

Braunschweig
Braunschweig   E:K-99:31

brausen
brausend   KS-379:35
brausenden   E:AN-274:36
braust   KS-376:11

Braut
Braut   E: V-169: 11; 174: 17; 175: 14; 176:12; E:AN-273:6,16,37

Brautgeschenk
Brautgeschenk   E : V-175 : 16;   E : Z-261:10

Bräutigam
Bräutigam   E:M-135:5; E:V-172:16
Bräutigams   E:AN-273:7

Brautleute
Brautleute   E:M-139:6; E:Z-261:7

brav
brav   E:AN-271:1
braven   KS-375:6

brechen
brach   E:K-71:24;
brachen   E:K-19:12
brech   E:K-20:4
brechen   E: K-73: 2; 75: 15; E: E-146: 6; E:V-170:8; E:F-206:30; KS-342:7; 454:13
brichst   E:K-42:33
bricht   E:Z-251:23
gebrochen   E : K-10 : 6; 64 : 29; 68 : 23; 73: 31; 88: 2; 98: 8; E: V-190: 21; E: F-214:22; E:Z-249:17; KS-327:34   (10)
gebrochenen   E:K-30: 15; 68:5; 87: 14; E:V-192:22; E:Z-260:29
gebrochener   E:M-124:17

Brechstange
Brechstangen   E:K-32:37; E:V-190:12; E:C-218:3; E:VAR-295:17

Breda
Breda   E : Z-235 : 12;   236 : 10;   241 : 9; 242:17; 255:33
Bredaschen   E:Z-241:26; 255:37

breit
breit   E:M-137:19; E:AN-279:36; 280:30; KS-399:9
breiten   E:K-59:27; E:M-136:20

Breite
Breite   E:AN-279:30

breiten
breitete   E:V-171:26

Bremen
Bremen   KS-459:20

brennen
brennende   E:M-105:19; E:F-202:28;
  KS-331:25
brennenden   E:K-33:13; 44:2; 56:37;
  E:M-106:24; E:E-146:21; E:F-206:11
brennender   E:F-207:36
brennendes   E:E-152:1
brennt   KS-373:18; 425:1
Gebrannte   E:V-168:1

Brentano
B.   KS-454:30

Breslau
Breslau   KS-386:20; 418:22
Breslauer   KS-387:7

Brett
Brett   E:V-194:20; KS-384:9,14
Bretter   E:K-19:3; E:C-225:8; E:AN-
  270:10; E:VAR-296:37
Brettern   E:K-18:14

Breve
Breve   E:C-227:37

Breysach
Breysach   E:Z-229:2; 260:21; 261:6

Brief
Brief   E:K-22:31,33,37; 23:8; 24:23;
  31:8; 40:12; 43:5; 49:30; 64:18; 65:7,
  16; 74:33,36; 75:2,10,21,26,34; 76:11,
  32; 79:9; 88:37; 89:18; 100:14; E:M-
  114:38; 125:3; 130:2; 131:7; 132:29,
  34; 133:11; 137:4; E:V-181:22,36; 182:4,
  21,23,29,35; 187:9; E:F-205:23; E:C-
  219:20; 220:36; 221:12; 225:26; 226:8,17,
  19; 227:5,38; E:Z-232:33; 242:22; 256:14,
  25; 258:22,31; E:AN-272:29,36; 274:10;
  276:35; E:VAR-293:3; KS-328:18; 336:1;
  347:14; 367:15; 368:27; 373:2; 400:10;
  402:5; 415:10; 434:2   (72)
Briefe   E:K-21:35; 26:5; 52:34; 69:25;
  75:17; 90:20; E:M-111:3; 114:31; 115:10;
  143:35,35; E:E-159:17,17; E:V-183:2;
  E:B-198:33,33; E:F-215:18,18; E:C-
  229:1,1; E:Z-261:17,17; E:AN-274:3;
  283:1,1; E:AB-292:1,1; E:VAR-298:12,
  12; KS-361:20; 365:22; 367:13; 383:19;
  386:12; 387:4; 388:9; 389:15; 407:18;
  418:30; 423:13; 432:8; 434:5,12,33   (44)
Briefen   E:K-53:29; KS-386:1,8; 387:16;
  419:8; 429:5; 437:7
Briefes   E:K-75:14; 77:9; E:V-183:6,
  10; KS-387:34; 388:1; 395:1

Briefschaft
Briefschaften   E:K-54:37; 67:31; 87:27;
  KS-432:5

Brieftasche
Brieftasche   E:K-54:21,29; 61:5

Brietz
Brietz   E:AN-262:5,9

Brille
Brille   E:K-60:28,36; E:V-163:37; 165:29

Bringegeld
Bringegeld   KS-452:34

bringen
brachte   E:K-30:10; 81:7; E:M-108:22;
  E:E-144:25; E:Z-229:18; E:AN-281:17;
  E:AB-288:17; KS-373:29
brachten   E:K-30:2; E:F-202:37
bringe   E:K-25:11; 56:14; E:Z-232:14
bringen   E:K-16:20; 21:5; 23:12; 26:29;
  31:8; 34:19; 38:20; 47:10,19; 49:18; 54:27;
  59:2,10; 68:29; 70:31; 83:31; 86:21,
  31; 87:7,21; 97:14,20; E:M-131:15;
  137:37; 139:24; E:V-182:2; E:F-
  199:22; E:Z-244:12; 246:16; 258:19; KS-
  305:25; 309:31; 312:10; 323:8; 328:5,
  28; 333:38; 336:36; 382:4; 387:22; 389:31;
  394:30; 395:27; 410:2; 412:33; 413:39;
  420:26; 430:16; 434:25   (49)
bringt   E:E-157:25; E:C-223:9; KS-
  329:6,20; 330:3; 336:8; 347:33; 405:21;
  410:7; 455:19   (10)
gebracht   E:K-43:6; 54:14; 58:28; 61:2;
  63:19; 65:7,16; 77:8; 94:17,35; E:M-
  110:33; 124:37; 127:36; E:E-152:13; E:V-
  186:35; E:F-203:5; 214:18; E:Z-249:19;
  254:18; E:AN-267:21; 270:9; 272:14; KS-
  335:24; 362:7; 368:24; 379:15; 384:7;
  386:36; 390:5,13; 402:33; 403:2; 406:18;
  419:3; 430:24; 433:20; 434:8   (37)
gebrachten   E:K-67:26; 69:11; KS-
  391:23

britisch
britische   KS-396:10

Brocken
Brocken   KS-308:13

Brod
Brod   KS-411:27

brode
brode   KS-411:28

Brödel
Brödel   KS-411:27

Broschüre
Broschüren   KS-347:6

Brot
Brot   E: K-36: 20;   80: 16;   E: V-165: 4;
166:7; E:C-224:22; E:VAR-296:30; 297:1;
KS-301:14; 317:1; 358:23; 398:13; 442:26
(12)

Bruch
Bruch   E:K-79:16; KS-340:28
Bruchs   E:K-102:28

Brücke
Brücke   E:AN-280:21,23; E:AB-287:33

Bruder
Bruder   E:M-118:34; 125:16; 126:3,11;
139:13,30,37; 141:22; E:V-162:36; 170:24;
E:Z-230:5; 239:23; 240:27; 251:28; KS-
317:3; 352:17,34,35; 353:1,12,14; 354:6;
370:19; 375:31; 435:19,20,29; 436:13;
450:5   (29)
Brüder   E:K-32:11; 36:3; E:V-191:36;
E:C-216:6,18; E:Z-232:34; 236:28,36;
237:16; 240:26; 252:25,30,34; 256:20;
261:4; E:VAR-293:24; 294:1; 296:23;
KS-344:28; 369:6   (20)
Brüdern   E:C-217:25; 219:6; 221:34;
E:Z-235:32; 241:10; 256:13; E:VAR-
295:1; 296:16; KS-378:36
Bruders   E:Z-231:30; 232:35; 234:31;
235:8; 236:4; 257:19; 260:20; KS-360:14;
436:2,19,22,30,37; 437:16   (14)

Bruderherz
Bruderherz   KS-400:14

Brüdernation
Brüdernationen   KS-378:15

Brühe
Brühe   KS-411:27

brüllen
brüllend   E:E-146:19

Brust
Brust   E:K-14:30; 19:27; 22:24; 24:25,
36; 26: 1; 27: 23; 28: 26; 29: 26, 38;
32:13; 33:34; 36:1; 39:14; 42:23; 43:2,
21; 49: 2; 62: 20; 69: 23; 80: 8; 89: 6;
94:10; 95:12; 97:11; 102:8,31; 103:3;

E: M-108: 22;   110: 33;   122: 27;   123: 2,
29;   124: 17, 34;   126: 7;   129: 12, 15,
25;   133: 2;   134: 20;   140: 31;   141: 17;
E:E-145:23; 146:31; 147:12,20; 149:7;
150:30; 151:1,12,16; 154:12; 155:18,
20; 157:1; 158:28; E:V-168:13; 170:32;
172:27; 173:5,20; 175:14; 179:5,8; 185:36;
187: 38; 192: 21; 193: 38; E: F-201: 9,
28; 206: 10; 207: 30; 208: 30; 213: 2;
E: C-221:33; 222:16; 224:5; E: Z-235:1;
240: 21; 244: 38; 246: 10; 247: 8, 12,
27; 249:21; 250:18; 253:20,37; 258:27;
259: 37; E: AN-269: 12; 270: 34; 276: 37;
278:16; E:AB-290:34; KS-303:29; 306:20;
312:18; 320:19; 325:22; 331:27; 335:10;
345:5; 379:13   (105)
Brüste   E:V-172:4
Brüsten   KS-336:13; 375:14

Brustknochen
Brustknochen   E:V-194:3; E:Z-229:16;
E:AN-278:26

Brustlatz
Brustlatz   E:K-74:36; 81:18; 102:35

brüten
brüten   KS-319:29
brütete   E:F-210:12

Bubenetsch
Bubenetsch   KS-433:3

Büberei
Büberei   E:F-213:10

Büblein
Büblein   KS-413:6,7,7,11

Buch
Buch   KS-313:22; 343:6; 377:5
Buche   KS-413:25
Bücher   E:M-109:12
Büchern   E:K-44:34; E:M-126:29

Buchalsky
Buchalsky   KS-451:30; 452:8,32

Buchhandel
Buchhandels   KS-450:31

Buchhändler
Buchhändler   KS-373: 28;   416: 20;
452:12; 459:31; 460:4
Buchhändlern   KS-384:38

buchhändlerisch
buchhändlerische   KS-459:37

Buchhandlung
Buchhandlung   KS-448 : 10;   459 : 9;
460:6
Buchhandlungen   KS-451:3; 452:11;
455:20; 459:16,20

Büchse
Büchse   E:V-160:26; 188:32; 189:33;
E:B-196:10
Büchsen   E: K-81 : 10;   E : V-177 : 26;
184:35; 186:37; 190:10; 194:21,26

Buchstabe
Buchstabe   KS-406:38; 455:3
Buchstaben   E:F-209:38; 210:26,35,36;
E:AN-263:24

bücken
bückte   E:V-179:9

Buffa
Buffa   KS-411:10

Bühne
Bühne   E:AN-270:9; KS-408:13; 409:2,
18,32; 410:7,31; 412:33; 413:40; 416:15
(10)
Bühnen   KS-410:10; 411:15

Bülletin
Bülletin   KS-367:10; 368:19,23; 458:3,
31
Bülletins   KS-367:7; 395:30

Bund
Bund   E:K-71:10; 81:33; E:F-204:22,
24
Bunde   KS-382:4

bundbrüchig
bundbrüchige   E:V-185:27

Bündel
Bündel   E: K-19 : 34;   20 : 14; 101 : 20;
102:18,23; E:Z-238:1; 249:32; 256:37

Bundesland
Bundesland   KS-350:16

bunt
bunt   KS-384:14,20
bunter   E:E-147:7

Bürde
Bürde   KS-412:33

Burg
Burg   E : K-11 : 2; 14 : 34; 15 : 34; 16 : 25;
17 : 28; 18 : 24,34; 20 : 37; 24 : 18; 31 : 38;
33:24,33; 45:17; E:Z-230:12,33; 231:37;
235 : 20; 236 : 5; 237 : 27; 238 : 23; 240 : 37;
241:10,16,37; 253:9; 255:34; 256:13,23;
257:3,9,33; E:AB-288:36; 289:8,16   (34)

Burgemeister
Burgemeisters   KS-371:16; 372:28

Bürger
Bürger   E:K-62:18,34; 63:3; 78:29; E:E-
156: 15,35; 158: 2; E: Z-259 : 19; E: AN-
262: 3,7,13,17; 274: 35; E: VAR-297: 15;
KS-435:27   (15)
Bürgern   KS-401:37

bürgerlich
bürgerliche   KS-386:24
bürgerlichen   E: M-127 : 1; KS-327 : 4;
408:20
bürgerlicher   E:V-168:36
bürgerliches   KS-420:12

Bürgermeister
Bürgermeister   E:K-38:16; E:C-226:3

Bürgerschaft
Bürgerschaft   E:K-39:29; 41:34

Burggebiet
Burggebiets   E:Z-238:30

Bürgschaft
Bürgschaft   E:Z-233:35; 234:11

Burgtor
Burgtor   E:K-34:26

Burgund
Burgund   E:AB-290:10

Burgunder
Burgunder   KS-367:22

Burgvogt
Burgvogt   E:K-10:15,17
Burgvogts   E:K-15:4

Burke
Burkes   KS-457:3

Burleske
Burlesken   KS-339:2

Bursche
Burschen   E:K-62:24

Busch
Busche   E:AN-281:36
Büschen   E:V-195:13

Büschel
Büschel   KS-336:15; 399:8

Büsching
Büsching   KS-397:4; 398:4

Buße
Buße   KS-422:27

Busen
Busen   E:M-122:22; 129:38; E:V-183:21;
    184:9; E:C-226:17; E:Z-247:22; 250:26;
    251:21; KS-314:28; 347:27; 378:26   (11)

Butter
Butter   KS-398:12

by
by   KS-440:13

C.
C.   KS-335:33

C...
C...   E:AN-271:31,35; 276:3,15,29; 277:7;
    KS-338:30; 344:14; 345:20

c'est
c'est   KS-408:33

Cäcilia
Cäcilia   E:VAR-298:3,8

Cäcilie
Cäcilie   E: F-215: 18; E: C-216: 1, 16;
    219:23; 221:1; 227:35; E:VAR-293:19,
    21,34

café
café   KS-384:9,16,17,22,29

Cafetier
Cafetier   KS-384:7

Campe
Campe   KS-332:19

Caravine
Caravinen   E:F-204:9

Carouge
Carouge   E: AB-288: 34; 289: 19, 21;
    290:3,22,24,30,38; 291:4

Carpani
Carpani   KS-444:23

Carstens
Carstens   KS-450:14

Cäsar
Cäsar   KS-373:31

cb.
cb.   KS-328:11

Cendrillon
Cendrillon   KS-411:22; 432:27,33,34

ces
ces   KS-322:22

ceux
ceux   KS-385:5

Ceylon
Ceylon   E:AB-288:22

Chantilly
Chantilly   KS-384:32,34

Charakter
Charakter   E: AN-265: 26; KS-311: 12;
    383:22,23; 384:3; 415:29; 420:7; 432:22;
    436:6; 446:24; 455:1   (11)
Charakteren   KS-331:8
Charakters   E:M-112:26; KS-436:3

Charaktergemälde
Charaktergemälde   KS-313:36

Charité
Charité   E:AN-266:25

Charite-Vorfall
Charite-Vorfall   E:AN-266:21

Charles
Charles   E:AN-276:3

Charlottenburg
Charlottenburg   KS-402:33; 403:11,22;
    429:8,16,25

Charlottenstraßenecke
Charlottenstraßenecke   KS-459:28

Charny
Charny   KS-431:2

Chartret
Chartret   E:AB-286:29

Chasseur
Chasseurs   E:AN-265:6,14

Chatelet
Chatelet   KS-321:32

Chaumont
Chaumont   KS-419:11

Chaussee
Chaussee   KS-389:21; 393:4

Chef
Chef   E:K-70:7; 72:34; 77:6; E:M-113:3;
E:V-169:28

chemisch
chemische   KS-392:5,11; 410:3
chemischen   KS-347:34

Chenille
Chenille   KS-399:6

Cherub
Cherub   E:M-132:9; KS-342:13
Cherubimen   KS-377:10

Cherubsschwert
Cherubsschwert   E:K-43:37

Chili
Chili   E:M-143:35; E:E-144:1,2; 151:36;
153:12

chimérique
chimérique   KS-322:24

Chios
Chios   KS-423:9

chirurgisch
chirurgische   KS-395:14

Chirurgus
Chirurgus   E:AN-278:25

Chorhemd
Chorhemde   E:E-155:25

Chorherr
Chorherr   E:E-156:2
Chorherren   E:E-155:23
Chorherrn   E:E-156:14

Christ
Christen   E:K-36:11,14; 46:22

Christenheit
Christenheit   E:E-157:5

Christian
C.   KS-456:24; 457:8
Chr.   KS-421:31
Christian   KS-454:3; 455:26; 456:2

Christian IV.
Christian IV.   KS-419:14

Christiern
Christiern   E:K-49:30; 50:35; 66:37;
70:3,17; 79:1; 87:10

christlich
christlich   E:AN-270:19
christlichen   E:E-155:18

Christoph
Christoph   KS-441:4

Christus
Christus   KS-306:12; 313:37; 314:13,
19

Chronik
Chronik   E:K-9:3; KS-418:22; 424:6
Chroniken   E:K-99:28

chronometrisch
chronometrisches   KS-385:23

Cimon
Cimon   KS-450:2

cinq
cinq   KS-385:4

Claudius
Claudius   KS-388:19; 389:13,20,29,30;
390:4,27; 391:8,12; 392:16,31   (11)

Claven
Claven   KS-443:12

Clemens
C.   KS-454:30

Clementi
Clementi   KS-444:33

Colino
Colino   E:F-207:5; 209:11; 210:15;
211:30; 212:28

Collin
Collin   E:F-211:29; KS-444:24

comme
comme   KS-384:32

Conception
Conception   E:E-150:17; 153:15

condition
condition   KS-459:24

Congo

Congo   E: V-160:5,23;   161:23;   166:2; 176:18; 177:37; 178:32; 182:2; 184:11

Congreve

Congreve   E:V-173:37

connoisseurs

connoisseurs   KS-384:16

Constanza

Constanza   E:F-201:36
Constanze   E:E-156:7,12; 158:4,8; E:F-204:38; 205:10
Constanzen   E:E-154:25
Constanzens   E: E-158: 3, 10;   E: F-205:18,33; 206:15

containing

containing   KS-440:11

contiguous

contiguous   KS-440:13

Correge

Correge   KS-337:6

Côte

Côte   KS-431:26

Cotta

Cotta   KS-447:35

Couraudeau

Couraudeau   KS-433:10,25

Courlon

Courlon   E:AB-286:29

Cranach

Cranach   KS-379:9

Cronegk

Cronegk   KS-347:10

Cuba

Cuba   E:V-160:9; 165:21

d.

d.   KS-409:19

D...

D...   E:AN-276:4,14; 277:3,6

d'l

d'l   KS-412:4

d'or

d'or   KS-431:26

da

da   E:K-9:25,29; 10:9,31; 11:12; 12:15,16, 30; 13:24; 14:4,9,20; 15:25; 16:31; 17:11, 14, 32; 18:11,36,37; 19:18,23,38; 20:6, 11; 22: 20, 36; 23: 4; 26: 12, 20; 29: 10; 30: 17; 31: 20, 27; 32: 17, 34; 33: 3, 9, 18, 32; 35:3,21,29; 36:5,7; 37:10; 38:34; 39:8, 33; 40: 18, 24; 41: 30; 43: 32; 44: 3, 8; 45:17; 47:30; 48:9,24; 49:16,28; 52:23, 34; 54:5,12; 59:23,25,33; 62:33; 63:25; 69: 36; 71: 12; 72: 28; 73: 16; 74: 2, 17; 75:37; 77:10; 78:27,30; 79:8; 80:37; 81: 4, 22, 35; 82: 5, 17, 21, 29, 37; 83: 3, 6, 8, 30; 85: 7, 25, 28, 36; 86: 7, 23; 88: 20, 35; 89: 12,19; 90: 18,31; 91: 9; 92: 2, 15, 18, 24; 93:5; 94: 7, 9, 29; 95: 6, 9; 96: 5; 97:28; 98:17; 99:1; 100:1; 101:7; 102:5, 21; E:M-105:20; 106:2; 107:5,37; 108:3, 24,28; 109:7,17,21,31,33; 111:19; 113:21; 114: 33; 115: 34; 116: 27, 36; 117: 15, 28; 118:3; 119:11,22; 120:8,28; 124:7, 13, 32; 125: 20, 26, 33; 126: 30; 127: 13, 16, 22; 130: 3; 131: 1, 31; 132: 30, 35, 37; 133: 20; 134: 22; 135: 1; 136: 14, 27; 138:2,4,17,20,36; 141:25; 143:11,20, 21,28,29; E:E-145:18; 146:38; 147:22,28, 31,38; 149:29,31; 150:32; 151:6,11; 152:5, 7,34; 153:26; 154:11,20,34; 155:16; 157:9, 22; 158: 14; E: V-162: 37; 164: 30; 166: 38; 169: 25; 170: 14, 20, 28; 171: 9, 27; 172:13; 173:25; 175:1,11,16,26; 176:2, 18; 178:25,31; 180:34; 181:33; 182:30, 38; 186: 1, 13; 188: 25; 189: 19; 190: 6, 33; 192:3,10,21,35; 193:4,35; 194:13, 15, 27; E: B-196: 12, 18; 197: 10, 22, 23, 36; 198: 21, 21; E: F-199: 12, 17, 27; 200:22; 201:12,19,35; 202:20; 203:5, 16,21; 204:2,19,25,29; 205:21; 206:14, 23, 35; 207: 1, 9; 208: 13; 209: 4, 7, 19, 34; 210: 9, 23; 211: 7, 12, 18; 212: 16, 32; 213:6,7,10,29; 214:2,14; E:C-216:25, 33; 217:11,13; 219:11,31,36; 221:5; 222:2, 8,14; 223:9; 224:28,38; 225:21; 226:12, 21, 36; 227: 13, 23; E: Z-229: 7; 231: 12, 36; 232: 21; 234: 33; 235: 10; 236: 7, 33; 237:19,32; 238:31; 241:32; 242:9; 243: 7; 245: 11, 30; 249: 29, 32; 250: 3; 251: 30; 252: 31, 37; 253: 5; 254: 9, 20; 255:11,15; 256:12,29,36; 258:2,19, 31; 259:36; 260:12; E:AN-263:32; 264:6, 13,18,19,25,27; 265:14; 266:3; 267:25,30, 35; 268:14,22,32; 270:28; 271:1; 272:15, 27,33,38; 276:7,17,25,28,36; 277:6,20,

29; 278:24,29; 279:3,17,22,24; 280:23;
281:36; E:AB-285:26,34; 286:17; 289:30;
E:VAR-292:28; 294:25,27; 296:31,33;
297:32,36; KS-301:26; 302:7,11; 303:27,
28; 305:37; 307:19; 309:36; 313:32;
314:3; 316:24,24; 319:26; 320:25; 325:2,
13; 327:30; 328:34; 330:25; 331:16;
332:18, 25; 335:17; 336:17; 337:1,
7, 11, 13, 21, 35; 339:8; 341:6, 22, 35;
342:17; 343:26; 344:21,36,38; 347:10;
350:22; 353:3,4; 354:7; 355:17; 357:15,
23; 359:14; 371:9; 372:28; 375:35;
378:21; 385:10; 386:18; 387:11, 15,
31; 388:24,26; 390:15; 400:32; 401:5,
17; 402:5,15; 404:2; 409:1; 410:18;
413:4; 415:1; 417:15; 419:18; 421:32;
429:19; 432:6; 433:20; 434:8; 436:26;
437:26; 442:21; 446:30; 448:8; 449:1,
24; 450:30; 451:25; 452:19; 453:1,
9; 457:6; 458:6   (483)

dabei
dabei   E:K-19:9; 21:22; 30:27; 36:31;
37:7,21; 41:18; 60:34; 68:13; 69:14;
72:38; 73:19,24; 79:31; 87:27; 90:9; 94:24;
E:M-139:37; 141:13; E:V-172:8; 191:37;
E:F-199:25; 211:34; E:C-220:22; 225:15;
227:8; E:Z-232:15; 241:24; 254:36; E:AN-
263:8; 265:26; 275:4; E:AB-284:6; 290:10;
E:VAR-293:11; KS-302:36; 303:7; 318:6;
320:10; 325:12; 347:21; 395:23; 397:8;
427:1; 432:4; 443:36   (46)

da capo
da capo   KS-417:35

Dach
Dach   E:K-19:5; 22:26; 34:34; 79:34
Dache   E:K-36:24
Dächer   E:E-145:9; E:C-225:13; KS-
390:11
Dächern   E:E-146:22; E:AB-285:36

dadurch
dadurch   E:K-21:12; 48:21; 50:15; 57:26;
64:14; 66:19; 71:34; E:M-111:21; 112:12;
113:6,8,11; 133:1; 139:33; E:E-157:24;
E:V-171:3,4; 180:17; 181:9; E:C-225:30;
226:12; E:Z-235:32; 246:38; 248:19;
261:16; E:AN-279:35; KS-305:14; 307:31;
317:4; 321:20,29; 334:27; 340:18; 347:8,
25; 364:24; 367:31; 382:6; 383:32; 387:2;
397:24; 404:21,26; 416:12; 420:25; 426:22;
454:34   (47)

dafür
dafür   E:K-16:37; 18:2; 29:6; 59:22;
85:30; 86:24; E:V-165:24; E:Z-238:36;
249:9; KS-303:19; 309:33; 327:6; 353:10;
368:24; 414:11; 446:31; 455:5   (17)

dafürstehen
steht   KS-317:9

dafürstimmen
stimme   E:K-51:7

dagegen
dagegen   E:K-16:4; 26:24; 48:6; 67:21;
94:30; E:M-120:3; 142:20; E:C-221:23;
E:AN-278:10; KS-301:13; 305:29; 308:22;
329:3; 337:28; 340:15; 374:5; 387:20;
420:20; 451:29; 452:7,25   (21)

daher
daher   E:K-28:3; 51:7; 80:1; KS-
304:12; 306:24; 307:2; 308:11; 310:34;
311:13; 313:13; 316:16; 317:25,36; 322:9,
37; 328:8; 333:14; 346:32; 348:16; 363:26;
365:4; 366:10; 403:27   (23)

daherfahren
daherfahrenden   KS-446:28

daherhinken
hinken   KS-380:17

daherziehen
daherzöge   E:C-226:38

dahin
dahin   E:M-115:23; 125:19; 142:30; E:F-
211:2; E:AN-275:35; KS-305:25; 309:17;
310:26; 327:12; 370:34; 436:29; 448:12
                                        (12)

dahinführen
dahin geführt   E:V-185:16
führen   KS-325:11
führte   E:AB-289:8

dahinrollen
rollte   E:M-115:13

dahinstehen
steht   KS-390:23; 414:20

dahinstellen
dahingestellt   KS-392:33
dahin gestellt   E:K-99:28; KS-400:17;
418:5; 422:19

dahinter
dahinter   E:K-91:15

dahintersetzen
setze   KS-364:15

Dahme
Dahme   E: K-79:33; 80:31,35; 81:29;
84:5,19,35; 85:2; 86:14; 87:16; 93:22
(11)

dalassen
ließe   KS-402:12

daliegen
dalag   E:V-176:5; 179:1
da lag   E:F-210:23
lag   E:K-30:15; 85:14
liegt   KS-327:28

damalig
damaligen   E:Z-255:7; E:AN-265:34;
268:9

damals
damals   E:K-27:6; 30:18; 36:25; 68:17;
77:35; 79:27; 98:36; E:M-107:34; 109:25;
143:32; E:F-209:10; E:C-216:16; 221:20;
E:Z-234:7; 237:5; 260:30; E:AB-286:17;
287:17; 290:7; E:VAR-293:34; KS-319:11;
343:19; 344:19; 406:29; 428:10   (25)

Damas
Damas   KS-431:2

Dame
Dam.   KS-431:36
Dame   E: K-34: 18, 31; 35: 29; 36: 2;
79: 29; 80: 9, 13; 81: 11, 16, 35; 83: 17,
23; 99: 33; E: M-104: 5, 10; 105: 30,
36; 110:31; 114:6; 120:14; 124:33; 136:15;
E:E-152:9; 155:4; 157:18; 159:10; E:V-
168:8; E:F-205:31; 208:18; E:C-226:13,
18; E:Z-240:34; 243:37; 245:18; 249:35;
259: 33; E: AN-263: 15, 18; 269: 26,
32; 274: 21; E: AB-289: 2, 4, 8, 11, 12,
34; 290: 14, 20, 23; KS-399: 14; 431: 19
(52)
Damen   E:K-79:31; E:E-151:9; E:Z-
234:36; KS-399:33; 431:11,23; 432:6;
443:29; 444:21

Damenherz
Damenherzen   E:M-114:24

Damerow
Damerow   E:K-41:2,6

damit
damit   E: K-9: 20; 10: 11, 23; 13: 16;
20: 25; 25: 16; 28: 10, 13, 29; 40: 25;
42: 38; 47: 35; 48: 37; 49: 16; 51: 11,
19; 55: 9; 57: 1; 59: 26; 61: 29; 71: 14;
82: 7; 83: 5, 15; 86: 32; 92: 29; 93: 23;
95: 5; 97: 36; 98: 14, 31; 99: 6; E: M-
114: 9; 121: 23; 122: 7, 15; 123: 17, 27;
130:10; 132:11,12; 135:17; 137:36; 141:23;
E: E-150: 15; E: V-160: 20; 162: 5, 12,
27; 163:28; 164:9; 166:37; 176:29; 178:33;
180: 5; 181: 26; 183: 29; 184: 35; 185: 18,
36; 188: 36; 192: 9; 193: 33; E: F-199: 14;
202: 1; 207: 37; 210: 12; 215: 1; E:C-216:13,
29; 227: 37; E: Z-233: 11; 234: 24; 240: 30;
245: 22; 247: 25; 260: 37; E: AN-264: 14;
265: 2, 18; 268: 25; 281: 9; E: AB-285: 1;
E: VAR-293: 31; 294: 11; KS-319: 36;
321: 8; 327: 7; 328: 5; 330: 2; 337: 21;
340:36; 341:12; 344:29; 348:11; 355:26;
356:19; 358:31; 372:18; 384:1,15; 391:26;
393:19; 397:20; 401:27; 405:20; 408:15;
425: 19; 427: 13; 431: 23; 445: 7; 448: 33,
35; 449:34   (114)

Damm
Damm   E:K-42:22; KS-396:7
Dämme   E:AB-288:16

Dämmerlicht
Dämmerlicht   E:Z-257:24

dämmern
dämmern   E:Z-229:7
dämmerte   E:K-19:3

Dämmerung
Dämmerung   E:E-155:13; E:V-170:24;
182:11; 187:31; E:B-197:15

Dampf
Dampf   E:E-148:25
Dampfe   KS-433:17,20
Dämpfe   E:E-149:5; KS-433:9,14

dämpfen
gedämpft   E:K-37:4
gedämpfter   E:V-184:19

Dampfwolke
Dampfwolken   E:E-146:16

danach
danach   E:K-83:4; KS-426:11

Danaiden
Danaiden   KS-444:19

Dänemark
Dänemark KS-419:14

danieder
danieder E:Z-246:29

daniederbrennen
daniederzubrennen KS-371:22

daniederliegen
danieder gelegen E:VAR-297:34
daniederlag E:VAR-297:23
danieder lag E:K-23:2; 64:37; E:C-227:31
daniederläge KS-326:26
daniederliege E:C-217:38
daniederliegenden E:K-49:32

daniederstrecken
daniedergestreckt E:C-222:18

dänisch
dänischen KS-372:3,12

Dank
Dank E:E-155:24; E:V-186:7; E:Z-253:24; KS-388:8; 395:20; 409:5; 414:11; 454:23; 456:28

dankbar
dankbar E:K-65:19; E:E-151:2; E:V-175:25
dankbaren KS-375:30

Dankbarkeit
Dankbarkeit E:M-106:36; 107:19; 108:18; 111:36; 117:9; 121:29; E:V-160:21; 170:27; E:Z-240:31; E:AN-275:25; 276:7; KS-445:3 (12)

danken
danke E:M-114:37
danken E:K-14:19; E:E-147:4; E:AB-291:5; KS-314:16; 324:24; 394:27
dankende KS-396:36
dankte E:K-23:18

Dankfest
Dankfeste E:E-153:37

Danksagung
Danksagungen E:K-53:25

dann
dann E:K-60:32; E:M-105:36; 120:12; 128:35; 139:18; E:E-159:6; E:V-182:10; E:F-199:4; E:Z-235:22; 255:32; E:AN-274:34; KS-302:29; 303:10; 307:8; 309:36; 310:13, 25, 29; 313:22, 25, 27; 314:36; 317:15; 319:20; 322:34; 335:19; 336:29; 353:11; 380:21; 390:31; 428:20; 435:35; 451:25 (33)

Danziger
Danziger E:AN-264:12

Daphne
Daphne KS-342:4

daran
daran E:K-21:30; 44:12; 90:7; 92:6; 96:17; E:M-122:3; 135:8; E:AN-280:21; KS-328:11; 335:14; 340:25; 343:28; 346:7; 365:15; 409:11,14 (16)

daran denken
dachte E:V-185:2
daran denken KS-326:29
daran gedacht E:M-115:10

daran gewöhnen
daran gewöhnte E:AB-287:28

daranhalten
halte E:Z-253:38

daranhängen
daran hänge E:K-84:32
daran hängen E:AN-262:20

daranliegen
daran liegt E:K-100:38
liegt E:AB-285:3

daransetzen
daran gesetzt E:K-65:2
daran setzen E:V-188:29

darauf
darauf E:K-9:27; 13:18,31; 18:29; 20:22; 30:8; 31:9; 36:15; 40:29; 42:2; 43:34; 54:9; 58:1; 64:20; 68:1; 72:5; 79:20; 85:31; 92:24; 94:5,28; 100:9; 103:18; E:M-106:2, 20; 108:16; 109:33; 116:15; 117:5; 128:17; 130:22; 134:26,27; 135:30; 137:36; 139:29; E:E-147:31; 154:9; 158:19; E:V-160:13; 161:32; 169:14; 174:34; 176:19; 182:20; 184:9; 185:18; 195:3; E:F-199:26; 203:17; 204:24; 210:29; 212:25; E:C-218:14;

219:11; 220:31; 224:38; 225:27; 228:13;
E:Z-231:20; 233:24; 238:30; 239:38;
241:25; 248:1; 250:38; 256:17,32; 257:31;
259:17; E:AN-262:9; 263:22; 266:4; 271:1,
9; 272:9; 274:2; 277:4; 279:5; 281:20,
23; E:AB-284:9,25; 286:21; E:VAR-
295:27; 297:21; 298:5; KS-302:24; 325:1;
328:35; 342:28; 349:4; 353:5; 366:11,
31; 375:24; 379:3; 381:27; 392:14; 394:26;
396:13; 397:3,34; 399:2,24; 402:7; 435:1,
36; 437:30; 441:16; 442:26; 445:23; 456:18
(113)

daraus

daraus   E:K-26:7; 30:22; 33:18; 45:28;
52:13; 55:8; 66:36; E:M-117:34; 125:13;
133:32; E:E-147:5; 155:1; E:F-214:1;
E:C-220:37; E:Z-231:38; KS-314:17;
318:34; 320:28; 323:36; 339:38; 340:5;
343:16; 348:14; 368:1; 370:7; 398:2;
431:29   (27)

darben

Darben   KS-301:16
darbt   KS-309:36; 313:2

darbieten

bieten   KS-310:5
darbieten   KS-307:16; 335:11
darbietenden   E:V-185:38
darbietet   KS-397:19; 415:4
darbot   E:K-34:9; 82:5
darböten   KS-333:36
dargebotene   E:Z-234:11
darzubieten   E:M-134:31

darein

darein   E:E-154:21

darin

darin   E:K-17:17,37; 19:17; 25:32; 26:9;
30:24; 33:28; 42:3,4; 53:23; 54:16,
31; 81:20; 82:6,20; 91:38; 100:36;
101:4; 102:5; E:M-108:5; 109:4; 114:23;
143:20; E:E-151:32; 155:8; E:V-161:6,
13; 163:23; 168:31; 170:31; 171:28,
36; 175:23,36; 176:21; 182:30; 188:12,
14; E:F-206:37; 214:6; E:C-224:37;
E:Z-235:22; 241:2; 246:5; E:AN-
263:35; 269:32; E:VAR-298:10; KS-
310:21; 313:35; 314:31; 315:30; 317:7,
15; 329:29; 334:6; 335:26; 342:37; 345:14,
23; 347:33; 348:19; 351:19; 363:26; 369:5;
373:23; 377:3; 385:13; 396:32; 398:26;

399:12; 405:18; 415:14; 418:29; 420:1,
11; 427:9; 430:11; 435:7,18; 437:11;
443:30; 450:18; 454:9   (83)
drin   KS-409:12

darinnen

darinnen   KS-310:23

Darlehn

Darlehn   E:K-26:27

darniederliegen

darniedergelegen   E:C-227:21
darniederlag   E:F-204:34; E:AN-265:28
darnieder lag   E:K-29:26
darniederliege   E:VAR-295:14
darniederliegt   KS-326:8

darreichen

darreichten   E:V-192:7
reichte   E:K-83:5; 97:37; E:M-106:12;
132:2; E:E-149:29; E:C-226:17; KS-
306:13

darstellbar

darstellbarste   KS-413:36

darstellen

dargestellte   KS-418:33
darstellen   KS-304:14; 327:36; 341:3
darstellte   E:AN-274:21
darzustellen   E:K-66:31; KS-304:38;
414:3; 423:22; 446:24
stellen   KS-399:19; 446:19
stellt   KS-312:36; 450:2,10

Darstellung

Darstellung   E:K-23:7; 62:17; E:C-
219:3; E:AN-270:9; E:VAR-296:12; KS-
313:31; 418:6; 423:12; 449:33
Darstellungen   KS-408:16; 410:8;
457:33; 458:27

dartun

dargetan   KS-375:33; 430:31
darzutun   KS-391:6

darüber

darüber   E:K-11:1; 13:21; 25:18; 27:7;
65:17; E:M-107:35; 111:23,34; 113:12;
126:15; 131:21; E:V-171:26; 193:37; E:F-
210:13,27; 211:9,38; E:C-227:10; E:Z-
232:22; 240:1; KS-316:5,31; 318:1,22;
319:5; 332:35; 370:23; 371:29; 372:33;
380:22; 434:10; 436:15; 437:22; 440:7;
454:25; 455:32   (36)
drüber   KS-334:35

dazugehören
dazu gehört   KS-327:12,17; 346:32
gehört   KS-346:20

dazugehörig
dazugehörigen   KS-371:30

dazukommen
dazu gekommen   KS-407:10
dazu kam   E:K-99:11
kam   KS-344:23

dazulegen
dazu legte   E:K-91:34

dazutun
dazu getan   E:K-63:10

de
de   KS-321:38; 322:22; 362:30; 363:1;
364:7,8,17; 365:11,11,14,15; 384:13,34;
385:4,5,5,5; 431:22,26   (19)
des   KS-431:36
du   KS-384:12,33,33

Debarrassierung
Debarrassierung   KS-372:19

Debit
Debit   KS-448:8

Dechant
Dechanten   E:K-100:17

Decke
Decke   E:M-125:27
Decken   E:K-19:34; 20:14; 87:8; E:Z-
250:25

decken
decke   E:K-81:23
decken   E:K-37:32
deckt   KS-358:24
deckte   E:E-148:1; E:V-167:34; E:Z-
238:13; 260:9
deckten   E:K-102:37
gedeckt   E:M-138:18; KS-438:27
gedeckten   E:C-223:13

Deduktion
Deduktion   KS-381:6

Defilée
Defiléen   E:AN-275:20

Definition
Definition   KS-323:34

definitiv
definitive   E:K-87:23

Degen
Degen   E:M-106:12; E:E-157:32; E:V-
163:35; 164:6; 171:24; E:B-198:6,20; E:F-
204:11; E:Z-247:6; E:AN-269:8   (10)
Degens   E:M-105:34; E:AN-269:13

Deichsel
Deichsel   E:K-58:38

dein
dein   E:K-27:21; 42:31,32; 43:1,16; 45:3;
46:34; 81:31; 101:34,36; E:M-121:14;
122:25; 123:7,16; 134:19; 136:5,7; E:V-
186:32; E:Z-250:35; KS-316:19,30,31;
326:20; 328:20; 347:24; 348:20,34; 349:8;
350:13; 351:5; 353:1,1,14; 357:16,26;
374:35   (36)
deine   E:K-43:7,8; 45:4; 47:10; 48:12;
90:28; 91:24,26; 98:9; 101:4; E:M-136:10;
E:V-178:30; 193:27; E:Z-251:3,4; 253:24,
36; 254:17; 260:32; KS-328:28; 352:27;
376:10; 379:20   (23)
Deine   KS-316:18; 317:13; 318:27
deinem   E:K-27:11; 48:35; 55:6; E:M-
125:37; 134:25; KS-328:24; 348:26,29,
38; 349:2; 351:27; 352:34; 353:12; 356:16;
379:18,24   (16)
deinen   E:K-27:28; 30:25; 43:10; 47:15;
101:38; E:M-134:37; 135:30; 141:29;
E:V-178:31; E:F-208:29; E:VAR-293:10;
KS-331:4; 353:12   (13)
Deinen   KS-316:20
deiner   E:K-12:10; 16:30; 27:30; 28:5;
43:8; 46:23; E:M-129:14; 134:12; 136:8;
E:Z-251:16; 253:37; KS-316:28; 325:33;
326:4   (14)
deines   E:K-47:12; 92:18; E:Z-248:26;
251:14; KS-351:18

deinerseits
deinerseits   E:K-102:28

deinig
deinigen   KS-347:28

Deklaration
Deklaration   E:K-42:16; KS-370:11
Deklarationen   E:K-41:36

Dekoration
Dekorationen   KS-432:32

Dekret
Dekret E:F-214:5,10,15
Dekreten KS-396:22

del
del E:F-215:17; KS-412:4

délassement
délassement KS-384:33

Delinquent
Delinquenten KS-427:19,25,27

Delta
Delta KS-351:15

Demerary
Demerary KS-440:11,16,27

demgemäß
demgemäß E:K-89:10

demnach
demnach E: K-40: 29; 57: 30; 60: 25;
69:23; 71:27; 74:22; 78:7; 94:32; 100:6;
101:31; E:V-161:32; E:B-197:15; E:C-
218: 34; E: Z-242: 12; 255: 37; E: AN-
270:31; E:VAR-296:6; 297:38; KS-333:4;
334: 4; 335: 21; 337: 12; 385: 11; 386: 2;
388:11; 390:7,33; 391:22; 395:6; 398:7;
416: 20; 417: 1; 436: 24; 437: 29; 446: 9;
451:2; 454:19; 455:33   (38)

Demoiselle
Demoiselle KS-432:34

demokratisch
demokratisches KS-380:9

demolieren
demoliert KS-383:17

demonstrandum
d.   KS-362:24
dem. KS-366:27

Demut
Demut E:C-227:2

denkbar
denkbar KS-303:16
denkbare KS-381:31

denken
dachte E:K-17:18,32; 19:11; 30:28; E:M-
108:16; 121:1; 126:27; 127:3; 138:11; E:E-
150:26; E:F-208:25; E:Z-230:16; 248:10;
E:VAR-293:11; KS-321:1; 330:36; 342:16
                                    (17)
dächte KS-341:2; 358:9
dachten E:E-150:14
dachtest E:K-20:12
denk KS-353:21
denke E:K-16:17; 29:8; 38:36; 54:35;
94:11; E:M-117:36; 134:22; KS-304:10;
311:32; 316:26; 337:22   (11)
denken E:K-84:29; E:M-109:22; 110:21;
117:2; 119:38; 127:11; 132:17; 134:27;
142:13; E:E-151:19; E:V-194:19; E:C-
218:2; E:Z-251:17; 254:3; 259:11; E:VAR-
295:15; KS-303:8,14; 305:9,14,16; 310:4;
314:22; 316:13; 317:27; 368:35; 374:25;
378:10,11; 394:24; 395:3; 401:34   (32)
Denken KS-309:6; 322:27; 323:14
denkende KS-341:16
Denkens KS-421:8
denkt E:K-19:28; 27:27; KS-309:27;
321:14; 371:4
gedacht E:K-52:29; 71:19; E:M-108:36;
KS-323:1,2,13,19; 340:31; 423:23
gedachten E:K-95:28; E:VAR-297:10;
KS-452:21

Denker
Denker KS-420:23
Denkers KS-448:18

Denkmal
Denkmal E:V-195:14

Denkungsart
Denkungsart E: K-50: 37; KS-305: 20;
370:27; 418:26; 435:10

denn
denn E:K-12:6,23; 13:29; 14:34; 15:37;
16:27,31,38; 17:14; 18:8; 19:6; 20:3,
35; 21: 32; 29: 8, 23; 30: 2, 17; 34: 2;
36: 8; 37: 10; 39: 28; 40: 2; 43: 13, 22,
24; 45: 30; 46: 16; 47: 22, 32; 51: 22,
37; 67:9; 71:17,21; 76:38; 77:22; 80:2;
84:10; 85:9; 93:34; 96:15,34; 100:8,
25; 101:22; E:M-117:5,20; 119:17; 121:9,
14; 123: 2, 9; 124: 18; 129: 5; 132: 19,
36; 134: 10, 19, 22; 135: 2, 23; 136: 2;
137: 12; 139: 11, 26; 140: 27; 141: 34;
142:8; E:E-150:11; 152:6; 158:2; E:V-
161:30; 164:33; 169:18; 170:1; 172:28,

35; 178:30; 179:2; 181:27; 186:25; 187:21;
189:17; 193:36; 194:15; E:F-201:29;
203:28; 206:11; 207:37; 208:8; 210:13,
25; 212:24; 213:23; E:C-218:3; 220:35;
221:16,19; 223:32; 227:11; E:Z-235:7;
237:1; 238:15; 239:1,6; 243:37; 259:13,
19; 260:18; E:AN-264:17,24,35; 267:36;
274:14; 277:1,34; 278:3; E:AB-283:34;
285:2; 287:29; E:VAR-293:7; 295:17;
296:14,22; KS-301:20,25,30,34; 303:8;
305:21; 306:21; 309:23; 310:2,10; 312:5,
14,16,24,27,29; 314:36; 316:33,38; 317:20,
28; 318:10, 11, 29; 319:30; 320:11,
17; 321:29; 322:19,34; 323:37; 324:20;
336:34; 337:12; 340:16; 341:11,18,23,
32; 346:6; 348:12,22; 350:16; 351:15;
362:4,20; 366:31; 367:7; 368:8; 374:34;
376:24; 378:10; 380:31; 388:26; 397:25;
399:32; 400:24; 401:31,36; 410:2; 413:17,
35; 428:3; 440:8   (189)

dennoch
dennoch   E:Z-246:20; KS-303:6, 38;
308:6,8; 313:35; 327:15; 450:18

Depart
Depart   KS-431:2

Depesche
Depeschen   E:M-111:4; 113:24, 33;
114:2,11,21; 115:7,9; 119:7

Deportierung
Deportierung   KS-365:25

Deposition
Deposition   E:K-54:32; 60:10; 61:5

Deputation
Deputation   E:Z-243:6; 254:31

deputieren
deputierten   E:AN-263:6

der-die-das
d.	(24)
das	(1593)
dem	(1674)
den	(2339)
denen	(33)
der	(5075)
deren	(82)
derer	(10)
des	(1159)
dessem	(1)
dessen	(109)
die	(4636)

der-die-dasjenige
dasjenige   KS-323:19; 362:27; 416:22;
423:22
demjenigen   E:K-96:18; E:F-208:29;
209:16; E:AB-284:1; KS-345:31; 404:12
denjenigen   E:K-88:35; E:M-132:32;
133:7; KS-320:21
derjenige   E:M-131:36; E:F-208:1,10;
E:AN-262:30; KS-328:35; 329:4; 338:2;
341:18; 357:3; 359:23,29; 378:23; 452:35
                                      (13)
derjenigen   E:K-52:2; 95:22; KS-369:10;
405:8; 416:31
diejenige   KS-378:19; 457:23
diejenigen   E:K-59:31; KS-315:23;
341:14; 415:32; 442:1; 459:21

der-die-dasselbe
dasselbe   E:K-49:19; 93:37; E:M-109:8;
E:V-190:7; 192:20; E:B-197:30; 198:27;
E:C-220:10; 224:15; 225:17; E:Z-233:34;
E:AN-281:5; E:VAR-297:1; 298:8; KS-
332:31; 391:26; 408:28; 413:21,32; 456:11
                                      (20)
demselben   E:K-12:31; 21:27; 22:22;
25:30; 40:27; 50:13; 51:35; 57:4; 58:11;
59:19; 61:4; 67:2,5; 84:11,20; 85:28; 88:1,
32; 89:28; 90:6; E:M-105:15; 106:10;
123:36; 130:34; 133:20; 140:18; 142:19;
E:E-146:27; 149:11; 156:37; 157:9; E:V-
167:7; 186:38; E:F-199:32; 200:10;
209:5; 215:6; E:C-219:21; E:Z-231:3,
17; 234:13; 246:17; 250:7; E:VAR-297:27;
KS-316:38; 317:2; 372:9; 383:22; 385:29;
391:3; 445:12; 451:16; 457:2; 459:22
                                      (54)
denselben   E:K-31:19; 34:13,25; 39:32;
62:17; 76:34; 78:10; 87:11; 97:17,22;
E:F-206:32; 212:15; E:Z-256:36; E:AN-
270:22; 278:10; E:VAR-297:11; KS-367:2;
372:26; 388:22; 460:15   (20)
derselbe   E:K-13:29; 25:2; 29:11; 41:1,
8,29; 42:3; 49:23; 53:12; 63:18; 64:21;
73:27; 75:22; 78:27; 80:23; 84:3,25; 85:24,
38; 87:16; 88:6; 95:6,38; E:M-108:19;
127:9; E:E-158:13; E:V-163:2; 184:30;
E:F-201:20; E:C-220:37; E:Z-240:13;
244:18; 246:27; 260:12; E:AB-283:7;
287:17; KS-364:13; 383:13; 385:28; 387:8;
389:5; 390:22; 392:19,33; 393:16; 402:32;
413:31; 427:27; 455:31   (49)
derselben   E:K-11:3; 13:15; 31:22;
50:25; 52:3; 57:35; 65:12; 71:26; 100:6;

E: M-106:34; 111:27; 114:20; 117:1;
118:1; 125:12; 127:12; 130:15; 139:17,
32; 140:23; E:E-145:31; 148:6; 151:12;
157:38; E:V-166:26; 170:10; 178:21;
187:4; E:F-199:12; 203:34; 208:8;
213:37; E:C-225:13; E:Z-232:27; 240:38;
241:16; 248:37; 250:3; 253:8; 255:4;
256:18; E:AN-269:27,33; 278:8; 280:4;
E:AB-285:12; E:VAR-292:20; 297:17;
KS-311:8; 320:17; 326:29,32; 333:12;
339:19; 341:2; 343:14; 361:26; 372:5,
34; 373:23; 381:30,33; 392:24; 397:15,
34; 399:17; 406:12; 407:1; 410:12; 414:26;
423:14; 433:17; 441:25; 442:5; 443:31;
458:31 (76)

desselben   E:K-20:28; 21:10; 29:18,
36; 39:38; 48:31; 51:25; 55:37; 63:36;
65:25; 66:24; 67:21; 68:4,27; 77:31;
79:9; 85:4; 87:19; 89:10; 95:1, 11,
13; 97:19; 103:9; E:M-107:23; 115:17;
128:27; 130:21; 143:9,14; E:E-146:4,
26; 147:11; E:V-160:28; 163:7; 167:9;
180:21; 184:25; 187:35; 188:9; 195:15;
E:B-198:1; E:F-201:10,28; 203:2; E:C-
226:15; 227:30; E:Z-229:29; 231:28;
243:27; 249:31; 251:31; 258:18; 259:23;
E:AB-287:12; 289:17; KS-301:22; 308:25;
318:5,20; 320:24; 322:5; 323:15; 329:30;
336:28; 340:21; 341:24; 371:7,11; 373:35;
374:4; 379:2; 381:31; 382:12; 404:3,
14; 415:21; 418:1; 422:9,26; 430:17;
431:7; 435:19; 438:24; 444:32; 449:22;
29; 451:23; 452:4; 454:19; 455:4 (91)

dieselbe   E:K-64:36; E:E-151:29; E:V-
161:21; 174:19; 177:8; 182:10; E:C-
217:36; 220:28; 225:26; 228:3,7; E:Z-
231:25; 236:12; 241:12; 244:25; 248:9;
256:34; E:AN-275:31; 280:21; E:VAR-
295:11; KS-343:30,37; 404:18; 408:10;
416:38; 429:5; 437:28; 439:4; 440:3,
19 (30)

dieselben   E:K-24:17; 57:32; E:V-
188:27; E:F-215:5; E:C-219:13,31; 226:7;
E:VAR-296:25; KS-386:34; 387:5,21,
30; 388:11; 394:24; 402:11,24; 415:35;
416:14; 432:9; 439:19; 457:33; 458:27;
459:15 (23)

derb
derbe   E:Z-246:27

dereinst
dereinst   E:K-42:37; 43:11; 83:11

derenthalben
derenthalben   E:K-58:18

derentwillen
derentwillen   E:AN-277:11

dergestalt
dergestalt   E:K-36:21,35; 37:13; 40:19;
41:25; 43:10,31; 49:14; 52:1; 53:12; 60:21;
63:11,29; 66:3; 67:37; 70:29; 78:2; 79:33;
81:11; 82:29; 83:34; 87:6; 89:12; 91:9;
93:10; 94:7; 96:33; 98:27; 101:25; E:E-
144:14; E:V-165:6; 183:4; E:B-196:14;
197:10; 198:1; E:C-216:17; 217:24;
218:10; 219:5; 222:30; 224:23; 225:25;
E:Z-236:25; 237:11,32; 238:34; 245:34;
246:30; 250:9; 255:9; 258:11; E:AN-
262:29; 263:9; 265:14; 266:24; 268:14,
32; 269:31; 270:33; 271:3; 272:9; 279:31;
E:VAR-293:35; 294:38; 295:24; 296:15;
297:6; KS-320:4; 330:10; 373:22; 378:23;
384:23; 385:25; 386:11; 392:10; 397:11;
412:1; 415:13; 416:23; 424:3; 431:21;
440:22; 455:1 (83)

dergleichen
dergleichen   E:K-67:34; E:M-123:37;
E:C-216:21; E:AN-262:19; E:AB-285:35;
E:VAR-294:4; KS-323:29; 341:10; 349:7;
387:29; 401:2; 402:18; 416:36; 451:11
(14)

dermalig
dermaligen   E:K-57:34; KS-422:32

dero
dero   KS-387:31; 402:28

desfallsig
desfallsige   KS-447:31; 453:17

Desfontaines
Desfontaines   KS-431:5

deshalb
deshalb   E:K-10:33; 43:29; 46:5; 51:19;
69:2; 70:3; 77:2; 78:12; 79:19; 80:5;
88:8; E:M-113:3; E:V-165:6; E:C-221:10;
E:AN-267:17; E:AB-285:27; KS-400:23;
401:3; 430:13; 448:11,25; 449:29; 453:2
(23)

Despot
Despoten   KS-380:14; 443:7

34; 355:34; 357:35; 359:34; 364:15; 367:9; 372:3; 388:23; 390:18; 393:31; 396:15,35; 399:14; 401:14; 406:15; 408:25; 413:14; 416:1; 417:12; 435:6; 437:33; 440:19,33, 33; 442:27; 444:36; 445:21; 452:24; 455:18 (130)

diese   E: K-10:36; 13:28; 14:7; 17:4; 22:12; 23:34; 25:25; 27:14; 29:22; 34:15; 37:17; 38:24; 45:15,33; 50:30; 51:15, 34; 52:24; 54:6; 55:13; 57:25; 64:7, 33; 65:2; 66:38; 67:23; 68:33; 69:16; 70:27; 72:1; 77:4; 82:1,6,7; 83:32; 86:15, 38; 87:22; 90:17; 91:21; 96:7,11; 99:11, 31; 100:25; E: M-106:11,16; 108:21, 29; 110:15,18,22; 111:25,35; 112:15, 21,23; 117:13,29,33; 118:10,23; 119:22, 25; 121:5; 122:37; 123:30; 124:23,33, 37; 125:7; 126:4,8; 128:15; 132:24; 134:9; 135:23; 138:5; 139:35; 141:11; E:E-145:14; 148:30; 151:2; 156:12,16, 25; 158:13; 159:10; E:V-160:21; 161:15, 26; 163:4; 164:1; 165:2,15,17; 167:24; 169:5; 170:6,7; 173:9; 174:21; 175:1, 6; 176:25; 177:29; 178:4,13,30; 179:29; 181:19; 182:13; 184:21; 185:8; 190:16; 191:9; 193:7; 194:10; E:F-201:33; 204:31; 207:17,17; 208:4,15,16; 209:21; 210:15, 33; 212:5; 213:26; E:C-219:11, 26, 36; 221:12; 222:15; 223:12; 224:25,36; 228:9; E:Z-230:21; 231:25; 232:4; 233:5, 36; 236:33; 238:18; 240:1; 242:2; 248:12, 13; 249:1,10,34; 252:22; 253:1,14; 257:1; 258:17; E:AN-262:16; 263:18; 269:17; 273:15; 274:9; 277:22; 278:32; 279:4, 14,38; E: AB-284:5; 286:22; 289:2,4, 15; 291:6; E:VAR-296:23,34; 297:7, 16; KS-302:30; 303:11; 304:28; 305:2, 9; 306:36,37; 308:1; 311:9; 313:11, 17,20; 314:14; 315:15; 316:15, 22; 317:4; 318:12,14,21,29; 321:23; 322:4, 18; 323:12,29,30,35; 327:1,25; 328:3, 6; 333:26; 334:11; 336:31; 339:8, 30, 35; 340:1, 15, 34; 341:12, 17, 23, 29; 342:19; 343:7; 345:17; 348:3,11, 26; 350:21; 355:22; 356:26; 362:3; 365:11,31; 366:3; 368:1; 369:6,12,24, 27; 373:29; 374:19; 375:12; 376:18, 33; 377:10; 385:33; 386:2,18,23; 387:5; 389:8, 11; 390:6, 31; 391:4; 392:6; 394:13; 397:33; 398:11,31; 399:34; 401:4; .402:19; 404:26; 405:6; 406:9, 23, 29, 34; 409:32; 412:13,35; 413:25; 414:3,32, 35; 417:7; 419:18; 421:4,32; 422:5; 428:13,

23, 24, 26; 431:19; 433:23; 435:7, 31; 440:23; 441:36; 443:3; 447:32; 460:28 (296)

diesem   E:K-9:24; 12:4,7; 16:36; 20:34; 26:31; 29:14,34; 30:6; 31:36; 33:6; 34:6; 37:25; 38:28; 43:13; 49:21; 50:34; 54:8; 55:15; 63:4; 68:21; 72:17,34; 74:33; 78:38; 80:28; 81:24; 82:34; 83:21; 84:9, 35; 85:13; 88:20; 89:27; 91:13; 92:35; 93:26, 32, 37; 95:13; 98:25; 100:16; 101:9; 103:8; E: M-105:14; 107:19, 38; 108:38; 109:16; 111:11,33; 114:26; 115:6; 116:19; 117:4, 27; 118:20, 36; 133:31; 140:12; 141:19,25; 142:13; 143:18; E: E-144:30; 146:11; 148:9, 32; 149:10; 150:29; 152:7,35; 155:26; 156:26; 158:35; E: V-161:9; 163:17, 27; 164:33; 166:16, 31; 169:4, 11, 38; 176:22; 177:34; 180:33; 183:22; 184:20; 186:18; 187:8; 189:18; 191:1; 192:16; E:B-198:18; E:F-199:28; 201:34; 205:14, 17; 211:19, 36; 213:21; E:C-222:3, 19; 223:29; 228:6; E:Z-229:9; 230:38; 233:20; 241:31; 242:3; 243:17; 245:2; 246:22; 248:23; 253:11; 254:6; 256:22; 257:27; 258:30; E:AN-264:1; 270:8, 21; 272:38; 273:5; 276:31; 278:8, 19; 281:2; E:AB-286:18; E:VAR-297:4; KS-302:36; 303:33; 306:24; 309:5; 310:32; 314:11, 20; 317:6,14; 320:16, 38; 321:14; 326:5; 330:4, 5; 336:11, 17; 340:11; 342:38; 343:30; 344:3,3; 348:5; 365:26; 367:9; 368:9; 369:13; 370:15, 28; 371:9; 372:7,12,21; 377:20; 383:14; 396:34; 402:32; 403:17; 407:33; 408:18; 411:23,33; 414:23; 425:13; 428:5; 429:6, 25; 431:4; 434:9; 436:23,25; 437:10; 444:1, 29,31; 450:2; 451:2,9,22; 452:2; 454:17; 456:32; 459:33 (194)

diesen   E: K-17:7, 13; 20:38; 21:3; 23:18; 24:23; 25:5, 14; 28:18; 31:18; 35:33; 36:25, 37; 37:34; 40:33, 38; 42:19; 47:4, 36; 48:19; 49:30; 51:5, 31; 54:19; 57:29; 59:3; 61:31; 62:9, 29; 64:20; 66:13; 68:16; 69:4; 70:23; 72:29; 75:2; 76:25, 32; 80:12; 83:6, 16; 84:24; 87:37; 97:35; 98:27; E:M-108:5, 13; 113:35; 116:14,27; 120:25; 122:23; 124:4; 130:37; 131:14; 132:29,34; 133:16; 135:19; 141:33; E: E-149:26; 150:36; 152:15; 153:3; 154:17; 156:35; 157:18; E: V-160:25; 161:29; 163:26; 164:21; 167:17; 168:17; 169:2,16; 171:7; 174:29,

37; 180:14, 22; 181:13, 32, 36; 182:1, 34; 183:3,13; 184:28; 186:3; 191:33; E:F-205:29; 206:33; 207:34; 208:36; 209:28; 214:9; E: C-221:36; 224:38; 228:13; E: Z-229:18; 234:8; 235:28; 236:36; 237:8; 243:7; 249:23; 250:35,36; 251:24; 254:19; 256:3; 257:32; 258:36; 259:12, 31; E:AN-266:28; 267:7; 271:17; 273:22; 274:7; 281:35; E:VAR-293:3; KS-304:26, 35; 306:27; 307:35; 313:17; 314:27; 315:3; 316:11; 318:8, 10, 22; 320:12; 326:35; 330:26; 334:31; 335:26; 339:15, 27; 341:37; 346:6, 13; 354:3; 358:4; 363:17; 364:4; 368:35; 372:16,23; 381:6; 383:9; 385:20; 389:16; 394:29; 396:26; 399:35; 405:9; 410:32; 412:34; 413:17; 415:12; 416:26; 418:4; 420:33; 423:16; 425:1; 431:12,31,33; 435:14,20; 436:6, 12; 438:4; 440:20; 441:21; 444:25; 447:15; 449:32; 451:30; 452:8; 455:32   (183)

dieser   E:K-9:7,31; 10:9; 11:10; 12:15, 30; 13:30; 15:14; 16:17,17; 18:5; 20:11; 22:11,37; 23:29; 24:7; 28:36; 31:7; 33:9, 21; 35:2; 37:10; 38:38; 40:1; 41:12, 14, 16; 42:35; 44:20; 46:14; 48:3, 17, 29; 49:35; 50:23; 52:14, 34; 57:8; 59:33; 60:36; 61:34; 62:33; 63:33; 64:25; 65:33; 74:5; 75:30, 38; 82:9, 26; 84:22; 86:23; 87:9,31; 88:10; 89:11, 18, 24, 37; 90:16, 24, 32; 91:6; 93:5, 15; 94:9,9; 99:9,29; 102:33; E:M-110:21, 37; 111:16; 112:37; 113:2, 9; 114:1, 12; 115:38; 116:10,28; 117:15; 118:17, 29; 119:6, 28; 120:21; 121:25; 125:36; 127:18; 128:4; 129:11; 133:23,26; 135:26; 138:28; 139:31, 32; 140:3; 141:24, 28; 142:20; E: E-144:25; 145:30; 149:38; 152:9; 153:7, 21, 34; 154:20, 27; 155:38; 156:2,8,20,28,33; 157:13,15, 18; 158:22; 159:7; E:V-160:6; 161:20, 31; 162:8; 163:6, 22; 165:11; 166:1, 3, 17, 19; 169:19, 24; 173:37; 176:19; 177:9; 179:11; 180:16; 184:38; 185:9, 12; 186:13, 36; 187:26; 188:7; 189:7; 194:34; E:B-197:8; E:F-199:6,27; 200:6; 201:30; 202:25; 203:27; 205:2; 206:5, 10; 209:1; 210:21,35; 211:10,13; 213:5, 20; E:C-216:16; 217:20; 219:12; 220:30, 33; 224:23, 31; 226:11; 227:33; E: Z-230:34; 231:35; 232:10,20; 233:20; 235:15; 236:8, 26; 238:4, 22; 239:17; 240:28, 34; 241:33; 243:4, 7, 12, 37; 244:35, 37; 245:36; 248:18; 251:16; 253:5;

254:37; 255:19, 29, 35; 256:5; 258:20, 31; 259:16; 260:1, 23, 24; E:AN-262:25; 263:27; 264:2,4; 268:11; 270:34; 271:4, 26; 272:23; 273:24; 274:19; 279:13, 17; 280:28, 35; 281:15; E: AB-283:9; 285:18; 286:14; 287:14; 288:4; 289:18, 25; 290:5; E:VAR-292:8, 28, 32; 293:7, 34; 294:34; 298:1; KS-301:7,7; 302:5; 305:13, 20; 306:7; 307:4, 6, 13; 309:20, 27; 312:19, 33; 313:25; 317:13, 25, 32; 318:8; 319:16; 320:33; 328:17; 329:14, 18, 20; 332:10; 333:33, 37; 334:1; 338:31; 339:4, 18; 340:28; 341:32; 342:20, 24; 344:14; 348:30; 355:11; 357:20; 359:9; 363:23; 364:3; 365:3, 10; 366:9; 374:29; 377:9, 17; 379:19; 380:13, 17; 381:26; 385:9, 31; 388:32, 33; 389:9; 390:5,24,27,38; 391:27; 392:11, 18; 393:15; 396:28; 398:15,18; 402:14, 22; 403:5, 31, 36; 404:4, 15; 405:3, 26; 407:14; 408:33; 409:15; 410:9; 412:10, 16; 415:5,7; 416:3; 417:11,17; 419:16; 420:35; 421:9; 422:25; 423:18; 424:4,27, 30; 425:4,29; 426:20,21; 427:28; 428:1, 37; 430:6; 432:8; 434:12; 436:13,14; 437:2, 32; 438:1,12,25,29; 439:8; 441:1; 443:28; 446:17; 447:9,13; 450:25; 452:28; 454:8, 32, 34; 455:33; 457:5, 8; 459:9, 13, 31; 460:27   (373)

dieses   E: K-15:3; 29:28; 34:4; 38:5; 45:30; 49:14; 50:10; 53:22; 65:30; 69:15; 70:9; 75:14; 77:9,24; 79:2; 84:2,15,18, 27; 88:16,18; E:M-108:27; 113:26; 131:38; 142:24; E:E-150:34; 157:21; E:V-160:3, 22; 166:1; 168:32; 170:13; 190:31, 34; E: F-203:15; 209:12; 214:4; E:C-220:35; 223:35; 227:35; E: Z-235:21; 236:21; 244:7; 246:30; 248:24; 256:16; 259:7; E:AN-263:21; 265:36; 273:10; 275:19; 278:23; 279:27, 33, 34; E:AB-283:12; 285:31; E:VAR-297:9; 298:3; KS-302:38; 304:13; 307:30; 308:10; 309:11; 312:9, 34; 317:34, 36; 318:2, 17; 324:21; 328:21; 330:8; 349:1; 361:11; 362:22; 370:29; 371:24; 373:5, 20; 376:5; 377:12; 379:22; 382:13, 20; 387:34; 394:23; 395:4; 396:11; 397:22; 398:8; 404:5; 408:12; 412:31; 414:14; 421:10; 422:20; 425:10; 426:9; 428:8; 429:15; 432:18; 433:29; 435:10, 17; 443:14; 445:5; 447:23; 450:33; 451:1, 3; 453:15; 454:11; 455:13   (114)

diesfällig
diesfälligen   KS-426:13

diesmal
diesmal   E:K-12:14; E:M-129:34; E:Z-246:14

diesseits
diesseits   E:Z-251:31; KS-318:5

Dieu
Dieu   KS-383:17

Differenz
Differenz   KS-460:31

Dijon
Dijon   E:AB-286:16,17,21

diktieren
diktiert   E:M-125:5
diktierte   E:M-137:3

Dimas
Dimas   E:AB-288:23

Diminutivschleier
Diminutivschleier   KS-431:16

Ding
Ding   E:K-10:22
Dinge   E:K-25:24; 41:21; 50:9; 57:25;
66:38; 73:11; 94:36; 98:19; E:M-109:10;
120:31; E:E-145:15; E:V-172:33; E:C-
217:13; E:Z-232:19; 255:20; E:VAR-
294:27; KS-301:25,29; 310:20,34; 311:27;
312:37; 313:2,13; 321:26; 333:11; 348:4,
11; 353:23; 376:27; 405:26; 407:15,17;
408:7; 440:2   (35)
Dingen   E:K-78:2; E:M-132:22; KS-
310:21; 319:11

Diogenes
Diogenes   E:AB-284:34

dire
dire   KS-322:19

direkt
direkt   KS-406:21
direkte   KS-405:32
direktem   KS-456:35

Direktion
Direktion   E:C-218:33; E:AN-270:5,6,
12,13; E:AB-287:15; E:VAR-296:5; KS-
391:7,18,25; 392:14; 394:12; 395:15;
409:3; 410:5,20,36; 411:3; 414:11,29,
31; 416:10,16,30,37; 417:3   (26)

Direktionsführung
Direktionsführung   E:C-217:38; E:VAR-
295:14

dirigieren
dirigieren   E:C-217:23; 227:19; E:VAR-
294:37; KS-389:31; 392:23
dirigiert   E:C-227:15; E:VAR-297:29
dirigierte   KS-444:32

distinguieren
distinguierte   KS-403:33

Divination
Divination   KS-417:17

Diwan
Diwan   E:M-120:8,36; 124:12; 134:2;
135:17; E:F-211:24

dixi
dixi   E:AN-280:33

Döbbeln
Döbbeln   E:K-58:5; 59:31; 60:18; 61:14;
63:24

doch
doch   E:K-10:32; 11:9,25,36; 12:30,
36; 13:4; 14:9,28; 16:35; 17:6,7,
28,32; 18:26; 19:14,17,35; 20:6,
13; 25:27; 26:12; 28:2; 30:7; 47:11,
21; 56:31; 57:7; 58:23; 59:33; 62:4;
63:3; 64:12,33; 69:36; 70:26; 75:37;
78:27,30; 80:37; 81:22; 83:18; 86:23,
29; 93:18,28,30; 94:26; 98:22; 101:7;
E:M-104:29; 105:13; 108:18; 109:7,
29; 110:10; 111:38; 116:13; 117:10;
118:32,36; 119:24; 120:34; 121:17,
37; 122:4,29; 123:3,9; 124:7,10,20,
32; 125:20; 127:9,13; 128:20; 129:7,
33; 130:8,35; 131:5; 132:25; 134:9,
34; 135:12; 136:13,36; 137:11,16,
36; 138:4,12,19; 139:3; 140:22,28;
141:11; 142:35; E:E-145:23; 147:17,
38; 148:18; 149:11; 150:32; 151:27;
154:20,37; 156:8,9,12; 157:37; 158:5,
14,27,37; 159:8; E:V-160:21; 170:28;
174:25; 176:2; 179:5; 181:16; 182:8,
30; 183:2,24; 185:3; 186:12,26; 189:35;
E:B-197:4; E:F-199:12,27; 201:33,
35; 202:38; 203:8; 204:19,29; 206:5;
207:3,30; 208:18,30; 209:11; 213:20,
34; E:Z-237:31; 238:9; 239:17; 244:2;
245:33; 250:2; 251:37; 253:4; 260:12,

19; E:AN-263:8; 264:25; 265:1; 266:18;
270:21; 272:15; 273:29; 276:24; 278:1;
E: AB-285: 18; 288: 2; 289: 26; KS-
303:10,33; 305:27; 306:14,34; 308:28,
35; 309:24; 310:7,31; 311:12; 313:7,
9; 314: 19; 316: 37; 317: 29; 318: 13;
319: 34; 321: 3, 36; 323: 19; 324: 35;
325:15; 328:7; 330:37; 331:37; 332:18,
19; 333:3; 337:7; 341:14; 342:13,17,
33; 343:15,30,34; 344:22,27,37; 345:24;
348:5; 350:27; 353:3; 354:13; 357:23;
358:35; 359:14; 362:5; 364:3; 369:35;
374:33; 382:9; 385:33; 388:8; 392:13;
393:9; 398:27; 399:4; 400:15; 404:2,
17; 406:31; 408: 26; 412: 14; 416: 33;
417:10; 421:12; 422:35; 437:14; 455:30;
460:4   (242)

Dogge
Doggen   KS-401:1

Doktor
Doktor   E:K-42:19; 50:20; 52:15; 53:2,
21; 70:37; 87:25,35; 100:13; E:M-120:21,
30,30; E:F-213:28,31; E:AN-266:31,34;
269:23,31,34   (19)
Doktoren   E:AN-267:11
Doktors   E:K-53:7; E:AN-267:2
Dr.   KS-421:31

Doktorwagen
Doktorwagen   E:AN-267:4

Dokument
Dokumente   E:F-213:23
Dokumenten   KS-428:34

Dolch
Dolch   E:V-167:37; KS-413:31
Dolche   E:E-155:38
Dolchen   E:K-34:23; E:V-177:26

Dolores
Dolores   KS-422:27

Dom
Dom   E:E-155:18,30; E:C-217:1; 218:2,
16; 221:22; 222:20; 225:6,19; E:AN-
267:25; E:VAR-294:16; 295:16,30; KS-
402:31,36   (15)

Domestikenstube
Domestikenstube   E:M-114:30

Domingo
Domingo   E:E-159:17; E:V-160:1,2,12

Dominikaner
Dominikaner   E:E-155:6

Dominikanerdom
Dominikanerdom   E:E-155:20

Dominikanerkirche
Dominikanerkirche   E:E-153:28

Domportal
Domportal   KS-403:1

Don
Don   E:E-144:7,12; 150:36; 151:1,8,10,
13; 153:33; 154:9,23,31,32,38; 155:2;
156:8,19,22,23,27,32,33; 157:1,9,12,14,
20,22,27,27,30; 158:10,16,22,31,37; 159:1,
2,4,12,14   (40)

donc
donc   KS-385:4

Donna
Donna   E:E-144:10; 150:33; 151:10,24;
152:3,10; 153:35; 154:7,10,15,17,19,25,
29,30,35; 155:1,4; 156:7,10,12; 158:3,4,
8; 159:12   (25)

Donner
Donner   E:M-120:33; E:F-213:10; E:Z-
246:3; KS-305:12; 387:28
Donners   E:AN-279:18

Donnerkeil
Donnerkeil   KS-320:30

donnern
donnerten   E:V-193:2

Donnerstag
Donnerstag   KS-430:2

Donnerwetterpost
Donnerwetterpost   KS-387:19

doppelt
doppelt   E: V-177: 2; E: F-205:3; E: Z-
230:32; 248:31; KS-305:13; 406:8
doppelte   E:K-52:38; E:C-225:23; E:Z-
255:28; KS-413:37
doppelten   E:K-40:26; 60:29; E:F-214:9;
KS-369:28
doppelter   KS-336:26

Dorf
Dorf   E:K-10:5; 18:26; 22:18; 74:34;
   E:AN-263:30,32; 264:9,21,31; 265:10,
   15   (11)
Dorfe   E:K-9:9; 41:2; E:Z-239:3; KS-
   424:20
Dörfer   KS-381:2
Dörfern   E:K-37:30; 41:36; 42:15; 43:22

Dörfchen
Dörfchens   E:Z-238:10

Dorffuhrwerk
Dorffuhrwerk   E:K-35:1

dort
dort   E:K-10:14; 56:31; 57:14; 76:36;
   83:15; 92:27; E:M-104:30; 111:6; E:E-
   147:10; 150:19,29; 153:16; E:V-167:14;
   189:21; E:F-203:16; 214:30; E:C-227:12;
   E:AN-274:13; KS-422:34   (19)

dorther
dorther   E:K-57:20

dorthin
dorthin   E:K-57:11; E:M-105:26; KS-
   324:35

dortig
dortigen   KS-440:15

Drache
Drachen   E:K-37:34

Drachenklaue
Drachenklauen   E:C-225:38

Dragoner
Dragonern   KS-371:21

Dragonerregiment
Dragonerregiment   KS-368:33

Draht
Drahtes   KS-341:36

Drama
Drama   KS-410:35

dramatisch
dramatisch   KS-454:31
dramatische   KS-339:2
dramatischen   KS-422:29; 423:24

Drang
Drang   E:M-104:12; 111:10; E:E-154:5;
   E:C-227:13; E:Z-244:7; KS-402:3
Drange   KS-322:10

drängen
drängen   KS-320:15
drängt   KS-444:9
drängte   E:K-14:26; E:M-125:16; E:E-
   157:11
gedrängt   E:K-38:1; 74:13; 77:26; 96:30;
   E:E-156:30; E:V-179:38; E:C-222:7; KS-
   325:1; 368:31
gedrungen   KS-316:29

Drangsal
Drangsalen   KS-301:4

drauf
drauf   E:K-17:20; 20:4; E:M-113:20;
   131:19; 136:23; 138:24; 140:4; E:E-147:8;
   157:5; E:B-198:11; E:C-222:35; E:AN-
   267:34; 273:6; E:AB-283:13; 284:2   (15)

draußen
draußen   E:K-10:5; E:M-137:14; 138:10

drechseln
gedrechselt   E:Z-231:7,16,18

drehen
drehe   KS-338:22
drehen   KS-340:22
gedreht   E:M-127:5; E:AN-267:1

drei
drei   E:K-17:34; 20:5,15; 26:34; 31:16,
   20; 32:26; 35:4; 38:7,32; 40:33;
   41:13; 44:27; 53:9; 55:15,21; 61:9;
   70:19; 80:4; 87:2; 88:16; 93:9,
   19; 95:31; 97:7; E:M-104:14; 128:31;
   E:V-160:29; 170:16; 172:20; 177:22,
   24; 187:37; 188:34; 190:20; E:F-200:7,
   11; 215:5; E:C-216:6; 224:38; E:Z-
   231:24; 234:9; 252:25; 257:31; 259:20;
   261:6; E:AN-265:6,8,10,17; 267:19;
   277:31; E:AB-287:32; E:VAR-292:14;
   293:24; KS-327:28; 331:11; 342:8;
   343:18; 346:17; 364:18; 368:21; 371:19;
   375:13; 379:26; 380:19,20; 385:12,
   12; 397:8; 401:23; 411:2; 413:37; 434:4;
   459:11   (75)
dreier   KS-396:19

dreierlei
dreierlei   E:K-92:17

dreifach
dreifach   E:Z-248:31
dreifache   E:K-52:38
dreifachen   E:Z-243:21; 247:11
dreifacher   KS-444:3

dreihundert
dreihundert   E: K-40: 20; E: C-221: 19;
E:AN-279:8; KS-337:13

dreijährig
dreijährigen   E:F-203:11; E:Z-235:36

dreimal
dreimal   E: K-49: 15; E: M-132: 3; E: V-
179:35; E:AN-264:3; 266:23; KS-361:31

dreißig
dreißig   E:K-15:18; 36:21; E:AN-267:36
dreißigstes   E:K-9:8; E:VAR-292:9

dreißigjährig
dreißigjährigen   E: C-219: 8; E: VAR-
296:18; 298:6

dreisilbig
dreisilbiges   KS-411:25

dreist
dreist   E: K-29 : 35; E: M-133 : 1; KS-
319:36; 320:29; 453:27
dreister   E:K-35:14
dreistes   KS-373:29

Dreistigkeit
Dreistigkeit   E:K-90:11

dreitausend
dreitausend   E:VAR-296:15

dreizehnjährig
dreizehnjährige   E:F-202:24
dreizehnjährigen   E:V-189:2

dreizehnt-
dreizehntes   KS-358:16

Dresden
Dresden   E:K-12:13; 13:7; 15:32; 21:5;
22:31; 23:16,20,30; 24:15; 25:15; 26:4;
30:32; 38:20; 39:2,29; 40:37; 42:18; 43:23;
45:13,21; 46:8,17; 52:11,18; 53:12,13,34;
54:13,25; 56:9; 57:11,38; 59:2,21; 63:31;
64:9; 65:22; 66:2,13; 68:8,22; 69:16;
71:31; 72:27; 74:17,27,31,34; 76:16,23,
29; 77:18; 78:14,25; 79:22; 80:1,7; 83:13;
86:20; 87:8,19; 88:29; 89:35; 94:30; 99:2,
26, 38; 101:23,31; 103:19; KS-421:32;
446:8; 448:3,14; 450:23; 453:27   (76)
Dresdner   E: K-21: 37; 78: 11; 91: 6;
101:17; KS-424:18

dresdensch-
dresdenschen   E:K-26:28

dringen
drang   KS-445:11
dringt   KS-333:4
gedrungen   E:K-54:18

dringend
dringend   E:K-69:18; E:V-167:4; E:C-
218:28; E:VAR-296:1
dringende   E: K-88 : 38; E: M-111 : 28;
E:B-197:31; E:F-205:25; E:AN-273:33
dringenden   E: K-39: 29; 66: 17; 70: 32;
77:38; KS-398:37
dringender   KS-400:9
dringendes   KS-456:23
dringendste   E:M-111:14; 114:16
dringendsten   KS-398:9

dritt-
dritte   E: K-11: 17; 18: 33; E: E-146: 20;
150:1; 157:4; E:Z-256:1; E:AN-280:16;
E: AB-286:16; KS-343:6; 384:16; 420:8
(11)
Dritte   E:M-139:12
dritten   E:K-17:33; 31:37; 38:2; 90:30;
99:24; E: M-126: 22; E: V-176: 26; E: B-
197:36; E:F-215:6; E:Z-234:16; 241:5,23;
E:AN-269:15; KS-343:36; 431:20   (15)
Dritten   E:K-59:18; 67:31; 84:30; E:M-
132:15,18,32; 136:23; 140:6; 143:29
dritter   E:AB-284:11
Dritter   E:E-156:18
drittes   E: K-57: 21; E: AN-264: 27; KS-
351:25; 413:7
Drittes   E:B-198:3

Drittel
Dritteil   E:C-225:12; KS-378:6; 433:26
Dritteile   KS-433:25,26
Drittel   KS-397:7

drittenmal
drittenmal   E:K-38:4

drohen
drohe   E:K-50:30
drohen   E:AN-274:34
drohete   E:K-67:1
droht   E:K-92:12; KS-397:34
drohte   E: K-26: 3; E: E-152: 17; E: V-
184:14; E:AN-272:22; 276:9; 281:13
drohten   E:C-223:27
drohtest   E:V-178:31

Drohung
Drohung   E:K-97:13; E:AB-289:15
Drohungen   E:AN-281:17

Druck
Druck   E:AN-279:34; KS-338:7; 375:14

drucken
gedruckt   KS-429:25; 457:24
gedruckten   KS-389:14; 449:1

drücken
drücke   E:K-14:30; 78:10
drücken   E:C-222:31; E:AN-264:14; KS-443:21
Drücken   KS-338:11
Drückende   KS-406:27
drückt   E:K-92:22; E:AN-265:3; 269:8
drückte   E:K-27:23; 28:25; 30:26; 77:29; 81:29; 84:17; 94:10; 97:30; E:M-121:13; 123:1; 129:3,13; 135:6; 138:30; E:E-149:14; 152:10; E:V-164:4; 165:9; 168:13; 173:15; 174:7; 175:1; 176:12; 179:13; 185:20; 192:5; E:F-199:25; 201:9; E:Z-240:20; 244:10; 247:2; 250:26; 252:19; 253:19; 254:14; 257:13; E:VAR-293:11
(37)
drückten   E:K-100:29; E:V-170:8
gedrückt   E:K-90:27; 102:31; E:V-176:4; E:C-227:4
gedrückten   E:E-147:19

Druckfehler
Druckfehler   KS-367:10; 429:22

du
dich   E:K-17:28; 19:7,29; 20:25; 27:15, 28,31; 28:3,12; 30:26; 42:27,28,33; 43:10; 45:25,26; 46:36; 47:14,33; 48:10,11; 55:5; 83:4; 102:26; E:M-108:29; 117:26; 121:14, 14,15; 122:23,28; 123:9,15,25; 124:9, 13; 134:22; 135:8; 136:4,11; 137:4, 12,25,26; 140:26; E:V-162:18; 174:5; 178:2; 182:12; 193:15,23; E:Z-249:11, 13; 251:4,18; 253:18,38; 254:4,5, 18; E:AB-289:13; E:VAR-293:10; KS-316:28,31; 317:4; 319:9,13; 325:4,7,9, 10; 347:16,17; 351:14; 352:32; 354:10,21, 22,34; 356:16; 373:17,25; 375:10; 376:9, 11; 383:19; 400:20   (87)
dir   E:K-16:17,22; 17:12,19; 18:36; 20:12,21,23,24,25; 27:29,37; 28:1, 23; 42:31; 43:1,3,4,7; 45:15,36,37; 47:10, 34; 48:37; 55:9; 83:11; 86:31; 90:28;

92:17,29; 98:29; 100:38; 101:2,33, 34,36; 102:22; E:M-121:17; 122:32, 34; 123:15,17,26; 134:13; 135:5,10, 12,24; 136:6; 137:10,23,27; 141:1; E:V-168:13,15,16; 170:33; 172:29, 37; 173:32; 177:33; 182:3; 193:35; E:Z-242:36; 248:25; 250:26,33; 251:5,8,35; 253:30; 254:1,1; E:AN-270:12; E:VAR-292:29; KS-316:19; 318:13,19; 319:4, 5,10; 325:5,12,13,14,14,33; 326:13,17, 18; 328:21,23,24,32; 347:24,30; 348:1, 35; 351:22; 352:3; 353:27,28; 354:9, 30; 356:6; 373:3; 374:22; 385:28; 387:8, 24   (111)
du   E:K-12:9; 17:2,10,19,28,28; 18:6, 14,29,36; 20:10,12,20; 27:10,21,28,29, 30; 28:3,5,12,15,26; 29:4; 42:27,28,29,31, 33,35,36,38; 43:1,9,11,14,15; 45:9,17,26, 37,38; 46:4,23,24; 47:6,8,8,12,12; 48:9, 9; 55:4,6,9; 62:6; 81:30; 83:8; 86:30; 91:6, 22,25; 92:24,28; 94:11; 101:3,34; 102:1, 26; E:M-117:25,26; 118:8,14; 121:12; 122:30; 123:1,2,2,15,16,25,26; 124:9,9, 12; 132:5; 134:35,35; 135:4,8,12,14,14, 20,23,26,30,31,31,33,34; 136:4,10; 137:7, 17,22,26; 140:36; 141:2,35; E:E-148:10; E:V-163:15,18; 170:32; 172:29,35; 177:28; 178:2,31; 180:34; 182:8,11; 186:7,29; 192:26; 193:10,24,32,36; E:F-208:29; 214:32,34; E:Z-248:25,34; 249:11; 250:32, 33; 251:18,19,32,34; 253:16,17,28,29, 33; 254:3; E:AN-267:32; 269:14,15,16, 16,16,17; 270:20,20,20; E:AB-284:36; 285:2,2; 289:12; E:VAR-292:27; KS-316:20,28; 317:1,22,34; 319:3,7,8,11,12, 12; 325:4,9,20,32,33; 326:1,4; 328:17,20, 20,22,22,25; 347:17,19,20,26; 348:2,16, 18,23,30,37; 350:7,9,9,15,17,22,27; 351:5, 7,9,13,15,21,23; 352:1,8,13,21,29,31, 31,34; 353:3,11,25; 354:5,10,12,18,20, 28,30,34; 355:1,11,13,30,34,36; 356:9, 15,15; 357:6,13,15; 358:7,7,25; 359:4, 14; 360:23; 374:22; 375:9,10; 377:6,6, 6; 379:23; 384:12,33,33; 400:15,23,26, 37; 401:3,14   (263)
dus   E:Z-253:19,20

Düben
Düben   KS-391:13; 392:21,38

Duft
Duft   E:M-141:10; KS-377:24
Duftes   E:E-149:33

duften
duftend E:V-171:34
duftender E:E-150:5
duftet KS-399:10

Dukaten
Dukaten KS-368:25

dulden
dulden KS-417:9

Dulder
Dulders KS-312:29

duldsam
duldsam E:K-20:36

Duldung
Duldung KS-304:33; 316:26; 378:9

dumm
dumm E:AN-270:24; KS-332:14

dumpf
dumpfen E:C-223:17; E:Z-247:13

Düne
Düne KS-327:23; 397:33

dünenartig
dünenartiges KS-397:30

dunkel
dunkel E:M-123:9; 131:14; E:C-219:33;
248:25; KS-302:3
dunkelm E:Z-231:6
dunkeln E:K-11:31; E:V-172:3; KS-303:33
dunkle E:K-44:14; E:AN-275:35;
E:VAR-296:29; KS-318:15; 319:35
dunkler E:K-20:11; KS-304:8; 345:23
dunkles E:E-149:24

Dunkel
Dunkel E:Z-229:15
Dunkeln E:AN-281:34; KS-313:6

Dunkelheit
Dunkelheit E:V-162:5; E:Z-238:33;
247:6; KS-309:1

dunkelschwarz
dunkelschwarz E:C-225:16

dünken
dünkt KS-328:22; 336:26; 347:31;
387:18; 411:5; 417:15
dünkte E:E-152:11

dünn
dünn KS-330:27; 346:15

Dunst
Dünsten E:C-225:20

Duplik
Duplik KS-460:2

durch
durch E:K-9:11; 12:13; 14:16,24; 16:24;
17:15,20; 21:16; 22:29; 23:26; 24:31,34,
38; 25:25; 27:35; 28:11; 30:4; 31:18;
34:16, 32; 36:26; 37:16, 36; 38:29,
37; 39:22; 40:6,22,32,33,38; 41:8; 42:6,
20; 43:28; 45:15; 46:20,32; 49:24; 50:5,7,
13; 51:2,6; 53:21; 54:1,33; 55:23; 56:24,
26; 57:33; 58:7; 59:32; 60:6, 8, 26,
31,33; 61:9; 63:18; 64:2,12,28; 65:1,
26; 67:7; 68:18,20,28; 70:24; 71:28; 73:4,
37; 74:13,18,38; 75:21; 76:21,26; 77:7,
27; 78:12; 79:17,19,20; 80:31; 81:14;
82:16,19; 83:2; 84:25,30; 85:10; 87:4;
88:9; 89:4; 90:34; 92:19,37; 94:38; 95:35,
35; 97:13,19,24; 98:10; 99:7; 101:26;
E:M-104:6; 105:17, 20, 26; 108:2, 6,
11, 22; 109:35; 110:14,31,33; 111:10,
35; 112:7; 114:4,19,25; 116:21; 120:2;
124:34; 126:4, 10, 25; 127:4; 128:25;
129:3, 32; 131:3, 10; 132:20; 133:7,
16; 139:5, 18; E:E-144:13, 17; 145:5,
8, 27; 146:3; 148:15,25; 149:13; 150:3;
152:1; 155:38; 156:38; 157:8,11; 158:13,
36; 159:8; E:V-160:16, 27; 161:26,
35; 162:5; 163:2; 164:22; 165:31,34; 166:4,
35; 167:15; 169:35; 170:2; 171:17; 173:7;
174:18; 175:38; 176:6; 177:22; 180:4,
18; 183:5,9,27,33; 185:14; 187:18; 189:11,
31; 190:1, 4, 20; 192:21; 193:20, 36;
194:16; E:B-196:18; E:F-201:32; 203:1,
1,8; 204:11,15,34; 206:8; 207:29; 208:38;
209:10; 211:17; 212:11; 213:6, 23,
26; 214:9,26; E:C-217:1; 218:38; 219:30,
38; 221:36; 222:23; 223:31; 224:38; 225:5,
7, 8; 226:3, 21; 227:15; 228:13; E:Z-
229:32; 231:36; 232:4,8; 234:33; 235:4,
38; 236:10; 237:34; 238:21; 241:25; 243:7;
244:11, 21; 245:32; 247:18,36; 248:15,
29,32; 249:20,34, 36; 251:8,8; 252:20,
22; 254:17; 255:23, 23; 256:1; 257:8,
22; 258:36,37; 260:1; 261:3; E:AN-
263:17; 266:30; 267:4,5; 268:31; 273:13,
19,22; 276:7,19; 277:7; 278:16; 279:34;
280:18, 21; E:AB-285:11; 286:23;

288:1; E:VAR-294:17; 296:9; 297:5,
30; 298:8; KS-301:33; 302:2; 303:37,
37; 304:31; 305:4; 310:7,10; 311:20;
312:19; 313:26; 314:9; 316:28,29; 318:32,
33; 319:3,26,28,32; 320:12; 323:3,10,
33; 326:20; 328:10; 329:23; 332:27,
29; 333:24; 334:3,11,12,12,12; 336:19,
24,36; 337:5; 338:6; 339:1,8; 342:27;
343:12; 345:3,26,30; 347:1; 348:20;
350:25; 355:27; 356:10,12; 357:23;
359:25; 365:27,28; 373:30; 374:5; 377:16;
378:6; 381:1; 382:3; 383:8; 384:21,
27; 390:4; 392:26; 394:11,26,30; 395:21,
22,28; 397:10; 398:10; 401:14; 402:19,
35; 403:7; 404:27,29,31,32; 405:4; 406:10;
409:9; 410:13,19; 411:29; 412:1,10,19;
413:26; 416:14; 417:11,33; 418:11; 420:29;
423:29; 425:13; 427:32; 428:22; 430:22,
23; 431:3,35; 432:9,32; 433:9,14,25,27,
29; 437:15; 439:18,33; 442:13,13; 444:8,
10; 445:6; 446:12; 447:17; 449:24,
33; 450:24,26; 451:30,32; 452:8; 455:20,
20; 457:13,26; 458:21; 459:16   (429)
durchs   E:K-12:32; E:M-138:22; E:V-
187:24; 194:10; KS-408:31; 409:8

durchaus
durchaus   E:K-12:15; E:M-142:7; KS-
311:4; 392:19,21; 422:29; 459:25

durchbohren
durchbohrt   E:V-194:5
durchbohrte   E:V-190:1; E:Z-229:17

durchbrechen
durchbrechend   E:V-174:24
durchbrochen   E:AB-288:16; KS-
373:14; 375:7

durchchargieren
durch zu chargieren   E:AN-275:27

durchdringen
durchdringe   KS-326:6
durchdrungen   KS-433:17,21; 458:18;
459:7

durchdröhnen
durchdröhnt   E:E-151:22

durcheinander
durcheinander   E:E-152:20; KS-309:9

durchfeilen
durchfeilen   E:E-145:18

durchfeuchten
durchfeuchtet   E:M-142:22

durchflechten
durchflechtenden   E:V-188:2

durchführen
durchzuführen   E:K-74:15

Durchgang
Durchgang   E:K-16:23; E:F-203:1; KS-
345:26

durchgehen
durchgehen   KS-409:10

durchharren
durchharrte   E:K-24:5

durchhauen
durchhaut   E:B-198:22

durchkreuzen
durchkreuzen   E:K-93:27
durchkreuzenden   E:V-187:20
durchkreuzt   E:C-226:33
durchkreuzte   E:K-32:21; E:M-130:18;
KS-416:24
durchkreuzten   E:V-161:4

Durchlaucht
Durchlaucht   E:K-70:12

durchlaufen
durchlief   E:K-54:28; E:M-120:37;
130:16; E:E-148:5

durchleben
durchlebte   KS-435:37

durchlesen
durchlas   E:K-44:15,18; E:M-132:3;
142:25,26
durchlesen   E:K-25:30

durchnässen
durchnäßten   KS-436:33

Durchreise
Durchreise   E:K-86:4; E:M-111:10;
114:4

durchsausen
durchsauste   E:K-12:17

durchschauen
durchschauen   E:Z-230:2; KS-310:24
durchschauend   E:K-67:4

durchschlagen
durchgeschlagene   KS-413:38
durchschlagen   E:AN-278:27

durchschlüpfen
durchschlüpfen   E:K-10:33

Durchschnitt
Durchschnitt   E:V-183:30; KS-345:25

durchschweifen
durchschweifen   KS-309:15

durchsetzen
durchgesetzt   E:K-88:26; 101:25
durchsetzen   E:M-132:13; KS-338:12
durchzusetzen   E:K-66:27

Durchsetzung
Durchsetzung   E:K-50:26

Durchsicht
Durchsicht   E:Z-242:23

durchspähen
durchspähte   E:F-207:23

durchstreifen
durchstreifte   E:E-147:34
durchstrich   E:K-26:24; E:M-128:26

durchsuchen
durchsuchen   KS-372:17

durchtrieben
durchtrieben   KS-384:5

durchwachen
durchwacht   E:M-127:5
durchwachten   KS-398:32

durchweben
durchwebt   KS-339:2

durchziehen
durchzöge   E:K-12:2

durchzucken
durchzuckt   E:F-206:38

Durchzug
Durchzug   E:K-12:13

Dürer
Dürer   KS-379:9

dürfen
darf   E:K-46:3; E:Z-248:22,38; KS-314:5;
315:24; 404:22; 409:1; 423:17
dürfe   E:K-12:6; 73:28
dürfen   E:K-38:20; 67:6; 73:19; 89:4;
E:M-106:14,36; 111:24; 112:17; 129:5;
132:31; E:V-164:31; E:Z-243:37; 247:34;
250:1; 258:28; KS-308:11; 424:6; 441:28;
453:8   (19)
durfte   E:K-78:3; 79:13; E:F-208:12
dürfte   E:K-27:16; E:M-134:37; E:Z-
249:5; KS-393:10; 402:18; 426:10

dürr
dürr   E:K-58:2
dürre   E:K-13:34; 47:13
dürren   E:K-12:17; 13:16; 83:5; 97:37

Durst
Durst   E:V-165:2

dürsten
dürstet   E:AN-264:7

durstig
durstig   E:V-171:31; E:AN-267:33
durstigen   KS-347:31

Eastcheap
Eastcheap   KS-346:3

eben
eben   E:K-9:19, 25; 11:5,37; 12:16;
17:11; 19:18; 20:20; 22:14,27; 23:2;
30:18; 31:2; 32:7; 33:6; 35:5,30,
35; 38:24; 43:20,34; 49:30; 53:35; 60:3,8,
12; 64:33; 68:30; 71:17; 72:3; 73:8; 81:24,
32; 82:20,25; 83:21; 88:12; 90:33; 92:5,
35; 95:23; 98:25; 100:23; 102:34; E:M-
105:8,14,20,28; 106:8; 107:7; 109:25,
33; 112:13; 114:28; 125:24,32; 126:37;
128:27; 131:32; 134:23; 137:12; 138:21,
37; 140:17, 22; E:E-144:22; 145:29;
148:23,29; 150:26; 151:4; 154:6; E:V-
163:23; 174:13; 184:30; E:F-199:8,
28; 200:14; 201:35; 202:34; 203:16; 204:7,
13; 206:30; 209:3, 12; 211:5; 213:5;
E:C-218:18, 22; 222:3, 19; 225:3,
6; E:Z-232:28; 236:21; 237:8; 239:36;
242:16; 243:17; 245:30; 246:32, 37;
249:15; 258:19,25; 260:13,36; E:AN-
262:15, 18; 267:35; 277:19; 279:14,
24; E:AB-283:9; 284:9; E:VAR-295:35;
KS-313:9; 316:22; 317:35; 319:6;
324:26; 333:26; 337:1; 343:30; 344:19,

20; 368:18; 369:32; 374:31; 387:25;
388:36; 392:25; 409:27; 411:29; 416:6;
422:6; 440:34; 444:31; 450:11; 456:35;
459:11; 460:19 (143)

ebenbenennen
ebenbenannten KS-315:10

ebendaselbst
ebendaselbst KS-452:26

ebenfalls
ebenfalls E:AB-290:11; KS-438:20

Ebenmaß
Ebenmaß KS-341:26

ebenso
ebenso E:K-16:5; E:M-109:21; E:E-
153:1; KS-332:7; 355:15; 367:23; 375:20;
400:37; 420:2; 431:21; 447:1 (11)

ebensosehr
ebensosehr KS-433:11

ebensoviel
ebensoviel KS-386:23

Eber
Ebers E:Z-235:30

echt
echt E:K-35:8; KS-401:1
echte KS-315:29; 409:20
echten KS-348:13; 359:4; 378:19
echter E:AN-273:23

Ecke
Ecke E:M-128:24; E:E-149:11; 158:29;
E:AN-274:21
Ecken E:K-36:31; 37:22; 40:13; 77:9;
E:B-198:28; KS-425:23; 426:5

edel
edeln E:Z-260:20
edelste E:V-177:15; KS-303:8,17
edelsten E:K-64:16; E:Z-235:26; 248:18;
KS-306:11; 446:6
edle E:C-222:14; 225:36; E:Z-234:24;
242:38; KS-357:20; 399:14
Edle KS-313:6
edlem E:Z-240:19
edlen E:Z-241:29; 245:1; 247:27; 250:20;
E:AN-275:8; KS-418:27
edler E:K-86:25; E:V-188:8; E:AN-
272:34; KS-322:16; 349:5
edlerer KS-303:16

Edelknabe
Edelknabe E:K-80:27
Edelknaben E:K-79:38

Edelleute
Edelleute E:E-144:8; E:Z-230:12
Edelleuten E:F-208:9

Edelmann
Edelmann E:AN-281:15,31,35; 282:6
Edelmanns KS-344:18

Edelmut
Edelmut E:Z-231:28; KS-304:21; 400:7;
436:4
Edelmuts KS-304:32

edelmütig
edelmütig KS-435:4
edelmütige E:F-211:33; E:Z-250:34
edelmütigen E:M-107:26; E:Z-232:23;
240:31
edelmütigste E:Z-246:37
edelmütigsten E:Z-247:23

Eden
Eden E:E-149:27

Edikt
Edikt E:K-69:6; KS-400:2,15,24,32;
401:3,5,18; 404:11
Edikte KS-405:9

Eduard
E. KS-452:12; 459:31; 460:4

Edward
Edward KS-432:2,8

Effekt
Effekt E:AN-275:34

égal
égal KS-385:4

ehe
ehe E:K-15:35; 27:37; 40:28; 41:1; 63:10;
81:19; 83:19; 85:24; 92:29; E:M-104:29;
109:1; 114:11; 128:37; 131:38; 132:25;
136:14; E:E-150:11; 156:12; E:V-162:4;
185:33; 191:12; 192:18; E:B-198:24;
E:F-207:30; 213:30; E:Z-238:9; 239:17;
244:28; 254:3; 256:7; E:AN-265:16;
281:14; KS-328:9; 336:7; 354:10; 379:22;
385:28; 411:33 (38)
eher E:K-15:26; 29:33; E:M-112:7;
121:10; 135:30; E:E-157:31; 158:27; E:V-
177:33; 182:9; E:F-214:14; E:C-222:23;
E:Z-251:34; E:AN-282:5; KS-311:13;
334:35; 371:5 (16)

Ehe
Ehe   E:Z-229:11; 235:37; KS-370:34

Eheleute
Eheleute   E:F-208:13

ehelich
ehelicher   E:Z-229:10

ehemalig
ehemaligen   E:AN-262:3; 267:15
ehemaliger   E:K-67:19; E:V-170:21

Ehepaar
Ehepaar   E: B-196: 25; 198: 5; E: AN-
276:27,32

Ehre
Ehre   E: K-65: 4; 66: 5, 8; E: M-115: 16;
118: 27; 136: 9; 137: 25; 142: 37; E: C-
218: 14; E: Z-234: 36; 236: 35; 239: 10;
240: 29; 242: 9; 246: 22; E: AB-290: 4;
E:VAR-295:27; KS-312:3; 331:18; 367:16;
387: 34; 402: 27; 415: 2; 434: 24; 435: 28;
438:7,19,23,31   (29)

ehren
ehren   E: Z-237: 4; 252: 27; KS-415: 4;
460:4
ehrend   KS-456:28
ehrn   KS-328:15
ehrt   E:Z-252:19
ehrte   E:M-107:4
Geehrten   KS-303:24; 307:5

Ehrenerklärung
Ehrenerklärung   E:Z-242:20

Ehrengesetz
Ehrengesetze   E:Z-243:10

Ehrenlegion
Ehrenlegion   KS-367:28

Ehrenrettung
Ehrenrettung   E: Z-241: 25; E: AN-
272:25

ehrenvoll
ehrenvolleren   KS-446:33

Ehrenwort
Ehrenwort   E:M-107:17

ehrerbietig
ehrerbietig   E:K-44:8,37; 54:23; E:M-
113:35
ehrerbietige   E:K-73:17
ehrerbietigsten   KS-395:20

Ehrerbietigkeit
Ehrerbietigkeit   E: M-107: 10; E: E-
157:35

Ehrfurcht
Ehrfurcht   E:K-38:29; E:M-135:37; E:Z-
260: 2; E: AN-276: 7; E: AB-285: 17; KS-
443:37

ehrfurchtsvoll
ehrfurchtsvoll   E: M-133: 38; 143: 12;
E:C-225:31
ehrfurchtsvolle   E : M-132 : 31;   KS-
405:14
ehrfurchtsvoller   E:K-80:29
ehrfurchtsvollste   E:M-111:13

ehrgeizig
ehrgeiziges   E:V-168:35

ehrlich
ehrlich   E:K-62:35; 101:27; KS-429:15
ehrliche   KS-324:31
ehrlichen   E: K-58: 4; E: Z-242: 37; KS-
315:17
ehrlicher   E:M-112:20

ehrwürdig
ehrwürdige   E:C-226:13; E:AB-286:23
ehrwürdigen   E:V-175:25; KS-445:6
ehrwürdiger   E:V-164:25

ei
ei   E:V-164:31; E:AN-264:9,25,36; 265:7

Eibenmayer
Eibenmayer   E: K-87: 12, 24; 88: 5, 11;
89:2

Eiche
Eiche   E:K-79:37; E:Z-259:24; KS-378:4
Eichen   E:K-91:8; E:E-147:30

eichen
eichenen   E:VAR-293:15
eichener   E:K-30:34

Eider
Eider   KS-396:20

Eidgenossenschaft
Eidgenossenschaft   E:Z-234:7

Eidschwur
Eidschwur   E: V-169: 12; 193: 36; E: Z-
252:12; 255:30

Eifer

Eifer　E: K-29: 36;　59: 8;　E: M-106: 23;
126:21; E:Z-240:19; 246:15; KS-322:16;
359:12; 387:32; 416:14; 458:17; 459:6
(12)

Eifersucht

Eifersucht　E:F-208:31; E:Z-256:15

eifersüchtig

eifersüchtigen　KS-412:8

eifrig

eifrigen　E:C-221:2

eigen

eigen　E:K-49:9; E:V-183:20
eigene　E:K-65:32; 77:29; E:AB-283:26;
285:28,32
eigenen　E:K-14:29; 39:12; 56:25; 93:22;
E:M-108:22; 119:4; 126:5; 137:30; E:B-
197: 10; E: Z-244: 20; KS-305: 2; 328: 4,
7; 387:6; 402:12　(15)
eigener　E:K-57:27; 101:18; KS-324:23
eigenes　E:E-151:1; KS-443:11
Eigenstes　KS-336:35
eigne　E: K-24: 36;　76: 28;　E: Z-237: 33;
E:AN-268:13; KS-337:4; 378:28; 437:27
eignen　E:M-107:25; 132:3; E:V-175:38;
E:F-210:36; E:Z-230:13; 234:1,14; 246:19;
249:21; KS-313:15; 328:3; 361:9; 363:7;
404:37; 449:8　(15)
eigner　E: K-67: 33;　E: E-158: 2;　KS-
330:20; 357:16; 394:10; 395:32; 398:37
eignes　E:M-121:20; E:V-186:32; 190:21;
KS-318:3

eigenhändig

eigenhändigen　E : K-88 : 37;　89 : 26;
100:13; E:Z-250:7

eigenmächtig

eigenmächtig　E:K-47:8
eigenmächtige　E:K-50:5
eigenmächtigen　E:K-53:15; 68:35
eigenmächtiger　E:K-45:16

Eigennutz

Eigennutz　KS-303:7,8; 334:14

eigennützig

eigennützig　KS-312:14

eigens

eigens　E:K-101:29

Eigenschaft

Eigenschaft　E: K-88: 7;　89: 13;　E: F-
210:16; E:Z-234:4; E:AN-268:27; KS-
342:2; 348:13; 402:16
Eigenschaften　E:M-112:16,25; 117:16;
118:2; E:Z-231:31; KS-304:19,28; 329:17;
330: 12; 331:8; 342:21; 355:11; 415:34;
435:4; 439:5　(15)

Eigensinn

Eigensinn　E:K-66:27; E:M-133:16

eigensinnig

eigensinnigste　KS-372:17

eigentlich

eigentlich　E : K-98 : 20;　99 : 27;　E : V-
168:27; E:C-219:17; 227:12; E:Z-239:2;
E: AN-262: 27;　271: 32;　E: VAR-297: 29;
KS-303:23; 304:5; 305:21; 311:15; 337:30;
348:22; 366:30; 400:26　(17)
eigentliche　E:V-183:5; KS-385:31
eigentlichen　KS-319:30
eigentliches　E:F-211:38

Eigentum

Eigentum　E : K-53 : 28;　E : V-165 : 30;
166:14; 175:21; 193:1; E:AN-262:17; KS-
302:11; 303:1; 323:29,31; 372:12; 427:35
(12)
Eigentums　E : E-147 : 15;　KS-404 : 13;
440:28

Eigentümer

Eigentümer　E:Z-231:3; E:AB-285:12;
KS-440:17
Eigentümers　E:V-166:3

eigentümlich

eigentümlich　KS-311:17; 446:16
eigentümliche　KS-332 : 27;　333 : 23;
422:29; 447:1
eigentümlichen　KS-324 : 11;　336 : 33;
420:17
eigentümliches　KS-335:7

Eigentümlichkeit

Eigentümlichkeiten　E : AN-265 : 26;
KS-417:22

eignen

geeignet　KS-418:3; 426:14

Eigner

Eigner　E:K-57:35

Eiland
Eiland   E:V-164:15

Eilbote
Eilboten   E:K-38:19; 39:2,27; 42:6

Eile
Eil   E:V-164:11

eilen
eile   E:AN-275:1
eilen   E:M-120:34; 133:33; E:E-148:19
eilt   E:V-185:32; E:AN-273:11
eilte   E:K-11:12; 32:3; 45:3; 81:11; E:M-
  125:19,22; 129:25; E:E-146:12; 153:32;
  E:V-163:1; 174:24; 188:32; E:F-208:16;
  213:32; E:AB-291:4   (15)
geeilt   E:V-191:32

eilf
eilf   E:M-140:6; E:B-198:7; E:AN-279:5

eilfertig
eilfertig   E:M-125:31; E:V-181:34

Eilfertigkeit
Eilfertigkeit   E:K-87:22; E:M-106:17;
  114:36

eilfjährig
eilfjährige   E:F-200:10
eilfjährigen   E:F-199:6

eilft-
eilfte   E:M-140:9

eilig
eilig   E:V-181:21
eiligst   E:M-108:11

Eimer
Eimer   E:K-58:30,33,38; 59:5; E:AN-
  277:21,23

ein-eine-eines
ein   (972)
eine   (669)
einem   (464)
einen   (462)
einer   (477)
eines   (200)
eins   (7)

einander
einander   E:K-11:4, 30; 27:6; 58:18;
  76:10; 82:30; 87:29; 99:30; E:M-
  105:25; 131:30; E:E-150:13; 152:22;
  E:V-165:19; 171:10; E:F-215:5; E:C-
  224:12; E:Z-243:16; 245:28,31; 246:1,
  2, 4; E:AN-269:24; 270:27; E:AB-
  284:19; KS-319:15; 322:29; 323:21; 330:6;
  334:4; 343:2; 387:17; 397:24; 408:6,
  6; 413:6; 419:18; 431:28; 440:31; 447:2
                                        (40)

einäschern
einäschern   E:K-17:18; 36:35
eingeäscherten   E:K-49:15; 56:29
einzuäschern   E:K-43:21

Einäscherung
Einäscherung   E:K-34:14; 36:22
Einäscherungen   E:K-79:12

einbiegen
einbog   E:K-15:37

einbilden
bilden   KS-326:25
bildet   KS-337:5
einbilde   E:K-60:32
eingebildeten   KS-370:30

Einbildung
Einbildung   E:V-168:7; 184:3; KS-
  378:13; 392:7; 412:22
Einbildungen   KS-328:28; 336:7

Einbildungskraft
Einbildungskraft   KS-336:11

einblicken
blickte   E:M-141:16
einblickte   E:K-60:3

einbrechen
einbrach   E:K-36:5
einbrechen   E:E-147:26
einbrechende   E:Z-238:9
einbrechenden   E:E-155:13; 159:1
einbricht   KS-379:23

einbringen
einbringen   KS-358:27,30
eingebrachter   E:K-73:8
einzubringen   E:K-38:37

Einbruch
Einbruch   E:K-31:36; 38:2; 63:30; 71:7;
  E:V-184:27; E:B-197:15; E:Z-252:6;
  257:2; KS-391:2

einbüßen
einbüßt   KS-404:31
eingebüßt   E:K-37:17; 46:30; 101:35
einbüßte   E:K-40:31

eindringen
drang   E:AB-290:32
dringe   E:AN-275:29
eindrang   E:E-158:15; E:V-183:34; KS-379:28
eindrangen   E:M-105:9
eindringende   KS-420:2
einzudrängen   KS-448:25

eindringlich
eindringlich   KS-370:32
eindringliche   E:M-116:7; KS-405:15

Eindruck
Eindruck   E:E-147:4; KS-422:31; 435:33
Eindrücke   KS-313:6
Eindrücken   KS-313:10

eindrücken
drückte   E:K-36:2; E:F-214:12
eingedrückt   E:C-222:37

einemmal
einemmal   E:F-210:37; KS-411:4

einerseits
einerseits   KS-403:31; 421:11

einfach
einfach   KS-318:31; 339:30; 340:8; 435:4; 444:26
einfache   KS-384:9
einfachem   KS-410:1
einfachen   KS-449:27

Einfall
Einfall   E:K-28:32; 79:15; E:M-133:5; KS-339:9; 410:16,36
Einfalls   E:K-94:23

einfallen
einfallen   KS-456:31
einfiel   E:AB-285:27
eingefallen   E:M-127:2
fällt   E:K-81:22; KS-320:30
fiel   E:V-180:3

Einfalt
Einfalt   KS-335:22

einfältig
einfältigen   KS-383:23

einfangen
eingefangenen   E:V-190:30

einfassen
eingefaßt   E:M-127:15
eingefaßten   E:F-202:17

Einfassung
Einfassung   E:K-22:26; KS-399:6,27

einfinden
einfanden   E:V-161:13
einfinden   E: M-131: 36; 142: 28; KS-443:36
einfindet   KS-345:27
eingefunden   E:K-61:13; E:M-109:35; 130:4; 139:13; E:E-154:18,26; E:B-196:7; E: C-218: 4; E: VAR-295: 18; KS-429: 9; 437:5   (11)
fand   E: E-158: 34; E: B-196: 20; 197: 38; E:Z-257:1
fanden   E:Z-235:26; KS-443:30
finde   E:K-54:24
findet   KS-345:29

einflößen
eingeflößt   E:V-175:32
einzuflößen   E:K-38:30; 65:34
flößen   KS-376:35

Einfluß
Einflüsse   KS-315:9; 316:28

einfordern
eingefordert   KS-406:22

einförmig
einförmiger   KS-446:26

Einförmigkeit
Einförmigkeit   KS-307:12; 327:30

einfugen
eingefugt   E:E-145:31
eingefugte   E:F-202:18

einführen
einführte   E:V-167:6
eingeführt   E:V-169:7; E:Z-252:9
einzuführen   E:V-167:13,19
führt   E:K-17:34
führte   E:M-136:27

Einführung
Einführung   E:K-17:30; 69:7

Eingang
Eingang E:K-32:37; 82:27; 96:10; E:M-127:18; 128:31,35; 141:20; E:F-202:33; 207:7; E:C-217:15; 225:6,33; E:Z-238:10; 257:8; E:VAR-294:29; KS-326:29; 384:7; 389:20 (18)

Eingebung
Eingebungen KS-338:1

eingedenk
eingedenk E:K-86:19; E:V-160:26; 170:24

eingefahren
eingefahren KS-401:27

eingehen
eingegangen E:V-193:25; KS-405:16
eingegangene E:K-78:23
eingehen E:M-118:9; KS-405:33; 457:22
einging KS-454:25
eininge E:K-70:13
einzugehen E:K-74:21; E:M-111:19; 131:13
gehe KS-407:17
ging KS-345:13

Eingeständnis
Eingeständnis E:K-68:31

eingestehen
eingestehst E:Z-251:33
einzugestehen E:Z-255:22
einzugestehn E:Z-251:35

Eingezogenheit
Eingezogenheit E:M-104:23; 126:33; E:AN-272:15

eingraben
eingegrabenen E:Z-231:13
grub E:Z-246:6

eingreifen
eingreifen KS-378:4; 447:12
einzugreifen KS-316:12; 318:7; 416:16

Eingriff
Eingriff KS-311:26

Einhalt
Einhalt E:K-20:38; E:M-106:21; E:E-151:38; E:AN-274:36

einhalten
einhielten E:K-73:15
einzuhalten E:F-215:3

einhändigen
eingehändigt E:K-97:23; 100:32
eingehändigte E:K-102:2
händigte E:V-181:3

einheimisch
einheimischen KS-443:6

Einheit
Einheit KS-444:35

einholen
einzuholen E:M-119:7; E:Z-229:27

einhüllen
einhüllen KS-348:4

einig-
einig E:K-99:3
einige E:K-13:11, 18; 18:34; 22:29; 24:8; 26:14; 28:4; 30:12,14; 34:19, 26; 37:17; 41:26; 63:18; 64:20; 68:13; 69:16; 71:31; 72:17,18; 87:27; 94:12; 98:25; 103:22; E:M-111:10; 112:5; 113:18, 27; 115:25; 117:18; 125:12; 133:35; E:E-152:8; 154:38; E:V-160:13; 165:13; 167:15; 175:37; 179:18; 181:37; 182:19; 185:28; 192:22; E:B-198:24; E:F-212:12; 213:14; E:C-218:6; 221:30; 222:4; 225:18; E:Z-229:32; 239:23; 241:19; 245:23; E:AN-263:7; 278:3, 35; 281:11; E:AB-288:19,24; E:VAR-295:19; 296:37; 297:15,17; KS-330:18; 332:13; 333:31; 339:12; 356:10; 367:27; 370:27; 384:9; 398:3; 403:4; 407:20; 411:1; 419:31; 428:18; 430:23; 434:23; 436:16 (81)
einigem E:V-167:28; 173:22
einigen E:K-11:5; 13:8; 17:2; 24:2; 33:35; 34:34; 44:9; 62:15; 66:28; 67:31; 72:15; 76:5; 84:22; 85:36; 94:14; 96:8; E:M-109:31; 110:17; E:V-162:14; 164:5; 169:31; 170:10; 190:23; 194:1; E:F-205:36,37; E:C-217:15; 222:11; E:Z-254:23; E:AN-274:12; E:VAR-294:29; 296:21; KS-304:17; 331:33; 370:10; 402:35; 412:27; 438:20 (38)
einiger E:K-21:27; 38:24; 39:3; 44:25; 58:10; 87:6; 89:19; 96:1; E:M-106:17; 111:24; 117:21; 139:14; E:E-153:36; 154:4,35; E:V-162:34; 167:11; 174:27; 191:23; E:F-208:11; E:C-216:12; E:Z-229:19; 240:37; 247:30; E:AN-270:2; E:AB-285:15; 286:9; E:VAR-293:30; KS-303:1; 310:2; 319:36; 326:26; 370:25; 371:24; 396:18; 410:30; 419:5 (37)

einiges   E:Z-238:2; KS-339:35

einigermaßen
einigermaßen   E:K-37:4; 39:2; 83:36;
85:26; E:M-119:17; KS-398:5

Einigkeit
Einigkeit   E:Z-236:3

einkaufen
einkaufen   E:AN-268:33

einkehren
einkehren   E:V-188:12
einkehrte   E:K-16:7
kehrte   E:K-36:5; 44:30
kehrten   E:C-216:11; E:VAR-293:29

Einkleidung
Einkleidung   E:Z-253:22

einklemmen
klemmten   KS-325:3

einkommen
eingekommen   E:K-21:34; 23:32; 39:30
einkamen   E:Z-258:15
einkommen   E:K-23:14; 31:7

einladen
eingeladen   E:K-71:32; E:M-143:9,19;
E:E-151:25; E:V-181:23; E:F-203:38;
209:29
eingeladenen   E:AN-272:28
einlud   E:V-179:18; E:Z-256:22
lade   E:M-112:4
laden   KS-399:34
ladet   E:V-167:25
lud   E:Z-250:37
luden   E:E-145:10

Einladung
Einladung   E:K-79:26; 80:32; E:E-
151:25; E:V-167:30; 170:25; 181:37;
187:4,28; E:C-225:32; E:Z-252:29   (10)

einlassen
eingelassen   E:V-162:20; E:Z-260:14
einlassen   E:V-162:23; KS-366:11;
369:34
einzulassen   KS-359:13
ließ   E:AN-281:23

einlaufen
eingelaufen   E:K-88:12; E:Z-241:11
eingelaufenen   E:V-176:23; KS-456:25
einlaufen   KS-329:14; 393:36
einlief   E:K-70:27
einliefen   E:K-89:20; E:V-194:17
einzulaufen   KS-393:34
lief   E:Z-231:20

einleiten
eingeleitet   E:Z-254:28
einzuleiten   E:K-55:1; 64:17; 81:36

Einleitung
Einleitung   E:K-89:20; E:M-120:9; E:C-
221:17; KS-323:28; 361:2; 375:11; 380:6;
406:5; 423:11

einlernen
einzulernen   KS-336:29

einleuchten
einleuchten   KS-396:15
leuchten   KS-346:21
leuchtet   KS-408:12

einliefern
einzuliefern   KS-358:26

einlösen
lösest   E:K-92:28

einmal
einmal   E:K-20:29; 25:26,36; 26:9,16,20;
27:8,20; 30:16; 31:11; 33:30; 44:18; 46:11;
47:21; 50:3; 60:30; 61:30; 68:24; 71:32;
81:7; 98:8; 102:31; E:M-109:24; 112:36;
120:32; 134:21; E:E-159:6; E:V-166:30;
169:6; 176:10,11; 177:10; 178:27; 179:38;
187:15; E:B-197:27; E:F-203:13; 206:8;
208:8,11; 213:36; E:C-216:21; 217:35;
220:19,26; 226:7; 228:16; E:Z-233:10;
243:33; 244:8; 248:35; 250:1; 255:23,
29; E:AN-263:4; 271:28; 278:7; E:AB-
288:23; E:VAR-293:5; 294:4; 295:10;
KS-303:26; 305:14; 306:9,28; 308:30;
310:30; 313:22; 316:12; 330:34; 332:11,
16,38; 336:27; 345:13; 354:21; 367:19;
374:34; 376:33; 378:10; 390:30; 402:13;
405:31; 416:34; 428:9; 438:31; 442:34;
445:17; 455:10   (89)

einmischen
mische   KS-320:5

Einmischung
Einmischung   KS-361:19

einnehmen
einnahm   E:K-40:23; 46:14
einnähmen   KS-346:14
einnehmen   E:C-223:15; KS-314:31
einnehmende   E:V-172:3
einzunehmen   E:K-59:28; E:Z-236:5

Einöde
Einöde   E:K-45:34

einpacken
einpacken   E:M-125:32

Einpfählung
Einpfählung   E:Z-246:16

einprägen
eingeprägt   E:K-95:23; E:E-147:5
einprägen   KS-415:28

einquartieren
einquartieren   E:AN-275:35
einquartiert   KS-368:33
einquartierte   E:K-18:11
einzuquartieren   KS-428:19

Einquartierung
Einquartierung   E : V-180 : 19; KS-368:14

einräumen
einräumen   KS-307:18
einräumten   E:F-202:5
einzuräumen   KS-410:27
räumte   E:Z-240:38

einrechnen
eingerechnet   KS-360:22; 400:22

einreichen
eingereicht   E:K-45:37,38; 50:5; 89:3
eingereichte   E:K-56:7
eingereichten   E:K-77:21
einzureichen   E:K-27:20

Einreichung
Einreichung   E:K-55:29; 88:13

einreißen
eingerissen   E:E-146:8

einrenken
einrenken   E:K-51:7

einrichten
eingerichtet   E : B-196 : 24; KS-411 : 10; 428:34
einzurichten   E:K-22:16,20
richtete   E:M-109:8

Einrichtung
Einrichtung   E:K-15:38; 71:19; E:M-126:13; 143:22; KS-328:29; 388:3; 395:21; 397:22; 421:29; 422:18; 449:6   (11)

einrücken
eingerückt   E:M-130:16
eingerückte   E:M-134:11
einrücken   E:Z-261:16
einzurücken   KS-377:33

Einrückung
Einrückung   E:K-25:33; KS-421:20

eins
eins   E: M-121: 37; E: Z-244: 30; E: AN-264:20,21,22; KS-322:29; 344:38
Eins   E:C-224:1; E:VAR-296:36

einsam
einsam   E:V-161:11; KS-328:1
einsame   KS-327:27; 437:2
einsamen   E:E-147:24; KS-327:16,27

Einsamkeit
Einsamkeit   E: K-36: 25; E: F-203: 26; KS-303:27; 327:10

Einsammlung
Einsammlung   KS-388:13

einsaugen
einsaugend   E:V-183:36
einsog   E:V-173:14

einschalten
eingeschaltet   KS-422:7

Einschaltung
Einschaltung   KS-422:6

einschärfen
einzuschärfen   E:K-95:32
schärfte   E:K-76:34

einschenken
einschenkte   E:K-27:5
schenk   E:AN-264:16,19,26,26

einschiffen
einzuschiffen   E:K-76:38; E:E-150:19; 153:8

Einschiffung
Einschiffung   E:V-168:31

einschirren
eingeschirrt   E:K-28:31

einschlafen
einschliefen   E:E-150:11
schläft   E:B-198:11
schliefen   E:E-150:22

einschlagen
eingeschlagen   E:AN-278:17
einschlagen   E:M-119:9
einzuschlagen   E:K-40:38; E:V-169:36
schlug   E:M-140:28; E:AN-263:22

einschleichen
eingeschlichen   E:V-189:11

einschließen
eingeschlossen   E:AN-281:10
eingeschlossenen   E:AB-283:29
einschließen   KS-348:12
einzuschließen   E:V-164:19

einschlummern
eingeschlummert   E:M-135:16

einschränken
einzuschränken   E:K-68:32; 70:1
schränke   KS-317:36

Einschränkung
Einschränkung   E:K-101:24
Einschränkungen   KS-332:17

einschreiten
eingeschritten   E:B-198:17

einschüchtern
eingeschüchterte   E:Z-246:18

einsehen
eingesehen   E:Z-255:14
einsah   E:K-13:16; 36:7; 40:1; 73:36;
   95:3; KS-371:24
einsähe   E:V-178:19
einsehen   KS-367:29
einseht   E:Z-235:5
einsiehst   KS-374:22
einzusehen   E:C-220:14; 226:10; KS-
   317:22
sah   E:M-126:14; E:V-175:8
sehe   KS-337:14

einseifen
eingeseift   E:AN-266:11,19

einseitig
einseitige   KS-410:13

einsenden
eingesandte   KS-453:32
eingesendet   KS-447:34
einzusenden   KS-395:9; 448:14

Einsender
Einsender   KS-388:1,2; 395:1; 422:12

Einsendung
Einsendung   KS-448:29

einsenken
senkte   E:V-195:1

einsetzen
eingesetzt   E:K-51:9; 71:3; E:F-213:23;
   E:Z-249:32; KS-376:5; 405:2
eingesetzte   E:Z-236:10
eingesetzten   E:K-61:10; 79:16; E:Z-
   240:7; 254:25
einsetzte   E:M-143:17
setzt   KS-333:8
setzte   E:K-100:5; E:Z-261:3

Einsetzung
Einsetzung   E:K-72:32; KS-396:1

Einsicht
Einsicht   E:K-51:15; 86:16; E:C-224:33;
   KS-326:8; 390:6; 391:19; 410:4; 416:7;
   439:12

einsichtsvoll
einsichtsvolle   KS-380:31
einsichtsvollem   KS-420:14

einsiegeln
siegelte   E:M-133:14

einsingen
eingesungene   KS-422:36

einsperren
eingesperrt   E:E-144:7

Einsperrung
Einsperrung   E:E-145:19

einsprengen
einzusprengen   E:V-190:14; KS-407:9
sprengt   E:AN-265:11,12

Einspruch
Einspruch   E:Z-243:2

einst
einst   E:K-9:18; 10:4; E:M-116:27;
   117:36; 122:35; 131:16; 135:16; 143:28;
   E:V-160:8; E:B-196:6; E:F-201:25;
   202:20; 206:35; E:Z-235:29; E:AN-
   269:25; 276:14; E:AB-286:15; E:VAR-
   295:9; KS-304:29; 308:7; 311:35; 313:16;
   337:22; 354:26   (24)

einstecken
eingesteckt   E : K-66 : 3; 68 : 8; E : V-182:26; KS-381:9
einstecke   E:K-19:1
einsteckte   E:K-65:17
einzustecken   E:K-52:20
steckte   E:K-31:8

einstehen
einstehen   E:M-112:17

einsteigen
einsteigen   E:M-129:32
einzusteigen   E:F-200:24

einstellen
einstellen   E:K-84:37
einstellten   E:M-119:35
einzustellen   E : C-218 : 12; E : VAR-295:25

einstimmen
einzustimmen   KS-406:7

einstimmig
einstimmig   E:AN-281:8; E:AB-290:36

einstmals
einstmals   E:F-203:35

einstudieren
einstudiert   KS-414:10

Einsturz
Einsturz   E:E-148:15
Einsturze   E:E-147:11

einstürzen
einstürzte   E:E-145:33
einzustürzen   E:E-146:1

einstweilig
einstweiligen   E:K-76:30

Einteilung
Einteilung   KS-363:3

Eintracht
Eintracht   KS-416:36

eintreffen
eingetroffen   E:V-179:13; 188:25
eingetroffenen   E:AB-286:8
eintraf   E:K-99:35
eintriffst   E:V-182:11
eintrifft   E:K-16:19
einzutreffen   E:K-35:36
traf   E:V-195:5; E:Z-230:3

eintreten
eingetreten   E:V-189:30
eintrat   E:K-96:11; E:M-110:4; 125:35; 140 : 10, 20; E : V-189 : 14; E : F-211 : 3; 212:25; E:Z-232:30
eintreten   E : M-127 : 22; E : Z-243 : 34; 244: 20; 250: 23; KS-396: 10,14; 397: 13; 406:37; 444:10; 449:5,6   (11)
eintretenden   E:M-114:28
einzutreten   E:F-213:9
trat   E:M-129:5; 137:18; E:Z-254:19

Eintritt
Eintritt   E:K-32:12; E:M-143:19; E:V-172:10; E:F-205:20; KS-397:33
Eintritts   E:Z-255:34

einverleiben
einzuverleiben   KS-455:29

einverstanden
einverstanden   KS-380:22; 415:32

Einverständnis
Einverständnis   E : E-144 : 11; E : V-174:20
Einverständnisse   E:K-75:8

Einweihung
Einweihung   KS-403:14

einwenden
einwandte   E:K-94:23
einzuwenden   E:K-55:14; E:E-151:6

Einwendung
Einwendungen   E:K-69:34; 88:25

einwerfen
einwürfe   KS-391:23; 394:3
einzuwerfen   E : C-216 : 30; E : VAR-294:13

einwickeln
eingewickelt   E:V-182:4

einwilligen
einzuwilligen   E:AN-281:21

Einwilligung
Einwilligung   E:M-112:32; E:F-201:15; KS-431:27

einwirken
einzuwirken   KS-370:2

Einwirkung
Einwirkung   KS-393:3; 434:20

elektrisieren
elektrisierten   KS-321:18,20

Elektrizitätsmangel
Elektrizitätsmangel   KS-330:2

Elektrizität
Elektrizität   KS-321: 19;   329: 21, 29;
330:1,6

Elektrizitätsgrad
Elektrizitätsgrad   KS-321:21

Elektrizitätsüberschuß
Elektrizitätsüberschuß   KS-329:32

Elektrophors
Elektrophors   KS-385:24

Element
Element   E:K-42:23; KS-324:34; 344:1;
391:32

elend
elend   E:K-57:15; KS-377:16
elende   E:V-173:9; KS-370:33
Elende   E:F-213:4; E:Z-252:4,21
elenden   E:K-39:20; E:V-164:29; 184:4;
E:C-222:6
Elenden   E:K-56:12; E:F-213:16; E:Z-
253:17; 258:34; 260:38
elender   KS-441:21
Elender   E:V-193:10; E:Z-259:28
elendesten   E:V-164:7

Elend
Elend   E:M-113:8; E:E-150:14; 152:13;
E:Z-249:19; KS-356:23; 368:14; 375:16;
413:14; 443:5
Elends   E:K-13:37; E:V-170:15; E:C-
224:9; E:Z-238:6; 253:27; E:VAR-292:22;
KS-326:7; 374:15

elendiglich
elendiglichste   E:B-198:30

elf
elf   E:AN-281:19
elfte   KS-357:32

Elfe
Elfen   KS-342:26

elfenbeinern
elfenbeinernen   E:F-209:38

elidieren
elidiert   KS-412:4

Elisabeth
Elisabeth   E: K-101: 4;   E: E-151: 24;
153:36; 154:11,17,19,30,35; 155:1

Elle
Ellen   E:K-30:36; E:F-202:19; E:VAR-
293:17

Ellenbogen
Ellenbogen   KS-342:10

elliptisch
elliptisch   KS-340:11

Eltern
Eltern   E: M-104: 22;   110: 6;   112: 31;
125: 6;   139: 20, 29;   E: V-193: 1;   E: F-
202: 1;   E: Z-237: 23;   238: 16;   258: 1,
13;   KS-313: 4;   332: 7;   334: 25;   335: 16;
431:28   (17)

Elvire
Elvire   E:E-151:10; 152:3,10; 154:8,15,
31;   155:4;   159:13;   E:F-199:4;   201:15,
33;   202:10,12,24;   204:4,14,29;   205:10,
14;   206:22;   207:11;   209:9,18,34;   210:18,
23,25;   211:3;   212:25;   214:7   (30)
Elviren   E:F-201:5;   203:16;   204:12,32;
205:37;   206:11;   207:31;   208:5,38;   209:29;
211:15;   212:17;   213:6,32   (14)
Elvirens   E: F-201: 37;   203: 10;   206: 36;
208:18;   209:6;   211:26,32;   212:11,20,22;
213:14   (11)

Emanzipation
Emanzipation   KS-396:6

embarrassieren
embarrassieren   KS-371:22; 372:31

Emeline
Emeline   KS-414:13; 418:3

Emissarie
Emissarien   KS-443:3

Empereur
l'Empereur   E:AB-283:17,17

empfahen
empfahen   KS-413:10

Empfang
Empfang   E: M-119: 7;   139: 26;   140: 2;
E:Z-241:33; 250:35; KS-444:25; 447:29

empfangen

empfangen   E: K-40:11; 48:5; 59:22;
64:35; 100:18; E: M-117:25; 124:22;
126:36; 129:18; E:E-151:9; E:V-165:23;
168:24; 175:26; 182:29; E:F-203:3;
211:35; 214:22,34; E:Z-236:20; 238:19;
244:31; 250:4; 252:7; 254:23; 257:11,
27; 258:32; KS-414:31; 420:12; 440:32;
444:13; 445:20   (32)
empfängt   E: AN-272:36; KS-321:7;
413:33
empfing   E:K-22:31; 24:23; 55:26; 94:18;
E: M-119:29; 121:29; 127:27; 132:35;
E:C-221:5; E:Z-256:15; 259:27; E:AB-
284:5; 289:5,20; E:VAR-293:3; KS-413:13
                                        (16)
empfingen   E:K-56:11

empfänglich
empfänglichen   E:K-52:30

Empfängnis
Empfängnis   E:M-124:19; KS-348:17

empfehlen
empfahl   E:K-12:3; 61:8; E:M-115:20;
128:9; 130:26; E:V-171:23; E:B-197:7;
E:F-208:33; 212:7
empfehlen   E:M-108:14; 120:24; E:F-
202:30; KS-421:3; 447:20
empfohlen   E:K-65:20; KS-449:16
empföhlen   E:M-117:16

empfinden
empfand   E:M-121:31; KS-444:29
empfände   E:M-111:37
empfanden   KS-444:38
empfinden   E: AB-283:6; KS-326:27;
356:11; 369:5; 374:25; 397:18; 444:38
empfindet   KS-338:11; 368:30
empfunden   E: K-24:22; E: M-111:1;
E:E-154:6; E:AN-270:22; E:VAR-293:2;
KS-308:14; 315:21; 418:7; 423:23; 439:4
                                        (10)

empfindlich
empfindlich   E:K-26:22; 64:34; E:M-
120:21; E:V-187:23; E:AB-290:4; KS-
308:16; 344:25
empfindliches   E:F-203:19
empfindlichste   E:K-67:1; KS-370:16
empfindlichsten   E:M-120:4

empfindlich-feierlich
empfindlich-feierlicher   E:K-30:20

Empfindlichkeit
Empfindlichkeit   E:V-169:9; 170:17;
E:Z-232:8; 256:15; KS-377:25; 438:35

Empfindung
Empfindung   E:K-49:2; E:M-121:22;
123:34; 132:36; E:E-154:1; E:C-217:19;
E:Z-245:32; E:AB-285:2; 286:33; E:VAR-
294:33; KS-305:17; 311:10; 312:4,20;
313:18,29; 340:5; 346:30; 412:20   (19)
Empfindungen   E: M-119:28; E: F-
211:21; E:AN-276:18; KS-306:21; 311:15;
313:19; 327:9; 328:7; 347:12

empfindungslos
empfindungslosem   E:K-59:7

Empfindungsweise
Empfindungsweise   KS-305:21

Empire
Empire   KS-322:24
l'Empire   KS-363:1; 364:7,18; 365:11,
14

emporblühen
blühe   E:Z-248:29

empören
empören   E:V-177:31
empörenden   E:C-223:35
empört   E:K-63:4; E:V-171:4; KS-312:21
empörtes   KS-307:22

emporgehen
empor gehen   KS-390:21

emporheben
empor heben   KS-303:29
heben   E:C-223:18
hebt   E: K-92:26; E: B-198:13,15; KS-
313:20
hob   E:K-92:6; E:M-126:5; E:F-215:8

emporknittern
emporknitterte   E:F-202:23

emporkommen
emporgekommen   E:M-116:29

emporquellen
emporquoll   E:K-17:35
quoll   E:M-138:25

emporreißen
riß   E:M-137:16

emporrichten
emporgerichtet E:V-173:18
emporrichtete E:Z-252:22; 259:17

emporschimmern
schimmerte KS-435:9

emporschwellen
schwillt E:AN-276:21

emporstammeln
empor zu stammeln E:E-155:27

emporspringen
sprang E:Z-247:1

emporsteigen
stieg E:K-44:14

emportürmen
türme E:Z-253:37

Empörung
Empörung E:V-164:22; 166:4; 169:25,
33; 170:14; 177:27; KS-434:28

emporzucken
emporzuckt KS-377:30
zuckte E:K-24:35

emsig
emsig E:M-128:30

Emsigkeit
Emsigkeit E:M-115:35

en
en E:M-113:3; KS-319:16,17; 368:5

Ende
Ende E:K-12:32; 18:35; 28:1; 44:16;
55:28; 68:29; E:M-132:2; 136:12; 139:5;
E:E-149:32; 151:34; 158:18; E:F-203:34;
E:C-216:5; E:Z-229:6; 231:2; 246:15;
256:4; E:AN-278:30; E:VAR-293:23; KS-
307:8,11; 315:29; 320:2; 351:11; 354:24;
382:3; 387:12; 399:19; 403:6; 431:18;
435:17; 445:8; 446:32; 449:35   (35)
Enden E:V-185:19; KS-343:1
Endes E:Z-231:7

enden
enden E:K-89:23
geendet E:V-180:34
geendiget KS-425:19

endigen
endigen E:M-141:30
endigt E:K-103:12; E:C-228:9

endlich
endlich E:K-26:16; 39:25; E:M-110:38;
115:34; 116:8,36; 121:1; 138:4,24,36;
140:3; E:E-146:29; E:C-219:27; 222:25;
223:38; E:Z-233:29; E:AN-266:35; 267:5;
276:13; 281:25; E:AB-284:11,25; 286:2;
287:10; 289:19,26; E:VAR-292:14; 293:9;
KS-302:4; 307:8; 309:15; 326:34; 367:11;
374:15; 393:22; 401:20; 436:33; 453:17
(38)

endlos
endlose KS-336:19

Energie
Energie KS-415:33

eng
eng E:K-18:23; KS-397:28
enge KS-452:20
engen KS-423:1; 448:24
enger E:V-187:13
engere E:E-145:19
engsten E:F-211:17

engagieren
engagiert KS-411:16

Engel
Engel E:K-32:6; E:M-105:32; 135:24;
142:14; 143:33; E:E-148:27; E:V-171:4;
E:Z-245:21; 259:36; KS-449:19   (10)
Engeln E:K-45:8; KS-354:26
Engels E:Z-235:3

England
England E:AN-281:6,7; KS-395:30;
396:5,21; 397:6; 398:14; 440:21
Engländer KS-430:32; 441:33
Englands KS-396:12

englisch
engl. KS-432:2
englisch KS-442:13
englische E:V-195:9; E:AN-270:26; KS-
341:8; 401:1
englischem KS-399:26
englischen KS-396:23; 401:20; 420:20
englischer KS-441:11,37

Enkel
Enkel E:K-98:2; E:M-136:17

entarten
entarten KS-410:14
entartete KS-375:5
entarteten KS-381:22

Entatmung
Entatmung   E:Z-246:11

entbehren
entbehren   E: K-93: 31; E: AN-276: 14;
KS-305: 14; 308: 37; 317: 19, 21; 358: 20,
22; 431:8
entbehrt   KS-301:27

Entbehrung
Entbehrung   KS-308:32

Entbindung
Entbindung   E:M-143:8

entblößen
entblößen   E:V-171:38; E:C-221:29
entblößend   E:K-58:26
entblößt   E: K-34: 3; E: M-134: 37; KS-
434:11; 435:32

entbrechen
entbrechen   KS-307:32

entbrennen
entbrannt   KS-352:8; 369:14

entdeckeln
entdeckelt   E:F-206:8

entdecken
entdecke   E:V-162:4
entdecken   E: K-91: 23; E: M-121: 5, 18;
124:9; 127:2; E:B-197:35; E:AN-272:12;
KS-311:1; 344:9; 347:3   (10)
entdeckt   E:K-71:17; E:E-145:18; E:F-
207:31,35; 211:32; KS-425:6; 427:1
entdeckte   E: M-119: 36; E: F-207: 24;
E:C-226:3; E:AN-274:18

Entdecker
Entdecker   E:AB-288:6

Entdeckung
Entdeckung   E: K-86: 15; E: F-210: 21;
211:13; E:Z-258:5,17; KS-343:29; 427:11

entenartig
entenartiges   E:AB-287:20

entfahren
entfahren   E:Z-241:20

entfalten
entfalten   KS-361:13; 380:29
entfaltet   KS-440:2

Entfaltung
Entfaltung   KS-417:22

entfärben
entfärben   E:M-113:35

entfernen
entferne   KS-318:16
entfernen   E:M-113:36; 120:18; 124:35;
E: C-222: 8; E: AN-276: 11; 278: 24; KS-
445:10
entfernend   E:E-149:7
entfernt   E:K-14:34; 76:10; E:M-109:19;
E: E-144: 9; E: F-208: 35; E: AN-273: 37;
KS-321:27; 340:29; 345:28; 429:30   (10)
entfernte   E:K-55:20; E:M-138:8; E:E-
158:30; E:F-207:33; E:AN-269:31
entferntest   E:K-28:4

entfernt
entfernt   E:K-37:29; E:M-124:30; E:V-
163: 28; 213: 4; E: Z-241: 31; KS-308: 38;
322:35; 337:2; 378:25; 417:10   (10)
entfernte   E:V-172:9; KS-315:20
entfernten   E:K-35:5; E:Z-239:6
entfernter   KS-424:23
entfernteren   KS-453:4
entfernteste   E:K-93:20
entferntesten   KS-329:30; 378:24
entferntestes   E:K-56:23

Entfernung
Entfernung   E: K-48: 31; 60: 5; 67: 13;
102:36; E:M-139:38; 143:15; KS-459:17

entfesseln
entfesselten   E:Z-259:37

entflammen
entflammt   E:E-157:24

entfliehen
entfliehen   E:V-186:30; 193:2
entfliehn   E:M-140:22
entfloh   E:M-129:20
entflohen   E: E-147: 29; 149: 25; E: V-
184:30
entflohene   E:E-151:29
entflohn   E:V-185:29; 194:6

entgegeneilen
eilte   E:V-185:21

entgegengehen
entgegen geht   KS-396:5
entgegen ging   E:Z-244:23
geht   KS-444:13
ging   KS-436:10

entgegenkommen
entgegen gekommen E:K-93:13
entgegen kam E:K-32:13; 80:18; E:Z-239:16
entgegenkommen E:K-91:5
Entgegenkommen E:E-154:34
entgegen kommen E:K-91:14
entgegenzukommen E:K-64:33
entgegen zu kommen KS-434:13

entgegenqualmen
entgegenqualmte E:E-148:25

entgegenschicken
entgegen zu schicken E:Z-256:28

entgegenschimmern
schimmert E:V-164:36

entgegenschreiten
entgegenzuschreiten KS-416:6

entgegensehen
entgegensehn KS-421:18
sah KS-306:18
sieht KS-395:35; 415:4

entgegensetzen
entgegengesetzte E:AB-286:26; KS-321:19; 329:21; 330:22
entgegengesetzten E:K-53:17; E:AN-279:37; KS-330:14
entgegen gesetzten KS-425:22
entgegengesetzter KS-337:9
entgegengesetztes KS-392:9
entgegengesetztesten KS-446:13
entgegen setzte E:F-206:20; KS-396:8

entgegenstehen
entgegenstehende KS-334:4

entgegenstreben
entgegenstreben KS-315:1
entgegenstrebendsten KS-342:21
strebe KS-303:38

entgegentreten
entgegen trat E:K-35:8
entgegentreten KS-348:26

entgegnen
entgegnen KS-437:31
entgegnete E:Z-249:10
entgehen E:K-52:10

enthalten
enthält E:V-181:37; E:Z-252:12; KS-317:13; 370:12; 377:5; 420:36; 421:28; 431:26
enthalte E:K-85:9; 90:25; 97:8
enthalten E:K-97:32; E:V-174:6; 191:25; E:F-201:6; E:Z-248:8; E:AN-267:18; KS-301:30; 304:3; 342:34; 346:27; 348:20; 366:30; 387:18; 392:2; 394:2; 397:26; 418:19; 440:15; 449:20; 457:20; 458:2,30 (22)
enthaltende KS-403:21
enthaltenen E:K-95:32; KS-387:6; 418:30
enthielt E:Z-230:6; 252:34

Enthaltsamkeit
Enthaltsamkeit E:F-201:34; E:AN-272:16

Enthaltung
Enthaltung E:Z-246:18

enthaupten
enthauptet E:E-147:21

Enthauptung
Enthauptung E:E-145:6

enthusiastisch
enthusiastischer KS-367:23

entkleiden
entkleidet E:K-32:4; 54:20; E:M-118:26

Entkleidung
Entkleidung E:F-212:26

entkommen
entkommenen E:K-58:9

entladen
entladen KS-321:30

entlarven
entlarven E:F-207:10

entlassen
entlassen E:K-31:10; 47:36; 56:4
entließ E:K-27:9; 68:25; 70:2; 88:31; E:C-228:8; E:Z-257:25; E:VAR-293:13

entlegen
entlegenen KS-393:35

entlehnen
entlehnt E:K-51:7

entlocken
  entlockst   E:M-135:15

entrechats
  entrechats   KS-342:25

entreißen
  entreißen   E: M-126: 1;   E: E-145: 30;
  148:35; E:V-163:10; KS-320:13
  entrissen   E:V-160:27

entrez
  entrez   KS-384:30

entrichten
  entrichten   E: AN-263: 2;   KS-400: 25;
  405:23
  entrichtet   KS-447:30

entrinnen
  entronnen   E:E-152:25

entrücken
  entrückt   E:Z-238:12

entrüsten
  entrüstet   E:K-14:1; 37:25; 77:30; E:M-
  107:24
  entrüstete   E:E-144:14; E:Z-241:19

Entrüstung
  Entrüstung   E: M-124: 7;   E: E-145: 4;
  E:C-223:11; E:Z-237:17; 240:1; 252:19;
  256:20; 260:31

entschädigen
  entschädigt   KS-418:13

entscheiden
  entscheiden   E:AB-285:7,8; KS-332:25;
  368:6
  entscheidet   E:Z-242:35
  entschied   E:M-106:18; E:Z-244:18
  entschieden   E: K-89: 36; E: M-104: 32;
  122:21; E:V-192:3; E:Z-246:22; 253:33;
  259: 10,19; KS-370: 4; 373: 10; 389: 13;
  448:34   (12)

entscheidend
  entscheidend   E:Z-234:23; KS-391:6
  entscheidende   E:M-115:4; KS-371:5
  Entscheidende   E:AN-270:3
  entscheidenden   E: K-83: 35;   E: M-
  141: 26; E: V-165: 6; E: B-197: 13; E: Z-
  244:7,37; 252:1; KS-364:5; 375:35; 396:3
  (10)
  entscheidender   E:M-136:25
  entscheidendes   E:K-21:14
  entscheidenderer   E:C-221:17
  entscheidendsten   E: M-113: 4;   E: Z-
  241:35; KS-370:18; 386:26

Entscheidung
  Entscheidung   E:K-47:9; 67:29; 70:24,
  27; E: Z-243:4; 245:11; E: AN-270:29;
  281:9; E:AB-289:31; 290:5; KS-337:26
  (11)

entschließen
  entschließen   E:M-112:33; E:V-166:34;
  184:2; E:Z-235:34; KS-336:3; 435:36
  entschloß   E:K-12:36; 40:10; 53:1; 75:20;
  79:1; E:AN-274:25; KS-436:24; 443:34
  entschlossen   E:K-20:33; 26:11; 27:19;
  56:1; 70:30; 73:2; 86:17; 91:16; E:M-
  104:10; 111:18; 119:11; 121:7; 130:9;
  E: V-181: 25; E: B-198: 23; E: C-216: 32;
  E:Z-240:36; 242:30; E:AN-277:24; 282:4;
  E:VAR-294:14; KS-331:12; 450:34   (23)

entschlummern
  entschlummert   E:V-183:15

entschlüpfen
  entschlüpfen   E:M-105:21; KS-313:1
  entschlüpfenden   E:M-129:24

Entschluß
  Entschluß   E: K-40: 27; 43: 34; 69: 17;
  70: 5; 71: 21; E: M-111: 21; 117: 10,
  18; 121:5; 128:38; 142:8; E: E-153:8;
  E:V-182:1; E:Z-239:4; 253:9; KS-372:18;
  405:26; 431:31   (18)
  Entschlusses   KS-371:24; 397:22

entschuldigen
  entschuldigen   KS-387:34
  entschuldigte   E:V-178:23; E:Z-242:5

Entschuldigung
  Entschuldigung   E:K-24:27

entschwinden
  entschwunden   KS-390:22

entseelt
  entseelten   E:Z-251:28

entsetzen
  entsetzte   E:K-77:33

Entsetzen
  Entsetzen   E:K-28:8; 36:37; E:E-145:35;
  149:13; E:V-163:5; 178:36; 184:8; E:B-
  197:33; 198:26; E:F-204:29; E:C-220:5;
  222:14; E:Z-250:16; 255:10; KS-376:34
  (15)
  Entsetzens   E: E-156: 17;   E: F-199: 27;
  KS-434:20

entsetzensvoll
entsetzensvollen   E:E-148:17

entsetzlich
entsetzlich   E: M-121:23; E: V-183:23;
E:Z-251:10
entsetzliche   E: K-38:5; 39:17; E: E-
147:4; E:V-174:21; E:B-198:12; E:F-
202:29; E:AB-285:18; KS-330:37; 442:15
Entsetzliche   E:M-123:12
entsetzlichem   E:K-33:14
entsetzlichen   E: K-27:14; 37:6; 57:6;
84:2; E:M-105:24; 122:23; E:E-148:32;
156:30; E:F-213:16; E:C-223:22; 225:3;
KS-434:26; 436:11,31; 439:35   (15)
entsetzlicher   E:K-45:14; 46:4,33; E:E-
155:29
entsetzlichste   E:V-185:7
entsetzlichsten   E:K-9:6; E:V-176:1;
E:C-222:10; E:Z-240:2; 248:9; 251:1;
255:25

entsiegeln
entsiegelte   E:K-103:3

entsprechen
entsprach   E:K-24:30
entsprechen   E:M-118:5

entspringen
entsprang   E:M-121:17; KS-431:30
entspringe   E:V-179:16
entspringt   KS-379:34; 397:38

entstehen
entstand   KS-407:7
entstanden   KS-347:7
entstandene   KS-425:18
entstehen   E:E-155:1
entstehenden   E:Z-250:17
entsteht   E:K-55:9; KS-386:22; 404:26

Entstehungsart
Entstehungsart   KS-424:29; 425:2

entsteigen
entstiegenen   KS-354:31

entstellen
entstellen   KS-311:13; 362:11
entstellt   E:Z-239:27; KS-347:2; 418:34
entstellten   KS-426:28

Entstellung
Entstellung   E:K-15:13

Entsühnungsmittel
Entsühnungsmittel   E:F-214:31

entwaffnen
entwaffnen   E:K-39:1; 44:22; KS-369:33
entwaffnet   E:V-171:4; E:F-213:26; KS-
430:24

entweder
entweder   E:K-10:34; E:M-104:27; E:Z-
231:11; KS-345:32; 365:27; 366:19; 367:9;
375:21; 377:32

entweichen
entweichen   E:K-20:10; E:VAR-292:27
entwichen   E:K-59:12; E:E-158:14

Entweichung
Entweichung   E:Z-241:17

entwenden
entwendet   E:Z-257:28

entwerfen
entwarf   KS-316:9
entworfen   KS-439:32
entworfenen   E:C-219:23
entworfne   KS-315:7

entwickeln
entwickeln   E: K-67:12; 94:2; E: M-
121:12; KS-305:33; 318:34; 332:24;
333:24; 449:31
entwickelt   E:M-112:26; KS-335:28
entwickelte   E:M-118:4
entwickle   E:E-154:7

Entwickelung
Entwickelung   KS-333:14, 20; 335:7;
340:35; 392:5,6,24; 417:21

entwischen
entwischen   E:V-185:32

entwöhnen
entwöhnen   E:K-100:19

entwürdigen
entwürdigt   E:F-205:34

Entwürdigung
Entwürdigung   E:M-122:9; E:Z-253:7

Entwurf
Entwurf   KS-310:12; 361:11; 385:19;
386:35; 394:31; 395:3
[Entwurf]   KS-457:12*
Entwürfe   KS-395:9

entwurzeln
entwurzelt   E:E-147:30

entzückend
entzückende   KS-305:37

entzückt
entzückt   KS-306:32; 313:22

Entzückung
Entzückung   KS-313:8; 314:5

entzünden
entzünden   KS-446:32
entzündet   E:K-56:5
entzündete   E:F-206:26; E:AB-285:29

entzweien
entzweit   KS-352:32
entzweite   KS-373:31
entzweiten   KS-373:31

Enumeration
Enumeration   KS-384:12

Enzyklopädist
Enzyklopädisten   KS-420:22

Epikur
Epikur   KS-315:33

Epoche
Epoche   KS-327:2
Epochen   KS-326:23

Equipage
Equipage   KS-331:18

er-sie-es

er	(2528)
Er	(1)
es	(899)
ihm	(819)
ihn	(791)
ihr	(422)
Ihr	(45)
ihrer	(8)
's	(1)
sich	(1672)
sichs	(2)
sie	(2129)

erat
e.   KS-362:24; 366:27

erbarmen
erbarmt   KS-374:16

Erbärmlichkeit
Erbärmlichkeiten   KS-326:8

Erbarmung
Erbarmung   E:C-223:37; E:Z-251:5

erbarmungslos
erbarmungslos   E:V-183:23

erbauen
erbauen   KS-443:13
erbaut   E:K-79:35; E:F-202:21
erbaute   KS-402:32

Erbe
Erbe   E:Z-261:4
Erben   E:V-160:31

erbeuten
erbeutet   E:K-44:32; 53:27

Erbfolgestreit
Erbfolgestreit   KS-377:28

Erbherr
Erb-   E:K-57:30

erbieten
erbot   KS-390:3
erboten   E:K-72:22

Erbin
Erbin   E:M-143:17

erbitten
erbat   E:K-48:35
erbeten   E:C-227:38; E:Z-260:4
erbitten   KS-448:33

erbittern
erbittern   E:K-10:37
erbittert   E:K-40:33; 64:34; E:M-129:35;
    130:32; 133:17; E:V-174:19; KS-440:22
erbitterte   E:V-169:20

Erbitterung
Erbitterung   E:K-56:12; E:E-144:30;
    E:V-165:11,17

erblassen
erblassende   E:F-212:32
erblaßte   E:K-25:5; E:M-141:25; E:E-
    150:10; 156:28
erblaßten   E:M-140:11

erblicken
erblicken E: K-24 : 35; 43 : 29; E : M-128:31; E:F-210:24; E:Z-255:20; KS-343:22
erblickt E:K-82:37; E:F-212:27; KS-303:26
erblickte E:K-13:35; 33:8; 44:12; 48:29; 71:2; 73:14; E:M-141:26; E:E-148:7; 150:32; 158:10; E:F-207:1; E:C-217:26; E:VAR-295:2   (13)
erblickten E:K-11:9; 58:17; E:V-194:28

erbötig
erbötig E:K-74:26

erbrechen
erbricht E:AN-272:29

Erbschaft
Erbschaft E: C-216 : 9; E : AN-273 : 35; 274:13; E:VAR-293:27; KS-371:7

Erdalter
Erdalters KS-378:6

erdämmern
erdämmert E:V-165:22

Erdbeben
Erdbeben E : M-143 : 35; E : E-144 : 1; 153:29; 155:30

Erdboden
Erdboden E:E-146:30; 155:36
Erdbodens E:AN-269:13

Erde
Erd E:Z-254:1
Erde E:K-35:27; 38:26; 61:23; 69:32; 77:14; 101:21; 102:29; E:M-120:29; 129:2; 137:38; 140:20; E:E-146:10; 147:19; 151:11; E:V-160:33; 172:18; 193:29; E:F-202:26; 205:10; E:C-221:22; 226:35; E:Z-247:2; E:AN-268:6; KS-301:7; 307:13; 310:13; 312:33; 314:12; 317:7; 318:8,21, 30; 324:32; 325:23; 329:6; 332:34; 334:30; 336:34; 337:14; 341:6,22; 342:23; 355:5; 374:17; 376:36; 379:35; 432:4   (47)
Erden E:K-43:16; 102:11; E:M-124:25; E:Z-250:5; KS-336:38; 423:4

erdenken
erdacht E:V-176:22
erdenken E:K-46:35

erdenklich
erdenkliche E:K-65:6
erdenklichen KS-454:21

Erdenleben
Erdenleben KS-316:8; 317:37; 318:17

Erdenleiden
Erdenleiden E:Z-238:12

Erderschütterung
Erderschütterung E:E-144:3
Erderschütterungen E:E-150:16

Erdfall
Erdfällen KS-397:12

erdichten
erdichten KS-314:2
erdichteten KS-313:21

Erdkreis
Erdkreis KS-378:11

Erdoberfläche
Erdoberfläche KS-392:13,34

Erdreich
Erdreich E:Z-246:8
Erdreichs E:AN-279:19; KS-441:14

erdrosseln
erdrosselt E:AN-277:26

erdrücken
erdrücken E:K-37:11; 51:11

Erdstoß
Erdstöße E:E-153:27

Erdstrich
Erdstrich E:AN-279:30

Erdstrichs
Erdstrichs E:AN-279:33

ereignen
ereignete E:AN-277:16; KS-441:3

Ereignis
Ereignis KS-425:14
Ereignisse E : K-68 : 28; KS-426 : 29; 427:11; 457:19; 458:1,29
Ereignissen KS-418:32

ereilen
ereilen E:V-191:12; E:Z-260:20,32

erfahren

erfahre   KS-319:28
erfahren   E: K-13: 25; 23 : 27; 29 : 28;
36:27; 56:36; 86:21; E:M-127:37; 142:6;
E:Z-231:18; E:VAR-297:13; KS-331:36;
392:36; 404:7; 422:16   (14)
erfahrne   KS-390:6
erfährst   E:M-134:35
erfährt   E:V-178:1; E:AN-273:30
erfuhr   E:K-13:11; 21:36; 42:15; 94:26;
E:M-108:19,27; 131:10; E:E-145:15; E:V-
170:21; E:F-205:16; E:C-221:5; 225:24;
E:Z-241:35; 250:6; E:AN-277:9; E:VAR-
292:18   (16)
erführe   E:V-166:23
erfuhren   KS-435:34

Erfahrung

Erfahrung   E : K-98 : 4; E : C-226 : 10;
E:AN-278:1; KS-308:7; 310:10; 315:15;
330:21; 331:32; 332:15; 333:26; 335:29;
394:13; 409:34; 433:11   (14)
Erfahrungen   KS-304:31; 311:3; 390:29;
428:27

Erfahrungssatz

Erfahrungssatz   KS-319:16

erfassen

erfassen   E:K-92:25
erfaßt   E:K-62:4; 93:9; E:V-188:17

erfechten

erfochten   E:K-40:3; KS-376:15

erfinden

erfanden   KS-327:6
erfinden   KS-433:32
erfunden   E : AB-285 : 28; KS-326 : 31;
332:27; 362:4; 385:22; 388:26; 391:26
erfundene   E:E-156:13; KS-340:34

Erfinder

Erfinder   KS-385:30; 394:8

Erfindung

Erfindung   E:K-68:7; E:AN-272:24; KS-
335:24; 336:17,32; 347:1; 369:25; 386:25;
388:33; 391:27; 395:6; 410:33; 421:32;
426:21   (14)
Erfindungen   KS-385:17; 386:35; 433:12

Erfolg

Erfolg   E:F-215:6; KS-372:23; 428:25
Erfolgs   E:AN-275:24

erfolgen

erfolgen   E : M-112 : 30; 114 : 22; E : C-
223:21; KS-388:14; 396:7; 448:2
erfolgt   E:M-128:2; KS-327:1; 368:18;
395:35
erfolgte   E:V-175:5
erfolgten   E:M-143:8; E:Z-256:17

erfolglos

erfolglosen   E:K-29:22

erforderlich

erforderlich   KS-323:16; 371:31; 372:11
erforderliche   E:K-88:8
erforderlichen   E:AN-272:24; 275:6

erfordern

erfordere   E:K-51:22; KS-339:22
erfordern   E:M-129:35; E:Z-244:1
erfordert   KS-363:7; 400:10; 411:25
erforderte   E:F-202:16; E:C-226:14; KS-
454:32
erforderten   E : K-70 : 33; E : Z-237 : 30;
243:10

erforschen

erforsche   KS-319:18
erforschen   E:K-57:35; E:M-108:37; KS-
373:20; 428:19

erfreuen

erfreue   E:E-147:7
erfreuen   E:K-26:37; E:M-117:37; KS-
449:14
erfreun   KS-416:31
erfreut   E:K-9:14; 23:17; E:Z-261:9
erfreute   E:K-21:2; KS-404:14

erfreulich

erfreulichen   KS-305:1

Erfrischung

Erfrischungen   E:V-165:13

erfüllen

erfülle   E:K-50:37; KS-317:12,33; 318:7
erfüllen   E:K-12:37; 62:31; 78:5; E:M-
117:31; E:Z-241:24; KS-314:7; 315:12;
316:15; 386:2
erfüllend   E:M-106:26
erfüllt   E : K-42 : 30; 50 : 18, 25; 93 : 12;
102: 11; E:E-148: 34; E:V-168: 8; E:Z-
229:26; E:VAR-296:15; KS-302:6; 309:6;
315: 22; 317: 26; 347: 30; 362: 21; 393: 2;
410:9; 422:30; 427:8   (19)
erfüllte   E:M-104:25; E:E-147:12; E:Z-
241:1
erfüllten   E:E-156:5; 157:38

Erfüllung
Erfüllung   E:K-31:25; 95:5; E:M-139:24;
E:Z-230:35; KS-315:35; 371:11

ergänzen
ergänzt   KS-412:23

ergeben
ergab   E: Z-235: 22; 255: 35; E: VAR-
296:22
ergeben   E:M-104:33; 106:10; 118:21;
E:V-189:34; E:AN-267:23; KS-404:17;
428:6
ergebenen   E:Z-235:11; 242:7
ergebener   E: C-216: 23; E: Z-239: 11;
E:VAR-294:6
ergebenst   KS-454:11; 456:9
ergebensten   E:AN-275:30
ergibt   KS-319:26; 428:30; 431:29

Ergebenheit
Ergebenheit   E:AN-275:3

Ergebung
Ergebung   E:F-209:32

ergehen
ergangen   E:K-20:23; E:M-116:20; E:E-
152:7
ergangene   E:K-24:11; 53:7
ergangenen   E:Z-234:20
ergehen   E:K-47:31; 64:22
erging   E:AB-287:15

ergießen
ergoß   E:F-208:27

Ergießung
Ergießungen   E:V-175:27

erglänzen
erglänzenden   E:E-159:11

erglühen
erglühendes   E:M-135:18

ergötzen
ergötzenden   KS-396:31
ergötzt   KS-344:10
ergötzten   E:AB-283:24

ergreifen
ergreifen   E:K-36:15; 41:16; E:E-154:20;
E: V-162: 6; 192: 7; E: F-206: 17; E: Z-
250:30; E:AN-276:31; KS-347:28; 369:17;
402:18; 407:26   (12)

ergreifst   KS-354:11
ergreift   KS-413:24
ergriff   E: K-12:3; 42:14; 45:25; 48:14;
62:6; 63:17; 65:19; 81:9,21; 84:2; 92:5;
100: 36; E: M-109: 22; 118: 8; 119: 17;
123: 8; 128: 9; 140: 23; E: E-146: 33;
152: 10; 157: 19; E: V-160: 26; 163: 12,
30; 164:4; 167:36; 172:12; 183:27; 184:2,
9; 185: 36; E: B-197: 33; E: F-202: 21;
207:31; E:Z-249:25; E:AN-271:23; E:AB-
290:21; KS-331:26; 360:8; 442:27; 444:27
                                      (41)
ergriffen   E:K-32:23; 49:22; 53:10; 66:22;
84:11; 90:27; 98:28; E:M-111:2; 125:25;
E:E-152:2; E:V-165:5;11; 170:7; 173:27;
175: 28; 178:18,36; 180:29; E:B-198:20;
E: F-209: 9; E: Z-252: 38; E: AN-268: 17;
KS-359:35; 382:25; 435:14   (25)
ergriffenen   E:M-106:1; KS-405:14

ergründen
ergründen   KS-316:10

Erguß
Erguß   E:K-67:14

erhaben
erhaben   KS-314:20; 381:23
erhabene   E:E-154:7; KS-375:33
erhabenen   KS-348:38; 376:4; 446:31
Erhabenen   KS-334:15
Erhabeneres   KS-304:5
erhabenes   KS-328:33
Erhabenes   KS-303:35
erhabensten   KS-302:37; 332:36; 346:23
erhabner   KS-313:36

erhalten
erhält   KS-433:28; 447:32; 453:21
erhalte   KS-427:14
erhalten   E:K-27:16; 29:38; 30:14; 35:29;
53:23; 57:3; 88:17,36; 98:20; E:M-114:6;
131:22; E:E-150:19; 155:30; E:V-161:18;
174:2; E:F-201:16; 204:21; E:C-220:34;
227:37; 228:1; E:Z-236:4; 242:26; 248:2;
255: 2; E: AN-274: 2; 276: 6; KS-309: 18;
338:8; 411:33; 432:19; 437:22; 451:30;
452: 9; 453: 6; 455: 17; 457: 32; 458: 26;
459:22; 460:22   (39)
erhielt   E:K-21:33; 45:21; 49:30; 70:9,
18; E: M-126:33; 132:28; 143:24; E:F-
200: 13; 211: 4,14; E: Z-236: 12; 256: 36;
E:AN-271:17; 272:27; KS-378:37; 405:5;
443:35   (18)

Erhaltung
Erhaltung   E:E-152:23; KS-405:25

erhandeln
erhandeln   E:K-84:21

erharren
erharrte   E:K-33:25; E:M-116:14; E:B-197:16
erharrten   E:F-209:33

erhaschen
erhaschen   E:AN-279:23

erheben
erhebe   E:K-20:1
erheben   E: M-118: 15; E: V-175: 37; 192:12; E:F-206:6; 213:12; E:C-216:9; E:AN-273:35; E:VAR-293:27
erhebend   E:E-155:25
erhebst   E:K-42:32; KS-325:4
erhebt   E:K-92:21; E:AN-273:28; 276:30; E:AB-283:15; 284:28; KS-306:1; 342:22; 444:13
erhob   E:K-28:32; 60:14; 63:38; 65:21; 93:6; E:M-113:20; 124:12; 125:28; 137:32; 141:8; E:E-146:31; 154:11; E:V-162:1; 170:31; 171:3; E:B-196:12; 197:11,20; E:F-207:9; E:Z-239:26,30; 246:14; 250:19; 259:9; KS-433:4   (25)
erhoben   E:K-102:31; E:F-208:20; E:C-225:8; E:Z-258:27; E:VAR-296:38; KS-344:34; 345:14; 375:24; 378:19; 382:7; 455:32   (11)
erhöben   E:C-220:19

Erheblichkeit
Erheblichkeit   E:K-46:38

Erhebung
Erhebung   KS-457:14,26; 458:21

erheitern
erheitern   E:K-79:33; KS-443:16

erhenken
erhenken   E:E-144:7
erhenkt   KS-427:21

erhitzen
erhitzt   E:M-106:9; E:C-216:19; E:VAR-294:2
erhitzten   E:M-136:31

erhöhen
erhöhen   E:C-225:13
erhöht   KS-314:9; 444:9
erhöhte   KS-402:22

Erhöhung
Erhöhung   KS-304:30

erholen
erholen   E:M-106:4; KS-342:29
erholt   E:K-74:38; E:M-106:32; E:V-167:36; 188:37; E:F-213:16; E:C-218:30; E:VAR-296:3; KS-345:1
erholte   E:K-83:37; E:M-109:31; 130:35; E:F-200:10; 204:37; E:Z-238:21
erholten   E:V-166:37

erhören
erhören   E:M-129:17

erinnern
erinnere   E:C-226:29; E:Z-252:25
erinnern   E: V-177: 29; 182: 28; E: F-203:18; KS-333:19; 455:3
erinnert   KS-348:16
erinnerte   E: K-100: 35; E: E-147: 1, 8; 153: 36; E: V-173: 23; 175: 33; E: F-203:21; 208:36; E:C-218:15; 219:27; E:Z-254:20; E:VAR-295:28; KS-343:28   (13)
erinnerten   E:K-66:15; 96:37; E:Z-237:7

Erinnerung
Erinnerung   E: M-116:26; E: E-151: 23; E:V-180:21; E:F-209:9; KS-310:7
Erinnerungen   KS-411:4

erkämpfen
erkämpfen   E:Z-249:8

erkaufen
erkaufen   E:K-84:28
erkauft   KS-399:15

erkennen
erkannt   KS-413:22,24
erkannte   E:K-68:27; E:E-148:11; E:V-163:6; 184:12; E:C-220:7; E:AB-290:6; KS-427:35
erkannten   E:Z-253:2
erkenne   E:K-81:24
erkennen   E:K-60:38; E:M-107:33,36; 113:22; E:V-170:34; E:F-207:3; E:AN-262:30; KS-370:17; 433:7; 437:11   (10)
erkennt   KS-432:22

Erkenntlichkeit
Erkenntlichkeit   E:AN-275:27

Erkenntnis
Erkenntnis   E: K-43: 6; 46: 36; 47: 22; 52:18; KS-320:4; 342:12; 345:29,35

erklären
erkläre   E:M-112:3; KS-321:9
erklären   E : K-54 : 30;   E : M-111 : 14;
117:27; 120:31; 129:38; 131:2; 135:12;
E: V-179: 37; 181: 33; E: B-198: 2; E: Z-
241:30; 244:38; E:AN-263:26; KS-318:19;
449:11; 455:3   (16)
erklärt   E:K-11:26; 87:23; E:M-117:17;
120 : 15;   E : C-227 : 34;   E : AN-272 : 38;
276:36; KS-338:19; 369:3; 372:24; 414:30;
433:30; 459:32   (13)
erklärte   E:K-20:32; 25:30; 42:2,7; 50:31;
68:7; 78:33; 81:1; 83:27; 94:30; 102:12;
E: M-105:1; 109:24; 112:35; 142:16,27;
E:E-154:8; E:F-213:22; E:C-220:25; E:Z-
256:14; E:AN-263:3,12; 276:13; 278:7;
KS-417:37   (25)
erklärten   E:Z-255:16

Erklärung
Erklärung   E:K-21:31; 34:16; 71:27;
84: 15; 90: 16; 103: 16; E: M-111: 25,
30; 112:29; 117:13,33; 118:8,10,18,24;
127:23; 128:6; E:V-178:30; E:Z-231:22,
25; 233:36; 236:1; 242:28; 260:24; KS-
361:14; 362:25; 414:32; 415:1,7; 454:15,
29; 455:25; 456:25; 457:5   (34)
Erklärungen   E:V-183:5; KS-460:16

erklecklich
Erkleckliches   KS-333:27

erklirren
erklirrten   E:VAR-297:4

erkoren
erkoren   KS-326:5

erkranken
erkrankt   E:K-21:16
erkrankte   E:C-217:24; E:VAR-294:38
erkranktes   E:K-81:33

Erkrankung
Erkrankung   E:K-80:2

erkundigen
erkundigen   E: F-199: 12; E: C-222: 13;
E:AN-279:27; KS-443:17
erkundigt   E:C-226:6; E:AN-273:4
erkundigte   E:M-108:27; KS-339:18

Erkundigung
Erkundigung   E:K-70:14
Erkundigungen   E:M-117:24; 118:38;
119:31

erkünstelt
erkünstelter   E:B-197:2

Erlabrunn
Erlabrunn   E:K-33:37; 34:19,30; 35:1,
5

erlangen
erlangt   E:K-69:14; E:Z-230:8

erlassen
erlaß   KS-353:26
erlassen   E:K-46:16; 51:21; 75:28; 88:9;
90:22; 93:37; E:AN-263:11; KS-353:28;
359:24; 456:17   (10)
erlassene   E:K-89:8; KS-460:18
erlassenen   KS-352:18; 406:36
erließ   E: K-42: 24; 49: 4; 57: 30; 64: 21;
68:3,18; E:F-214:4

erlauben
erlaube   E:K-90:1; KS-317:26; 347:24;
373:3
erlauben   E:M-133:5; E:V-174:14; E:B-
197:5; KS-387:4; 450:32
erlaubt   E:K-17:5; 23:10; 50:12; 78:6;
E: M-122: 3; 142: 31; E: V-178: 22; E: F-
200:23; E:C-218:8; 221:19; 222:4; 227:29;
E:Z-259:11; E:VAR-295:22; KS-303:13;
378:32; 403:20; 434:9   (18)
erlaubte   E:K-22:23; KS-436:15
erlaubten   E:K-62:18

Erlaubnis
Erlaubnis   E:K-14:13; 38:20; 67:5; 96:7;
E:M-106:13; 111:23; E:F-200:13; E:Z-
243:34; 247:33; 249:37; 250:12; E:AN-
262:23   (12)

Erlaubnisschein
Erlaubnisschein   E:K-10:25

erlaucht
erlauchten   KS-403:13

erlauern
erlauernd   KS-354:10

Erläuterung
Erläuterungen   E:K-60:10

erleben
erleben   E:K-50:17
erlebt   E:E-147:2; E:F-208:4; 211:10

erledigen
erledigt   E:C-224:9

erlegen
erlegen   E:AN-263:1,7; E:AB-284:1

erleiden
erleide   E:M-111:22; E:Z-260:18
erleiden   E:Z-248:4; 254:31
erlitten   E : K-21 : 12; 41 : 9; 46 : 21, 31; 55:36; 98:11; E:V-170:10; KS-418:32; 430:4
erlittene   E:K-16:11
erlittenen   E:K-16:1

erlernen
erlernen   KS-385:7

erleuchten
erleuchtete   E:E-155:16
erleuchteten   E:K-33:31

Erleuchtung
Erleuchtung   KS-403:8

erlöschen
erloschen   KS-443:21

erlösen
erlöst   E:V-173:8

Erlöser
Erlöser   E:V-183:18
Erlösers   E:K-47:13; KS-379:10

Erlösung
Erlösung   E:M-122:35; E:F-214:33

erlügen
erlogen   KS-362:22,30; 366:23

ermahnen
ermahnte   E : K-13 : 1; 64 : 22; E : VAR-292:13

Ermahnung
Ermahnung   E:C-224:19; KS-427:3
Ermahnungen   E:K-53:25; E:Z-235:33; KS-334:11; 335:3

ermangeln
ermangeln   E:AN-275:11; KS-418:29
ermangle   E:AN-275:24

Ermangelung
Ermangelung   E:K-32:37; 57:26; 63:29; E:V-174:14; E:F-204:5; E:Z-229:9; KS-366:22

ermorden
ermorden   KS-354:10
ermordet   E:V-164:17
ermordeten   E:V-160:4

Ermordung
Ermordung   E : Z-231 : 29, 38; 234 : 30; 239:33; 242:1,14

ermüden
ermüdet   E:Z-239:14; KS-315:15; 437:14

Ermüdung
Ermüdung   E:K-36:6

ermuntern
ermuntert   E:C-226:6
ermunterte   E:V-161:21; 194:1

Ermunterung
Ermunterung   KS-302:28

ernähren
ernähren   KS-329:11
ernährt   KS-358:23
ernährte   E:K-9:11; 101:28

ernennen
ernannt   E:K-77:6; 78:20
ernannte   E:K-77:34; E:AB-291:4

erneuern
erneuert   E:K-71:18
erneuerte   E:K-52:11
erneuerten   E : K-53 : 11; E : Z-245 : 36; E:AN-272:4

Erneuerung
Erneuerung   E:K-49:12; KS-442:35

ernst
ernst   E:F-200:32; E:Z-251:9; KS-396:32
ernste   E:C-220:24
ernsten   KS-316:34; 421:14

Ernst (Vorn.)
E.   KS-376:19*

Ernst
Ernst   E:K-26:17,21; E:M-120:34; 121:6; KS-345:8; 391:19; 447:11

ernsthaft
ernsthaft   E:K-72:26; E:M-111:16; KS-345:15; 447:21
ernsthafte   E:M-110:27
ernsthaften   E:M-120:13
ernsthafter   E:M-136:24
ernsthaftesten   E:M-113:32

Ernte
Ernte   E: K-14: 5; 17: 30; 56: 23; KS-401:17; 431:5

Eroberer
Eroberer   KS-353:18

erobern
erobern   E:M-114:25; E:V-190:8
erobert   E:M-106:6
eroberte   E:M-105:4,7

Eroberung
Eroberung   E: M-140: 19; E: Z-257: 23; KS-378:8

eröffnen
eröffne   KS-376:37
eröffnen   E: K-76: 7; 82: 24; 86: 10, 18; 91:35; 97:7; 98:18; 101:4; E:M-134:13; E: F-211: 16, 26; E: Z-259: 8; KS-437: 31; 446:28; 447:6   (15)
eröffnet   E:K-22:34; 71:15; 100:10; E:M-110: 29; 121: 3; E: F-212: 27; KS-322: 6; 386:12; 395:16; 410:11   (10)
eröffnete   E:K-31:22; 49:9; 67:18; 69:25; 100:33; E:M-120:9; 123:32; E:E-148:4; E: V-176: 15; E: F-209: 4; E: C-226: 8; E:AN-271:21   (12)

Eröffnung
Eröffnung   E:K-23:34; 64:30,33; E:F-212:5; E:Z-232:10; 251:37; KS-395:12*, 34
Eröffnungen   E:K-95:30

erörtern
erörtern   KS-456:8
erörtert   KS-449:36

Erörterung
Erörterung   KS-421:16
Erörterungen   E:K-69:35

Erpressung
Erpressungen   E:K-10:36

erproben
erproben   E:K-90:37
erprobt   E:V-184:33; E:F-203:24; KS-406:14

erprüfen
erprüfen   E:V-172:14

erquicken
erquicken   E:V-171:36

Erquickung
Erquickung   E:K-102:24
Erquickungen   E:K-80:16

erraten
erraten   E: K-69: 23; E: M-134: 22; KS-394:21
erriet   E:K-24:1

erregen
erregen   E: K-14: 16; E: M-121: 32; KS-322:35; 376:35; 418:29
erregende   E:K-74:6
erregt   KS-320:14

Erregung
Erregung   KS-320: 28; 322: 36; 323: 15, 24

erreichen
erreichen   E: V-164: 18; 165: 15; 193: 17; 195:3; KS-310:11; 314:2; 318:32; 341:5; 342: 37; 356: 4; 381: 33; 428: 27; 446: 30   (13)
erreicht   E:K-85: 24; E:M-129: 33; E:E-146: 25; E: V-160: 18; 163: 31; 181: 34; 183:14; 185:33; E:F-202:6; 213:30; E:Z-229:15; 238:11; 256:4; KS-360:17; 394:14; 416:1   (16)
erreichte   E:K-39:24; 83:25; E:E-149:15; E:V-194:35; 195:11
erreichten   E:F-210:38

Erreichung
Erreichung   KS-315:34; 318:24; 395:4

Errettung
Errettung   E:E-147:3

errichten
errichten   KS-334:3
errichtete   E:V-174:13
errichteten   E:Z-233:33; KS-398:28

Errichtung
Errichtung   E:K-41:20

erringen
erringen   KS-356:22
errungen   KS-358:31; 366:25

erröten
erröten   E:V-173:4; E:F-208:27; 210:33
errötend   E:K-28:18; 48:13; 81:21; 87:22; E:AN-272:36; E:VAR-292:28
errötete   KS-343:33

Ersatz

Ersatz   E:K-21:11; 38:31; 46:19,21; 55:35

erschallen

erschallt   E:K-20:2
erschallten   E:M-137:28
erscholl   E:K-10:14; 11:7; E:E-158:5

erschauen

erschaun   E:Z-252:20

erscheinen

erscheine   KS-348:12; 362:28; 363:1
erscheinen   E:K-24:26; 51:25; 65:5;
   E:M-108:34; 118:27; 123:26; 132:30;
   138:17; E:E-149:21; E:Z-235:23; KS-
   309:14; 347:34; 367:30; 426:24; 444:21;
   459:11   (16)
erscheinenden   KS-420:34; 450:23;
   459:9
erscheinendes   KS-418:19
erscheint   E:M-136:23; E:C-222:38;
   E:AN-277:20; KS-302:29,35,37; 303:35;
   341:33; 345:32; 418:25; 423:32; 444:15;
   446:21; 447:23; 451:25; 452:2; 455:18;
   458:6   (18)
erschien   E:K-14:11; 36:15; 38:28;
   39:16; 43:30; 53:4; 54:10; 57:38;
   61:15; 66:6; 67:8; 71:37; 100:18;
   E:M-105:30; 107:14; 116:9; 121:1,26,
   30; 123:30; 131:20; 140:4; E:E-145:23;
   147:29; E:F-202:33; E:C-218:26; 227:27;
   E:Z-234:21; E:AN-281:31; E:AB-289:17;
   E:VAR-295:37; KS-417:36; 445:8   (33)
erschienen   E:K-10:34; 13:5; 60:19;
   62:16; E:M-106:3; 143:32; E:E-147:33;
   E:F-204:27; 212:17; E:AB-290:14; KS-
   406:4; 422:5; 445:13; 450:29; 459:12
                                            (15)
erschienene   KS-420:35; 422:24
erschienenen   KS-456:32

Erscheinung

Erscheinung   E:K-63:13; 65:27; 66:24;
   67:37; 94:19; 95:23; E:M-114:1; 124:23;
   129:11; 134:4; 141:24; 143:33; E:V-
   190:16; E:F-208:38; 212:38; E:C-223:5;
   E:Z-238:17; 240:7; 250:22; KS-314:9;
   332:4,6; 409:1; 412:35; 416:22; 417:33;
   460:28   (27)
Erscheinungen   E:E-147:7; E:AN-
   279:19; KS-321:34; 374:30; 398:21;
   458:13; 459:2

erschießen

erschießen   E:M-108:8; KS-373:28
erschoß   KS-429:13
erschossen   E:V-192:33; E:AN-268:18;
   281:16; KS-431:29

erschlaffen

erschlaffe   KS-376:35

Erschlaffung

Erschlaffung   E:V-193:18

erschlagen

erschlagen   E:E-148:32; KS-357:34;
   358:15
erschlagene   E:AN-262:4
erschlagener   E:E-146:20

erschöpft

erschöpft   E:E-153:4; E:V-188:18; KS-
   306:23; 315:16; 374:6; 416:30
erschöpften   E:K-14:15

Erschöpfung

Erschöpfung   E:C-224:16

erschrecken

erschrak   E:K-67:24; E:B-197:26; E:F-
   207:27
erschrecken   E:M-128:36; 134:34; E:V-
   188:4
erschreckt   E:M-135:8; E:E-156:38
erschrocken   E:M-121:9; E:B-197:1
erschrockenen   E:M-106:2

erschüttern

erschütternden   E:K-61:33; E:C-221:27
erschüttert   E:K-74:4; E:B-197:17; E:C-
   225:1; 226:31; E:Z-251:8; 255:23; 258:37;
   E:AN-280:9; KS-339:33
erschütterte   E:M-122:37; E:E-146:9
erschütterten   E:C-223:25; 224:1

Erschütterung

Erschütterung   E:M-138:11; E:F-
   208:37; E:AN-279:18; KS-406:24
Erschütterungen   E:E-149:12; E:F-
   203:28; KS-445:7

erschweren

erschwert   E:K-73:37

erschwingen

erschwungen   KS-327:3; 378:13

ersehen
ersah   E:Z-231:13
ersehen   KS-370:7; 405:13
ersieht   E:AN-270:5

ersetzen
ersetzen   KS-330:3

ersinnen
ersann   E:AN-272:25
ersinnen   E:M-122:31

ersinnlich
ersinnliche   KS-369:11
ersinnlichen   KS-343:14

ersparen
ersparen   E:M-125:3; E:Z-244:27; KS-454:12
erspart   E:M-128:3; KS-433:25

Ersparnis
Ersparnis   KS-460:19

ersprießlich
ersprießlich   KS-385:34
ersprießlicher   KS-415:35

erst
erst   E:K-10:34; 17:6; 24:1; 56:27; 62:34; 83:34; 86:36; E:M-115:23; 121:32; 135:27; 142:31; E:E-146:38; E:V-173:20; 174:9; 176:18,26; E:F-199:10; 200:29; 209:18; E:Z-231:13; 235:2; E:AN-277:1; 279:25; KS-321:9; 322:22; 327:20; 355:22; 366:9; 405:2; 434:17; 435:33; 436:32   (32)

erst-
erste   E:K-80:10; 83:38; 93:15; E:M-110:8; 143:25; E:V-160:17; 181:16; 187:30; 194:15; E:F-199:7; E:AN-277:35; 279:1; E:AB-283:23; KS-301:34; 302:35; 313:29; 343:7; 345:11; 362:5,23; 368:19; 375:12; 384:11; 407:31; 409:12; 413:34; 415:27; 420:6; 423:32; 431:35; 450:10; 451:24,31; 460:21   (34)
Erste   KS-382:16
ersten   E:K-34:6; 40:32; 43:3; 50:25; 51:26; 55:5,32; 64:16; 66:12; E:M-116:10; 121:29; 138:32; 143:27,33; E:E-148:17; 151:30; E:V-160:25; 191:23,30; E:B-198:15; E:F-199:26,33; 215:13; E:C-220:6; 224:13; E:Z-230:35; 234:22; 245:29; 246:30; 257:24; E:AN-266:5; 278:30; KS-302:3; 307:33; 318:19; 319:24; 340:10; 343:6,22; 348:17; 374:1; 384:28;

397:28; 398:8; 404:7; 407:8; 408:31; 418:6,13; 420:10; 422:31; 423:28; 428:5,8; 438:8; 443:24,29; 444:3,12,33; 445:8; 450:8; 453:11; 454:20   (64)
Ersten   KS-405:35
erster   E:K-13:12; KS-338:31; 436:36
ersteren   KS-370:22
ersterer   E:K-75:4
erstern   KS-301:22
erstes   KS-350:5

erstarren
erstarrt   E:C-222:16; E:Z-259:30
erstarrte   E:V-185:38

erstatten
erstatten   E:K-99:29
erstattet   E:E-151:28; E:Z-242:38

Erstattung
Erstattung   E:K-58:12

erstaunen
erstaune   E:V-177:19
erstaunt   E:M-114:28; E:AN-273:28; KS-338:33; 344:32
erstaunte   E:F-207:22; 210:13; E:C-218:29; E:VAR-296:2; KS-343:3
erstaunten   E:K-77:26

Erstaunen
Erstaunen   E:K-13:33; 54:3; 81:14; 92:30; 93:5; 100:35; E:M-109:38; 131:26; 134:14; 141:15; E:F-206:3; E:Z-239:25; 252:38; 260:2; E:AN-266:35; E:AB-287:12; KS-320:4; 341:16; 345:1; 440:26   (20)
Erstaunens   E:V-185:34

erstaunenswürdig
erstaunenswürdigste   KS-408:14
erstaunungswürdiger   KS-333:10

erstehen
erstand   E:F-203:9; 213:22
erstanden   E:K-56:27; 59:19; E:M-110:10,30; E:E-144:27; E:Z-235:3; 254:10; KS-374:18
erstehen   E:Z-258:11
erstehend   E:K-45:3

ersteigen
ersteigen   KS-337:10

erstenmal
erstenmal   E:K-28:17

ersticken
ersticht   E:M-140:24
erstickte   E:K-28:8

erstrecken
erstreckt   KS-404:25; 420:4
erstreckten   E:K-90:12

erstreiten
erstreiten   E:Z-247:24

erstunken
erstunken   KS-362:30; 366:23

erstürmen
erstürmt   E:M-118:3

ersuchen
ersuchen   E:M-107:2; E:C-225:28; KS-
456:9
ersucht   E:Z-243:3
ersuchte   E:K-57:34

erteilen
erteile   E:K-76:30
erteilen   E:K-48:6; 49:12; 52:15; 53:6;
KS-334:6,19
erteilt   E:K-53:2; 66:18; 90:6; E:AN-
263:19; KS-331:24
erteilte   E:K-42:10; 68:22; KS-436:27
erteilten   E:K-54:25

Erteilung
Erteilung   KS-404:14

Ertoffel
Ertoffeln   KS-441:16

ertönen
ertönende   KS-406:6
ertönten   E:E-145:26

ertragen
ertragen   E:C-220:31; E:Z-238:6

erträglich
erträglich   KS-441:6; 443:4
erträglichen   KS-393:28
erträglicher   KS-365:13

Erträglichkeit
Erträglichkeit   E:M-139:14

erträumen
erträumen   KS-305:12

ertrinken
ertrunken   E:AN-274:4

ertrotzen
ertrotzt   E:K-64:3

erwachen
erwachen   E:V-184:5
erwacht   E:M-124:7; E:V-162:37; E:B-
198:15
erwachte   E:M-135:17; E:E-146:29; E:Z-
236:33; 238:15; E:AN-277:6; KS-377:2
erwachten   E:E-150:23
erwachend   E:M-109:20

Erwachen
Erwachens   E:M-130:36

erwachsen
erwachsen   KS-353:6

erwägen
erwäge   KS-346:34
erwägend   E:K-46:16
erwägt   KS-396:24; 397:35; 400:3,7
erwog   E:V-179:15; E:F-210:20
erwogen   E:K-47:12; E:V-167:11; KS-
371:25

Erwägung
Erwägung   E:K-14:32; 25:16; 70:36;
E:M-112:16; E:V-187:6; E:Z-230:4;
239:4; E:AB-286:10; KS-333:21; 334:1;
392:17; 405:7   (12)

erwählen
erwählt   KS-325:33

erwähnen
erwähnen   E:K-77:27; 79:13,32; E:V-
164:28; KS-399:33
erwähnt   E:K-68:18; E:C-221:12;
E:VAR-297:23
erwähnte   E:M-116:18; E:E-156:3; E:C-
220:36; E:VAR-295:38
erwähnten   E:K-60:12; 68:15; 70:21;
E:Z-234:13

Erwähnung
Erwähnung   E:Z-248:15; E:AN-263:22;
KS-431:17

erwarten
erwarte   KS-315:9
erwarten   E:K-53:13; E:M-140:26; E:Z-
256:32; KS-310:28; 405:9; 415:26; 418:10
erwartet   E:V-183:13; E:Z-252:7; KS-
394:15; 411:16
erwartete   E:K-70:35; E:M-116:9; 136:6;
E:V-180:32; E:F-207:11; 209:6; E:Z-
250:20
erwarteten   E:C-221:21

Erwartung

Erwartung   E:K-24:7,25; E:M-134:17;
E:F-210:24; E:C-217:12; 223:20; E:AN-
268:23; E:VAR-294:27; KS-303:4; 389:17;
448:9   (11)
Erwartungen   E:M-140:5; KS-310:23

erwartungsvoll

erwartungsvollen   E:E-155:11

erwecken

erwecken   KS-337:3; 370:27; 406:35;
427:2
erweckst   KS-348:18
erweckt   E:F-209:2; KS-301:32; 321:19;
378:22
erweckte   E:K-63:34; E:F-206:10; E:Z-
256:15
erweckten   E:V-181:19

erweichen

erweichen   KS-450:11

erweisen

erweisen   E:V-167:24; E:F-206:32; E:Z-
249:18; KS-303:18
erwies   E:K-66:33
erwiesen   E:C-227:18; E:VAR-297:32;
KS-431:34

erweitern

erweitert   KS-326:20; 448:9; 450:27
erweiterten   KS-446:10

Erwerb

Erwerb   KS-441:19,20

erwerben

erwarb   KS-432:36
erwerben   E:K-85:23; KS-318:5
erwirbt   KS-301:14
erworben   E:K-45:33; E:E-159:15; E:V-
165:32; KS-378:1; 439:20

Erwerbung

Erwerbung   KS-404:36

erwidern

erwidert   E:K-45:1
erwiderte   E:K-9:34; 10:32; 11:20;
13:30; 14:35; 17:1, 6, 24; 18:22,
37; 25:12; 26:12; 27:23; 29:9; 45:10,
19; 46:26, 38; 55:14; 59:34; 62:34;
72:23; 77:14; 82:7; 93:36; E:M-110:11,
19; 111:15; 112:22; 114:18,35; 115:12;
118:12; 120:21, 30; 123:23; 128:5,

19; 131:5; 132:13; 133:10; 134:17,
21; 136:37; 137:11; 140:36; 142:12;
E:V-164:3, 12, 23; 165:29; 167:10;
168:29; 169:20; 170:2; 172:27, 30;
177:8; 185:35; 190:22; E:Z-237:20;
E:AN-266:29; E:AB-285:3; KS-340:4,
21; 341:11; 343:33   (67)

Erwiderung

Erwiderung   KS-394:3

erwünscht

erwünscht   E:V-190:16
erwünschte   E:E-153:19
erwünschtere   KS-410:29
erwünschteste   E:K-57:25

erwürgen

erwürgen   KS-322:17
erwürgt   KS-317:2

Erz

Erz   E:Z-243:23; E:AN-262:11; 263:20,
23

erzählen

erzählen   E:K-55:28; E:AN-277:34;
278:3,3; KS-319:8; 344:15
erzählt   E:K-90:29; E:M-123:19; E:AN-
270:6; 277:13; E:AB-283:4; 286:24; 287:4;
291:6; KS-308:30,31; 344:13; 352:34;
407:4; 413:35; 418:33; 430:5; 437:1   (17)
erzählte   E:K-20:31; 72:31; E:M-115:25;
116:21; 121:2; E:E-149:28; 151:30;
152:27; E:V-168:5; 169:23; 180:10;
188:23; E:F-208:3; E:Z-239:31; E:AN-
263:30; 281:33; E:AB-289:24; KS-343:18
                                         (18)

Erzählung

Erzählung   E:K-36:10; E:M-127:18;
E:F-201:4; E:AB-286:8; KS-370:33
Erzählungen   E:K-9:1; E:M-143:35;
E:E-152:5; 159:17; E:B-198:33; E:F-
215:18; E:C-229:1; E:Z-261:17; E:AN-
283:1; E:AB-292:1, 1; E:VAR-292:1;
298:12; KS-426:28   (14)

Erzbischof

Erzbischof   E:C-227:32; E:Z-236:7;
E:AB-286:22; E:VAR-297:38
Erzbischofs   E:E-144:28; 148:37

Erzengel

Erzengels   E:K-41:15

erzeugen
erzeugen   KS-323:26
erzeugt   E:V-162:36; KS-313:4,28
erzeugten   E:Z-229:11

Erzeugnis
Erzeugnisse   KS-311:28

Erzfeind
Erzfeind   KS-352:26

Erzgebirge
Erzgebirge   E:K-68:11
Erzgebirges   E:K-67:19
Erzgebirgs   E:K-74:12

Erzherzog
Erzherzog   KS-352:17; 354:6; 359:24;
   360:15; 368:4
Erzherzöge   KS-368:21

erziehen
erziehen   KS-318:30; 335:17
erzog   E:K-9:12; 91:4
erzogen   E: K-103: 17; E: F-201: 38;
   211:29; E:Z-230:19; E:AN-272:2

Erzieherin
Erzieherin   E:K-34:5

Erziehung
Erziehung   E: M-104: 22; 126: 21; KS-
   316:28; 334:28,32; 335:21; 355:25; 370:2;
   421:14

Erziehungshandwerk
Erziehungshandwerk   KS-332:19

Erziehungskunst
Erziehungskunst   KS-335:30

Erziehungsplan
Erziehungsplan   KS-329: 9; 333: 33;
   455:8

erzielen
erzielen   KS-441:18

Erzkanzler
Erzkanzler   E: K-77: 30, 34; 78: 2, 7, 32;
   101:13,22; 102:9; 103:17
Erzkanzlers   E:K-77:28; 94:6; 102:2

Erzschloß
Erzschlosse   E:K-41:23

erzürnen
erzürnten   E:AN-274:36

erzwingen
erzwingen   E:K-25:12; E:V-193:27
erzwungenem   E:VAR-292:26
erzwungenen   E:K-25:19
erzwungener   E:K-20:9

Esel
Esel   KS-322:25

Esmenard
Esmenard   KS-419:29

essen
aß   E:M-139:8; E:V-168:19
essen   KS-345:35; 442:8,16,25
gegessen   KS-342:12

Essen
Essen   E:K-86:33; E:AN-281:10
Essens   E:C-223:7

Essenz
Essenzen   E:K-39:7

essequebo
essequebo   KS-440:12

Essig
Essig   E:F-204:6

est
est   KS-385:4

Esterhazy
Esterhazy   KS-444:11,18

Estrich
Estrich   E:C-219:7; E:VAR-296:17

et
et   E:AB-286:6; KS-384:30; 385:5; 433:10

etablieren
etablieren   KS-451:10
etabliert   KS-454:18

Etablissement
Etablissement   KS-396:36
Etablissements   E:V-160:33; KS-398:8

étant
étant   KS-322:21

Etat
Etat   KS-402:22

etc.
etc.   E: K-53: 6, 6; KS-304: 22; 314: 13;
   368: 16; 371: 14; 372: 36; 382: 31; 400: 6;
   441:5,17,17; 444:4   (13)

exekutieren
exekutiert　KS-444:37

Exekution
Exekution　E:AN-268:19

Exemplar
Exemplar　E:K-53:22; KS-447:27,33
Exemplare　KS-447:30; 459:24,25
Exemplaren　KS-457:23

Exerzitium
Exerzitium　E:AN-269:1

Existenz
Existenz　KS-312:6,6

existieren
existiert　E:AN-263:27
existierte　KS-446:9

Expansion
Expansion　KS-392:28

Expedition
Expedition　E:K-37:8; E:M-113:25; KS-414:26; 448:2,13; 451:22; 452:4; 455:22; 456:10,19; 457:22　(11)

Experiment
Experiment　KS-332:9; 390:29

Experimentalphysik
Experimentalphysik　KS-329:17

Explosion
Explosion　E:AN-280:26

Exposition
Exposition　KS-447:25

Expreß
Expressen　E:K-88:9

exquis
exquis　KS-384:12

Extrablatt
Extrablatt　KS-389:28; 423:28
Extrablättern　KS-423:32

Extrakt
Extrakte　KS-424:10

Exzellenz
Exzellenz　KS-371:17, 26; 372:18, 24; 403:2; 437:36; 438:11, 15; 439:9, 14, 35; 457:13　(12)

exzentrisch
exzentrische　KS-417:5
exzentrisches　KS-392:8

F.
F.　KS-371:17

F...
F...　E:M-106:37; 107:20,24,30; 108:2; 109:36,37; 115:14; 126:31; 127:19; 128:18, 32; 131:8; 140:12,13; 141:26; E:AN-268:26; KS-342:8; 394:34,34　(20)

Fabel
Fabel　E:M-132:14; KS-321:37; 322:4; 325:6; 357:6; 379:17
Fabeln　KS-324:29

fabelhaft
fabelhaft　E:AB-288:4

Fabrikat
Fabrikaten　KS-396:24

Fabrikation
Fabrikation　KS-320:8; 371:31

Fach
Fach　KS-414:12
Fache　KS-409:20; 416:13

Fackel
Fackel　KS-306:29; 417:9,15
Fackeln　E:K-32:36; 35:6,37; 44:3; E:V-185:26; KS-403:10

Faden
Faden　E:K-50:29; 82:4
Fäden　KS-334:30,31; 339:20
Fadens　KS-341:36

fähig
fähig　E:K-76:1; E:M-114:15; E:E-155:27; E:V-170:35; E:C-222:30; E:Z-231:30; KS-304:3; 305:6; 340:36; 392:25　(10)
fähigen　KS-402:3

Fähigkeit
Fähigkeit　E:AB-283:5; KS-320:14; 404:31

Fahne
Fahne　E:K-101:26; E:AN-280:27; KS-331:30
Fahnen　KS-359:30,33; 368:8; 377:32

Fahnenjunker
Fahnenjunker   E:AN-280:24

Fähnlein
Fähnlein   E:K-37:5

fahren
fahren   E:K-71:30; 72:15; 93:24; E:M-110:31; E:V-172:32; E:F-215:10; E:Z-239:6
fährt   KS-401:11
fuhr   E:M-125:27; E:E-155:38; E:AB-284:5
fuhren   E:M-124:34; E:F-207:28
gefahren   E:V-173:30; KS-389:6

Fahrt
Fahrten   E:F-209:29

Fahrzeug
Fahrzeuge   E:AN-280:23; KS-401:28
Fahrzeugen   KS-331:11
Fahrzeuges   KS-442:4

Faktum
Fakta   KS-394:2
Faktum   E:AN-281:2; KS-367:9; 429:15

Fall
Fall   E:K-24:20,28; 28:3; 45:27; 49:21; 53:17; 66:26; 72:17; 76:22; 88:20; E:M-115:6; 117:27; 119:11; 124:21; E:E-146:2, 2; 153:17; E:V-167:8; 180:19; 189:20; 190:22; E:F-206:31; E:Z-233:20, 31; E:AN-278:8; 279:16; KS-319:34; 336:9; 340:11; 345:8; 367:9; 372:29; 374:17; 388:8; 392:17; 399:36; 408:18; 449:4   (38)
Falle   E:K-85:13; E:M-121:35; 139:23; 142:13; E:V-166:31; 169:4; 181:26; E:Z-245:2
Fälle   E:K-51:9; E:M-123:38; KS-319:14; 332:30; 337:33
Fällen   E:K-29:3; 69:36; E:M-124:31; E:V-161:19; 163:1; 184:33; 192:30; E:AN-272:20,23; E:AB-285:7,36; KS-302:31; 323:17; 324:17; 332:28; 340:8,9; 367:7   (18)
Falls   E:AN-279:28,34

fallen
falle   E:K-50:14
fallen   E:K-18:23; 22:34; 72:26; 90:15; 93:10; 95:34; E:M-120:29; 127:4; E:F-210:33; E:Z-232:2; 236:27; E:AN-265:30;

270:11; 279:23; E:AB-283:13; 284:22; KS-322:7; 392:28   (18)
Fallen   E:K-63:12
fallenden   KS-421:33
fällt   E:K-46:37; 93:14; E:M-134:26; E:AB-284:27; 286:36; KS-330:4; 405:23; 407:31
fiel   E:K-31:36; 39:6; 64:14; 103:12; E:M-115:5; 124:4; 130:33; 134:8; 137:6; 143:31; E:E-159:11; E:V-161:31; 163:15; 166:4; 174:36; 175:3; 178:19; 185:13; E:Z-229:25; 232:5; 251:24; E:AN-279:23; 280:10; 281:16; E:AB-289:24   (25)
gefallen   E:K-28:19; 52:13,19; 72:36; 86:14; 94:32; E:M-139:36; E:V-163:8; 168:7; 177:23; E:AN-270:4; 279:26,33; KS-399:2; 406:35; 437:29   (16)
gefallene   E:K-49:27
gefallenen   E:K-96:6; 101:38
gefallener   E:K-46:20; 55:36

fällen
fällen   KS-324:20
fällte   E:AB-289:33
gefällt   E:K-70:29; E:Z-259:24
gefällte   E:K-99:18
gefällten   KS-430:26

falls
falls   E:K-16:2; 22:10; 25:35; 26:25; 28:27; 49:16; 58:12; 59:31; 60:21; 69:26; 71:24; 72:36; 78:10; 84:22; 90:13; 95:4; E:M-117:26; 118:25; 126:16; 132:37; 133:6; 139:14; 143:17; E:E-153:10,14; E:V-166:21; 179:30; 187:28; E:F-206:31; 208:10; E:C-224:36; E:Z-231:17; 238:35; 244:9,16; 249:5; 255:25; 259:25; E:AN-267:11; E:VAR-292:31; KS-358:28,34; 380:20; 385:26; 386:10; 402:18; 407:24; 408:7; 410:38; 455:2   (50)

falsch
falsch   E:E-150:32; KS-357:16
falsche   E:K-50:7; KS-310:22; 328:24; 348:19
falschen   E:K-93:37; 96:30; E:E-159:4; E:Z-255:30; 256:31
falscher   KS-363:6
falsches   KS-376:34

Falschheit
Falschheit   E:AN-275:28

Falstaff
Falstaff   KS-346:3

Falte
Falten   E:K-42:37

falten
faltete   E:Z-253:16
gefalteten   E:C-220:9; 222:15; 223:6

Familie
Familie   E : K-56 : 13; 64 : 7, 14; 65 : 7;
E: M-104: 17; 105: 1; 106: 14; 108: 16;
109 : 3, 7, 17, 33; 112 : 29; 113 : 8, 23,
37; 114:27; 115:24,30; 118:27; 119:21,24,
27; 126:14; 127:36; 129:11; 142:32; 143:7,
26; E: E-144: 32; 151: 7; 152: 25; E: V-
164:27,37; 166:35; 169:21,31; 176:20,27,
33; 179:18; 180:1,22,26,33; 181:1,6,23,35,
37; 182:36; 186:17; 187:5,7,21,27; 188:8,
17; 194: 36; 195: 9; E: Z-235: 37; 239: 16;
240: 36; 241: 25; 248: 1; E: AN-277: 13;
E:AB-286:11; KS-435:17   (68)
Familien   E:E-150:24; KS-397:3; 435:18

Familienrücksicht
Familienrücksichten   E:M-104:9

famulus
famulus   E:K-48:22,24,28,37

fanatisch
fanatischen   E:E-158:12

fangen
fangen   E: K-37: 34; 42: 9; E: V-181: 12;
E:AB-287:36; KS-384:15
fing   E:M-105:9; KS-425:32
fingen   E:AB-287:11; 288:22
gefangen   E : M-126: 13; E : V-188 : 16;
191:14; KS-407:21
gefangene   KS-437:8
gefangenen   E:V-189:20

Farbe
Farbe   E:K-71:11; 73:20; E:V-161:29;
164:36; 172:7; 192:16; E:F-199:28; E:Z-
232:33
Farben   KS-336:36

färben
gefärbt   KS-384:14,20
gefärbtem   E:E-155:14
gefärbten   E:F-202:18

Färbholz
Färbholz   E:AN-267:25

Faß
Fässern   KS-308:33; 331:25

fassen
fasse   KS-308:36
fassen   E: K-23: 38; 52: 9; E: M-110: 32;
E:C-226:8; E:Z-246:6; KS-347:27
fassend   E:Z-236:24
faßt   E: K-82: 38; E: AN-265: 8; 269: 11;
KS-392:3; 406:11
faßte   E: K-16: 5; 32: 13; 40: 26; 62: 20;
E: M-134: 5; 141: 3, 9; E: V-169: 3; E: F-
199:25; E:Z-234:24; E:AB-286:14; KS-
443:28   (12)
faßten   E:K-43:34
gefaßt   E: K-19: 32; 24: 30; 28: 3; 71: 21;
E: M-113: 31; 128: 38; 141: 12; 143: 30;
E:AN-266:17

Fassung
Fassung   E:AB-283:19; E:VAR-293:22*;
KS-345 : 9; 429 : 26; 451 : 19*; 452 : 1*;
457:25*; 458:20*

fast
fast   E: K-26: 7; 37: 20; 56: 35; 91: 30;
E:M-104:24; 112:26; 117:14; E:E-147:18;
148:30; 159:15; E:V-188:28; E:F-209:3;
E:C-219:36; E:Z-232:17; 238:4; 243:24;
246: 12, 18; 255: 38; 256: 9; KS-341: 12;
344: 24; 345: 8; 375: 22; 399: 9; 400: 9;
408:14,24; 414:9; 432:33   (30)

faul
faul   E:K-31:26

Faulheit
Faulheit   KS-334:21

Fäulnis
Fäulnis   E:Z-255:16

Faust
Faust   E:AN-271:3
Fäusten   E:AN-270:32

Favorite
Favorite   KS-377:25

Faxenmacher
Faxenmachern   KS-410:27

Februar
Februar   KS-413:27; 447:31

Februarheft
Februarheftes   KS-447:29

fechten
fechte E:AB-290:18
fechten KS-368:3; 380:4
Fechten KS-344:19
fechtend KS-382:24
focht E:V-195:7
fochten KS-344:22
gefochten E:Z-254:5,18; KS-373:10
gefochtenen E:V-191:30

Fechter
Fechter KS-345:11,12

Fechterpositur
Fechterpositur KS-344:35

Feder
Feder E:K-26:19,24; E:M-111:2; KS-423:22
Federn E:Z-231:5; KS-401:23

Federbüschen
Federbüschen E:K-101:1; 102:38; 103:5,8

Federhut
Federhut E:K-80:8; 92:27; 93:17; E:F-204:11; 212:18; E:Z-260:9

Fehde
Fehde E:AB-290:16
Fehden E:Z-231:11

fehlen
fehle E:K-25:33; 81:37; 83:18; E:M-123:5; E:E-154:13; E:V-192:10; E:AN-275:21; KS-393:25
fehlen E:K-11:31; 98:30; E:V-182:19; E:Z-246:16; KS-357:32; 403:31; 415:36
fehlende KS-412:23
fehlt E:K-83:22; E:M-141:1; E:V-172:28; E:AN-272:23; KS-304:25; 323:35; 402:2; 420:16; 422:31
fehlte E:K-21:18; KS-327:24
gefehlt KS-395:19

fehlerhaft
fehlerhaft KS-337:31
fehlerhafte KS-415:34

fehlschlagen
fehlgeschlagen E:K-33:33; E:M-130:1
fehlgeschlagene E:K-38:31
schlug KS-391:5

Fehltritt
Fehltritt E:K-50:32; E:M-122:28; E:Z-249:19

Feier
Feier E:AN-273:10; KS-388:19

feierlich
feierlich E:K-73:30; E:Z-242:14
feierliche E:E-144:21; 153:30; E:F-205:34; E:C-220:24
feierlichen E:C-218:16; E:Z-230:24; 232:31; E:VAR-295:29; KS-402:34

Feierlichkeit
Feierlichkeit E:M-142:33; E:E-153:34; 155:22; E:AB-284:31; KS-403:5
Feierlichkeiten E:C-217:11; E:VAR-294:25

feiern
feiern KS-387:29
gefeiert E:M-143:25; E:C-227:24; E:Z-252:29; 261:7; E:VAR-297:37; 298:9

Feierstunde
Feierstunden E:M-109:12

feig
feig KS-355:15

fein
fein KS-399:20
feinem KS-447:27

Feind
Feind E:K-36:14; 48:9; E:M-105:3; E:F-201:22; E:C-217:6; E:VAR-294:21; KS-353:1; 371:18; 378:17; 381:24; 382:5; 419:5   (12)
Feinde E:AN-275:12; 278:14; KS-352:27; 369:6
Feinden E:K-30:26; 48:15; E:VAR-293:10; KS-306:17; 357:24
Feindes E:K-97:28; E:Z-231:33; E:AN-262:14; KS-364:13

feindlich
feindliche E:AN-269:4
feindlichen E:M-108:20; E:AN-269:9; E:AB-283:14
feindlicher E:M-105:21

Feindschaft
Feindschaft E:K-74:19; E:Z-229:5

feist
feisten E:K-102:12

Feld

Feld   E:K-9:33; E:E-147:34; E:V-163:11;
185:33; 187:18; 194:35; E:F-208:15;
212:13; E:AB-284:35; 290:26; KS-323:24;
377:30; 379:32,34; 400:32; 416:30; 453:29
(17)
Felde   E:K-24:33; 37:16; 41:3; 69:5; E:F-
201:35; KS-327:34; 342:38
Felder   E:V-175:24; KS-356:24
Feldern   E:K-14:6,22; 31:15; 56:25; E:E-
152:19; KS-441:18

Feldarbeit

Feldarbeit   E:K-14:14; 17:23

Feldherr

Feldherr   KS-351:1; 355:7
Feldherrn   KS-355:20

Feldkümmel

Feldkümmel   KS-417:26

Feldprediger

Feldprediger   E:AN-265:34; 266:1,8,
15
Feldpredigers   E:AN-266:6

Feldstein

Feldsteinen   E:K-30:36; E:VAR-293:17

Feldwebel

Feldwebel   KS-370:8

Feldzug

Feldzug   KS-377:27
Feldzüge   KS-374:6

Felsen

Felsen   E:Z-253:38; E:AN-279:14; KS-
376:8; 397:9,17,36
Felsens   E:E-148:3; KS-396:35; 398:5

Felsenabhang

Felsenabhang   E:Z-238:15

Felsenpfad

Felsenpfad   E:Z-238:8

Felsscholle

Felsscholle   KS-398:19

Felswand

Felswand   E:AN-279:29; KS-397:31

Fenster

Fenster   E:K-9:27; 10:15; 11:12; 47:17;
51:32; 55:3,8; 61:8; 70:37; 95:7; E:M-
114:27; 115:32; 118:16; 129:32; 130:23;
E:E-145:9; E:V-162:2,4,12; 163:34; 167:9;
171:7,35; 174:38; 176:6; 178:35; 183:34;
184:15; 190:9,25; 194:6,16; E:F-207:6;
E:C-220:20; 223:26; E:Z-233:26; 257:16;
E:AN-273:11; E:VAR-297:3; KS-330:23,
25; 428:6; 430:14   (43)
Fenstern   E:K-32:29; 54:16; E:V-191:30
Fensters   E:Z-232:32

Fensterladen

Fensterladen   E:K-71:15; E:V-179:32;
181:8

Fensterscheibe

Fensterscheiben   E:C-216:29; E:VAR-
294:12

Ferdinand

Ferdinand   E:V-189:3; KS-447:14

fern

fern   E:K-45:2; E:E-156:15; E:F-203:21;
KS-319:35; 343:21; 406:5; 436:5
fernen   KS-398:9
fernere   E:M-119:10; 127:24
ferneren   E:K-22:11; 39:37; E:E-153:31;
E:VAR-292:32

Fernando

Fernando   E:E-150:36; 151:2; 154:10,
23,31,32,38; 155:2; 156:8,22,23,27,32,
33; 157:1,9,12,27,30; 158:10,16,22,31,
37; 159:2,12,14   (27)
Fernandos   E:E-151:8,10; 153:33;
156:20; 157:27

Ferne

Ferne   E:K-61:25; 102:7; E:E-154:35;
E:F-207:13; KS-442:11

fernher

fernher   E:V-187:32

fernhin

fernhin   KS-450:32

Fernschreibekunst

Fernschreibekunst   KS-385:33

Ferse

Ferse   E:K-97:28
Fersen   KS-434:6; 438:14

fertig
fertig   KS-320:5; 322:34; 327:8; 389:25

Fertigkeit
Fertigkeit   KS-336:29,31

Fessel
Fessel   KS-322:30
Fesseln   KS-377:14

fesseln
fesseln   E:V-191:18; KS-313:1
fesselt   KS-342:23
fesselten   KS-306:15
gefesselt   E:K-38:37
gefesselten   KS-306:9

fest
fest   E:K-70:30; E:M-121:13; 138:27;
   140:25; E:E-147:29; E:AN-282:4; KS-
   304:29
feste   E:AN-279:11
festen   E:M-106:19; E:Z-245:12; 254:16;
   E:AN-280:6; KS-398:10; 400:7
fester   E:M-117:13; E:V-188:9

Fest
Fest   E:C-218:11,14; E:Z-252:27; E:VAR-
   295:25,28; KS-445:5
Festes   E:K-80:11

festbinden
festbinden   E:V-191:19
festgebunden   E:V-185:20; 186:1,27;
   E:Z-259:2; E:AB-284:23
fest gebunden   E:V-190:3

Festgelage
Festgelagen   E:Z-240:15

festhalten
festgehalten   E:K-21:14
festhielt   E:M-129:10
festzuhalten   KS-410:17
hielt   E:V-192:16

Festhaltung
Festhaltung   KS-323:15

festlich
festlich   E:M-140:7; E:C-216:17; E:VAR-
   293:35

Festlichkeit
Festlichkeit   KS-443:29
Festlichkeiten   E:AN-273:24

Festschmuck
Festschmuck   E:E-155:23

festsetzen
festgesetzt   E:K-41:19; 99:21; E:Z-
   252:36
festgesetzte   E:F-205:35

Festsetzung
Festsetzung   E:F-213:33

feststehen
fest stehe   KS-417:16
feststehende   KS-394:11
feststehenden   E:AN-262:31

feststellen
feststellen   KS-312:1

Festung
Festung   E:M-104:30; 105:7; KS-333:1;
   371:16,19; 372:27; 434:7,16; 436:29;
   437:24   (10)
Festungen   E:M-114:25

Festungsarrest
Festungsarrest   E:M-114:8

fett
fettes   E:AB-283:30

Fett
Fett   KS-411:28

feucht
feucht   E:M-131:32; KS-368:18
feuchten   E:F-202:35

Feuer
Feuer   E:K-32:2, 23; 40:18; 41:17,
   24; 42:33; 45:18; 50:16; 54:13; 66:37;
   E:M-105:10; E:E-150:25; 151:4; E:V-
   168:1; 180:12; E:F-202:20; 211:34;
   E:Z-250:33; 259:6; E:AN-264:34, 34,
   35,38; KS-407:6; 424:21,25,31; 425:32;
   440:30; 457:2   (30)

Feuerbrand
Feuerbrand   KS-456:31; 457:1
Feuerbrände   KS-457:4

feuern
feuern   E:V-190:11

Feuersbrunst
Feuersbrunst   E:K-38:5
Feuersbrünste   KS-425:12
Feuersbrünsten   E:AB-286:3; KS-
   426:12

Feuerschwamm
Feuerschwamm   KS-425:30

Feuertod
Feuertod   E:E-145:4

Feuerwerker
Feuerwerker   E:AN-269:12; KS-331:13, 22
Feuerwerkers   E:AN-274:27

Feuerzeug
Feuerzeug   E:V-181:11

feurig
feurigen   E:M-116:29

Fieber
Fieber   E:M-142:7; E:V-170:15,33; E:F-203:31; 204:34; E:Z-235:19; KS-437:12, 19
Fiebers   E:F-214:8

Fieberhitze
Fieberhitze   E:M-136:15

Figur
Figur   KS-339:27; 408:17
Figuren   KS-339:18

filzig
filzigen   E:K-11:2

Finanzen
Finanzen   KS-421:13

Finanzmaßregel
Finanzmassregeln   KS-405:10*

Findelhaus
Findel-   E:K-79:24

finden
fand   E:K-26:10; 32:21; 33:1,18; 38:11; 39:6; 50:29; 54:8,31; 63:36; 75:6; 100:36; 101:12; 102:5; E:M-125:10; 128:26; 129:4; 131:23; E:E-148:20; 149:25; E:V-182:31; 188:14; 194:36; E:F-202:38; 205:12, 24; 207:23; 210:19; 212:35; E:C-225:36; 226:36; E:Z-231:2; 242:8; 245:33; E:AN-266:36; 269:33; 278:26; E:AB-285:34; 288:16,25; E:VAR-297:11; KS-327:20; 331:26; 347:16; 378:30; 384:38; 436:34   (47)
fände   E:M-128:7; E:V-185:9; KS-312:33; 341:25

fanden   E:K-11:26; E:E-144:4; 150:4; E:F-208:6; 214:14; E:C-225:6; E:AN-281:18; KS-397:1; 428:4; 443:17   (10)
fänden   E:K-51:26
fandst   E:K-45:18
find   KS-350:16
finde   E:Z-252:31; KS-304:20; 306:35; 344:27
finden   E:K-36:36; E:M-107:7; 108:17; 113:19; 124:4; 130:20; 142:1; E:V-162:14; 163:18; 176:32; 177:6; 189:31; E:C-216:31; E:AN-270:24; 276:29; E:VAR-294:14; KS-301:2; 309:16; 310:17; 311:37; 313:27, 33, 35; 319:4; 320:3; 327:20; 335:27; 338:34; 339:36; 370:2; 378:25; 390:37; 391:9; 410:29; 427:10; 440:27   (36)
findest   KS-356:15; 359:4
findet   E:C-227:13; E:AN-266:10; E:AB-288:32; KS-305:34; 308:10; 313:12; 321:9; 322:22; 330:8; 337:24; 361:17; 363:24, 26; 404:35   (14)
gefunden   E:K-9:24; 54:36; 74:37; E:M-108:21; 116:20; E:E-156:4; E:V-185:30; E:F-204:23; 210:6; 211:10; E:Z-258:10; E:AN-267:20; 274:7; 281:16; E:AB-286:1; KS-323:34; 325:19; 339:13; 340:17; 341:18; 344:26; 364:23; 385:15; 391:28; 393:19; 400:12; 425:8; 426:4, 34; 429:33; 432:5; 441:6   (32)
gefundener   KS-425:27

Findling
Findling   E:B-198:33; E:F-199:1

Finger
Finger   E:K-52:17; E:V-181:3; 190:21; E:Z-257:28; KS-340:25; 442:24
Fingern   E:M-138:37; E:AB-287:20; KS-339:20; 397:10

fingieren
fingiere   KS-367:10

finster
finster   E:K-43:29; E:M-115:34; E:C-222:21
finsteren   E:K-35:33; 36:25; KS-403:6
finstern   E:K-30:22
finstersten   KS-305:36

Finsternis
Finsternis   E:K-40:5; E:E-159:1; E:V-161:36; E:Z-238:13

Finten
Finten   KS-345:3,9,12

Firmament
Firmament   E:E-145:33; E:C-223:24

Fisch
Fisch   KS-365:21
Fische   E:AB-287:23
Fisches   E:Z-231:9

fischen
fischen   E:V-180:37

Fischer
Fischer   E:AB-287:9; 288:22; KS-411:16

Fischereipächter
Fischereipächter   E:AB-287:5

Fischerstraße
Fischerstraße   KS-452:33

Fischnickel
Fischnickel   E:AB-288:31

Fischschwanz
Fischschwanz   E:AB-288:13

Fittig
Fittig   E:E-145:16

fl.
fl.   KS-372:6

flach
flache   E:AN-280:5
flachen   E:K-33:13; 56:37; E:AN-280:7;
   KS-447:11

Fläche
Fläche   E:AN-279:16,33
Flächen   E:C-223:28

Flammberg
Flammberg   E:Z-247:7

Flamme
Flamme   E:K-33:5; 36:38; E:M-105:38;
   106:21; E:E-146:16; 155:19; E:Z-249:22;
   KS-376:24; 380:10; 425:21,31   (11)
Flammen   E:K-33:10; 41:27; E:M-
   107:34; E:E-148:21; 149:3; E:B-198:25;
   E:F-202:23; E:Z-254:30; 260:38

flammen
flammend   E:Z-237:17
flammendem   E:M-125:14
flammt   KS-317:11

Flammenröte
Flammenröte   KS-306:4

flammenvoll
flammenvollen   E:C-223:37

Flandern
Flandern   E:AB-290:7

Flasche
Flasche   E:K-20:24; E:F-204:6; E:AN-
   264:12,13,15; KS-321:30; 432:5
Flaschen   E:K-26:37; E:F-204:14

flattern
flatternde   E:AB-288:11
flatternden   E:K-10:8; KS-377:32
flatterte   E:E-147:38

Flause
Flausen   E:K-14:23

flechten
flechten   E:K-31:30

Fleck
Fleck   E:Z-246:17; KS-409:23
Flecken   E:K-11:18; 40:34; 42:25; 86:35;
   E:AN-279:6; KS-397:9,38

fleckig
fleckig   E:K-17:13

Flegel
Flegel   E:K-14:19

flehen
flehen   E:M-125:21
flehenden   E:F-199:18
flehte   E:M-137:5

Fleiß
Fleiß   KS-398:31

Fleisch
Fleisch   KS-368:13; 398:12; 442:26

Fleischspeise
Fleischspeisen   E:AB-287:29

Fleischwunde
Fleischwunde   E:AN-278:32

fleißig
fleißig   E:AB-287:31; KS-316:35; 410:5
fleißigste   KS-441:12

fliegen
  flog   E:K-26:1; E:M-119:5; 141:17; E:V-
    179:5; E:F-213:36; E:Z-244:33; KS-
    344:25

fliehen
  fliehen   E:AN-277:24; KS-436:27
  flieht   KS-309:22; 329:28
  floh   E:E-148:34; 158:4
  geflohen   E:M-143:31

fließen
  fließen   E:M-137:30; E:F-200:16; E:Z-
    237:35
  floß   E:Z-245:33
  flossen   E:K-30:30; E:M-123:4; 133:38;
    E:Z-240:32; E:VAR-293:12
  geflossen   KS-360:18

florentinisch
  florentinischer   E:B-196:20

flöten
  flötete   E:E-150:6

flott
  flott   E:AN-280:2

Flotte
  Flotte   E:V-195:9

Fluch
  Fluch   E:K-39:20; E:M-141:32; KS-360:9
  Flüchen   E:V-191:26; E:Z-238:3; KS-
    331:28

fluchen
  fluchend   E:K-32:21
  fluchte   E:K-10:10; 14:6
  fluchten   E:Z-233:5

Flucht
  Flucht   E:K-33:36; 73:37; 74:27; 85:32;
    E:E-147:36; E:V-169:30; 184:31; 185:4;
    186:31; 189:21; 191:4; KS-374:13; 376:24
    (13)

flüchten
  flüchte   E:K-45:33
  flüchten   E:M-105:13
  flüchtete   E:F-202:23
  geflüchtet   E:K-32:36; 34:4; 57:4; E:V-
    160:30; 170:23; 174:23

flüchtig
  flüchtig   E:K-61:25; 91:2; 98:17; E:E-
    148:33; E:Z-242:26; 257:13; E:AN-262:18
  flüchtige   E:K-15:20
  flüchtigen   E:K-54:27; 95:22; 102:35;
    E:M-127:34; E:V-173:3; E:F-209:23;
    KS-347:34
  flüchtiger   E:M-142:33

Flüchtling
  Flüchtling   E:V-184:23; 187:10
  Flüchtlinge   E:E-153:26; E:V-161:13;
    166:8; 182:14
  Flüchtlingen   E:V-177:25
  Flüchtlings   E:V-184:18

Flügel
  Flügel   E:M-105:9; 106:1; E:Z-241:1;
    KS-325:1; 397:15; 444:33
  Flügeln   KS-378:13; 385:31

Flügeltür
  Flügeltüren   E:C-225:35

flugs
  flugs   E:K-31:19

Flur
  Flur   E:K-71:13; 73:4; E:F-204:10

Fluß
  Flüsse   KS-396:19
  Flusse   E:E-155:33

flüstern
  flüstern   E:K-11:30; E:V-181:14
  flüsternd   E:C-221:30
  flüsternder   E:Z-257:18
  flüsterte   E:K-92:8; E:M-129:20; 140:37;
    141:5; E:Z-253:18
  geflüstert   E:V-173:1
  geflüsterte   E:V-184:1; E:F-207:5
  geflüstertes   E:M-129:22

Flut
  Flut   E:M-116:28; KS-327:15; 397:32
  Fluten   E:M-116:29; E:E-148:8; E:F-
    202:31; E:AN-274:36

flüt
  flüt   E:K-20:7

fois
  fois   KS-385:4

Folge
Folge   E:K-16:4; 68:35; E:V-161:17;
169:14,16; 190:34; E:Z-229:24; E:VAR-
297:9; KS-318:35; 326:10; 333:6; 371:12;
404:20; 422:25   (14)
Folgen   E:K-23:1; E:M-110:18; 117:38;
E:F-214:8; E:C-226:11; E:Z-258:2; E:AN-
281:33; E:VAR-297:22; KS-421:2

folgen
folge   E:K-44:20; 52:13; E:M-123:14;
KS-340:5
folgen   E:K-39:13; 55:18; 61:2; 72:8;
99:12; E:M-120:4; E:E-157:34; E:V-
171:17; 178:13; 179:36; 181:24; 192:4;
E:F-211:2; E:C-222:27; E:Z-230:25;
233:28; 247:34; KS-303:24,26; 317:14;
323:21; 342:1; 369:14; 429:26; 430:14;
444:20   (26)
folgend   E:M-122:17
folgende   E:K-18:32; 100:36; E:M-
131:33; E:F-215:5; E:AB-283:4; KS-
337:23; 382:13; 402:7; 418:30; 424:10;
452:18; 457:31   (12)
folgenden   E:K-21:3; 42:24; 70:34;
76:11; 99:33; E:M-136:14; E:V-183:10;
E:C-220:34; 227:16; E:AN-269:16,
36; 272:26; KS-343:9; 373:9; 375:24;
448:28; 455:34   (17)
folgender   KS-329:14; 415:10; 443:18
folgendes   KS-384:32; 456:25
folgt   E:K-36:2; E:V-188:16; E:F-213:3;
E:AN-273:19; KS-307:21; 322:38; 324:28;
368:1; 382:19; 404:15; 425:36   (11)
folgte   E:K-11:2; 49:2; 62:35; E:M-
129:21; 143:27; E:E-151:6; 159:3; E:V-
175:3; E:F-203:24; 206:4; E:Z-259:15
                                              (11)
folgten   E:K-44:3; 91:32; E:E-144:21;
154:27; E:V-194:23; KS-339:28; 443:4
gefolgt   KS-413:23

folgendergestalt
folgendergestalt   E:K-90:28

folgendermaßen
folgendermaßen   E:K-53:5; E:C-221:7;
E:Z-234:24

folgern
folgerte   KS-389:8

Folgerung
Folgerungen   KS-339:38; 343:16

Fond
Fonds   E:K-22:15

font
font   KS-322:24

forcieren
forcieren   E:AN-275:31

fordern
fordern   E:M-142:21; E:AN-277:35; KS-
316:17; 324:22; 428:33
forderst   E:K-47:6
fordert   KS-316:5; 367:6; 441:27
forderte   E:K-38:15; 78:7; 90:36; E:M-
125:36
forderten   E:Z-233:31
gefordert   KS-437:6

fördern
fördern   KS-430:32
fördernde   KS-403:30

Forderung
Forderung   E:K-12:15, 28, 36; 21:17;
47:10; 79:3; 96:4; 98:9; E:M-111:9; E:F-
201:32; E:Z-246:21; KS-347:30; 362:21;
370:6; 401:19   (15)
Forderungen   E:K-23:22; E:M-134:36;
KS-331:18; 341:1,20,23; 381:30; 408:17;
449:25

Form
Form   KS-314:26; 340:11; 347:18; 348:13,
17, 28; 362:29; 363:1; 385:8; 405:19;
406:20,21; 423:17   (13)
Formen   KS-446:13

formaliter
formaliter   KS-370:12

Formel
Formel   KS-338:25
Formeln   KS-385:2

formen
formen   KS-304:6

förmlich
förmlich   E:Z-233:18; 236:3
förmliche   E:Z-252:33
förmlichen   E:V-190:34; E:Z-242:20

forschen
forschenden   E:M-120:10; 128:19
Forschens   KS-421:8

Forschung
Forschungen E:VAR-297:12

Forst
Forst E:K-81:11

Forstmeister
Forstmeister E:M-109:34; 114:6,15,17,
  32; 115:25; 116:16; 117:12,19,34; 118:17;
  119:4; 125:13,35; 127:29,30,35; 128:3,
  10; 130:5,11,18,25; 131:6; 141:18   (25)
Forstmeisters E:M-118:25

fort
fort E:K-57:16; KS-344:29,29

Fort
Fort E:M-107:5,15; 108:15,20; 118:3;
  E:V-164:16,20; 169:23; 186:19
Forts E:M-106:19; 140:19

fortan
fortan E:K-45:20; KS-344:27

fortbewegen
fortbewegt KS-393:21

fortdauern
fortdauernd E:K-50:29
fortdauernden E:K-90:10

Fortepiano
Fortepiano KS-412:17; 443:12

forterzeugen
forterzeugt E:K-51:25

fortfahren
fährt KS-322:18
fortfuhr E:E-150:33
fortzufahren KS-342:18
fuhr E:K-17:3,28; 28:2; 47:29; 52:17;
  83:12; E:M-113:10; 114:10; 115:7; 118:7;
  121:24,33; 122:27; 129:10; 134:10,32;
  135:23; 137:23; E:E-155:1; E:V-165:9;
  168:13; 170:11; 174:10; E:F-199:31; E:Z-
  251:36; E:AN-280:16; 282:1; KS-321:3;
  342:4   (29)

fortführen
fortführen E:V-164:31
fortführte E:M-105:24
fortgeführt E:Z-249:3
führte E:V-191:26

Fortgang
Fortgang E:K-67:29; 89:17; KS-358:19;
  446:9
Fortgange E:K-68:10

fortgehen
gehen KS-322:29
ging E:M-130:27

forthelfen
forthalf E:K-10:4

fortjagen
jagte E:K-19:7

Fortkommen
Fortkommens E:K-76:17

fortlaufen
fortlaufende KS-424:6
fortlaufendes KS-322:32

fortreißen
fortgerissen E:K-101:10
fortreißt KS-309:14; 310:30
fortzureißen E:V-163:21

fortschaffen
fortschaffen E:E-158:38
fortzuschaffen KS-430:17

Fortschaffung
Fortschaffung E:K-85:4

fortschreiben
fortschrieb E:M-114:36; 131:25

fortschreiten
fortschreiten KS-335:18
fortschreitenden E:V-194:27
fortschreitet KS-320:1; 326:24

Fortschritt
Fortschritt KS-333:27

fortschwimmen
fortgeschwommen KS-393:5

fortsetzen
fortgesetzt KS-426:10; 433:19
fortgesetzten E:K-99:2
fortsetzte E:K-82:1; E:Z-245:37; E:AN-
  268:14
fortzusetzen E:K-23:38; 65:33; E:Z-
  238:27; 247:4
setzte E:K-13:3; E:VAR-292:13

Fortsetzung
Fortsetzung KS-324:28; 425:36; 450:23, 34

fortspinnen
fortzuspinnen E:K-50:30

forttreiben
forttreiben E:K-28:27
forttrieben E:K-33:25
treibt KS-446:29

Fortuna
Fortunens KS-306:38

fortwähren
fortwährt KS-369:1

Fortwirkung
Fortwirkung E:Z-259:23

fortziehen
fortzog E:K-81:24
zog E:M-123:17

Forum
Forum E:Z-241:32

Fourage
Fourage KS-368:14

Frachtwagen
Frachtwagen KS-424:15

Frage
Frage E : K-13 : 22; 23 : 35; 50 : 35; 57:1; 61:20; 77:11,13; 80:19; 83:17, 38; 84:1; 86:22; 88:14; 92:3; 93:34; 96:28; 98:16; E:M-110:8; 120:14; 121:2; 139: 10; 142: 8; E: E-153: 33; 154: 13; 156:28; E:V-162:5; 173:1; 174:27; 181:2, 16; 188:6; E:F-199:20; 200:23; 204:31; 211:3; E:C-218:29; 220:10; E:Z-233:13; 234:22; 235:4; 239:1; 248:7; E:AN-270:29; 272:21; E:VAR-296:2; KS-311:30; 350:7, 9, 15, 19, 21, 26, 28; 351: 5, 7, 9, 14, 21, 23, 27, 31; 352: 1, 3, 6, 8, 11, 13, 16, 19, 23, 27, 29, 31, 34; 353: 1, 4, 6, 9, 11, 14, 18, 22, 25, 27, 29, 31; 354: 3, 5, 9, 14, 18, 21, 28, 30, 34; 355: 1, 4, 9, 11, 14, 19, 22, 26, 30, 32, 36; 356: 4, 6, 8, 15, 18, 23, 29, 34; 357:1,3,6,8,12,15,19,28,35; 358:1, 3,6,8,11,18,22,25,30,33; 359:3,7,10,15, 17, 23, 27, 29, 34; 360: 1, 6, 12, 17, 21, 25, 28; 369:34; 371:28; 387:7,23; 437:26, 35; 438:3,7,11,14,18,22,28,34; 439:3,8, 11,17,25,29,35; 440:32; 449:36; 455:27 (173)
Fragen E:K-16:21; 54:33; 77:26; 82:1; 88:28; 97:8,32; E:V-188:21; E:F-200:33

fragen
frag E:AN-268:2
frage E:K-19:24; 52:2; E:M-141:28; E:E-157:21; E:AN-264:6,27
fragen E: K-83: 4; 96: 34; E: E-147: 17; 152: 6; E: V-183: 2; E: C-222: 28; KS-319:32; 323:28; 374:19; 385:28; 403:36; 405:24; 406:29; 416:32,35; 437:30; 442:25 (17)
fragenden KS-442:20
fragst KS-317:34; 350:27; 358:7
fragt E: K-19: 26; E: V-179: 34; E: AN-273:29; KS-315:4; 409:31
fragte E:K-9:29; 10:6,16,18,20; 11:8; 12:6,22; 13:28; 14:1,11,20,33; 15:9; 16:15, 38; 17:10; 18:12; 19:6; 20:28; 21:33; 22:35; 25:1,10; 27:5,28; 28:33; 29:7; 31: 23; 32: 15, 33; 33: 8, 20; 35: 2, 20, 28; 44:36; 45:9; 46:16; 54:19; 58:27; 59:14; 61:16; 62:31; 65:2,8; 71:4; 72:13, 20; 73:16,29; 76:4; 79:7; 81:36; 82:5; 84:6, 34; 85:7,22; 87:11; 91:33; 92:14; 94:8; 97:2; 98:4; 101:6; E:M-107:22; 114:28, 33, 37; 115: 14, 28, 36; 116: 19; 117: 5, 20; 118:14,22; 119:22; 120:28; 121:9; 122:24; 124:17; 125:37; 127:31; 128:3, 15; 129:1,6; 130:18,25; 131:24; 132:11; 134:15; 135:8,9,22; 136:34; 137:2,13, 34; 139: 25; 141: 25; 142: 37; 143: 29; E: E-150: 28; 151:2; 154:34,38; 156:18, 34; 157: 11; E: V-162: 2, 6, 20; 163: 4; 164:9; 167:33; 168:20,28; 169:18; 170:1, 35; 172: 15, 26, 36; 173: 35; 175: 28, 38; 177: 19, 21; 179: 1; 180: 34; 182: 4, 12, 22; 184: 19; 185: 29, 33; 186: 11, 25; 192:35; 193:9,19; E:B-197:22; E:F-200:19; 204:28; 206:4; E:C-226:24; E:Z-237: 17; 244: 23; 245: 1; 249: 30; 251: 9; 253:31; 260:14; E: AN-262: 17; 266: 28, 33; 267:2; 268:24; 271:17; 280:10; E:AB-284:34; 290:35; KS-331:22; 339:12; 340:1; 341:6,22; 343:17; 379:33 (172)
fragten E:K-82:23; 100:2; E:V-192:10; 193:3; E:F-214:33; E:AN-278:35
gefragt E:K-26:21; 67:18; E:F-209:38; E:C-222:10; 228:3; KS-354:20,21; 388:35; 429:5

Fragment
Fragment KS-328: 12; 383:3; 420: 28; 456:25
Fragmente E: K-68 : 13; KS-338 : 14; 454:6

françaises
françaises E:AB-286:7

François
François KS-385:6

Franecker
Franecker KS-413:4

Frankfurt
Frankfurt E:AN-263:31; 265:24; KS-316:3,4; 414:8; 419:22

frankieren
frankiert KS-448:2

Frankreich
Frankreich E: V-168: 29, 34; E: AN-274:26; 276:2; 277:16; E:AB-286:30; KS-321:25; 354:2; 419:9

Franz
Franz E:K-89:13; 101:16; KS-350:29; 352: 15, 20; 353: 34; 354: 4; 382: 16, 32; 434:33 (10)
Franzens KS-352:22; 360:2

Franzeska
Franzeska E: AN-271:33; 272:30, 36; 273:5,26

Franzose
Franzose E:V-164:13; 177:10; E:AB-283:4; KS-319:15; 337:20
Franzosen E:V-177:24; E:AN-263:33; 264:2,9,31; 265:2,10; 268:15; KS-351:28; 352:28; 353:2; 354:7,15,19; 358:14,35; 359:30; 365:4; 368:11; 369:14; 373:10; 375:1,14; 380:28; 382:23; 408:33 (26)

Franzosen-Billigkeit
Franzosen-Billigkeit E:AN-262:10

französisch
fr. E:AB-283:13
französische KS-361: 10, 16; 363: 5; 385:7; 403:24,35; 432:3,6; 437:18
französischen E:M-105:36; E:V-160:2; 161:30,35; 164:12; 168:38; 169:28,37; 191:23; 195:8; E:AN-262:12; KS-335:4; 361:1,8; 363:24; 368:19,32; 369:2; 395:27; 403:28; 404:1,3; 411:24; 414:27; 420:18, 21; 430:4,30; 434:1 (29)
Französischen KS-411:28
französischer E:AN-268:16; 269:3; KS-430:2
französisches E:AN-269:1

Frau
Frau E:K-20:31; 22:30; 25:26,38; 27:27; 28:31,38; 29:3,18,25; 34:2; 46:28; 47:2, 18; 82:11,29; 84:8; 90:28,32; 91:1,21,23, 28,32,36; 92:13; 94:4,13; 96:7,11; 97:4, 32; 98:12; 99:12; E:M-104:17; 107:11; 108:13; 109:21,23,26; 110:35; 111:3, 12; 112: 6; 117: 5; 120: 13; 121: 3, 8; 122: 9; 123: 13, 30, 32, 35; 124: 2, 20; 128:14,22; 129:7; 130:19; 131:26, 28,34; 132:20; 133:22,23,26,27,34; 134:4, 18,21,29,32; 135:34; 136:2,26; 137:3, 8,15,22,24,30; 140:23; 142:2; 143:18, 28; E:E-147:18; E:V-160:17; 168:22; 188: 20, 32, 36; 195: 3; E: B-196: 7, 10, 12, 22; E: F-199: 4, 7; 205: 9; 209: 2; 213: 12; E: C-219: 27; 220: 6, 10, 30; 221:8; 222:14; 224:35,38; 225:25,28, 36; 226: 10, 19, 31, 32; 227: 38; 228: 6, 9; E: Z-233: 8; 235: 12, 14, 16; 236: 16, 32; 237: 33; 239: 27; 240: 32; 242: 7, 31, 36; 243: 10, 16, 31, 35; 244: 19, 25, 36; 245:2,8,17,22; 247:14,17,32; 248:7,12, 24; 249:25,30; 251:30; 252:17; 254:20, 27; 255: 25; 256: 7, 38; 261: 2; E: AN-268: 30, 31, 35; 273: 28; 276: 3, 5, 8, 14, 20, 28, 36; 277: 10, 12, 28; E: AB-289:20,29; 290:31; 291:4; KS-330:28, 38; 331: 1; 334: 19; 387: 11; 401: 8, 11; 403:21; 411:29; 419:8,28; 423:7, 12; 437:27,30,35; 438:3,7,18,23,29; 439:3, 8,12,14,17,29,36; 440:1; 450:26 (207)
Frauen E: K-96: 38; E: M-105: 10, 27; 106:3; 140:7; E:E-144:15; E:C-218:35; 221:16; 225:21; E:Z-236:33; 237:6; E:AN-272:23; E:VAR-296:8; KS-343:22; 346:16 (15)

Frauenstift
Frauenstift E:Z-236:5

Fräulein
Fräulein E:Z-235:35; 239:18

Fräuleinstift
Fräuleinstift E:K-33:37

frech
frechem E:E-156:27
frechsten E:C-218:7; E:VAR-295:21

Frechheit
Frechheit E: V-169: 12; E: F-207: 18; 213:26; E:Z-248:17

frei
frei   E:K-16:20; 18:2; 55:17; 75:22,27;
E:M-112:31; 139:35; E:V-175:21; E:Z-
230:11; KS-306:15; 308:27; 335:6; 370:37;
402:15; 410:10   (15)
freie   E:K-75:15; 94:9; E:V-187:18; KS-
344:7
freiem   E:K-41:3
freien   E:K-15:1; E:Z-231:27; KS-405:2;
455:32
Freien   E:K-86:1; E:M-126:8; E:E-146:9;
149:16; E:F-199:17
freier   E:K-100:11; KS-378:14; 441:34
freies   E:K-45:13; 46:8; 47:28; 52:11;
53:11; E:Z-233:32; 234:12; KS-324:20;
325:21

Freibillet
Freibillets   KS-414:30

Freier
Freiers   E:AN-273:4

Freiexemplar
Freiexemplare   KS-453:10

freigebig
freigebig   KS-331:36

Freiheit
Freiheit   E:K-26:10,30; 28:28; 54:25;
82:35; 85:30; 86:24; 96:17; 97:26; E:M-
106:16; 107:17; E:V-160:11; 170:7; E:Z-
240:16; KS-356:30; 360:7,26; 375:12;
381:20; 387:33; 394:10; 404:20; 405:3;
454:33   (24)
Freiheiten   E:K-67:20

Freiheitskrieg
Freiheitskriege   E:AN-280:17

Freiheitsschlacht
Freiheitsschlacht   KS-373:10

Freiherr
Freiherr   E:K-60:12,16; 61:3,7,15; 73:7,
13,20,31
Freiherrn   E:K-60:1; 62:15; 70:10,16,
21; 72:34; KS-457:13

freilich
freilich   KS-302:35; 303:5; 305:12;
306:38; 309:3; 315:24; 408:35

freimütig
freimütige   KS-459:12
freimütigen   KS-459:21

Freimütigkeit
Freimütigkeit   E:K-49:9; E:M-119:36

Freising
Freising   E:K-100:13,27

freisprechen
freigesprochen   E:Z-242:15

Freistaat
Freistaaten   KS-333:17

freistehen
steht   KS-437:9

freistellen
freigestellt   E:K-72:27

freiwillig
freiwillig   E:E-147:28; 158:17; KS-
306:13; 315:19; 443:4
freiwillige   E:Z-241:17; KS-358:26;
404:4
freiwilligen   KS-358:17
freiwilliges   KS-309:31

fremd
fremd   E:K-43:14; 45:38; E:V-174:27;
E:F-201:8; 210:16; KS-313:19; 332:5;
361:7; 374:26; 376:1; 423:4   (11)
fremde   E:K-49:27; E:M-127:21; E:E-
149:31; E:F-208:18; KS-408:35
Fremde   E:K-34:16; E:M-128:15;
E:V-162:3; 163:3,15,21; 164:3,12,
23,34; 165:25,38; 166:15,28; 167:4,
16; 168:10,19,20,29; 169:2; 170:2,
37; 171:23; 172:22,28,36; 173:5,25,
29; 174:8,38; 175:6; 177:37; 179:11,
17,33,37; 180:8; 181:2,13,23; 182:23,
25; 184:20,29; 185:29; 186:1,8,9; 187:3,
22; E:C-221:5; KS-385:6   (54)
fremden   E:K-11:9; 44:30,34; 48:27;
E:M-115:18; E:V-176:23; 177:5; 180:26;
181:1; E:F-205:30; KS-377:26; 416:26;
449:11   (13)
Fremden   E:K-15:11; 17:5; 86:3; E:V-
161:22; 162:33; 163:28,31; 167:22,34;
169:18; 171:17,19; 173:1,22; 176:16,19;
178:11,22; 179:5; 180:5,17; 181:7,20;
182:16,38; 183:5,8,31; 184:37; 185:3,
29; 186:12,25; E:B-196:23; E:C-225:34;
226:2; KS-345:19   (37)
fremder   KS-353:18; 429:8

fremdartig
fremdartigen   KS-311:15

Fremdenzimmer
Fremdenzimmer   E:B-197:37

Fremdling
Fremdling   E:E-150:38; 159:13; E:V-186:38; KS-378:21

fressen
fraß   E:Z-255:8
fraßen   E:K-61:25
fressen   E:AB-285:3
fressend   E:K-38:7
gefressen   E:K-35:3; E:AB-284:36; KS-322:13

Freude
Freude   E:K-10:3; 20:34; 24:4; 29:16; 66:13; E:M-106:33; 110:19; 116:32; 117:33; 118:13,30; 119:6; E:F-201:19; 208:37; 210:21; 211:12; E:Z-232:11; 235:37; 256:24; E:AN-275:18; 277:9; KS-301:17; 310:1; 442:23   (24)
Freuden   E:K-81:9; E:M-112:8; 138:26; KS-303:6; 306:2; 310:19

Freudenbezeugung
Freudenbezeugungen   E:AB-287:26

freudenleer
freudenleer   KS-309:37

freudenreich
freudenreiche   KS-310:3

freudig
freudig   E:K-102:9; E:E-152:24; E:V-188:7; KS-306:19; 314:32
freudigem   KS-345:18
freudigen   E:M-134:14; E:Z-239:21
freudiger   E:E-152:30; E:Z-229:13

freuen
freue   E:K-51:14
freuen   E:K-51:19; E:E-159:16
freut   E:AN-273:29; KS-302:32; 310:34
freute   E:K-17:9

Freund
Freund   E:K-72:14; 93:21; 100:6; E:M-128:16; E:V-193:16; E:C-217:2; 219:20; 226:9; E:Z-239:11; 240:27; 248:19; 250:21; E:AN-262:16; 264:8; 265:35; 279:21; E:AB-289:6; E:VAR-294:17; KS-301:20,26,30; 302:5,16,22, 32; 303:10,17,21,30; 305:29,35; 306:6, 23,25; 307:17,31,37; 308:14; 309:4,

17; 310:4,13,24; 311:9,22,32,36; 312:12, 16,36; 313:11,30,35; 314:3,6,14,22, 27,33; 319:4; 341:32; 345:20; 347:15, 30; 367:15,16; 378:17; 385:27; 387:7; 394:26; 405:11; 407:19; 415:11,18; 456:27   (75)
Freunde   E:K-32:8; 34:13; 61:12; 63:19; E:V-180:28; 192:17,32; E:F-203:38; E:C-222:28; 223:1,11; 224:19; E:Z-230:13; 232:31; 233:1,5,11; 234:11; 236:2; 255:10; E:AN-276:15; 279:6; E:AB-290:31; KS-331:1; 394:33; 415:22; 423:13; 436:22; 443:16   (29)
Freunden   E:K-11:5; 21:19; 61:38; 100:10; E:F-213:38; E:C-222:11; E:Z-232:28,34; KS-306:16; 450:19   (10)
Freundes   E:K-72:21; 93:34; E:V-174:35; 185:16; E:Z-244:15; 247:23; 259:38; KS-423:20; 449:31; 456:2   (10)

Freundin
Freundin   E:E-150:18; 151:24; E:V-173:32; E:C-225:1,32; E:Z-254:27; E:AN-272:26; KS-315:30,36; 316:18; 318:27; 434:3,17; 436:38; 437:8   (15)
Freundinnen   E:E-145:10; E:C-218:31; E:Z-239:20

freundlich
freundlich   E:K-28:19; E:V-172:36; 173:34; 179:20; 192:5; E:F-203:13; 209:22; E:C-222:31; 228:7; E:Z-230:9; 244:31; KS-344:14; 442:11   (13)
freundliche   E:K-22:35; 67:17
freundlichen   KS-417:13
freundlicher   KS-411:31

Freundlichkeit
Freundlichkeit   E:K-55:25; E:E-151:13

Freundschaft
Freundschaft   E:K-52:29; 85:23; E:AN-275:30; KS-368:16; 416:11; 434:22

freundschaftlich
freundschaftlich   KS-454:33
freundschaftlichem   E:K-82:19
freundschaftlichen   E:Z-232:7; KS-391:23

Frevel
Frevel   E:K-36:38; E:F-213:3; E:Z-234:33; 242:31; 259:12
Freveln   E:K-17:4
Frevels   E:K-21:8; E:E-156:2

Fronleichnamstag
Fronleichnamstag   E:C-216:17; 225:26;
E:VAR-293:35

Front
Front   E:AN-278:21

Frucht
Früchte   E:E-150:5; KS-347:33
Früchten   E:K-80:16; KS-351:9,16

Fruchtbeete
Fruchtbeete   KS-379:20

früh
früh   E:V-184:5; E:F-201:27; KS-355:3;
365:31; 402:13,30; 412:15; 460:16
früher   E:K-35:35; E:M-128:30; 135:1;
E:V-168:2; E:AN-266:16; 272:1; KS-
420:33
frühere   E:K-75:10,17
früheren   E:K-29:10; 79:11; E:E-147:5;
E:AB-286:10; KS-304:8; 316:28
früherer   E:K-80:10
frühern   KS-319:10
frühesten   KS-435:26

Frühe
Frühe   E:Z-257:5; E:AN-266:5; 273:33

früherhin
früherhin   E:K-87:36; E:C-227:31; E:Z-
242:6

Frühjahr
Frühjahr   E:K-96:28; KS-383:13; 401:17
Frühjahrs   E:K-17:27

Frühling
Frühling   E:Z-251:14; E:AB-287:10; KS-
399:23
Frühlinge   KS-379:26

Frühstück
Frühstück   E:K-59:28; E:M-131:32;
E:E-151:4; E:V-181:20; 182:16

frühstücken
frühstücken   KS-441:10
frühstückte   E:K-54:17

Fuchs
Fuchs   E:K-26:38; 28:30; KS-321:38;
322:15; 401:13
Füchse   KS-328:5
Fuchses   E:M-132:8

fügen
füge   E:K-47:6
fügt   E:K-47:3
fügte   E:F-208:12; E:C-217:21; E:AN-
270:8; E:VAR-294:35

füglich
füglich   KS-343:8
füglicher   E:K-89:28

Fügung
Fügung   E:K-17:15; E:Z-247:37

fühlbar
fühlbar   E:F-214:25

fühlen
fühle   E:M-111:27; KS-302:36; 317:29;
318:14; 437:14
fühlen   KS-305:36; 311:34; 323:6; 324:20;
351:20
fühlst   E:K-28:26
fühlt   E:AB-286:36; KS-370:17; 376:17;
404:32
fühlte   E:K-39:8; E:M-109:14; 129:38;
138:33; E:F-212:11; E:C-226:11; E:Z-
239:6; 246:20; 250:12; KS-305:26; 306:14;
443:16   (12)
fühltest   KS-316:29
gefühlt   KS-456:1

führen
führe   E:K-45:22; 51:30; 84:13; 86:4;
94:28; 97:3; E:V-176:34; E:C-221:6; E:Z-
244:24; KS-342:33   (10)
führen   E:K-15:28; 28:32; 31:17,
27; 54:35; 58:13; 61:37; 62:33; 86:27;
E:M-116:15; 123:3; E:E-154:10; E:V-
166:5; 175:8; 183:27; E:C-218:38; 220:32;
E:Z-233:19; 241:7; 257:34; 260:8; E:AN-
276:16; E:AB-284:24; E:VAR-296:10;
KS-315:20; 344:28; 352:14; 369:26;
377:18; 393:13; 416:25; 427:12   (32)
führend   E:K-29:25; KS-433:18
führenden   E:K-54:3
führst   E:K-43:14
führt   E:K-9:10; E:V-163:26; 177:14;
E:Z-245:3; E:AN-267:34; KS-309:7;
322:17; 323:24; 365:5; 381:17; 388:29;
412:21; 413:15; 423:2; 428:32; 433:22
(16)
führte   E:K-12:37; 13:18; 15:34; 32:32;
37:7; 40:7; 58:2; 82:17; 91:11; E:M-
105:37; 115:18; 133:37; 139:5; E:E-
154:25; 155:4; E:V-171:17; 188:21;

E:F-199:6; 204:13; 208:18; E:Z-244:26;
245:22; 257:13; 261:2; E:AN-263:16; KS-
344:24; 442:17,28 (28)
führten E:K-32:19; 35:20; 54:10; 63:21;
74:9; E:C-220:17; KS-344:30
geführt E:K-18:10; 65:32; 75:25; 81:14;
100:27; E:M-122:19; E:V-189:9; 190:24;
E:F-214:21; KS-358:19; 359:30; 377:21,
29; 381:18; 383:9 (15)
geführte E:K-53:23

Führer
Führer E:V-167:31; 182:6; 187:32; E:Z-
238:26; 239:5; 256:27; E:AN-269:11;
KS-358:28,33

Führerin
Führerin KS-303:20

Führung
Führung E:K-21:1

Fuhre
Fuhren E:K-17:34

Fuhrwerk
Fuhrwerk E:K-29:27; 73:5; E:Z-238:37;
239:15; KS-397:28

füllen
füllen E:M-126:29; KS-314:6
gefüllt KS-308:32; 425:31; 427:31
gefüllte E:M-106:27

Füllung
Füllung KS-389:25; 410:26

Fund
Fund E:Z-253:1; KS-432:14

Fundament
Fundament KS-335:2

fünf
fünf E:K-37:36; 41:11; 67:10; 76:15,
35; 79:23; 86:1; 94:18; E:M-108:8; 114:5;
E:V-164:26; 165:14; 187:35; 195:3; E:Z-
231:20; E:AN-266:30; 277:5; E:VAR-
297:2; KS-324:8 (19)
fünfte KS-384:26
fünftes KS-353:16

fünfhundert
fünfhundert E:K-39:36

fünfjährig
fünf- KS-413:5
fünfjährige E:V-189:16

fünftausend
fünftausend E:K-78:31

fünfthalb
fünfthalb E:AB-289:37

funfzehn
funfzehn E:V-168:22; 172:27
funfzehntes KS-359:21
funfzehnten E:F-201:29

funfzehnhundert
funfzehnhundert KS-443:28

funfzehnjährig
funfzehnjährigen E:V-161:8

funfzig
funfzig E:K-37:5,27; E:E-154:29; KS-
435:37

Funke
Funken E:Z-250:26; KS-330:5

funkeln
funkelnd E:M-140:28
funkelnde E:C-225:9
funkelnden E:K-102:3; E:Z-232:37
funkelte E:C-222:27
funkelten E:V-175:34

für
f. KS-431:24
für E:K-9:8; 10:11,22; 11:33,36,
37; 15:15; 16:11,12; 18:3,15,20; 20:21,
33; 22:16,20,35; 23:18; 25:2; 26:15; 27:3;
28:10; 30:31,33,33; 38:31; 41:10; 47:11,
31; 50:7,24; 51:8,12; 52:29; 53:18; 54:6,
32; 60:20; 65:20,28; 67:19; 68:6;
71:21; 76:22; 77:18; 78:13,36; 84:23,
31; 86:34,35; 91:6,19,22; 93:25;
94:38; 95:14; 97:17,21,25,31; 98:2,11,
21; 99:34; 100:31; 101:24,38; 102:22;
E:M-109:12,14; 110:16; 111:23,33,
36; 112:15,31; 113:34; 115:18,22; 119:33,
38; 120:38; 121:26; 122:22; 123:13,
34; 126:27; 128:10,15; 129:38; 130:12;
138:13; 139:3,15; 140:15; 141:34; E:E-
147:3; 148:22; 150:26; 151:2; 152:35;
153:18,36; 154:8; 156:24; 157:16; E:V-
163:5; 165:12,21; 166:33; 167:8,17,
19; 168:9; 171:18; 172:11; 175:10,
30; 178:30; 179:14,22; 185:4,9; 191:5,
5; 195:6; E:F-199:15; 201:28; 202:6;
203:21,23,25; 205:35; 206:1; 213:34;
E:C-217:9; 220:25; 223:14; 224:9,

E:Z-232:7; 243:22; 247:12; 256:8; E:AN-279:8,30,36; E:AB-283:32; KS-343:27,34, 36; 374:4; 384:18; 397:11; 444:14   (27)

Fuße   E:B-196:2; KS-343:24

Füße   E: E-156:26; E:V-171:38; E:Z-251:4,12; E:AB-284:6; 287:19; KS-346:13

Füßen   E:K-19:36; 27:26; 32:33; 45:7; 62:3,38; 97:33; E:M-108:32; 118:30; 125:24; 128:32; 131:37; 134:26; 135:1, 30; 138:6; E:E-145:38; 151:11; E:V-178:21; 185:17; 193:30; E:F-207:2; 213:11; E:Z-237:24; E:AN-272:11; E:AB-286:32; 290:14; 291:1; KS-331:29; 355:18; 376:23; 442:31   (32)

Fußbad
Fußbad   E:V-171:22

Fußboden
Fußboden   E:E-146:6; E:V-179:35; E:F-213:22; E:Z-236:28; 238:11; 239:30
Fußbodens   E:VAR-296:37

Fußbote
Fußboten   KS-387:23

Füselierung
Füselierung   KS-365:25

fußen
fußen   E:K-65:11

Fußfall
Fußfall   E:E-153:10
Fußfalles   E:E-153:15

Fußgarde
Fußgarde   KS-403:7

Fußnote
Fußnote   KS-450:17

Fußteppich
Fußteppich   KS-399:22

Fußtritt
Fußtritt   E:K-32:20; 57:2; E:Z-246:25, 33; KS-380:2
Fußtritten   KS-376:37
Fußtritts   E:Z-254:10

Fußvolk
Fußvolks   E:K-34:22

Futter
Futter   E:K-14:4,22; 18:2

Futterkosten
Futterkosten   E:K-18:3

füttern
fütterte   E:K-81:34; KS-353:12
gefüttert   E:K-30:36; E:VAR-293:18; KS-352:36

G...
G...   E:M-104:13,25; 109:23,26,34; 117:5; 121:3,8; 122:9; 123:13; 124:38; 131:26, 28,35; 132:20; 133:23,25,27,34; 134:4,18, 21,32; 135:34; 136:3,26; 137:3,8,15,22,24, 31; 140:23; 143:19; KS-342:23; 344:18,31, 37; 345:8   (39)
G...s   E:M-104:17

Gabe
Gabe   E:K-96:9; KS-423:21

Gabel
Gabeln   E:V-194:28

Galerie
Galerien   KS-336:20

Galgen
Galgen   E:K-43:17; 68:17; 77:16; E:E-151:38; E:F-214:28; 215:7; E:AN-270:17; E:AB-290:38; KS-309:34

Galgenstrick
Galgenstrick   E:K-19:22; E:AN-265:5

Gallenfieber
Gallenfieber   E:V-169:13

Gang
Gang   E:E-148:14; E:V-171:18; 183:30; E:AN-270:19; KS-399:36; 420:20
Gange   E:V-173:18
Gänge   E:M-128:26; E:Z-257:14
Gängen   E:E-153:23

Gans
Gänse   E:K-19:4

ganz
ganz   E:K-17:26; 23:22; 24:6; 29:13; 40:11; 42:13; 54:13; 55:32; 61:27; 63:37; 66:4; 67:33; 68:9; 84:30; 85:8; 99:10, 22; 102:7; E:M-114:5; 120:13, 15, 16; 122:17; 126:12,18,20; 129:3; 131:13, 18, 32; 134:38; 136:31; 137:28; 138:2, 7; 139:2; 142:22; E:E-148:15,34; 149:13; 151:31; 156:1; 158:19; E:V-161:10; 168:8; 178:26; 184:11; 188:27; 194:5,

13, 16; E: F-203: 36; 205: 38; 207: 4, 8, 12, 16; 212: 22, 24; 215: 16; E: C-222: 21; E: Z-230: 21; 241: 3, 14; 243: 38; 249: 7, 20; 251: 1, 12; 257: 20; 258: 21; E: AN-263: 32; 264: 4; 265: 31; 267: 1; 276: 13; E: AB-289: 11; 290: 15; E: VAR-297: 11, 14, 19; KS-303: 5; 305: 18; 307: 3; 313: 30; 316: 38; 317: 30, 36; 318: 7, 16; 321: 9; 322: 32; 323: 38; 326: 6; 327: 1, 25, 34; 328: 9; 330: 33; 334: 27; 336: 12, 38; 337: 7; 340: 5; 343: 21; 345: 2, 6; 347: 6; 348: 19, 21, 32, 33; 361: 9; 362: 14; 367: 6, 11; 369: 3; 383: 12; 384: 29; 385: 35; 388: 24; 390: 25; 392: 7; 393: 7, 35; 395: 16; 396: 9; 397: 17, 36; 399: 13, 28; 402: 31; 405: 36; 406: 16, 37; 407: 15; 410: 6, 20, 35; 412: 4; 413: 35; 415: 6; 416: 14; 418: 3, 28; 426: 28; 431: 7; 432: 23; 436: 9, 33; 437: 3, 12; 454: 11; 456: 9 (154)

ganze E: K-11: 11; 12: 31; 16: 9; 33: 27; 37: 8; 41: 17; 45: 18; 51: 2, 32; 53: 3, 35; 56: 13; 61: 7; 64: 1; 66: 24; 67: 38; 71: 7; 73: 24; 79: 35; 80: 14, 17; 81: 9; 94: 37; E: M-107: 27; 108: 7, 15; 109: 14, 30; 111: 27; 115: 1; 127: 4; 128: 6; 143: 26, 27; E: E-144: 31; 146: 1, 9; 148: 16, 21; 152: 17; 154: 23; 155: 32; 157: 4; E: V-160: 30; 163: 33; 166: 25; 169: 35; 172: 11, 34; 179: 10; 180: 11; 184: 25; 185: 1; E: F-202: 9; 205: 6; 215: 10; E: C-219: 5; 221: 35; 226: 37; E: Z-230: 16, 37; 231: 21; 234: 2; 243: 24; 255: 4, 11; 261: 8; E: AN-264: 13; 265: 13; 273: 10; 280: 4; 281: 29; E: AB-288: 7; 289: 7, 34; E: VAR-296: 14; KS-301: 18; 302: 8; 307: 20; 312: 34, 35; 318: 25; 320: 24; 323: 15; 334: 29; 341: 20; 347: 29; 352: 8; 370: 33; 373: 23; 377: 4, 13; 399: 32; 402: 17; 403: 17; 405: 22; 409: 9; 414: 14; 420: 24; 426: 21; 431: 23; 443: 3; 447: 11; 453: 25; 455: 23 (105)

Ganze KS-339: 33; 386: 13; 399: 2; 458: 15; 459: 4

ganzen E: K-20: 31; 33: 31; 37: 15; 38: 17; 44: 21; 53: 16, 18, 24; 55: 27; 56: 20; 61: 29; 63: 13, 27; 66: 14; 68: 12; 72: 30; 73: 30; 81: 5; 83: 2; 84: 14; 86: 26, 34; 88: 2; 98: 38; E: M-112: 11; 115: 22; 116: 13; 121: 15; 123: 18; 126: 1, 6; 131: 11; 136: 9; 143: 17; E: E-155: 17; 157: 20; 159: 5; E: V-165: 25, 34; 166: 6; 184: 12; 186: 17; 187: 13; 188: 11; 189: 1; E: F-207: 37; 209: 35; 213: 37; E: C-219: 2; 224: 24; 227: 19, 23; E: Z-229: 13;

237: 2; 240: 30, 38; 244: 35; 249: 14; 255: 7, 9; 258: 5; E: AN-264: 11; 271: 12; 273: 38; 274: 33; 275: 26; 278: 29, 37; E: VAR-296: 12; 297: 36; KS-302: 2; 308: 25; 309: 26, 36; 312: 32; 321: 9; 324: 21; 333: 38; 334: 33, 33; 338: 17; 352: 30; 370: 15; 374: 17; 379: 11; 382: 9; 384: 25; 390: 27; 393: 20; 395: 27; 396: 31; 405: 29; 413: 16; 417: 1; 439: 20; 452: 28; 457: 7, 20; 458: 1, 29; 459: 13 (101)

Ganze E: K-78: 5; KS-311: 24; 386: 15; 391: 21

ganzer E: K-55: 27; E: M-130: 21; E: Z-255: 15; KS-306: 20; 313: 37; 316: 25; 399: 23

ganzes E: K-12: 7; E: E-145: 35; E: AN-272: 16; 275: 5; E: AB-283: 13; 286: 24; KS-301: 15; 312: 20, 21; 432: 33 (10)

gänzlich

gänzlich E: K-21: 37; 41: 33; 43: 4; 56: 33; 59: 37; 68: 34; 78: 8; E: E-155: 36; E: F-212: 3; E: C-217: 37; 219: 13; 227: 28; 228: 10; E: Z-234: 22; 238: 5; E: AN-272: 18; E: VAR-295: 13; 296: 15; 297: 33; KS-323: 35; 330: 14; 340: 30; 370: 29; 397: 35; 398: 12, 18; 404: 30; 410: 32; 414: 34; 423: 17; 437: 34 (31)

gänzliche E: M-105: 15; E: E-146: 4; KS-361: 6; 364: 13

gänzlichem E: Z-234: 1

gänzlichen E: K-40: 36; 56: 34; 74: 14; 86: 20; KS-415: 5

gänzlicher E: Z-251: 26

gänzliches KS-435: 26

gar

gar E: K-12: 11; 22: 4; 24: 27; 26: 13; 40: 11; 49: 20; 51: 18; 57: 22; 69: 6; 70: 5; 78: 29; 83: 18; 85: 5, 6; 93: 32; E: M-111: 7; 123: 5; 126: 18; 132: 38; E: E-151: 23; 152: 38; E: V-171: 27; 172: 13; 177: 10; 178: 26; 180: 37; 186: 26, 30; E: F-202: 27; 206: 7; 208: 24; 210: 35; E: C-227: 31; E: Z-234: 35; 238: 22; 239: 21; 241: 14, 32; 247: 35; E: AN-262: 23; 265: 31; 276: 13; 278: 22; E: AB-284: 11; KS-307: 7; 316: 33; 321: 2; 322: 38; 325: 30; 326: 24; 332: 4; 335: 27; 336: 38; 337: 7; 342: 10; 343: 10; 345: 13, 32; 346: 16, 29; 347: 8, 26; 348: 11, 21; 349: 8; 358: 9; 359: 25; 370: 20; 378: 22; 381: 26; 384: 24; 393: 35, 36; 394: 15; 400: 20, 34; 406: 38; 409: 11, 14; 410: 1, 20, 35; 412: 5; 416: 17; 417: 6; 429: 17, 20; 431: 16; 455: 9 (89)

Garaus
Garaus KS-322:11

Garde
Garde KS-436:16

Gardedukorps
Gardedukorps KS-402:36

gardes
gardes E:AB-286:7

Gardine
Gardine KS-417:36

gären
gärt KS-376:24
gärte KS-434:29
gärten E:V-175:24; KS-372:30

Garnerin
Garnerin KS-388:30; 390:28; 394:1
Garnerins KS-390:25

Garnison
Garnison KS-371:18

Garnitur
Garnitur KS-399:18

Garten
Garten E:K-71:9; 91:11; E:M-128:26;
129:37; E:AN-270:32; 276:19; KS-338:30
Gärten E:V-175:24; KS-372:30
Gartens E:M-128:25; E:V-195:13; KS-390:9

Gartenlaube
Gartenlaube E:M-126:26

Gartenpforte
Gartenpforte E : Z-252 : 5; 256 : 32;
257:11

Gärtner
Gärtner KS-379:18,27; 400:26,28
Gärtners E:K-91:4; KS-379:16

Gärung
Gärung KS-309:5; 382:8; 435:1

Gasse
Gasse KS-372:2

Gast
Gast E:K-17:29; E:M-112:5; 113:26;
E:V-181:29
Gäste E:K-18:30; 31:10; E:M-143:13;
E:AN-267:36; 272:29
Gästen E:AN-273:26

Gastfreundin
Gastfreundin E:F-209:24; E:Z-240:35

Gasthaus
Gasthäusern KS-365:23

Gasthof
Gasthof E:K-30:1; E:C-216:12; E:AN-264:5; 279:24; E:VAR-293:30; 294:7
Gasthofe E : M-128 : 22; E : C-216 : 24;
222:8

Gastmahl
Gastmahl E:AB-284:31

Gastrecht
Gastrecht E:V-176:38

Gastrolle
Gastrollen E:AN-270:2

Gastwirt
Gastwirt E:AN-263:31; E:VAR-296:22,
33; KS-384:32

Gatte
Gatten E:M-130:30; E:AN-273:2

Gattung
Gattung E:K-54:34; E:M-127:10; E:V-177:17; 179:10; E:AB-287:8; KS-314:8;
325:34; 410:16

Gaul
Gaul E:K-58:31,33; 59:4
Gaule E:K-14:16; 15:29; 24:32
Gaulen E:K-12:1; 14:2

Gauner
Gauner E:K-19:29; 75:35

Gaunerei
Gaunerei E:K-93:3

Gaunerin
Gaunerin E:V-185:32

Gebälk
Gebälk E:E-146:12

Gebärde
Gebärde E:K-27:22; 33:22; 85:8; E:F-215:8
Gebärden E:M-105:23; 134:24; E:V-179:38; KS-344:8

gebärden
gebärdete E:M-138:3

Gebärdenspiel
Gebärdenspiel   KS-323:10

gebären
gebar   E:M-124:13
gebären   E:M-104:9; 109:27
geboren   E:K-27:11; 59:36; E:V-165:23;
168:24; E:F-199:7; 205:1; E:Z-235:38;
KS-350:9,11; 379:4   (10)
geborne   KS-423:7

Gebäude
Gebäude   E:K-32:21; 38:9; E:M-105:19;
E:E-148:16, 26; 149:17; E:V-183:30;
E:AB-285:27
Gebäudes   E:E-146:3; 149:12

Gebeine
Gebeine   E:B-198:32
Gebeinen   E:V-162:26

Gebell
Gebell   E:V-162:34

geben
gab   E:K-10:11, 38; 13:29; 18:38;
22:7; 27:2; 29:19; 32:35; 34:17;
37:27; 38:23; 42:21; 43:23; 45:15;
60:38; 82:1; 100:31; E:M-106:16,
20; 107:17; 108:8; 126:12; 127:36; 130:15;
E:E-147:18; 151:1; 153:21; E:V-162:31;
170:35; 172:14; 180:24; 184:18; 187:8;
191:17; 192:24; E:F-203:22; 214:24; E:Z-
232:9; 241:35; E:AB-286:18; 287:23;
KS-321:31; 370:32; 394:11; 413:19; 428:1,
20; 439:25; 442:14,18; 443:31   (51)
gäbe   E:K-14:12; E:E-151:36; KS-349:8;
401:34
gaben   E:K-13:15; E:V-192:2; KS-
390:20; 428:7
gäben   KS-356:13
gebe   E:K-83:27; KS-317:18; 366:26
geben   E:K-20:24; 23:36; 25:4,21; 28:34;
30:7; 43:31; 66:20; 80:7; 93:21; 97:24;
102:28; 103:6; E:M-106:7; 108:18;
114:23; 117:15; 118:11; E:E-145:28; E:V-
166:37; 169:15; 178:17; 191:8; E:F-202:3;
204:31; E:C-216:20; 219:37; 221:22,
32; E:Z-233:22; 234:17; 235:34; 245:7;
248:2; E:AN-277:11; 281:32; E:VAR-
294:3; KS-302:23; 307:37; 323:20;
325:30; 328:32; 331:3,32; 342:23; 348:11;
358:14; 366:2; 369:3; 370:24; 372:34;
375:18; 383:29; 388:2; 399:13; 410:37;
414:2; 415:1; 416:11; 425:15; 426:8,

11; 427:15; 437:11; 440:31; 449:28,
30; 460:18   (68)
gebenden   E:K-66:14
gebt   E:K-11:33; 55:12
gegeben   E:K-14:13; 15:2; 41:22;
45:23; 51:30; 61:6; 73:26; 95:4; 97:6,
27; E:M-112:9,38; 134:13; E:E-145:11;
E:V-166:24; 181:29; 182:23; 183:20; E:F-
211:30; E:C-218:24; E:Z-234:28; 245:10;
249:33; 254:23; KS-319:10; 324:27;
337:30; 353:23; 382:29,31; 395:25; 409:17,
32; 411:32; 415:13; 417:34; 429:15;
432:28; 433:14; 437:37; 439:18; 443:1;
444:7,32   (44)
gegebene   E:M-112:30
gegebenen   E:M-127:22; E:V-179:23;
E:C-223:8; KS-319:24; 392:12
gegebenes   E:M-139:23; E:V-169:26
gib   E:K-29:4; E:M-141:29,29,29; E:V-
170:32
gibt   E:K-14:12; 19:24; 45:34; E:M-
122:20; E:V-165:35; 185:35; E:AN-
265:11; 270:3; E:AB-283:6; KS-
305:38; 312:24,25,27; 313:6; 321:6,
37; 324:3; 326:23; 329:8; 332:6,
30; 338:16; 347:8; 357:29; 369:17; 380:8;
382:10; 405:16; 425:10; 433:26; 441:9;
442:8   (32)
gibts   E:K-9:28; 10:16; 19:24; E:V-
162:17; 185:33; E:AN-264:6; 271:26

Gebet
Gebet   E:E-147:12; E:V-183:18, 27;
E:AB-290:24; KS-325:17
Gebete   E:C-221:36
Gebeten   E:V-195:1

Gebetbuch
Gebetbuch   E:F-206:5

Gebiet
Gebiet   E:K-23:9; 90:12; KS-394:15;
424:1
Gebiete   E:K-9:23; KS-377:22

gebieten
gebietet   KS-316:19
geboten   E:K-15:13; E:Z-257:20

Gebieter
Gebieter   E:Z-251:6

Gebirge
Gebirge   E:AN-279:17

Gebirgswaldung
Gebirgswaldung   E:V-165:1

Gebiß
Gebiß   E:K-58:33; KS-325:8

Gebot
Gebot   E:K-13:5; 25:37; 26:16; E:V-178:3; KS-358:12
Gebote   E:K-39:34; KS-341:15; 428:29

Gebrauch
Gebrauch   E: K-22:20; 72:30; 74:11;
96:36; 97:21; E:V-173:24; E:F-211:36;
E:C-226:16; 228:2; E:Z-232:17; 243:35;
E: AN-262:29, 31; 281:2; KS-336:26;
337:29; 350:3; 405:1,2,3; 408:26   (21)
Gebräuche   KS-316:34; 317:5

gebrauchen
gebrauche   KS-320:6
gebrauchen   E: K-11:25; 75:30; KS-399:7,27; 404:22,23
gebraucht   E: K-14:6; 15:15; 24:33;
56:23; E:M-136:33; KS-375:10; 393:29;
441:38
gebrauchte   E:V-167:9

gebräuchlich
gebräuchlichen   E:F-209:12

Gebrauchspferd
Gebrauchspferden   KS-401:18

gebrechen
gebrach   KS-410:33; 444:25

gebrechlich
gebrechlich   E:B-196:30; KS-337:31
gebrechlichen   E:K-15:38; E:M-143:22
gebrechliches   KS-329:3

Gebrüder
Gebrüder   E:K-56:9

Gebrüll
Gebrülls   E:C-223:35

gebühren
gebühre   E:Z-230:26; E:AN-270:30
gebührt   KS-421:12

Geburt
Geburt   E:M-121:12; E:V-177:10; KS-370:2; 444:12

gebürtig
gebürtig   E:AN-270:26

Geburtshelferin
Geburtshelferin   E:M-124:16,27

Geburtstag
Geburtstag   KS-407:32
Geburtstages   KS-388:19

Gebüsch
Gebüsch   E:E-150:3
Gebüsche   E:Z-229:16
Gebüschen   E:K-81:2

Gedächtnis
Gedächtnis   E:M-123:7; 131:18; E:V-179:11; 182:21,31; E:F-208:24; KS-373:22

Gedanke
Gedanke   E: K-25:13; 88:35; 93:31;
E:M-110:36; 126:34; E:F-209:1; E:AN-272:17; E:AB-289:28; KS-317:23; 347:4,
33; 348:12; 378:12; 380:13; 406:34; 431:29
(16)
Gedanken   E: K-15:33; 25:11; 44:6;
45:25; 47:24; 67:12; 74:16; 81:6;
97:1; 98:35; E:M-140:24; E:E-145:16;
151:16; 153:13; E: V-173:11; 179:2,
15; 187:25; E:F-201:6; 207:28; 210:12;
E:C-225:23; 226:21,32; E:Z-254:2; 256:4;
KS-302:3; 318:14,15; 320:23; 322:23,
33; 324:13; 329:5; 347:27; 394:20; 405:21;
420:25; 434:19   (39)
Gedankens   KS-322:3; 323:16; 348:25;
385:23

Gedankenfülle
Gedankenfülle   KS-320:27

gedankenlos
gedankenlos   E:F-210:26

Gedankenlosigkeit
Gedankenlosigkeit   E:M-109:19

gedankenvoll
gedankenvoll   E:K-70:36; 85:15; 91:28;
E:V-169:17; 173:19,25; E:F-200:35; E:C-222:32

Gedärme
Gedärmen   E:AN-271:7

gedeihen
Gedeihen   E:K-27:8; 45:31

gedenken
gedachte   E:K-95:24; E:M-126:9; E:V-189:22; E:Z-241:7; E:AN-267:27
gedenke   E:AN-267:32,33; KS-308:22
gedenken   E:M-141:33; KS-341:24
gedenkst   E:M-136:11

Gedicht
Gedicht   KS-347:1
Gedichte   KS-347:16; 444:22
Gedichtes   KS-422:30,34

Gediegenheit
Gediegenheit   KS-414:16

Gedränge
Gedränge   E:E-155:8

Geduld
Geduld   E:K-23:38

gedungen
gedungen   E:Z-260:24

Gefahr
Gefahr   E:K-68:26; 72:24; 92:12; E:M-
114:9,12; E:E-152:31; 154:2; E:V-
163:38; 165:7; 176:26; 184:26; 186:26,
30; E:C-217:2,9; E:Z-238:30; E:AN-
277:33; E:VAR-294:17,23; KS-331:28;
372:22; 380:8; 390:3; 436:25; 440:24
(25)
Gefahren   E:V-187:5

gefährlich
gefährlich   E:M-138:12; E:V-176:21;
E:Z-232:21; KS-425:35
gefährliche   E:K-49:13; 63:35; E:B-
196:14; KS-324:23
gefährlichen   E:K-29:26; 37:9; 56:4;
69:1; E:V-183:3; E:F-201:34; KS-359:5;
365:12; 426:31; 428:11   (10)
gefährlicher   KS-428:30

Gefährte
Gefährten   E:AB-289:6

gefahrvoll
gefahrvoll   KS-428:16

gefallen
gefalle   E:M-117:21
gefallen   E:K-28:19; 52:13,19; 72:36;
86:14; 94:32; E:M-139:36; E:V-163:8;
168:7; 177:23; E:AN-270:4; 279:26,33;
KS-399:2; 406:35; 437:29   (16)
gefällt   E:M-117:22; KS-313:7; 325:28;
346:24; 435:2
gefiel   E:K-11:17; 20:12; E:E-154:24;
E:V-168:36; 172:37

Gefallen
Gefallen   E:M-132:26; E:AN-278:6; KS-
363:26; 405:31; 412:4

gefällig
gefällig   E:K-17:30
Gefälligen   KS-414:12

Gefälligkeit
Gefälligkeit   E:M-118:34; E:V-165:12;
167:24; E:B-197:5; E:F-206:15; E:C-
220:3; E:Z-238:26; KS-425:13
Gefälligkeiten   E:V-161:16; KS-416:10

gefälligst
gefälligst   E:M-115:15; 118:26; 132:33;
E:F-205:26; KS-371:8; 454:12; 459:18

Gefangener
Gefangenen   E:K-35:19; E:Z-254:32;
KS-364:24
Gefangener   E:K-71:25; 73:29; E:Z-
233:13

gefangennehmen
gefangenzunehmen   KS-369:26

Gefangenschaft
Gefangenschaft   E:V-188:30; KS-
421:22

gefänglich
gefänglicher   E:AN-281:18

Gefängnis
Gefängnis   E:K-31:6; 39:25; 63:19;
75:24; 94:17; 100:15; E:E-144:27; 145:13;
149:8; E:F-214:17; 215:4; E:Z-247:20,
32; 250:1; 254:24; KS-427:21; 430:24;
450:4   (18)
Gefängnisse   E:E-151:19
Gefängnissen   E:E-150:13
Gefängnisses   E:K-95:7; 100:27; E:E-
144:6; 145:38; 146:8; 147:9; E:Z-248:9

Gefängnisstrafe
Gefängnisstrafe   E:K-95:2; 102:6

Gefäß
Gefäß   E:M-141:21; E:V-171:33
Gefäßes   E:AN-280:7

Gefecht
Gefecht   E:M-108:20; E:AN-278:13; KS-
364:16
Gefechte   E:K-37:17; 40:31
Gefechts   E:M-116:17; E:AB-290:24

gefleckt
gefleckt   E:AB-288:14

geflissentlich
geflissentlich   E:M-116:14

Geflügel
Geflügel   KS-328:15
Geflügels   E:K-91:10

Gefolge
Gefolge   E:K-54:9; 55:22; 61:21; 72:12;
101:13; E:M-109:29; E:V-164:25; 184:36;
E:Z-234:19; 241:8; 247:15; 260:28; 261:2
                                          (13)

Gefühl
Gefühl   E: K-13 : 19; 14 : 8; 16 : 1, 5,
5; 24:30; E:M-107:4; 109:21; 117:22;
119:1; 121:21; 122:21,25; 123:9; 124:5;
127:6,13; 143:21; E:E-152:12; E:V-
170 : 38;   171 : 12, 30; 175 : 3; 177 : 31;
187 : 24; 193 : 8; E: F-208 : 30; 209 : 32;
214 : 27; E : Z-245 : 6; 253 : 37; 259 : 38;
260:11; E:AN-272:4; E:VAR-292:21; KS-
305:3; 310:31; 326:7; 328:20; 337:27,
32; 348:38; 377:29; 378:22; 439:8; 443:36;
444:27; 445:5   (48)
Gefühle   E:M-120:5; KS-305:37; 316:38;
317:2; 369:24
Gefühlen   E : K-102 : 7; E : M-130 : 18;
133:36; E:V-191:25; E:F-209:31; KS-
331:8; 445:1
Gefühls   KS-316:37

gegen
gegen   E:K-10:19; 14:26,36; 15:11,34;
16:8; 17:5; 23:9; 26:17; 27:17; 30:1; 34:28;
36:13; 37:3,16; 39:18; 41:31; 43:9; 46:36;
49:20,24,29; 50:4,36; 51:20,38; 52:11,30;
53:14; 54:26; 55:13,21; 56:7; 57:36; 58:12;
61:19; 62:26; 63:30; 64:7; 67:26; 69:13;
70:30; 76:33; 78:1,17; 80:21,26; 81:4,32;
82:18; 87:19; 88:21; 89:2,30; 94:30; 95:30;
96:2; 98:31; 101:24; E:M-105:1; 113:36;
116:9,37; 120:37; 121:21; 126:19; 133:18;
142:2; E:V-160:13; 161:3,28; 164:15;
165:19; 166:13; 169:27; 174:36; 177:13;
178:3,7; 180:15; 182:21; 185:28; 186:5;
190:7; 192:20,22; E:B-198:7,18; E:F-
206:11,38; 209:21; 213:24; 214:1; E:C-
218:8; 219:22; 223:17,28; 225:19; 227:7;
E:Z-229:6; 233:8; 234:11,28,33; 235:29;
236:12; 237:13; 239:7; 240:8; 244:18,
38; 246:21; 253:32,35; 254:26,35; 258:14;
260:10; E:AN-279:25; 280:21,23; 281:15,
17; E:AB-283:33; 286:2; 290:35; E:VAR-
295:22; 296:30; KS-305:4; 307:30; 313:29;

315:4; 329:22; 331:17,17; 332:31; 333:9,
31; 335:26; 336:31; 337:8; 348:27,30;
354:2; 358:31; 368:29,36; 371:26; 378:17;
381:23; 382:5,24; 383:23; 386:19; 387:9;
389:17,23; 391:17; 392:37,38; 397:29;
402:11; 403:6; 405:13; 406:36; 413:21;
415:14; 416:37; 418:21; 422:5,20; 425:3,
21; 426:9; 431:21; 433:4; 434:27,30,31;
435:23,34; 437:36; 439:4,26; 440:22,23;
441:30; 449:35; 450:4; 456:3   (190)

Gegend
Gegend   E : K-22 : 18;   34 : 2,16;   37 : 31;
41:36; 42:12; 43:32; 56:29; 73:9; 74:31;
81:28; 83:32; 95:12; E:M-104:24; E:E-
146:35; E:V-161:24; 176:25; 177:14;
179:29; 180:16; 182:7; 187:20; 195:12;
E:F-199:9; E:C-225:17; E:Z-235:24;
238:14; 256:38; E:AN-271:13; E:AB-
285:15; KS-370:15; 389:9   (32)
Gegenden   E:E-153:32; E:F-203:6; KS-
425:5; 453:5

gegeneinanderstellen
stellten   E:AN-270:31

Gegengeschenk
Gegengeschenk   E:Z-257:29

Gegenliebe
Gegenliebe   E:AN-276:6

Gegenpart
Gegenpart   E:K-69:34; 88:25

Gegensatz
Gegensatz   KS-420:24; 456:35

gegensätzisch
gegensätzisch   KS-332:20
gegensätzische   KS-334:2

gegenseitig
gegenseitig   KS-447:3

Gegenstand
Gegenstand   E:K-25:14; E:M-109:31;
110:11; 116:10; E:V-183:37; E:F-211:26;
KS-306:27; 370:4; 405:9; 412:34; 438:34;
455:30; 458:11,36   (14)
Gegenstande   KS-318:13
Gegenstände   E:M-120:20; E:F-200:36
Gegenständen   KS-327:28
Gegenstandes   E:K-77:36; KS-420:5;
448:32

Gegenstück
Gegenstück   E:AN-268:11

Gegenteil
Gegenteil   E: M-114: 18;   KS-346: 16;
370:12; 430:5

gegenüber
gegenüber   E: K-61: 14;   67: 25;   E: F-
207:29; 212:4; E:C-224:15; E:Z-245:14;
259:5; KS-330:38; 332:32; 344:36; 346:8;
420:24; 424:23   (13)

gegenüberliegen
gegenüberliegende   E:K-71:38
gegenüberliegenden   E:K-72:12

gegenüberstehen
gegenüberstehenden   E:E-146:3
gegenübersteht   KS-320:22

Gegenwart
Gegenwart   E: K-9: 22;   38: 29;   44: 25;
58: 6;   100: 16;   101: 29;   E: M-113: 18;
115:31; E:E-151:28; E:V-176:21; 182:26;
E: B-197: 33; E: C-227: 16; E: Z-230: 28;
243: 15;   253: 9;   E: AN-281: 12;   E: AB-
288:24; E:VAR-297:30; KS-316:5; 318:11,
12;   331: 12;   403: 12;   406: 11;   420: 10,
18   (27)

gegenwärtig
gegenwärtig   E:K-22:28; 38:18; 49:37;
60:11; 75:6; 76:24; 82:27; E:M-132:34;
139: 30;   140: 2;   E: V-174: 5;   E: F-206: 7;
E:C-222:22; 224:11; E:Z-236:28; 243:26;
252:36; 254:36; KS-403:5; 423:7; 438:11;
442:5; 444:1   (23)
gegenwärtige   E:K-50:8
gegenwärtigen   KS-318 : 9;   366 : 20;
449:23

Gegenwehr
Gegenwehr   E:V-195:7

Gegner
Gegner   E:K-14:30; 38:10; E:Z-239:7;
245: 5, 14;   247: 3;   E: AB-290: 32;   KS-
323:22; 324:35; 337:36; 338:7; 344:36
    (12)
Gegners   E:Z-246:26; 248:27; 254:9; KS-
321:22; 374:7

Gegröll
Gegröll   E:AB-284:19

Gehalt
Gehalt   E:V-160:19; E:AB-291:2; KS-
411:15; 432:32

gehässig
gehässigen   E:K-49:17
gehässiger   E:M-142:9
gehässigsten   E:K-15:13

geheim
Geh.   KS-429:11
geheime   E:K-49:38; E:E-144:11; E:F-
211:20; E:Z-254:34; KS-305:38; 434:30
geheimen   E:K-85:18; E:Z-258:5; KS-
312:30; 361:12; 425:28
geheimer   E:K-75:8
geheimsten   KS-440:2

Geheimrat
Geheimenrat   E:AN-266:32
Geheimerat   E:AN-266:24,26; 267:2
Geheimrats   E:K-49:38

Geheimnis
Geheimnis   E: M-135: 14;   E: F-204: 32;
211:36; E:Z-232:1; 235:1; E:AN-274:18
Geheimnisse   E: K-86: 16;   88: 36;   KS-
310:25
Geheimnisses   E:M-139:31; E:Z-243:12;
252:37

geheimnisreich
geheimnisreiche   E:K-96:21

geheimnisvoll
geheimnisvoll   E: K-92: 7;   E: C-224: 12;
226:34; KS-378:22
geheimnisvolle   E:K-75:31; 97:8; E:E-
155:13; E:Z-257:17; E:VAR-298:8; KS-
356:13; 394:21
geheimnisvollen   E: K-95: 31;   98: 37;
E: M-128: 29;   E: C-217: 20;   E: Z-248: 23;
E:VAR-294:34; KS-327:28
geheimnisvoller   E:M-126:37
geheimnisvolles   KS-340:16

Geheimschrank
Geheimschrank   E:Z-231:26

Geheimschreiberei
Geheimschreiberei   E:K-12:14; 13:10;
E:VAR-292:20

gehen

gegangen E : K-16 : 35; 89 : 14; 95 : 30;
100:15; E:M-111:1; 133:32; E:E-154:29;
E:V-187:24; 192:21; E:B-196:31; E:F-
204:6; E:C-222:13; E:AN-277:8; KS-
327:12; 345:30; 391:4   (16)
geh E:K-20:24,24; E:M-124:12,12; 131:7;
E:V-170:32; E:Z-251:22
gehe E:K-40:17; 45:13; KS-355:2; 409:7
gehen E : K-12 : 19; 13 : 24; 28 : 7, 22,
35; 48 : 2, 11; 72 : 37; 74 : 28; 76 : 36;
83:14; 85:34; 95:5; E:M-111:7; 128:8;
133 : 24; 135 : 17; E : E-145 : 9; 150 : 17;
153 : 16; E : V-164 : 10; 183 : 12; E : AN-
268 : 19; E : AB-287 : 23; 290 : 21; KS-
324:25; 331:15; 336:21; 348:8; 379:22;
387 : 14; 388 : 21; 389 : 22, 26; 390 : 4,
34; 391:3; 393:35; 413:32   (39)
gehenden E:K-57:14; E:M-115:29; E:V-
161:19
gehn E:K-98:15; E:M-113:16,16; 141:11,
11,11; E:E-157:27; KS-331:4; 401:13
geht E:K-10:5; E:AN-267:12,36; 273:2;
KS-303:34; 316:35; 330:29; 335:26; 336:7;
370:19; 371:1; 392:12; 407:35; 409:35;
412:21; 434:26   (16)
gehts KS-385:28; 387:8,24
ging E:K-11:1; 13:25; 15:26; 17:9; 21:22;
23:27; 53:33; 59:26; 66:28; 73:35; 99:27;
E:M-125:6; 131:21; E:E-149:21; 154:27;
E:V-168:38; E:B-196:16; 197:20; E:F-
204:11; 205:3,23; 208:3; 211:6,19; 212:13,
35; 214:10; E:Z-243 : 17; E:AN-267 : 24;
278:15; E:AB-287:33; KS-354:35; 379:31;
403:5; 406:30; 432:3   (36)
ginge E:K-90:4; E:M-114:3; E:Z-245:20;
KS-329:1
gingen E:K-82:19; 100:17; E:M-139:6;
E:E-152:16; E:V-194:26; E:Z-254:2; KS-
387:14; 403:19; 434:31
gingst E:K-28:5

Gehirn
Gehirn E:F-203:8; 214:12

Gehler
Gehlers E:AB-288:31

Gehölz
Gehölz KS-431:28
Gehölzes E:AN-269:7

Gehör
Gehör E:K-97:24; E:M-129:28; E:Z-
237:16; 245:7

gehorchen
gehorchen E:C-225:32
gehorcht KS-359:24

gehören
gehöre E:V-179:11; 191:14; E:Z-233:3;
234:15
gehören E : K-59 : 11, 35; 61 : 28; E : M-
127:10; E:V-164:27; 166:19; 168:4; E:AB-
284:1; KS-314:8; 399:5; 400:31; 401:4;
422:16; 425:10   (14)
gehört E:K-102:22; E:V-163:26; 181:38;
E:AN-274:8; E:AB-288:30; KS-344:16;
359:28; 378:23; 398:15; 428:12; 432:21;
455:4; 460:15   (13)
gehörte E:K-22:14; E:V-172:35; E:Z-
241:32
gehörten E:K-58:29; 62:32; E:C-219:17

gehörig
gehörig E:AB-290:26
gehörige E : K-14 : 4; E : M-112 : 1; E : V-
160:33; KS-320:9; 408:6; 428:4
gehörigen E : K-60 : 21; E : M-106 : 23;
116:20; E:Z-231:23; KS-371:34; 397:4
gehöriger E:K-33:3; E:M-142:17
gehöriges E:B-196:3

gehörnt
gehörnte E:K-91:3

Gehörorgan
Gehörorgan E:AN-267:6

gehorsam
gehorsam E:AB-287:31
gehorsamer E:K-74:29
gehorsamst E:M-108:14

Gehorsam
Gehorsam E:K-38:30; E:V-166:32; KS-
357:27

Geier
Geier E:V-171:30

Geige
Geigen E:C-218:24

Geißel
Geißel E:V-188:38

Geist

G.   KS-376:32

Geist   E: M-110: 28; E: E-152: 18; E: C-
224: 26; 226: 34; E: Z-236: 33; E: VAR-
297:8; KS-307:38; 310:9; 322:33; 336:30;
338 : 16; 340 : 28; 342 : 16; 348 : 4, 13,
23; 349:5; 352:2; 376:19*; 378:8; 381:33;
403:25; 407:1; 447:8; 455:4   (25)

Geiste   KS-311 : 17; 316 : 2, 4; 327 : 35;
348:26; 406:23; 449:28; 458:12; 459:1

Geister   E : M-142 : 25; E : C-217 : 8;
E:VAR-294:22; KS-324:1; 337:1; 343:33;
434:18

Geistern   KS-325:24

Geistes   E : VAR-296 : 26; KS-310 : 27;
311:37; 322:31; 323:14; 396:32; 420:3,
18

geisterartig

geisterartige   E:C-220:16

Geisterstunde

Geisterstunde   E:B-197:18

Geistesbankerott

Geistesbankerott   KS-321:15

geistig

geistig   E:AB-287:1
geistige   KS-404:23
geistigen   KS-304:28

geistlich

geistliche   E:K-31:2
geistlichen   E: K-87: 37; 100: 16; E: F-
214:4; E:VAR-293:6,13

Geistlicher

Geistlicher   E:K-30:17

geistlos

geistloses   KS-340:22

geistreich

geistreicher   KS-348:31
geistreiches   E:AN-271:34

Geiz

Geiz   E:AN-263:17; KS-334:8

geizig

geizig   KS-332:1

Gejauchz

Gejauchz   E:E-150:3

Gekrach

Gekrach   E:Z-246:3
Gekrache   E:E-145:33

Gelächter

Gelächter   E:K-11:6; 32:7; 33:14; 58:18;
E:AN-278:38; KS-344:1

Geländer

Geländer   E: F-207 : 16; E : Z-234 : 25;
238:8

gelangen

gelang   E: K-96: 8; E: M-136: 14; E: V-
180:16; 189:26; E:F-213:8; E:Z-231:17;
KS-379:29
gelänge   KS-360:8
gelangen   E:K-91:27; KS-405:26; 435:15;
447:32
gelangt   KS-447:18

Gelassenheit

Gelassenheit   E:K-17:8

gelb

gelb   KS-384:14
gelbe   E:V-170:33
gelben   E:V-170:14

gelblich

Gelbliche   E:V-161:19

Geld

Geld   E:K-10:12; 11:37; 12:23; 13:1; 18:3;
34:25,25; 53:26; 59:22; 61:34,36; 64:17;
65:12; 74:28; 85:28,33; 91:31,37; E:C-
224:23; 228:5; E:Z-238:2; 257:8; E:AN-
263: 2, 7; 268: 33; E : VAR-292: 12; KS-
330:35; 331:37; 356:19; 358:31; 410:13;
414: 29; 427: 22; 447: 32; 449: 2; 460: 19
                                        (36)

Gelde   E:K-102:23
Geldes   E:K-21:26; 36:18; KS-377:36

Geldbeutel

Geld-   KS-399:31

Geldbörse

Geldbörse   KS-324:22

Geldraffer

Geldraffern   E:K-11:2

Geldstrafe

Geldstrafe   E:AN-262:31; 263:11

gelegen

gelegen   E:K-84:33; E:B-196:22

Gelegenheit
Gelegenheit   E:K-19:12; 41:14; 59:11;
74:36; 77:26; 86:10; E:M-107:6; 108:17,
31; 131:17; E:E-152:6; 156:2; E:V-178:8;
183:1; 184:22; E:F-201:29; 206:33; 210:9;
KS-305:33; 324:4; 344:14; 367:27; 380:30;
383:19; 384:31; 390:24; 403:36; 428:19,
38; 435:13; 438:12; 440:17; 442:9; 449:30
(34)
Gelegenheiten   E:Z-235:27; KS-390:1;
438:22,25,29

Gelegenheitsgedicht
Gelegenheitsgedicht   KS-450:17

gelehrig
gelehriger   KS-442:3

Gelehrter
Gelehrten   KS-384:37; 388:34; 389:2
Gelehrter   KS-324:7

Geleit
Geleit   E:K-45:13; 46:8; 47:28; 52:11;
53:11; 75:15; E:Z-233:32; 234:12

geleiten
geleiten   E:Z-256:28
geleitet   E: C-216: 22; E: AB-285: 26;
E:VAR-294:4

Gelenk
Gelenke   E:Z-245:31; KS-340:12

gelingen
gelingen   E:AN-275:14; KS-353:10
gelingt   E:K-27:35; E:AB-284:26; KS-
326:19
gelungen   E:K-38:32; E:M-114:4; E:V-
164:18
gelungenste   KS-449:26

Gelispel
Gelispel   E:M-138:21

gellen
gellt   E:K-20:7

Gellert
Gellert   KS-347:10

geloben
gelobte   E:V-183:21

gelten
galt   E:M-139:10; E:Z-231:33; 242:9;
246:14; E:AB-286:14; KS-371:26; 375:36
gälte   E:M-128:16
gegolten   E: K-24: 22; E: AB-285: 23;
E:VAR-293:2; KS-377:21
gelte   E:K-51:26; E:M-112:1
gelten   E:K-9:9; E: M-110:16; 115:9;
E:V-177:13; E:VAR-292:10
geltend   E:V-169:5; KS-377:35; 423:21
gilt   E:M-121:17; E:AN-273:5; KS-331:6;
364:3; 365:10,20; 377:20,21,22,27,30,33,
35; 378:3,16; 379:3,10; 401:10; 402:2;
407:15   (20)

Gelüst
Gelüst   E:F-209:5

Gemach
Gemach   E:K-30:30; 60:9; E:V-167:7;
E:F-207:15; E:Z-253:4
Gemächer   E: K-32:19; 39:12; E: M-
115:19; E:V-183:28; E:C-224:29; E:Z-
257:15; 260:7
Gemächern   E:K-98:27; E:M-125:8,9,
29; 142:38; E:F-202:22; E:Z-256:23
Gemachs   E:F-207:22

gemächlich
gemächliche   E:V-180:10
gemächliches   KS-356:21

Gemahl
Gemahl   E: K-99: 35; E: M-104: 14;
133:20; 134:37; E:V-181:30; E:Z-236:18;
237:8; 257:26
Gemahls   E: M-111:17; 142:20; E: Z-
230:36; 235:18; 260:26

Gemahlin
Gemahlin   E: K-79: 29; E: M-104: 26;
143:23; E:E-151:10; 159:5; E:V-160:28;
164: 26; 187: 34; E: F-201: 5; 203: 37;
204:38; E:Z-229:11,20; 230:10; 243:28;
257: 30; 260: 4; E: AB-288: 36; 289: 27
(19)

Gemälde
Gemälde   E:E-155:10; E:F-208:17; KS-
304:23; 328:8
Gemäldes   KS-449:23

gemäß

gemäß   E : K-23 : 5, 23; 24 : 7; 46 : 18;
53:3; 54:25; 55:33; 57:38; 64:30; 65:3,
11; 66 : 27; 68 : 19; 72 : 9, 19; 75 : 24;
76:13; 78:27; 79:3; 82:18; 84:4; 87:17;
89:17; 90:2; 91:13; 95:26; E:M-111:22;
E : V-176 : 28; 178 : 33; 179 : 23; 187 : 30;
195:4; E:C-223:9; 228:16; E:Z-234:11,
20; 236 : 16; 241 : 4; 242 : 18; 243 : 5, 17,
35; 252 : 6; 254 : 29; 257 : 10; E : AN-
263 : 4; KS-341 : 20; 359 : 11; 372 : 7,
18; 389:18; 406:19; 444:1   (53)

Gemäßigter

Gemäßigtern   E:K-63:34

gemein

gemeine   KS-323:38; 330:20
gemeinen   E : V-184 : 3; 193 : 8; E : Z-
237:38; KS-312:36; 328:27; 331:35
gemeiner   KS-421:6

Gemeinde

Gemeinde   E:VAR-297:21; KS-403:24,
31; 404:4
Gemeinden   KS-403:26,34; 404:3

Gemeindeangelegenheiten

Gemeindeangelegenheiten   KS-403:28

Gemeingeist

Gemeingeist   KS-406:7

Gemeingut

Gemeingut   KS-431:22

Gemeinheit

Gemeinheit   E:K-42:34; 45:22

gemeinhin

gemeinhin   KS-409:32

gemeinnützig

gem.   E:AB-284:32
gemeinnützigen   KS-396:29
gemeinnütziger   KS-423:30

Gemeinschaft

Gemeinschaft   E:K-45:18,26,33; 46:7;
E:M-133:13; E:Z-253:11; KS-378:3,7,15,
25,34,38; 379:3,6,10,13; 456:33   (17)

gemeinschaftlich

gemeinschaftlich   KS-446:14
gemeinschaftliche   E:K-77:3
gemeinschaftlichen   KS-382:5
gemeinschaftlicher   E : K-78 : 1; KS-
331:33

Gemeinsinn

Gemeinsinn   KS-400:8; 418:27

Gemeinwesen

Gemeinwesen   KS-406:14

Gemeinwohl

Gemeinwohl   KS-457:19,34; 458:28

Gemetzel

Gemetzel   E:V-169:26

Gemurmel

Gemurmel   E:K-35:5

Gemüt

Gemüt   E:E-147:5; E:V-168:35; E:F-
202: 12; 203 : 19; E : C-222: 30; 226 : 23;
E : AN-272 : 20; KS-320 : 1, 12; 324 : 10;
332:29; 341:16; 347:24; 348:20,29; 378:27
(16)
Gemüte   E:AB-285:16
Gemüter   E:K-75:38; E:M-136:25; E:E-
151:21; 153:7,26; E:Z-244:5; KS-323:4;
324:18; 361:24; 375:23; 376:35; 410:34;
427:8; 434:27; 435:8; 446:31; 447:18
(17)
Gemütern   KS-336:18
Gemüts   E:F-208:2; KS-320:28; 323:25,
35; 408:15; 448:24

Gemütsakt

Gemütsakten   KS-322:29

Gemütsart

Gemütsart   E:V-160:7; E:Z-230:1

Gemütsbewegung

Gemütsbewegung   E:F-199:19
Gemütsbewegungen   E:Z-254:21

Gemütsruhe

Gemütsruhe   E:AN-275:10

Gemütsstand

Gemütsstand   E:C-219:35

Gemütszustand

Gemütszustande   E:M-142:16

gen

gen   E:K-32:24; E:E-155:19,25; 158:33;
KS-445:3

genau

genau   E:K-10:29; 82:11; 95:8; E:M-
140:18; E:E-156:25; 157:23; E:F-212:15,
18; E:Z-236:15; KS-389:4; 393:12   (11)
genaue   E:M-120:11
genauer   E:C-221:9
genaueste   E:C-221:13
genauesten   E:M-134:24

Genauigkeit
Genauigkeit E:K-74:18

Gendarm
Gensdarmen E:AN-268:16

genealogisch
genealogische E:AN-274:17

Genehmigung
Genehmigung E:Z-229:27; 249:38

geneigt
geneigt E:K-16:2; E:M-124:10; E:F-
213:13; KS-307:4; 329:31; 330:21; 377:4;
391:20; 434:28
geneigte E:AN-272:20
geneigten E:Z-234:30; KS-447:20

Geneigtheit
Geneigtheit E:M-131:12; E:F-206:15

General
General E : M-107 : 22, 33; 108 : 5, 9;
112:31; 113:3,3; 119:30; E:V-161:27,
35; 164:18; 166:20; 176:24; 179:28,
34; 195:8; E:AN-262:12,15,18; 265:25;
266:7; KS-320:14   (22)
Generals E:V-166:17; 180:12; 184:13;
E:AN-266:10,11

Generalissimus
Generalissimus E:K-49:31

Generalleutnant
Generalleutnant KS-371:17

Generalpostamt
Generalpostamt KS-451:33

Generation
Generation KS-381:22

Genie
Genie KS-346:20,31; 396:2

genießen
genießen KS-307:7,16; 308:37; 384:36;
443:31
geniessen KS-301:4
genießt KS-346:25; 412:24
genoß E:Z-232:20
genossen E:E-150:35; E:AN-264:11;
E:AB-285:24; KS-301:27
genössen E:C-220:17

Genius
Genius KS-412:25

Genosse
Genossen E:C-221:30; 223:8; KS-448:26

Genossenschaft
Genossenschaft KS-402:18

gens
gens KS-322:22

Gentlemen
Gentlemen E:AN-281:11

Genua
Genua E:F-202:15

Genueser
Genueser E:F-202:32

Genueserin
Genueserin E:F-201:37

genuesisch
genuesische E:F-211:33
genuesischen E:F-204:1; 212:18

genug
genug E:K-37:35; 65:25; E:M-118:33;
126:11; 128:4; E:V-172:25; 174:1,
15; 175:22; 181:31; 183:3; 191:32; 195:2;
E:C-224:34; 226:10; E:Z-234:28; 240:18;
257:32; 258:31; E:AN-274:12; 276:38;
278:27; KS-304:26; 312:22; 320:29;
333:36; 335:19; 339:27; 387:15; 391:6;
415:3; 418:13; 421:3; 422:35; 448:26;
460:21   (36)

Genüge
Genüge E:M-130:8; KS-331:19; 336:11;
451:16

Genügsamkeit
Genügsamkeit KS-304:22,34

Genugtuung
Genugtuung E:K-16:11; 23:4; 63:23;
94:31; 98:12; 100:12; 102:26,28; KS-
377:25

Genuß
Genuß E:K-9:22; 81:4; KS-308:32;
309:22,24; 310:5; 315:33
Genüsse KS-302:21; 304:38; 305:2;
306:38; 307:34; 313:11
Genüssen KS-305:33; 307:9,33
Genusses KS-302:7

geographisch
geographische KS-396:16,27

Gepäck
Gepäck   E: M-115: 17; E: AN-278: 15;
280:27

Gepränge
Gepränge   E:AN-263:22

gerade
gerad   KS-340:8
gerade   E: K-14: 5; 17: 29; 22: 12; 27: 5;
E: M-114: 18; 120: 8; 132: 34; 138: 30;
139:35; E: E-144:2; 152:5; E: V-161:33;
170:14; E: F-206:35; 214:7; KS-313:10;
315:23; 383:9   (18)
grad   E:B-198:17
grade   E: K-69: 33; 77: 35; 82: 5; 94: 32;
98:22; E: M-114:15; E: C-226: 36; E: Z-
234:7; 236:7; 237:7,22; 252:34; KS-308:3,
27; 323:2; 324:5; 343:23; 348:24   (18)
graden   KS-339:31

geradezu
geradezu   KS-312:4

geraten
geraten   E:B-196:19; KS-410:16; 424:24;
429:11
geriet   E: M-106: 28; E: Z-256: 4; E: AN-
271:13; KS-390:9; 413:11

Gerätschaft
Gerätschaften   E:K-53:26; E:E-147:19

geraum
geräumen   E:K-9:29
geraumer   E:K-96:25

geräumig
geräumig   E:V-175:22

Geräusch
Geräusch   E:K-24:24; 98:25; E:M-140:9;
E:V-184:10; 189:31; E:B-196:28; 197:18,
31; 198:12; E:F-204:19; 207:8; 213:8;
E:Z-239:26; 250:17; E:AN-276:30; KS-
315:21; 326:15   (17)
Geräusche   E:E-148:11

geräuschlos
geräuschlos   E: K-81: 3; E: V-188: 3;
189:13
geräuschlosen   E:F-200:37
geräuschloser   E:K-71:17

gerecht
gerecht   E:K-15:37; 21:18; 27:34; 47:8;
51:29; E:Z-242:35; E:AB-290:19; KS-
352:14; 445:21; 448:17   (10)
gerechte   E:K-16:4; KS-316:11
gerechten   E:K-34:11; 43:16; 51:3; KS-
435:10

Gerechtigkeit
Gerechtigkeit   E: K-9: 14; 20: 25, 33;
23:17; 42:28; 51:23; 64:2; 71:23; 78:4;
E: Z-231: 31; 233: 24; 258: 35; 259: 10;
260: 19, 32; E: AB-290: 20; KS-304: 32;
312:25; 435:29; 436:4,38   (21)

Gerechtigkeitsliebe
Gerechtigkeitsliebe   E:K-66:32

gereizt
gereizt   E: K-34: 21; 43: 2; E: F-214: 10;
E:Z-252:22
gereizten   E:Z-236:23

gerettet
gerettet   E:E-157:36; E:V-170:28; 175:9;
KS-364:25; 407:11
geretteten   E:K-68:18

gereuen
gereuen   E:K-26:26

Gerhard
Gerhard   KS-450:12; 453:27

Gericht
Gericht   E: K-21: 5; 54: 27, 30; 55: 30;
69: 27, 33; 87: 20; 100: 2; E: M-120: 26;
E: V-169: 12; E: C-219: 33; E: Z-234: 8,
13; 236: 10; 237: 13; 239: 8, 34; 240: 7,
25, 29; 241: 6, 11, 37; 242: 13, 18; 244: 18;
245: 9; 248: 15; 251: 18; 252: 4; 253: 18,
35; E: AN-281: 18, 28; E: AB-289: 2;
E:VAR-297:16   (36)
Gerichte   E:K-57:31; 60:19; 88:4; E:Z-
258:15
Gerichten   E: K-53: 27; 58: 29; E: C-
224:24; 228:12; E:Z-232:16; 258:14
Gerichts   E:K-32:6; 100:26; E:Z-233:19;
234:21; 248:38

gerichtlich
gerichtliche   E: F-202: 7; E: C-219: 15;
KS-431:32
gerichtlichen   E:C-224:36; E:Z-258:22;
KS-438:4
gerichtlicher   E:K-69:15

Gerichtsassessor
Gerichtsassessoren   E:Z-234:9

Gerichtsbarkeit
Gerichtsbarkeit   E:Z-249:15

Gerichtsbote
Gerichtsbote   E:K-59:1
Gerichtsboten   E:K-60:9; E:C-220:2

Gerichtsdiener
Gerichtsdienern   E:K-43:5

Gerichtsherr
Gerichtsherr   E:K-23:33; 57:31
Gerichtsherrn   E:K-23:26

Gerichtshof
Gerichtshof   E:K-47:4; 88:25; E:E-149:2
Gerichtshofe   E:K-21:37

Gerichtsrat
Gerichtsrats   E:K-87:12

Gerichtssaal
Gerichtssaals   E:Z-242:17

gering
geringe   E:K-69:13; KS-386:19; 392:7
geringen   KS-440:5
Geringen   KS-307:14
geringer   E:K-46:38; 102:36; E:V-178:6;
   E:F-205:9; 207:32; KS-381:3
geringerem   E:M-114:7
geringeren   E:F-210:7
geringerer   KS-393:9
Geringeres   E:Z-242:9
geringern   KS-412:25
geringsten   KS-432:20; 433:28
Geringsten   KS-307:29; 403:30

geringartig
geringartig   KS-332:9

geringfügig
geringfügigste   KS-326:19

Geringschätzung
Geringschätzung   KS-334:14

Gerinsel
Gerinsel   KS-379:27

Germania
Germania   KS-375:11*; 376:7

gern
gern   E:K-43:28; 73:11; E:M-122:13;
   E:E-154:19; E:F-200:22; E:Z-235:21;
   252:29; KS-313:20; 315:12; 331:4; 385:30;
   395:5; 409:19; 418:14,34   (15)

Geröchel
Geröchel   E:B-197:21

Gerschau
Gerschau   E:K-39:16

Gerste
Gerste   KS-398:3

Gerstenberg
Gerstenberg   E:K-37:7,24

Gertenstreich
Gertenstreich   E:K-14:16

Gerücht
Gerücht   E:K-57:21; 58:7; E:B-197:11;
   E:AN-273:14; KS-389:26; 414:33; 427:20;
   429:15; 430:3; 439:30   (10)
Gerüchte   E:K-40:5; KS-427:17; 435:15,
   31; 437:33
Gerüchten   E:Z-233:37

Gerüst
Gerüst   E:Z-243:36; 246:14
Gerüste   E:V-174:26; E:Z-243:19; E:AB-
   290:13
Gerüsten   E:C-225:12
Gerüstes   E:Z-245:23; 247:19

Gervasius
Gervasius   E:K-37:33

gesamt
gesamte   KS-372:14
gesamten   E:K-89:9; KS-424:7

Gesamteindruck
Gesamteindruck   E:M-117:25

Gesamtheit
Gesamtheit   KS-378:15

Gesamtzahl
Gesamtzahl   E:Z-233:30

Gesandter
Gesandte   KS-444:20

Gesandtschaft
Gesandtschaft   E:V-168:38; KS-366:21

Gesang

Gesang   E:VAR-297:5; KS-339:2; 412:16
Gesänge   KS-443:19
Gesängen   KS-385:1
Gesanges   KS-422:37

Geschäft

Geschäft   E: K-31 : 12; 42 : 20; 44 : 24;
48 : 38; 63 : 24; 69 : 18; 71 : 38; 76 : 9;
82:1; 85:19; 95:5; E:M-114:37; 123:37;
127:29; 133:30; E:E-153:18; E:V-166:25;
167:18; 178:14; E:F-212:6; E:C-216:28;
217 : 36; E : AN-279 : 13; E : AB-287 : 6;
E : VAR-293 : 29; 294 : 10; 295 : 12; KS-
315 : 19; 322 : 35; 326 : 5; 336 : 5; 340 : 4,
21; 355 : 5; 365 : 26; 376 : 6; 416 : 8,
17; 417:21   (39)
Geschäfte   E:K-21:4; 56:2; 59:8; 94:12;
96:30; E:M-114:34; 127:19; E:V-168:38;
182:18; E:F-201:20; 209:28; E:C-220:28;
E:Z-261:13; E:AN-273:33; 276:16; KS-
306:14; 395:2   (17)
Geschäften   E:K-23:26; 27:38; 34:27;
85:18; 86:7; 97:3; E:M-104:16; 107:10;
E: V-172 : 12; E: F-205 : 11; E: C-218 : 9;
224:6; E:Z-239:19; 258:20; E:AN-267:24;
E:VAR-295:23; KS-395:33   (17)
Geschäfts   E: K-26 : 36; 27 : 8; 69 : 15;
83:21; 88:18; 96:5

geschäftig

geschäftig   E:AB-284:16; KS-408:23
geschäftigen   E:K-32:26
geschäftigt   KS-399:1

Geschäftigkeit

Geschäftigkeit   E:M-118:23

Geschäftsreise

Geschäftsreise   E : M-112 : 4; 113 : 2;
119:10; 127:24

Geschäftstisch

Geschäftstisch   KS-319:18

Geschäftswechsel

Geschäftswechsel   KS-323:13

geschehen

geschah   E: K-18: 33; E: E-154: 21; KS-
367:2
geschehe   E:M-138:7; E:E-157:32; KS-
376:31
geschehen   E: K-90: 16; 96: 16; E: M-
117:37; 118:38; 139:16; 141:29; E:E-
145 : 3; 152 : 35; 155 : 28; 159 : 9; E: F-
208:1; 214:14; E:Z-231:14; E:AN-263:22;

KS-331 : 19; 375 : 19; 380 : 25; 395 : 19;
406:20; 413:5,18; 426:33; 451:16; 458:4,
31   (25)
geschehenen   KS-395:13
Geschehenen   E:K-64:32
Geschehenes   E:K-17:22
geschehn   E:M-141:1; KS-350:22; 380:23
geschieht   E: K-101: 34; E: AN-280: 26;
KS-324:19; 416:34; 452:24

Geschenk

Geschenk   E: K-102: 24; E: V-175 : 13;
E:F-201:11; E:Z-244:32
Geschenke   KS-306:33
Geschenken   E:K-53:24; E:M-143:12
Geschenks   E:M-126:22

Geschichte

Geschichte   E: K-13 : 12; 16 : 21; 20 : 32;
23 : 24; 77 : 24; 103 : 12, 20; E: M-116 : 18;
E: F-202 : 13; 211 : 20; E: Z-258 : 5; E: AN-
268:11; 271:29; 276:37; 279:1,4; 280:16,
36, 37, 38; E: AB-288: 33; 289: 34; 291: 6;
E:VAR-292:18; KS-313:13,30,34; 333:20;
344 : 15; 345 : 17, 38; 373 : 23; 413 : 25, 35
                                      (34)
Geschichten   E:C-216:30; E:AN-277:31;
280:14; E:VAR-294:12

Geschichtschreiber

Geschichtschreiber   E:AN-281:3

Geschichtserzählung

Geschichtserzählung   E:M-127:36

Geschicklichkeit

Geschicklichkeit   E: M-121: 35; E: AB-
290:33; KS-355:15; 418:8

geschickt

geschickt   E:K-65:24; E:V-183:2; E:Z-
257:32; E:AB-290:28; KS-342:32; 347:20;
370:27; 386:26; 432:31; 452:30   (10)
geschickte   E:K-37:36; 99:13; KS-319:32
geschickten   E: K-62: 23; E: Z-246: 28;
E:AN-280:20
geschickter   KS-341:4; 417:19; 442:2
geschickteren   KS-441:17
geschicktesten   KS-443:32

Geschirr

Geschirr   E:K-17:27; 71:15; 80:15

Geschirrlein

Geschirrlein   KS-413:10,13

Geschlecht
Geschlecht   E:K-98:32,38; E:V-166:25;
170:17; 177:25; 191:15; E:F-201:28;
202:32; KS-314:7; 356:8   (10)
Geschlechtern   E:Z-235:26
Geschlechts   KS-388:6; 398:28

Geschlechtsart
Geschlechtsart   E:C-217:20; E:VAR-
294:34

Geschlechtstafel
Geschlechtstafel   E:Z-241:26

Geschmack
Geschmack   E:V-171:27

geschmackvoll
geschmackvoll   KS-399:25
geschmackvollsten   KS-443:26

Geschöpf
Geschöpf   E:Z-256:11; KS-328:33
Geschöpfs   E:AB-287:6; KS-370:30

Geschoß
Geschoß   E:Z-233:2
Geschosse   KS-326:11

geschreckt
geschreckt   E:F-202:24; E:Z-245:32
geschreckter   E:C-223:32

Geschrei
Geschrei   E:K-38:15; 93:6; E:AB-283:15;
E:VAR-297:6; KS-327:16; 428:22

Geschütz
Geschütz   E:AN-269:4
Geschütze   E:AN-269:12

geschweige
geschweige   E:K-21:32; 43:24

geschwind
geschwind   E:V-162:17,29; 163:12; KS-
387:15
geschwinder   KS-323:22

Geschwister
Geschwister   KS-418:12

Geschworner
Geschworne   E:AN-281:7
Geschwornen   E:AN-282:4
Geschworner   E:F-201:22

gesellig
geselligen   KS-315:22; 334:13; 420:7

Gesellschaft
Gesellschaft   E:K-79:28, 35; 80:17,
30; 81:9,28; 93:16; 99:33; E:M-109:15;
114:30; 116:38; 127:1; 143:2; E:E-
151:3; 152:29; 153:23, 33; 154:10,
26; 157:31; E:V-167:5; 176:28; 179:22;
187:29; E:B-197:27; E:C-223:14; E:Z-
230:13; 232:28; 237:6; E:AN-269:26,
30,32; 273:10,19,24,37; 277:31; 278:6,
10, 35, 38; 280:10, 13, 37; KS-323:3,
30; 332:23; 388:35; 443:24,34; 444:21;
456:16   (52)
Gesellschaften   KS-332:18; 334:15

Gesellschafterin
Gesellschafterin   E:M-124:35; E:AN-
271:32

gesellschaftlich
gesellschaftliche   KS-396:9

Gesetz
Gesetz   E:K-94:33; E:E-145:2; E:V-
186:38; E:F-214:20; 215:4,9; E:Z-247:29;
248:34; 254:29; 261:10; E:AN-262:25,
27; 263:4; KS-307:20; 308:15; 309:16;
314:24; 321:16; 330:8,20,21; 331:6; 332:4;
333:13; 340:9; 342:1; 369:15,29; 381:20;
391:28; 410:25   (31)
Gesetze   E:K-45:30,36; 68:12; 90:3; E:Z-
241:15; 249:2,10
Gesetzen   E:K-46:18; 50:10; 55:34;
78:11,26; 89:17,36; KS-336:33
Gesetzes   E:K-53:16; E:Z-229:24

Gesetzbuch
Gesetzbuch   KS-319:31

Gesetzgebung
Gesetzgebung   KS-421:14; 458:10,35

gesetzmäßig
gesetzmäßige   E:K-21:9

gesetzwidrig
gesetzwidriger   E:K-21:13

Geseufz
Geseufz   E:B-197:21

Gesicht

Gesicht   E:K-9:27; 12:9; 15:21; 17:12; 20:9; 26:24; 46:12; 51:32; 60:13; 61:7; 62:2; 70:4; 73:20; 76:4; 80:18; 100:30; E:M-105:35; 106:10; 107:27,37; 110:4, 8; 112:9; 115:20; 116:34; 121:7; 122:1, 17; 123:16; 125:14; 127:28; 128:34; 130:17; 132:35; 135:19; 136:31; 137:19, 38; 139:2, 3; 140:38; E:E-155:2, 3; E:V-163:15; 168:7, 12; 169:13; 173:5; 175:1; 176:37; 179:12; 193:28, 32; E:F-200:31; 207:19; 212:2; E:C-218:26; 221:26; E:Z-242:29,34; 244:34; 251:11; 253:13; E:AN-269:28,34; E:AB-283:18; 286:32; 288:27; E:VAR-292:24; 295:37; KS-346:8; 405:4; 408:24; 418:24 (74)

Gesichte   E:K-69:31; 73:32
Gesichter   E:K-17:32; 19:11; E:M-107:33; E:V-165:37; KS-346:11
Gesichts   E:K-96:35; E:V-164:36

Gesichtsbildung

Gesichtsbildung   E:V-165:26

Gesichtsfarbe

Gesichtsfarbe   E:V-161:20; 164:21

Gesichtspunkt

Gesichtspunkt   KS-319:19; 348:5; 420:3
Gesichtspunkten   KS-388:10

Gesims

Gesims   E:F-203:1
Gesimse   E:E-145:31

Gesinde

Gesinde   E:K-33:2

Gesindel

Gesindel   E:K-36:19; 40:6; 60:3; KS-333:16
Gesindels   E:K-65:30; 68:12; 95:18

Gesindestube

Gesindestube   E:K-19:10,21

Gesinnung

Gesinnung   E:K-70:30; E:Z-233:23

Geßner

Geßner   KS-420:29

gesonnen

gesonnen   E:K-87:13; E:F-206:19; KS-334:1

Gespann

Gespannes   E:K-76:17

gespannt

gespannt   E:M-119:29
gespannten   E:V-194:26
gespannter   E:AN-268:23
gespanntesten   E:M-140:4

gespensterartig

gespensterartige   E:B-197:30; E:C-224:15
gespensterartigen   E:C-223:4

Gespräch

Gespräch   E:K-31:37; 73:24; 81:36; 82:19; E:M-109:30; 115:36; 116:37; E:V-163:33; 183:3; 184:23; 188:26; E:AN-273:17; KS-323:3; 338:12; 348:24; 411:8; 438:30; 439:33; 454:24; 455:31 (20)
Gespräche   KS-392:34
Gesprächen   E:B-198:8

Gestade

Gestade   E:E-146:18

Gestalt

Gestalt   E:K-66:14; 92:9; E:M-119:36; 128:29; E:V-163:17; 172:3; E:F-208:1; 212:32; E:Z-257:22; KS-301:18; 302:30; 303:37; 304:11; 314:26; 335:6; 346:12; 415:21 (17)
Gestalten   KS-309:8; 428:31; 441:21

gestalten

gestalteter   KS-446:23

Gestaltung

Gestaltung   KS-335:8

Geständnis

Geständnis   E:V-183:20; E:Z-234:15; KS-415:19

gestatten

gestatten   E:C-220:5; E:Z-255:31
gestattet   E:V-163:38; E:Z-249:6; KS-454:9
gestattete   E:Z-256:21
gestatteten   E:M-127:25

gestehen

gestanden   KS-426:21
gesteh   E:K-20:11; E:VAR-292:29
gestehe   KS-322:10; 367:24; 409:35
gestehen   E:K-69:32; 83:13; 84:12; E:M-139:35; E:V-170:4; E:C-221:11; KS-365:14; 460:5
gestehn   KS-347:29; 363:25

Gestein
Gesteine   E:E-148:10

Gestell
Gestell   E:V-185:19; 190:3; 191:10

gestern
gestern   E: M-134:14,22; E: E-153:37;
E:V-179:3; 183:24; KS-324:1; 330:35;
331:2; 352:31; 354:35; 387:10; 402:30;
408:31; 417:26,31; 424:20; 425:26; 426:3;
431:19   (19)

Gestirn
Gestirne   KS-379:6

gestreng
gestrenger   E:K-15:17; 82:7; 83:5

gestrig
gestrige   E:E-155:30; KS-389:29
gestrigen   E : E-151 : 25;   KS-425 : 18;
429:23

Gestütpferd
Gestütpferde   E:K-26:11

Gesuch
Gesuch   E:K-11:10; 22:9; 70:11

gesund
gesund   E:K-21:17; E:M-106:33; 120:16;
123:5; E:F-200:9; E:C-218:25; 220:23;
E:AB-287:1; E:VAR-295:36
gesunden   E : K-15 : 19;   E : Z-245 : 37;
E:VAR-297:14; KS-346:27

Gesundheit
Gesundheit   E: K-65: 20; 87: 5; E: M-
109:13; 120:1; E:V-175:36; E:F-204:35;
E:Z-249:38; E:AN-272:4; 275:8; 276:9;
KS-443:17; 445:6   (12)

Getäfel
Getäfel   E:F-204:17; 212:28; E:C-224:7

getrauen
getraue   KS-304:26; 310:2; 340:37
getrauen   KS-316:8

Getreide
Getreide   E:K-17:34

getreu
getreu   E:K-16:32; E:M-127:23; E:AN-
266:9; KS-369:15
getreue   KS-313:31

Geusau
Geusau   E:K-22:13; 77:23,34; 78:2,33;
101:14; 102:15

gewaffnet
gewaffnet   E:AB-290:14

gewahren
gewahrte   E:E-147:8

gewähren
gewähren   E:V-166:9; E:C-224:7
gewährt   E:V-179:30; KS-310:19; 412:25

Gewalt
Gewalt   E:K-76:22; 92:20; 95:35; E:M-
132:13; E:E-147:26; E:V-178:32; 194:20;
E: F-205: 23; E: C-216: 3; 226: 22; E: Z-
238: 32; E: AN-279: 12; E: VAR-293: 19;
298:9; KS-321:12; 341:36; 344:7; 430:17
                                        (18)

gewaltig
gewaltige   KS-382:12; 409:9
gewaltigen   KS-309:13; 312:2

Gewaltritt
Gewaltritt   E:K-38:3

gewaltsam
gewaltsam   E:M-129:19; E:Z-233:28
gewaltsamer   E:K-101:35
gewaltsamsten   KS-428:26

Gewaltschritt
Gewaltschrittes   KS-434:27

Gewalttat
Gewalttat   E : K-23 : 31;   46 : 20;   KS-
350:25; 373:29
Gewalttaten   E:K-64:2; 78:17

Gewalttätigkeit
Gewalttätigkeit   E:K-12:35; 14:7; 23:9;
37:29; 97:13; E:V-166:6
Gewalttätigkeiten   E:K-53:19; 90:10;
94:24

Gewand
Gewand   E:E-147:37; KS-358:24

gewandt
gewandt   E: K-12: 20; 50: 22,37; 57: 7;
80:21; 102:15; E:M-128:20; 138:1
gewandten   E:K-85:17; E:M-116:1
gewandter   KS-409:21

Gewandtheit
Gewandtheit   E:F-202:34; KS-345:5; 355:5; 414:17; 420:19

Gewässer
Gewässer   E:K-35:34
Gewässern   KS-379:26

Gewehr
Gewehr   E:V-192:1; E:AN-268:13; 275:24; 278:14; 281:35; KS-354:9
Gewehre   E:M-105:22; E:V-189:15

Gewerbe
Gewerbe   E:K-9:11; 10:28; 12:7; 28:27; 65:31; KS-396:25; 410:10; 428:15
Gewerbes   E:K-45:31; KS-401:5

Gewerksleute
Gewerksleute   KS-372:16

Gewicht
Gewicht   E:K-46:37; 64:15; KS-342:24; 386:26
Gewichts   KS-392:27

Gewimmel
Gewimmel   E:K-100:28

gewinnen
gewann   KS-331:2; 432:35
gewinnen   E:K-76:21; 90:21; E:V-193:25; KS-320:9; 360:16; 441:16; 446:7
gewinnt   KS-304:15; 413:25
gewonnen   KS-304:11; 364:30,30; 375:2

Gewinst
Gewinst   E:K-9:19,21

gewiß
gewiß   E:K-14:30; 27:27; 52:23; 75:35; 99:30; E:V-162:7; 177:8,16; 193:34; E:F-207:38; E:C-216:32; E:Z-242:34, 35; 250:13; E:VAR-294:14; KS-304:3; 310:28; 314:34; 315:8; 316:20; 317:20; 318:6; 320:37; 328:32; 350:27; 357:21; 392:12; 398:20; 411:14; 413:39; 415:23; 455:26,34   (33)
gewisse   E:K-18:21; 49:25; E:C-220:24; KS-307:12; 318:17; 323:24; 329:32; 338:16
gewissen   E:F-201:30; E:Z-255:30; KS-302:31
gewisser   E:K-60:10; 95:34; KS-323:38; 405:1
gewisses   KS-376:34

Gewißheit
Gewißheit   E:V-184:4; E:Z-257:38; KS-310:3; 389:8

Gewissen
Gewissen   E:M-134:28; E:E-157:21; E:Z-235:5; 245:20; 253:21; KS-307:22, 29; 318:3; 364:25; 440:3   (10)
Gewissens   KS-435:23; 436:9

gewissermaßen
gewissermaßen   E:K-49:28; KS-369:8; 392:18; 431:23

Gewitter
Gewitter   E:K-65:23; E:C-225:16; E:Z-257:3
Gewitters   E:K-35:5

Gewitterwolken
Gewitterwolken   E:Z-246:1

Gewogenheit
Gewogenheit   E:K-23:19; 48:4; E:AN-275:32; KS-372:36

gewöhnen
gewöhnen   E:M-127:6; E:AB-287:29
gewohnet   KS-306:21
gewohnt   E:K-38:30; E:M-114:25; E:F-203:30; E:Z-252:37; E:AN-268:31
gewohnte   E:K-65:35

Gewohnheit
Gewohnheit   E:V-160:13; E:C-228:16; E:Z-234:34; E:AN-265:16; KS-438:23

gewöhnlich
gewöhnlich   E:K-43:36; 71:6; E:F-199:4; 212:26; KS-319:21; 371:26; 383:7; 409:22; 418:14; 442:5   (10)
gewöhnliche   E:AB-288:18; KS-433:27; 442:27
gewöhnlichen   E:K-95:8; KS-335:12; 384:29; 449:10
gewöhnlicher   E:AB-288:10; KS-330:25

Gewölbe
Gewölbe   E:M-105:13; E:F-205:38; 206:9; KS-372:15

Gewühl
Gewühl   E:M-107:13; E:E-149:22

gGr.
gGr.   KS-452:34

Gicht
Gicht   E:K-32:31; 57:3

Giebel
Giebel   E:E-148:31; E:F-202:18,28; KS-372:34; 377:1
Giebeln   E:M-106:25; E:E-146:17

gierig
gierig   E:M-130:22

gießen
gegossenen   E:AN-263:20
gießen   KS-376:14
goß   E:F-206:26

Gift
Gift   E:V-167:37; KS-435:16; 439:31

Giftpfeil
Giftpfeil   KS-377:29

Gilly
Gilly   KS-431:28

Gimpel
Gimpel   KS-346:5

Gipfel
Gipfel   E:K-83:25; E:F-207:18; 210:38; E:AN-272:5; KS-308:18; 321:7; 333:18; 337:9; 356:1; 376:8; 386:27; 397:11,19; 446:27   (14)
Gipfeln   KS-325:31

Gitter
Gitter   KS-438:38

Gitterfenster
Gitterfenster   E:E-145:18

Glacis
Glacis   E:AN-275:15; KS-371:22; 372:19, 25,31

Glanz
Glanz   E:K-50:12; E:C-222:27; E:Z-240:28; KS-379:5; 381:17; 415:24

glänzen
glänzend   E:K-9:19
glänzende   E:K-11:12; E:F-202:3; E:Z-231:5
glänzendem   E:Z-231:8
glänzenden   E:K-9:33; 79:30; 101:21; E:Z-234:19
glänzender   E:M-138:29
glänzendere   E:V-169:7
glänzten   E:M-117:30

glänzig
glänzigen   E:C-225:15
glänziger   E:Z-253:28

Glas
Glas   E:E-155:14; E:AN-264:6,22; 268:2
Gläser   E:K-27:4

gläsern
gläsern   E:F-204:9,14

Glasfenster
Glasfenster   KS-431:3

glatt
glatten   E:K-13:34; E:M-129:23; E:B-196:13

Glaube
Glaube   E:K-13:12; E:Z-256:5; KS-317:32
Glauben   E:K-30:18; 66:22; E:M-128:7; 132:22; E:V-182:33; 185:24; E:Z-243:9; 245:12; 252:3; 253:30; E:AN-277:32; 278:7; KS-316:20; 317:29; 378:25;   (15)
Glaubens   E:Z-254:16

glauben
geglaubt   E:M-113:5; E:V-177:6; KS-378:28
glaub   E:K-20:21; E:AN-264:11
glaube   E:K-26:22; 32:35; 60:30; 72:21; 76:21; E:M-112:17,26; 120:10; 121:10; 130:19; KS-301:26; 304:12; 311:2,9,13; 320:20,24; 328:4; 340:8,28   (20)
glauben   E:K-16:34; 73:29; 91:1; E:M-110:28; 121:34; 132:25; 135:26; E:V-165:37; 166:27; 173:8; 178:8; E:F-201:34; E:C-226:14; E:Z-254:4; 255:29; 256:1; E:AB-284:24; 289:26; KS-305:24, 36; 306:25; 307:4; 341:13; 342:33; 345:17; 361:16; 367:18; 369:23,24; 386:24; 391:20; 399:35; 406:15; 408:26, 34; 412:12; 432:33; 434:11; 439:13,19, 26   (41)
glaubst   E:Z-254:4; KS-352:21; 354:5
glaubt   E:E-156:31; E:F-208:30; E:AN-279:4; KS-316:33; 347:8; 384:2; 432:7; 435:38
glaubte   E:K-11:25; 38:11; 74:19; 94:37; E:M-124:26; 129:4; 140:20; E:E-149:25; E:V-170:28; 189:31; E:F-206:12; 207:8; 210:32; 211:9; 213:4,6; E:C-227:1; E:Z-255:20; 258:28; E:AN-281:23; KS-315:35;

340:1; 370:36; 432:29; 440:24; 445:15;
460:29   (27)
glaubten   E: E-157: 36; E: C-220: 14;
E:AN-278:36; KS-435:30

glaubensvoll
glaubensvollen   E:Z-254:12

glaubwürdig
glaubwürdigen   KS-424:3

Glaubwürdigkeit
Glaubwürdigkeit   KS-365:32

gleich
gleich   E:K-13:10; 16:15; 20:18,38; 23:21;
24:33; 25:27; 26:34; 28:10; 30:5; 40:32;
56:15; 63:3; 65:11; 83:38; 87:17; 88:18;
93:17; 94:18; 99:22; E:M-110:8; 115:16;
117:37; 118:27; 119:24; 122:5; 123:24,
25; 136:29; 140:16; 141:13; 143:30; E:E-
145:35; 147:4; 148:26; 151:30; 152:33;
154:34; 155:24,38; E:V-163:26; E:B-
198:21; E:F-201:32; 202:21; 203:32;
205:28,30; 207:3; 213:32; E:C-220:6;
223:5; E:Z-230:29; 240:3; 245:28,
37; 248:20; 249:17; 254:33; 260:34; E:AN-
267:33; 268:10; KS-302:19; 303:34; 306:3;
308:30,38; 309:38; 311:30; 312:2; 321:7,
30; 330:7; 336:14,30; 360:20,21; 362:4;
365:14,21; 377:28; 378:4,17,19,27,29,
30; 393:6,12; 401:21; 413:21; 429:30;
432:13   (92)
gleiche   KS-302:24; 438:1
Gleiche   KS-423:23
gleichem   KS-302:25; 308:33
gleichen   E:K-24:21; 41:4; E:V-188:36;
E:VAR-293:1; KS-381:28
gleicher   E:K-87:3; E:F-202:22; E:C-
227:35; E:VAR-298:4; KS-305:32; 323:22;
345:31; 424:22
gleiches   E:K-70:22; KS-308:14
Gleiches   KS-401:10

gleichbleiben
gleich bleibe   KS-309:27
gleich bleibt   KS-314:25

gleichen
gleichen   E:V-170:33
gleicht   E:F-208:29
glich   E:K-14:29; 100:7; E:AB-288:9
glichen   E:AB-288:20

gleichfalls
gleichfalls   E:K-41:10; 48:11; 52:3; 61:8;
70:34; 72:2; E:M-109:29; 135:36; E:E-
157:37; E:V-176:30; 183:12; 186:23;
189:2; E:C-220:28; 221:29; E:Z-247:32;
260:8, 27; E: AN-269:35; KS-329:20;
337:4; 399:27; 436:18   (23)

gleichgelten
gelte   E:K-59:25
gilt   KS-431:17

gleichgesinnt
gleichgesinnter   KS-446:23

Gleichgewicht
Gleichgewicht   KS-309:34; 329:26;
330:5

gleichgültig
gleichgültig   E: K-66:10; E: F-208:32;
E:C-227:9; E:AN-276:27
gleichgültige   E:M-131:13; E:B-197:34
gleichgültigen   E:K-76:1; 88:28; E:F-
207:12
gleichgültigsten   KS-394:19

Gleichgültigkeit
Gleichgültigkeit   E:F-207:18; 210:29;
E:Z-230:20; 234:27; KS-313:29; 375:25

Gleichheit
Gleichheit   KS-416:12

gleichkommen
gleichkommen   KS-408:21

gleichmachen
gleich gemacht   E:V-160:33
gleich zu machen   E: K-38:26; E: C-
221:22

Gleichnis
Gleichnis   KS-321:36

gleichsam
gleichsam   E: K-38:30; 66:18; 75:22;
92:1; E:V-173:15; 178:18; E:Z-246:9;
E:AB-283:16; KS-312:7; 323:23; 343:13;
344:3; 345:29; 442:24; 445:18   (15)

gleichsehen
gleich sah   E:M-131:16

Gleichung
Gleichung   KS-319:24
Gleichungen   KS-385:2

gleichviel
gleichviel   E:K-52:18; 55:8; 71:12; 88:27;
E:M-121:17; 122:8; 134:37; E:C-218:19,
30,31; E:Z-248:38; KS-317:32,33; 330:12;
381:23; 387:22; 393:31; 402:2; 448:17
(19)

gleichwie
gleichwie   E:AN-274:32

gleichwohl
gleichwohl   E:K-21:29; 33:1,15; 36:18;
37:2; 41:27; 57:28; 60:22; 63:34; 64:18;
67:24; 68:26; 69:17; 73:38; 83:35; 87:4;
91:14; 94:35; 95:3; 97:20; E:M-121:36;
122:6; 123:33; 129:9; 133:24,31; E:E-
155:30; E:F-201:8; 204:34; 205:8; 206:14;
E:C-219:10,38; E:Z-249:9; 260:30; E:AN-
262:27; 274:22; 276:38; 277:33; E:VAR-
296:19; KS-325:23; 327:12,33; 328:33;
330:30; 350:26; 351:18; 352:31; 355:4;
360:17; 362:11; 365:24; 369:29; 378:32;
382:6; 384:21; 388:32; 392:33; 412:2,
19; 414:1; 420:4; 426:6; 430:23; 434:21;
454:34   (66)

gleichzeitig
gleichzeitig   KS-323:19,20
gleichzeitigen   E:V-169:33
gleichzeitiger   E:C-221:24; 223:18

Gleisnerei
Gleisnereien   KS-326:9

Glied
Glied   E:M-129:6; E:V-165:19; E:AN-
278:15,34; KS-339:24
Glieder   E:K-12:17; E:M-120:35; E:C-
227:20; E:Z-249:22; E:VAR-297:33; KS-
338:3; 339:19,27,32; 341:37; 342:27;
403:33; 404:4   (13)
Gliedern   E:K-101:11; E:M-123:16; E:V-
185:1; E:F-204:33; E:Z-236:27; E:AN-
266:28; 277:25; KS-408:22

Gliedermann
Gliedermann   KS-342:34,37; 345:33

glimmen
glimmt   E:Z-250:26

Glocke
Glocke   E:M-140:6; 142:29; E:E-151:20;
E:C-218:18; 223:17; 224:1
Glocken   E:E-144:23; 145:25; 147:10;
E:C-216:33; E:AN-267:13,26; E:VAR-
294:15; KS-431:3

Glockengeläut
Glockengeläut   E:Z-259:1

Glockenschlag
Glockenschlag   E:M-140:10; E:VAR-
296:36

gloria
gloria   E:C-219:4; 220:21,29; 223:23;
226:36; 228:16; E:VAR-296:14,32; 297:4;
298:10   (10)

glorreich
glorreichen   KS-418:20

Glück
Glück   E:K-37:1; 41:24; 85:37; E:M-
107:16; 112:1,3; 113:18; 117:11; E:V-
165:8; 181:24; E:Z-230:8; 256:24; KS-
301:19,31,33; 302:6,15,22,26,34; 303:4,11,
12,15,21,22,22; 304:37; 305:8,30; 306:3,
28,34; 308:2,9,29; 309:28; 310:16; 314:34;
320:30; 322:20; 338:32; 375:16; 388:30;
390:8; 410:32; 414:14; 432:33; 435:9
(49)
Glücke   KS-303:16,23; 305:16; 312:26;
332:3
Glückes   E:E-144:20; KS-301:21,24,29;
303:27; 306:31; 314:35
Glücks   E:Z-238:5; KS-301:2,10; 302:21;
303:31; 307:34; 308:38; 309:32; 310:16

glücken
geglückt   E:M-127:23; E:V-164:21
glückte   E:K-38:37; E:F-205:31; E:Z-
256:30

glücklich
glücklich   E:K-26:36; 50:34; E:M-112:7;
130:6; 136:1; 139:16; 141:30; E:E-
150:15; E:V-174:1,15; 191:32; 195:2;
E:Z-232:6; KS-301:34; 303:21; 305:26;
306:27; 307:17; 310:15; 314:16; 444:30
(21)
glückliche   E:M-115:2; E:F-200:18; KS-
376:20; 416:21; 435:11
glücklichen   E:M-143:28; E:E-144:17;
E:Z-230:34; E:AN-275:23; KS-309:25;
414:18; 416:2; 425:14
glücklicher   E:M-134:3; KS-305:27
glücklichere   E:AN-276:1
glückliches   E:E-150:21; KS-305:10;
315:11
glücklichste   KS-303:31
Glücklichste   KS-308:34
glücklichsten   KS-446:9

glücklicherweise
glücklicherweise   E:Z-258:7; KS-402:2

Glückseligkeit
Glückseligkeit   E:AN-275:6; KS-315:33

Glücksfall
Glücksfall   KS-390:10

Glücksvorrat
Glücksvorrat   KS-309:35

Glückwünschung
Glückwünschungen   E:AN-273:3,36

glühen
glühend   E:M-122:1; E:C-218:32; E:Z-253:31; E:VAR-296:5
glühenden   E:K-77:15; E:M-129:12; E:V-183:38; E:AB-286:32; KS-376:11
glüht   E:M-123:16
glühte   E:E-155:15; 158:11; E:F-206:31

Glut
Glut   E:E-155:21; E:F-202:28; 206:26

glutrot
glutrot   E:K-73:31

Gnade
Gnade   E:K-47:31; 53:18; E:M-132:30; E:AN-268:22; KS-360:2; 438:37; 457:13
Gnaden   E:K-91:24

Gnadenkette
Gnadenkette   E:Z-261:12

gnädig
gnädige   E:M-141:5
gnädiger   E:K-53:6
gnädigste   E:AN-272:38
gnädigster   E:K-55:11; 61:26; 62:24; 65:13; 81:17; KS-368:35; 369:36

Godwin
Godwin   E:Z-231:1,20

Goethe
Goethe   KS-347:7; 418:12
Goethes   KS-409:31; 449:13

goethisch
goethischen   KS-410:30,36

Gold
Gold   E:K-31:34; 44:1; 93:4; E:M-141:10; KS-307:18,22

golden
goldene   E:V-175:13
goldenes   E:V-172:26
goldnen   E:K-30:35; E:VAR-293:16

goldgülden
goldgülden   E:K-11:33; 15:18; 26:6, 27; 30:31

Goldkrone
Goldkronen   E:K-76:26

Goldküste
Goldküste   E:V-160:6

Goldstück
Goldstück   E:K-91:34

Goldwaage
Goldwaage   E:K-14:28

Gomorrha
Gomorrha   E:E-155:34

Gondel
Gondel   KS-390:8
Gondeln   E:F-202:36

gönnen
gönne   E:K-28:28
gönnt   E:Z-240:27

Gönnerin
Gönnerin   E:AN-272:17

gordisch
gordischen   KS-405:29

Gorgas
Gorgas   E:K-37:5; 38:27; 39:8; 42:10

Gott
Gott   E:K-14:19; 18:7; 28:15; 30:28; 35:24,31; 36:16; 42:37; 46:3,25; 57:23; 78:8; 83:22; E:M-110:4; 121:18; 125:2; 126:22; 135:15; 137:29; E:E-147:3; 155:27; E:V-164:23; 166:22; 174:10; 181:28; 185:15; 188:16; 189:8; 191:16; E:F-208:20; E:C-225:4; 227:6; E:Z-235:3; 242:35; 244:16,37; 245:21; 248:23; 249:20; 251:15,22; 253:23; 254:5; E:AN-264:7, 32; 265:12; 270:18; 273:12; E:AB-291:5; E:VAR-297:21; KS-302:22; 312:22; 317:17,23,27; 318:21; 324:24; 325:15, 20; 329:8; 330:26; 337:12; 342:38; 345:33; 351:9; 353:23; 356:27,30; 358:18; 360:13,

26; 381:20; 388:8; 417:18; 440:3; 446:19
(76)

Götter   KS-308:33; 363:20; 378:32

Gottes   E:K-9:12; 17:15,18; 20:37; 43:11,
16; 59:29; 66:5,8; E:E-145:20; 148:10;
155:35; E:V-177:32; 191:11; E:F-200:24;
E:C-218:14; 220:15; 223:37; E:Z-245:7;
248:20; 249:8; 253:32; 255:20; 259:9,
18; 261:17; E:AN-263:14; E:VAR-295:28;
KS-302:18; 377:10; 382:17; 440:2; 446:28
(33)

Gottesacker
Gottesacker   E:AN-263:20

Gottesdienst
Gottesdienst   E: C-221: 18; E: VAR-
297:17; KS-403:35

Gottesdienstlichkeit
Gottesdienstlichkeit   KS-403:25

Gottesgericht
Gottesgericht   E:AB-285:5
Gottesgerichts   E:Z-251:38

Gotteshaus
Gotteshause   E:C-222:7

gotteslästerlich
gotteslästerliche   E: K-39: 17; E: M-
122:32; E:Z-260:13
gotteslästerlichen   E: E-157: 3; E: C-
217:25; E:VAR-295:1

Gotteslästerlichkeit
Gotteslästerlichkeit   E:Z-244:9

Gottesurteil
Gottesurteil   E : Z-242 : 32; 247 : 24;
251:17

Gottfried
Gottfried   E:V-187:36; 188:33; 191:29;
192:36; 194:26

gottgefällig
gottgefälligen   KS-394:23

Gotthard
Gotthard   E:B-196:4

Gottheit
Gottheit   KS-301: 30; 302: 18; 314: 4;
316:11,16; 317:20
Gottheiten   KS-303:11

Gotthelf
Gotthelf   E:C-220:35; 221:2; 224:32

Göttin
Göttin   E:M-109:13; KS-309:21
Göttinnen   KS-309:23; 342:8

göttlich
göttlich   KS-306:3; 317:12
göttliche   E:E-158:22; E:V-173:7; E:C-
227:3; KS-305:38; 325:22; 333:9; 375:32;
432:23
göttlichen   E : K-50 : 9; E : E-145 : 11;
152 : 32; E : V-183 : 18; E : Z-248 : 25,
37; 254:11,28; 261:14; KS-325:29; 369:29
(11)
göttlicher   E:M-126:37; E:V-171:6; E:Z-
249:12; E:AB-285:17
göttlichsten   KS-328:30; 332:36

gottlos
gottlos   E:E-156:5
gottlosem   E:C-221:13
gottlosen   E:E-156:16

Gottlosigkeit
Gottlosigkeit   E:K-43:18

gottverdammt
gottverdammten   E:C-219:6; E:VAR-
296:16
gottverdammter   E:K-46:4
gottverdammtes   E:K-50:14

gottvergessen
gottvergessene   E:K-18:8
gottvergessener   E:K-43:8

Götze
Götzen   KS-317:3

Gouverneur
Gouverneur   E:M-115:21; KS-403:2

Gr.
Gr.   KS-453:19; 455:23

Grab
Grab   E: K-30: 35; E: V-194: 37; E: Z-
241:30; E:AN-277:29; E:VAR-293:17
Grabe   E:M-110: 29; E:F-211: 27; E:Z-
244:28; KS-379:15; 449:19
Grabes   E:Z-251:31; E:AN-275:35; KS-
318:4
Gräber   E:M-121:11; E:Z-235:3

graben
gegraben   E:AN-262:11
gegrabene   KS-432:4
grub   E:V-194:36

Graben
Gräben   E:K-81:10

Grabowsky
Grabowsky   KS-428:35

Grad
Grad   E:K-99:10; KS-320:15
Grade   E:K-49:19; 87:1; KS-302:25;
341:27; 347:13; 420:19

Graf
Graf   E:K-24:2; 49:34,34; 50:21; 51:32;
64:18; 65:13; 77:5; E:M-106:37; 107:8,
27,30; 108:11; 109:37; 110:2,6,23,30;
111:24; 112:9,30,37; 113:9,17,19; 114:29,
35; 115:4,5,8,12,14,20; 116:9,36; 118:28,
37,38; 119:7,16,21,31; 126:31; 127:19,
33,37; 128:5,15,18,19,32,34; 129:1,3,7,
23; 130:6,16,20; 140:12,13,18,30; 141:2,
7,8,30; 142:22,35; 143:1,28; E:Z-231:37;
232:18,28; 233:9,16,22; 234:18; 236:16;
237:1,13; 239:7,32; 241:33; 242:13,33;
243:15,23; 244:2; 245:31; 246:36; 247:7,
10; 248:14; 251:18; 252:1; 253:5; 255:22,
36; 256:6; 257:8,22; E:AN-272:30,38;
273:9,14,22,30,38; 274:3; E:AB-289:32;
290:1; KS-403:3   (113)
Grafen   E:K-23:28; 39:16; 52:32; 53:3;
55:1, 24; 60:6; 65:8; 75:5; 77:28;
79:26; 94:6; 99:34; E:M-107:20,
24; 108:2,17; 109:36; 112:29; 114:27,
33; 115:17,26; 118:18,23; 119:30; 131:8;
140:25; 141:16, 26, 27, 36; 142:9, 18,
31; E:Z-229:5, 12, 25, 27, 33; 231:24,
28; 232:5,6; 234:9,10; 235:25; 236:13;
237:10; 240:12; 242:29; 243:9; 244:17;
245:13, 29; 246:8, 15; 248:29; 253:2,
33; 254:35; 255:38; 256:19; 258:4, 7,
15,24,27; 260:11; 261:10; E:AN-273:6,
18; 274:16,19; E:AB-288:34; 289:1,4,18,
30; KS-432:10; 434:6   (81)

Gräfe
Gräfe   KS-395:16

Gräfin
Gräfin   E:M-142:37; 143:5,8,10,23; E:Z-
229:3; E:AN-263:15; 273:28,30; 274:2,
10,22; KS-422:27; 434:2,5; 437:23,27,30,
35; 438:3,7,18,23,29; 439:3,8,12,14,17,29,
36; 440:1   (32)

Gram
Gram   E:K-77:1; 90:17; E:V-192:8

grämlich
grämliche   E:K-17:32
grämlichen   E:K-9:27

Grammatik
Grammatik   KS-385:8,9

Granatapfelbaum
Granatapfelbaum   E:E-150:4

Granate
Granate   E:M-105:14
Granaten   E:M-105:3; KS-387:4

Granatenpost
Granatenpost   KS-387:19

Granatwald
Granatwaldes   E:E-153:6

gräßlich
gräßlich   E:VAR-297:6
gräßlichen   E:E-152:15; E:V-161:20;
173:10; 192:37; E:C-223:22
gräßliches   E:E-151:28

Grassow
Grassow   KS-424:18

Gräte
Gräte   E:Z-231:9

gratis
gratis   KS-451:24,31

grau
Graue   E:AB-289:1
grauen   E:AB-288:29
Grauen   E:AB-290:18

gräulich
gräuliche   E:AB-288:28

grausam
grausame   E:V-165:10
grausamen   E:V-161:17; KS-336:11

Grausamkeit
Grausamkeit   E:F-200:6; E:AN-263:17

Grausen
Grausen   KS-376:28

grausenhaft
grausenhaften   E:C-223:29; E:VAR-
296:32

Grazie
Grazie   KS-343:11,31; 345:23,30

graziös
graziös   KS-339:13

greifen
gegriffen   E:K-32:16
greifen   E:M-106:21; E:V-185:5; E:AB-285:8; KS-358:13; 380:10; 382:22
greifst   KS-328:22
greift   E:K-19:25; E:V-188:14; E:AN-264:32; 265:3; 272:34; KS-412:3
griff   E:K-41:25; 47:25; 91:34; E:M-127:15; 129:23; 137:6; 140:21; 141:20; KS-405:27

Greis
Greis   E:V-164:26; KS-444:14
Greise   KS-302:4
Greises   KS-445:6

Grenada
Grenada   KS-441:4

Grenzdorf
Grenzdorf   E:K-85:38

Grenze
Grenze   E:K-10:25,27; 25:1; 28:7; 31:32; 57:7; 65:30; 69:11; 78:31; 79:27; 85:2; 97:24   (12)
Grenzen   E:Z-238:30; KS-385:21; 386:4; 449:36

grenzen
grenzt   KS-425:33

Greuel
Greuel   E:K-75:12; E:M-104:30; E:E-149:15; 155:34; 158:13; E:Z-250:32,34; E:AB-285:18; KS-360:28

Greueltat
Greueltaten   E:V-177:29

Grieche
Grieche   KS-377:7
Griechen   KS-326:36

griechisch
griechische   E:AN-268:10
griechischen   KS-314:1

Griff
Griff   E:K-95:11; E:M-105:34; E:Z-237:35
Griffe   KS-358:1
Griffen   E:V-193:4; E:F-202:36; E:Z-245:31; E:AB-290:30; KS-324:32; 343:2

Griffel
Griffel   E:AN-263:14

Grimm
Grimm   KS-434:26
Grimms   E:K-58:24

grimmig
grimmig   E:M-129:35; E:AB-284:14; KS-355:27
grimmige   E:K-35:12; 43:1; E:V-165:32; 166:4; KS-434:8
grimmigen   E:K-33:1; 57:2; 63:7; 84:27; E:V-160:22; 161:9; E:F-215:8; E:AN-277:27; KS-374:4; 443:6   (10)
grimmigere   E:M-121:31
grimmigste   E:K-46:35

Gripsholm
Gripsholm   KS-418:30

grob
Gröberem   KS-347:35

Grobian
Grobian   E:K-14:18

gröllen
gröllen   E:AB-284:18

Grönland
Grönlands   E:AB-288:6

Grönländer
Grönländer   KS-373:7

groß
groß   E:K-13:33; 64:15; 72:24; 88:6; 91:26; 93:5; 98:1; E:M-108:18; E:V-168:30; E:F-201:35; KS-312:1; 314:20; 332:8; 351:17; 366:25; 396:24; 407:25; 440:26; 443:11   (19)
große   E:K-25:24; 62:2; 91:3; E:M-111:20; 138:29; E:E-155:14; E:V-162:28; E:F-199:3; 202:17; 211:5; E:AN-274:17; E:AB-288:27; KS-306:22; 308:31; 310:30; 313:14; 314:14; 315:24; 319:9; 320:25; 332:6; 340:14; 368:2; 379:7; 380:8; 382:12; 383:17; 392:25; 395:14; 420:5; 431:11, 12; 435:18; 440:29; 441:34; 447:6   (36)
Große   KS-313:8,10
großem   E:K-95:11; 98:36; E:V-189:25; KS-414:32; 421:18
großen   E:K-25:38; 35:21; 40:31; 43:27; 55:3; 79:32; 83:9; 87:30; 93:7; 97:37; 102:3; E:M-109:6; 111:37,

38; 126:13; 134:14; 141:22; 142:10;
E: E-144: 3, 30; 145: 4; E: V-172: 17;
177: 8; 182: 27; 190: 3; E: F-200: 26;
207:29; E:C-216:31; 222:38; 224:4; E:Z-
235:37; 247:31; 258:10; 261:9; E: AN-
263: 3; 270: 10; 279: 10; E: AB-287: 25,
26; E: VAR-294:13; KS-307:13; 308:12;
310:34; 311:36; 314:8; 316:23; 318:6;
322: 5; 334: 14; 336: 5; 343: 28; 347: 5;
348:38; 392:24; 396:2; 415:20; 421:17;
423:4; 443:26   (59)
Großen   E:Z-230:29; KS-301:7
großer   E: K-36:6; 75: 20; E: M-126: 9;
E:F-199:19; 201:26; E:Z-231:11; 258:4;
E:AN-262:26; 277:17; E:AB-283:8; KS-
310: 2; 313: 36; 320: 14; 355: 7; 371: 35;
449:8   (16)
größer   E:VAR-296:22; KS-342:22
größere   KS-433:27
größeren   E:K-40:8; 89:34
größerer   E:M-119:34; 136:6; E:E-154:3;
KS-322:14; 392:29; 444:5
größeres   E:K-24:9
großes   E:K-43:37; E:F-199:9; KS-307:19
größeste   E:K-86: 28; E: V-188: 12; KS-
416:23
größesten   E:K-50:38; 56:11; 87:4; E:C-
217:33; E:AB-287:24; E:VAR-295:9; KS-
322: 8; 342: 2; 347: 25; 386: 26; 406: 16;
412:14   (12)
größester   KS-412:26
größte   E:M-136:35; E:E-145:32; E:AB-
287:21; KS-307:30
größten   E: M-104: 23; 112: 38; 120: 36;
126:36; E:V-182:37; E:Z-231:33; 240:17;
258:18; KS-302:20
Größten   KS-403:29
grössten   KS-301:3

großartig
großartige   KS-422:28
großartigen   KS-449:31

Großbritannien
Großbritannien   KS-396: 2; 441: 22;
456:7

Groschen
Groschen   E:K-10:7; 18:38; KS-451:28;
452:6; 459:15,17

Größe
Größe   E: K-51: 10; E: V-167: 2; KS-
312:27; 333:20; 342:25

Großherzogtum
Großherzogtum   KS-419:22,22

großjährig
großjährig   KS-371:9

Großkanzler
Großkanzler   E: K-49: 33; 50: 21, 36;
52:23,32; 55:1,24,25; 60:6,13,28; 64:5,
20,35; 65:17; 68:26; 69:25,30; 70:2; 77:5
(20)
Großkanzlers   E:K-60:9; 61:4; 64:30;
66:33; 70:5

Großknecht
Großknecht   E:K-16:15; 20:26; 22:23

Großmut
Großmut   E:Z-230:32; KS-315:3

großmütig
großmütig   KS-322:16
großmütige   KS-421:5
großmütigeren   KS-375:29
großmütiges   E:E-152:36

Großmutter
Großmutter   E:K-96:34

Großvater
Großvaters   KS-371:7

Gruft
Gruft   E:K-30:37; E:Z-230:26; KS-302:5

grün
grüne   E:AB-287:28

Grund
Grund   E:K-22:1; 37:3; 52:19; 67:4; 70:7;
75:7,14; 77:9; 78:15; 79:7; 85:3; 94:20;
E: M-142:5; E: B-197: 36; E: F-214: 36;
E:C-223:36; KS-335:10,23; 336:21; 399:8;
406:15; 417:13; 437:34; 439:13   (24)
Grunde   E:K-17:23; 19:9; 30:11; 31:16;
37:24; 56:9,25; 57:9; E:E-150:36; 152:16;
E:F-202:9; E:C-225:5; E:Z-254:1; 260:13;
E:AN-274:19; 276:26; KS-303:7; 335:26;
347:21; 352:9; 384:19; 390:29; 411:24;
416:18; 418:5; 434:13; 438:5   (27)
Gründe   E:K-57:18; 69:22; 86:17; E:M-
115: 4; 120: 31; 121: 26; 135: 8; E: F-
201: 34; E: Z-234: 31; 241: 13; 255: 28;
E:AN-281:22; E:AB-289:33; KS-316:20,
21; 338:21; 339:10; 358:25; 370:18; 381:7;
460:26   (21)
Gründen   E:K-38:21; 76:19; 78:21; 89:1;
94:1; E:F-201:18; E:Z-246:20; E:VAR-
298:2; KS-314:27; 393:32; 453:33   (11)

gründen
  gegründet   E: V-180:13; E: C-224:32;
    E: Z-233:4; 255:36; E: AN-263:26; KS-
    317:14,19; 333:23; 439:6
  gegründete   KS-311:2; 426:29
  gründen   KS-301:26,28; 302:6; 304:29;
    305:8; 312:14; 392:15;
  gründet   KS-301:25; 310:20

Gründer
  Gründer   KS-374:1

Grundlage
  Grundlage   KS-405:28

gründlich
  gründlichen   KS-458:15; 459:4
  gründliches   KS-454:24

Gründlichkeit
  Gründlichkeit   KS-421:8

Grundlinie
  Grundlinien   KS-407:20

grundlos
  grundlos   KS-426:16; 438:2
  grundlose   E:K-50:7

Grundlosigkeit
  Grundlosigkeit   E:K-67:26

Grundsatz
  Grundsatz   E:K-51:6; KS-381:26; 410:9
  Grundsätze   KS-304:32; 361:27; 362:3,
    3; 365:3,5; 367:18; 435:28; 455:28
  Grundsätzen   KS-335:17; 361:9; 415:31
  Grundsatzes   .KS-410:19

Grundstein
  Grundstein   KS-379:2

Grundstück
  Grundstück   E:K-78:28
  Grundstücke   E:K-25:1,18
  Grundstücks   E:K-26:28; E:AB-285:33

Grundton
  Grundtöne   KS-409:9

Gründung
  Gründung   KS-310:16

Grundzug
  Grundzug   KS-311:10

Gruner
  Gruner   KS-423:29

grunzen
  grunzen   E:AB-284:8
  grunzte   E:AB-284:4

Gruppe
  Gruppe   KS-339:15
  Gruppen   E:E-148:5; E:C-223:3

Gruß
  Gruß   E:K-91:34

grüßen
  grüßte   E:K-47:38; 55:18; 68:25; 86:38;
    88:30; E:M-143:12; E:V-179:20; E:C-
    228:7

Gubernial-Offiziant
  Gubernial-Offiziant   E:K-71:36; 72:11,
    17; 75:32
  Gubernial-Offizianten   E:K-74:4

Gubernial-Resolution
  Gubernial-Resolution   E:K-70:10,16

Gubernialgeschäft
  Gubernialgeschäfte   E:K-70:19

Gubernium
  Gubernium   E: K-54:5; 67:7; 70:32;
    72:37; 73:6; 75:1,25; 93:36; 99:25
  Guberniums   E:K-70:8

Guericke
  Guericke   KS-379:4

Guillaume
  Guillaume   E:V-160:4,10
  Guillaumes   E:V-166:3

Guillotine
  Guillotine   E:V-174:26

Gulden
  Gulden   E:AN-263:7; KS-413:21,23

Gunst
  Gunst   E: V-173:2; E: F-201:26; E: Z-
    234:36; KS-343:21
  Gunsten   E: K-54:31; 55:36; 90:15;
    100:4; E:V-178:22

günstig
  günstig   E:M-111:33; E:E-153:9
  günstige   KS-393:18

Günstling
  Günstlinge   KS-301:10; 306:38
  Günstlings   KS-400:5

Günther
Günther   E:K-15:23

Gurgel
Gurgel   KS-413:13

Gurt
Gurt   E:K-35:22; 54:23

Gürtel
Gürtel   E:V-171:25

Gustav
Gustav   E:V-164:14; 186:16; 188:34;
191:32; 192:5,15; 193:2,5,10,19,28,34;
194:6,9; 195:14   (15)

Gustav IV.
Gustav IV.   KS-434:27

gut
gut   E:K-37:19; 65:29; E:M-110:14;
116:3; 119:33; 122:34; 123:23,23; 124:32;
130:24; 131:11; 132:18; 136:10; 137:17;
E:E-155:3; E:V-164:11; 178:7; 181:24;
182:3,3; E:B-198:8; E:Z-231:28; 238:20;
E:AN-264:23,28; 269:20; 271:27; 280:15;
E:AB-284:17; 287:16; 290:19; KS-
305:34; 309:20; 311:23; 319:15; 322:20;
353:31; 355:10,33; 361:17; 385:30; 387:8,
25; 401:13; 407:26; 410:4; 412:1; 418:13;
434:24; 447:21   (50)
gute   E:K-32:27; 93:8; E:V-171:23;
187:16; E:C-220:27; KS-331:35; 332:18,
23; 333:23; 335:3; 342:23; 364:11; 371:4;
410:7; 415:35; 423:2; 427:31   (17)
Gute   E:E-152:33; KS-313:6; 333:29;
403:30; 420:13; 458:17; 459:6
gutem   KS-356:4
guten   E:K-9:8; 36:11; 39:34; E:F-
199:29; 201:15; E:Z-231:31; 246:20;
E:VAR-292:9; KS-332:26; 333:12; 353:24,
32; 363:12; 364:4,5; 366:18; 372:8; 381:27;
385:27; 414:4   (20)
Guten   KS-354:24; 376:6; 387:32
guter   E:K-9:21; E:V-184:29; KS-305:3;
333:25; 405:18; 449:8
gutes   E:K-86:33; 98:10; E:V-164:24;
167:20; E:C-225:12; KS-313:20; 320:30;
324:17; 410:2

Gut
Gut   E:K-42:32; KS-356:19; 358:31
Güter   E:K-56:30; 70:19; 94:4; E:M-
109:5; E:E-152:16; KS-301:7; 306:33,
36; 307:14; 356:26,29; 381:22   (12)

Gütern   E:K-28:16; 79:1; E:M-116:26;
E:Z-244:30; KS-358:18
Gutes   KS-309:19

gutachtlich
gutachtlich   KS-371:29

gutdünken
gut dünkte   KS-325:12

Gutdünken
Gutdünken   E:K-102:18; KS-441:15

Güte
Güte   E:K-60:26; E:E-151:2,18; 157:17;
E:V-174:9; E:AN-273:32; KS-302:17;
371:6; 402:15; 423:30; 435:5; 453:9   (12)

Gutenberg
Gutenberg   KS-379:4

Güterhandel
Güterhandel   E:F-202:9

Güterhändler
Güterhändler   E:F-199:2
Güterhändlers   E:F-200:23

gutgesinnt
gutgesinnte   KS-426:30
gutgesinnten   KS-421:7

gütig
gütig   E:M-111:14; KS-459:12
gütige   E:M-111:25,34; 113:26
gütigen   E:AN-275:26
gütigst   KS-447:36

gutmachen
gut machen   E:M-115:33
gut machte   E:K-50:33
gut zu machen   E:M-112:19; 141:37

gutmütig
gutmütig   E:K-83:12

gutwillig
gutwillig   KS-429:19

Guyana
Guyana   KS-440:13; 441:33

Gyrowetz
Gyrowetz   KS-444:4

H.
H.   KS-368:32; 370:5,10; 371:3,17

H...

H...   E:K-15:21

H...r   E:AN-262:23

ha

ha   E:Z-260:25

Haag

Haag   E:C-219:12; 228:12

Haar

Haar   E: V-162:29; 172:3, 36; 177:35; 183:34; E:Z-250:18; 259:35; E:AN-280:27

Haare   E:K-13:36; 61:35; E:V-193:4, 34; E:F-200:30; E:AB-288:12,29

Haaren   E:E-146:5; 156:19; E:B-198:19; E:C-223:30; E:Z-259:37

Haarlem

Haarlem   E:AB-288:18

haben

gehabt   E:K-15:3; 19:14; 66:18; E:M-109:25; 116:33; 130:37; E:V-169:29, 31; 184:23; 188:27; E:F-205:22; E:C-219:18; 221:12; E:Z-253:5, 12; E:AN-266:24; 273:32; 278:14, 27; KS-323:26; 371:6; 394:9; 407:5; 438:7, 19; 453:10   (26)

gehabte   E:M-131:3

gehabten   E:K-69:14

hab   E:M-121:20; 136:33; KS-354:21

habe   E:K-10:21; 11:33; 12:8; 14:22; 16:9, 16, 25; 17:31; 22:1; 23:21,29; 27:2, 11, 16, 19; 28:32; 29:11, 12; 30:7; 32:35; 36:33; 38:22; 47:22,34; 48:1, 2; 52:10; 54:32; 55:13; 57:3,7; 59:38; 65:7; 68:21; 69:27; 71:4; 75:18,32; 85:19; 87:31; 88:26; 93:22; 96:31; 97:17; 98:24; 99:15; E:M-106:12,36; 107:17; 108:21, 29,35; 110:1; 111:11; 112:9,11; 113:20, 33; 114:9; 115:10; 117:17; 121:23; 123:33; 124:22; 127:33; 130:6, 9, 24; 131:3; 133:4; 135:5; 139:36; 141:38; 142:9, 12; E:E-150:2; 153:11; 154:6; E:V-165:7; 172:14; 175:33; 176:22; 177:6, 21,25; 179:14; 181:5; 182:27,30; 186:27; 191:13; 193:14; E:B-197:25; E:F-211:5; 212:1, 3; E:C-218:30; 221:2; 226:24; 227:15,21,36,36; E:Z-231:24; 234:17; 239:35; 240:18, 36; 241:20; 249:33; 253:24; 260:18; E:AN-264:10, 17; 265:21; 267:23; 273:15,35; 278:22; 281:36; E:AB-289:5; 290:36; E:VAR-296:3,34; 297:30,34; 298:4; KS-308:13,

30; 314:29; 316:33; 317:26; 318:13; 319:9, 35; 322:14; 328:9; 330:32; 331:1; 341:18; 343:29; 344:27; 347:19; 351:22; 353:13; 354:11, 22; 356:6,9; 368:34; 370:18; 373:18; 374:23; 376:33; 379:18; 387:7, 13,26,27; 389:16; 400:27; 401:32; 402:27; 405:19; 406:6; 407:5; 414:30; 417:9; 428:8, 11; 429:17; 435:16; 437:1,3,6,12,29, 33; 440:33; 441:4; 442:15,22; 460:22   (183)

haben   E:K-9:9,15; 11:34; 19:15; 20:16; 22:9; 23:34; 27:14; 41:7; 42:5; 48:4, 18; 50:6; 53:27,31; 65:14; 66:22; 71:6; 75:37; 85:2; 88:5; 91:30; 95:24; 103:21; E: M-107:3; 110:29; 113:31; 115:4, 16; 118:27; 121:26; 124:2; 125:13; 126:24; 127:37; 133:12; 139:31,38; 140:8; 142:37; E:E-146:29,38; 150:16; 152:24; 157:17; E: V-162:23; 163:36; 164:23; 165:14, 32; 166:31; 168:2,10; 171:29; 173:13; 174:17; 177:11; 178:14,33; 182:23; 186:35; 190:22; E:B-198:4; E:F-206:13; 209:2; 211:11; E:C-219:15,33; 221:11,16; 224:3, 34; 226:30; 227:28; E:Z-230:37; 236:17, 20,35; 237:11; 238:13; 241:13,22; 242:15; 245:17; 250:5; 252:16,37; 254:24; 255:14, 35; 257:24; 258:36; E:AN-263:2; 270:6, 14; 279:3,38,38; 280:31; E:AB-284:24; 285:6; 289:34; E:VAR-292:10; KS-301:21; 302:24; 306:21,26,30; 307:14; 311:21, 34; 314:10,15; 315:14; 316:21; 319:29; 320:37; 321:2; 323:10,11,13,19,23,26, 34; 324:2,27; 325:13; 332:21; 333:28, 29; 334:28; 335:22; 336:10,13,16; 337:21; 339:20; 340:3; 341:6,7,9,30; 342:12, 19; 345:6; 347:3,26; 351:12; 352:7; 353:6; 355:28; 357:13,30; 359:5; 360:10; 362:12; 363:27; 366:17,24; 367:3; 368:36; 371:6, 18; 372:24,35; 373:10; 374:37; 375:3, 10,24; 376:4,7; 380:22; 381:2; 382:7, 18; 383:12,19; 384:35; 385:16; 386:28, 34; 387:34; 388:35; 389:3,7; 390:11; 393:2, 29; 395:8,31; 397:14; 398:31; 402:18, 26; 403:35; 404:6; 405:13; 406:28; 407:18; 408:19; 409:2; 412:15,25; 415:12; 416:7, 18,20; 420:12; 422:6,9,16; 426:25; 427:18, 21; 428:27,38; 429:5,31; 430:6,24; 431:29; 434:23; 437:37; 438:28, 30; 441:18, 34; 443:2; 447:34; 449:7; 451:2; 452:28, 31; 456:29; 457:1; 460:16   (238)

habt   E:K-17:14; 45:11,24; 60:25; E:V-165:12; KS-337:7,10; 372:14

hast   E:K-17:10, 19; 20:10, 20; 28:6;

46:23; 55:9; 91:22; E:M-117:26; 135:8;
E: V-170: 32; 177: 28; 180: 34; 186: 7,
29; 193: 10; E: Z-248 : 25; 253 : 16, 33;
E: AB-285: 2; 289: 13; E: VAR-292: 27;
KS-325 : 20; 326 : 4; 351 : 16; 352 : 31,
34; 354 : 12, 20, 34; 356 : 9; 357 : 6, 13,
15 (34)

hat E : K-14 : 12, 37; 16 : 31; 17 : 3,
36; 19:32; 28:16; 42:32; 43:4; 45:21,
36; 47:2; 48:10; 61:27; 62:25; 65:16;
82:9; 90:28; 92:4; E:M-123:15,17,21;
127:18; 129:5; 131:27; 132:9; 134:13,15,
15,16; 135:2; 136:36; 141:37; E:E-150:34,
35; 154:19; 157:20; E:V-163:22; 165:10,
12; 167:35,36; 170:7; 177:9; 178:2; 181:34;
185 : 32; 188 : 34; E : C-219 : 9; 223 : 11;
224:32; 227:6,32; E:Z-234:28; 244:27;
245:10; 248:24; 250:35; 251:19; 252:3,
5; 253:32; 259:8, 9, 19, 25, 29; E: AN-
263: 1; 266: 23; 267: 7; 268: 7; 270: 12,
22; 274:12; 281:8; E:AB-284:21; 285:17;
286:23; 287:29; 288:2,2; E:VAR-296:18;
KS-301: 32; 304: 12; 306: 32; 313: 16, 32,
32; 317:22; 318:8, 21; 319:31; 322:35;
327:31,33; 329:24; 330:28; 331:23; 332:16,
34; 335: 25; 337: 13; 338: 5, 17; 340: 7;
341:37; 345:28,33; 347:11; 349:6; 350:24;
351:1,9,28,31; 352:15,16; 353:1,19,22,23,
32; 354:3,7,8,14; 355:28; 356:28; 357:25,
35; 358: 18; 359: 24, 29, 30, 35; 362: 7;
363: 25; 364: 14; 365: 5; 367: 18, 21, 25,
28; 368:5,23; 370:4,7; 371:24; 373:4,6,
8,12,14,27; 374:3, 14, 16, 21; 375:5, 15,
27,32; 376:5; 377:21,25; 378:28; 379:2,
4, 7, 10; 381: 29; 382: 3, 6, 10; 383: 13;
384: 10; 385: 15, 20, 32; 387: 11; 388: 33;
389: 30; 390: 28; 391: 1, 25, 26; 392: 20,
31,32; 393:19,37; 394:8; 395:25; 396:3,
30; 397:17; 398:20,30; 399:14; 403:30;
404: 20; 409: 23; 410: 18, 21, 30; 411: 23,
33; 412: 17; 413: 35; 414: 27; 415: 19,
32; 416:10,23,31; 418:13,32; 419:8; 421:6;
423: 1, 25; 425: 19, 21; 426: 3, 20; 428: 6,
24; 429:8,15,29,32; 431:3,6,32; 432:2,8,
16; 433:2,10,13; 434:10; 435:38; 437:5,
31; 438: 7, 14, 18; 439: 3, 8, 11, 13, 17,
29; 440:5; 442:1; 446:9; 449:22; 450:32;
452: 12; 453: 10; 454: 18, 34; 455: 12, 29,
32; 456:2,17,18; 459:9,31 (270)

hats E:K-83:13

hätt E:M-116:4

hatte E:K-9:25; 10:3; 11:10,14,26; 13:12,
24; 14:18; 15:35; 16:15; 20:17,34; 21:9,21,

32; 22:22,28,34; 23:1,6,24,25; 24:5,8,25;
25:28; 26:2,8,18,21,22; 27:9; 28:34; 29:7,
23,28,32,35; 30:19,32; 31:2,2,5,28; 32:9,9;
34:5,7,25,26,30,32; 35:19; 36:20,26; 37:3,
17,33,38; 38:13; 39:14; 40:25; 41:6,20;
43:24; 44:33,37; 48:26; 50:3; 52:29; 53:21,
32; 54:13,37; 55:11,16,28,36; 56:5; 57:4,
10, 20; 58:2, 7, 22; 59:5, 21; 61:6, 15, 21,
24; 62:1,3,4,13; 63:12,34; 64:16,38; 65:8,
20,28,32; 67:16,18,24,37; 68:1,16; 69:14,
21; 70:29; 71:2,3,17,19,22,24,32; 72:11,
32; 73:10,20,38; 74:33; 75:2,25,33; 76:2;
77:1,3,23; 79:22,25,28,33; 80:3,6,16,35;
81:8,13; 82:34; 83:19; 84:21; 85:18,22,36;
86:16,21; 88:30; 90:27; 92:1,36; 93:18,27;
95:10,19,20,23,33; 96:15,19; 97:33; 98:34;
100:2,12,25; 101:22,28; 102:20,32; E:M-
104:14,17,18,19,21,26,32; 106:30,32,32;
107:26,34; 108:7,22,24,31,36; 109:6,19,35;
110:7,30; 112:38; 113:37; 115:2; 116:4,12;
117:32,32; 118:16; 120:12,16,29; 121:3,
28; 123:19,37; 125:24,25,32; 126:6,11,22,
36; 127:8,20,36; 128:38; 129:36; 130:4,
32,36; 131:8,11,23; 132:25; 133:3; 134:2;
136:16,16; 138:5,12,24; 139:13; 140:11,
19,21,30; 143:7; E:E-144:7,8,11,13,17,
32; 145:2,28,37; 146:8,26; 147:2,5,10,32;
148:13,23,35,36; 149:1,4,9,17,29; 150:18;
151: 7, 22, 26; 152:4, 13, 14, 27, 29; 153: 2,
29; 154:31; 155:31; 156:5,13,25; 157:26,
33; 158:1,30; 159:15; E:V-160:9,18,27,
30; 161:1, 18, 25, 34; 162:31, 36; 163:35;
164:35; 167:11,33; 168:4; 169:13,17,20;
170: 16, 19, 20, 23, 28; 171: 20, 22, 32, 35;
172:11; 173:16,20,34,37; 174:23; 175:7;
176:11; 178:20; 180: 16, 35; 181: 23, 34;
183:9,14,14; 184:24,33; 185:1,20,29,31;
186:31,33; 187:12,17,23; 188:37; 189:5,
6; 190:14; 191:18,22,35; 192:31; 193:7,22;
194:14,31,38; 195:15; E:B-196:7; 198:1,
26, 33; E: F-199: 7; 200: 3, 13, 21; 201: 7,
10, 18, 22, 33; 202:6, 11, 12, 29; 203:3, 11,
17,25,37; 204:2,7,11,19,26; 205:1,9,18,
22, 25; 206: 13; 207: 13, 16, 21, 30, 35, 37;
208:4,17,20,22,35; 209:1,9,11,20; 210:1,
4,5,25; 211:10,30,32,35; 212:5,12,14,23,
24; 213: 16, 30, 31, 34; 214: 7, 9, 24; E:C-
216:22; 217:29,34; 218:5,24,28; 219:18;
220: 32; 221: 4, 7; 222: 10; 225: 5, 17, 20,
27,31; 226:2,6,10,38; 227:4,5,38; 228:3;
E:Z-229:12,14,20; 230:5,8,30; 231:2,17,
21; 232:12,32; 233:10; 234:12; 235:19,
30,31; 236:33,38; 237:3,11,13; 238:11,

16; 239:18,31; 240:33; 242:6,12,16,25;
243:20; 244:3,5,13,19,34,35; 246:11,25,30;
247:38; 250:8; 252:27; 253:1; 255:2,27,35;
256:2; 257:20,28; 258:6,7,32; 260:5,14,
29; 261:9; E:AN-262:23; 263:19; 266:12,
17; 268:12,19; 270:9; 272:2,5,14; 274:17,
18; 276:10,12; 277:11,18; 278:16,17,38;
280:18; 281:17; 282:2; E:AB-283:26,
34; 284:11,17; 285:24,26,28,30,31; 286:1;
288:11,14,16; 289:22; 290:1,12; E:VAR-
292:14; 293:7; 294:5; 295:5,9,19; 296:1;
297:12; KS-309:32,32; 320:34; 321:27,
30; 331:17,36; 339:14,37; 342:18; 343:29;
344:1,11; 345:1; 352:35,36; 385:2; 389:20,
35; 390:3,13,37; 394:16; 395:18; 407:7;
417:35; 418:8; 427:31,34; 429:10; 435:3;
436:12; 437:19; 438:22,31; 440:17,21,33;
442:14,22,33; 443:23,37; 444:25; 445:5,
20,22; 460:5   (597)
hätte   E:K-9:15,16; 13:30,35; 14:21; 15:1,
4; 21:15; 24:21,23; 33:23; 40:7; 41:10;
45:25; 47:17,19; 50:8,25; 51:18,37; 57:17,
17; 58:25,30,35,36,37; 59:1,19,25; 62:22;
66:18; 71:38; 73:11,27; 82:6,25; 84:10,
11,23; 87:19,23; 88:4,19,27; 89:9,11,32;
91:35; 96:34; 98:13; E:M-108:30; 109:21,
25; 110:17,25,35; 111:2,18; 112:18,24,
26,28; 113:2,4,6; 116:2,21,23,25,30,33;
120:20; 126:3; 131:19; 136:38,38; 140:9;
143:21; E:E-147:6,21; 151:36,37; 152:25,
36; 155:17; 156:21; 157:17; 158:12; E:V-
164:15; 168:3,9,12,12,14,24,26; 169:6;
172:7,20,21; 178:8; 179:3,5; 181:3; 185:2,
15; 186:34; 193:35; E:F-211:16; 213:9;
E:C-219:37; 227:29; E:Z-231:3,30,33;
234:37; 240:11; 244:4; 246:22; 251:37;
252:13; 255:26; 258:11; E:AN-263:35;
265:13; 266:34,34; 267:3; E:VAR-293:1,
3; 297:2; KS-323:32; 325:7,9; 327:30;
329:22; 332:2; 335:2; 338:8,19; 339:17,
26; 340:22; 343:12,35; 374:33; 385:27;
386:24; 387:9; 393:17,21; 401:16; 406:19,
38; 418:10; 436:6   (157)
hatten   E:K-17:38; 19:17; 21:12; 31:10;
32:16; 43:33; 49:8; 61:13; 63:10; 64:35;
66:30; 67:11; 76:10; 81:6,25; 82:18; E:M-
142:24; E:E-147:35; 149:13,35; 150:12;
152:29; 153:4,26; 154:27; E:V-161:26;
163:4; 170:4; 173:11; 192:10; 193:37; E:B-
197:29; E:F-213:15; E:C-216:13; 218:5;
221:19; 222:4; 228:17; E:Z-229:29; 230:2;
238:19; 240:4; 243:33; 258:17,28; 261:5;
E:AN-270:28; 271:2; 278:14; 279:25;

281:12; E:AB-287:7; 288:26; E:VAR-
293:31; 295:18; KS-327:5; 343:24,38;
378:34; 380:30; 383:10; 406:29; 434:30;
438:37; 439:20   (65)
hätten   E:K-14:4,23; 17:24; 25:14; 35:3,
35; 56:25; 57:16; 72:7; E:M-110:37; 113:5;
134:34; E:E-150:13; 151:20,34; E:V-
160:32; 170:2; 171:5,11; 180:29; E:C-
216:12; 220:27; E:AN-264:2; 278:36;
281:29; E:AB-290:29; E:VAR-296:28,
38; 297:18,21; KS-320:36; 323:31; 336:14;
346:16,17; 357:15; 381:3; 430:4; 435:31;
440:23; 449:15   (41)
hättest   E:K-17:28; 47:8,11,12; E:V-
193:33; KS-347:26; 351:23
hattet   E:K-18:4
hättet   E:K-18:24

habhaft
habhaft   E:K-22:6; 82:14; 84:37; 90:21;
93:29; 95:15,37; 97:10; 99:17; E:V-184:26;
E:F-215:14; E:AB-287:12; 288:3   (13)

Habseligkeit
Habseligkeiten   E:V-169:32; 176:34

Habsucht
Habsucht   E:Z-261:5

hacken
hacken   KS-346:12; 379:21,31

Hader
Hader   E:AB-284:12

Hafen
Hafen   E:V-169:29; E:F-202:37; E:AN-
274:4; KS-393:18,34,36
Häfen   KS-398:9,14
Hafens   E:E-153:18

Hafenplatz
Hafenplatz   KS-372:10

Hafer
Hafer   E:K-47:20

Haft
Haft   E:K-56:3; 74:27; 76:14; E:V-
188:15; 191:3; E:AN-281:18

Hagel
Hagel   E:K-12:32; 19:33

hageldichten
hageldichten   E:K-33:13

Hahn
Hahn   KS-430:10
Hahns   E:C-224:14

Hainichen
Hainichen   E:K-58:35; 59:17,24,30

Haken
Haken   KS-383:27

halb
halb   E:K-13:3,3; 16:28,28; 26:11,17,
17; 32:4; 39:15; 50:22; 54:20; 65:18;
83:38; 102:37; E:M-129:27; 136:22,22;
138:1; E:E-146:30; E:V-162:21; 176:36;
178:23,24; 189:27,27; 192:5; E:F-205:22,
22; E:C-222:23; E:Z-250:18; 259:17,37;
E:AN-276:30; KS-344:25,25   (35)
halbe   E:V-170:29; E:AN-279:7; KS-
441:9
halbem   E:AN-266:19
halben   E: AN-271 : 25; KS-386 : 19;
431:14; 445:23
halber   E:K-13:26; 14:34; 78:17; 83:21;
E:F-209:28

halbausgedrückt
halbausgedrückten   KS-320:22

Halbbruder
Halbbruder   E:V-189:16; E:Z-229:5,
25

Halbheit
Halbheiten   KS-326:9

Halbhund
Halbhunde   E:V-166:11

halblaut
halblaut   E: K-91 : 29; E : M-115 : 36;
120:19

halbnackt
halbnackt   E:V-189:32

Halbneger
Halbneger   KS-441:34

halboffen
halboffene   E:K-48:31
halboffenen   E:K-101:19
halboffener   E:K-80:7

halbtot
halbtot   E:K-19:37

Halbwagen
Halbwagen   KS-401:23,24

halbwahnwitzig
halbwahnwitzig   E:V-174:36

Hälfte
Hälfte   E : K-26 : 8; E : M-131 : 38; KS-
320:24; 400:34; 437:1

Halfter
Halfter   E:K-57:14
Halftern   E:K-62:4

Halle
Halle   KS-422:24
Hallen   E:F-206:2; E:C-218:9; 219:3;
E:Z-242:16; E:VAR-295:23; 296:12

Hals
Hals   E:K-28:19; 82:4; 96:12,38; 102:12,
34; E:M-143:31; E:E-159:12; E:V-175:4,
16; E : F-215 : 13; E : Z-261 : 12; E : AN-
264:10; KS-429:9   (14)
Halse   E:K-81:18

Halsband
Halsbändern   E:K-25:8

Halsbinde
Halsbinde   E:K-17:1; E:V-171:37

halsbrechend
halsbrechende   KS-390:10

Halstuch
Halstuch   E:K-20:16; 101:37

halten
gehalten   E:K-25:28; 41:10; 50:8; 66:1;
76:15; 91:12; 100:3; 102:16; E:M-107:26;
139:26; E:E-156:21; E:V-168:6,10; E:C-
218:17; E:Z-249:4; 258:8; E:AN-263:34;
277:34; 281:18; E:VAR-295:30; KS-401:6;
428:9; 433:4; 437:24   (24)
gehaltene   E:AB-288:5
halt   E:K-10:13; 19:21,22; E:E-157:5;
E:V-188:5; E:Z-259:4
hält   E : V-188 : 16; E : AB-283 : 18; KS-
334:29; 337:36; 338:9; 348:15; 361:31
halte   E:K-50:36; E:M-117:6; 123:33;
131:24; KS-318:18; 340:36; 400:21
halten   E:K-72:3; 73:6; 78:36; 101:15;
E:M-108:7; 122:15; 136:5; 142:17; E:E-
149:6; E:V-185:10; 190:10; E:F-199:20;
206:19; E:Z-231:30; 259:30; E:AN-265:7;

269:5; 270:30; KS-303:20; 305:9; 322:1; 323:6; 332:38; 333:8,13; 337:23; 369:24, 28; 374:21; 377:5; 393:26; 399:21; 422:37; 430:21 (34)

haltend E:K-23:33; E:M-137:19; E:Z-257:17; KS-427:32

haltenden KS-403:1

haltender E:AN-279:30

haltet E:V-191:14

hältst E:M-132:5; KS-354:18

hielt E:K-12:30; 25:10,29; 33:18; 44:37; 51:17; 54:7; 60:15; 61:17; 85:16; 93:26; 95:13; E:M-105:34; 119:33; 120:38; 128:11; 138:1; E:E-145:36; 154:32; 155:24; 158:23; E:V-162:22; 163:10; 172:23,32; 179:7; 192:32; E:F-204:15; 214:15; E:Z-232:1; 233:37; 257:31; 259:4; E:AN-266:18; 267:18; 282:6; E:AB-283:9, 24; KS-375:20; 403:16; 429:13 (41)

hielte E:K-73:22; 97:21; E:AN-281:21

hielten E:K-82:17; 86:9; 90:30; E:E-155:11; E:Z-241:13

Haltung
Haltung KS-396:11

Hamburg
Hamburg E:K-76:35; KS-418:25; 420:34; 447:35; 459:23

Hamburger E:K-26:35

Hameau
Hameau KS-384:34

hämisch
hämische E:E-144:13; E:Z-233:5

hämischen E:K-19:31

Hamlet
Hamlet KS-349:5

Hammelkeule
Hammelkeule KS-330:32

Hammer
Hammer KS-442:18

Hand
Hand E:K-15:3,24; 18:12; 20:29; 25:9, 29; 26:32; 30:23,27; 33:17; 35:16, 19; 44:37; 45:29,36; 47:14,30,37; 48:14; 51:17,30; 55:19; 58:31; 60:15; 61:35; 63:7; 64:23; 65:19,32; 68:25; 69:26; 73:23; 74:28; 80:35; 81:21; 84:2, 17; 85:33,35; 88:31; 90:26; 91:23; 92:1, 4,13; 93:23; 94:9,10; 95:12; 96:12; 97:5,

30; 98:15; 100:17; 101:17; 102:10; E:M-106:24; 110:24,31; 111:12; 113:28, 36; 117:36; 118:7,33; 119:17,18,22; 122:2, 27; 126:5; 127:4,38; 129:18; 133:37; 135:7; 138:17; 139:8; 140:23,31; 141:10,27, 31; E:E-147:8; 151:33; 152:10; 155:12; E:V-162:6,6,22,32; 163:10,11,12,22, 31; 164:4; 165:9; 166:4; 167:22; 169:3, 6,17; 171:16; 172:13,32; 173:7,30, 34; 175:18; 179:10; 180:24; 182:21, 29; 184:6; 187:16; 189:33; 190:2, 21,25; 191:8,26; 192:6,15,19,31; 193:15,17,27; 194:38; E:F-199:25; 200:17; 203:10,13; 204:15; 206:5, 17; 207:16; 210:11; 212:22; 214:24, 31; E:C-217:7; 222:13; 226:18; 228:8; E:Z-231:34; 232:37; 235:34; 236:20, 23; 240:19; 243:4; 245:3,8,18,27, 30; 246:36; 249:27; 250:29; 252:32; 253:2, 19; 254:14; 255:9,11,20; 257:17; 259:4,21, 37; E:AN-264:14; 265:16; 268:13; 272:33, 37; 273:2,3,3,26; 276:21; E:AB-283:18; 290:22; E:VAR-293:8,11; 294:21; KS-313:5; 317:2; 323:18; 324:3; 331:25; 344:30; 348:37; 359:34; 382:24; 384:3; 385:28; 390:14; 400:11; 405:4; 408:5, 9,10,23; 413:20; 415:11; 427:32; 428:23; 430:21; 434:32,32; 442:17; 453:32; 455:34; 459:38 (216)

Hände E:K-23:12; 34:18; 48:33; 49:2; 96:35; 100:28; E:M-134:9; 135:18; 140:38; E:E-146:25; 148:29; 155:25; 157:9; E:V-165:18,32,35; 186:20; 188:38; 191:1; 193:28; E:F-199:18; 200:34; 210:22; 215:9; E:C-221:26; 222:32; 223:27; E:Z-234:15,25; 250:25; 253:16; 254:6; E:AN-265:29; E:AB-286:32; 287:18; KS-306:13, 14; 398:35; 413:21; 445:3,17 (41)

Händen E:K-29:5; 39:6; 44:6; 77:19; 83:6; 84:27; 85:15,32; 88:23; 91:32; 92:7; 97:37; 101:27; 102:8; E:M-136:4; E:V-163:29; 172:22; 183:17; 185:17; E:C-220:9; 221:33; 222:15; 223:7; E:Z-237:10; 242:25; 251:12; KS-307:26; 324:12; 335:5; 347:28; 419:19 (31)

Handarbeit
Handarbeit E:F-211:1

Händedrücken
Händedrücken KS-315:22

Handel
Handel E:K-10:3; 12:2; 13:8; 21:21; 26:26,30; 47:3; 49:26; 50:34; 56:20; 66:14;

76:2; 78:38; E:B-196:22; KS-313:26; 356:19; 398:17; 413:17; 431:23 (19)

handeln
gehandelt E:V-168:2; KS-363:8; 365:7
handeln KS-309:6; 337:27,34; 356:11; 365:22,25; 372:16
handelnden E:K-95:18
handelt KS-420:6

Handelsgeschäft
Handelsgeschäften E:F-199:3

Handelskommunikation
Handelskommunikationen KS-386:3

Handelsverbindung
Handelsverbindungen E:F-203:15

handeltreiben
handeltreibende KS-386:25

händeringend
händeringend E:C-223:2

Handgeld
Handgelds E:K-36:12

Handgemenge
Handgemenge KS-369:33

Handgriff
Handgriffe E:AN-275:28

handhaben
handhaben E:K-42:28

Handhaber
Handhaber KS-333:11

Handkuß
Handkuß E:M-134:9

Handlung
Handlung E:M-112:18; 114:17; E:F-214:25; E:C-221:4; E:Z-234:29; E:AN-276:16; KS-334:12; 337:29; 375:18; 459:25 (10)
Handlungen KS-305:3

Handlungskommis
Handlungskommis KS-373:34

Handschrift
Handschrift E:K-77:11; KS-325:18; 456:19
Handschriften KS-428:34

Handschuh
Handschuh E:M-120:28; E:Z-242:28, 34; KS-425:29

handvoll
handvoll E:F-200:38; KS-346:15

Handwerk
Handwerk E:F-202:16; KS-448:17
Handwerker KS-383:21

Handzeichnung
Handzeichnung E:AN-274:20

Hang
Hang E:M-109:6; E:F-201:28
Hange E:F-205:5
Hanges KS-410:22

hängen
gehangen E:F-205:9; E:AB-290:25
gehängt E:Z-260:5; KS-335:22; 336:33
hängen E:K-67:37
hängend E:E-147:20
hängenden KS-401:24
hängt E:AN-276:37; KS-303:26
hing E:K-81:13; E:M-105:23; 131:18; E:V-175:15; 183:16; 185:14; E:F-212:20; E:Z-237:25; 261:11; E:AB-290:38 (10)
hingen E:K-26:14; E:E-155:10; KS-356:18

Hans
Hans E:K-15:23; 32:13; E:AB-288:34; 289:19; 290:24

Hardenberg
Hardenberg KS-450:16; 457:14

Harfenspiel
Harfenspiel KS-450:10

harmlos
harmlos E:F-204:12; 210:26
harmloser E:K-95:6

Harnisch
Harnisch E:K-35:13; E:Z-245:20; 247:26
Harnisches E:Z-246:35

harren
harren KS-393:18
harrend KS-330:1
harrt E:V-180:2
harrte E:K-70:24; E:E-149:19, 23; 154:33; E:F-210:21

hart
hart E: M-137: 11; E: V-170: 19; E: F-202:16
harte E:M-117:9
härter KS-408:36

Härte
Härte E:M-134:6; 136:10

Hartmann
Hartmann KS-447:14

hartmannischen
hartmannischen KS-449:22

hartnäckig
hartnäckig E: M-137: 25; E: F-214: 23; E:AN-281:20
hartnäckigen E:M-133:16; E:V-191:33; 195:7

Harzwanderung
Harzwanderung KS-315:14

Haß
Haß E:K-64:7; E:V-178:7; E:F-206:11; KS-312:21,23; 314:30

Häscher
Häscher E:K-67:7; 71:37; 74:8,13; E:F-199:21; E:Z-247:18,28
Häschern E:K-65:34; 72:12; E:Z-260:33
Häschers E:F-200:8

Hasenheide
Hasenheide KS-429:32

Hasenhetze
Hasenhetze E:K-15:8

häßlich
häßlich KS-314:28
häßlichen E:K-50:34; E: F-212: 7; KS-307:25; 312:19
häßlicher E:K-74:34; KS-414:33

hassen
hasse KS-308:5
hassen E:K-30:26; E:VAR-293:10; KS-311:5; 312:35; 314:32
hassest KS-352:29
haßt E:AN-270:8; KS-357:1,3,5

hastig
hastig E:M-129:23

hätscheln
hätschelte E:E-149:30

Hattenville
Hattenville E:AB-285:25

Haube
Hauben KS-399:30

Haubitze
Haubitzen KS-386:7

Haubitzenspiel
Haubitzenspiel E:M-105:8

Hauch
Hauch E:Z-248:30
Hauche E:Z-261:1

Haude- (u. Spenersche)
Haude- KS-391:16,17

hauen
hieb E:E-158:11

Haufen
Haufen E:K-12:4; 19:24; 31:36; 35:4; 36:8,28; 37:12,15,34; 38:23; 40:20; 41:12, 30; 46:9; 52:12; 53:18,24; 58:15; 59:38; 63:17; 66:34; 68:5; 82:25; 92:34; 102:20; E:E-146:20; 152:30; 157:8; 158:1; E:V-161:4; 189:11,29,37; 190:32; 194:28; E:C-221:37; E:Z-238:31; E:AN-268:16; KS-340:34; 358:3,9   (41)
Haufens E:K-37:26; 40:37; 41:7; 44:27; 54:15; 67:36; 74:25; 76:12; E:V-189:9

häufen
häufen E:M-122:32

haufenweis
haufenweis E:K-91:32

häufig
häufig E: K-30: 29; E: M-123: 4; 126: 8; 133:38; E:V-161:12; E:C-218:23; E:VAR-293: 12; 295: 32; KS-315: 14; 319: 34; 324:21; 392:11; 397:13; 409:34   (14)
häufige KS-313:18
häufigem E:C-222:25
häufigen E:F-203:28; KS-307:6; 425:11; 426:12; 455:15
häufiger E:Z-246:3
häufigsten KS-308:10

Haupt
Haupt E:K-50:14; 65:25; 103:11; E:M-124:16; 140:31; E:E-148:29; E:V-174:10, 32; 176:3; E:F-206:6; E:Z-234:38; 246:10, 26; 247:17; 251:26; 252:23; 259:36; KS-326:16   (18)
Haupte E:E-151:15; E:C-226:38
Häupter E:K-61:23; 62:13; 101:27; E:C-221:29

Hauptbedingung
Hauptbedingung E:K-26:33

Hauptblatt
Hauptblatt KS-424:4

Haupteingang
Haupteingang E:K-74:10

Haupterschütterung
Haupterschütterung E:E-151:30

Hauptfigur
Hauptfigur KS-414:14

Hauptgebäude
Hauptgebäude E:V-161:11; 189:28

Hauptgedanke
Hauptgedanken KS-318:19

Hauptinhalt
Hauptinhalt E:K-53:5

Hauptkampf
Hauptkampfs E:V-191:31

Hauptmann
Hauptmann E:K-37:6; E:AN-267:23;
274:28,31; 275:5,8; 280:34,34
Hauptmanns E:K-37:24; E:AN-275:37

Hauptpunkt
Hauptpunkt KS-322:19

Hauptquartier
Hauptquartier E:M-113:25; KS-367:8;
368:12

Hauptsache
Hauptsache KS-422:6

hauptsächlich
hauptsächlich E:Z-235:24

Hauptschlüssel
Hauptschlüssel E: V-183: 28; E: F-
207:20

Hauptstadt
Hauptstadt E:K-22:8; 27:1; 78:28; E:E-
144:2; E:VAR-292:17

Hauptursache
Hauptursache KS-416:1
Hauptursachen KS-392:5

Hauptzug
Hauptzüge E:E-152:8

Haus
Haus E: K-13: 7; 15: 26; 24: 5; 25: 3,
15; 27: 21, 33; 31: 31; 38: 26; 39: 5;
46: 26; 54: 18; 55: 10; 59: 2; 71: 7,
38; 72: 5; 78: 1; 91: 25; E: M-106: 28;
109: 8; 113: 22; 115: 21; 125: 1; 133: 32;
139: 33; 143: 4, 19; E: E-146: 14; 149: 4;
150: 1; 152: 2; E: V-160: 12, 28; 163: 11,
26, 29; 165: 28; 168: 3; 172: 10; 177: 1,
5; 179: 29; 183: 24; 189: 14; E: F-202: 15,
20; 203: 1; 204: 3; 205: 20; 213: 23; 214: 10;
E:Z-237:27; 258:1; E:AN-266:6; 271:15;
272: 17; KS-315: 16; 372: 29; 387: 13, 26;
413:16; 424:27,28; 436:17; 451:31; 452:8,
30   (68)
Hause E: K-9: 30; 24: 3; 29: 29; 38: 15;
55:4,6,17; 56:1,11; 58:10,13; 59:22; 60:27;
61: 37; 62: 33; 63: 21; 71: 34; 72: 3, 13,
21, 32; 73: 5, 22; 74: 2; 77: 31, 36; 81: 26;
89: 11; 92: 12; E: M-105: 14; 109: 35;
111:33; 114:29; 115:3,22; 118:18; 122:15;
126:34; 127:29,33; 128:25; 130:28; 131:5,
35; 132:20,30; 134:7,15; 136:28; 138:35;
140:15; E:E-144:9; E:V-162:11; 163:17,
38; 166: 36; 167: 1, 38; 175: 9; 176: 20,
28, 32; 177: 27, 35; 178: 1; 180: 30,
33; 181:31; 184:18; 187:17; 188:26; 190:7,
30; E:F-203:15; 205:34; 206:35; 209:19,
25; 213:32; 214:13; E:C-219:17; 220:32;
224: 27; E: Z-229: 4; 238: 16; 240: 4;
257:29; E:AN-272:2; 274:8; 276:11,16,
28; E:VAR-297:8; KS-330:37,38; 368:33;
428:19; 436:23; 438:14; 445:11   (100)
Häuser E:K-37:2,20; 38:8; E:E-145:9;
146: 8; E: AB-285: 30; 286: 1; KS-377: 1;
397: 2, 14, 23, 26, 32, 34; 440: 25; 441: 2;
442:20   (17)
Häusern KS-383: 17; 397: 37; 429: 10,
19; 443:24
Hauses E:K-81:14; 86:2,8; 92:18; E:M-
106: 9; 112: 6; 113: 26; 115: 19; 128: 16;
134:1; E:E-148:31; E:V-161:38; 162:38;
166: 1; 167: 8; 183: 29; 187: 18; 190: 10;
194:31; E:C-220:20; 223:25; E:Z-236:3;
239: 15; 241: 26; E: AN-265: 35; E: VAR-
297:3   (26)

hausen
hauseten E:K-18:23

Hausfrau
Hausfrau E:K-17:8; 28:6; E:B-196:8

Hausgesinde
Hausgesinde E:B-197:11

Haushalt
Haushalts   E:Z-239:20

haushalten
haushält   KS-307:9

Haushälterin
Haushälterin   E:K-32:32; 57:3

Haushaltung
Haushaltung   KS-400:6

Haushofmeister
Haushofmeister   KS-400:21,35

Haushofmeisters-Examen
Haushofmeisters-Examens   KS-328:12

Haushund
Haushund   E:B-197:38

Hauskavalier
Hauskavalier   E:AN-273:20

häuslich
häuslich   E:V-172:29
häuslichen   E:V-182:18; E:AB-288:35

Hausmagd
Hausmagd   E:F-211:3

Hausmann
Hausmann   E:K-54:3; 71:3; 73:4
Hausmanns   E:K-72:10

Hausoffiziant
Hausoffizianten   KS-402:35

Hausschlüssel
Hausschlüssel   E:K-48:30

Haustür
Haustür   E:K-54:14; E:V-190:13; E:AN-277:19; KS-425:32
Haustüre   E:C-223:34

Hauswesen
Hauswesen   E:K-25:21

Hauszeichen
Hauszeichen   E:K-62:37

Haut
Haut   E:Z-245:34; E:AN-265:17; 278:28, 31; 280:27; E:AB-288:10

Häutchen
Häutchen   E:AB-287:20

häuten
häuten   E:K-62:29

Havel
Havel   E:K-9:4; 25:13; E:VAR-292:5

Haydn
Haydn   KS-443:9,35; 444:6,25; 445:1,9, 21
Haydns   KS-443:8,34

haydnsch-
haydnschen   KS-444:36

he
he   E:AN-264:12,36

Hebamme
Hebamme   E:M-122:7,9,10,11; 123:11, 22,28,35; 124:6,19,23,29,36; KS-441:26
(14)

Hebeammenkunst
Hebeammenkunst   KS-324:13

Hebel
Hebel   E:F-213:35
Hebeln   E:AN-280:1

heben
gehoben   E:E-146:18
heben   E:M-112:27; E:V-189:27; E:Z-258:38; KS-445:4
hebender   E:M-123:29
hob   E:K-33:21; 72:8; E:M-115:9; E:E-158:32; E:V-188:36; 192:7; E:F-200:25; 209:23; KS-343:33,35,36   (11)
hoben   E:Z-239:21

Hecke
Hecken   E:K-81:10; KS-379:19

Heer
Heer   E: V-173 : 11; 176 : 24; 179 : 29; 180:15; 195:9
Heere   E:V-166:17; 169:37; KS-311:33; 351:2; 374:9
Heeren   KS-354:7
Heeres   KS-375:28
Heers   KS-369:2; 375:31

Heereszug
Heereszug   E:K-52:30; KS-369:18

Heerhaufen
Heerhaufen   E: K-39:36; 42:8; 47:32; 78:31

Heersbruck
Heersbruck   E:Z-229:3

Heerscharen
Heerscharen   KS-360:13

Heerstraße
Heerstraße   E: K-19 : 30;   E : V-164 : 30; 167:15

Heft
Heft   KS-420:35; 447:26; 450:29
Hefte   KS-448 : 20;   449 : 24;   450 : 2, 34; 451:1
Heften   KS-447:23
Heftes   KS-450:8

heften
heftete   E:M-140:25

heftig
heftig   E: K-9 : 25;   16: 20;   28: 25;   E: M-124 : 16;   125 : 6;   129 : 25, 29;   137 : 24, 34;   E: E-154: 12, 30;   E: V-191 : 9;   E: F-205:22;   E:C-217:24;   E:Z-240:32; 245:33; E:AN-281:25; E:VAR-294:38; KS-395:31
(19)
heftige   E:M-131:4; 137:14; 138:11; KS-312:37; 359:12
heftigem   E:F-200:19
heftigen   E:K-69:1; E:M-105:8; 133:11; E:F-204:34; KS-313:7
heftiger   E:M-114:14; 124:26; KS-308:6
heftiges   KS-417:32
heftigste   E:F-203:20; E:AB-289:2
heftigsten   E: M-105: 17;   142: 6;   E: Z-250:10; E:AN-272:14

Heftigkeit
Heftigkeit   E:K-33:11; E:M-130:30; KS-369:2

hegen
hege   E:M-111:12
hegt   E:K-86:28; KS-370:16

Heidelberg
Heidelberg   KS-423:7

Heil
Heil   E: K-91 : 24;   KS-375 : 29;   378 : 11; 388:6
Heils   KS-356:1

Heiland
Heiland   E:K-48:36
Heilands   E:C-220:13

heilig
heilig   E:K-90:24; 102:16; KS-450:19
heilige   E:K-34:1; E:F-214:31; 215:18; E:C-216:1; 227:35; E:Z-252:3; 255:23; E:VAR-293:19; 298:3,8   (10)
Heilige   E:E-148:10
heiligen   E:K-36:29; 37:33; 48:6; 89:9; 100:17; E:M-124:24; 126:13; E:E-145:20; E:V-183:15; E:C-216:16; 219:22; 221:1, 16; E:Z-229:7; 233:4; 234:16,33; 235:10; 242:11; 243:13; 244:5,11; 252:26; 255:36; 256:22; 259:27; E:VAR-293:34   (27)
Heiligen   E : M-125 : 11;   142 : 14;   E : V-162:3; 164:23; E:F-199:23; 202:30
heiliger   E:K-83:22; E:E-156:18

heiligen
geheiligt   KS-378:7
geheiligte   E : K-50 : 15;   E : Z-248 : 19; 253:32; 259:9
geheiligten   E:K-46:2; E:Z-261:14; KS-333:11; 435:27
heiligen   KS-328:23

Heiligkeit
Heiligkeit   E:C-217:32; E:VAR-295:8; KS-328:35; 376:10

Heilkosten
Heilkosten   E:K-46:29

Heilkraft
Heilkräften   E:K-22:18

Heilkunst
Heilkunst   E:Z-255:7

heillos
heillos   E:K-60:19
heillosen   E:K-40:18; 63:21; E:V-185:11; E:Z-236:36
heilloser   E:K-45:14; E:Z-249:19; E:AN-267:15
Heilloser   E:K-42:33

Heilmittel
Heilmittel   E:Z-255:13

Heilquelle
Heilquelle   E:K-22:26

heilsam
heilsam   KS-343:32
heilsame   E:C-224:10
heilsamen   KS-404:16
heilsamer   KS-320:10; 415:34
Heilsameres   E:K-98:3

Heilung

Heilung   E:Z-255:4

Heimat

Heimat   E:K-65:38; 69:16

heimlich

heimlich   E : K-71 : 35; E : M-133 : 17;
136:32; E:E-154:30; 156:9; E:V-178:5;
184 : 27; 187 : 1; 189 : 29; E : F-203 : 37;
207 : 21; 208 : 25; 212 : 16; E : Z-234 : 36;
235:11; 236:17; 241:35; 252:11; 257:33;
E:AN-276:4; KS-336:16; 375:9   (22)
heimliche   E:E-150:3
heimlichen   E:Z-229:2; 255:34
heimlicher   E:F-209:32
heimliches   E:M-129:22

heimreiten

heimgeritten   E:K-47:16
heimreiten   E:K-48:13

heimsuchen

heimgesucht   E:AB-285:16
heimzusuchen   E:K-45:19

heimtückisch

heimtückischen   E:F-206:37

Heinrich

H.   KS-324: 28; 325: 16; 345: 38; 411: 5;
446:5; 447:22; 448:7; 453:29; 455:6; 456:4;
460:32   (11)
Heinrich   E : K-22 : 13; 67 : 8; 77 : 23,33;
78:32; 99:32; 101:14,22; 102:13,14; E:M-
143:35; E:E-159:17; E:B-198:33; E:F-
215:18; E:C-229:1; E:Z-261:17; E:AN-
283:1; E:AB-292:1; E:VAR-298:12; KS-
301:6; 446:5; 447:22; 448:7; 454:27 (24)

Heirat

Heirat   E:M-139:20

heiraten

geheiratet   E:V-168:25; E:F-203:17
heiraten   E:M-104:10; 110:20; 141:34;
142:15; E:V-160:15; 169:11; 172:25; E:F-
214:3; E:AN-274:25; KS-431:28   (10)
heiratete   E:AN-277:12

Heiratskontrakt

Heiratskontrakt   E:M-142:19

heiß

heiß   KS-361:29
heiße   E: M-138: 28; E: V-193: 9; E: Z-
252:24
heißen   E: K-28: 25; E: F-213: 2; E: C-
226:18; E:Z-245:18; 249:24; KS-398:1
heißer   E: V-187: 24; E:C-222: 17; E: Z-
251:3
heißes   E:AB-286:30
heißesten   E:E-147:32

heißen

h.   E:K-25:34; KS-340:19; 345:33
heiße   E:K-59:3; 78:34; KS-362:28,30
heißen   E: K-34: 15; E: B-198: 33; KS-
361:7; 418:1
heißt   E:K-9:32; 62:25; E:AN-274:4; KS-
317: 12; 318: 20,22; 350: 10,12; 362: 14;
369:8; 373:35; 376:36; 389:15; 403:20;
411:28; 412:8   (16)
hieß   E:K-13:26; 18:33; 76:7; E:M-125:9;
E:F-200:4; 208:19
hieße   E:V-168:20,28

heiter

heiter   E:K-21:25; 80:11; 102:13; E:M-
139:7; E:V-179:20; E:Z-230:9; KS-306:19;
337:3; 383:11; 396:32   (10)
heitere   E:K-72:23
heiteren   E: K-43: 12; E: Z-238: 4; KS-
443:35
heiterer   E:Z-234:37; KS-330:34
heitern   E: K-79: 36; E: E-153: 22; E:C-
228: 15; E: Z-254: 18; E: AN-278: 4; KS-
329:4

Heiterkeit

Heiterkeit   E:K-25:12; E:E-153:5; 154:3;
E:V-173:22,33; E:B-197:2; E:C-219:21;
220:24; 224:24; KS-445:13   (10)

Held

Held   E:E-158:22; E:F-202:38; KS-375:7
Helden   KS-325:2; 327:4; 351:10; 373:15;
375:34

heldenmütig

heldenmütigen   E:M-126:18
heldenmütiger   E:E-157:13

Helena

Helena   E: Z-243: 31; 244: 25; 245: 2,8,
22; 247:15,32; 248:12,24; 249:25; 251:30;
252:17; 254:20   (13)

Helene
Helenen   E:Z-240:32

helfen
halfen   E:F-200:6
helfe   E:K-35:31
helfen   E:K-86:27; E:M-121:31; 133:26;
   E:E-146:23; 158:38; E:V-166:33; 188:21;
   E:F-204:5; E:Z-238:32; KS-337:14   (10)
hilft   KS-335:31; 384:17

Helfershelfer
Helfershelfern   KS-428:20

Helgoland
Helgoland   KS-396:17,22

Helgoländer
Helgoländer   E:AB-285:6

helgoländisch
helgoländisches   E:AB-285:5

hell
hell   E:V-176:5; 194:16
hellen   E:K-33:30; 41:2; E:V-161:5; E:C-
   225:14; E:Z-254:18
hellsten   KS-319:21

Helm
Helm   E:K-39:14,24; 44:15; 63:6; E:V-
   189:4; E:Z-245:20; 247:2
Helms   E:Z-246:34

Helmbusch
Helmbusch   E:K-61:32

Heloise
Heloise   E:K-79:29; 80:9,13; 81:12,21;
   99:33

Helvig
Helvig   KS-423:7

hemmen
gehemmt   KS-450:25
hemmen   E:K-85:4; KS-337:28
hemmten   KS-404:26

Hemmschuh
Hemmschuh   KS-322:30

Hemmung
Hemmung   KS-342:28

Henker
Henker   KS-306:18
Henkern   E:Z-260:34
Henkers   E:AN-265:5

Henri
Henri   KS-440:13

Henrico
Henrico   E:E-144:7

Henriette
Henriette   KS-398:29

her
her   E:K-19:37; 58:36; 65:24; 90:16;
   92:12; 94:30; 96:8; E:E-146:33; E:V-
   173:18; E:C-218:26; KS-319:36; 372:30;
   413:32; 427:11; 430:13   (15)

herab
herab   E:K-72:20; 102:15; E:V-163:34;
   E:C-225:22; E:Z-255:8; 259:15; 260:28;
   E:AN-264:24; 267:25; 268:1; 280:3,23;
   KS-344:29   (13)

herabbeugen
herabbeugten   E:K-103:10
herabgebeugtes   E:C-221:26

herabbiegen
herabbog   E:K-47:30

herabbimmeln
bimmelt   E:AN-267:30

herabdonnern
herab donnern   KS-376:9

herabdrücken
herab gedrückt   E:C-221:35

herabeilen
herabeilen   E:K-10:15

herabfallen
herabfallenden   E:E-148:31; E:F-203:2
herabfiel   E:V-174:32
herabzufallen   E:K-26:2

herabfahren
fährt   E:K-32:6

herabfliegen
flogen   E:K-32:28

herabhängen
herabhangenden   E:K-96:12; E:AB-
   288:29
herabhing   E:K-81:18; 82:4
hingen   E:F-200:30

herablassen
Herablassen KS-417:36
herablassenden E:K-55:19
herabließ E:F-202:36

Herablassung
Herablassung KS-435:5

herableiten
herabzuleiten E:K-65:25

herabnehmen
herabnahm E:M-131:17; E:V-188:32

herabneigen
neigte E:M-135:28

herabrauschen
herabrauschenden E:C-222:1

herabreißen
herabgerissen E:Z-251:35
herabriß E:M-125:26; E:V-185:15; E:F-212:34
herabzureißen E:V-184:4

herabrollen
herabgerollt E:V-172:4
rollte E:M-141:5

herabschicken
herabschickte E:C-225:28
schickte E:C-217:34; E:VAR-295:10

herabschreien
schrieen E:E-146:21

herabsinken
herabgesunken KS-314:23
herab gesunken E:Z-247:19
sank E:C-225:20

herabspringen
sprang E:E-148:9

herabsteigen
herabgestiegen E:E-149:33
herabsteigen E:F-215:8; KS-376:11; 398:2
stieg E:Z-259:13

herabstrahlen
strahlte E:E-155:12

herabstürzen
herabgestürzt E:M-126:6; KS-397:16
stürzte E:V-181:21

herabtreten
trat E:K-35:15

herandrängen
drängt E:K-83:2
heran drängte E:K-92:8

heranführen
heranzuführen E:Z-259:35

heranklettern
kletterten E:K-54:16

herankommen
herangekommen E:E-153:25
herankommen E:V-187:21
kam E:M-136:13

herannahen
herannahen E:F-206:3
herannahenden E:K-83:36; KS-372:21

heranrücken
heranrückte E:K-40:9

heranrufen
rief E:K-60:1

heranschleichen
schlich E:F-213:6

heranschluchzen
heranschluchzen E:M-137:12

heranschreiten
heranschritt E:K-101:33

herantraben
herantrabenden E:K-93:7

herantragen
herantrüge E:F-206:5

herantreten
herantrat E:K-72:13; 100:30; E:Z-260:2
trat E:K-44:9; 58:25; 61:2,15,21,32; 62:2; 102:11

heranwachsen
herangewachsen E:K-40:4,23; 52:36

heranwälzen
heranwälzt KS-376:11
wälzte E:E-146:18

heranziehen
heranziehe E:Z-257:3
heranzog E:K-40:26

herauf
herauf   E:C-225:29

heraufdringen
heraufdrang   E:C-223:38

heraufsenden
heraufsandte   E:V-173:14

heraufsteigen
heraufstiegen   E:K-98:26

heraufziehen
heraufzog   KS-389:1

heraus
heraus   E:K-20:1; E:M-137:1; 142:36

herausbeugen
beugte   E:F-200:18

herausbringen
herausgebracht   KS-319:29

herausdonnern
herausdonnern   KS-376:25

herausfinden
herausfinden   KS-316:15; 318:24
fand   E:F-210:13

herausfordern
herausfordern   KS-419:18

Herausforderung
Herausforderung   KS-419:13

herausgeben
herausgegeben   KS-446:5
herausg.   KS-448:7

Herausgeber
Herausgeb.   KS-453:28
Herausgeber   KS-386:31; 394:5; 421:20;
    450:31; 454:26

herausgehen
herausgegangen   E:AN-278:18
herausging   E:AN-268:28

herausklingeln
klingelte   E:F-213:28

herauskommen
herausgekommen   KS-364:16
herauskam   E:C-219:37
herauskäme   E:K-51:35
kamen   E:E-157:34

herausnehmen
herausgenommen   KS-386:12
herausnehme   E:K-67:20
nahm   E:K-82:8; 103:3; E:F-200:15

herausrasseln
herausgerasselt   E:B-198:25

herausrechnen
herausrechnet   KS-460:10

herausreißen
riß   KS-331:27

herausrücken
rückt   KS-333:33

herausschicken
herausgeschickt   E:M-131:9

heraustreten
herauszutreten   KS-454:19
heraustraten   E:K-81:26

herauswälzen
wälzte   E:M-106:27

herausziehen
herausziehen   E:K-50:34; E:AB-285:12
herauszuziehen   E:K-33:6

herb
herben   KS-398:37

herbeieilen
herbeieilte   E:K-33:4; E:E-157:11
herbeieilten   E:V-188:20; 193:26; KS-
    430:20
herbeigeeilt   KS-374:10

herbeiführen
herbeiführen   E:M-108:6; E:C-224:11

herbeiholen
herbeizuholen   E:K-83:30; E:V-192:14;
    E:F-207:20

herbeikommen
herbeikommt   E:C-222:19

herbeilocken
lockte   KS-432:27

herbeirufen
herbeigerufen   E:K-14:11; 48:22; 60:9;
98:37; E:M-105:30; E:V-187:12; E:F-
203:11; E:AN-266:13; 277:5; KS-343:22
(10)
herbei gerufen   E:AN-266:16
herbeigerufene   E:AN-278:25
herbeigerufenen   E:K-30:7
herbeirufen   E:V-178:11; 194:9; KS-
376:14
herbeiruft   KS-307:24
herbeirief   E:K-63:16,31; 71:4; 83:26;
E:Z-237:27; 255:6
rief   E:K-78:36; 86:32; 103:15; E:F-203:5;
215:10
riefen   E:V-192:28; E:Z-236:29

herbeischaffen
herbeischaffen   E:E-150:26
herbeischafften   E:Z-238:37
herbeizuschaffen   E:K-60:8; 69:3; KS-
371:34
herbei zu schaffen   E:Z-238:26
schaff   E:AN-264:12

Herbeischaffung
Herbeischaffung   E:K-56:16

herbeiströmen
herbeiströmen   KS-379:12

herbeitreten
traten   E:Z-247:28

herbeiziehen
herbeigezogen   E:K-58:16
herbeiziehen   E:F-204:20
herbeizöge   KS-380:12

herbringen
hergebrachten   KS-380:29

Herbst
Herbst   KS-417:33; 418:2,8; 431:12

herein
herein   E:V-163:13; E:Z-246:24; KS-
336:30; 378:31; 393:20

hereinbrechen
hereinbrechen   E:C-227:14
hereinbrechenden   E:Z-238:33
hereinbricht   KS-380:1
hereinzubrechen   E:AN-272:22

hereinbringen
hereinzubringen   E:V-182:36

hereinführen
führte   E:AN-271:19

hereinhetzen
hereinhetzen   E:V-166:12

hereinholen
hereingeholt   E:V-171:34
herein zu holen   E:V-162:33

hereinkommen
hereingekommen   E:V-163:2
herein gekommen   E:V-164:1
hereinkam   E:V-180:5
kommt   E:V-162:9

hereintreten
hereintrat   E:K-26:38

herfallen
fällt   E:K-20:3
fiel   E:V-189:37; E:AN-277:17
fielen   E:E-144:30
herfallen   E:V-162:26; 177:12; KS-
322:26

hergeben
gab   E:E-155:21
geb   E:AN-268:2
hergeben   KS-358:21
hergegeben   E:E-152:27

hergehen
herging   E:K-83:13
hergingen   E:V-187:37

herholen
Hergeholten   E:K-31:25

Herklots
Herklots   KS-411:23

herkommen
hergekommen   E:K-10:35
herkäme   E:V-169:18
herkomme   E:C-218:29
herkömmt   E:V-177:14
komm   E:VAR-292:28

Herkommen
Herkommen   E:K-62:26

Herkunft
Herkunft   E:C-219:29

Hermelin
Hermelin   E:Z-260:4

hernehmen
hernehmen   KS-322:2; 439:13

Herodes
Herodes   KS-314:18

heroisch
heroischen   KS-327:2

Herold
Herold   E:K-101:19; E:Z-242:16; 245:26
Herolds   E:Z-242:25; 243:22

Herr
Herr   E:K-9:34; 10:2; 11:32; 15:18; 17:14,
21,31; 18:17; 19:7; 27:34; 31:28; 39:8;
43:13; 45:6,20; 47:1,20,27; 48:8,13,14,34;
49:37; 52:6; 55:11; 57:30; 58:6,23; 61:11,
26; 62:24; 65:13; 66:28; 71:5; 77:23; 78:2,
18,32; 80:24; 81:17; 82:7; 83:4,5; 86:25;
89:24; 95:4; 99:9; 101:14,22; 102:14; E:M-
112:32; 113:16; 115:4; 118:37; 120:30;
124:38; 125:27; 129:1; 141:6; E:E-156:33;
E:V-160:10; 166:37; 167:35; 168:2,33;
169:9,15; 170:21; 173:28; 179:25; 188:6,8,
31; 189:13,28,33; 190:8,13,15,37; 191:17;
192:3,27,35; 193:8,20,37; 194:7,14,22;
195:2,11; E:Z-229:17; 235:28; 236:9,20;
239:12; 240:18; 241:5; 242:20,25; 243:2,
14,23; 244:14; 245:28; 246:4,19,31; 247:1;
248:27; 249:15,29,33; 250:10,27,34; 251:6,
7,24; 253:24,31; 254:5,22; 259:2; E:AN-
264:5; 265:19; 266:25; 267:23; 270:2,
7; 273:23; 274:29,31; 276:14,28; 277:3,6;
280:34,34; E:AB-286:10,18,21; KS-321:1;
325:31; 326:4,18; 337:11; 344:14,31,37;
345:20; 357:12,16,20; 360:13; 368:22,
28; 379:25,33; 386:33; 388:19; 389:13,20,
30; 390:2,4,5,15,28; 391:8; 392:31; 394:7,
29; 402:9; 403:2,12; 409:19,19,20,21,
21,22; 411:13,23; 415:19; 431:2; 433:2,
10; 438:11; 439:17; 442:16,25,32   (194)
Herren   E:K-18:34; 32:10; 48:16,16; 49:6,
35; 56:28; 57:24; 60:17; 61:29; 70:22;
75:3,6; 79:31; 82:29; 91:27; E:V-170:3;
E:Z-234:24; 235:25; 241:9; 242:17,38;
E:AN-279:33; 280:23; KS-337:12; 390:18;
403:4; 417:17; 432:6; 440:22,28; 442:6;
443:29; 447:34; 448:28; 450:26   (36)
Herrn   E:K-10:22; 22:3; 27:29; 36:17;
38:28; 42:10; 48:2; 49:8,36,38; 50:24,35;
52:24; 57:38; 58:4; 61:20,38; 65:37; 66:22,
38; 76:6; 77:26,33; 78:4,23,37; 79:2,6,
29; 83:22; 85:17; 87:37; 91:24; 99:35;

100:16; 101:23; E:M-104:13; 111:3;
112:29; 115:11; 131:35; 141:36; E:V-
160:4,8,22,27; 163:8; 166:2; 168:22,
29; 169:21; 171:22; 172:34; 181:1,6,
35,36; 187:21,34; 188:8,20,21; 189:12,
36, 37; 190:24, 30; 191:29; 192:15,
23; 193:18; 194:32; E:F-203:15; 214:4,
31; E:C-220:29,34; E:Z-229:9; 231:1,
20; 235:21, 24; 236:1; 239:18, 25;
240:4; 243:8; 244:19; 246:16; 247:35;
252:18; 254:26; 255:1; 258:25; 259:37;
261:11; E:AN-265:34; 266:17; 275:5,
8, 37; 277:2; KS-338:30; 344:18;
345:8; 357:14,15,30; 375:31; 379:18;
388:30; 389:29; 390:24, 27; 391:12,
22; 392:16; 393:26; 394:1; 395:15; 404:5,
34; 408:13; 414:7; 418:28; 419:10,29;
420:34; 421:1,31; 423:29; 429:11; 434:9,
30; 435:11; 437:36; 438:15; 439:9,14,
36; 442:23; 449:19; 450:12; 451:29; 452:8,
22, 32; 453:2, 26; 454:10, 23; 456:27
(152)
Hr.   KS-412:31,33; 417:36; 418:14; 419:2;
431:5; 432:8,14; 457:13; 459:31; 460:4
(11)
Hrn.   KS-414:31, 35; 415:7; 417:31;
420:29; 452:26; 454:30,30,30,33; 455:4;
456:11; 460:3   (13)

herreiten
herreiten   E:K-28:23

Herrenzwinger
Herrenzwingers   E:K-40:14

herrlich
herrlich   E:K-91:26; KS-327:10; 351:17
herrliche   E:C-227:36; E:VAR-298:4;
KS-313:36; 423:12
Herrliche   E:M-135:31
herrlichen   E:AB-284:31; KS-306:7;
310:5; 337:27; 349:1; 363:20
herrlicher   KS-337:1; 446:27
herrliches   KS-325:21
herrlichsten   E:C-219:1; E:VAR-296:11;
KS-406:17

Herrlichkeit
Herrlichkeit   E:C-217:32; KS-301:8;
376:10; 378:28

Herrschaft
Herrschaft   E:V-167:7; E:Z-238:35;
256:9; 257:4; KS-443:6
Herrschaften   E:K-80:32; 81:4, 34;
82:35; E:AN-273:31

herrschen
herrschen   KS-316:27; 373:32; 416:37
herrschend   E:V-181:10; KS-316:23
herrschenden   E:V-172:24; E:Z-249:11
herrschender   KS-345:24
herrscht   E:F-214:20; KS-322:5; 396:32
herrschte   E:K-52:38; E:E-155:16
herrschten   E:V-171:28; E:Z-233:38

Herrschsucht
Herrschsucht   KS-378:8

Herrthal
Herrthal   E:Z-231:1

herrühren
herrühren   KS-414:35
herrührende   E:C-217:30; E:VAR-295:6
herrührenden   E:K-64:6; E:M-108:34;
   E:Z-236:18
herrührten   E:F-208:7
herzurühren   KS-333:30
rühren   KS-459:38

herrufen
ruf   E:K-17:6

herschaffen
schafft   E:K-83:23

herschallen
herschallenden   E:K-79:37

herschauen
schau   E:K-47:6; 101:34

Herse
Herse   E:K-16:15,17,31; 17:20,31,36,
   36; 18:17,35; 19:15; 20:10,13,24; 21:9;
   22:28; 23:1; 24:7; 31:27; 32:2; 34:28,
   35; 35:18; 38:4; 40:31; 46:20; 55:36; 96:6;
   102:1; E:VAR-292:27   (29)
Hersen   E:K-22:23; 31:21; 33:35
Hersens   E:K-32:28; 46:28; 102:19

herstammen
herstammende   E:V-160:6
herstammenden   E:Z-237:8
herstammst   KS-328:25

herstellen
hergestellt   E:K-64:11; KS-330:6
herzustellen   KS-350:30
stellte   E:K-87:4

Herstellung
Herstellung   E:K-56:4; KS-395:35

herüberkommen
herübergekommen   KS-403:14

herüberschaffen
herübergeschafft   KS-398:14

herüberschmeißen
schmeiß   E:AN-271:27

herüberstellen
herüberstellt   KS-369:10

herum
herum   E:AN-278:37

herumbeißen
herumbiß   KS-429:13

herumbeugen
herumbeugend   E:M-139:1

herumflattern
herumgeflattert   KS-378:28

herumgehen
herumgegangen   E:K-58:20

herumglitschen
herumgeglitscht   E:AN-278:29

herumklettern
herum klettert   KS-329:7

herumlaufen
herumlaufen   E:AN-265:18

herumliegen
herumlagen   E:AN-267:9
lagen   E:AB-283:11

herumschlagen
herumgeschlagen   KS-331:17
schlug   E:K-41:3

herumschleichen
herumschleicht   KS-354:32

herumschwärmen
herumschwärmenden   E:E-153:26

herumschweben
herumschweben   E:Z-246:4

herumsitzen
saß   KS-437:20

herumstehen
herumstand   E:AN-271:5

herumtragen
herum getragen   E:M-133:3

herumtreten
traten   E:K-44:3

herumwälzen
wälzte   E:K-43:20

herumwandeln
herumwandelndes   E:K-95:16

herumwenden
wandte   E:K-62:30

herunterheben
herunterhob   E:V-173:31

herunterkommen
herunter kam   E:B-196:26; 197:22

herunterschmeißen
schmeißt   E:K-19:31

herunterwerfen
warfen   E:K-19:13

hervorbeugen
hervorbeugend   E:M-115:11

hervorbrechen
hervorbrach   E:V-178:5; E:Z-229:16
hervorgebrochen   E:AN-278:31
hervorzubrechen   E:K-66:37

hervorbringen
hervorbrachte   E:V-186:14
hervorbringen   E:M-141:35; KS-329:3
Hervorbringen   KS-323:16
hervorgebracht   E:C-217:33; E:VAR-295:9; KS-333:28; 340:32
hervorzubringen   KS-343:37

hervordrängen
hervordrängte   E:M-108:2

hervorgehen
gehen   KS-328:30
geht   KS-428:12
ging   E:K-67:32; E:C-220:37
hervorgegangen   E: M-127: 12; KS-415:31
hervorgehe   E:K-75:17
hervorgehender   E:AN-279:19
hervorging   E:K-26:7; 52:34
hervorzugehen   KS-393:1

hervorheben
hervorgehoben   KS-420:15

hervorholen
holt   E:AN-264:33
holte   E:K-10:7

hervorragen
hervorragenden   E:V-172:6

hervorrücken
rückte   E:M-132:38

hervorrufen
rief   E:K-102:19

hervorsuchen
suchte   E:M-109:11

hervorsteigen
hervorstieg   KS-314:17

hervorstürzen
hervorgestürzt   E:V-190:6
hervorstürzte   E:M-130:34

hervortreten
hervortrat   E: K-33: 18; E: M-106: 10; 125:13; E:V-174:23; 188:4; E:F-207:13
hervorträten   KS-399:12
hervortreten   E:M-133:32; E:V-185:25
hervortritt   KS-345:24; 348:14; 423:17
trat   E:E-148:27; E:F-212:29; E:Z-246:23
traten   E:V-194:28
tritt   KS-399:9

hervorziehen
hervorgezogen   E:E-149:1

Herz
Herz   E:K-13:31; 14:26; 17:35; 34:29; 67: 33; 70: 23; 90: 27; 99: 21; E: M-127: 16; 138: 25; 140: 8; E: E-146: 37; 148: 9; E: V-164: 4; 171: 30; 172: 14; 173: 12; 187: 24; E: F-209: 13,34; E: C-222: 34; 224: 18; E: AN-276: 21; E: AB-290:3; KS-303:3; 305:17,25; 308:1; 310:9; 313:20; 317:30; 327:17,21; 368:29; 370:4, 16; 375:9; 376:14; 377:29; 436:1; 445:1, 15   (42)
Herzen   E:K-27:12; 42:37; 47:18; 48:1; 52:30; 73:3; 85:14; E:M-111:4; 122:33; 135:13,38; 140:31; 141:28; E:E-152:8; 156: 1; E: V-175: 30; 181: 28; 183: 22; 187: 19; 193: 31; E: F-205: 17; 207: 5; 210:22; E:C-218:35; E:Z-230:8; 245:1;

247:7; E:VAR-296:7; KS-302:19; 304:35;
312:10; 316:27; 331:4; 333:24; 342:18;
349:2; 356:14; 374:8; 395:5; 403:19;
435:24; 437:2   (42)
Herzens   E:AN-275:13; KS-332:27

Herzberg
Herzberg   E:K-80:4; 81:33

herzen
herzte   E:K-97:36

Herzklopfen
Herzklopfen   E:B-197:37

herzlich
herzlich   E:K-94:10; E:V-174:7; E:F-201:7
herzliche   E:K-22:35; 88:38
herzlichen   E:K-80:13; 92:35
herzlichste   E:K-23:19; E:M-119:3

Herzlichkeit
Herzlichkeit   E:K-26:32; E:M-110:14

Herzog
Herzog   E:K-99:32; E:Z-229:2; 230:26;
E:AN-280:18,18,25
Herzoge   E:AB-290:10
Herzogs   E:Z-230:7; 231:38; 239:34;
242:1,15; 260:20,26; KS-367:26

Herzogin
Herzogin   E:Z-229:31; 230:34; 231:14,
21; 232:2,6,29; 233:8,18,30,36; 255:21;
261:8   (13)

herzoglich
herzoglichen   E:Z-230:27

herzueilen
herzu eilet   E:AN-274:35

herzustürzen
herzustürzen   E:K-19:21

herzzerreißend
herzzerreißenden   E:C-222:26

Hessen
Hessen   KS-373:33; 374:12

hetzen
hetz   E:K-20:2,2,2

Heu
Heu   E:K-61:24; KS-401:27

heucheln
heuchelte   E:V-165:17

Heuchlerin
Heuchlerin   E:M-132:6

heulen
heulen   KS-328:5
heulte   E:M-137:28

heute
heut   E:K-101:33; E:M-137:9; KS-330:36; 377:36
heute   E:K-28:17; 31:28; 71:6; 88:12;
90:37; E:M-128:8; 141:35; E:E-155:19;
E:V-165:7; 178:30; KS-330:32; 354:35;
355:2; 371:8; 380:19,21; 388:20; 389:11;
395:13; 424:10; 430:10   (21)
heutigen   E:K-93:38; E:M-121:25; E:V-167:12; KS-330:33; 378:27; 395:27
heutiger   KS-408:21

heutzutage
heutzutage   E:Z-255:14

Hieb
Hieb   E:V-190:20; E:Z-245:29; 259:21
Hiebe   E:E-158:24
Hieben   E:K-32:4; 33:13; 56:37; 63:1;
E:M-105:32

hieherführen
hiehergeführt   E:E-146:37

hier
hie   E:AB-285:26; KS-347:10
hier   E:K-9:29; 10:31,35; 12:35; 13:8;
14:11,23; 16:19; 21:6; 27:18; 52:9; 94:27;
96:16; 101:34; 102:27; 103:12; E:M-104:21,29; 105:19,25; 106:2; 125:13;
132:15; 137:2,4,14; E:E-144:17; 146:14,
16,18,20,20,21,22,23,23; 149:25; 150:7;
156:15,18; 157:6; 158:17; E:V-162:10,
18; 163:13; 164:38; 166:8; 174:25,
25; 177:13; 180:10; 182:11; E:F-199:8;
202:36; 205:21; 208:10; 214:28,38; E:C-219:15; 224:33; 228:9; E:Z-257:17;
259:25; E:AN-266:33; 267:3; 269:14,15,
16,16,16,17; 271:17,21; 273:32; 276:27,
37, 38; 279:31; 280:29; KS-312:2,
16; 321:5; 323:34; 324:2,14,23,34;
333:10; 337:15; 341:25; 343:1; 346:5,
34; 347:25; 349:5; 350:18; 357:32; 361:12;
363:8,27; 370:5,15; 379:34; 390:38;
392:17; 398:32,36; 399:16; 401:29;

403:5; 405:7; 407:17; 408:18; 411:8,
15; 417:26; 418:33; 419:20; 422:8,
10, 34; 423:32; 436:29, 33; 437:4,
17; 456:8; 460:26   (128)

hierauf

hierauf   E:K-20:31; 27:4,8; 34:19; 73:35;
85:11; 91:20; 100:18; 102:19; E:M-108:6;
112:30; 115:14; 116:21; 118:21; 119:3,
14; 127:34; 137:32; 142:27; E:E-148:18;
150:21; 154:23,36; 155:32; 157:1; 158:30;
159:13; E:V-179:6; 181:6; 182:16;
190:29; 191:17; E:F-205:34; E:Z-245:26;
E:AN-266:31; 273:2,35; E:AB-290:21,
34; E:VAR-292:16; KS-390:11; 430:16
                                      (42)

hieraus   E:AN-272:3

hierbei

hierbei   E:M-106:22; 113:13; 125:1; KS-
364:22; 368:18; 397:35

hierdurch

hiedurch   KS-387:30
hierdurch   E:Z-255:11; KS-447:5; 455:17

hierher

hieher   KS-401:19
hierher   E:V-167:31; 182:6; E:Z-247:22;
E:AB-288:30; KS-333:3; 344:16

hierherbringen

hierhergebracht   KS-373:7

hierin

hierin   E:K-17:25; 27:27,33; KS-316:18;
366:30; 369:3

hiermit

hiemit   KS-388:2; 391:22
hiermit   E:K-22:10; E:VAR-292:31; KS-
329:8; 421:36; 422:16

hiernach

hiernach   KS-448:33

hierüber

hierüber   E:K-75:19; E:M-111:14;
135:12; E:V-170:34; KS-409:27

hierunter

hierunter   KS-383:16

hiesig

hiesige   KS-409:26; 415:10,17; 451:33;
452:10,12; 453:9
hiesigen   E:Z-251:38; KS-371:18; 402:31;
414:10; 415:20; 436:28
hiesiger   KS-403:24

Himboldt

Himboldt   E:K-62:5,19; 63:2

Himmel

Himmel   E:K-32:6,25; 39:18; 76:37;
93:14; E:M-122:38; E:E-146:25;
148:35; 150:23; 152:14; 153:31; 155:19,
25; 158:33; E:V-164:3, 32; 165:8,
29; 166:27; 178:29; 185:13; 186:2,
7; 188:16; E:F-202:26; 207:1; 214:37;
E:C-218:38; 221:15; E:Z-234:37; 251:15;
254:1; E:AN-264:8; 274:16; 279:3; 280:32;
E:VAR-296:9; KS-306:20; 322:6; 325:20;
327:11; 329:7; 336:34; 337:18; 356:35,
36; 407:12; 445:4   (48)
Himmeln   E:V-184:3
Himmels   E:M-105:32; 132:4; 141:32;
E:E-148:13,27; E:V-171:2; 187:2; E:F-
203:9; E:Z-247:37; 248:30; 249:36; E:AN-
265:22   (12)

Himmeldonner

Himmeldonner   E:K-19:27

himmelfroh

himmelfrohen   E:M-138:34

Himmelschlag

Himmelschlag   E:K-20:13

himmelschreiend

himmelschreiender   E:K-66:2; 78:16

Himmelsstrich

Himmelsstrich   KS-311:25
Himmelstrich   KS-311:29

himmlisch

himmlischen   KS-305:13
himmlischer   E:C-218:34; E:VAR-296:7

hin

hin   E:K-19:26, 27; E:V-181:24; E:C-
218:8; E:AN-264:16; E:VAR-295:22; KS-
304:20; 320:30; 326:16; 333:30; 362:27
                                      (11)

hinabdrücken

drückte   E:M-133:36

hinabfahren

hinabfahren   E:F-214:36
hinabzufahren   E:F-214:30

hinabfliegen

flogen   E:K-11:12

hinabfliehen
hinabfloh   E:M-105:12

hinabgehen
hinab zu gehen   E:V-162:32

hinablaufen
hinablief   E:K-34:35

hinabschicken
schickte   E:V-190:30

hinabschleichen
schlich   E:M-129:36

hinabspringen
hinabspringen   E:F-202:31

hinabsteigen
hinabsteigen   E:V-162:12
stieg   E:K-32:21; E:F-207:16

hinabwanken
wankte   E:Z-238:7

hinanstreben
hinanzustreben   KS-356:28

hinaufbegeben
begab   E:V-176:14
begaben   E:V-180:8

hinaufführen
führte   E:V-163:31; E:Z-240:30
führten   E:Z-239:22
hinaufgeführt   KS-326:35
hinauf zu führen   E:Z-238:25

hinaufkommen
hinaufgekommen   E:VAR-296:33

hinaufschicken
schickte   E:Z-239:15

hinaufschleichen
schlich   E:V-162:13

hinaufsteigen
hinaufsteigen   E:M-128:27; E:C-225:34
stieg   E:V-184:35

hinauftragen
trug   E:V-176:7

hinaus
hinaus   E:Z-233:26; 237:32; KS-327:24;
   361:24

hinausbegeben
begaben   E:AN-279:20

hinausdrängen
hinausdrängen   E:M-140:17

hinauserstrecken
erstreckte   E:E-155:8

hinausfahren
fuhr   E:K-40:15; E:M-133:19
hinauszufahren   E:M-133:6

hinausführen
führt   E:Z-258:34
führte   E:F-214:27
hinaus führen   E:C-222:24
hinauszuführen   KS-375:32

hinausgehen
gehe   E:C-222:10
ging   E:AB-289:30
hinausgegangen   E:C-225:2; KS-373:17
hinaus gehen   E:V-180:25
hinausgehenden   E:V-179:31
hinausging   E:K-34:33; E:M-115:3
hinausginge   E:V-167:5

hinauskommen
hinauskam   E:V-194:35

hinauslaufen
liefen   E:F-202:19

hinausragen
ragt   KS-384:25

hinausreichen
hinausreichen   E:Z-238:2

hinausschauen
hinauszuschauen   KS-327:12

hinausschicken
hinauszuschicken   E:M-132:33
schickte   E:Z-232:22

hinausschleichen
schlich   E:V-187:18

hinausschleppen
hinausgeschleppt   E:V-191:36

hinaussehen
hinaussehe   E:Z-230:17
hinaus sehen   E:Z-254:16
sah   E:M-118:16; E:V-171:8

hinausspazieren
hinaus zu spazieren   E:AN-279:25

hinaussprengen
sprengte   E:M-128:12

hinausstoßen
stößt   E:K-45:34

hinaustreten
hinaus trat   E:V-163:12
trat   E:K-72:3; E:V-194:31
traten   E:Z-239:18

hinauswinken
hinauswinkend   E:V-190:26

hinausziehen
hinauszog   E:M-143:26

hinbeugen
hingebeugt   E:F-210:28

hinbewegen
hinbewegen   KS-388:23

hinblicken
blicken   KS-310:8

hinderlich
hinderlich   KS-389:33

hindern
gehindert   E:K-30:3
hindert   E:K-52:19

Hindernis
Hindernis   KS-450:27
Hindernisse   E:M-119:13; 127:38; E:V-
191:4

hindeuten
hindeuten   KS-425:24
hindeutend   E:V-192:33
hindeutet   KS-301:34

hindurch
hindurch   E:C-225:8; E:VAR-297:2

hindurchmüssen
müßtet   KS-337:5

hindurchtragen
hindurch getragen   KS-397:29

hinein
hinein   KS-325:15

hineinbrechen
Hineinbrechens   KS-435:12

hineinbringen
hineinbringt   KS-346:34

hineinfahren
hineingefahren   E:AN-267:6

hineinführen
führte   E:K-18:31

hineingehen
ging   KS-427:31

hineinlegen
hineingelegt   KS-386:13
hineinzulegen   E:M-138:16
legt   E:AN-276:25

hineinragen
hineinragen   KS-383:29

hineinschicken
schickte   E:B-198:29

hineinschieben
schiebt   KS-384:14

hineinschießen
schieße   KS-355:32

hineinschrecken
hineinzuschrecken   E:F-214:27

hineinsehen
hineinsah   E:M-133:4
hineinzusehen   E:V-185:30

hineinspringen
sprang   E:AB-287:34

hineinstecken
hineinstecktest   E:K-18:36

hineintragen
hineintrage   KS-417:10

hineintreiben
trieb   E:K-33:12

hineintreten
hineintrat   E:M-125:23

hineinwagen
hineingewagt   E:V-168:3

hineinwerfen
hinein geworfenen   E:Z-242:26

hineinziehen
zog   E:V-163:28

hinfallen
hinfallen   KS-386:10

hinführen
führen   E:K-19:38
hinführen   E:K-57:1; 60:28
hinführte   KS-319:33

hingeben
Hingeben   KS-435:27
hingegeben   E:Z-248:10

Hingebung
Hingebung   KS-406:13

hingegen
hingegen   E:M-139:22,29; KS-332:27;
346:28; 374:28,29

hingehen
gingen   E:K-61:9
hingehen   E:K-80:12; E:V-177:4; KS-
311:25
hinginge   E:V-169:19

hinhalten
hingehalten   E:V-176:32
hinzuhalten   E:V-161:16; 176:20

hinhören
hingehört   E:AN-265:6

hinkauern
hingekauert   E:V-172:1

hinlänglich
hinlänglich   KS-433:30; 447:14
hinlängliche   E:K-95:14
hinlänglicher   E:E-157:35

hinlegen
hingelegt   E:V-182:23

hinreichen
hinreichen   E:K-84:26
hinreichender   E:K-51:10; KS-410:31
hinreicht   KS-354:25

hinrichten
hingerichtet   E:V-177:27; 187:3; KS-
430:10
hinzurichten   E:F-215:15

Hinrichtung
Hinrichtung   E:K-88:3; E:E-147:16;
E:F-215:3; E:Z-258:25

Hinrichtungstag
Hinrichtungstag   E:K-99:20

Hinrichtungszug
Hinrichtungszug   E:E-145:8; 148:16

hinschieben
hinschiebend   E:K-26:6
schob   E:K-26:19; E:M-137:35; E:V-
164:9

hinschleppen
schleppte   E:V-185:36

hinsetzen
hingesetzten   KS-322:4
hinsetzen   E:K-71:13
hinzusetzen   E:C-226:2
setzt   E:V-167:24
setzte   E:M-110:26; E:Z-250:36

Hinsicht
Hinsicht   E:K-98:13; KS-332:10,23;
382:1; 424:1; 452:17

hinstellen
hingestellt   E:E-156:24

hinstrecken
streckt   E:AN-264:22

hinten
hinten   E:K-39:24; 62:36; 63:5; E:E-
152:1; E:V-178:20; E:AN-278:18,29;
KS-342:15

hinter
hinter   E:K-10:14; 19:21,37; 20:16;
25:6; 33:17; 34:23; 36:36; 44:35; 46:1;
60:35; 61:18; 82:3,27,33; 91:8; 92:11,
28,31; E:M-128:25; 138:34; 139:19;
E:E-147:1; 149:12; E:V-184:15; E:B-
196:12,16,31; 197:21; E:F-202:27;
204:14; 207:26; 211:31; 215:5; E:C-
222:26; 226:25; E:Z-229:14; 238:2,
23; 239:26; 245:24; E:AN-265:13; 278:20;
281:36; KS-319:27; 342:13; 380:18;
435:38; 438:38; 449:25; 451:23; 452:4,
21   (53)

hintere
    hintere   E:M-128:27; 129:4; E:E-157:34;
        E:V-161:38; 189:11
    hinteren   E: K-34: 32; E: M-105 : 27;
        141:21; E:V-162:38; E:F-202:16
    hintern   E:K-71:9; E:M-108:1; 125:23

hinterbringen
    hinterbracht   E:V-174:22
    hinterbringen   E:M-118:24

hintereinander
    hintereinander   KS-411:3; 432:28

Hinterfuß
    Hinterfüßen   KS-344:32

hintergehen
    hintergangen   E:M-127:8; KS-387:11

Hintergrund
    Hintergrund   E:C-225:9; E:Z-243:26
    Hintergrunde   E:E-155:15; E:C-225:16

hinterher
    hinterher   E:V-194:25

hinterlassen
    hinterlassen   E:V-166:14; E:Z-230:11
    hinterlassenen   E:K-87:17

Hinterlassenschaft
    Hinterlassenschaft   E: K-94 : 5; E: F-
        201:25; 206:15; E:Z-235:32

Hinterpforte
    Hinterpforte   E:V-187:18

Hinterstübchen
    Hinterstübchens   E:K-70:38

Hintertür
    Hintertür   E:M-105:20

hintragen
    hintragen   KS-390:38
    trug   E:E-147:38

hintreiben
    hintreibender   E:M-114:14

hintreten
    hingetreten   E:V-186:24

hinüber
    hinüber   KS-327:13

hinüberneigen
    neigte   E:F-209:15

hinüberschauen
    hinüberschauen   E:C-223:20

hinüberschlummern
    hinüber schlummern   KS-444:30

hinüberspielen
    hinübergespielt   KS-330:14; 340:30

hinüberstellen
    hinüber zu stellen   KS-332:30

hinübertragen
    hinüberzutragen   E:V-189:28

hinüberwerfen
    hinüber zu werfen   KS-330:22

Hin- und Hersenden
    Hin- und Hersenden   KS-448:35

Hin- und Herstreiten
    Hin- und Herstreiten   E:AB-289:33

hinunter
    hinunter   E:K-13:23; 49:3

hinuntereilen
    eilte   E:M-114:32

hinweg
    hinweg   E: M-125 : 20; 129 : 13; E: E-
        146:12; E:Z-250:23,27,30; KS-433:5

hinwegbegeben
    begab   E:K-61:30

hinwegdrängen
    hinwegdrängten   E:K-63:4

hinwegdrücken
    drückte   E:V-192:32

hinwegeilen
    eilte   E:M-125:28

hinwegfliegen
    fliegt   KS-313:22

hinwegführen
    hinwegführte   E:K-102:33
    hinweggeführt   KS-377:14
    hinwegzuführen   E:K-93:2

hinweggehen
    hinweggehen   E:K-49:23

hinweggleiten
    glitt   E:E-146:6

hinweglocken
hinweggelockt   E:K-37:37

hinwegphilosophieren
hinweg zu philosophieren   KS-305:11

hinwegraffen
hinwegraffen   KS-377:13

hinwegrufen
rief   E:K-62:13

hinwegschicken
schickte   E:AN-266:17

hinwegschleifen
hinweg geschleift   KS-390:11

hinwegschleudern
hinweggeschleudert   E:K-62:22
hinwegschleuderte   E:K-62:7
schleuderte   E:K-63:7

hinwegsehen
sah   E:AN-271:15

hinwegsetzen
setzt   E:AB-283:13

hinwegspülen
hinwegzuspülen   KS-397:35

hinwegtreiben
hinweggetrieben   KS-381:3

hinwegweichen
weiche   E:K-45:2
weichet   E:E-156:15

hinwegziehen
zog   E:E-150:9

hinwenden
hinwandte   E:E-146:35

hinwerfen
hingeworfen   E:Z-254:10
hingeworfenen   E:K-24:2

hinwiederum
hinwiederum   KS-408:9

Hinz
Hinz   E:K-22:2; 42:18; 48:17; 49:6,35;
52:6,24; 56:29; 57:24; 66:28; 75:4   (11)

hinzeigen
hinzeigend   E:E-155:31; E:AN-269:14

hinziehen
hingezogen   KS-317:29

hinzubegeben
hinzubegeben   E:M-107:18

hinzudeuten
hinzudeuten   KS-311:14

hinzueilen
eilten   E:AB-284:8

hinzufügen
fügt   KS-384:11
fügte   E:K-23:37; 84:28
hinzufügend   E:K-102:24

hinzugehen
hinzugehen   E:AN-270:21

hinzukommen
hinzu kommen   E:AN-279:10
kam   E: C-218:37; E: VAR-269:9; KS-
345:9

hinzusetzen
hinzugesetzt   KS-313:32
hinzusetzen   E:V-180:27
hinzusetzet   KS-362:22
hinzusetzte   E: K-35:23; 45:3; 54:24;
72:25; E:M-110:19; 128:18
hinzuzusetzen   E:V-181:3; KS-391:27
setzt   E:K-27:38; E:AN-272:33
setzte   E: K-10:8; 14:15; 25:19; 48:9;
62:7; 84:15; 87:34; 88:14; E:M-112:32;
114:9; 130:9; E:V-162:9; 163:37; 166:30;
168:25; 172:18; 177:38; E:F-211:35;
E: Z-232:37; 247:21; 253:11; 254:6;
E:AN-281:14; E:VAR-292:28; KS-339:30;
342:11; 343:16   (27)
setzten   E:C-220:15

hinzutun
hinzu tut   KS-362:30

Hirn
Hirn   E:K-32:14; E:V-194:10; KS-430:22;
431:30,35
Hirne   E:E-158:32

Hirsch
Hirsche   E:K-11:19; 81:7

Hirschfänger
Hirschfänger   E:V-190:17

hirschjagen
hirschjagen   E:K-79:32

historisch
historischen   E:AB-286:9; KS-453:29; 460:30

Hitze
Hitze   E:M-116:24

hitzig
hitzig   KS-325:1
hitzigen   E:F-203:31; 214:8

Hitzig
Hitzig   KS-452:12; 459:31; 460:4
Hitzigs   KS-460:3

hk.
hk.   KS-398:22; 399:37

hm
hm   E:K-10:1; 18:29

Hoango
Hoango   E: V-160: 6, 23; 161: 23, 33; 162: 35; 163: 8, 23; 166: 2; 167: 37; 176:18; 177:37; 179:13,19; 182:2,14, 36; 184:11; 185:11,22,36; 186:19; 187:2, 6; 188:10,16; 189:12,18,35,38; 190:5, 18,20,29; 191:17,21,27; 193:14; 194:30
(38)
Hoangos   E:V-178:32; 189:6,29; 190:15, 38; 191:5; 193:23

Hoboe
Hoboen   E:C-218:24

hoch
hoch   E: K-20: 28; 91: 7; E: E-150: 23; 155: 10, 25; E: B-196: 26; KS-308: 20; 346:10,13; 376:8; 451:24; 452:5   (12)
höchst   E:K-37:9; 49:13; 63:35; 64:8; E: B-197: 9; E: F-203: 11; E: Z-231: 37; 233:20; 242:4; KS-317:8; 330:8; 372:23; 381:21; 415:23; 420:36; 455:34   (16)
höchste   KS-305: 20; 325: 26; 326: 34; 327:3; 410:25; 439:24
höchstem   KS-397:31; 459:14
höchsten   E: C-218: 14; 219: 1; E: Z-254: 11; 259: 17; E: VAR-296: 10; KS-302:37; 307:33; 308:2; 356:27,29; 386:27; 423:23   (12)
höchster   E:K-70:13; 102:10
hohe   KS-397:8; 403:11

hohen   E: B-196: 5; E: AN-279: 8; KS-397:25; 398:5; 420:19; 425:13; 443:9
höher   KS-320:15
höhere   E: K-21: 36; KS-306: 2; 457: 26; 458:21
höheren   KS-340: 35; 341: 26; 346: 18; 348:5; 356:27; 392:35; 430:12
höherer   E:Z-246:31; KS-384:2; 390:13
höheres   KS-304:4; 412:24
höhern   KS-410:23; 417:22
hohes   KS-303:35

Hochachtung
Hochachtung   E:M-107:15; KS-371:13; 387:35; 439:19

hochgebieten
hochgebietender   E:AN-274:30

hochgeehrt
hochgeehrten   E:AN-275:5
hochgeehrtes   KS-329:16
hochgeehrtesten   E:AN-275:7

hochglühend
hochglühend   E:M-140:32

hochher
hochher   E:E-158:28

hochherzig
hochherzigen   KS-358:13; 360:6

hochlöblich
hochlöbl.   KS-459:19

hochrot
hochrot   E:M-122:1; KS-376:11

höchstdieselbe
Höchstdieselben   KS-438:28

höchstens
höchstens   KS-340:10; 397:29

hochverehrt
hochverehrtes   KS-330:18

Hochverrat
Hochverrat   KS-359:26
Hochverrate   KS-359:22

Hochwohlgeboren
Hochwohlgeboren   E:AN-275:1,18
Hochwohlgeborner   E:AN-274:29

hochwürdig
hochwürdiger   E: K-45:5,19; 47:1,20;
48:13
hochwürdigsten   E:C-226:31
hochwürdigster   E:K-48:33

Hochzeit
Hochzeit   E: M-143: 25; E: Z-261: 7;
E:AN-273:8

Hochzeitstag
Hochzeitstage   E:Z-257:30

hochzuehrend
hochzuehrenden   E:AN-275:37
hochzuehrender   E:AN-274:30

Hof
Hof   E:K-11:13; 13:25; 20:7; 24:5; 25:4;
29:24; 46:26; 74:9; 78:11,21; 79:3; 81:14;
90:22; E:V-160:12; 162:32; 169:1; 179:31;
190: 26; E: Z-237: 3; E: AN-272: 14; KS-
387: 13; 403: 17; 429: 11; 436: 9; 442: 17
(25)
Hofe   E:K-14:25,36; 17:2; 18:28; 19:10,
13; 22: 22; 23: 30; 24: 24; 40: 14; 70: 38;
78:25; 95:36; 97:7; E:V-167:27; 177:23;
184:19; 190:12,32; 194:17; E:AN-271:16,
31; KS-344:31   (23)
Höfen   KS-377:27
Hofes   E:Z-230:1,29; KS-398:6

Hof-Assessor
Hof-Assessor   E:K-89:12

Hofbuchhandlung
Hofbuchhandlung   KS-450:33; 451:4
Hofbuchhdl.   E:AB-283:4

hoffen
gehofft   E:V-193:22
hoffe   E:K-70:3; E:M-119:7; 125:2; E:Z-
233:16; KS-304:12; 305:17; 315:9
hoffen   E: K-78: 3; 100: 20; E: M-112: 6;
E: F-201: 16; 208: 12; E: Z-249: 6; KS-
309:18; 415:25; 424:6
hofft   KS-315:13; 431:7
hoffte   E:K-9:20; 95:2; E:M-120:3; E:E-
150:19; E:F-211:14; 214:26; KS-435:11
hofften   E:K-43:28; E:VAR-293:29

hoffentlich
hoffentlich   KS-407:15

Hoffest
Hoffesten   KS-439:2

Hoffnung
Hoffnung   E: K-37: 15; 99: 16; E: M-
113: 10; 114: 19; 118: 37; E: E-147: 33;
148: 2; 153: 11; E: V-169: 6; E: C-228: 4;
E:Z-230:19; KS-301:32; 303:4; 309:21,25,
29; 310:1; 311:10; 317:27; 375:16; 425:10
(21)
Hoffnungen   E: K-103: 6; E: M-111: 25;
113: 21; E: F-206: 37; 210: 17,38; 211: 21;
E:AN-275:22

hoffnungslos
hoffnungslos   KS-384:26
Hoffnungslosen   E:K-85:8

Hoffnungslosigkeit
Hoffnungslosigkeit   E: E-145: 24; KS-
375:26

Hofgericht
Hofgericht   E:K-79:18
Hofgerichts   E:K-101:18

Hofgesinde
Hofgesinde   E:Z-243:27; KS-400:31
Hofgesindes   E:Z-237:14

Hofhaltung
Hofhaltung   KS-400:4

Hofherr
Hofherren   E:K-66:29; 79:31

Hofhund
Hofhunde   E:V-162:34

höflich
höfliche   E:M-119:30

Höflichkeit
Höflichkeit   E:M-130:8

Höflichkeitsbezeugung
Höflichkeitsbezeugungen   E:M-116:10

Hofmeister
Hofmeisters   KS-335:4

Hofnarr
Hofnarr   E:AB-283:27

Hofpforte
Hofpforte   E:V-163:10

Hofpostamt
Hofpostamt   KS-452:10; 453:9; 459:19

Hofpostsekretär
Hofpostsekretäre   KS-453:2

Hofraum
Hofraum   E:Z-237:38
Hofraume   E:V-189:5
Hofraums   E:V-184:9; 185:4

Hofsekretär
Hofsekretär   KS-421:1

Hoftor
Hoftor   E:V-163:2

Hoftracht
Hoftracht   E:K-95:8

Höhe
Höhe   E:K-10:1; 31:29; 59:15; E:Z-238:4;
   KS-308:16,23; 314:4,23; 433:5
Höhen   KS-308:4,13; 375:23

Hoheit
Hoheit   E:K-92:26; KS-388:20; 438:8,
   10,14,19,22,25,31,37; 439:4,14,20,27,31,
   38; 440:6   (17)

Hohenlohe
Hohenlohe   E:AN-263:33

hohenlohisch
hohenlohische   E:AN-265:13

hohl
hohle   KS-386:7

Hohlspiegel
Hohlspiegels   KS-345:27

Hohn
Hohn   KS-380:28

Hohngelächter
Hohngelächter   E:K-15:16; 56:17

höhnisch
höhnisch   E:K-60:3
höhnische   KS-369:30

hohnlachen
hohnlachenden   E:K-59:6

hoho
hoho   E:AN-265:20,20,20

holen
geholt   KS-398:10
holen   E:K-13:24; 24:18; 30:12; 31:24;
   E:M-116:4; E:V-190:13; E:F-204:7;
   215:11
holt   KS-377:2
holte   E:K-17:9; E:F-200:37

Holländer
Holländer   E:V-177:22; KS-407:4;
   440:32

holländisch
holländischen   E:AB-288:15; KS-
   441:33

Hölle
Höll   E:K-20:17
Hölle   E:K-35:25; E:E-156:7; 158:20;
   E:V-165:32; E:F-214:29,36; 215:10,
   14; E:C-223:37; E:Z-251:13; KS-312:34;
   354:31; 356:35; 357:2,9   (15)

Höllenstrafe
Höllenstrafe   KS-318:2

höllisch
höllischen   E:F-213:33

holsteinisch
Holsteinischen   KS-335:33
holsteinschen   KS-401:11

Holz
Holz   E:B-198:27; E:AN-271:16; 279:37;
   280:8; KS-442:19,21

hölzern
hölzerne   KS-424:17

Holzkohle
Holzkohlen   KS-425:29

Holzstall
Holzstall   E:V-170:23; KS-344:29

Homer
Homer   KS-308:33
Homers   KS-308:29

Honig
Honig   KS-310:33

Honorar
Honorar   KS-449:2

hörbar
hörbar   E:K-98:25; E:V-187:33
hörbarer   E:K-35:29

horchen
horchte   E:M-137:13; 138:21; E:AN-
   278:11

Horen
Horen   KS-446:11

hören

gehört   E:K-16:16; 73:11; E:M-107:34;
110:1; 116:4; 118:16; 140:8; E:E-147:10;
E:C-219:33; 224:2; 225:27; 226:4,29; E:Z-
233:14; 258:17; E:AN-270:28; 278:36;
E:VAR-297:4; KS-341:7; 442:22   (20)
hör   E:K-19:19
höre   E:K-12:5; 83:10; 90:28; E:M-
125:14; 132:27; E:V-193:3; KS-368:23;
409:7
hören   E:K-24:24; 25:24; 27:31; 47:8;
E:M-107:11; 109:37; 123:12; 128:21;
129:21; 138:19; E:E-154:9,37; 155:7;
E:V-185:10; E:B-198:12; E:C-217:35;
222:22; E:Z-240:2; 250:4; 257:35; E:AN-
268:10; E:VAR-295:11; KS-303:29,32;
376:34; 404:6   (26)
hörst   E:M-135:34; 137:22
hört   E:B-198:14; KS-370:3; 418:6
hörte   E:K-16:7; 17:17; 24:30; 81:16;
E:M-137:12; E:E-154:31; E:V-175:17;
183:38; 184:10,15; E:F-199:12; 206:36;
E:Z-237:34; E:AN-271:14; 282:3; KS-
440:36; 444:27   (17)
hörten   E:V-190:7; E:B-197:28; E:AB-
284:8

Horizont

Horizont   E:K-35:6; E:V-180:12; 187:31;
KS-306:4; 389:1; 433:6

horizontal

horizontaler   KS-390:31

Hose

Hosen   E:K-59:15; E:F-200:35; E:AN-
265:32; 268:24

Hostie

Hostie   E:Z-252:3

hôte

l'hôte   KS-384:33

Hotel

Hotel   E:F-203:5; E:AN-272:27; KS-
383:17

hübsch

hübsch   KS-409:23
hübschen   E:K-97:35
hübscher   KS-339:17

Hudson

Hudson   E:AB-288:6

Hufe

Hufen   E:K-101:21

Hüfte

Hüfte   E:V-164:6; E:F-204:23; 207:15
Hüften   E:V-162:1

Hügel

Hügel   E:K-31:9; 79:35; 101:32; E:E-
146:26; E:C-222:37; E:AN-269:7

Hühnerhund

Hühnerhunde   KS-324:31; 401:2

Huld

Huld   E:K-65:21; E:Z-251:14; KS-402:15

Huldigung

Huldigung   E:Z-230:30

Hülfe

Hülfe   E:K-21:6; 54:18; 67:30,34; 74:37;
100:4; E:M-105:27; 124:6; 139:19; E:E-
148:24; 152:22; E:V-164:29; 169:34;
190:27; 192:30; 194:12; E:C-224:19; E:Z-
229:19; 238:20; KS-342:25; 382:17; 396:2;
437:13   (23)

hülflos

hülflos   E:V-189:32
hülflosen   E:Z-238:6
hülfloser   E:E-148:20; KS-400:9

hülfreich

hülfreich   E:C-222:12
hülfreiche   KS-428:23

Hülfsmittel

Hülfsmittel   KS-305:10; 393:15
Hülfsmitteln   E:K-74:14; KS-433:32

Hulin

Hulin   E:AN-262:12

Hülle

Hülle   E:Z-259:22

hüllen

gehüllt   E:F-204:32; 206:2; E:C-217:26;
E:VAR-295:2; 296:29
hüllte   KS-436:26

human

humanen   KS-320:38

Hummel

Hummel   KS-444:4

Hund

Hund   E:K-27:25; 97:4; E:B-198:4,9,15;
E:AN-277:18,22,26; KS-322:18; 401:4,
8; 402:24,25; 429:8,16,20   (16)
Hunde   E:K-14:24; 15:10; 20:5,7; 24:22;
E:M-105:31; E:V-161:15; 186:17; E:Z-
237:26; E:VAR-293:2; KS-322:11; 324:30;
401:5; 429:14,25   (15)
Hunden   E:K-15:8; 19:20; 20:3; KS-
400:37; 429:10,12

hundert

hundert   E:K-30:31; 37:27; 40:23; 41:30;
E:C-218:3; 223:32; 225:10; E:AN-262:28;
E:VAR-295:17; KS-387:16; 427:7   (11)

Hündin

Hündin   E:M-132:7

Hunger

Hunger   E:V-165:1; E:AN-281:24
Hungers   KS-322:10; 324:31

hungrig

hungrig   E:K-59:28; E:V-171:31

Hüningen

Hüningen   E:Z-229:12

hüpfen

hüpfend   KS-324:34
hüpfte   E:E-148:9

Hure

Hure   E:V-192:25

hurtig

hurtig   E:K-10:9,9

husten

husten   E:K-69:2

Hut

Hut   E:K-25:27; 36:1; 44:37; 48:32; 61:20,
30; 62:36,37; 81:30; 101:1; 102:29; E:M-
106:4; 119:16; 120:23; 128:9; 143:2; E:V-
162:31; 168:11; E:F-212:7; 213:27; E:AN-
264:15,29; 265:3; 269:8; 280:33; E:AB-
285:11; KS-383:11   (27)
Hüte   E:C-221:25; 223:30

hüten

hüten   E:K-97:18
hütete   E:M-106:35; E:F-203:17

Hütte

Hütten   KS-356:24

Hutten

Hutten   KS-379:8

Hyperbel

Hyperbel   KS-340:27

Hypothek

Hypothek   E:K-26:27

ich

ich   E:K-10:6; 11:33; 15:19; 16:29,37;
17:6,11,15,16,17,18,22,31,32,33,34,
38; 18:1,4,11,19,25,25,28,31,37,38; 19:2,
2,7,9,11,16,16,18,19,23,27,27,28,28,29,
33,33,34,37,38; 20:4,4,5,6,9,14,15,16,
18,18,21,22; 27:11,13,16,19,23,26,26,27,
34,36,36,38; 28:2,3,6,10,10,11,16,20,21,
21,27; 29:5; 30:29; 43:7,9,13; 45:10,13,
20,22,23,30,32,32,33,37; 46:7,8,9,9,10,
19,27,27,31; 47:6,11,17,18,19,22,31,32,
34; 48:8,33,34,37; 55:12,13; 62:28; 82:12,
25,28,32,34; 83:6,9,15; 86:26,29,31,31;
90:28,29; 92:2,9,15,17,24,29,33; 93:16,
16,22; 94:11; 98:9,11; 101:2,34,36; E:M-
109:21,21,22; 115:7,10; 116:4,4; 117:11,
28,31; 118:11,11,20,36; 119:17; 121:20,
20,21,22,31,32; 122:3,6,7,13,14,29,34,
36; 123:20,21,23; 124:13; 129:4,4,14,15,
19,24; 130:24,24; 132:16,16,27; 134:3,
13,21; 135:4,15,16,17,21,24,26,30,32,33,
34; 136:1,4,6,7,8,8,9,11,33,37,37; 137:1,2,
4,7,10,25,25,26,27; 140:26,35; 141:12,20,
38; E:E-150:35; 156:22; 157:14,21; 158:2;
E:V-162:4; 163:18,20,24; 164:12,15,16,
24,25,29,35; 165:7,20; 167:4,23; 168:13,
14,14; 169:12,16; 170:4; 173:37; 174:4,
5,5,8,11,18,22,23,24,25,27,30,33,33,34,
35; 177:33,33; 179:36,36; 182:5,13; 186:3,
9,34; 191:13,13,14,16; 193:16,35; E:F-
214:35,35,36,38; E:C-221:10; 222:8,10,
14,14,28; 223:25; 227:10,36; E:Z-234:32;
235:8,10; 240:28; 242:36,36; 245:2,6,7,
15; 248:28,28,29,29,32; 249:5,17; 250:31,
33; 251:3,4,4,16,35,37; 252:13,15,25,
25,31,31,37,38; 253:1,11; 254:4,5,8,8,9,
17; 258:32,35; 259:28; 260:18,18,20,30;
E:AN-264:6,8,10,11,12,15,17,18,18,21,25,
25,29,30,35,35,37; 265:4,9,21; 267:24,27,
28,29,31,33,35; 268:2,3,3; 270:21; 273:1;
275:1,24,27,28,32,36; 276:18; 277:8,32,
34; 278:13; 279:6,21,38; 281:36; 282:2,2,
3; E:AB-285:1; 290:17; E:VAR-292:29;
KS-301:26; 302:33,34,36; 303:33,34,36,
38; 304:2,3,4,5,10,12,17,19,19,26,29,36,

Ideal

Ideal   KS-304:18
Ideale   KS-313:21,24,34

Idee

Idee   E:C-219:32; KS-320:8
Ideen   KS-323:4
l'idée   KS-319:17

Iffland

Iffland   KS-408:13; 414:2; 415:19

ihr

euch   E:K-19:7; 32:11; E:E-156:35; E:V-
165:16; 166:1; 167:23; 182:12; 191:13;
E:Z-259:7; KS-318:31,32; 336:3,20,23,24,
28,35,37; 337:2,3,5,6,7; 376:21   (24)
Euch   E:K-10:11; 45:7; 47:4,6; 48:34;
81:22; 82:12; E:E-157:12,21; E:V-162:4;
163:37; 164:8,21,34,35; 166:28,30,32,
33; 167:24; 173:29; 179:26,26,30,30,36,
37; E:C-221:11; 222:14; 223:25; 227:9,
10; E:Z-239:30; 240:22,25,26; 244:28,
31; 245:11; E:AB-290:20; KS-371:28,
28; 372:7   (43)
ihnen   E:K-11:7; 13:1; 14:3, 22,
32; 15:12; 18:5; 61:24; 64:31; 66:7,
9; 73:11; 74:20; 75:13,18; 80:18; 81:13;
82:24,24,36; 98:28; E:M-118:5; 119:2,
20; 122:36, 36; 129:5, 19; 135:1, 23,
32; 136:26; 139:18; 140:8; E:E-
147:37; 157:35; 159:2; E:V-167:27;
177:2; 192:2,5,19; E:B-196:26; E:C-
216:9, 10; 219:17; 220:23; 222:13,
29; 223:8, 10, 20; 224:4, 21; E:Z-
239:21; 241:20; 244:23; 248:11; 252:37,
38; 254:33; E:AN-270:29; 273:18; 275:3,
13; 277:29,32; E:AB-285:10; E:VAR-
292:12; 293:27,28; 297:13; KS-302:31,
34; 303:22,34; 304:17,24,38; 307:11,
17, 37; 308:28, 30; 310:3, 7; 311:2,
19; 312:17,25; 313:13; 314:20; 315:2,
7, 12; 316:5; 321:8; 322:6; 323:28;
329:27; 332:37; 335:19; 339:6; 341:11,
14; 344:15; 345:19; 353:10; 356:20,
26; 368:5,30; 369:3,18; 370:5,14; 376:13,
16, 24; 378:37; 380:30; 396:8; 405:31;
406:5; 413:18; 415:35; 420:22; 429:13;
434:18, 23; 437:17; 441:9; 442:8, 11,
12; 443:4; 447:8; 451:30,32   (139)
ihr   E:K-11:34; 17:14; 18:3,24,24; 19:11;
20:17,32; 25:6; 26:2; 28:8,18,20,34; 29:13,
19; 30:3,13,16,20,22,30; 33:31; 35:28;
45:14,23; 46:30; 71:1; 77:38; 80:15;

81:38; 82:1; 83:1; 90:37; 91:36; 92:2,
11,32; 95:31,33,37; 96:4,7,8,12,32; 97:6,
18; 98:21; 102:21; E:M-105:20; 107:10;
111:19; 114:15; 116:24; 117:12, 20,
20; 120:30,32; 121:2,3,22,38; 122:10,
12, 16; 123:5, 18, 25, 31, 38; 124:20, 30,
36; 125:1,14,18,23,36; 126:22,35; 127:2,
6,13,16; 128:8,30,37; 129:21,28; 131:13,
18,36; 132:30,33,37; 133:5,7,12,13,13,
22,25,28,37; 134:1,2,5,8,31; 135:18,19,
29,37; 136:14,15,30; 137:6; 138:21,25,
32; 139:35; 140:17,20,24,30,37; 142:9,
35; 143:24,32,33; E:E-144:28; 145:21;
147:9,16; 148:2,18,21,25,35,36; 149:2,
12, 20; 150:19; 151:14; 152:6, 7, 9,
11; 153:6, 11, 12, 13, 23; 154:13, 15, 16,
24; 155:35; 156:15,21,23,34,35; 157:5,
6; 158:2, 17, 20; E:V-161:23; 162:31,
31,32; 165:15,37; 166:15,16; 168:5,6,
12,24; 169:32; 170:25; 171:17; 172:4,
36; 173:1,9; 174:25; 175:15,18,20,29,
30; 176:10,11,15,35; 177:4,30; 178:12,
21,24; 179:10,14,30; 180:16,33; 181:14,
19; 182:13,23,32,33,34; 183:26; 185:13,
37; 186:21,22,23; 187:15,23; 188:12,
14; 189:6,26; 190:16; 191:14,15; 192:21,
35; 193:19,22,30,31; E:B-196:6; E:F-
201:9,27; 202:13,27,29,36; 203:13,18,24,
31; 204:22,30,36; 205:9,13,22; 206:12,30,
31; 208:4,6,26; 209:3; 211:2,15,37; 214:8;
E:C-217:8; 220:3,12; 221:8,26; 225:28,29,
31,38; 226:3,8,25,37; 227:22,38; 228:4,
6; E:Z-232:20; 233:32, 33, 36; 234:5,
27,32,32; 235:5,7,28,29; 237:2,4,17,
25,29,35; 238:1,3,20,23,26,28,31,35,
37; 239:1,9,10,11,16; 240:6,6,9,13,16,
34,38; 241:3,36; 242:32; 244:4,8,21,24,
33,33,36; 247:24; 249:37; 250:2,9,14,
19,28; 251:8,36; 253:13,15; 256:14,20,
25,30; 257:16,27,28,38; 258:7; 259:6,
20; 261:4; E:AN-263:18,19; 271:35; 272:9,
11,13,18; 274:13; E:AB-289:25; 290:16;
291:5; E:VAR-293:5,6,13; 294:22; 297:35;
KS-308:1; 310:35; 315:10; 318:26; 324:23;
325:30; 328:14; 335:10; 336:3,4,6,7,7,20,
24,27,35,37,37; 337:1,5,5,5,6,7,9,10,12,
29; 342:6,25; 361:7; 372:25; 376:21,22,30,
31; 378:23,31; 380:3,8,11; 385:12; 409:2;
426:19; 428:28; 431:31; 441:27; 451:2;
459:12   (422)
Ihr   E:K-45:6,8,8,11,23,35; 47:19; 55:12;
86:27; E:V-162:7,7,8; 163:36; 164:1,
7,8,13,16,38; 165:25,25,27,30; 166:27,

29, 29, 32, 33, 34, 38; 167:20, 27; 173:26; 181:18; E:C-224:29; 227:9,10,12; E:Z-240:23; 244:26; 245:13; E:AB-290:18, 20; KS-372:14,33   (45)

ihr

ihr   E:K-25:6; 33:25; 100:22; E:M-104:7; 108:18; 111:21; 123:37; 124:5,16; 125:2, 32; 126:11,20; 128:34; 133:20; 137:30; 139:23; 140:29; 141:17; 142:13,17; 148:20, 29; 149:4; 150:6,20; 151:1; 153:14; 154:5; E:V-163:15; 168:26; 170:21; 172:3; 173:4, 12,36,38; 174:2,32; 175:23; 176:3,9,16, 37; 180:4; 182:21; 195:10; E:F-202:14; 203:19; 206:27; 209:7; 211:1; E:C-216:27; 217:9; 222:30; 224:18; 227:28; E:Z-232:12; 238:29; 240:33; 241:32; 244:20; 249:22; 250:25; 251:11,27; 252:23, 24; E:AN-263:19; 269:10; 272:16; E:AB-289:21; 290:15; E:VAR-294:10,23; KS-333:13; 340:30; 344:31; 352:28; 361:23; 381:3,3; 417:10; 428:14; 431:31; 432:22, 22,33   (88)

Ihr   KS-305:17; 311:37; 312:6; 322:16; 394:30; 407:18,21; 437:10

ihre   E:K-24:38; 26:1; 44:3; 56:31; 62:4; 65:38; 66:13; 81:21,25; 82:30,37; 83:20; 86:9; 91:1; 92:1,6,14; 96:4,23,34,35; 97:4; 98:2,15; 101:27; E:M-105:26; 106:2, 36; 107:31,33; 108:35; 109:12; 110:21, 23; 116:7,8,32; 117:5,29,33; 118:7, 23; 119:17; 120:2,35; 122:17,27; 123:2, 24,31; 124:1,17,35; 125:31; 126:2,7,8, 14,24; 128:6,7; 129:12; 132:12; 133:9,29, 37; 134:5,9; 135:7,18; 136:27,28; 137:20, 21,30; 138:3; 141:9,17; 142:24; E:E-145:10; 147:31; 148:17,22; 149:6; 150:30, 32; 151:1,28; 152:10; 155:11; 156:26; E:V-162:16; 163:16; 167:22; 168:20; 169:3, 17; 171:6; 172:1,3,4,5,6,17; 173:2,16, 37; 174:11,18; 175:4,18,23,26; 176:2, 4,9,12; 179:2,10,12; 183:14; 186:20; 187:25; 188:6,23; 189:5; 190:7,28, 37; 191:16; 192:38; 193:15,32,33; 194:5; E:F-201:9; 203:29; 204:29; 210:30; 211:1; 212:31; E:C-217:17,38; 218:37; 219:32; 220:7,18,28; 222:35; 223:5, 28; 224:5; 225:4; 226:15,18,37; 227:1, 3; E:Z-235:34; 236:37; 237:21; 238:23, 27; 239:16; 240:19; 241:29; 243:31; 244:3, 5,10; 245:22; 246:2; 247:33; 249:17, 22,26,27; 250:29; 252:23; 253:19, 24; 254:14; 256:9,34; 257:4,4,5,

22; 259:26; E:AN-263:16,17; 265:15; 272:33; 276:6; 277:13,28; E:AB-285:6, 9; 288:10,20; 289:31,32; 290:22, 24; E:VAR-294:31; 295:14; 296:9,28, 28; 297:6; KS-301:11,11; 307:1,1; 309:11; 314:9,16; 318:32; 322:9; 329:19; 334:25; 335:16; 339:19; 341:8; 348:33; 356:24, 24; 378:28; 380:28,28; 381:1,2,30, 32; 395:9; 407:34; 410:33; 412:27; 416:24; 417:20; 419:24; 423:13; 428:27; 432:10; 434:30; 436:35; 438:27; 440:22; 441:9; 459:20   (250)

Ihre   E:M-118:37; 122:20; 129:4; 134:4; E:E-157:28; KS-309:37; 311:11,14; 312:6; 313:16; 369:23; 370:36; 402:17   (13)

ihrem   E:K-24:30; 26:5; 29:6; 30:9,16, 19,25; 31:11; 35:22; 67:17; 81:14; 92:22, 23; 96:24,35; 99:35; E:M-104:21; 105:22; 106:36; 110:12; 119:37; 120:34; 125:9, 18; 129:23,38; 133:34; 138:35; 139:2; E:E-148:14; 154:16; 158:5,19; E:V-170:30; 173:27; 174:9; 175:37; 177:2; 180:30; 181:28; 182:31; 183:16,22; 190:19; E:B-197:26; E:F-208:6,24; E:C-219:6; 220:14; 223:4,8; 226:17,25,38; 227:25; E:Z-231:1; 232:6; 236:1,18; 237:8,23; 238:28; 239:5, 14,23,35; 241:3; 244:22,35; 250:1,15; 254:21; 257:26; E:AN-272:2,27; E:AB-284:12; 286:34; 287:6; 289:25; E:VAR-293:5,9; KS-302:37; 306:2; 315:6; 324:24; 328:4; 330:28; 332:3,19; 378:26; 413:13; 434:29; 435:15; 440:3   (94)

Ihrem   E:M-122:19,22; KS-305:16; 311:7; 312:10; 314:28; 321:11; 387:5,32; 406:19; 407:18   (11)

ihren   E:K-11:4; 25:8; 29:16; 35:17; 56:24; 62:3; 66:17; 68:31; 82:18; 83:5, 25; 89:17; 90:36; 95:30; 97:33,37; 99:34; 101:21; 102:12,37; E:M-104:14, 20; 105:16,34; 107:1,36; 108:11,37; 117:3; 120:25; 123:14,35; 124:18; 125:28; 126:11, 25; 128:32; 129:1; 133:17; 135:22; 136:26; 137:8; 138:29; 140:1; 142:8; E:E-144:4,22, 26; 148:30; 151:11; 159:10; E:V-160:29; 161:5,21; 163:28; 164:3; 168:11; 170:24, 34; 172:22; 175:38; 178:35; 181:29, 35; 183:18,21; 184:9; 185:10; 189:27; 190:5,35; 193:31; 194:24,29; E:F-201:7; 203:26; 206:26; 210:33; E:C-217:34; 218:36; 220:19; 221:31; 223:19; 227:4; E:Z-229:32; 230:26; 232:4; 233:25; 235:27,31; 237:23; 238:21, 36; 239:4; 240:37; 241:26; 245:18; 247:14,

15; 250:11,20; 251:28; 256:13,28; 260:6;
E:AN-263:17; 272:14; 274:11; 275:33;
276:10; 278:19; E:AB-283:12; 284:14,
20; 287:11; 288:13; 290:29; E:VAR-
295:10; KS-301:12; 302:9; 306:1; 307:15,
26; 311:26; 316:11; 326:33; 335:30;
337:24; 340:26; 342:25; 347:25; 356:12;
366:27; 368:27; 369:7; 372:30; 376:12,
25; 378:9,36; 379:26; 380:28; 384:10;
407:25; 410:8; 414:28; 423:8,20; 432:22,
23; 441:18; 451:5; 454:10   (153)
Ihren   KS-311:12; 313:19; 402:12
ihrer   E:K-21:3; 29:7; 31:3; 39:35; 43:27;
60:23; 69:1; 71:35; 78:30; 83:1; 88:24,
33; 92:26; 97:5,38; 98:23; 102:24; E:M-
104:18,22; 106:32; 108:18; 109:11,20,25;
117:18,32,36; 119:36,37; 120:1; 123:28,
30; 125:6,8,11; 126:5,12,14,17,21; 127:13,
22; 128:28,37; 132:24; 133:2; 134:16,
17; 136:3; E:E-145:12; 147:23; 149:7,
7; 150:3, 24; 157:18; E:V-161:8, 17,
19; 163:32; 165:35; 167:29; 173:6,
20; 174:2; 175:19,36; 176:15,21; 179:8;
182:18,26; 185:15; 188:20; 189:7; 191:12;
193:26; E:B-197:27; E:F-199:5; 201:37;
202:13; 203:32; 204:35; 207:37; 210:7;
211:21, 33; 212:30, 37; E:C-219:36;
220:10; 223:15,26; 224:23; 226:3,5,
23; 227:20,21; 228:4,11,16; E:Z-230:22,
35; 233:30; 234:1; 235:18; 236:5,20,33,
35; 237:16; 238:11; 239:10; 240:2,7,36;
241:18,24; 243:24; 244:1; 247:15; 249:21,
35; 250:13; 253:9; 256:8,20,23; 258:1,
12; 259:34; 261:4; E:AN-265:8; 272:9,10,
17,26; 273:2; 275:14,15; 278:30; E:VAR-
296:23; 297:16, 33, 34, 37; KS-314:23;
322:28; 328:3; 332:13; 333:7,35; 335:10,
21; 340:9; 341:13; 348:33; 355:28;
360:26; 375:7; 376:25; 383:15; 397:27;
409:36; 410:17; 411:12; 414:16; 417:14,
22; 418:9; 421:32,35; 423:13; 431:19,
28; 434:26; 438:32; 440:28; 441:25; 443:6
                                    (181)
Ihrer   E:M-113:18; 129:8,11,18; E:AN-
275:18,21,22,23,30,31; KS-311:1,10,11,
20; 312:3,4,18; 313:15; 369:28; 402:30;
403:3,15; 438:9,20   (24)
ihres   E:K-27:8; 30:19; 56:30; 57:26;
96:35; 102:28; E:M-111:17; 112:1;
120:7; 125:10; 126:10; 130:16, 30,
36; 131:35; 133:38; 141:4; 142:6; E:E-
145:1; 152:23; 154:24; E:V-168:23; 169:6;
182:25; 191:32; E:B-197:33; E:F-201:31;

202:4; E:C-227:22; E:Z-230:36; 231:32;
235:18,20,32,33; 236:4; 237:21; 244:15,
27; 250:25; 253:10; 258:3,6; 259:38;
E:AB-289:6; E:VAR-297:35; KS-303:24;
314:17; 323:14; 381:18; 410:22; 412:12;
418:27; 419:9; 423:19; 440:28; 453:9
                                    (57)
Ihres   E:M-115:11; E:AN-275:13,15,26;
KS-311:36

ihrerseits

ihrerseits   E:M-139:4; E:F-201:27;
E:AN-280:20; KS-376:4

ihrethalb

ihrethalb   E:Z-241:22

ihrige

ihrige   E:M-119:18; 122:6; 132:8
ihrigen   E:K-57:28; 97:1; E:M-106:33;
125:30; 142:30; E:V-165:24; KS-311:16

Imagination

Imagination   KS-346:31

Imhoff

Imhoff   KS-423:7

immer

immer   E:K-16:31; 29:12; 34:29; 55:38;
84:20; 96:15; 99:6; 100:19; E:M-108:30;
116:24, 29; 117:32; 120:5, 22; 124:25;
127:7,13; 130:1; 131:15; 138:18; 139:15;
141:3,37; E:E-149:38; 153:9; E:V-179:1;
185:24; E:F-203:22; 213:7, 24; 215:6;
E:Z-238:32; 239:11; 240:14; 255:2; E:AN-
278:2; E:AB-288:20; KS-301:20; 302:21,
27; 304:13, 23, 24; 305:27; 309:24;
310:15; 311:23; 314:26; 315:5; 318:23;
330:22; 332:6; 343:3; 344:5; 345:23;
357:34; 372:9; 390:1; 393:29; 399:30;
403:32; 409:5; 410:8; 441:7; 455:19,
22   (66)

immerdar

immerdar   E:F-206:18

immerwährend

immerwährenden   E:M-109:9; E:AN-
275:9

improvisieren

improvisieren   E:AN-270:7,13

imstandesein
  imstande gewesen E: AN-277:5; KS-
    373:19
  imstande ist KS-372:23; 382:11
  imstande sei KS-341:19
  imstande sein KS-394:1; 451:15
  imstande sind KS-316:12
  imstande war KS-433:5
  imstande wäre KS-341:5

in
  im (480)
  in (2613)
  in- (1)
  ins (117)

inachtnehmen
  acht nimmt E:AN-267:12
  in Acht genommen E:F-210:8
  in acht zu nehmen E:K-13:2; 76:34
  in Acht zu nehmen E:VAR-292:13

In-die-Brust-sich-werfen
  In-die-Brust-sich-werfen E:M-116:33

Inbegriff
  Inbegriff E: V-165 : 34; 174 : 9; E: F-
    213:37; KS-301:28; 374:30; 406:36

Inbrunst
  Inbrunst E: E-145 : 21; 155 : 19; E: V-
    183:19; E:C-222:17; E:Z-251:3

inbrünstig
  inbrünstig E:C-221:34

indem
  indem E : K-9 : 31; 10 : 1, 17, 23; 11 : 2,
    29; 12 : 9; 15 : 20, 23, 30; 16 : 27; 17 : 1, 25,
    26; 18 : 22; 19 : 2; 25 : 10, 30, 37; 27 : 4, 21,
    22; 28 : 1, 20; 29 : 8; 30 : 29; 31 : 28; 32 : 33;
    33:9; 34:5; 35:27, 34; 36:1; 38:36; 44:9,
    15; 45 : 2, 4, 9, 24, 29; 46 : 38; 47 : 16,
    24; 48:7, 14, 23, 32; 50:31, 38; 51:12, 17, 19,
    31; 52:17; 54:21; 55:3, 8; 56:22, 25; 57:9,
    26; 58:25; 59:37; 60:28, 35; 61:16, 29; 62:7,
    20, 23, 33; 63:8; 65:16; 66:16, 32; 67:20, 34,
    38; 68:24; 69:31, 33, 38; 70:2; 72:18; 73:21,
    32; 75:9; 77:14, 35; 80:23; 81:21, 22; 82:1,
    38; 84: 2, 3, 17, 24, 31, 33; 86: 6; 87: 21,
    23; 88:11, 26; 90:4, 15; 91:2, 23, 33; 92:7,
    13; 93:1; 94:9; 96:23; 98:12, 31; 99:17,
    28; 101:5; 102:9, 12, 21, 29; 103:1; E:M-
    105:11; 106:4; 107:31; 110:23, 30; 112:9,
    22; 113:1, 10, 20; 114:22, 36, 38; 115:3, 8,

14; 116:32; 117:19, 30, 34; 118:2, 7, 20, 22,
32; 121:13, 38; 122:12; 123:20; 124:12,
27; 125 : 30; 127 : 8; 128 : 3; 129 : 8, 10,
20; 130 : 1, 17; 131 : 6, 16, 25; 133 : 11,
26, 28, 37; 134 : 5, 9; 136 : 3; 137 : 8;
138 : 1; 139 : 30; 140 : 23, 26, 27; 141 : 12,
13; 142:14; 143:31; E:E-150:32, 38; 154:4;
156 : 7, 31; 157 : 11, 19, 34; E : V-162 : 3,
21, 24; 163 : 12, 13, 16, 21, 24, 37; 164 : 5,
32; 165:9, 29; 166:30; 167:34; 168:10,
13; 169:3; 170:36, 37; 171:2, 15; 172:17, 31,
38; 173:26, 31; 174:7, 10, 23, 28, 38; 175:14,
18; 176:15, 33, 36; 177:7, 9, 28, 38; 179:7,
9, 12, 21, 25, 35; 180 : 10, 24, 35; 181 : 12,
17; 182 : 4; 183 : 28; 185 : 15, 27, 31, 34,
37; 186:8; 188:9, 31; 189:33; 190:17, 23,
27, 38; 191:10; 192:1, 16, 23, 25, 28; 193:11,
19; E:B-196:27; E:F-208:5, 28, 32; 211:15,
37; 212:2, 33; 213:17; 214:16; E:C-221:27,
30; 222:19, 31; 226:25; 227:6; 228:6; E:Z-
229 : 24; 233 : 10, 25; 236 : 27; 237 : 17, 21,
26, 28; 239:29; 240:13, 19; 243:1; 244:23,
25; 245:17; 248:11; 249:25, 27; 250:23,
38; 251:9, 21, 36; 252:17, 22, 24; 253:13,
15, 19, 29; 254:6, 14; 257:4; 259:5, 8, 16, 31;
260:16, 33; E:AN-262:18; 264:7, 10, 14, 16,
23, 31; 265:2, 7; 270:11, 34; 271:4; 272:29,
33, 37; 279:1; E:AB-283:18; 284:12; 287:8;
E:VAR-293:12; 297:27; KS-307:6; 331:31;
343 : 5; 344 : 26; 356 : 16; 369 : 33; 371 : 10,
11; 372:7, 29; 384:17; 389:7, 32; 392:3, 18,
25, 36; 394:14, 27; 427:2; 430:14; 436:1;
457:22 (368)

indes
  indes KS-302:20; 304:7; 307:9; 309:35;
    447:29; 450:25

indessen
  indessen E : K-19 : 35; E : M-113 : 32;
    130:20; 135:14; 138:27; 140:29; E:E-
    146:12; 149:32; 156:17; E:Z-259:21;
    E:AB-284:18, 21; KS-372:14 (13)

indifferent
  indifferent KS-330:10

indirekt
  indirekte KS-405:19

indisch
  indischen KS-325:18

Individuum
  Individuen KS-369:1

indolent
indolente   E:AN-267:10

Industrie
Industrie   KS-404:17; 422:11,20

Industrie-Adreßbuch
Industrie-   KS-422:4,7,8,17
Industrie-Adreßbuches   KS-422:20

Industrie-Comptoir
Industrie-Comptoir   KS-459:27; 460:23
Industriecomptoir   KS-447:35

Industriehandlung
Industriehandlung   KS-398:28

ineinander
ineinander   KS-303:13

ineinandergreifen
ineinander greifender   KS-409:16

ineinanderwirken
ineinander wirkender   KS-309:5

infam
infame   E:M-117:4

Infanterie
Infanterie   E:AN-275:22

Infanterieregiment
Infanterieregiment   E:AN-265:24

influieren
influieren   KS-396:13

infolge
infolge   KS-407:1; 441:1

Information
Information   E:K-23:32

Ingredienz
Ingredienzen   KS-372:10

Ingrimm
Ingrimm   E:K-14:8; E:V-178:5

Inhalt
Inhalt   E:K-44:11; 85:11; 98:16; E:C-
226:15; KS-374:36; 405:16; 424:4; 426:5;
456:36
Inhaltes   KS-423:15
Inhalts   E:K-24:10; 31:5; 36:33; 42:17,
24; 70:11; 74:23; 76:11; 98:37; KS-373:9
(10)

inklusive
incl.   KS-459:35

inmitten
inmitten   E : AN-270 : 9;   KS-331 : 25;
398:19

inne
inne   KS-376:30

innehaben
inne hätte   KS-385:14

innere
innere   KS-309:5; 347:30; 396:11
Innere   KS-365:20
Innerem   E:K-34:8
inneren   E:K-20:32; E:C-224:34; E:AB-
288:25; KS-385:8; 421:13
Inneren   E:C-225:9; KS-434:29
innern   KS-306:31; 307:34
Innern   E : V-184 : 9;   E : Z-255 : 37;   KS-
301:27; 308:6; 309:9; 339:27; 431:6
innersten   E:K-88:31
Innersten   E:C-221:37; 225:1
innerstes   E:M-127:6; E:V-177:31; E:C-
222:30; KS-319:22
Innerstes   E : M-126 : 20;   KS-304 : 29;
336:36

innerhalb
innerhalb   E : C-224 : 31;   E : Z-243 : 36;
245:23; E:AB-285:30; KS-379:19; 380:3;
385:20; 386:4,6; 392:21; 398:5; 405:23;
423:32   (13)

innerlich
innerliche   E:K-24:35; E:Z-255:28; KS-
408:15; 416:12
innerlichen   E:F-210:34; E:VAR-297:28;
KS-335:8; 406:24
innerlicher   E:VAR-292:26
innerliches   E:M-121:20; 122:25; 123:9

innig
innig   E:V-174:7; KS-305:18; 308:13
innige   KS-312:13
inniger   KS-307:10; 313:26
innigste   E:M-104:15; E:E-151:7; KS-
369:21
innigsten   KS-303:38; 370:34; 371:13

Innigkeit
Innigkeit   E : VAR-295 : 8;   KS-304 : 1;
336:24; 444:35

insbesondere
insbesondere   E:K-42:14

Inschrift
Inschrift   E:AN-263:28; KS-432:3

Insel
Insel   E : V-160 : 2;   161 : 31;   165 : 11,
21; 166:1,26; 170:3; 177:14; E:AB-288:22;
KS-332:33; 396:16,22,28; 398:11   (14)
Inseln   E:M-124:1; KS-441:4; 442:37

Insinuation
Insinuation   E:K-21:36
Insinuationen   KS-329:13

insofern
insofern   KS-315:2; 348:4; 382:8; 422:13;
451:10; 458:6

inständig
inständige   E:V-180:21
inständigst   E:M-107:1; 111:32
inständigste   E:M-111:13

Instanz
Instanz   KS-346:22; 454:20

Institut
Institut   KS-335 : 23;   386 : 5;   395 : 17;
417:20
Institute   KS-333:35; 454:18
Instituten   KS-419:16

instruieren
instruierte   E:K-31:19

Instruktion
Instruktion   E:K-51:38; 88:17; E:AN-
269:17

Instrument
Instrument   KS-385:24
Instrumente   E : C-217 : 17;   E : VAR-
294:31; KS-444:16
Instrumenten   E:C-218:36
Instruments   KS-443:14

Intelligenz
Intelligenz   KS-408:10

Intelligenzblatt
Intelligenzblatt   E:M-131:32
Intelligenzblatte   KS-403:37
Intelligenzblätter   E:M-127:17

interessant
interessant   E: F-211: 16;   KS-396: 28;
419:31
interessante   KS-419:16; 455:18; 458:1,
29
interessanten   E:M-116:22; KS-390:29;
421:28; 423:14
interessanter   KS-432:14
Interessantes   KS-424:2
interessantesten   KS-398:24

Interesse
Interesse   E:K-67:3; 74:16; E:F-208:5;
KS-385 : 34;   393 : 13;   413 : 26;   416 : 17;
418:28; 421:18; 459:14   (10)
Interessen   E:F-199:15; E:Z-230:35; KS-
348:37

Interessent
Interessenten   KS-450:22; 451:29; 452:7

intonieren
intonieren   E:C-223:23
intoniert   E:VAR-296:32
intonierten   E:C-220:21

Intrige
Intrige   E:AN-274:19
Intrigen   KS-416:28

invalide
invaliden   E:AN-271:34

inwiefern
inwiefern   KS-451:16

inwohnen
inwohne   E:K-98:21
inwohnende   KS-321:20
inwohnte   E:Z-244:7

inzwischen
inzwischen   E:K-32:23; 33:25; 38:34;
40: 21;   47: 26, 33;   55: 2;   56: 3;   61: 12;
69:12; 74:12; 87:31; 88:6; 94:15; 97:32;
98:34; 99:36; E:M-106:28; 110:17; 111:8,
23;   112: 11;   115: 24;   117: 24;   124: 2;
125: 4;   127: 20, 30;   128: 23;   130: 13,
28; E:E-145:13; 153:25; 154:30; E:V-
162:34; 167:32; 173:16; 175:8; 176:29;
182: 33;   189: 28;   191: 29;   194: 6;   E: F-
209:18; 210:5; E:C-217:10; 218:2; 221:3;
227: 5;   E: Z-231: 2, 34;   232: 9;   233: 1,
16; 235:31; 237:14; 241:9, 32; 247:12,
25; 249:28; 254:25; E:AN-268:22; 269:9;
273:13,19; E:VAR-294:24; 295:15; KS-
339:37; 340:28; 364:3; 365:10; 366:18;
371:3,28; 372:3; 395:4; 405:17; 436:21;
443:23; 445:5   (81)

irdisch
irdischen   E : E-152 : 16;   KS-315 : 30;
316:14; 318:20
irdisches   KS-316:31

irgend
irgend   E:K-13:19; 19:14; 21:4; 23:20;
27:10; 62:31; 70:6; 93:28; E:M-108:17;
111 : 32; 113 : 10; 114 : 35; 117 : 6, 14,
36; 122:18,20; 127:8; 133:13; 143:7;
E:E-147:37; 151:27; E:B-197:34; E:F-
207:11; 208:10; 213:8; E:C-228:5; E:Z-
241 : 18;   248 : 3;   E : AN-269 : 29;   276 : 26;
E:AB-286:33; E:VAR-292:21; KS-311:17;
316:10; 319:34; 331:13; 332:33; 336:31;
339 : 28; 341 : 3, 34; 348 : 31; 353 : 19;
366 : 25; 377 : 35; 378 : 9, 33; 385 : 23;
396:33; 401:35; 405:27; 407:24; 410:12,
38; 417:16; 422:36; 437:5; 438:3; 439:3,
5; 440:4; 446:27; 449:32; 454:9; 456:33
                                                    (66)

irgendwo
irgendwo   E : K-39 : 33;   KS-301 : 28;
342:15; 408:4

Irland
Irland   KS-441:22

irländisch
irländischen   KS-396:6

Ironie
Ironie   E:M-112:23; KS-388:5; 411:31

irr
irre   E:M-132:36; E:Z-243:9; KS-388:7;
417:12

irreführen
irre zu führen   KS-416:25

irreleiten
irregeleiteten   E:C-221:21

irren
irre   E:M-121:35; KS-352:32; 373:6
irren   KS-310:24; 314:13; 342:16; 367:16
Irrenden   KS-326:14

Irrenhaus
Irrenhaus   E:C-220:2
Irrenhause   E:C-219:31
Irrenhauses   E:C-224:29

irrig
irrig   KS-317:32

Irritanz
Irritanzen   E:K-39:7

Irrtum
Irrtum   E:K-10:29; 57:9; 60:29; 72:38;
E:M-121:16,24,34; 125:6; E:V-173:21;
E:Z-232:15; KS-325:26; 330:26; 338:18;
393:27   (14)
Irrtümer   KS-325:34; 338:16

Irrung
Irrung   E:Z-256:27

Island
Island   KS-373:7

isolieren
isolierten   KS-402:6

Israelit
Israelit   KS-377:8

israelitisch
israelitischen   KS-394:24

Italien
Italien   E:M-104:4; 112:34; 117:17; E:B-
196:2; E:F-211:29; E:AN-271:30; 273:1;
274:24; KS-432:12
Italiens   E:F-203:6; 208:9

Italiener
Italiener   KS-337:20
Italieners   E:AN-280:21

italienisch
italienische   E:C-217:30; E:VAR-295:6,
38; KS-411:9
italienischen   E:C-218:27
italienischer   KS-444:22
italienisches   KS-411:11

J.
J.   KS-335:33

ja
ja   E : K-10 : 8; 12 : 9, 25, 30; 16 : 17;
20 : 14;   25 : 20;   26 : 3, 11;   28 : 24, 24,
24; 33 : 10; 34 : 17; 35 : 3; 41 : 5; 45 : 27,
32; 48:8; 52:36; 54:23; 66:1,28; 73:33,
33,33; 76:29; 77:12; 81:23; 82:7; 85:6,
30; 90:6; 92:16; 94:37; 97:17; 98:18;
100 : 12; E : M-110 : 6, 15; 114 : 7; 118 : 7;
121 : 37;   124 : 20;   E : E-152 : 34;   153 : 19;
154:1; 157:14; E:V-160:17; 161:7; 165:17;
169 : 3; 174 : 14; 182 : 25; 184 : 5; 185 : 7;
188:13; E:F-200:22; 205:10; E:C-221:11;

226:29; 227:25; E:Z-232:17; 233:16,
16,16; 235:34; 237:7; 238:31; 240:23;
241:4; 242:2; 244:9; 248:2; 250:6;
255:6; E:AN-264:9,35; 265:7; 275:13;
E:AB-285:2; 286:31; 290:36; KS-
301:34; 302:11,24; 303:18,21; 305:15,
35; 306:14,19; 307:4; 309:11; 310:2,
15,28; 311:4,34; 312:12,34,35; 314:31,
33; 315:1; 316:31; 317:8; 320:36; 321:1;
322:12; 323:8; 325:28; 328:3,35; 332:1,
32; 333:8; 335:9; 336:34; 341:17;
350:21; 351:6; 352:35; 353:21; 355:8;
356:8,17; 357:6,19; 368:12; 369:17,
26; 370:19; 376:30; 379:1; 410:35;
430:19; 438:13; 449:15; 456:28; 460:7,
18,20   (143)

Jagd
Jagd   E:K-79:36; 99:26; E:M-116:16;
E:B-196:9; E:Z-230:14; 231:12; 235:29;
E:AN-281:34

Jagdfest
Jagdfesten   E:Z-235:22

Jagdjunker
Jagdjunker   E:K-79:31; 81:25; 83:23;
85:16,20,34
Jagdjunkern   E:K-66:28; 82:3
Jagdjunkers   E:K-86:22

Jagdkalesche
Jagdkalesche   KS-401:30

Jagdklepper
Jagdkleppern   KS-401:2

Jagdschloß
Jagdschloß   E:K-83:32

jagen
gejagt   E:Z-240:4; KS-431:35
jagen   E:K-99:31; KS-382:23
Jagen   E:AB-289:16
jagte   E:K-12:32; E:E-146:15; E:V-
160:28; 194:9; KS-430:21

Jäger
Jäger   E:K-20:2; 80:8; 92:38; E:M-119:5,
15; 133:34; 135:3,6; 136:19; 140:10,17;
KS-400:29; 401:5   (13)
Jägern   E:M-133:19

Jägerkorps
Jägerkorps   E:M-106:38; 107:21

Jägerstraße
Jägerstraße   KS-452:23; 455:22; 456:11,
19

Jägertracht
Jägertracht   E:K-81:23

Jago
Jago   E:E-144:2; 145:5; 146:35; 153:20;
155:20; 156:15; E:V-165:21

Jahr
J.   KS-390:33; 400:2,15; 405:13; 406:3;
420:33; 422:5; 451:9
Jahr   E:K-9:8; 21:30; E:E-144:9; E:V-
160:18; 161:27; 168:38; 195:13; E:F-
202:6; 204:38; E:C-228:12; E:AN-266:30;
271:32; 274:26; 277:13,16; 279:5; E:AB-
283:3; 285:20,23; 286:26; 287:2,17; 288:2,
15,21; E:VAR-292:9; KS-344:8; 350:21,
22; 373:27; 382:22; 395:31; 397:22,22;
401:27; 431:4; 443:9   (37)
Jahre   E:M-104:21; E:E-144:3; E:V-
160:13; 170:16; 172:27; E:B-196:18; E:F-
201:29,36; 203:17; E:C-219:11; E:Z-
234:34; E:AN-274:23,24; 279:5; E:AB-
286:21,34; 288:19; E:VAR-298:5; KS-
306:10; 336:25; 343:21; 375:14; 388:32;
407:30; 412:15; 420:1; 435:38; 442:38;
446:10; 451:2   (30)
Jahren   E:K-62:25; 69:7; E:M-104:14;
E:V-165:31; 168:22; 172:24; 187:37;
E:F-211:27; E:C-219:28; 220:16; 221:9;
226:27; E:Z-231:24; E:AN-262:28;
266:35; 267:4; 270:27; 272:31; E:AB-
287:2; KS-319:10; 331:33; 337:13; 343:18;
346:15; 397:15; 406:13; 407:5; 412:27;
416:2,21; 459:12   (31)
Jahres   E:K-96:29; E:M-120:38; 143:24;
E:AN-277:12; KS-418:25; 447:24; 449:35
Jahrs   E:AB-287:11; KS-379:29; 441:16

jahrelang
jahrelang   KS-336:5

Jahreswechsel
Jahreswechsel   E:AN-275:2

Jahrgang
Jahrgang   KS-421:28
Jahrgangs   KS-451:1,14

Jahrhundert
Jahrhundert   E:K-103:21; KS-333:37;
419:17

Jahrhunderte   E:K-99:4
Jahrhunderten   E:V-170:6
Jahrhunderts   E:K-9:5; E:V-160:3;
E:C-216:5; E:Z-229:6; E:VAR-292:6;
293:23

jährlich
jährlich   KS-316:35
jährliche   KS-397:21
jährlichen   KS-411:15

Jahrmarkt
Jahrmarkt   E:K-82:20; 97:22

Jahrszahl
Jahrszahl   E:K-92:18; E:Z-231:13

Jahrtausend
Jahrtausende   KS-377:16,16

Jakob
J.   KS-456:24; 457:8
Jakob   E:K-100:12, 26; E:Z-229:5,
25,33; 230:3; 231:24; 232:5; 234:10,
18; 235:24; 236:13; 237:1,10; 239:7,33;
241:33; 242:13,29,33; 243:15,23; 244:2,
17; 246:15,37; 248:15; 254:35; 258:4,
15, 24; 260:16; E:AB-289:1,10,12,12,
14; 290:1,18; KS-454:3; 455:26; 456:3
(42)
Jakobs   E:Z-240:12; E:AB-290:38

Jambus
Jamben   KS-349:7

Jammer
Jammer   E:K-33:34; 93:33; E:M-125:3;
E:E-149:6; E:C-223:3; E:Z-251:23
Jammers   E:AB-283:15

jämmerlich
jämmerlich   E:V-186:14
jämmerlichen   E:K-20:6; 34:27; 39:22;
58:20; E:C-221:37
jämmerlicher   E:AN-266:36; KS-441:22
jämmerlichste   E:K-16:18

Jämmerlichkeit
Jämmerlichkeiten   KS-325:27

jammern
jammern   E:K-17:17
Jammern   E:M-125:21
jammernd   E:V-193:38; E:Z-247:17;
251:28
jammernder   E:M-125:11
jammert   E:AN-274:11
jammerte   E:M-132:10
jammerten   E:E-149:38

jammervoll
jammervoll   E:V-193:31; E:C-223:37;
E:Z-260:10
jammervolle   E:E-147:27
jammervollen   E:K-98:34; E:E-145:30;
E:V-165:31; E:Z-249:16
jammervoller   E:C-217:12; 224:18; E:Z-
258:29; E:VAR-294:26

Januar
Jan.   KS-457:22; 460:7
Januar   KS-447:24; 457:31; 458:26;
460:14

Jassen
Jassen   E:K-40:24

jauchzen
Jauchzen   E:F-202:37
jauchzend   E:V-192:1
jauchzte   E:K-97:27

Jawort
Jawort   E:M-114:6; 143:24; E:V-174:2

je
je   E:K-23:25; E:M-136:23,24; E:V-
170:38; E:F-207:34, 34, 35; 208:22;
212:10; KS-313:26; 324:8; 329:25; 335:26;
348:31; 354:28; 387:16, 25; 400:19,
19; 407:22; 409:6,6; 439:17; 456:31,
33   (25)

jed-
jede   E:M-134:17; E:V-166:33; E:Z-
259:20; E:AN-270:7; KS-339:26; 363:6;
364:18; 378:36; 380:8; 381:22,31; 404:17,
20; 428:32; 448:16   (15)
jedem   E:K-69:22; E:M-129:34; 139:23;
E:E-158:24; E:V-179:30; E:Z-233:31;
256:9; E:AN-266:2; E:AB-285:16; KS-
326:12; 346:27; 375:19; 396:15; 409:20;
415:22; 416:19; 441:25; 447:21; 448:19
(19)
jeden   E:K-24:20; 28:3; 34:12; 36:11;
E:M-143:30; E:E-147:34; 153:17; E:V-
166:7; E:AB-285:10; E:VAR-292:25; KS-
309:26; 332:15; 359:10; 378:18; 381:23;
386:12; 452:25,30; 453:1,6; 455:18   (21)
jeder   E:K-12:27; E:E-149:16; 152:37;
E:V-173:7; 175:6; E:B-198:8; E:C-
217:17; 223:5; E:Z-230:6; 249:3; 256:29;
E:AN-281:7; E:VAR-294:31; KS-302:1,
1; 310:33; 315:23; 323:21; 332:8;
344:24; 376:17; 386:11; 412:23; 427:9;

433 : 29;   435 : 6, 11;   441 : 14;   446 : 29, 31; 449:1; 453:19; 455:30   (33)

jedes   E: M-128 : 2;   E : V-166 : 6;   E : F-203:25; E:C-224:20; E:Z-242:22; 259:35; E:AB-287:21; KS-339:23; 341:16; 358:11; 374:31; 416:4; 420:9; 423:30; 428:30; 445:15; 447:23,26; 457:3   (19)

jedermann

jedermann   E: K-80: 22;   82: 30;   E: V-161:27; E:AN-273:3; KS-330:20; 362:23; 380:22; 401:17; 415:2; 421:15; 437:9   (11)

jedermanns   KS-419:19

jedesmal

jedesmal   KS-328: 22; 339: 31; 438: 26; 442:4; 447:25

jedoch

jedoch   E: K-14: 7;   83: 9;   94: 1;   E: M-111 : 19, 28;   112 : 28;   139 : 17;   E : E-154:11; E:V-179:8; 180:18; E:C-219:24, 31; 226:13; E:Z-246:28; 247:33; E:AN-266: 29,33; 273: 33; 274: 12; KS-387: 8; 402: 15; 418: 34; 425: 5; 426: 13; 452: 11   (25)

jedwedem

jedwedem   KS-345:18

jedweder

jedweder   E:K-31:33; KS-353:23; 358:9

jeglich-

jeglicher   E:K-80:17

jemals

jemals   E:K-24:25; 64:10; 69:33; E:M-119:34; E:C-217:34; E:Z-253:11; E:VAR-295:10; KS-438:14; 439:11

jemand

jemand   E:K-45:27; 63:27; E:M-108:1; 137:12; E:V-161:37; 173:18; E:B-198:12; E:F-205:16; E:AB-284:36; 285:27; 287:8; KS-330: 23; 344: 11; 352: 32; 353: 19; 385:26; 437:6; 455:3   (18)

jemandem   KS-324:22
jemandes   E:F-207:2

jemehr

jemehr   KS-304:14

jen-

jene   E: K-20: 37;   27: 28;   35: 15;   E: M-127:17; 135:10,29; 141:7,19; E:V-165:10; E:F-203:29; E:Z-240:8; 250:38; 256:38; E:AB-286:30; KS-314:37; 320:3; 342:22; 347:34; 403:21   (19)

jenem   E: K-22: 24;   56: 32;   60: 14;   84: 4; 92:27; E:M-123:5; 143:29; E:C-226:23; 227:7; E:Z-253:33; 259:18; 260:35; E:AN-271: 13; KS-317: 19; 330: 4,5; 377: 7, 28; 438:18   (19)

jenen   E:E-147:28; 148:22; 157:7; E:Z-256:13; 259:6; E:VAR-293:9; KS-306:10; 309: 27; 311: 15; 329: 30; 341: 7; 421: 17   (12)

jener   E:K-18:37; 22:1,29; 25:11; 26:15, 23, 36;   35 : 11;   47 : 38;   48 : 9;   49 : 36; 57 : 6;   E : M-108 : 7;   118 : 3;   128 : 16, 20; 134:18; E:E-150:1,34; 151:3; E:V-165: 34;   170 : 23;   173 : 35;   E : F-200 : 33; 201:9; 203:35; 208:38; 209:34; 211:20; 213 : 36;   214 : 8;   E : Z-234 : 33;   252 : 26; 256:23; 259:27; E:AB-285:15; KS-305:19; 310: 33; 317: 11; 320: 30; 329: 32; 330: 2, 15,16; 405:16; 407:1; 413:30,34; 431:27; 460:19   (50)

jenes   E: M-116: 31;   E: V-165: 24;   E: C-226:27; E:Z-253:16; E:VAR-297:25; KS-306:28; 344:11; 362:21; 378:19; 413:36; 422:29; 434:26; 456:31,36   (14)

Jena

Jena   E:AN-263:30; 268:12; KS-367:17

Jenkens

Jenkens   E:K-38:17

jenseits

jenseits   E:K-43:17; 85:2; E:E-146:26; E:Z-244:30; 251:31; E:AN-271:25; KS-318:4

Jeronimo

Jeronimo   E : E-144 : 5, 17;   145 : 13, 34; 146:6, 25; 147:22; 149:9,28,30; 150:2, 7, 25; 151:6; 153:3,21; 154:24; 156:28, 36; 157:2,5,6,16,26; 158:1,7   (26)
Jeronimos   E:E-150:20; 151:16; 155:21; 156:8; 157:8

Jerusalem

Jerusalem   KS-377:9; 422:24

Jesu

Jesu   E:E-157:4
Jesus   E:E-158:4; E:Z-250:38

Jesuit
Jesuiten E:AB-286:13,17

jetzig
jetzige E: K-99: 5; KS-375: 17; 406: 8;
  407:24
jetzigen E:AN-275:2
jetziger KS-421:31

jetzt
jetzo E:K-18:12; 91:30; KS-321:9
jetzt E: K-13: 23; 18: 23; 22: 8; 27: 3;
  28: 12; 29: 11; 33: 31; 35: 30, 36; 36: 8;
  62:29; 64:10; 68:32; 69:33; 88:1; 93:21;
  E:M-109: 21, 25; 112: 13; 113: 8; 117: 37;
  118: 23; 119: 8; 120: 23; 130: 2; 132: 37;
  133: 18; 139: 4; 143: 27; E: E-145: 21,
  36; 147: 30; 149: 28; 151: 4; 152: 28;
  154: 6; 155: 16; 157: 5; 158: 22, 38; E: V-
  161: 11; 168: 14; 169: 7; 184: 30; 188: 12,
  35; 192: 19; 194: 12; E: B-196: 3; 198: 31;
  E: F-212: 9; 213: 1; E: C-222: 34; 223: 15;
  225:13; E:Z-237:9; 241:22; 242:5; 244:14;
  245: 11, 38; 249: 8; 251: 33; E: AN-280: 26,
  26; E: AB-284: 5; 290: 17; KS-304: 3, 8, 26;
  308: 5; 309: 3, 19; 322: 24; 333: 33; 344: 11;
  345: 7; 346: 16; 351: 20; 353: 6; 357: 23,
  25; 368:4; 370:35; 375:27; 376:3; 381:4;
  394: 17; 409: 4; 416: 31; 434: 17; 435: 28;
  449: 20; 451: 4; 452: 16; 453: 19; 455: 5
                                            (97)

Joch
Joch E:K-18:1; KS-361:26

Johann
Johann E:K-65:26; E:AB-285:24

Johannisbeerstrauch
Johannisbeersträucher KS-398:3

Jonas
Jonas E:AN-271:11,17,22,23,26,27

Joseph
Joseph KS-379:8
Josephe E:E-144: 10, 22; 148: 14, 24, 32;
  149: 5; 150: 2, 7, 17, 31, 34; 151: 4; 152: 4,
  7, 11; 153: 12; 154: 3, 16, 22, 37; 156: 30;
  157: 22, 25; 158: 16   (24)
Josephen E:E-145:25; 148:11; 150:28;
  151: 11, 27; 153: 3; 154: 33; 156: 19, 22, 25;
  157: 22, 32   (12)
Josephens E:E-147:9; 150:8; 151:16;
  154:8; 155:21; 156:38

jour
jour KS-431:36

Journal
J. KS-335: 33; 389: 6, 9; 390: 33; 400: 2,
  15; 405: 13; 406: 3; 420: 33; 422: 5; 451: 9;
  452: 12; 456: 24; 457: 8; 459: 31; 460: 4
                                     (16)
Journ. KS-432:36
Journal KS-362: 30; 363: 1; 364: 7, 8, 17;
  365: 11, 11, 14, 15; 396: 30, 34; 431: 26; 446: 4;
  447: 23; 448: 6, 15   (16)
Journale KS-361:8; 365:24; 448:23,31
Journalen KS-362:10; 365:21
Journals KS-421: 27; 434: 4; 450: 22, 33;
  456: 33, 36

Journalistik
Journalistik KS-361:1,4,10,16; 363:3,5,
  24

Juan
Juan E:E-156:38; 157:26; 158:31; 159·14

Jubel
Jubel E:K-32:28; 91:33

Jubelgeschrei
Jubelgeschrei E:AB-284:27

jubeln
jubelnd E:VAR-294:11
jubelt E:AN-273:29

Jude
Juden E:K-46:22; KS-377:9

Jugend
Jugend E:K-74:35; 80:10; E:V-160:7;
  161:18; E:C-216:18; E:Z-230:15; 252:28;
  E: AN-272: 1; E: AB-286: 11; E: VAR-
  294:1; KS-307:32; 374:17; 412:10; 435:26
                                     (14)

Jugendfreunde
Jugendfreunde E:K-49:36

Jugendjahre
Jugendjahre KS-309:37
Jugendjahren KS-309:35

jugez
jugez KS-384:30

Juli
Juli E:AB-287:4; KS-420:33

Julietta
Julietta   E: M-108: 29; 119: 17; 122: 27;
124:8; 129:14; 137:17; 140:24,26; 141:15

Julius
J.   KS-452:12; 459:31; 460:4
Julius   KS-418:25

jung
jung   E: K-17: 24;   E: V-172: 21;   E: F-
209:26; E:AN-269:26; 273:12
junge   E: M-117: 15;   127: 16;   141: 28;
E: E-144: 26, 33;   151: 9;   156: 33;   E: V-
161: 19;   163:17;   172:19;   177:20;   E: F-
199: 4;   202: 38;   209: 20;   211: 32;   E: C-
216: 6;   219: 29;   E: AN-271: 33;   272: 5, 13,
31; 273:22; 276:17; 277:7; E: AB-288:36;
E:VAR-293:24; KS-334:30; 413:5; 431:31,
34; 442:30   (31)
jungem   E:M-123:36
jungen   E: K-85 : 17;   E : M-107 : 20;
112: 24; 123: 38; 126: 35; 136: 6; 143: 9,
27;   E: E-156: 35;   157: 18;   E: V-161: 8;
165: 27;   169: 10, 22;   170: 12;   172: 4;
183:21; E:F-201:5,24,36; 207:25; 208:1;
209: 34;   212: 22;   E: C-220: 22;   226: 29;
E: Z-230: 7, 28;   E: AN-274: 19;   276: 15,
29; E:VAR-296:26; 297:10; KS-323:30;
324: 16;   332: 21;   336: 1, 2, 18;   342: 8;
343:19; 344:4; 345:8; 368:27,32; 370:15;
377:23; 399:33; 401:12; 412:19; 431:27,
30; 441:38; 450:2   (54)
junger   E:K-9:18; 32:7; 33:2; E:M-110:4;
134:33; E:E-144:5; 150:27; E:V-166:37;
E: F-202:32; E:C-216:22; E: AN-269:23;
273:12; 276:2; E:VAR-294:5; KS-343:12
(15)
jüngere   E:Z-253:4
Jüngern   E:V-192:12
junges   E:E-148:7; KS-332:28
jüngste   E:AN-277:20
Jüngste   E:K-97:33
jüngsten   KS-354:26
Jüngstes   E:K-25:6; 30:37

Junge
Junge   E:K-14:2; E:F-200:21
Jungen   E:K-13:28; 54:15; 67:13; 72:8;
97:35; E:V-163:9; 190:18; E:F-199:27,
30; 200:23,29; 201:13; KS-329:5   (13)

Jungfrau
Jungfrau   E:M-124:24; E:V-183:16; KS-
407:33

Jungfrauen   E:K-35:17; E:E-145:5; KS-
376:14

Jungherr
Jungherren   E:K-14:37; 22:2; 24:26
Jungherrn   E:K-31:22,24

Jungius
J.   KS-389:6,9
J[ungius]   KS-388:21*

Jüngling
Jüngling   E: E-156: 21; E: V-177: 9, 34;
181:28; 183:19; 185:17; 188:25; 189:20;
191: 14; E: F-203: 21; E: AN-277: 1; KS-
309:35; 324:27; 343:23   (14)
Jünglinge   E : V-187 : 36;   192 : 9, 18,
27;   E : C-219 : 12;   220 : 16;   KS-309 : 4,
10
Jünglingen   E:V-188:21

jüngst
jüngst   E:K-98:6; E:M-135:4

jüngsthin
jüngsthin   KS-347:16; 351:27

Juni
Juni   E:AB-288:7; KS-320:33

Junker
Junker   E:K-9:31,32; 10:38; 11:5,8,22,
27,32,34,36; 12:2,6,8,16,20,22,29; 14:12;
15:6,20; 21:8; 22:1,7; 23:32; 24:16,18;
27: 17; 30: 29; 31: 13; 32: 5, 7, 12, 17, 32,
34; 33:1,36; 34:3,10,20,30; 35:20; 36:3,13,
34; 37:27; 38:20,26; 39:5,13; 40:18; 41:29,
37; 42:17; 43:23; 45:16; 46:16,35; 47:13,
23; 48:10,18; 50:4,18; 51:31; 54:26; 56:3,
18; 57:9; 58:20,29; 59:3,10,32; 60:20,
34; 63:8; 68:36; 78:17; 85:25; 86:3,10,
35; 87:20; 88:21; 94:31; 97:24; 101:25;
102:5; E:AN-280:27   (90)
Junkers   E:K-11:13; 13:16; 23:16; 33:5;
35:31; 38:15; 39:2,31; 41:16; 46:18; 55:33;
56:10,30; 57:4,26; 64:14,31; 69:10; 82:13;
101:29   (20)

Junkerstraße
Junker-   KS-425:34

just
just   E:K-17:33

Jüterbock
Jüterbock   E: K-82: 16; 90: 30; 95: 29;
96:14,29; 97:23

K...
K...   E:M-112:31; 113:4; 119:30

Kabinettsbefehl
Kabinettsbefehl   E:K-77:7

Kabinettsorder
Kabinettsorder   KS-405:12

Kaffee
Kaffee   KS-332:2; 431:5; 439:31
Kaffees   KS-366:22

Kaffeehaus
Kaffeehause   KS-373:7

Kahn
Kahn   E:AN-279:36; 280:6
Kähnen   E:K-34:34

Kaiser
Kaiser   E:K-20:2; 88:38; 89:4,10; E:Z-
229:8; 233:21; 234:2,6; 236:10; 240:7;
243:7,28; 247:12; 254:25; 258:26; 259:8,
30; 260:31; 261:11; E:AB-283:5,12,17,
23,26; KS-350:24,29; 351:28; 352:15,20,
28; 353:34; 354:4,15,19; 356:30; 359:3,
8; 360:7,14; 365:4; 373:14,26; 374:5;
375:27; 382:16   (45)
Kaisers   E:K-79:14; 90:14; 94:27; E:M-
107:28; E:C-219:30; 224:30; E:Z-229:27;
242:12,18; 245:26; 247:28; 254:34; 259:5;
260:27; KS-352:22; 358:12; 360:2; 383:5
                                      (18)

Kaiserin
Kaiserin   E:Z-260:28

kaiserlich
Kaiserl.   E:VAR-294:19
kaiserliche   E:K-101:16; E:Z-229:22;
235:4; KS-375:31
kaiserlichen   E:K-87:15; 94:19,20; E:C-
217:4; 222:12; E:Z-260:7; 261:3
kaiserlicher   E:K-87:14; 90:1; 102:27;
E:Z-243:1

kaiserlich-französisch
kaiserlich-französischen   KS-396:21

Kalender
Kalender   E:K-82:23

Kalenderbetrachtung
Kalenderbetrachtung   KS-407:28

Kalk
Kalk   E:K-30:36; E:VAR-293:18

Kalkreuth
Kalkreuth   KS-403:3

Kallheim
Kallheim   E:K-23:28; 24:2; 49:34; 51:33;
64:19; 65:8; 75:6; 77:5,28; 79:27; 94:6
                                      (11)

kalt
kalt   E:K-92:10; E:F-208:33; KS-308:27
kalten   E:V-173:10
kalter   E:V-170:31

kaltblütig
kaltblütigen   E:B-197:28; KS-337:19

Kälte
Kälte   E:Z-240:17

Kamerad
Kamerad   KS-442:14
Kameraden   E:V-180:37; KS-430:23

Kaminschirm
Kaminschirm   KS-399:7,27

Kaminsims
Kaminsims   E:V-181:11

Kamm
Kamm   E:K-61:35

Kammer
Kammer   E:V-162:16; 176:2,9; KS-
331:28; 397:26

Kammerdiener
Kammerdiener   E:M-109:36,38; 118:28;
E:AN-266:5,12,16; 273:14; KS-400:21,
29

Kämmerer
Kämmerer   E:K-22:4; 49:7,35,37; 51:12;
56:10; 58:23; 59:6,9,29,36; 61:11,27,32;
62:9,11,23,30,36; 63:5,12,16,20; 64:26,37,
38; 65:18; 78:18; 80:21,24; 83:25; 84:1,
16,21,38; 85:12; 90:19,22; 93:25; 94:3,12;
95:3; 96:3,18; 97:6; 99:11,35; E:Z-229:18;
235:28; 239:12; 248:21; 249:1; 250:8,
20; 251:16,30; 253:13,20,36; 259:33; 260:8
                                      (61)
Kämmerers   E:K-51:8; 52:37; 57:37;
58:6; 64:19; 78:37; 79:28; 80:28; 93:23;
94:33; 96:28; 97:3; E:Z-254:33; 256:3
                                      (14)

Kammergericht
Kammergericht   E:K-79:8; 89:21; 90:8
Kammergerichts   E:K-94:21

Kammerherr
Kammerherren   KS-403:3
Kammerherrn   E:AB-291:3

Kammerjungfer
Kammerjungfer   KS-370:26

Kämmerlein
Kämmerlein   KS-303:25

Kammermädchen
Kammermädchen   KS-437:3

Kammerzofe
Kammerzofe   E:Z-244:3; 256:8; 259:26

Kampf
Kampf   E:M-105:17; 106:5,19; E:E-
158:18; E:V-190:29; 193:24; E:Z-245:13,
21,27,36; 246:11,15,32; 247:4; 248:27,
32,35; 249:2; E:AB-283:22; 290:21; KS-
332:32; 337:33; 360:9,23; 375:28   (25)
Kampfe   E:K-40:34; E:V-161:2
Kämpfen   E:AN-276:23
Kampfes   E:Z-243:30
Kampfs   E:Z-246:30; KS-338:10

kämpfen
kämpfen   E:AB-283:34; KS-379:23
kämpften   E:E-146:22

Kämpfer
Kämpfer   E:Z-249:3; E:AB-290:13
Kämpfern   E:Z-243:31; 245:38; E:AB-
290:27

Kampfherold
Kampfherold   E:AB-284:29

Kampfplatz
Kampfplatz   E:AB-290:12; KS-447:5

Kampfrichter
Kampfrichter   E:Z-243:21; 248:36

Kanal
Kanals   E:AB-288:1

Kanne
Kannen   E:AB-286:35

Kanone
Kanonen   KS-364:14; 387:29

Kanonenkugel
Kanonenkugeln   E:AN-269:10

Kanonenschuß
Kanonenschuß   E:AN-280:30

Kant
Kant   KS-315:35; 324:13; 408:4; 420:23

Kante
Kante   E:F-204:8

Kanton
Kanton   KS-421:21

Kanzel
Kanzel   E:E-155:23; KS-394:23

Kanzelredner
Kanzelrednern   KS-403:32
Kanzelredners   KS-404:6

Kanzler
Kanzler   E:K-23:28; 60:33; 102:12,14;
E:Z-231:1,20,25; 233:15
Kanzlers   E:Z-231:15; 232:10; 234:3

Kapelle
Kapelle   E:K-32:36; 33:3; E:C-217:31;
E:VAR-295:7; KS-402:33; 403:16,
22; 411:12

Kapellmeister
Kapellm.   KS-417:31
Kapellmeister   KS-412:31; 414:7

Kapellmeisterin
Kapellmeisterin   E:C-217:22; E:VAR-
294:36; 297:22

Kapital
Kapitals   E:F-202:8; E:C-228:11

Kapitän
Kapitän   E:AN-262:3,7; KS-331:20,21;
368:32

Kapitel
Kap.   KS-363:9
Kapitel   E:K-30:21; KS-329:17; 343:6;
345:37; 350:5; 351:3,25; 352:25; 353:16;
354:1, 16; 355:24; 356:32; 357:10,
32; 358:16; 359:1,21; 360:4   (19)
Kapiteln   KS-350:4
Kapitels   KS-357:32,33

Kapsel
Kapsel   E:K-82:3,7,9; 84:13; 86:13;
95:12; 101:3; 103:3

Kapuvar
Kapuvar   E:AB-287:13

Kapuziner
Kapuziner   E:AN-270:16,19; KS-327:23
Kapuziners   E:AN-270:24

Kardinal
Kardinal   E:F-208:16

Karikatur
Karikatur   KS-410:38

Karkasse
Karkassen   E:AN-275:10

Karl
K.   KS-421:31
Karl   KS-352:17; 354:6; 359:24; 368:4
Karls   KS-360:15

Karl IX.
Karls IX.   KS-419:13

Karl XI.
Karls XI.   KS-418:24

Karmeliterin
Karmeliterinnen   E:E-156:3

Karmeliterkloster
Karmeliterkloster   E: E-144: 15; E: F-212:1
Karmeliterklosters   E:F-201:24; 211:18

Karmelitermönche
Karmelitermönche   E:F-205:7
Karmelitermönchen   E:F-213:38

Karneval
Karneval   E:F-204:1; 208:26; 212:17

Karoline
Karoline   E:AB-286:28

Karre
Karre   E:K-62:27
Karren   E:K-58:16,20,32; 61:28; 62:7, 22; E:AN-269:9
Karrens   E:K-58:3

Kartätschenfeuer
Kartätschenfeuer   E:AB-283:10

Karte
Karte   KS-350:20,21,21; 443:18
Karten   E:AN-272:34

Kaschmirschal
Kaschmirschals   KS-431:14

Kaselitz
Kaselitz   KS-409:21

Kasematte
Kasematte   E:AN-275:35
Kasematten   KS-333:2

Kassation
Kassation   E:M-114:8; 117:4

Kasse
Kasse   KS-330 : 37;   331 : 33;   409 : 33; 410:13,26,28; 411:2

Kassel
Kassel   KS-432:26,29

kastanienbraun
Kastanienbraune   E:K-11:17

Kastellan
Kastellan   E:K-29:9,29; 100:29; 101:5, 7

Kasten
Kasten   E:K-91:36,38; 92:31

Kästner
Kästner   KS-319:31

katechisieren
katechisiert   KS-356:16

Katechismus
Katechismus   KS-350:1

Katharina
Katharina   E:Z-229:3

Katharinenplatz
Katharinenplatz   E:AB-290:12

Kathedrale
Kathedrale   E: E-144: 24;   149: 1;   E: C-222:26; 226:28; 227:24

Katholik
Katholiken   KS-396:6

katholisch
katholisch   E:C-219:37
katholischen   E: C-228: 13; KS-451: 23; 452:4,22

Kauf
Kauf   KS-422:13

kaufen
gekauft E:K-11:33; 59:19; KS-401:21; 410:5
kauf KS-422:13
kaufe E:K-59:35; KS-398:26; 442:16
kaufen E:K-11:21,24; E:B-196:21; KS-324:9; 399:3

Käufer
Käufer E:B-197:10

Kaufkontrakt
Kaufkontrakt E:K-25:32; 26:8

Kaufleute
Kauf- KS-372:16
Kaufleute KS-383:20

käuflich
käuflich E:K-26:28; 69:14

Kaufmann
Kaufmann E:V-168:27; 173:38; KS-372:1,5,8; 383:24; 425:19
Kaufmanns E:AN-267:24; 276:4; KS-385:34

kaufmännisch
kaufmännischen E : F-199 : 15; KS-388:10

Kaufmannsdiener
Kaufmannsdiener E:AN-276:2

Kaufmannssohn
Kaufmannssöhne E:C-216:23; E:VAR-294:6

Kaufpreis
Kaufpreis E:K-25:34
Kaufpreises E:K-26:33

kaum
kaum E:K-10:12; 11:10; 17:38; 24:5; 35:29; 62:4; 72:11; 74:22; 77:3; 82:34; E:M-118:4,28; 124:36; 133:30; E:E-144:27; 146:9; 151:28; 153:27; 154:29; 157:37; E:V-169:31; 170:28; 174:21; 187:30; E:F-207:19; 208:14; 210:25; 212:12,24; E:Z-232:30; 242:25; 259:22; KS-444:7 (33)

Kavalier
Kavalier E:AN-272:6,34

Kavallerie
Kavallerie E:AN-275:21; E:AB-283:10

kehren
gekehrt E:K-43:30; E:V-186:29; E:F-200:34
gekehrtem E:E-146:30
kehrten E:AN-274:26

keilförmig
keilförmig E:AN-279:12

Keim
Keim KS-310:35; 311:1; 434:28

kein
kein E: K-10: 25; 14: 3; 16: 32; 18: 20; 35:19,24; 37:14; 43:13,16; 44:28; 81:23; 93 : 31; E : M-129 : 6; 131 : 3; 141 : 35; 143: 20; E: V-164: 13; 180: 14; 181: 18; 193:24; E:B-198:12; E:F-206:14; 211:8, 38; 214:20; 215:16; E:C-219:3; 220:18; 222: 21; E : Z-240 : 20; 249: 33; 255: 12; E: AN-262: 28; 263: 10; 268: 26; 269: 24; E : VAR-296 : 12; 297 : 6; KS-302 : 12, 13; 303:14,15,22; 307:22; 308:24; 314:21, 34; 333:4; 335:2,5,11,23; 342:30; 345:12; 350: 15; 351: 11; 358: 9; 360: 22; 372: 22; 377 : 29, 29; 382 : 9; 386 : 10; 387 : 12; 394:20; 397:28; 413:29; 416:18; 433:5, 22; 435:16; 440:23 (72)
keine E:K-11:19; 14:23; 23:36; 24:4, 17; 25:38; 26:28; 28:11; 55:23; 68:23; 72 : 25; 75 : 17; 79 : 17; 87 : 35; 89 : 16; 90 : 7; 94 : 28; 95 : 3; 99 : 24; E: M-107:6; 111:19; 112:29; 114:9; 118:9; 131:19; 132:38; 134:28; 136:9; 139:30; E : E-152 : 14; 154 : 21; 155 : 20; E : V-161:22; 168:32; 170:38; 171:10; 177:17; 179: 30; 183: 6; 185: 4; 186: 29; 191: 1, 4; 193:37; E:F-201:15; 203:23; 212:32; 213:10; E:C-218:1; 221:10; 224:18,19, 36; 226:14; E:Z-238:28; 245:3,19; 252:13, 37; 255:17; 256:21; 260:15; E:AN-263:2; 264: 17; 271: 17; 278: 22; E: AB-285: 2; E:VAR-295:15; 296:3; KS-309:6; 312:25, 25,26,26,27,28,28; 313:33,34; 321:7; 322:30,36; 324:4; 327:5; 331:38; 333:2; 338: 27; 340: 13; 344: 9; 346: 16; 349: 6, 8; 369:4; 372:13; 375:18; 377:29; 379:13; 389:35; 394:17; 405:17; 407:30; 416:17; 421: 6; 429: 26; 435: 31; 436: 23; 439: 22; 445:10; 459:24 (110)
keinem E:K-47:3; 71:25; E:M-124:24; E : V-163 : 29; E : Z-233 : 21; KS-338 : 12; 396:4; 412:19

keinen   E:K-10:21; 16:37; 34:11; 57:10;
65:14; E:M-106:7,35; 120:17; 126:34;
128:14; 133:27; 141:13; E:E-151:36;
E:V-164:8; 185:24; E:F-203:23; 211:36;
212:38; E:C-216:32; 228:2; E:Z-232:16;
241:38; 244:26; 250:6; E:AN-278:8;
281:2; E:AB-286:17; E:VAR-294:15; KS-
302:11; 305:31; 341:36; 357:13,15,26,
30; 366:6; 412:5; 415:15; 426:7; 435:33;
446:33; 447:4; 459:33   (43)
keiner   E:K-16:22; 36:36; 60:37; 67:30;
93:18; E:M-128:17; E:E-155:17; E:V-
190:9,27; E:F-203:24; E:AN-275:21; KS-
311:16; 313:32,33; 327:4; 337:36; 342:17;
391:8   (18)
keines   E:M-112:24; E:E-147:38; KS-
314:35; 365:3; 380:14; 404:13
keins   E:K-98:9; KS-345:32; 384:36;
408:22

keineswegs
keinesweges   E:K-40:1; KS-382:10;
391:26; 393:24; 409:2; 438:37; 439:16
keineswegs   E:K-21:19; 26:4; 66:8; E:F-
210:25; KS-340:24; 352:10; 355:35; 356:3;
388:8; 404:29; 422:8   (11)

Kelch
Kelch   KS-401:29

Keller
Keller   KS-425:32

Kelly
Kelly   E:V-184:34

kennen
gekannt   KS-413:35; 447:15
kannte   E:K-13:11; 21:7; 44:13; 61:20;
76:38; 80:30; 86:14; E:E-151:9; 156:25;
157:23; E:V-178:7; 188:5; E:F-203:27;
E:Z-231:27; E:AN-276:5; 278:4; KS-
406:28   (17)
kenne   E:K-101:7; E:M-133:8; E:E-
156:30; E:V-168:29; 174:30; 180:38;
KS-350:15
kennen   E:K-76:10; E:V-174:1,10; 180:4;
182:7; E:F-203:16; 208:12; KS-309:7;
318:23; 369:17; 436:11   (11)
kennst   KS-352:8
kennt   E:K-43:10; E:E-156:23,34,35,36;
E:AN-273:5; KS-310:33; 319:30; 322:4;
343:8; 412:35; 437:35   (12)
kennte   E:K-10:29
kennten   KS-379:12

Kenner
Kenner   KS-355:20

kenntlich
kenntlich   E:K-101:1

Kenntnis
Kenntnis   E:K-80:7; 84:25; 98:30; E:Z-
258:19; E:AN-274:18; KS-389:2,7,11;
394:29; 437:29; 439:29; 440:5,8   (13)
Kenntnissen   KS-310:9; 324:8

Kennzeichen
Kennzeichen   E:C-219:38

Kepler
Kepler   KS-338:18; 379:6

Kerker
Kerker   E:K-74:32
Kerkern   KS-305:34
Kerkers   KS-305:36

Kerkermeister
Kerkermeister   E:K-96:10

Kerl
Kerl   E:K-59:7,14; 65:33; 67:35; 68:19;
74:33; 75:30; 76:3; 77:4; 93:29; E:AN-
263:2,6,8; 264:4,20,28,36,37,38; 265:11,
21; KS-330:27; 426:20   (23)
Kerle   E:K-38:34; 73:10; E:V-190:10
Kerls   E:K-84:28; E:AN-265:8

Kern
Kern   E:Z-259:23; KS-348:27

Kerze
Kerze   E:B-198:27

Kessel
Kessel   KS-433:18
Kessels   E:K-22:28

Kesselschmiede
Kesselschmiede   E:AB-284:15

Kette
Kette   E:K-58:26; 81:17; E:B-198:1
Ketten   E:K-38:35; 77:8; 99:37; E:V-
170:8; KS-305:35; 325:25

Keule
Keule   E:K-45:35; E:E-158:19
Keulen   E:V-177:21

Keulenschlag
Keulenschlage   E:E-158:3,6

Kienwurzel
Kienwurzeln E:V-188:2

Kind
Kind E:K-17:17; 24:5; 25:26; 81:34;
98:12; E:M-122:38; 136:4,37; 139:22;
142:13; E:E-148:8; 149:14; 150:1,34;
151:1; 156:31; E:V-168:1; E:F-202:26;
210:3; E:AN-264:18; 274:21; KS-325:10;
334:31; 335:5,9,12; 350:7; 390:2; 413:3,
21,24   (31)
Kinde E:K-81:36; E:M-104:8; 139:24;
E:E-150:27; 156:26; E:V-169:11; E:F-
205:1; KS-366:31; 411:31; 413:2   (10)
Kinder E:K-9:11; 16:14; 21:3; 27:11;
29:12; 31:31; 53:31; 67:16; 73:4; 75:34;
80:2; 96:24; 98:1; 100:4; 102:3,30; E:M-
109:11; 122:5; 125:31,36,37; 126:1,2,8,
21; 131:1; E:E-147:20; 157:28,30; 158:23,
28; E:V-166:27; 188:7; 189:1; 191:5,
22; E:F-201:16; E:C-221:3; E:Z-229:10;
E:AN-277:19,23,28; KS-313:3; 332:8;
334:25; 335:16,20; 349:6; 350:3; 353:9;
360:22; 377:14; 413:5; 437:5   (54)
Kindern E:K-28:4,7,16; 32:30; 54:34;
67:10; 71:32; 72:4; 76:15,35; 79:23;
86:1; 94:18; E:M-104:6,20; 105:11,
16; E:E-158:16; E:V-160:29; 164:27;
187:35; 195:3; E:AN-277:14   (23)
Kindes E:M-130:16; E:V-168:26; E:Z-
253:21; 258:6,14

Kindchen
Kinderchen E:K-98:32

kinderlos
kinderlosen E:Z-235:37

Kindheit
Kindheit E:K-34:6; E:F-202:13; 210:1;
211:33

kindisch
kindischen KS-302:3
kindischer E:K-67:14

kindlich
kindlichen KS-368:29
kindlicher KS-398:36; 413:3,18

Kinn
Kinn E:C-224:5; E:Z-248:11

Kirche
Kirche E:K-36:33; 37:2; 48:3; 82:28;
E:M-142:31,36; E:E-151:35; 153:37;
155:6,9,15; 156:12; 157:36; 158:23;
E:F-206:2; E:C-217:16,26; 219:5;
222:17; 225:10; 228:14; E:AB-286:16;
291:5; E:VAR-294:30; 295:2,32; 296:14;
297:13; KS-316:35; 404:8; 417:9,
17; 451:23; 452:4,22   (35)
Kirchen E:K-38:8; KS-404:1

Kircheneingang
Kircheneingang E:K-92:28
Kircheneingange E:K-82:34

Kirchenliste
Kirchenlisten KS-403:37

Kirchenstaat
Kirchenstaat E:F-214:20

Kirchhof
Kirchhof E:K-41:6; 103:15; E:AN-269:7

Kirchpfeiler
Kirchpfeilers E:E-158:29

Kissen
Kissen E:K-30:34; 44:1; 85:9; 87:7;
E:V-176:5; E:VAR-293:16

Kiste
Kiste E:AN-267:25,28

Kitzel
Kitzel E:K-43:2

klagbar
klagbar E:Z-258:13

Klage
Klage E:K-15:33; 21:5,31,36; 27:17,
20; 45:37; 46:10; 49:7; 50:3; 53:14; 54:26;
55:30,32; 56:8; 87:19; 88:13; 89:2; 101:22;
103:13; E:Z-233:38; 242:1; 254:27; KS-
406:6   (24)
Klagen E:Z-237:14; E:AB-283:12

Klageartikel
Klageartikel E:K-78:11

klagen
geklagt KS-405:19
klagst E:AN-270:20; KS-400:15
klagte E:AN-270:17

kläglich
kläglich E:E-154:21

Klagpunkt
Klagpunkte   E:Z-232:4,24; 233:15

Klang
Klang   E:K-36:18; 91:35; E:F-209:12;
E:C-223:17; E:AB-284:15; KS-348:10

klar
klar   E:K-21:13; KS-304:1; 308:26;
330:38; 363:17; 365:3; 366:9; 384:6
klaren   KS-447:18

Klara
Klara   E:F-208:19,28

Klarheit
Klarheit   KS-348:9; 374:37; 420:18;
446:14,22

Klasse
Klasse   KS-338:27
Klassen   KS-338:24

klatschen
klatschen   KS-417:32

klauen
klauen   E:AN-277:20

Klaviatur
Klaviatur   KS-421:25,30

Klavierbaukunst
Klavierbaukunst   KS-421:34

Klavierspielkunst
Klavierspiel-   KS-421:34

kleben
klebt   KS-369:7

Kleid
Kleid   KS-348:25; 431:19,21
Kleide   KS-431:16
Kleider   E:V-162:18,21; E:F-201:10;
E:AB-287:26; KS-399:29; 436:26,
33
Kleidern   E:V-161:21; 162:15; E:Z-
241:3; E:AB-287:35
Kleides   E:M-141:4

kleiden
gekleidet   E:AB-290:15
kleidete   E:AB-288:18

klein
klein   E:Z-246:9; E:AN-262:6; KS-312:1;
366:25; 407:26
kleine   E:K-82:3; 98:32; E:M-126:27,
27; 128:31; 143:35; E:E-156:38; 159:17;
E:V-165:30; 166:14; 175:13; E:B-
198:33; E:F-208:19; 215:18; E:C-
229:1; E:Z-261:17; E:AN-278:32;
283:1; E:AB-292:1; E:VAR-298:12,
12; KS-316:22; 339:2; 396:36; 413:26;
414:4; 431:15; 440:26; 443:10   (29)
Kleine   E:F-208:28
kleinen   E:K-22:26; 31:36; 33:7; 34:34;
40:2; 53:36; 67:9; 70:38; 72:9; 80:2;
82:8; 96:9; 97:35; E:M-108:9; 116:19;
128:29; 135:18; E:E-149:20; 150:18,
38; 154:12,17,25; 156:26; 157:25,
26; 158:31; 159:3,13; E:V-172:2; 189:9;
195:12; E:F-201:7; 202:8; 208:16; 209:28,
36,38; E:C-222:37; 228:11; E:Z-234:25;
254:38; E:AN-272:26; 274:16; 279:13;
280:30; KS-302:9; 315:14; 331:34; 348:17;
385:11; 398:35; 409:15; 417:13; 430:11;
431:13   (56)
kleiner   E:K-35:11; E:E-148:20; KS-
397:23
kleinere   E:F-202:31
kleineren   E:K-13:9; 91:10; KS-339:13
kleines   E:E-150:25; 151:4; E:V-172:26;
175:21; E:F-210:3; E:AN-269:27; KS-
316:7; 397:30; 437:10
kleinste   KS-302:19
Kleinstes   E:M-125:32

Kleinigkeit
Kleinigkeiten   KS-409:3

Kleinod
Kleinod   KS-399:17

Kleist
K.   KS-324:28; 325:16; 345:38; 411:5;
453:29; 455:6; 456:4; 460:32
Kleist   E:M-143:35; E:E-159:17; E:B-
198:33; E:F-215:18; E:C-229:1; E:Z-
261:17; E:AN-283:1; E:AB-292:1;
E:VAR-298:12; KS-301:6; 446:5; 447:22;
448:7; 454:27   (14)

kleistisch
kleistischen   KS-321:30

Klinge
Klinge   E:K-33:13; 63:1; E:V-161:6

Klingel
Klingel   E:K-45:3,6; 48:21; 88:27; E:M-120:18; 123:27

klingeln
klingelte   E:M-130:14

klingen
klingendes   KS-451:28; 452:6

Klinikum
Klinikum   KS-395:14

Klinke
Klinke   E:AN-276:21; KS-407:7

klirren
klirrend   E:C-223:27
klirrte   E:V-185:22

klöpfeln
geklöpfelter   KS-399:18

klopfen
klopfen   E:K-70:24
Klopfen   E:V-180:4
klopfendem   E:K-73:3; 85:14; E:M-135:13; E:F-207:5; 210:22
klopfte   E:K-22:37; 102:11; E:M-140:8; E:V-161:38; 179:35; 186:22

Klopstock
Klopstock   KS-379:10

Kloster
Kloster   E:E-144:31; 148:19,21; E:F-211:19; E:C-216:15; 217:2,9,27; 219:8, 22; 220:37; 221:15; 222:11; 225:1; 227:6; E:AN-263:18,19; E:VAR-293:33; 294:17, 23; 295:3; 296:17; 297:25; 298:6   (24)
Klöster   E:K-38:8
Klosters   E:K-35:11; E:E-153:30; E:C-217:5; E:VAR-294:20

Klosterfrau
Klosterfrauen   E:E-148:30; 152:22

Klostergarten
Klostergarten   E:E-144:19; 150:12; 156:3

Klosterherr
Klosterherren   E:E-152:21

Klosterhof
Klosterhof   E:K-35:7

Klosterleben
Klosterleben   E:C-224:16; E:VAR-297:1

klösterlich
klösterliche   E:E-145:2; E:AN-272:15
klösterlichen   E:C-225:22
klösterlicher   E:M-126:32

Klostermetze
Klostermetze   E:E-158:5

Klosterschwester
Klosterschwester   E:C-225:24; 226:24, 29; 227:21; E:VAR-297:34

Klostervogt
Klostervogt   E:C-217:14; 218:10, 15; 222:18; E:VAR-294:28; 295:24, 29
Klostervogts   E:C-227:16

Klosterzelle
Klosterzelle   E:C-227:21; E:VAR-297:34

klug
klug   E:K-15:36; 37:35; 97:21; E:M-123:27; E:V-182:1; E:F-200:32
klugem   E:Z-240:8
klugen   E:K-38:35
kluger   E:Z-230:4

Klugheit
Klugheit   E:K-29:7; 65:37; 85:29; E:M-112:2; E:E-153:21; E:Z-253:5; KS-326:12; 359:11; 448:27

Klugheitsregel
Klugheitsregeln   KS-319:14

Knabe
Knabe   E:K-26:2; E:M-116:25; E:E-148:20; E:V-162:34; 163:22; 167:27; 180:8,35; 182:4,13; 188:5; E:F-199:21; 200:4,9; E:Z-238:15; KS-413:33; 442:20   (17)
Knaben   E:K-25:8; 67:9; 68:23; 72:1, 16; 100:24; E:M-143:16; E:E-148:34; 149:29; 151:12; 155:11; E:V-163:4,29; 180:24; 181:4,24,27,33; 187:32; 188:22, 37; 189:24,26; 190:14,16,38; 192:14,23; 194:23; E:F-199:7,17; 210:8; KS-413:5; 442:9,17,28   (36)

Knappe
Knappen   E:Z-241:8

knausern
knausern   KS-331:38

Knecht
Knecht   E:K-10:38; 13:1,26; 14:20,34;
15:2,33; 16:2,29; 17:9,12; 18:7,22; 19:8;
21:9,12; 26:38; 28:29; 29:20,29,32; 33:3,8,
12,16; 34:17; 35:32; 46:20; 55:36; 56:36;
57:5,10,13; 59:11; 61:37,38; 62:21,30,
38; 67:9,19; 71:29; 73:5; 74:22; 75:22,
24; 76:26,32; 101:38; E:VAR-292:12,
25   (51)
Knechte   E:K-11:15; 19:35; 31:33; 32:15,
36; 33:25,29; 34:20; 36:32; 38:33; 43:32;
44:2,8,17,26; 58:11; 72:25; 73:9,15; 76:23;
E:C-222:24; E:Z-237:26; 258:37; KS-
325:33; 400:30,34   (26)
Knechten   E:K-15:8; 19:20; 32:26;
33:19,35; 34:24; 35:13; 36:23; 65:28;
66:1; 73:35; 85:36; 93:10   (13)
Knechts   E:K-15:36; 96:6

kneifen
gekniffen   E:K-77:16

Kneipe
Kneipe   E:K-59:27; E:AN-267:35;
270:32

kneten
kneten   KS-335:6

knickern
knickern   KS-331:38

Knie
Knie   E:K-47:38; 58:38; E:M-140:30;
E:Z-244:36; E:VAR-297:20
Kniee   E:K-16:14; 92:14; 97:4; E:M-
122:17; 125:25; E:V-172:1; 178:21; E:Z-
237:16; 246:36; 251:3; 252:23; 253:24;
259:38; E:AB-289:24   (14)
Knieen   E:K-25:28; 90:23; E:M-
122:12; 125:28,33; 133:33; 135:19,
37; 141:3; E:E-146:5; E:V-173:14; 179:1;
183:17; E:F-207:38; 209:10; E:C-218:11;
220:32; 221:34; E:Z-239:28; 253:15;
E:VAR-295:25   (21)
Knien   E:K-27:10; E:F-214:15; E:Z-
250:30

knirschen
knirschend   E:V-192:20

knistern
knisterte   E:B-197:20

Knöchel
Knöchel   E:Z-246:6

Knochen
Knochen   E:K-13:35; E:F-203:7; E:Z-
255:8

Knochengrube
Knochengrube   E:K-57:23

knöchern
knöcherne   E:V-167:22
knöchernen   E:K-83:6; 96:35

Knopf
Knopf   E:Z-231:13

Knoten
Knoten   E:K-31:29; E:V-185:17; KS-
405:29

knüpfen
geknüpft   E:F-215:7; E:AN-276:8
knüpfen   KS-302:26,29; 370:35

knurren
knurrend   E:B-198:16

Koch
Koch   KS-400:22,27,28; 413:7

kochen
gekochte   E:AB-287:28
kochende   KS-433:16

Köcher
Köcher   E:Z-231:23; KS-326:1

Köchin
Köchin   KS-413:8

Kohle
Kohle   E:K-92:13

Kohlenstaub
Kohlenstaub   KS-425:30

Kohlhaas
Kohlhaas   E:K-9:2,5,32; 10:2,16,19;
11:7,20,29,38; 12:6,9,10,22,28; 13:13,24,
38; 14:6,12; 15:1,17,26; 16:26,38; 17:6,10,
18,24,34; 18:6,15,21,29,36; 19:6,14; 20:9;
21:2,18; 22:12,21,28,33; 23:17; 24:2,3,
21,23; 25:30; 26:5,12,19; 27:14,32; 28:9,
15,26,36; 29:6,15,27; 30:10,24,28; 31:7,
31; 32:5,12,30; 33:3,6,11,18,29; 34:3,6;
35:2,12,18,22,24,27,33,36; 36:33; 37:12,
16; 38:36; 40:22; 42:9,16,20,27; 43:20,28;

44:5; 45:1,4,10,19,29; 46:6,17,26,38; 47:2, 16,30,36; 48:8,13,21,26,32; 49:1; 51:1, 38; 52:19,31; 53:8,21; 54:5,20,21; 55:6,11, 21,31; 56:7; 58:5,12,23; 59:14,35; 60:7, 8,21,24,31,33,37; 62:32; 64:5,21; 65:9, 23,32,36; 66:1,9,17,24; 67:3,16; 68:2, 19,25,35; 69:11,12,36; 70:4,22; 71:11, 38; 72:20,26,38; 73:28,35; 74:16; 75:7, 15,33,34; 77:6,18; 78:4,10,15,26; 79:2, 15,18; 80:3,22; 81:15,32; 82:6; 83:10, 12; 84:1,24; 85:22,28,37; 86:6,25; 87:13, 25,38; 89:3,8,14,22; 90:5,15,20; 94:15, 38; 95:6,21,25,30,37; 96:6,11; 97:4,27, 34,38; 98:15,29; 99:17,36; 100:32,36; 101:4,8,32,33; 102:1,19,25,29; 103:1, 9,12,20; E:VAR-292:2,6,24; 293:1,3,9, 11 (247)

Kohlhaasen   E:K-37:8
Kohlhaasens   E:K-23:33; 35:17; 54:10, 19; 70:15; 72:14

Kohlhaasenbrück
Kohlhaasenbrück   E : K-15 : 28, 37; 16:13; 19:5,30; 20:13; 21:29; 22:14; 23:25; 25:20; 30:9; 31:16,20,26; 46:15; 47:15; 48:12; 50:19; 53:30; 64:11; 69:12; 70:8, 12; 78:33; 82:12; 100:5; 102:32   (27)

kohlhaasisch
kohlhaasischen   E:K-53:4; 66:4; 79:5; 88:34
kohlhaasisches   E:K-34:9

Kohlrausch
K.   E:AN-266:25

Kollege
Kollegen   E:AN-281:22

Kollegium
Kollegium   E:AB-286:12

Kollekteur
Kollekteur   KS-394:23,26
Kollekteurs   KS-394:18

Kollett
Kollett   E:F-212:18

Köln
Köln   KS-391:6

Kolonialware
Kolonialwaren   KS-396:23

Kolonie
Kolonie   KS-403:28
Kolonien   KS-442:36

Komar
Komar   E:V-168:25

Kombustible
Kombustibeln   KS-371:33; 372:16

Komet
Kometen   KS-309:14

Komiker
Komiker   KS-409:20

komisch
komisches   KS-344:1

Kommandant
Kommandant   E : M-105:5; 106:6,11, 28; 107:3,18; 108:25; 110:2,25; 111:15; 112:22,34; 113:15,29; 114:9,26,31; 115:2, 7,29; 116:3; 117:2; 118:15,32; 119:3,29; 125:15,18; 127:27; 130:35; 131:5,8,15,24, 27,29; 132:6,26,28,34; 133:10; 137:18,22, 27; 138:4; 139:1,6,27; 141:24,30; 142:2, 23,37; KS-333:8; 371:17   (55)
Kommandanten   E:M-104:13; 107:15; 108:4,12; 109:5,34; 113:14,29; 115:14, 26; 116:1,16; 118:13; 125:35; 127:33; 130:28,33; 131:22; 132:2; 133:19; 137:33; 138: 23; 139: 33; 143: 4; E: E-156: 23, 33; E: C-218: 12; 222: 2; E: AN-269: 25; E:VAR-295:26; KS-436:28,34   (32)

Kommandantenhaus
Kommandantenhaus   E : M-104 : 20; 109:3
Kommandantenhauses   E:M-105:10

kommandieren
kommandierte   E : C-217 : 4; E : AN-268:22; E:VAR-294:19

kommen
gekommen   E:K-10:13; 41:15; 47:21; 58:19; 59:13; 64:11; E:M-104:8; 129:27; 132:1; E:V-171:31; 188:11; E:F-199:11; 201: 14; 203: 29; 207: 10; 210: 3; E: C-226:22; E:Z-234:15; 248:16; E:AN-268:7; 276:33; 281:34; E:VAR-297:14; KS-336:8; 341:10; 356:24; 439:23   (28)
kam   E:K-9: 22; 10: 18; 30: 38; 34: 28; 40:15; 44:7; 50:8; 74:3; 76:33; 80:2; E:M-105:16; 109:30; 131:33; 138:18,22; 143:7; E:E-149:21; 155:32; E:V-170:27; 183:4, 6; E:B-197:6; E:F-204:27; E:C-218:34; E:AN-262:12; 268:15,32; 271:15; 274:24;

281:30; E:VAR-296:6; KS-379:31; 383:5;
391:6; 436:13   (35)
käme   E:K-71:13; 86:25; 88:11; E:M-
139:19; E:V-169:23; E:B-198:18; E:F-
205:31; E:C-220:18; E:VAR-297:6; KS-
339:34; 342:25; 359:8; 410:36; 412:13
                                          (14)
kamen   E:K-14:38; 18:9; 57:20; 66:13;
74:37; E:M-141:19; E:AB-290:11; KS-
379:26; 443:16
kämen   E:K-58:37; E:M-124:1
kamst   KS-325:10; 352:31
komm   E:K-15:23; E:M-123:2,13,14;
E:Z-252:17
komme   E:K-25:17; 86:12; 97:12; 98:21;
E:M-129:15; 134:6,31; E:V-164:16;
186:12,19; E:Z-261:16; KS-330:25   (12)
kommen   E:K-27:36; 39:10; 49:26;
50:33; 74:24,31; 75:19; 76:20; E:M-
115:33; 116:11; 119:23; 123:25; 125:38;
129:9; 138:8; E:E-145:22; 150:15;
E:V-175:35; E:B-197:37; E:F-211:8,
15; 215:13; E:C-217:13; 224:37; 225:29;
E:Z-232:22; 236:9; 240:11; E:AB-289:32;
E:VAR-294:27; KS-374:22; 380:14;
396:14; 411:13; 425:11; 426:32; 427:6
                                          (37)
kommend   E:K-15:8
kommende   KS-318:11; 324:26
kommenden   E:K-71:21; E:F-205:35;
E:Z-252:35; 253:21; 257:5
kommt   E:K-12:18; 15:23; 20:22; 46:25;
81:17,17; E:M-137:9; E:V-175:6; E:B-
196:4; E:Z-244:37; KS-307:8,11; 321:18;
356:34; 357:4,8,9; 365:32; 367:11; 377:31;
379:20; 393:20; 394:16   (23)
kömmt   E:K-101:2; E:M-137:13; E:AN-
266:5; KS-369:34

Kommerzienrat
Kommerz. Rat   KS-429:11

Kommis
Kommis   E:F-201:17

Kommission
Kommission   E:K-101:30

Kommunion
Kommunion   E:K-100:18

kommunizieren
kommunizieren   KS-458:5

Komorn
Komorn   KS-381:10

Kompanie
Kompanie   KS-403:7

Kompaß
Kompasses   KS-390:37

kompendiös
kompendiöser   KS-397:23

komponieren
komponieren   KS-443:15

kompromittieren
kompromittieren   KS-367:31

Kondolation
Kondolation   E:AN-274:9

Konelly
Konelly   E:V-172:19,32

Konfiskation
Konfiskation   KS-365:24; 419:9

Kongo
Kongo   KS-442:2

Kongruenz
Kongruenz   KS-416:13

kongruieren
kongruieren   KS-322:29

König
König   E:K-11:27; E:AN-262:19; 281:30;
282:6; E:AB-290:7; 291:1; KS-325:23;
357:16,18,19; 367:25,30; 374:1; 394:25;
395:21; 418:20; 419:14; 430:24; 458:16;
459:5   (20)
Könige   E:AN-281:32; KS-321:11
Königs   KS-320:32,36,37; 395:29; 396:8;
403:13; 405:12; 413:32; 418:24; 419:13
                                          (10)

Königin
Königin   KS-402:31; 403:4,15; 407:32;
438:9,21

königlich
Königl.   KS-388:20; 397:16; 411:12;
414:10,29; 422:14; 423:29; 436:9; 438:7,
19; 439:30,38; 440:6; 452:10; 453:10
                                          (15)
königliche   KS-403:9; 405:17
Königliche   KS-455:20
königlichen   E:C-225:37; KS-402:35;
403:21
königlicher   KS-403:7
königliches   E:Z-230:11; E:AN-262:17

Königreich
Königreichs   E:E-144:2; KS-424:7

Königsberg
Königsberg   E:AN-270:2; KS-456:1

Königsberger
Königsberger   E:AN-270:5

Königssee
Königssee   E:AB-288:1
Königssees   E:AB-287:5

Königsstraße
Königsstraße   E:AN-267:28; KS-424:28

Königstein
Königstein   E:K-99:34; E:AN-279:6, 24

Konjektur
Konjekturen   E:K-27:7

Konkavität
Konkavität   KS-385:9

Konklusum
Konklusum   E:K-101:17; 102:2

Konkurrenz
Konkurrenz   KS-410:10

können
gekonnt   E:K-57:16
kann   E: K-12: 27; 16: 20; 28: 4, 10,
13; 47:16,17,19; 48:18,33; 86:31; 93:14;
E: M-118: 11; 121: 15, 19, 25; 122: 6;
123:9; 132:11; 134:38; 137:31; 141:20;
E: E-155: 1, 29; E: V-164: 35; 165: 20,
23; 168:14; 174:6; 182:11; E:B-198:13;
E:F-210:31; 214:21; E:C-224:22; 227:9;
E:Z-234:29; 245:6; 249:2; E:AN-267:12;
273: 1; 279: 20; KS-302: 5, 6, 12, 13, 18,
22; 303: 13; 304: 6; 305: 29; 310: 32;
311:30; 312:3,35; 314:2,5; 316:10,16,
38; 317:7; 318:5,29; 321:14; 325:31; 327:3,
14,25; 328:7; 331:3; 332:9,26; 333:14,
16; 334:16; 337:35; 342:16; 348:7; 358:20,
22; 360:1; 361:11; 364:6; 365:13; 367:30;
368: 11, 13, 31; 378: 2, 10; 380: 1, 14,
25; 385:24; 386:10; 391:8; 394:19; 397:29;
398:30; 402:6; 404:30; 407:19; 410:4,
5; 412:18; 416:27,32,32; 417:14; 418:2;
427: 1; 434: 17; 437: 31; 439: 36; 440: 1,
6, 7, 8; 441: 15; 446: 29, 32; 452: 8, 31,

35; 453: 33; 455: 21, 23; 456: 9; 458: 7
(128)
kannst   E:K-42:38; 86:30; E:M-135:32,
35; E:Z-253:29; KS-319:4; 353:25; 358:25;
379:23
könne   E: K-12: 25; 13: 5, 23; 24: 11;
25: 21; 26: 4, 12; 49: 19; 50: 35; 51: 27,
35; 52:10; 53:1; 75:13; 76:20,31; 78:12;
84:37; 87:32; 89:17; 90:17; 91:1; 94:26,
28; 97:25; 98:3,18; E:M-110:16; 112:6,15,
29; 117:14; 120:27; 124:32; 126:1; 127:12;
E: V-162: 14; 171: 14; 175: 30; 182: 24;
183: 11; 191: 24; E: F-200: 2; 207: 10;
E: C-226: 15, 22; 228: 6; E: Z-237: 19,
21; 238: 29; 240: 2, 9; 248: 17; 256: 28;
257: 34; E: AN-272: 23; 276: 14; 281: 3;
E:AB-285:1; 289:38; KS-339:7,11; 340:6,
18,32; 342:35,38; 343:8; 387:20; 388:36;
390:15,15; 413:11; 427:15; 436:6; 448:34;
449:37   (77)
können   E: K-9: 9; 11: 25; 13: 36; 15: 4;
17:31; 40:9; 43:12; 51:7; 74:21; 76:21;
92:25; 96:34; E:M-107:10; 111:11; 112:33;
117: 7; E: V-160: 32; 166: 12; 168: 14;
175:33; 176:27; 178:8; E:C-216:12; E:Z-
231:3; 235:34; 240:12; 241:19; 243:5;
244: 4; 258: 9; E: AN-262: 16; 279: 11;
E: AB-284: 18; 287: 29; 288: 3; 290: 29;
E: VAR-292: 10; KS-302: 38; 304: 23;
307:19,33; 310:15; 312:9; 314:3; 315:31;
316:6,8,14; 317:19,21; 323:20; 324:20,
25; 332: 35; 339: 17; 341: 21; 343: 16;
344:38; 356:12; 369:34; 381:12; 384:24;
386:21; 387:2,22; 388:5; 389:32; 393:31;
394: 24; 395: 32; 399: 35; 403: 31; 404: 7;
405: 9; 415: 35; 416: 11; 421: 4; 430: 32;
431:8; 433:32; 439:13; 447:2,30; 448:25,
27; 449: 28; 451: 30; 453: 7, 25; 459: 22,
24; 460:26   (92)
können   KS-376:22
konnt   KS-339:15
könnt   E:M-136:7; E:V-165:37; 166:26,
33; 188:12; E:AB-290:20; KS-336:4,38
konnte   E:K-18:19; 23:35; 25:12; 29:27;
30:2; 36:9; 40:2; 41:1; 54:36; 59:8; 63:16;
76:3; 77:27; 79:11; 82:27; 86:11; 87:9;
88:36; 92:33; 100:20; 101:9; E:M-104:31;
109:2; 116:15; 120:16; 124:6; 128:21,31;
132:10,17; 135:26,38; 141:35; E:E-145:3,
3; 146:38; 147:23; 152:12; 154:37; 158:15;
E: V-174: 12; 182: 19, 34; 184: 2; 191: 8,
26; 193:16; E:F-201:6,16; 202:7; 204:30,
31; 207:3,7; 208:9; 214:38; E:C-220:31;

226:11; 227:19; E:Z-231:14; 238:6; 248:8;
254:36; 258:12; E:AB-287:20; E:VAR-
297:12; KS-306:17; 320:17,18; 331:19;
383:11; 407:9; 425:35; 428:10; 445:7;
456:31   (76)
könnte E:K-98:14; E:M-107:36; 110:37;
118:7; 138:12; 141:11; E:E-145:22;
153:20; 154:3; E:V-171:2; 176:21; E:C-
220:25; 227:10; E:AN-262:6; KS-305:25;
306:24; 312:19; 323:1; 324:16; 328:4;
332:38; 333:37; 337:14; 338:24; 344:13;
345:14; 347:29; 358:10; 362:3; 380:12;
385:30; 386:15; 405:26; 410:18; 422:13;
427:12; 456:30; 457:4   (38)
konnten E:K-19:2,9; 56:36; 66:13; 99:3;
E:E-151:22; E:V-160:21; 193:28; E:F-
211:22; E:C-225:7; E:Z-247:38; E:AB-
287:7; KS-327:5; 435:35; 439:26   (15)
könnten E:K-71:14; E:M-117:25; E:V-
182:9; E:Z-254:22; KS-319:14; 435:32
könntest E:M-122:32
könntet KS-337:10

Konrektor
Konrektor   KS-335:34

Konsequenz
Konsequenz   KS-415:33

Konstantinopel
Konstantinopel   E:M-111:6; 119:10;
127:24

konstituieren
konstituieren   KS-321:29

Konstitution
Konstitution   KS-396:10

konstruieren
konstruieren   KS-329:2

Konstruktion
Konstruktion   KS-460:30

Konsulta
Konsulta   E:M-121:15

Kontinent
Kontinent   KS-395:28; 396:21
Kontinents   KS-398:11,17; 442:37

Kontinentalverhältnis
Kontinentalverhältnisse   KS-396:12

kontinuierlich
kontinuierliche   KS-323:4; 398:16

Kontor
Kontor   E:F-201:19; 209:28; E:AN-
276:13

Kontrakt
Kontrakt   E:K-25:18

konträr
konträrer   KS-393:7

kontrastieren
kontrastierenden   KS-456:36

Kontribution
Kontribution   KS-405:22; 406:22,32

Kontrolle
Kontrolle   KS-402:20
Kontrollen   KS-405:20

Konv.
Konv.   KS-447:32; 449:2

Konventionsgeld
Konventionsgeld   KS-447:28

Konvivium
Konvivium   KS-367:20

konvulsivisch
konvulsivisch   E:M-138:3
konvulsivischen   E:M-121:19

konzentrisch
konzentrisches   KS-392:8

Konzert
Konzert   KS-444:31
Konzerte   KS-443:30
Konzerts   KS-444:2

Kopernikus
Kopernikus   KS-337:13

Kopf
Kopf   E:K-28:24; 54:28; 63:12; 91:2;
E:V-160:28; 162:30; 169:17; 172:38;
179:7; 180:35; 182:22; 186:20; 189:36;
192:11; E:B-198:9; E:F-203:3; E:Z-
243:22; E:AN-264:34; 268:34; 277:22;
E:AB-283:32; 288:27; 290:14; KS-319:6;
346:6; 380:13; 381:9   (27)
Kopfe   E:AB-288:9
Köpfe   E:K-36:21; 40:23; KS-323:27;
399:19; 400:23; 417:5; 421:9
Köpfen   E:K-71:34
Kopfes   E:K-95:9

kopfschütteln
kopfschütteln   E:V-164:32
kopfschüttelnd   E:V-186:24

kopieren
kopieren   KS-336:6
Kopieren   KS-336:20

Kopini
Kopini   E:AB-286:28

Koppel
Koppel   E:K-9:18; 11:13; 13:3,17; 20:3;
E:VAR-292:16
Koppeln   KS-400:38; 401:4

Korallenkette
Korallenkette   E:K-96:13

Korb
Korb   E: V-167: 18; 180: 7, 23, 35; KS-
399:6,11
Körbe   E:V-165:13

Korbwagen
Korbwagen   KS-401:24,26

Korollarium
Korollarium   KS-364:1; 365:8; 367:4

Körper
Körper   E:K-77:16; E:Z-248:4; 255:16;
E: AN-274: 6; 279: 11,13; 280: 6; E: AB-
288:26; KS-321:17; 329:18,18,20,28,34;
330:3,6   (16)
Körpern   KS-329:25
Körpers   E: V-165: 18; E: C-227: 23;
E:AB-287:21; E:VAR-297:35; KS-321:18;
340:12; 342:35

Körperbau
Körperbau   KS-345:31

körperlich
körperlich   E: C-220: 23; E: AB-287: 1;
KS-328:21
körperliche   KS-404:25
Körperlichen   KS-347:35

Korps
Korps   E:M-108:11; E:AN-265:13; KS-
368:20

Korpulenz
Korpulenz   KS-330:25

Korrektor
Korrektor   KS-367:12

Korrespondent
Korrespondenten   KS-373:6

Korrespondenz
Korrespondenz   E:K-49:38; KS-419:27;
431:10

Korrespondenz-Nachricht
Korrespondenz-Nachricht   E:AN-270:1

Korridor
Korridor   E : M-108 : 3; E : V-185 : 26;
191:36; E:F-213:7
Korridors   E:F-207:6

Korsar
Korsar   E:M-124:3

Korse
Korse   KS-353:2
Korsen   KS-354:18; 355:27

Korsenkaiser
Korsenkaiser   KS-352:20
Korsenkaisers   KS-359:20

korsisch
korsische   KS-350:24; 359:8

Kosegarten
Kosegartensche   KS-328:2

Kost
Kost   KS-385:13

kostbar
kostbare   KS-312:9
kostbaren   E:AN-263:20
kostbarste   E:AN-273:21; KS-383:26

kosten
gekostet   E:K-26:8; 47:2; 83:14; 93:4
koste   E: K-78: 4; E: M-129: 28; 139: 24;
E:B-197:32; KS-340:14
kosten   E: K-17: 33; E: V-183: 22; KS-
338:16; 445:7; 460:18
kostet   E:AN-268:1; KS-447:28; 451:29;
452:7

Kosten
Kosten   E : K-20 : 38; 46 : 27; 57 : 37;
58:13; 76:25; KS-346:5; 358:21; 386:16,
20; 395:22; 402:22; 460:7   (12)

kostspielig
kostspielige   KS-390:19

Kostüm
Kostüm   KS-432:22
Kostüme   KS-410:38

Kot
Kot   E:K-14:27; 19:33; E:M-116:27; KS-355:17

krachen
krachenden   E:E-148:15

kraft
kraft   E:K-31:14; 94:24

Kraft
Kraft   E:K-38:38; 42:20; 87:5; E:M-116:11; 126:10; E:V-190:20; 193:18; E:F-204:35; E:Z-229:20; 248:31; 249:12; 250:12; 251:23; 258:34; 259:21, 24; E:AN-274:12; 278:26; KS-305:13; 306:1; 326:10; 332:27; 337:3,27; 342:22; 356:13; 375:32; 382:16; 391:31; 406:13,29, 34; 407:7; 436:12; 443:21; 446:14; 457:4   (37)
Kräfte   E:E-149:6; E:C-220:10; E:Z-238:11; 246:26; KS-304:15,28; 309:5; 312:8; 325:21; 340:30; 393:11; 404:22, 23,25,26; 405:1; 406:32; 407:5; 412:27   (19)
Kräften   E:K-16:10; 85:27; E:M-106:8; E:V-166:25; 176:35; E:Z-238:21; 245:37; KS-314:37; 348:9; 381:31; 395:5   (11)

Kraftäußerung
Kraftäußerung   KS-406:26

Kraftgenie
Kraftgenies   KS-417:5

kräftig
kräftig   E:Z-231:6; E:AB-287:18
kräftigen   E:K-38:25

kraftlos
kraft-   KS-311:27
kraftlos   KS-306:24
kraftlose   E:C-225:18

Kragen
Kragen   E:K-63:6; 75:36

Krähe
Krähe   KS-328:1

Kralowsky
Kralowsky   KS-452:23,26; 456:11

Kramladen
Kramläden   E:K-41:26

Krampf
Krämpfen   E:K-74:34; 103:8

krampfhaft
krampfhaft   E:V-192:31
krampfhaften   E:V-186:13
krampfhafter   E:M-124:27

krank
krank   E:K-23:2; 64:37; 69:2; 99:31; E:M-119:12; 123:3,31; 138:2; E:E-159:6; E:V-170:15; 188:18; E:F-204:25; E:C-219:32; 227:20; E:Z-255:2; 256:34; E:AN-273:14,23; E:AB-286:35; KS-329:33; 330:2; 437:12   (22)
kranke   E:B-196:7; E:F-200:4
Kranke   E:K-22:16; E:C-227:30; E:Z-255:29
kranken   E:E-154:16; KS-313:4; 398:37
Kranken   E:Z-258:29; 259:15; E:AN-278:32

kränken
gekränkt   E:K-48:17
gekränkten   E:M-122:1
kränken   E:M-121:27
kränkt   KS-370:16

Krankenhaus
Krankenhaus   E:F-199:22
Krankenhause   E:F-200:8
Krankenhauses   E:F-200:22

Krankenlager
Krankenlager   E:K-87:5; E:F-203:12

krankhaft
krankhaften   KS-439:1
krankhafter   E:K-36:17

Krankheit
Krankheit   E:K-64:19; 90:18; E:M-113:7; 116:19,23; E:V-170:27; E:F-199:8; E:AN-265:28; KS-348:27; 395:30   (10)
Krankheiten   KS-441:24

Kränklichkeit
Kränklichkeit   E:M-110:16
Kränklichkeiten   E:M-119:34

Kränkung
Kränkung   E:K-16:11; E:Z-230:21
Kränkungen   E:K-56:26; E:AN-275:14

Kranz
Kranz   KS-326:16

krauen
gekraut   E:K-97:5

kraus
kraus   E: M-139:2; KS-454:3; 455:26;
456:3,24; 457:8
krause   E:Z-231:5; KS-421:31

Kraut
Kräuter   KS-322:25
Kräutern   E:V-171:34

Krebs
Krebse   E:K-75:32; 76:8; E:AB-287:24
Krebsen   E:K-75:35

krebsartig
krebsartige   E:Z-255:8

Kreide
Kreide   E: M-141:32; E:Z-237:28; KS-
328:3

Kreis
Kreis   E:K-45:32; 61:38; 102:35; E:E-
156:17; E:V-168:36; E:C-226:35; E:Z-
260:1; E:AB-284:2; KS-327:27; 341:13;
389:22; 392:13; 405:18   (13)
Kreise   E:K-61:29; E:M-108:2; E:E-
158:29; E:AN-271:5; 278:37; E:VAR-
292:17; KS-393:4; 421:35; 437:20; 446:20
          (10)
Kreisen   KS-309:15
Kreises   E:K-101:19; KS-405:16

Kreisgeschäft
Kreisgeschäften   KS-401:22

Kreislauf
Kreislauf   KS-310:34

Kreole
Kreolen   E:V-170:8

kreolisch
kreolische   E:V-161:13; 166:11
kreolischen   E:V-170:19

Kreuz
Kreuz   E:K-31:9; E:V-172:26,31; 175:13;
E:B-196:14; E:C-222:36; 224:8,15; KS-
367:28
Kreuze   KS-306:11
Kreuzes   E:AB-289:23; 290:22; KS-342:6

kreuzen
kreuzte   E:K-92:14
kreuzten   E:K-97:2; E:E-152:6

Kreuzer
Kreuzer   KS-444:32

kreuzigen
Gekreuzigten   E:K-35:15

kreuzweis
kreuzweis   E:K-102:7; E:C-221:33

Kreuzzug
Kreuzzug   E:Z-230:14
Kreuzzüge   KS-421:3

kriechen
kroch   E:AB-287:19

Kriecherei
Kriecherei   KS-334:8

Krieg
Krieg   E:K-34:11; 40:5; 45:21; E:M-
104:24; E:B-196:18; E:AN-268:14; KS-
354:2,3,14; 369:1; 380:17; 381:17; 398:10
          (13)
Kriege   E:M-116:16; E:V-161:9; 191:15;
E:AN-263:29; 268:5; 274:28; KS-352:8;
374:2; 377:20
Kriegen   E:AN-265:2; KS-377:21
Krieges   E:M-107:13; E:C-219:8; E:AN-
268:8; E:VAR-296:18; 298:6; KS-358:28,
33; 397:2
Kriegs   E : AN-262 : 12; KS-358 : 19;
360:17; 369:13; 372:23; 382:27

Krieger
Krieger   E:K-43:16

kriegerisch
kriegerisch   E:K-99:6
kriegerischen   E:K-36:13; 37:9; 48:3

Kriegsanordnung
Kriegsanordnungen   E:M-107:5

Kriegserklärung
Kriegserklärung   KS-373:33

Kriegsforderung
Kriegsforderungen   KS-381:1

Kriegsgericht
Kriegsgericht   KS-382:25; 437:24

Kriegsgewalt
Kriegsgewalt E:K-50:14

Kriegshaufen
Kriegshaufen E:K-51:9; 66:6; 98:6
Kriegshaufens E:K-54:24

Kriegslist
Kriegslist E:M-114:19

Kriegsmann
Kriegsmann E:K-37:10

Kriegsrat
Kriegsrat KS-437:19

kriegsrechtlich
kriegsrechtlichen E:AN-262:13

Kriegsrock
Kriegsrock E:M-140:18

Kriegsschuld
Kriegsschuld KS-407:16

Kriminalgericht
Kriminalgericht E:AB-285:20

Kriminalverhandlung
Kriminalverhandlung E:K-68:13

Krippe
Krippe E:K-20:17

Krise
Krise KS-396:2

Kritik
Kritik KS-346:18; 408:4; 410:6, 21;
416:3,3,30; 458:15; 459:4
Kritiken KS-414:35

Kritiker
Kritikern E:AN-270:4

kritisch
kritisch E:AB-290:24

Krone
Krone E:K-77:35; 78:30; 99:5; E:Z-
229:24; 234:28; 260:23; KS-374:6; 385:32;
402:34

krönen
kröne KS-326:18
krönen E:F-209:8
krönte E:V-160:19

Kronleuchter
Kronleuchtern E:E-155:12

Kronprinz
Kronprinz KS-373:12; 375:5; 435:2;
438:14
Kronprinzen KS-388:20; 436:10; 438:8

Kronsiegel
Kronsiegel E:Z-231:15

Krönung
Krönung E:K-86:15

Krücke
Krücke E:B-196:13
Krücken E:K-82:37; 92:6, 26; 95:16;
96:23; 98:15; E:B-198:13

Krug
Krug KS-424:13

Krüger
Krüger KS-425:10; 427:33

krumm
krumm E:AN-266:27; E:AB-287:19;
KS-340:9

krummbeugen
beugte E:M-137:28
krummgebeugtem E:Z-247:5

krümmen
gekrümmt E:V-177:35; E:Z-251:5

Krümmung
Krümmung KS-340:9

Kruzifix
Kruzifix E:E-151:33; E:C-220:8,
29; E:Z-259:4

Kubikfuß
Kubikfuß E:AN-279:15

Küche
Küche E:K-91:6; 92:38; 93:8; E:M-
138:15; E:V-164:10; 167:32; 171:33; KS-
397:27

Kuchen
Kuchen E:K-80:16

Kuckuck
Kuckuck KS-417:27

Kugel

Kugel E:M-108:29; 132:18; E:V-160:27;
194:2,10; E:AN-278:17,26,37; KS-386:11;
430:21; 431:35 (11)
Kugeln E:M-105:3; E:V-177:23; E:AN-
275:9; KS-386:8

Kügelgen, von

Kügelgen KS-450:12; 453:27

Kühnheit

Kühnheit KS-355:6

Kuhstall

Kuhstall E:K-57:16

kultiviert

kultivierten KS-386:4

Kultur

Kultur KS-326:35

Kultus

Kultus KS-421:14

Kümmel

Kümmel E:AN-267:30,30,31,31,31,31

Kummer

Kummer E:K-23:26; 99:22; E:Z-244:27;
KS-301:12; 306:2; 307:18; 425:28
Kummers E:AN-275:17

kümmern

kümmern E:M-121:16; E:Z-249:1; KS-
318:1
kümmert KS-349:2

kund

kund E:Z-260:31

Kunde

Kunde KS-325:30; 425:33

Kundschaft

Kundschaft E:K-93:19

Kundschafter

Kundschafter E:K-41:8

künftig

künftig E:K-54:35; 74:28; KS-428:37
künftige KS-337:33
künftigen E:K-88:24; KS-450:33
künftiges E:AN-272:16; KS-316:19

Kunigunde

Kunigunde E:Z-239:18; 243:32; 250:36;
251:28
Kunigundens E:Z-250:22

Kunst

Kunst E:K-64:12; 90:33; E:M-104:22;
E:F-203:8; 206:21; E:C-217:21; E:Z-
255:5; E:AN-277:4; E:VAR-294:35; KS-
301:9; 311:20; 326:33,34; 327:34; 336:4,
32; 337:9; 340:14,35; 348:7; 351:10,17;
355:21; 356:31; 361:5,16; 365:6; 366:2,3;
378:36; 388:24; 391:28; 392:23,34; 408:17;
414:22; 415:22; 416:13; 420:12; 421:27;
428:36; 432:13; 446:4,8,22; 447:10; 448:6,
25 (48)
Künste E:V-161:26; 165:34; KS-307:24;
325:13,13; 448:21
Künsten E:K-23:16; KS-448:15

Kunst-Comptoir

Kunst- KS-459:27; 460:23

Kunstansicht

Kunstansichten KS-446:15

Kunstausstellung

Kunstausstellung KS-453:24
Kunstausstellungen KS-398:24

Kunstbetrachtung

Kunst- KS-301:1

Künstelei

Künsteleien KS-421:27

Kunstfertigkeit

Kunstfertigkeit KS-341:23

Kunstfreund

Kunstfreunde KS-415:29; 446:7

Kunstgärtner

Kunstgärtner KS-400:22

Kunstgenuß

Kunstgenuß KS-417:1

kunstgerecht

kunstgerecht KS-329:19

Kunstgriff

Kunstgriffe KS-320:8

Kunsthandlung

Kunst- KS-398:28

Kunstjournal

Kunstjournal KS-446:12
Kunstjournals KS-450:24

Kunstkenner

Kunstkennern KS-447:13

Kunstkritiker
Kunstkritiker KS-446:25

Künstler
Künstler KS-341:8,18; 446:6,25
Künstlern KS-332:12; 384:38; 447:13
Künstlers KS-432:21

Künstlerin
Künstlerin KS-409:26; 412:16; 423:18

künstlich
künstlich KS-340:26
künstliches KS-305:9

kunstliebender
kunstliebender KS-447:18

kunstreich
kunstreiche KS-448:16

Kunstsache
Kunstsachen KS-421:27

Kunstsinn
Kunstsinn KS-410:15

Kunststück
Kunststück E:K-38:5

Kunstvereinigung
Kunstvereinigung KS-449:7

Kunstwerk
Kunst- KS-399:14
Kunstwerk KS-346:20,26
Kunstwerke KS-446:12
Kunstwerken KS-347:4

Kunz
Kunz E:K-22:2; 42:18; 48:17; 49:6,35,
37; 56:29; 57:24,38; 58:23; 59:3,9; 61:12;
75:4; 78:18,37; 79:29; 80:24; 93:21; 99:35;
E:AB-283:26,34   (22)

Kupfer
Kupfer E:C-225:15; KS-443:19

kupfern
kupfernes E:K-14:27

Kupferstich
Kupfern KS-448:7; 450:10
Kupferstiche KS-447:26

Kurant
Kurant KS-451:28; 452:6; 459:15

Kürassierregiment
Kürassierregiment E:AB-283:13

Kurbel
Kurbel KS-340:23,31

Kurfürst
Kurfürst E : K-23 : 28; 42 : 6; 47 : 31;
49 : 30; 51 : 30; 52 : 7, 23; 53 : 1, 6; 65 : 7,
16; 68 : 18; 75 : 13; 77 : 19, 29; 78 : 14,
37; 79 : 14, 21, 25; 80 : 7, 26, 34; 81 : 11, 21,
29; 82 : 2, 15, 15; 83 : 16; 84 : 11, 33; 85 : 7,
13, 27; 87 : 18, 21; 88 : 4, 26; 89 : 36; 90 : 17,
25, 29, 31; 91 : 15, 28; 92 : 36; 93 : 1, 27, 30,
36; 94 : 38; 95 : 20; 98 : 34; 99 : 21; 100 : 37;
101 : 31; 102 : 25; 103 : 15, 18   (60)
Kurfürsten E : K-23 : 7, 12, 13; 47 : 25;
48 : 15; 49 : 5; 50 : 15, 25; 51 : 12; 64 : 36; 66 : 7,
30; 70 : 12; 75 : 3; 77 : 7, 37; 80 : 20; 85 : 35;
86 : 38; 88 : 14; 89 : 18, 25; 91 : 24; 92 : 4; 94 : 7,
16, 25; 95 : 28; 97 : 15, 26; 98 : 7, 21; 99 : 13, 19,
36; 100 : 8; 101 : 12; 102 : 8, 16; KS-373 : 33;
374 : 12   (41)

Kurfürstentum
Kurfürstentums E : K-42 : 25; 66 : 35;
94 : 1

kurfürstlich
kurfürstlichen E:K-29:9; 38:9; 39:27;
54:31; 62:16; 63:15; 65:28; 67:38; 77:20;
100:30   (10)
kurfürstliches E:K-53:27; 69:6

Kurier
Kurier E:M-108:21; E:AB-290:8; KS-
368:18; 430:2

kurieren
kurieren KS-364:19

Kurierpferd
Kurierpferde E:M-119:5
Kurierpferden E:M-115:29

Kurkosten
Kurkosten E:K-20:28; 101:38

Kurmark
Kur- KS-428:14

kursieren
kursierenden KS-427:20

Kurve
Kurven KS-339:32

kurz

kurz   E:K-9:15; 17:2; 25:17,23; 29:13;
   30:16; 36:1; 48:35; 49:26; 67:36; 70:2;
   E:M-110:32; 111:11; 115:23; 119:32;
   130:7; E:V-172:38; 173:38; 195:5; E:F-
   200:33; 202:5; 212:19; 214:2; 215:2;
   E:C-221:35; E:Z-243:29; 251:37; E:AN-
   274:14; 276:23; E:VAR-293:5; KS-343:23;
   346:31; 370:38; 374:30; 381:22; 404:37;
   431:17   (37)
kurze   E:M-107:26; 112:26; E:E-150:30;
   159:8; KS-345:2,7; 386:18
kurzem   E:K-17:5; 26:16; 27:2; 38:36;
   52:38; E:M-130:10; E:Z-231:13; E:AN-
   273:31; KS-317:10; 338:31; 394:2; 417:26
                                      (12)
Kurzem   E:K-74:7
kurzen   E:K-10:37; 23:7; 24:1; 36:10;
   40:10; 43:31; 48:7,27; 62:17; 64:24; 91:16;
   94:8; 99:25; E:M-112:37; 116:37; 120:9;
   127:31; 140:2; E:E-153:20; E:V-168:30;
   169:19; 170:11; 173:35; 182:24; E:F-
   201:4; E:C-226:16; E:Z-230:23; E:AN-
   273:17; 276:35; E:AB-289:37; KS-381:6;
   387:2; 431:13; 432:13; 458:14; 459:3
                                      (36)
kurzer   E:K-24:30; 88:15; 89:1; E:M-
   106:6; 112:25; E:C-223:31; KS-332:36;
   385:7,35
kürzere   E:VAR-293:22*
kürzeren   KS-338:4
kürzerer   KS-385:23
kurzes   E:M-108:6
kürzesten   KS-416:5

Kürze
Kürze   KS-367:1

kürzlich
kürzlich   E:M-111:20; E:V-177:21;
   189:19; E:AN-266:22; KS-329:15;
   373:4; 387:27; 388:35; 396:29; 401:21,
   25; 419:3; 426:12,17; 456:16   (15)

kurzsichtig
kurzsichtig   E:F-210:27
kurzsichtiger   E:Z-249:9

Kuß
Kuß   E:M-129:12; E:E-153:11; E:V-
   173:16; 176:12; 185:21; E:F-212:31; E:C-
   226:18; E:Z-245:18; 252:18; 257:13   (10)
Küsse   E:M-138:29
Küssen   E:K-28:25; E:E-150:21; E:V-
   167:21; 184:7; E:F-213:2

küssen
geküßt   E:K-16:15; E:V-170:32
küssen   E:K-47:30; E:M-110:24; 113:36;
   134:9
Küssen   E:E-149:29
küssend   E:C-222:16
küßt   E:AN-272:37; KS-329:5
küßte   E:K-25:26; 28:1; 29:15; 30:29;
   72:8; 97:36; 98:32; E:M-118:22,
   33; 119:21; 122:2; 123:1; 126:8; 138:33;
   139:4; 141:4; E:E-149:14; 159:12; E:V-
   175:19; 179:10; E:F-199:25; 208:28; E:C-
   228:7; E:Z-260:3; E:AB-290:22; E:VAR-
   293:12   (26)
küßten   E:V-192:1; E:Z-249:27

Küste
Küsten   KS-443:2

Küstenplatz
Küstenplatz   E:V-186:19
Küstenplätzen   E:V-169:33

Kutscher
Kutscher   E:AN-266:22; KS-400:22,28

Kutschpferd
Kutschpferde   KS-401:15

L.
L.   KS-382:32

L...
L...   E:AN-268:26
L...e   E:AN-276:2

là
là   KS-322:22

Labes
Labes   KS-409:21

Labetrunk
Labetrunk   E:V-166:7

lablée
lablée   KS-420:29

Laboratorium
Laboratorium   KS-425:33

lächeln
lächeln   KS-308:14
Lächeln   E:M-120:15; 136:22; E:VAR-
   292:27; KS-301:22
lächelnd   E:K-72:20; 81:30; E:E-154:22;
   E:V-169:3; E:F-211:24

lang

lang   E:K-10:31; 19:33; 80:4; 99:2; E:M-
109:14; E:F-204:33; 205:6; 206:13; E:Z-
231:26; E:AN-279:36; KS-431:17   (11)
lange   E:K-19:9; 45:27; 68:22; 71:19;
91:25,25; E:M-109:10; 122:21; 126:25;
133:2; 137:4; 138:28; E:E-159:4; E:V-
177:34; 179:4; E:F-203:28; E:Z-250:5;
256:7; E:AN-267:12; 268:6; 274:14;
281:10; E:AB-283:8; 287:10; 288:11;
289:22; KS-375:18; 404:29; 405:1; 431:31
(30)
langen   E:K-40:34; E:M-109:19; 111:15;
114:5; E:V-171:18; 172:6; 193:20; E:C-
220:7; E:Z-245:30; E:AN-275:11; E:AB-
283:30; 288:29; KS-383:29; 431:12   (14)
langer   E:Z-248:6; E:AN-262:23; KS-
407:31; 418:31
länger   E:K-10:31; 63:25; 72:2; E:M-
111:8; 133:29; E:V-175:35; E:F-208:22;
KS-415:25
längerer   E:AB-285:26

Länge

Länge   E:F-203:6; E:AN-281:10; KS-
320:6; 438:30

Langeweile

Langeweile   KS-330:38

Langmut

Langmut   E:E-155:35

längs

längs   E:E-149:35; KS-389:21

langsam

langsam   E:K-79:38; 80:30; 92:6; E:V-
183:29; 188:2; 194:26; E:B-196:30; E:Z-
259:23
langsamen   E:E-146:2

längst

längst   E:K-24:37; 28:6; E:V-177:31;
E:F-209:33; E:C-219:11; E:AN-277:6;
KS-397:18; 418:33; 422:36; 423:25;
432:15; 447:6   (12)

langwierig

langwierige   E:K-95:2
langwierigen   E:AN-265:28; KS-337:19

Lannes

Lannes   E:AB-283:8

Lanze

Lanze   E:K-29:38; E:AB-290:28

lärmen

lärmen   E:V-174:30

laßbäuerlich

laßbäuerlichen   KS-404:12
lassbäuerlichen   KS-404:9

lassen

gelassen   E:K-10:26; 57:17; E:M-129:36;
E:E-145:28
laß   E:K-20:24; 44:19; E:Z-251:23; 254:2,
15; KS-328:23; 330:33; 331:3
lasse   E:K-31:30; 39:10; 46:9; E:M-
117:34; 134:28; KS-400:17
lassen   E:K-12:16; 15:22,27; 16:31;
17:23; 18:25; 24:14,19; 28:35; 31:2;
32:23; 41:35; 43:33; 46:32; 47:31;
50:33; 52:13; 55:28; 59:38; 60:28,
34; 64:4; 67:37; 68:16; 72:37; 75:23;
80:37; 81:8; 87:38; 89:31,33; 94:9; 95:26,
34; 97:20; 98:14; 99:16, 27; 101:4;
E:M-107:29; 108:31; 111:35; 113:5,
33; 115:15; 116:4,5; 117:3; 118:10,
25; 120:29; 122:7; 123:11,22,26; 129:15,
18; 130:32; 134:22; 137:15,30; 138:13;
140:22; 142:8; E:E-151:38; E:V-161:26;
178:3,9; 185:32; 187:9; 190:28; 191:19,24;
195:15; E:B-197:35; E:F-199:25; 200:16;
203:26; 215:10; E:C-216:33; 220:32;
223:24; E:Z-232:2; 237:31; 239:17;
250:9; E:AN-262:20; 268:32; 278:21;
280:37; 281:27,32; 282:6; E:AB-285:9,
11; 289:9; E:VAR-294:15; KS-302:26,
28; 306:8; 307:35; 323:21; 324:9;
325:8; 330:32; 343:35; 367:19; 368:3;
370:13; 375:26; 380:11; 383:33; 389:16,
21; 390:21; 392:33; 397:19; 417:12; 418:5;
421:12; 422:20; 426:20; 427:22; 432:10;
453:1; 455:11,32; 459:11   (128)
lässest   KS-325:32
lasset   E:K-80:11
laßt   E:K-12:17; 47:4,22; 48:15; 81:19;
E:Z-245:19
läßt   E:K-46:36; 47:8; 92:31; E:M-140:13;
E:B-198:11,22; E:C-222:25; 224:8; KS-
302:23; 303:8; 313:12; 325:26; 335:6;
336:26; 337:30; 342:31; 347:11; 366:6;
415:25   (19)
ließ   E:K-10:1,5; 11:31; 15:29; 18:23;
20:29; 22:34; 24:24; 26:29; 29:19;
31:8; 32:37; 35:3,13; 41:35; 53:26;

54 : 29; 60 : 16; 71 : 28; 72 : 3; 73 : 3,
34; 74:2; 75:31; 83:30; 87:10; 93:10,
23; 94 : 18, 28; E : M-104 : 4; 108 : 5;
110:31; 118:28; 120:7; 125:31; 127:4,
16; 129:16; 136:27; 138:9; 142:3; E:E-
152 : 38; 155 : 6; 156 : 10; E : V-161 : 6;
164:11; 169:15; 172:32; 188:37; 189:7,
29; 190 : 10, 23; 191 : 1, 19; E : B-197 : 7,
15; E : F-199 : 20; 205 : 30, 36; 210 : 33;
E:C-221:6; 225:28; E:Z-229:33; 236:27;
238:2; 246:16; 247:10; 257:33; 258:37;
259:6; 261:14; E:AN-263:6,21,23; 266:18;
270: 11; E : AB-288 : 36; 289 : 32; 290 : 4;
291:2; E:VAR-293:14; KS-309:34; 324:33;
339:5; 344:31; 373:28; 394:26; 413:16;
429:19; 455:12   (92)
ließe   E:K-23:37; 90:38; 95:25; E:M-
122:29; 139:28; E:B-197:27; KS-327:36;
356:22; 430:15
ließen   E:K-40:17; E:E-146:36; E:C-
218 : 10; E : VAR-295 : 23; KS-315 : 19;
343:21

Last
Last   E:K-12:31; 72:25; E:E-147:19;
E:V-177:25; E:Z-246:34; E:AB-283:13;
287:27; KS-305:23; 405:19

lasten
lastenden   KS-407:16

Laster
Laster   E:AN-267:22; KS-307:22; 317:18;
332:22,32; 334:3,4
Lasters   KS-332:29

lasterhaft
lasterhafte   KS-307:23
Lasterhaften   E:M-141:12; 143:30; KS-
326:14

lästerlich
lästerliche   KS-369:30

Lasterschule
Lasterschule   KS-334:2

lästig
lästig   E:K-92:2

Lastwagen
Lastwagen   KS-401:28

Laterne
Laterne   E:V-162:28,32; 163:11; 168:6

Laternenpfahl
Laternenpfahl   E:K-63:26

Latte
Latte   E:K-20:4
Latten   E:K-18:13; 19:3; 91:7

Latz
Latz   E:V-162:31; 173:27; 193:38

lau
laues   E:AB-286:35

Laub
Laub   E:E-149:37

Laube
Laube   E:M-128:28,31
Lauben   E:E-153:6

Lauchstädt
Lauchstädt   KS-413:28

lauern
lauerten   E:AB-287:10

Lauf
Lauf   E:K-47:22; E:M-117:3; E:V-179:2;
E:AN-268:7; KS-302:2; 455:32
Laufs   E:Z-229:13

laufen
laufe   KS-411:16; 412:31
laufen   E:K-12:18; E:V-185:12; KS-358:2
laufenden   E:Z-255:18; KS-418:25
lief   E:E-155:32; E:V-174:16; E:F-207:19;
213:27; E:AB-287:9
liefe   E:AN-277:33
liefen   E:K-80:31; KS-333:32

Laune
Laune   E : M-130 : 3; E : F-209 : 30; KS-
441:15

Laura
Laura   KS-370:36; 432:17,22

laut
laut   E:K-91:21; E:E-156:14; E:V-174:25;
E : AN-271 : 6; E : VAR-298 : 2; KS-302 : 1;
315:12; 331:14; 344:28
lauten   E:V-170:34
lauter   E:K-30:20; E:C-221:28; E:AB-
290:35
lautes   E:AB-283:15; KS-322:27; 428:22

Laut

Laut   E:E-155:18; E:V-192:22; E:C-
220:18; E:Z-247:1; E:VAR-297:6; KS-
324:11; 417:34
Laute   KS-444:28

lauten

lauten   KS-432:7
lautende   E:Z-234:3
lautenden   E:K-54:22; 99:38; E:M-125:2
lautet   E:V-181:36
lautete   E:K-24:14; KS-374:34
lauteten   E:AN-263:25

läuten

läut   E:AN-267:27,27
läuteten   E:C-216:33; E:AN-267:25;
E:VAR-294:15

lauter

lauter   KS-381:19; 388:9; 440:26

Lavastrom

Lavaströmen   KS-376:25

le-la

la   KS-321:38; 384:13; 385:4,5; 431:26
La   E:C-150:17; 153:15; KS-427:34,35;
428:3; 432:8
le   KS-384:13; 385:4
les   E:AB-286:6; KS-321:38; 322:23;
384:32

leben

gelebt   E:K-103:22; E:M-124:1; KS-
379:10
leb   E:Z-248:29
lebe   E:M-110:7; 137:4; E:Z-230:12; KS-
349:9; 387:25; 400:30; 401:33
leben   E:K-14:20; E:M-111:8; 126:33;
E:E-158:15; E:AN-263:27; 267:12; KS-
301:8; 316:4; 351:19; 360:29; 376:1;
407:26   (12)
lebend   KS-423:8
lebenden   KS-356:8
lebet   KS-337:15
lebt   E:K-98:31,32; E:V-174:7; E:Z-
253:38; E:AN-265:12; KS-335:6; 344:11
lebte   E:K-9:4; 30:12; E:V-160:3; 169:7;
E:F-203:28; E:Z-229:6; 235:17; 256:9;
E:AB-288:19; E:VAR-292:5; KS-331:33;
403:19   (12)
lebten   E:AN-277:12; 281:12; KS-435:24
lebtest   E:K-45:26

Leben

Leben   E:K-10:27; 39:7; 51:27; 65:2;
83:11,14,27; 85:30; 86:24; 89:26; 90:20;
94:34; 97:26; E:M-110:10,34; 112:18;
122:18,19; 124:7; 127:16; 138:24; E:E-
145:27,34; 146:34; 150:21; 153:10,
14; E:V-160:9; 178:30; 186:3,32; 188:29,
35; 190:21,27; 191:5; E:B-197:26; E:F-
210:14; 214:18; E:C-218:17; 220:17;
E:Z-231:2,32; 235:30; 236:25,31; 238:29;
242:9,32; 248:2; 251:29; 253:25; 254:15;
E:AN-263:12,16; 266:23; 272:16; E:AB-
286:24; 290:17; E:VAR-295:31; KS-
301:15; 312:8; 316:20,30,32; 317:17,
34; 318:2; 325:21; 327:14; 331:35;
337:33; 338:9; 348:10; 356:22; 360:23;
377:17; 398:16; 404:18; 412:3; 420:7,
12; 435:17; 436:18; 437:15; 439:27; 440:24
(87)
Lebens   E:K-28:1; 34:14; 83:2; 87:2;
99:23; E:M-112:1; 125:27; 136:8; E:E-
147:6; 152:23,32; E:V-163:38; 165:7,
16; E:B-198:28; E:Z-230:17; 254:5; 256:4;
258:3; 259:22; E:AN-263:9; 265:21; 275:6,
11,19; 276:34,38; KS-301:4; 302:2; 305:4,
6,33; 309:36; 315:31; 318:20,23; 327:15;
436:25   (38)

lebendig

lebendig   E:Z-237:37; E:AB-290:32; KS-
302:1; 423:22
lebendige   KS-334:12
lebendigen   KS-341:29; 399:13
lebendiges   E:B-198:4

Lebensart

Lebensart   E:K-54:35

lebensfroh

lebensfroh   E:F-209:27

Lebensfülle

Lebensfülle   E:Z-259:21

Lebensfunke

Lebensfunke   KS-327:26

Lebensgefahr

Lebensgefahr   E:V-188:12; KS-390:14,
16

lebensgefährlich

lebensgefährlich   E:C-227:32; E:AN-
277:7
lebensgefährliche   E:Z-247:36

Lebensgröße
Lebensgröße   E:F-207:25

lebenslänglich
lebenslänglichen   E:AB-291:2

Lebenslauf
Lebenslauf   KS-313:37

Lebensmittel
Lebensmitteln   E: V-165:13; 167:18;
176:30; 180:7,23

Lebensstrafe
Lebensstrafe   E:V-178:16

Lebenswandel
Lebenswandel   E:M-118:5; E:Z-243:37
Lebenswandels   E:Z-237:21; 255:28

Lebensweise
Lebensweise   E:Z-231:28; KS-312:36

Lebenszeit
Lebenszeit   E:K-23:2

Lebewohl
Lebewohl   KS-445:15

lebhaft
lebhaft   E:K-21:20; 23:17; E:M-117:29;
E: V-168:13; E:C-226:31; E:Z-232:12;
250:12; KS-303:32; 306:32; 407:22   (10)
lebhafte   E:M-116:7; E:AB-283:5
lebhaftem   KS-414:8
lebhaften   E: F-208:37; E: Z-229:24;
E:AN-281:13; KS-306:30; 311:35; 413:28
lebhafter   E:M-118:13; 127:13; E:E-
154:6; E:Z-240:22
lebhaftere   KS-346:31
lebhaftes   E:V-182:34; KS-323:3
lebhafteste   E: K-96:37; E: M-111:1;
114:13; 120:6; 131:21; E:F-208:35; E:Z-
244:6; KS-387:31
lebhaftesten   E: K-84:7; E: M-108:32;
115:24; 118:6; 124:8; 130:28; E:E-152:5;
E:F-209:17; E:C-217:28; E:AB-289:20;
E:VAR-295:4; KS-395:20; 414:11   (13)

Lebhaftigkeit
Lebhaftigkeit   E:M-119:34; E:E-154:8

leblos
leblos   E:K-45:6; 92:10; E:E-158:7
Leblose   E:V-176:8

Lebzeiten
Lebzeiten   E:F-205:8

lechzen
lechzende   E:M-138:28
lechzenden   KS-307:15

lecken
leckte   E:E-146:16

Leckerei
Leckereien   KS-384:12

leckerhaft
leckerhaften   KS-322:12

Leder
Leder   E:K-62:38; E:AN-265:4

ledern
lederne   E:K-81:38

ledig
ledig   KS-413:22,24

leer
leer   E:M-108:15; E:F-200:15; 207:23
leeren   KS-307:8
leeres   E:K-97:14

leerstehen
leerstehenden   E:B-196:23; E:Z-257:6

Lefat
Lefat   KS-368:32; 370:5,10; 371:3

Legat
Legat   E:V-160:21; KS-371:6

legen
gelegt   E:K-22:28; 37:3,20; E:M-110:30;
131:10; 136:16; E: V-169:17; 177:25;
182:29; 187:16; 191:4; E:F-211:5; E:AN-
265:33; 275:18; 277:29; E:VAR-296:31;
KS-334:31; 379:2; 386:28; 389:3; 390:30;
407:21; 425:21; 433:16   (24)
gelegtem   E:M-138:20
gelegten   E:K-102:8; E:C-221:33
lege   E: K-50:37; E: M-123:14; E: AB-
284:37
legen   E: E-154:6; E: V-181:14; E: C-
220:28; 221:25; E:AN-266:20; KS-309:18;
334:27; 344:8; 347:29; 423:13; 436:20,
31   (12)
legt   E:Z-259:7; E:AN-264:10; 276:20
legte   E: K-14:33; 25:27; 49:1; 52:17;
71:20; 93:2; 102:10; 103:12; E:M-119:18;
122:26; 124:16; 126:7; 127:38; 135:18;
138:32; 141:31; E:E-151:1; E:V-170:37;
171:24,29; 173:3; 179:25; 182:21; 193:28,
30; 194:19; E:F-199:30; 207:5; E:Z-238:2;
247:30; 254:7; KS-442:24   (32)

Legende
Legende   E:C-216:4; 228:9; E:VAR-293:20; 298:7

Legion
Legionen   E:AN-264:36

Legitimation
Legitimation   E:Z-229:10

Legitimationsakte
Legitimationsakte   E:Z-229:23

lehnen
gelehnt   E:K-82:38; E:E-158:23; E:V-171:35; E:F-207:17; KS-344:33
lehnte   E:V-174:11; 192:12
lehnten   E:K-96:25

Lehnsherr
Lehns-   E:K-57:30

Lehnstuhl
Lehnstuhl   E:K-17:8; E:M-138:28; E:B-197:5

Lehnsvetter
Lehnsvettern   E:K-56:10

Lehrart
Lehrart   KS-348:33

Lehrbuch
Lehrbuch   KS-361:1

Lehre
Lehre   E:C-216:23; 217:7; E:VAR-294:6, 21; KS-307:37; 308:1; 326:16; 328:15, 17; 363:5   (10)
Lehren   KS-317:13; 326:29

lehren
gelehrt   KS-325:13; 351:16; 354:22; 357:13; 373:4; 428:28
gelehrten   E:K-99:7
lehren   E:K-19:30; 31:30; 83:16
lehrt   E:AN-278:2; KS-303:23; 329:18; 333:26; 386:19; 392:8
lehrte   E:K-34:23; E:AB-287:23; 288:18

Lehrer
Lehrer   E:E-144:9; KS-334:5, 11, 17; 336:6; 356:10
Lehrern   KS-336:13

lehrreich
lehrreichen   KS-396:31

Lehrsatz
Lehrsatz   KS-362:13; 363:13; 364:28; 366:4,30

Leib
Leib   E:K-10:18; 12:29; 48:8; 103:19; E:M-105:34; 129:1; E:V-168:11; 172:22; 181:14; 193:31; E:F-214:31; E:C-218:17; E:Z-229:17; E:AN-265:31; 271:3; 278:29, 37; E:VAR-295:30; KS-411:32   (19)
Leibe   E:Z-247:5
Leiber   KS-346:16
Leibern   E:K-102:37; E:V-192:17
Leibes   E:K-34:14

leibeigen
leibeigene   KS-404:33

Leibesstärke
Leibesstärke   E:AN-271:12

Leibesumstand
Leibesumständen   E:M-109:23; 123:22

leibhaftig
leibhaftigen   KS-377:10

leiblich
leibliche   E:K-34:5; E:C-227:22; E:VAR-297:35

Leibniz
Leibniz   KS-315:34; 379:4; 420:23

Leiche
Leiche   E:K-30:38; 31:10; 103:13; E:E-148:37; E:V-193:35; 194:8; E:F-205:18, 36; 206:7; E:Z-237:15; 253:22; 260:32, 38; E:AN-266:11; KS-397:29; 403:11; 450:5   (17)
Leichen   E:K-32:29; E:M-121:11; E:V-194:19,24,33,37

Leichenbegängnis
Leichenbegängnis   E:K-30:32; E:F-205:35; E:VAR-293:14
Leichenbegängnisses   E:Z-230:24

leichenblaß
leichenblaß   E:M-125:28; E:Z-259:8

leichenbleich
leichenbleich   E:K-32:11

Leichenstein
Leichenstein   E:AN-263:20,23,26

Leichenwagen
Leichenwagen   KS-403:2

Leichenwäscherin
Leichenwäscherinnen   E:AN-265:29

Leichenzug
Leichenzug   E:F-206:3; KS-436:10
Leichenzuge   E:V-194:27

Leichnam
Leichnam   E:E-158:10; KS-402:30
Leichname   E:E-158:38
Leichnams   E:AB-290:37

leicht
leicht   E:K-49:19; 57:25; 92:24; E:E-
153:19; E:V-191:37; E:F-201:12; E:Z-
255:14; 257:12; KS-306:35; 307:6; 308:28;
316:24,33; 317:35; 319:26; 323:1; 324:11;
325:11; 340:5; 343:35; 344:15; 346:25;
365:20; 369:37; 394:24; 408:20; 420:17;
422:33; 433:31   (29)
leichte   KS-388:25; 390:25
leichter   E:K-29:3; KS-342:24
Leichtes   KS-410:34
leichtesten   KS-346:23; 455:17

leichtbewaffneten
leichtbewaffneten   KS-447:5

leichtfertig
leichtfertig   E:C-221:31
leichtfertigen   E:K-43:3; KS-417:15
leichtfertiges   E:Z-256:10

Leichtfertigkeit
Leichtfertigkeit   E:V-174:20

Leichtigkeit
Leichtigkeit   KS-323:18,33; 341:15,26;
392:29; 412:23; 443:13

Leichtsinn
Leichtsinns   E:K-84:8; KS-307:24

leichtsinnig
leichtsinnige   E:M-114:7; 115:33
leichtsinniges   KS-313:20

Leid
Leide   E:K-55:24; E:E-157:32; E:V-
175:29; 177:11
Leiden   E:M-120:5; E:Z-250:21; KS-
437:1

leiden
gelitten   E:M-110:17; E:E-150:13
leide   E:M-110:13; E:V-169:16
leiden   E:V-180:29; 181:26; KS-306:21;
336:7; 447:6
leidenden   E:Z-239:36; KS-312:31
litt   E:M-109:15; E:V-161:18; 170:27;
E:F-203:22; E:Z-236:20

Leidenschaft
Leidenschaft   E:K-42:29; E:M-113:30;
116:21; 130:12; E:F-209:1; 212:24; E:Z-
237:26; 256:14; E:AB-289:12; KS-344:23;
346:34; 370:16; 377:29   (13)
Leidenschaften   E:F-205:4

leidenschaftlich
leidenschaftlichen   E:V-171:3

Leidenschaftlichkeit
Leidenschaftlichkeit   E:V-179:16

leider
leider   E:K-84:38; 88:10; E:C-219:35;
224:13; E:Z-230:15; 236:37; 237:20;
248:25; KS-370:3; 435:20   (10)

leidig
leidigen   E:K-79:9

leidtun
leid täte   E:K-87:30; 91:30
leid tun   E:M-113:30; KS-412:11
täte   E:M-130:37
tue   E:K-23:19; 24:10
tut   E:K-20:22; E:M-117:8; KS-341:11

Leidwesen
Leidwesen   E:K-40:31

Leier
Leier   KS-340:23

Leihanstalt
Leihanstalt   KS-431:24

Leihbibliothek
Leihbibliothek   KS-452:22

Leinewandfabrikant
Leinewandfabrikant   KS-431:2

Leinwand
Leinewand   KS-328:28; 336:8
Leinwand   E:F-207:14; 208:2

Leipzig

Leipzig   E:K-13:6; 40:16; 41:13,24,29;
42:7,15; 43:21; 51:2; 73:10; KS-419:4;
459:20,23   (13)
Leipziger   KS-459:28

leise

leise   E:M-129:3; 141:9; E:V-162:3;
183:31; E:F-207:8; 213:6; E:Z-246:21
leiser   KS-326:3
leises   E:M-138:21

leisten

geleistet   E:V-192:30; E:Z-230:30;
E:AN-272:1; KS-414:13; 423:25
leiste   E:V-169:38
leisten   E:K-62:11; 67:34; E:V-169:13;
190:34; E:F-212:38; KS-315:13; 367:27;
428:23; 441:12
leistet   KS-310:28
leistete   E:M-106:22; KS-460:29

Leistung

Leistung   E:K-25:35; 26:25

leiten

leiten   KS-310:29; 447:16

Leiter

Leiter   E:F-215:1,7; E:Z-259:33

Leitung

Leitung   E:K-53:3; 79:5

Lektüre

Lektüre   E:M-104:22; KS-313:14,18;
347:6,16; 348:33

lenken

lenkt   KS-446:22
lenkte   KS-379:5

Lenz

Lenz   KS-377:31; 379:7

Leonidas

Leonidas   KS-313:38; 314:13

Leopard

Leoparden   E:C-223:23

Leopardo

Leopardo   E:M-135:3,6; 136:18; 140:10

Leopold

Leopold   E:K-67:8; 102:14

lernen

gelernt   E:M-132:14; E:V-174:1; E:F-
203:16; KS-324:2; 442:14
lernen   KS-334:16; 339:6; 392:29; 405:2,
5
lernte   E:V-174:8; E:F-201:12; E:AB-
287:30; 288:19

Lesbos

Lesbos   KS-423:8

lesen

gelesen   E:K-65:7; 75:2; E:M-127:18;
E:E-153:30; KS-343:7; 363:25; 374:37;
384:24; 414:33
las   E:K-75:35; E:M-131:31; KS-396:18
lesen   E:M-134:23; E:F-205:24; 210:28;
E:AN-272:34; KS-345:14; 402:13; 409:14
Lesen   E:F-201:12
liest   E:V-175:6; KS-321:26; 361:8;
374:20

Leser

Leser   E:M-127:37; KS-333:19; 418:34;
455:9
Lesern   KS-400:13; 419:20; 421:3;
447:19; 449:23

leserlich

leserlichem   E:K-74:22

Letter

Lettern   E:F-210:10; KS-384:9,18,23,
30

Lettres

Lettres   KS-419:28

letzte

letzt   E:C-224:30
letzte   E:M-140:3; E:V-161:22,30;
189:18; E:F-202:1; KS-315:36; 319:34;
340:28; 343:9; 345:37; 406:2; 413:26;
445:15   (13)
Letzte   E:F-202:6; KS-422:3
letzten   E:K-43:36; 92:18; 100:7; E:M-
105:33; 120:31; 121:1; 134:10; E:E-
148:22; E:V-172:32; 193:32; E:F-
214:29; E:C-219:16; E:Z-229:26;
230:6; 236:34; 256:12; E:AN-263:29;
265:36; 268:5; 269:17; KS-320:32;
340:11; 374:8; 375:13; 389:5; 396:21;
426:4; 428:28; 435:20; 443:19; 460:3,
17   (32)
letzter   E:K-102:16

letztere E:E-154:11; E:V-187:35; E:Z-
230:31; 259:34; E:AN-267:5; 271:4
letzteren E:K-61:16; E:M-104:28; E:Z-
230:2
letztern E:Z-229:22

letzthin
letzthin KS-384:38

letztverflossen
letztverflossenen E:AN-268:7

leuchten
leuchte E:K-48:28
leuchtete E:K-49:3

leugnen
leugne KS-370:25
leugnen E:K-45:35; 68:34; KS-339:15;
416:17

Leumund
Leumund E:M-124:31

Leute
Leute E:K-22:8; 24:26; 29:38; 34:36;
37:17; 57:20; 82:29; 93:19; E:M-107:36;
123:28; E:E-146:21; E:V-187:12; 190:9;
E:B-198:29; E:F-214:13; E:C-216:7;
219:29,37; E:Z-238:22,28,34; E:AN-
277:34; E:AB-283:31; E:VAR-293:25;
296:26; 297:7,10; KS-315:17; 323:5,
12,30; 324:1; 326:23; 337:5; 346:4,
7; 389:6; 394:17; 400:33   (39)
Leuten E:K-14:13; 74:27,36; 85:33;
101:28; E:M-108:4; 115:17; E:V-189:14;
KS-324:16; 326:35; 332:21; 402:3   (12)

Levante
Levante E:K-76:36

levantisch
levantischen KS-366:22

Levanus
Levanus KS-335:33

Lever
Lever E:AB-289:18

Lexikon
Lexikon E:AB-288:32

liberal
liberale KS-421:4

Lichnowsky
Lichnowsky E:AN-267:15

Licht
Licht E:K-21:14; 48:22; 71:13; E:V-
162:24; 163:14,19; 165:21; 171:16; 177:27;
181:12; 183:29; E:F-204:10,27; E:Z-
243:30; 244:12; 254:18; 258:32; E:AB-
288:4; E:VAR-296:33; KS-319:21; 339:35;
365:32; 366:31; 438:5; 440:5,7   (26)
Lichte E:F-207:27
Lichter E:B-198:5; E:Z-239:13; KS-
332:2
Lichtern E:E-150:10; E:C-222:38
Lichts E:V-163:34

Lichtenberg
Lichtenberg KS-425:1,18

lieb
lieb E:K-82:24; KS-360:26
liebe E:M-126:8; E:V-176:12; E:C-221:8;
KS-315:30,36; 316:18; 318:27; 331:1;
434:17
Liebe E:M-123:19; 141:4
lieben E:K-47:18; E:M-129:1; 135:35;
E:E-144:15; E:V-191:38; E:AN-277:10;
KS-336:4; 411:31; 437:16
lieber E:AN-271:27; KS-306:25; 312,
35; 319:4; 328:19,30; 330:31; 356:17;
357:31
Lieber E:Z-253:18; KS-303:34; 304:23;
309:23; 311:7,29; 312:7; 314:36
liebes E:M-121:12; 132:16; E:V-173:6;
186:21; E:Z-244:24
liebste E:K-27:24; 28:15,38; E:M-117:8;
118:10; 123:13; 141:38; E:E-149:20; E:F-
208:28
Liebste E:Z-235:31
liebsten E:V-193:16
liebster E:K-16:17; E:M-125:15
liebstes E:K-27:15; E:M-136:4

Liebe
Liebe E:K-80:10; E:M-126:23; 135:11,
37; 138:32; E:V-175:30; 187:25; E:F-
205:9; 207:4; 211:26; E:Z-235:11; 239:11;
240:35; 242:7; 251:15; KS-312:13; 314:7,
8,30; 316:22; 326:18; 336:24; 351:4;
356:18,30; 370:32; 371:14; 398:36; 435:7;
458:16; 459:5   (31)

lieben
geliebt E:F-201:7; 205:18; KS-435:2
geliebte E:M-129:7; E:E-148:1
Geliebte E:M-129:20
geliebten E:Z-247:25; KS-432:17

Geliebten   E:E-149:26
Geliebter   E:F-212:28; E:Z-251:2
liebe   E:M-116:35; 137:25; E:V-192:38;
   E:Z-230:14; E:AN-273:25
lieben   KS-303:3; 314:32; 378:20
liebenden   KS-316:27; 431:27
liebst   KS-351:5,7,21
liebt   E:V-166:28; 181:18; KS-313:7;
   356:34; 357:3,5
liebte   E:K-94:8; E:M-109:7; E:AN-
   272:13; 276:4

liebenswürdig
liebenswürdigen   E:F-201:36; KS-
   315:8
liebenswürdiges   E:M-122:38; KS-
   312:24

Liebenswürdigkeit
Liebenswürdigkeiten   KS-370:1

lieber
lieber   E:K-27:25; 50:17; E:M-114:22;
   132:23; E:E-153:15; E:V-162:8; E:Z-
   245:3; 254:4; KS-302:28; 311:13; 315:13;
   336:10; 358:3; 405:22; 412:3   (15)

Liebeserklärung
Liebeserklärung   E:Z-252:33

liebgewinnen
lieb gewonnen   E:E-145:1; E:F-201:13

liebhaben
lieb haben   KS-351:20

Liebhaber
Liebhaber   E:Z-231:12; KS-330:28;
   431:31
Liebhabern   KS-444:34

liebkosen
liebkosend   E:Z-248:11
liebkosete   E:V-186:35

Liebkosung
Liebkosung   E:V-161:22
Liebkosungen   E:M-136:12; 138:6; E:E-
   149:32; E:V-170:29; 175:15; 176:10

lieblich
liebliche   E:V-163:17
lieblichen   E:M-128:28; 129:11; E:E-
   147:6; E:V-165:27; KS-377:24
lieblicher   E:V-172:17; 184:3; E:Z-
   251:14
lieblichsten   KS-399:23

Lieblichkeit
Lieblichkeit   E:V-173:6; KS-344:9

Liebling
Liebling   E:E-154:17

Lieblingsgedanke
Lieblingsgedanken   KS-442:35

Lieblingssitz
Lieblingssitze   KS-446:8

lieblos
liebloses   KS-314:34

liebreich
liebreich   E:E-151:14; E:V-175:25; E:C-
   221:5; 222:29; 224:19; KS-306:17; 326:1

Lied
Lied   E:E-150:7
Lieder   E:C-225:11; KS-325:29

Liederlichkeit
Liederlichkeit   KS-334:21

liefern
geliefert   KS-381:10
liefern   KS-447:32; 450:34
liefert   E:AN-268:11; KS-419:16

Lieferung
Lieferung   KS-460:5

liegen
gelegen   E:M-125:13; E:E-146:29; E:V-
   178:25; E:B-196:29; E:Z-238:13; KS-
   413:4
gelegenen   E:K-53:36; KS-451:33
lag   E:K-11:23; 29:31; 33:38; 59:27;
   77:37; 81:3; 95:12; 99:32; E:M-104:28;
   123:29; 128:28; 130:21; 133:20; 140:31,32;
   142:6; E:E-146:20; 151:11; E:V-161:12;
   162:1; 170:14; 191:11, 20, 34; 193:5;
   E:B-196:11; E:F-202:9; 207:1; 209:10,
   13; E:C-216:16; 226:1; E:Z-229:15; 236:6,
   33; 238:10; 250:4; 254:37; 259:35; E:AN-
   274:19,21; 279:38; E:AB-284:4; E:VAR-
   293:34; KS-302:4; 304:9; 308:26; 406:27;
   425:32; 434:13; 437:19   (51)
läge   KS-372:26
lagen   E:K-27:6; 36:30; 38:10; 41:27;
   46:13; E:E-158:26; E:V-190:12; E:F-
   210:11; E:C-219:32
liege   E:K-34:11; 78:34; E:M-123:31;
   E:E-150:30; E:Z-249:32

liegen   E: K-19:34; 47:35; 57:9; 71:9;
E:M-122:35; 138:27; 140:21; E:E-152:20;
158:31; E:B-196:4; 198:31; E:F-207:38;
E: C-222:18; 226:31; E: Z-252:32; KS-
302: 8,18; 305: 2; 307: 2; 308: 3; 317: 8;
325: 26; 326: 4; 329: 35; 361: 12; 369: 5;
418:5   (27)
liegend   E:M-141:3
liegende   E:K-39:22
liegenden   E: K-102: 23; E: AN-263: 30;
KS-329:31; 347:21; 390:9; 396:20; 411:24
liegender   E:AN-262:14
liegt   E: K-16: 38; E: V-167: 1; 186: 1;
191: 15; E: Z-244: 31; 254: 11; E: AN-
274 : 11; KS-303: 7; 305: 38; 306: 2;
307:12; 308:21; 309:19; 310:36; 311:10;
312:11; 320:20; 325:24; 333:17; 338:5;
349: 6; 350: 17; 352: 9; 363: 17; 371: 35;
377: 3; 381: 19; 387: 32; 388: 7; 416: 1,
18; 417:12; 421:36; 438:5; 441:26   (35)

liegenbleiben
liegenbleiben   KS-448:36

Liese
Liese   E:AN-264:12,37

Lilienstern
Lilienstern   KS-301:5*
L[ilienstern]   KS-319:2*

Linde
Linden   KS-403:7; 459:35

Lindenstraße
Lindenstraßen-Ecke   KS-425:34

Linderung
Linderung   E:K-24:8

Linie
Linie   KS-339:31; 340:7,15
Linien   KS-345:25; 373:13; 375:6

link-
linke   E:M-105:9; E:V-190:25; E: AN-
266:36; 267:6
linken   E:AN-269:35; 280:25
Linken   E:K-101:17; E:E-158:23; E:AN-
269:11; KS-444:19
linkes   E:AN-266:32

Linnenzeug
Linnenzeug   E:K-35:16; E:VAR-292:24

Lippe
Lippe   E:AN-269:29,35
Lippen   E:K-59:34; E:M-108:30; 138:37;
141:32; E:V-167:21; 172:5; 177:19; 184:1;
185:21; E:F-203:29; 213:2; E:C-220:18;
223 : 36; 227 : 4; E : Z-240 : 19; 253 : 19;
E:VAR-292:24; 297:6; KS-406:6; 439:22
                                         (20)

Lisbeth
Lisbeth   E:K-16:13,16; 17:7,11; 20:31;
21:28; 25:5; 27:10,24; 28:15,23,32; 29:2,
32; 96:33   (15)

lispeln
lispelte   E:V-172:16

List
List   E: K-42: 11; 75: 29; 84: 30; 95: 35;
E: M-132: 7, 11; 135: 27; E: V-161: 20;
165:34; 183:9; E:F-205:22,31; KS-355:5;
369:25; 373:30   (15)

Liste
L.   KS-432:10

literarisch
literarische   KS-420:32

Literatur
Literatur   KS-418: 16; 420: 8; 422: 23;
432:13; 458:13; 459:2

Littegarde
Littegarde   E: Z-235: 12, 14; 236: 11,
16, 32; 237: 7, 28, 36; 238: 29; 239: 29,
30; 240: 18; 244: 3, 13, 19, 32; 245: 17;
247 : 17; 248 : 7; 249 : 30; 250 : 16, 27,
35; 251:9,11,21,25; 252:22; 253:18,29,
32,36; 254:13,27; 256:12; 257:26; 259:2,
11,36   (39)
Littegarden   E : Z-238 : 18; 239 : 21,
27; 240 : 30; 242 : 36; 243 : 10, 32, 35;
255 : 25; 256 : 7, 25, 35; 260 : 5; 261 : 2,
9   (15)
Littegardens   E:Z-241:9, 34; 242:31;
243:8,16; 256:18; 258:26

Liverpool
Liverpool   KS-432:10

livländisch
livländischen   KS-344:18

Livree
Livree   KS-400:23

livres
 livres   E:AB-291:2,3

Lob
 Lob   E:E-155:24

loben
 lobe   KS-328:6
 loben   E:K-98:2; KS-364:7
 lobst   KS-348:18
 lobt   KS-347:8; 363:15
 lobte   E:K-11:16; 73:38; E:AB-291:1

lobenswert-moderat
 lobenswert-moderat   KS-409:22

Lobkowitz
 Lobkowitz   KS-444:20

löblich
 löbl.   KS-459:19

Lobrede
 Lobrede   E:M-107:26

Locarno
 Locarno   E:B-196:1,2; 198:33

Loch
 Loch   E:AN-278:16

Locke
 Locken   E:K-28:20; E:V-172:3

locken
 gelockt   E:V-177:1; 183:24
 locken   E: M-116: 32; E: V-187: 6; KS-410:13
 lockt   E:V-182:14

locker
 locker   E:V-187:12; KS-331:37

Lockewitz
 Lockewitz   E:K-71:30; 72:15; 73:18
 Lockewitzer   E:K-73:23

Lockung
 Lockungen   E:F-206:28; KS-361:24

lodern
 loderndes   E:Z-250:33
 loderte   E:M-141:17

Löffler
 Löffler   KS-425:27

Logarithmus
 Logarithmen   KS-340:26

Loge
 Loge   KS-438:38
 Logen   KS-410:8

logogriphisch
 logogriphische   E:F-210:15

Lohn
 Lohn   E:V-165:13; KS-317:17; 318:4

lohnen
 lohnen   E:V-182:3; E:AN-264:32

Lokal
 Lokal   KS-452:19

London
 London   E: AN-270: 28; 281: 12; KS-430:30; 432:9; 440:14

Lorbeer
 Lorbeern   KS-377:24

Lorenzo
 Lorenzo   E:M-118:14; 132:4

los
 los   E:K-19:8; E:F-214:3

Los
 Los   E:M-129:17; E:V-161:25; 185:7
 Lose   KS-394:12

losarbeiten
 arbeiteten   E:AB-284:14

losbinden
 banden   E:V-191:28
 losbindenden   E:K-62:21
 loszubinden   E:K-62:4,32; E:V-194:31; E:Z-259:35

losbrennen
 losgebrannt   E:AB-285:36

Löschanstalt
 Löschanstalten   E:K-41:26

löschen
 gelöscht   KS-428:9

lose
 lose   KS-331:37

lösen
 gelöst   E:K-12:27; KS-362:18; 418:8
 lösen   E:K-10:35; 12:10,14,21; 74:7; E:Z-245:19
 löst   KS-382:10; 405:30
 löste   E:K-35:38; 103:1

losgehen
gingen   E:Z-245:27; E:AB-290:27
losgegangen   E:V-169:27
losging   E:M-125:26

loslassen
ließen   E:E-157:9
losgelassen   E:B-198:1
loslassen   E:K-12:33
losläßt   E:AN-277:23
losließ   E:V-174:38
losließen   E:AN-280:22
loszulassen   E:E-154:33

loslösen
loslösend   E:K-35:22
löste   E:K-44:18

losmachen
machte   E:M-124:20

losplatzen
loszuplatzen   E:K-60:5
platzte   E:V-189:36; E:AN-279:3

losreißen
losriß   E:V-163:22; E:Z-233:26
los zu reißen   E:Z-238:33

lossagen
lossagen   KS-369:9

losschießen
losgeschossen   E:AN-281:35
loszuschießen   E:AN-275:26

losschlagen
loszuschlagen   E:K-26:13
schlugen   E:AB-284:8
schlügen   E:AB-284:12

lossprechen
loszusprechen   E:AN-281:26

Loswand
Loswand   E:V-181:18

loswerden
los werden   E:F-200:1
loszuwerden   E:K-42:12
los zu werden   E:K-11:32; E:V-166:13;
    E:B-197:32

loswickeln
loswickelte   E:M-129:9

loswinden
loszuwinden   E:V-186:13

Lotsenzeichen
Lotsenzeichen   E:AB-285:9

Lotterie
Lotterie   KS-394:31; 395:3,7

Louisdor
Louisdor   KS-399:15; 431:14

Louise
Louise   KS-429:3

Louvre
Louvre   KS-384:38

Löwe
Löwe   E:E-158:25; KS-322:5
Löwen   KS-321:38

Luckau
Luckau   E:K-83:29,35

Lücke
Lücke   KS-386:2
Lücken   KS-307:8

Luckenwaldisch
Luckenwaldischen   KS-393:4
Luckenwaldschen   KS-389:22

Ludolph
L.   KS-453:25

Ludwig
L.   KS-422:25; 454:30
Ludwig   KS-450:27

Luft
Luft   E:K-34:33; 39:15; E:M-111:4;
    E:B-198:22; E:Z-234:38; E:AN-275:34;
    279:35; 280:22; KS-308:26; 325:2,
    4; 327:16; 331:16; 388:21,26; 389:26;
    390:30; 391:4; 392:1   (19)
Lüfte   E:Z-261:1; KS-342:22; 390:4,21;
    402:1

Luftball
Luftball   KS-391:30,31; 393:6
Luftbälle   KS-391:18,26

Luftballon
Luftballon   KS-392:16
Luftballons   KS-391:7

Luftfahrer
Luftfahrer   KS-392:14

Luftfahrt
Luftfahrt   KS-389:5

Luftkreis
Luftkreis   KS-379:5

Luftloch
Luftloch   KS-385:11

Luftmasse
Luftmassen   KS-392:6,7,10

Luftraum
Luftraum   KS-392:11; 393:25

Luftreise
Luftreise   KS-433:3

Luftschiffahrer
Luftschiffahrer   KS-390:6; 393:14

Luftschiffahrt
Luftschiffahrt   KS-388:15*; 389:29

Luftschiffer
Luftschiffer   KS-393:24

Luftstrom
Luftstrom   KS-388:28; 390:37; 392:28

Luftströmung
Luftströmungen   KS-392:35

Lüge
Lüge   E:Z-252:13; E:AN-278:5; KS-434:25

lügen
lügen   KS-364:22
lügt   KS-362:17,20,27

lügenhaft
lügenhaften   E:V-181:19

Lump
Lump   E:AN-270:20

Lumpen
Lumpen   E:K-95:18

Lunge
Lunge   E:F-214:29; E:AN-277:8
Lungen   E:C-223:26

Lunte
Lunte   E:AN-275:11; KS-331:25,28

Lust
Lust   E:K-52:30; E:M-110:36; 120:20; 138:34,37; E:E-147:6; 152:37; E:Z-258:11; E:AN-263:2; KS-328:27; 337:3; 376:6   (12)

Lustbarkeit
Lustbarkeit   KS-442:10

Lustempfindung
Lustempfindungen   E:AN-275:15

lüstern
lüstern   E:M-105:31

Lustgarten
Lustgarten   E:AN-267:25

lustig
lustig   E:K-66:33; KS-329:13; 417:8
lustige   E:K-25:25
lustiger   KS-383:33

Lustspiel
Lust-   KS-409:17
Lustspiel   KS-408:3

Luther
Luther   E:K-42:19; 43:19; 44:33; 45:2,9, 14,24,37; 46:12,21,33; 47:6,24,37; 48:7, 20,25,27,35; 49:4; 50:20; 52:15; 53:2,8, 21; 70:37; 87:25,35; KS-317:10; 379:8   (30)
Luthern   E:K-44:33
Luthers   E:K-44:14; 100:13; KS-457:3

lutherisch
lutherischer   E:K-30:17; E:VAR-293:6

Lützen
Lützen   E:K-41:23; 43:20; 44:26; 46:9; 47:27,33; 51:11; 53:27,32; 54:30; 60:10; 61:6; 65:23; 66:31; 67:36; 68:14; 94:25; 98:6   (18)
Lützner   E:K-41:18

Luxus
L.   KS-432:36

Luxussteuer
Luxussteuer   KS-401:29; 402:4,20
Luxus-   KS-401:35
Luxussteuern   KS-400:1*,3,16

Luxussteuerkasse
Luxussteuerkasse   KS-400:25

Lüze
Lüze   E:V-191:23; 194:32,34; 195:3

Lyon
Lyon   E:AB-286:12; KS-420:30

M...

M...   E: M-104: 4, 14; 108: 21; 111: 10; 112:5; 114:4; 115:12; 119:9,14; 127:17,27; 129:3,6; 130:3; 136:17,24; 143:3; 372:1,5, 8   (21)

Maas
Maas   KS-412:7,9

Macbeth
Macbeth   KS-349:6; 413:31

Macduf
Macduf   KS-349:6

machen
gemacht   E: K-15: 35; 17: 10; 21: 32; 23: 21; 26: 18; 34: 25; 40: 38; 50: 20; 51:36; 62:35; 75:9; 84:9; 87:34; 88:19; 89:9; 90:9; 93:35; 97:24; 98:4; 99:15; 101:23,27; E:M-104:17; 112:24; 126:4, 22; 133:1; E:E-144:20,29; 150:35; 152:25; E: V-161: 25; 168: 23; 170: 2; 186: 33; E:F-204:19; 213:15; E:Z-231:2; 237:3; 252:15; 253: 1; 257: 24; 258: 16; E: AN-262:29; 268:8; KS-315:15; 317:21; 322:11, 14; 324:32; 343:29,30; 369:32; 371:5; 380:21; 384:21; 387:13; 426:19,33; 427:18; 431:5; 432:14; 433:11; 435:17; 456:29; 457:1   (66)
gemachte   E:K-54:32
gemachten   KS-394:3; 428:13
mache   E:K-28:3; 72:36; E:M-118:19; 142: 10; E:F-211: 6; E:Z-248:8; E:AN-278:9; KS-320:1
machen   E: K-9: 20; 12: 2, 32; 14: 23; 23: 35; 25: 38; 40: 9; 43: 34; 47: 29; 51:22; 56:18; 59:31; 60:23; 77:3; 78:12; 82:33; 85:5; 89:25; 90:35,36; 91:18, 31; 97:22; E:M-104:7; 109:4,17; 111:4; 112:34; 114:1; 117:34; 132:38; 134:37; 136:29; 139:17; E:E-146:32; 158:18; E:V-160: 32; 169: 5; 176: 27; 194: 29; E: F-199: 4; 203: 34; 211: 37; 214: 25; E: C-218: 21; 226: 16; 228: 2; E: Z-232: 17; 245: 12; E: AN-264: 8; 266: 15; 268: 30; 273: 1; 276: 19; 280: 2; 281: 2; E: VAR-295:34; KS-305:16; 317:4; 319:9; 325:23; 330:19; 331:18; 336:27; 337:30; 341:2, 24; 342:14,31,33; 348:8; 356:26; 358:28, 33; 361:17; 377:35; 380:19,20; 381:31; 383: 9; 384: 26; 388: 7; 389: 15; 394: 13; 397:23; 398:20; 404:28; 405:3; 413:11; 415: 35; 417: 1, 4, 6, 12; 420: 3; 422: 13,

30; 423:21; 425:12; 435:2,33; 439:26; 440:36; 442:19; 448:19; 449:26; 459:20
                                                (107)
machenden   E:K-54:18
machst   E:K-28:15
macht   E:M-118: 19, 19, 19; E: Z-235: 5; E:AN-262:31; KS-303:21; 306:27; 311:9; 327:18; 328:34; 330:21; 336:28; 361:29; 400: 36; 401: 8; 408: 27; 427: 7; 428: 29; 431:21   (19)
machte   E: K-9: 17; 11: 38; 14: 8; 16: 1; 47: 35; 64: 21; 66: 33; 74: 31; 77: 8; 86: 7; 96: 37; E: M-108: 32; 109: 38; 112: 35; 118:14; 120:23; 126:18,23; 139:4; E:E-144: 25; 146: 13; 154: 19; 157: 36; E: V-160: 12; 173: 24; 193: 7; E: B-197: 8; E: F-201: 11; 214: 11; 215: 5; E: C-219: 25; 220: 21; E: Z-237: 36; 238: 31; 247:3; 261:11; E:AN-272:5,13; 276:5, 14; 278:5; E:AB-287:14; 289:23; 290:5, 22; E:VAR-295:37; KS-308:29; 320:29; 327:22; 338:32; 339:5; 343:38; 344:21; 345:2,6; 417:35   (57)
machten   E:K-17:32; 69:3; E:M-109:15; 111:30; 120:1; 135:11; E:C-220:12; E:Z-230:18; KS-327:2

Macht
Macht   E:K-31:14; 39:33; 49:27; 91:27; 97:27; E:E-154:7; E:V-161:31; 164:13; 169: 38; KS-333: 13; 334: 28; 353: 24, 31; 360:15; 368:20   (15)
Mächte   E:M-104:25; E:Z-246:32

mächtig
mächtig   E:K-83:37; E:M-123:21; E:V-185:20; E:F-203:3; KS-323:5; 389:24
mächtige   E:K-11:22; KS-377:9; 396:7

machtlos
machtlosen   E:F-213:35

Machtspruch
Machtspruch   E:K-90:15; E:E-145:6
Machtsprüchen   E:Z-230:23

Machtwort
Machtwort   E:K-95:1; 100:20; KS-374:6

Madam
Mad.   KS-398:29; 409:22
Madam   KS-411:22; 412:8,11,26; 414:17, 18
Madame   E:AB-290:16; KS-409:23

Mädchen

Mädchen E:K-72:9; E:M-138:32; E:E-
145:1; 157:21; E:V-162:29; 163:19,
24; 164:10; 168:5; 169:4; 170:13,20,
26; 171:32; 172:1,14,17,24,37; 173:6,
17; 174:38; 175:10; 178:6,29,37; 182:27;
183:11; 184:25; 186:20,21,24,36; 192:28,
31,37; 193:6,11; E:F-203:12; 205:12,
20; 206:24; 209:26; E:Z-256:10; 257:12,
37; E:AN-264:37; 271:34; 272:5; KS-
329:4; 331:34; 369:36,37; 431:34   (54)
Mädchens E:V-169:24; 170:12; 177:18;
179:16; 184:32; 193:38; E:Z-256:17;
258:23; KS-431:30

Mademoiselle

Mademoiselle KS-412:7,9; 414:15,20
Mslle. KS-417:33; 418:2,7,13

Madonna

Madonna KS-328:20; 363:19

Magazine

Magazine E:M-105:4

Magd

Magd E:K-18:38; 26:37; E:F-210:4;
213:29; E:C-222:38; 223:9; KS-320:17
Mägde E:V-164:27; 188:20; E:F-204:5,
26
Mägden E:K-93:10; E:V-187:38

Magdalenenkirche

Magdalenenkirche E:F-205:29,38

Mägdlein

Mägdlein KS-413:5,8

Magen

Magen E:AB-287:30; 288:29

mager

magere KS-313:23

Magistrat

Magistrat E:K-38:35; 41:32,35; 43:24;
80:35; 81:2; E:C-219:14; E:AN-262:21;
263:5,10; E:VAR-297:9   (11)
Magistrats E:K-38:18; E:C-224:27;
E:AN-263:3

Mahl

Mahl E:V-167:32

Mahlzeit

Mahlzeit E:K-86:9

Mähnen

Mähnen E:K-13:36; 14:32

Mahoms

Mahoms KS-307:27

Mähre

Mähren E:K-13:35; 14:19,38

Mai

Mai KS-445:23

maintenieren

maintenieren E:AN-275:32

Mainz

M... KS-338:29

Maire

Maire KS-431:5

Mais

Mais KS-441:16

Majestät

Maj. KS-383:5; 430:24
Majestät E:K-79:14; 87:14; 90:1,
14; 94:27; 102:27; E:Z-235:4; 243:1;
KS-368:24; 395:31; 402:30; 403:3,13,
15; 405:12; 438:9,21   (17)

Majorität

Majorität KS-371:26

makellos

makelloseste E:Z-235:16

Makrelenschwanz

Makrelenschwanz E:AB-288:14

mal

mal KS-322:20

Mal

Mal E:K-10:26,33; 12:1; 17:29; 21:25;
96:38; E:C-222:9; KS-338:34; 405:29;
432:28; 440:17   (11)
Male E:K-21:33; E:M-111:2; 142:26;
KS-408:31; 409:4; 438:8
Malen E:V-183:38; E:F-203:7; E:C-
217:4; 222:28; E:AN-278:20

malades

malades KS-321:38

malen

gemalt KS-339:17; 399:26
gemalten E:F-212:22
malen KS-336:15
malst KS-328:20
malt KS-306:4
malte E:K-25:7; KS-328:4; 432:19

Maler
> Maler   KS-327 : 33;   336 : 2, 4;   419 : 2;
> 432:18; 447:14
> Malers   KS-328:18; 448:18

Malerei
> Malerei   KS-449:30,36; 453:29
> Malereien   KS-432:16

malerisch
> malerischen   KS-336:29

Malteserritter
> Malteserritter   E:AB-286:11

Malzahn
> Malzahn   E:K-79: 21;   80:3, 29;   83: 21;
> 85:38; 86:3

Mamsell
> Mamsell   KS-335:4; 411:14,16,17

man
> man   E:K-10:21,30; 13:35; 14:22; 15:33;
> 16:16,22,24; 17:4,36; 19:7,8; 21:15; 22:19,
> 38; 23:9,36; 27:17,24,28; 29:30; 30:13;
> 35:3; 36:34; 38:18,20,24; 39:13,25; 41:31;
> 42:4,14,15; 46:21; 47:28; 49:21,24,26;
> 50:31,32; 51:5,29,34,34; 52:1,3,14; 54:8,
> 14,36; 55:15; 57:8,21,25; 59:34; 60:11,
> 21; 62:35; 63:23,36; 65:15; 66:16,16,
> 18; 68:20; 69:26; 70:28,31; 73:9,11; 75:24;
> 77:8; 78:23,25,35; 79:8,23,32; 81:1,13,
> 37; 84:29,34,36; 86:23; 87:7,12; 88:1;
> 89:27,30,32; 94:29; 95:35; 97:23; 101:26;
> 103:12,19; E:M-104:30,30; 105:12,27;
> 106:7,23; 107:22,35; 108:23; 109:4,5;
> 110:29; 113:5,34; 116:9,14,35; 117:2;
> 118:7,23,24; 119:31,32; 124:31; 125:29;
> 127:11,15,18,38; 129:5; 130:26; 131:2,
> 10; 133:32; 134:29,36; 136:24; 139:18,
> 28; 140:8; 142:5,21; E:E-144:6,25,29;
> 145:8,9; 148:37; 151:30,34; 152:19,27,28;
> 153:17,34; 154:1,9,11,29; 157:35; 158:38;
> E:V-167:6; 171:13; 174:14,14,19; 176:25,
> 38; 177:13,20,24; 179:22; 180:1,11,32,
> 32,38; 182:12; 189:20; 193:21; 194:9,
> 19,19,30,36,36,37; 195:1; E:B-196:3,4,
> 6; 197:38; 198:14; E:F-199:14; 203:24,
> 30; 204:32; 205:8; 206:5,20,37; 209:24,
> 25; 210:4,31; 214:23,26; 215:2,5,14,16;
> E:C-217:19,25; 218:5,23; 219:9,16,27,
> 38; 220:4,23,25; 223:27; 224:28; 225:31,
> 34; 226:30; E:Z-230:37; 231:2,12; 232:13;
> 235:14; 236:14; 240:38; 241:35; 242:5,

5,23; 243:19; 247:30,38; 250:6; 254:31;
255:5,9,14,27; 256:6; 257:11; E: AN-
265:16; 266:33; 267:21; 268:10,26; 269:2,
19; 270:4,6,8,14; 272:21; 273:12,28,28,29,
29; 277:4; 278:4,16; 279:4,19,28; 281:7,
17,27; 282:3; E: AB-284:34,37; 285:19,
34,35; 286:16; 287:23,25,29,32,36,37;
288:2,5,16,17,31; 290:1,2,12; E:VAR-
294:33; 295:1,19; 296:18; 297:15; KS-
301:10; 312:35; 315:12,13,24; 316:33,33,
34,34; 319:9,17; 321:2,13,14,26,35; 322:4;
323:3,26,27,31,35; 324:21; 326:26,28,
31; 327:12,13,13,14,14,32; 328:3,4,6,34,
34; 329:18; 330:3; 331:16,35; 332:9,11,23,
25,25,33; 334:15; 336:14; 337:18; 338:24;
340:21; 342:2; 343:8; 347:2,33; 355:4,8,9;
358:10; 361:7,8,9,10,31; 362:3,17; 363:23;
364:15,17,22,22,23,24; 365:31,32; 366:10,
17,18,26,27,30; 367:9,28; 368:8; 369:3,
9; 370:3,15,18; 376:34,36; 377:1,2,2,3;
380:24,30; 382:3,6,10; 383:20,24; 384:1,
34,34; 385:10,20,28; 386:8,18; 390:6,12,
23; 391:7; 392:25,29; 394:15,18; 395:35;
396:18,24,26; 397:35,38; 398:25,26,30,
31,35; 399:1,9,20; 400:2,3,7; 406:25,27,
36; 408:34,35; 409:26,31; 410:30; 411:1,
5,16,24,33; 412:3; 413:10,23; 416:31,
32; 417:9,34,37; 418:6,9; 420:16; 422:12,
14; 428:11; 429:13,29,32; 431:7,13; 432:7,
19,22,29,33; 435:15,37,38; 436:13,26,27;
437:6; 440:31; 441:9,21,27; 442:1,8,16,
19,37; 443:11,31,35; 444:9,9,27; 445:10,
20; 448:24; 449:6; 451:15; 452:19; 455:18,
22; 456:29; 457:2   (503)

manch-
> manch   KS-409:17
> manche   E:K-73:11; E:Z-235:38; E:AN-
> 276:7; E:AB-288:4; KS-313:3,5; 334:15;
> 380:27; 450:17
> manchem   E:K-29:14; KS-322:11; 347:1
> manchen   E: K-22 : 21;   E: V-175 : 2;
> 187 : 5;   192 : 29;   E: Z-250 : 21;   E: AN-
> 265 : 26;   276 : 23;   KS-331 : 36;   412 : 16,
> 17; 415:12; 440:30   (12)
> mancher   E:K-20:36; E:AN-279:18; KS-
> 313:2; 320:25; 346:5; 368:13; 415:3
> manches   KS-313:4; 368:14

mancherlei
> mancherlei   E: K-27 : 7;   29 : 1, 7;   38 : 21;
> 47:24; 51:38; 54:33; 57:17; 67:12; 78:20;
> 84:15; 86:17; 89:37; 98:13; E:V-189:22;
> 191:25; E:F-201:18,33; 209:13; 213:33;

E: C-219:25, 38; 225:22; 226:32; E: Z-238:18; 257:35; E: AN-276:10; E: AB-283:25; E:VAR-298:2; KS-339:6; 405:35; 416:28; 454:17 (33)

manchmal
manchmal E:AB-288:28

Mandat
Mandat E:K-34:9; 35:9,28; 36:10,15,27, 27; 37:21; 41:14,21; 43:36; E:V-178:16 (12)

Mandate E:K-67:21

Manelka
Manelka E:AN-265:10

mangeant
mangeant KS-319:16

Mangel
Mangel E:K-74:14; KS-301:14; 309:1; 406:6

Mangels E:K-14:5; 39:15

mangelhaft
mangelhafte E: K-60:18; KS-346:25; 348:14; 412:18

Mangelhaftigkeit
Mangelhaftigkeit KS-386:36

manierieren
manierierte KS-346:25

Mann
Mann E:K-9:8; 11:9; 21:25; 22:38; 29:3; 35:12,23; 36:8; 37:5,14,27; 39:36; 40:20; 42:8; 43:13; 44:35,36; 45:11,14; 48:27, 28; 49:3; 51:5,14; 52:36; 54:8; 55:16; 58:1,8; 64:27; 73:26; 74:5; 76:8; 78:31; 81:20; 84:9,13; 86:4; 92:27; 93:17,22; 100:32; 101:10; 102:38; 103:5,7; E:M-112:20; 117:16; 121:25; 141:19,28; E:E-150:27; 156:35; 157:7,15; E:V-162:38; 172:33; E:F-201:24; E:C-224:23; E:Z-232:31; E:AN-262:8; 265:25; 266:22, 29; 267:7; 268:31; 271:16; 276:10,11, 17; 278:5; E:AB-285:22,23; 289:14; 290:3, 15; E:VAR-292:8; KS-310:10; 330:29,31, 35; 331:24; 341:17; 343:12,19; 374:29; 387:15; 388:32; 394:23; 400:24; 413:19; 431:31; 447:8 (93)

Manne E:K-30:9; 65:5; 67:25; 89:27; E:M-142:34; E:AB-289:25; KS-370:15

Männer
Männer E:K-21:23; 32:18; 44:3; 57:11; 99:1; E:M-139:38; E:E-151:32; E:V-188:6,22; E:C-220:22; 222:15; 227:17; E:AN-263:27; E:VAR-297:31; KS-314:14; 316:1,2; 318:33; 332:6,19; 369:6,12,32; 395:23; 410:37; 416:6; 434:24,31 (28)

Männern E:K-52:9; E:V-188:23; E:C-220:4; KS-444:4

Mannes E:K-30:19; 49:14; 54:33; 77:25; 88:16; E:M-112:24; 120:35; E:C-220:35; E: Z-231:10; E: AB-289:6; KS-457:3 (11)

Männerhaufen
Männerhaufen E:C-224:11

Männerrolle
Männerrollen KS-410:37

mannigfach
mannigfachen KS-428:31

mannigfaltig
mannigfaltig KS-418:34
mannigfaltige KS-308:25
mannigfaltiger KS-408:8
mannigfaltigsten KS-392:2

Mannigfaltigkeit
Mannigfaltigkeit KS-448:21

männlich
männlichen E:C-217:19; E:Z-249:24; E:VAR-294:33

Mannsgröße
Mannsgröße KS-384:23

Manchester
Manchester KS-399:26

Manschette
Manschette KS-321:25

Mantel
Mantel E:K-10:8; 16:27; 44:31; 58:26; 59:37; 63:6; E:E-150:8; E:F-202:33; 204:11; 205:32; 206:2; 212:18; E:C-222:20; E:Z-260:10 (14)

Mäntel E: C-223:30; 224:5; E: VAR-296:29

Mänteln E:C-217:26; E:VAR-295:2

Manufactures
Manufactures KS-433:10

Manuskript
Manuskripte KS-416:19; 448:36; 449:5

Mapochofluß
Mapochofluß   E:E-146:19

Märchen
Märchen   E:K-13:13; E:M-122:31; E:V-186:6; E:VAR-292:19; KS-411:30; 412:1

Marchese
Marchese   E:B-196:3,8,18,21; 197:1, 9; 198:6,26

Marengo
Marengo   KS-366:21

Margarethe
Margarethe   E:Z-243:13

Margarethentag
Margarethentages   E:Z-243:17

Maria
Maria   E:E-158:4; E:V-162:2

Mariane
Mariane   E:V-173:36; 175:13

Marine-Offizier
Marine-Offizier   E:E-157:10; 158:34
Marine-Offiziers   E:E-157:33

Marionette
Marionette   KS-340:19; 341:2,20
Marionetten   KS-339:36; 340:29

Marionettentheater
Marionettentheater   KS-338:28,34

Mark
Mark   E:E-158:32; E:Z-233:35; 234:12

märkisch
märkischen   KS-327:36; 368:27

Markt
Markt   E:K-58:3; 60:27; 61:2; 64:29; 91:4; 93:13; 101:30; KS-372:25; 401:10
Markte   E:K-75:33; KS-339:1
Märkte   E:VAR-292:16
Märkten   E:K-9:20; 13:9

Marktflecken
Marktflecken   E:K-82:16

Marktpreis
Marktpreis   KS-372:6

marmorn
marmornen   E:K-92:11

Marne
Marne   KS-431:3

Marquis
Marquis   E:M-104:15; 111:18; E:B-198:20; E:F-203:4; 211:28

Marquise
Marquise   E:M-104:1,5; 105:16,24,32; 106:29,30; 107:12; 108:13,30; 109:6,10, 19,24,28,31; 110:9,14,20,23,35; 111:3, 12,33,36; 112:6; 113:14; 114:20; 115:34, 38; 116:6,22; 117:7,19,21,28,35; 118:5, 10,31,35; 119:16,21,34; 120:2,13,17,24, 28,33; 121:6,10,19,24,38; 122:11,16,26, 36; 123:3,10,17,19,29,32; 124:2,4,11, 15,21,21,25; 125:5,15,22,28; 127:20,35; 128:14,22,28,32; 129:2,8,13,15,19,21, 25; 130:12,19; 131:9,12,20,34; 132:29; 133:6,15,22,27,32,35,36; 134:8,15,20,29, 32,38; 135:6,9,15,22,28,33,36; 136:11, 20,21,34,36; 137:2,5,10,13,16,21,29,32, 38; 138:19,22; 139:16,19,21,22,28,29; 140:14,20,27,34,37; 141:9,16; 142:3,5,24, 32; E:B-197:22; 198:5,19   (152)

Marsch
Marsch   E:AN-275:19; 278:12
Märsche   E:K-37:36
Märschen   E:K-38:12

Marschall
Marschall   E:AB-283:8

Marseille
Marseille   E:V-168:9
Marseiller   E:V-168:27

Martin
Martin   E:K-42:19; 43:19; 44:14; 53:8

März
März   KS-407:29; 443:33; 460:16

März-Heft
März-Hefte   KS-450:7

Maß
Maß   E:K-91:2; E:Z-241:24
Maße   E:K-16:6; E:F-201:13; KS-308:34; 336:37; 345:22; 434:18

Maschine
Maschine   E:AB-285:28; KS-388:22; 389:31; 391:30; 393:7
Maschinen   KS-391:8

Maschinerie
Maschinerie   KS-388:25; 390:26

Maschinist
Maschinist   KS-340:1,18; 341:35
Maschinisten   KS-339:25; 340:13

mäßig
mäßig   KS-308:26
mäßige   KS-334:23
mäßigen   KS-307 : 9; 308 : 23; 313 : 1;
393:28
mäßiger   KS-385:13; 408:26
mäßiges   KS-308:9

Mäßigkeit
Mäßigkeit   KS-304:33

Mäßigung
Mäßigung   E:Z-230:32

Maske
Maske   E:F-204:1

Maßregel
Maßregel   E : K-50 : 27; 51 : 19; 55 : 13;
71:18; 80:5; E:M-128:15; 133:24; E:E-
153 : 21; 156 : 13; E : F-200 : 6; KS-402 : 7,
17; 404:15; 441:1; 460:19   (15)
Maßregeln   E : K-38 : 25; KS-359 : 12;
380 : 18; 381 : 28; 382 : 1; 405 : 14; 407 : 25;
415:34; 427:4,14   (10)

Masse
Masse   KS-334:29; 368:6; 453:25; 454:18

Maßtab
Maßtab   KS-422:31

Material
Materialien   KS-371:30; 389:33

Materie
Materie   KS-342:20,38

Mathematik
Mathematik   KS-385:1

Mathematiker
Mathematiker   KS-395:8; 421:31

mathematisch
mathematische   KS-386:18
mathematischen   KS-362:5

Mätresse
Mätressen   KS-400:6

Matrone
Matronen   E:E-145:5; 152:20

matt
matt   E:M-125:30; KS-306:24

Matthias
Matthias   KS-328:15

Mattigkeit
Mattigkeit   E:M-110:12,15

Mauconduit
Mauconduit   E:AB-285:24

Mauer
Mauer   E:K-33:12; E:M-128:24; E:AN-
271:16,20,23,26
Mauern   E:K-33:28; 41:35; E:E-145:17;
E:C-221:20; 224:31; KS-377:11

Maul
Maul   E:K-58:34; E:AN-265:1
Mäuler   E:K-19:11

Maulbeerbaum
Maulbeerbaum   KS-398:7

Maulesel
Maulesel   E:V-164:29; 169:34; 187:35,
37; 188:1

Maultier
Maultier   E:V-188:19,32,37

Maurer
Maurer   KS-441:36

Maximilian
Maximilian   E:AB-283:23
Maximilians   E:AB-283:27

Mechanikus
Mechanikus   KS-341:1

mechanisch
mechanische   KS-339:29
mechanischen   KS-340:4; 341:7; 342:34;
393:2
mechanischer   KS-340:30; 393:11

Mechanismus
Mechanismus   KS-339:18

mecklenburgisch
mecklenburgischen   E:K-67:10; 103:21
mecklenburgischer   E:AN-271:11

Medaille
Medaillen   E: AB-285: 9;   KS-399: 18;
432:15

Medea
Medea   KS-307:25

Meditation
Meditation   KS-319:3

medizinisch
medizinische   KS-395:14

Meer
Meer   E: Z-253: 26;   E: AB-288: 35;   KS-
309:31; 331:11,29
Meere   E: E-146: 33;   E: AN-274: 7;   KS-
397:8; 436:32
Meeres   E:F-202:17
Meers   KS-398:19

Meeresufer
Meeresufer   KS-327:10

Meerschwein
Meerschweins   E:AB-288:13

Mehlspeise
Mehl-   E:AB-287:28

mehr
mehr   E:K-20:3; 22:19; 23:14; 24:4; 26:8;
28:12,37; 33:18,28; 37:1,15; 44:20; 49:20,
26;   51: 26;   58: 4;   70: 27;   71: 6, 22,
25; 86:29; 88:1; 92:25; 95:38; 97:11;
98:9; E:M-128:5; 131:19; 136:8,9,11,
24; 142:13; E:E-149:15; 151:36; 153:14;
154:2; E:V-163:16; 166:10; 168:34; 174:8;
181: 28;   188: 35;   190: 5;   E: F-201: 16;
207: 34;   210: 2, 6, 20, 35;   E: C-216: 21;
217:34; 218:3; 219:4; 220:26; 221:19;
222: 21;   223: 32;   E: Z-232: 8;   237: 37;
238:6; 241:38; 244:3; 250:6; 253:26;
258:28; 259:13; 260:19; E:AN-262:29;
265:14; 267:35; 279:10; E:AB-287:32;
290:32; E:VAR-294:4; 295:10,17; 296:13,
14; KS-303:5; 304:4,13; 306:15; 309:20,
37; 312:25, 25, 29; 317:22, 30; 318:35;
320: 14;   323: 11, 23;   325: 30;   327: 4,
5; 332:5; 333:3; 336:23; 338:16; 339:9;
342:18,34; 343:3; 344:9; 345:19; 346:20,
31; 351:17; 356:13; 357:26; 359:18; 370:3,
21;   372: 9;   376: 33;   381: 27;   383: 12;
387: 30;   391: 27, 29;   394: 17;   396: 33,
37; 397:1,26; 399:32; 400:19,33; 401:9,
31; 404:1; 406:15; 407:24; 408:13; 409:16;

412:10; 414:1; 417:13; 418:8; 422:9; 423:1;
433: 6; 436: 23; 441: 12; 442: 12; 443: 10,
14;   445 : 12;   449 : 7;   452 : 21, 33;   457 : 5
(154)

mehrer-
mehrer   E:M-107:12
mehrere   E: K-21: 25, 33;   22: 16;   29: 12;
37:10; 38:8; 40:2; 43:28; 61:5; 70:24; 99:2;
E:M-109:1; 110:34; 111:2; 116:21; 119:27;
120:3; 142:26; 143:3; E:E-150:24; 156:35;
157: 9, 23;   158: 36;   E: V-164: 27;   169: 24;
171:19; 181:7; E:B-196:18; 197:10; E:F-
200: 33; 202: 19; 203: 7; 204: 33; 206: 13;
209: 23;   213: 4;   E: C-221: 3, 18;   222: 3, 9;
E:Z-230:1; 231:26; 237:3; 246:27; 250:30;
257: 14;   E: AN-263: 31;   274: 23;   276: 25;
277: 18;   279: 15;   281: 19;   E: AB-288: 22;
E:VAR-298:5; KS-338:33; 351:29; 357:29;
380:31; 383:12,14; 397:13; 401:34; 403:9,
18;   404: 4;   410: 11;   420: 1;   428: 3, 6, 32;
430:19; 435:18; 440:17,29; 441:4; 442:21;
444:20; 459:36   (79)
mehrerem   KS-308:22
mehreren   E: K-36: 30;   37: 26;   54: 22;
65:38; 66:33; 77:32; 83:26; E:M-104:6;
E: F-210: 10;   E: Z-238: 14;   256: 16;   KS-
397:15; 407:5; 416:2,21; 421:28; 429:19;
432:5   (18)
mehrerer   E: K-37: 37;   40: 36;   61: 12;
71: 37;   94: 4;   E: M-107: 1;   E: V-182: 31;
E: F-209: 18;   E: C-227: 16;   E: AN-266: 4;
272: 28;   E: AB-288: 24;   E: VAR-297: 31;
KS-388:32   (14)
mehreres   KS-428:37
Mehreres   E:C-224:32
mehrern   KS-429:10,10; 454:7

mehrmalig
mehrmaligem   E:Z-250:2

mehrmals
mehreremal   E: K-33: 20; 39: 23;   E: V-
183:1
mehrmal   E:AN-270:17
mehrmals   E:C-217:31; E:AB-287:5

Mehrzahl
Mehrzahl   KS-423:4

Meierei
Meierei   E:K-53:29; 69:13; 81:2,19,35;
84:5; 86:14; 93:22

Meierhof
Meierhof   E:K-9:10; 25:13

Meile

Meile   E:V-164:38; KS-396:37

Meilen   E:K-37:36; E:V-163:27; E:Z-
239:5; E:AN-281:11; E:AB-289:35; KS-
371:19; 389:23; 393:27,28; 398:9   (10)

meilleure

meilleure   KS-384:13

mein

mein   E:K-27:33; 28:27; 44:19; 46:20;
E:M-117:10,11; 119:19; 121:20; 122:4,
38; 125:15,17; 132:16; 135:15; 136:4;
137:20,28; E:E-156:31; E:V-164:13,
14,26,31; 165:8; 167:38; 177:31; E:F-
208:21; 212:28; E:C-222:14; E:Z-234:38;
235:5; 244:24; 245:9,20; 247:16; 251:2,
6,8; 252:28,31; 253:30; E:AN-262:16;
264:25; 265:16; 267:32; 271:28; 279:21;
E:AB-289:14; 290:17; KS-301:20,26,
30; 302:5,16,21,32; 303:3,10,17,21,
30; 305:29,35; 306:6,23,25; 307:17,30,
37,38,38; 308:14; 309:4,17; 310:4,13,
24; 311:9,22,32,36; 312:12,16,20; 313:11,
30,35; 314:3,6,13,22,27,33; 317:30,
30; 318:3; 319:4,22; 320:11; 321:1,
36; 325:20; 327:21; 328:19,30; 330:31;
341:31; 345:20; 347:15; 350:12,13,
18; 351:5,6,8,13,13,22,24; 352:3,5,
27,33; 353:3,19,21,26,28; 354:3,13,20,
29; 355:8,13,17,26,31,31,35; 356:3,5,
5,17,34; 357:7,20,31; 358:2,5; 359:5,
6,14,23,26,36; 360:6,11,20,24; 367:16;
368:29; 369:22,36; 370:16,19,31,
38; 371:8; 373:22; 386:33; 387:26; 394:7,
29; 400:26,26; 402:9; 405:11; 407:18;
435:19,20; 436:14,17,18,36; 437:15,
20; 440:26   (186)

meine   E:K-15:17,19; 17:37; 18:10; 27:17,
19,27,32; 28:10,21; 36:3; 45:12;
47:2; 86:28; 92:4; 93:15; E:M-117:9;
118:12; 121:22,38; 122:11,21,26,35,
36; 123:13; 126:1; 129:14; 132:19;
134:1,35,37; 135:20,23,25,27,32,
35; 137:5; 140:35; E:V-162:11; 163:18,
20; 164:17; 165:23; 188:31; E:F-214:37;
E:C-221:8; E:Z-233:11; 239:29; 240:18;
245:14; 248:21; 250:27,34; 251:22,
23; 252:25,34; 253:36; 254:7; 259:24,
28; E:AN-267:24; 279:33; 280:22;
E:AB-290:19; KS-304:15; 311:33;
315:30; 317:26,34,35,37; 318:1; 326:17;
328:7; 334:19; 340:33; 345:11,13,
15; 367:16,18; 371:4,26; 373:18; 387:11,

27; 394:26; 400:23; 401:11; 434:17,17,
19,21; 436:21,28,29,33,38; 437:5,13,
13; 440:32; 443:21   (106)

meinem   E:K-47:4,34; 82:25; 83:9;
91:24; 92:12,34; E:M-122:15,32; 135:17,
37; E:V-164:25; 165:22; 166:34; 173:29;
186:3; E:Z-234:34; 245:7; 251:23; 252:13,
32; 253:14; E:AN-275:4,7; KS-317:29;
318:13; 319:18; 320:4; 326:6; 337:22;
345:1; 352:35; 355:32; 400:31; 401:4;
435:28; 437:2,3,7; 439:1; 442:35; 454:22
(42)

meinen   E:K-19:25; 20:23; 27:24,37;
48:15; 83:10; 93:22; E:M-129:16; 132:17;
E:Z-251:4,34; 259:29; E:AN-264:5; 273:2;
E:AB-284:37; KS-304:15; 308:26; 318:19;
343:13; 347:27,27; 348:9; 352:35; 371:1;
400:37   (25)

meiner   E:K-14:13; 19:8; 28:8; 43:14;
45:12; 46:28; 47:18; 82:11; 93:18; E:M-
119:19; 122:5; 123:20; 136:2; 137:1; E:V-
167:23; 169:9; 174:15,16,17,21; 180:1;
E:Z-235:1; 240:21; 244:38; 249:20,21;
251:24; 252:28,30; 259:28; 260:22; E:AN-
268:35; 271:29; 275:3,25,29; 282:1,1;
KS-304:1,9,10,12; 317:25,28,36; 319:27;
320:8,10; 331:32; 343:12; 344:17; 347:16,
30; 348:17; 370:6,26; 371:10; 383:18;
401:8; 436:37; 437:1,4; 440:29   (63)

meines   E:K-28:1; 35:31; 45:31; E:M-
125:27; 135:31; 136:8; E:V-165:7;
169:1; E:Z-232:35; 234:30; 235:8; 254:5,
8; 259:22; 260:20,26; E:AN-265:21;
267:27,33; 268:8; 275:36; KS-348:25;
371:7; 436:1,19,22,25,30,37; 437:16,
17; 440:16   (32)

meinen

gemeint   E:K-20:20; 99:6; E:M-111:17;
E:F-207:37; KS-345:15

meine   E:K-47:22; E:Z-254:8; KS-319:7;
336:9; 343:17; 348:29; 373:22; 402:17;
442:16

meinen   E:C-224:34; KS-363:23; 368:1;
406:23; 412:13,26

meinet   KS-376:30

meinst   E:K-18:14; 42:36; E:M-118:14;
KS-351:9; 355:11,36; 400:23; 401:3,14

meint   E:V-165:30; KS-368:11; 399:9;
408:7; 447:21

meinte   E:K-11:36; 12:24; 37:11; 47:36;
96:11; E:M-108:34; 114:14; 115:27; 117:2;
124:32; 131:19; 133:31; 135:11; 139:27,

32; E:E-152:38; E:V-169:5; 171:2; 176:17;
177:1; 178:26; 182:28,35; 185:15; 191:10;
193:29; 194:3; E:C-219:33; 226:35; E:Z-
231:27; 248:14; 259:30; E:AN-280:14;
281:25; E:AB-284:12; KS-315:34; 440:25
(37)
meinten   E:K-11:18; E:M-124:1; E:Z-
230:2; KS-356:11,21
meintest   E:M-123:15

meinethalben
meinethalb   E:K-62:29
meinethalben   KS-336:25

meinige
meinigen   E:K-93:1; E:V-164:37; KS-
309:37; 316:21; 344:28; 348:34; 436:20

Meinung
Meinung   E:K-43:11; 45:10; 49:13; 51:8;
52:33; 63:38; 66:23; 75:6,16; E:M-114:20;
117:18; 118:1; E:E-154:8; E:V-182:32;
E:Z-232:14; 241:22; 242:4; E:AN-281:24;
E:AB-289:29; KS-330:22; 370:14; 400:17;
405:31; 439:23,37; 457:4   (26)
Meinungen   E:K-52:26; KS-316:24;
331:7; 346:33

Meißen
Meißen   E:K-39:37; 40:8,12,21,29; 49:31,
33; 50:35; 54:4,6; 57:4; 61:9; 66:38; 70:4,
7,17; 71:3; 72:19,27; 79:1; 87:10; KS-
350:9,10,11,11   (25)

meiste
meisten   KS-313:11; 324:17; 340:8;
343:25; 378:20; 423:3

Meister
Meister   E:K-62:5,12,19,20,22; 63:2,
18; E:E-156:31; 157:19; 158:18,27; E:C-
217:30; E:Z-231:16; E:VAR-295:6; KS-
328:26; 336:6; 337:5; 344:26; 363:15;
411:13; 418:15; 441:33,38   (23)
Meistern   KS-443:32

meisterhaft
meisterhaft   KS-420:20
Meisterhafteste   KS-324:14

melancholisch
melancholisch   E:C-219:34

Melanchthon
Melanchthon   KS-379:8

melden
gemeldet   E:K-89:21
melden   E:K-54:5; E:M-104:9; 115:21;
E:V-175:5
meldet   E:AN-266:6; KS-453:15
meldete   E:K-22:1; 28:30; 35:8; 39:35;
40:13; 48:22; 92:36; E:M-119:14; E:F-
215:15; E:C-219:18; E:Z-256:19,26   (12)

Meldung
Meldung   E:K-54:6; E:M-118:29; E:AN-
273:16; KS-368:30
Meldungen   E:V-181:5

Melitus
Melitus   KS-314:18

Melone
Melonen   KS-441:17

Memmo, Simone di
Memmo   KS-432:19

menagieren
menagiert   KS-330:29

Menge
Menge   E:K-36:20; 37:19; 55:22; 59:7;
61:10; 63:13; 91:37; E:E-157:16; 158:15;
E:V-174:24; 176:21; 189:37; E:F-207:28;
E:Z-237:38; E:AB-283:11; 286:1; KS-
371:33; 410:23; 425:29; 433:2; 441:34
(21)

Mensch
Mensch   E:K-16:18; 27:26; 46:5,14,34;
56:19; 81:23; E:M-134:24,33; E:V-160:7;
177:16; 192:26; E:B-197:19; 198:13,17;
E:C-222:21; E:Z-248:34; E:AN-264:38;
268:10; 269:24; 278:22; E:AB-287:13;
289:35; KS-303:26; 313:7; 314:4; 325:7,
31; 328:31; 330:10,23; 358:22; 360:22;
394:20; 404:30,37   (36)
Menschen   E:K-9:7; 10:3; 16:37; 42:35;
45:22; 58:15; 61:11; 76:37; 78:8; 83:3;
84:2; 93:32; 98:23; E:M-125:8; 126:34,
38; 127:7; 128:14; 133:27; E:E-
144:4; 146:22; 147:35; 148:4; 149:22,
36; 152:16,19,28; 155:26; 156:16; 157:3,
37; E:V-160:22; 163:30; 164:7,28;
165:10; 174:29; 184:10; E:F-207:24;
E:C-223:33; 224:25; E:Z-249:2; 250:6;
253:22; E:AN-277:18; E:AB-286:25;
E:VAR-292:8; 296:15; KS-301:19; 302:19,
24; 303:13,20; 304:20; 305:22,25; 306:1,

11; 308:17; 309:23,26; 310:14,21; 311:5,
5,8; 312:24; 313:9,27,32,36,36; 314:14,
23,30; 315:1,5,8,11,36; 318:30; 325:20;
329:12; 333:9; 335:5; 337:30; 338:24;
342:36; 343:11; 344:4,10; 345:5; 354:23,
25; 355:16; 356:28, 29; 358:25, 28, 34;
360:18,26; 363:20; 376:37; 380:12; 400:30;
408:5; 410:8; 423:4; 427:10; 429:16,17,
30; 441:36; 443:28; 452:20   (117)

Menschenbrust
Menschenbrust   E:E-152:37

Menschenfeind
Menschenfeind   KS-314:35

menschenfreundlich
menschenfreundliche   E:C-226:4; E:AN-
272:19
menschenfreundlichen   KS-434:11

Menschengeschlecht
Menschengeschlecht   KS-312:21; 378:34;
379:11

Menschenhaß
Menschenhaß   KS-312:21
Menschenhasses   KS-312:4,17; 313:18

Menschenhaufen
Menschenhaufen   E:E-146:36

Menschenherz
Menschenherz   KS-312:22

Menschenkenner
Menschenkenner   KS-324:12

Menschenliebe
Menschenliebe   KS-304:21,32; 312:14;
314:33,36

Menschenlippen
Menschenlippen   E:AN-268:7

Menschenmasse
Menschenmasse   KS-396:25

Menschenmenge
Menschenmenge   E:K-54:11; 101:15;
E:E-155:8; E:Z-243:19; 259:1; KS-397:5

Menschenquäler
Menschenquäler   E:K-39:20

Menschheit
Menschheit   KS-306:12; 307:20; 312:35;
314:24; 333:27; 335:18; 378:33; 394:33

menschlich
menschlich   E:K-14:15
menschliche   E : E-152 : 17; 155 : 20;
E:AB-286:27; KS-317:5; 333:10; 408:5,
11
menschlichen   E:K-42:22; 50:10; E:AN-
275:6; E:AB-288:25; KS-311:16; 320:21;
327:4; 340:12; 342:35; 343:7; 345:31;
346:12,22; 388:6   (14)
menschlicher   E:V-171:6; E:AB-285:17;
KS-326:35
menschliches   E : V-175 : 2; KS-303 : 4;
324:10; 433:5

Menschlichkeit
Menschlichkeit   E : V-166 : 7, 27; E : Z-
237:34; KS-436:36

méritoit
méritoit   KS-322:20

merken
merken   E:M-136:27; E:AN-280:24; KS-
339:5
merkt   KS-376:30
merkte   E:V-171:11; E:F-205:21

Merkmal
Merkmale   E:M-112:38
Merkmalen   E:K-16:33

merkwürdig
merkwürdig   E:V-170:13; E:F-209:27;
E:AN-279:20; KS-383:18; 400:11
merkwürdige   E:Z-254:38; E:AB-286:5;
E:VAR-292:8; KS-321:33; 330:8; 333:33;
415:22; 440:14
merkwürdigen   E : K-100 : 14; E : C-
216:14; 226:27; E:AB-288:33; E:VAR-
297:25; KS-341:18; 420:36
merkwürdiger   E:AN-277:17
merkwürdiges   E:AB-283:6; KS-322:2
Merkwürdiges   KS-424:2
merkwürdigsten   E:VAR-293:32; KS-
398:21

Messe
Messe   E:K-13:6; E:E-153:30; 154:9;
E : C-217 : 13, 30; 218 : 16, 27; E : VAR-
294 : 27; 295 : 6, 29; 296 : 10; 297 : 16,
29   (13)

messen
gemessen   E:AN-264:23
messe   E:K-19:33

messen   E: AN-271:22; KS-308:34,35;
342:38; 398:17; 412:19
messend   E:K-11:4
messender   E:AN-279:15

Messer
Messer   KS-413:33,38

Messerlein
Messerlein   KS-413:12

Messerstich
Messerstiche   E:M-124:33; E:V-187:23

Messina
Messina   E:AN-272:3

Messing
Messing   E:Z-231:8; E:AB-285:10

Mestize
Mestize   E:V-161:9; 162:11; 165:27

Metall
Metall   E:K-30:34; E:VAR-293:15

Metalldraht
Metalldrahts   KS-385:25

Metapher
Metapher   KS-338:25

metaphysisch
metaphysischen   KS-333:18

Metrum
Metrums   KS-347:22

Metzger
Metzger   KS-413:6,11,15

Mexikaner
Mexikaner   KS-317:3

Michael
Michael   E:K-9:2,5; 16:17; 45:1; 53:8;
E:VAR-292:2,6
Michaels   E:K-41:15

Miene
Miene   E:K-60:37; E:M-120:13; 132:9;
133:4; E:V-194:29; E:F-206:17
Mienen   E:M-134:17; E:F-200:32; KS-
307:23

mieten
mieten   E:K-18:26

Milch
Milch   E: K-81: 34; E: V-178: 34; KS-
315:18

mild
mild   E:K-102:15
Milde   E: K-55: 25; 94: 36; E: V-178: 5;
E:C-224:30
milden   KS-435:10
milder   KS-411:17; 414:20
mildes   E:F-206:27

mildern
gemildertes   E:K-68:32
mildern   E:E-145:3; KS-368:15

Militärdeserteur
Militärdeserteurs   KS-426:18

Militärgericht
Militärgerichten   KS-430:26

Million
Mill.   KS-396:23; 398:15

Miltiades
Miltiades   KS-450:3

Mimik
Mimik   KS-423:24

mimisch
mimischen   KS-414:22; 418:9; 423:24

minder
minder   E: K-20: 36; E: F-210: 8; E: Z-
234:31; 250:33; KS-314:19; 408:26
minderem   E:VAR-295:33
Minderes   E:K-86:23

Minderjährigkeit
Minderjährigkeit   E:Z-229:28

mindeste
mindeste   E: K-97: 16; 101: 24; E: F-
203: 20; E:Z-232: 10; E:AN-280: 28; KS-
380:24; 436:3; 438:6; 441:2,27   (10)
mindesten   E:Z-230:6; E:AN-276:6; KS-
390:32; 410:6
mindestens   E:K-42:3; E:AN-277:24

Mine
Mine   E:AN-275:33

mineralisch
mineralischen   E:K-22:17

Miniatürmosaik
Miniatürmosaik   KS-399:21

Minister
Minister   KS-431:6

Ministerium
Ministerium   KS-419:24

Minute
Minuten   E:K-71:36; E:M-114:5; 125:13;
E:V-184:38; E:Z-239:37; KS-438:33

minutiös
Minutiöse   KS-346:24

Mirabeau
Mirabeau   KS-320:30,36; 321:26

mißbilligen
gemißbilligt   E:Z-242:6
mißbillige   E:M-113:23

Mißbrauch
Mißbrauchs   E:K-51:21

mischen
mischen   KS-376:12
mischt   E:K-92:32
mischte   E:K-62:34; E:E-147:14; E:V-
168:37; 175:4; 187:24
mischten   E:Z-249:27

Mischung
Mischung   E:V-175:32

mißfallen
mißfallen   E:Z-232:12; 235:33
mißfällt   E:M-117:22
mißfiel   KS-418:2

mißgefällig
mißgefälligen   E:K-78:8

mißgeschaffen
mißgeschaffener   E:K-36:17
mißgeschaffner   E:Z-237:25

Mißgeschick
Mißgeschick   KS-375:33

mißglücken
mißglückte   KS-343:35
mißglückten   E:K-90:18

mißgönnen
mißgönnte   E:K-71:22

Mißgriff
Mißgriff   E:K-66:16; 96:19
Mißgriffe   KS-324:15; 342:11
Mißgriffs   E:K-50:11

mißhandeln
mißhandelt   E:K-62:22
mißhandelte   E:K-51:2

Mißhandlung
Mißhandlung   E:K-38:24
Mißhandlungen   E: K-16 : 24; 78 : 16;
E : M-105 : 28;   E : V-166 : 10;   170 : 9,
23; E:Z-237:29; 240:3

mißlich
mißlich   E:K-99:14; KS-335:1
mißlichen   E:K-50:23
mißlichere   E:K-78:5

mißraten
mißraten   KS-451:13

Missetat
Missetat   E:K-18:8; 43:18; 45:22

Missionär
Missionäre   E:AB-288:25

Mist
Mist   E:AN-270:10

Mistpfütze
Mistpfütze   E:K-62:3,8

mißtrauen
mißtrauen   E:V-193:33,36; E:F-209:15
mißtraute   E:K-85:13; E:V-182:32

Mißtrauen
Mißtrauen   E:Z-254:36

mißtrauisch
mißtrauisch   E:M-120:37; KS-416:38

Mißvergnügen
Mißvergnügen   E:V-182:34; KS-311:1

mißvergnügt
mißvergnügt   E: K-67 : 1; E : M-113 : 15;
E:C-225:20
mißvergnügten   E : K-13 : 13;   48 : 20;
66:15; 69:31

Mißverstand
Mißverstand   E:K-84:1

Mißverständnis
Mißverständnis   E : K-27 : 18; 74 : 6;
E:AN-263:5; KS-391:21; 439:15; 457:6
Mißverständnisse   E:AN-266:26
Mißverständnisses   E:Z-232:24

mißverstehen
mißverstandner KS-305:30

Mißwachs
Mißwachs E:B-196:19

Miszelle
Misc. KS-432:24
Miszellen KS-346:1; 418:18; 430:28
Misz. E:AB-283:20

mit
mit (1480)

Mitarbeiter
Mitarbeiter KS-454:10,23
Mitarbeitern KS-448:28

mitbringen
mitbrachte E:F-209:20
mitbringen KS-443:4
mitgebracht E:M-135:5; KS-440:22

Mitbruder
Mitbrüdern E:V-161:2; E:AB-286:13;
KS-375:21

Mitbürger
Mitbürger E:AB-285:24
Mitbürgern E:K-16:12

miteinander
miteinander E:AN-281:13

mitfechten
mitgefochten E:AN-264:1

mitgeben
gaben E:Z-258:20
mitgegeben E:Z-236:35

Mitglied
Mitglied E:AN-280:37; KS-428:31
Mitglieder E:M-117:1; 119:20; E:E-
154:26; E:V-188:17; E:AN-278:3,35;
KS-371:25
Mitgliedern E:V-170:10

mithin
mithin E:K-52:25; E:V-165:26; 176:25;
KS-335:18; 345:34; 353:32; 358:11;
379:10; 386:21; 396:20; 398:12; 401:28,
28; 457:6 (14)

Mitkämpfer
Mitkämpfer E:AB-284:9,10,15

Mitleid
Mitleid E:F-199:30; E:Z-250:26
Mitleids E:Z-245:6; E:AB-283:6

mitleiden
mitleiden E:V-166:28; 178:2; E:B-
196:8; E:AN-276:10
Mitleidens E:V-193:8; E:Z-247:14;
260:12; KS-356:20

mitleidig
mitleidig E:V-180:30; E:C-220:26
mitleidigem E:V-164:32
mitleidigen E:V-165:10; E:Z-238:14

mitnehmen
mitgenommen E:B-197:29
mitzunehmen E:K-16:26; 67:15; E:F-
199:24

mitnichten
mitnichten KS-368:10; 400:25; 401:4,
16,24
nichten E:K-92:26

mitrechnen
mitgerechnet E:Z-246:12

mitschicken
schickte E:Z-236:17

Mitschüler
Mitschülern E:AB-286:19

mitspielen
mitgespielt KS-409:23

Mittag
Mittag E:K-17:38; 34:28; 41:3; 55:21;
73:18; E:V-182:37; KS-330:32

Mittagessen
Mittagessen KS-441:10

mittags
mittags KS-452:27

Mittagshitze
Mittagshitze E:M-135:16

Mittagsmahl
Mittagsmahl E:K-86:1

Mittagssonne
Mittagssonne E:Z-243:17

Mittagsstunde
Mittagsstunde E:AN-279:23

Mitte
Mitte　E:K-9:4; 21:3; 71:35; 101:19; E:V-
189:32; E:B-198:10; E:C-223:1; E:AN-
269:6; E:AB-283:28; E:VAR-292:5; KS-
332:13; 333:7; 346:11; 384:25; 390:13;
415:26; 444:3　　　　　　　　　(17)

mitteilen
mitgeteilt　KS-311:34; 449:24; 458:33
mitteile　KS-373:5
mitteilen　E:K-53:5; E:E-152:24; KS-
306:16; 348:1; 419:20; 434:14
mitteilt　KS-385:25
mitzuteilen　E:E-150:38; KS-419:32;
423:16; 428:37
teile　E:K-82:30
teilen　KS-400:12; 418:29

Mitteilung
Mitteilung　KS-313:15; 414:4; 455:12
Mitteilungen　KS-448:1; 457:18, 34;
458:27

Mittel
Mittel　E:K-51:8, 15; 84:29; 93:28,
31; E:M-124:30; 127:1,2; E:V-165:15;
172:14; 184:31; 193:24; E:F-203:25; E:C-
227:8; KS-302:36; 318:24; 335:11; 393:25;
405:28; 409:36; 428:16,26　　　(22)

mittelbar
mittelbar　E:Z-235:9; KS-365:27

Mittelfinger
Mittelfinger　E:K-92:23

Mittelglied
Mittelglied　KS-406:11
Mittelglieder　KS-394:21

mittelländisch
mittelländischen　KS-331:10

mittelmäßig
mittelmäßig　KS-387:9
mittelmäßigen　KS-432:35
Mittelmäßigen　KS-346:28
mittelmäßiger　E:M-121:35
mittelmäßiges　KS-346:20

Mittelpunkt
Mittelpunkt　KS-327:27

Mittelstraße
Mittelstraße　KS-308:3; 309:2
Mittelstraßen　KS-308:5

mitteln
mittelte　E:Z-257:3

mitten
mitten　E:K-24:34; 44:16; E:M-106:24;
E:E-147:32; 152:15; E:V-161:35; 164:22;
192:21; E:B-196:25; E:AN-278:16; E:AB-
283:10; 284:35; KS-305:11; 326:2; 351:28;
376:30　　　　　　　　　　(16)
Mitten　E:K-101:8

Mitternacht
Mitternacht　E:K-34:37; E:M-136:13;
E:V-169:25; 171:16; 182:10; E:B-197:17;
198:11; E:C-220:19; 223:16; E:Z-239:13;
257:10; E:AN-266:7; E:VAR-294:16
　　　　　　　　　　　　　(13)
Mitternächte　E:VAR-297:2

Mitternachtsstunde
Mitternachtsstunde　E:B-197:12; E:VAR-
296:30

mittlere
mittleren　KS-308:23

mittlerweile
mittlerweile　E:K-39:26; E:V-171:32;
190:4

mitunter
mitunter　KS-333:31

mitwirken
mitgewirkt　E:Z-242:15
mitwirkte　KS-408:18
mitwirkten　E:K-69:22
mitzuwirken　KS-376:6; 387:32
wirkt　KS-408:22

Mode
Mod.　KS-432:36
Mode　E:AN-269:27
Moden　KS-421:27; 431:11
Modes　KS-431:22

Moden-Zeitung
Moden-Zeitung　KS-419:15

modern
modernen　KS-413:29

modifizieren
modifizierten　KS-446:10

modique
modique　KS-384:13

Modus
Modus   KS-363:7

mögen
mag   E:K-15:22; 17:18; 27:25; 34:15;
46:31; 47:5; 48:18; 62:29; 83:4; E:M-
117:11; 127:14; E:E-149:34; 150:38; E:V-
167:27; 177:37; E:Z-252:20; KS-311:25,
26; 319:34; 332:28; 338:5; 346:6; 351:17;
355:19,26; 356:23; 361:12; 369:5; 372:11;
392:36; 398:34; 408:25; 420:14; 437:32;
438:5   (35)
mags   E:AN-264:19
magst   E: M-135:14; E: V-178:2; KS-
353:11
möcht   E:K-20:18; 27:38; KS-406:29;
407:19
mochte   E:K-13:17; 53:27; 69:19; E:M-
106:18; 125:12; E:E-146:28; E:F-203:24;
209:27; E:Z-238:12; 239:12; 246:20;
E:AN-263:2; E:AB-287:17; KS-343:20;
418:5   (15)
möchte   E:K-10:21; 11:37; 13:23; 14:24;
22:5; 23:10,38; 24:17; 29:14; 39:13; 47:26;
54:4; 55:2; 71:12; 84:3; 87:37; 90:25;
95:4; 97:18; E:M-105:13; 113:34; 133:25,
30; 134:21; 136:29; E:E-147:26; 155:4;
E:V-171:13; 178:11; 179:23; 183:27; E:C-
217:31; E:Z-233:34; KS-312:16; 319:20;
327:13; 331:16; 337:20; 363:23; 384:4;
396:26; 399:1,21; 407:21; 437:7; 444:29
                                    (46)
mochten   E:E-152:24; E:C-219:15; E:Z-
241:13
möchten   E: K-12:12; 59:35; E: M-
127:21; 139:30; E: V-162:26; 190:28;
E:AN-268:25; KS-322:9; 331:31; 403:27,
36; 421:4; 446:28   (13)
möchtest   KS-328:23
möge   E:K-10:32; 30:28; 70:31; E:M-
122:34; 141:32; E:Z-260:34; KS-305:18;
326:18; 329:14; 353:10; 372:20; 376:17;
414:3; 452:31   (14)
mögen   E:K-82:10; E:M-119:1; E:V-
172:8; 177:17; E:C-223:23; E:AN-263:26;
265:15; E:AB-284:30; KS-307:13,15,16;
314:23,26; 324:24; 348:4; 355:22; 357:34;
358:15; 360:16; 361:7; 392:15; 399:3;
409:33; 420:13; 446:16   (25)
mögt   E:V-166:34; KS-336:37

möglich
möglich   E:K-28:38; 53:29; 64:13; 67:3;
84:32; 88:15; E:M-114:2; 115:8; 116:12;

117:8; 121:34; 129:1; 139:15; E:V-165:38;
167:1; 176:27; 184:34; 185:4; E:F-208:24;
211:20; E:Z-235:8; E:AN-274:36; KS-
302:25; 303:1,14; 307:5; 310:29; 312:22;
314:34,37; 316:10,18; 323:21; 336:31;
339:19; 393:10; 394:30; 436:5; 441:7
                                    (39)
mögliche   KS-311:30; 388:26
Mögliche   E:V-175:12; 180:19; 182:1
möglichen   E:K-86:21; KS-390:30
möglicher   E:V-182:8
mögliches   KS-301:33
möglichst   E: C-226:7; KS-304:27;
342:31; 348:8
Möglichstes   E:M-119:9

möglicherweise
möglicherweise   KS-314:2

Möglichkeit
Möglichkeit   E:M-117:36; 120:29; 121:9;
124:18; 133:16; KS-393:22

Mohr
Mohren   E:V-168:8

Mohrenland
Mohrenland   E:V-164:22

Mokkakaffee
Mokkakaffee   KS-431:7

Moldaustrom
Moldaustrom   KS-433:4

Molière
Molière   KS-320:16

Moment
Moment   E: M-108:28; E: F-210:25;
E:AN-279:22; KS-342:29; 348:16
Momente   E:K-33:16; E:M-120:37; E:E-
153:22; KS-339:24
Momenten   E:Z-246:30; KS-412:22

momentan
momentan   KS-407:16

Monarch
Monarch   KS-383:10
Monarchen   E:AN-281:33

Monarchie
Monarchie   KS-406:3; 457:20; 458:2,
30

monarchisch
monarchischen   KS-320:32

Monat

M.   KS-427:26; 429:8; 451:21

Monat   E:AB-289:4; KS-436:21; 437:3; 445:23

Monate   E:K-21:30; E:M-110:34; 143:3

Monaten   E:K-11:33; 26:29,35; E:V-172:20; E:F-208:25; 212:16; E:Z-258:2; E:AN-274:14; E:AB-285:31; KS-380:19, 20; 405:23   (12)

Monats   KS-447:25

monatelang

monatelang   KS-393:17

monatlangen   KS-370:1

monatlich

monatlich   KS-447:19,33; 449:32

monatlichen   KS-447:23

Monatsheft

Monatsheften   KS-452:11; 455:21

Mönch

Mönche   E:E-151:32

Mönchen   E:F-201:23; 211:18

Mönchsbesuch

Mönchsbesuche   E:F-201:30

Mond

Mond   E:K-24:6; E:E-150:10; E:V-171:9; 183:32; KS-338:22; 407:32

Monden   E:K-82:10; 96:8; E:M-109:1; E:Z-231:20; 235:18; 256:16; E:AN-272:9; KS-336:25

Mondes   E:V-162:38

Mondfinsternis

Mondfinsternisse   KS-407:30

Mondschein

Mondschein   E:V-184:14

Mondscheins   E:E-149:35

Moniteur

Moniteur   KS-362:28; 364:4, 6, 17; 365:14; 420:29

Montag

Montag   E:K-99:20; 100:21; E:Z-234:18; KS-451:22; 452:20

Montesquieu

Montesquieu   KS-346:14

Montesquieus   KS-346:10

Montesquiou

Montesquiou   KS-368:23

Montferrat

Montferrat   E:F-211:28

Monument

Monument   KS-383:6

Monumente   KS-383:14

Moos

Moos   E:E-149:37

Mops

Mops   KS-401:8

Moral

Moral   KS-325:6; 420:9

moralisch

moralische   KS-308:15; 332:10

moralischen   KS-305:1; 310:25; 321:34; 330:9; 388:4

moralischer   KS-417:2

Morast

Moräste   KS-364:14

Morastgrund

Morastgrund   KS-386:10

Mord

Mord   E:K-19:33; E:Z-232:35; 235:8; KS-333:5; 441:31

Mordes   E:Z-233:6

Mordbrenner

Mordbrenner   E:K-54:16; KS-426:18

Mordbrenners   E:K-38:33; 39:31; 41:28; 42:12,23; 56:37

Mordbrennerbande

Mordbrennerbande   E:AB-285:16; KS-427:25; 429:3

Mordbrennerei

Mordbrennerei   E:AB-285:14, 21, 26; KS-427:19

Mordbrennereien   E:K-52:20; 68:11

Mordbrennerhaufen

Mordbrennerhaufen   E:K-66:5

morden

mordet   E:E-158:17

Mörder

Mörder   E:K-9:17; E:V-192:37; E:Z-230:36; 260:20

Mördern   KS-306:12

Mörders   E:Z-234:15

Mördergrube
Mördergrube   E:V-177:5

mörderisch
mörderischem   E:K-41:3
mörderischen   E:K-37:18

Mordgeheul
Mordgeheul   E:K-15:11

Mordgeruch
Mordgeruch   KS-307:26

Mordkerl
Mordkerl   E:AN-265:4

Mordknecht
Mordknecht   E:M-105:33; E:E-158:12
Mordknechte   E:E-157:14

Mordlust
Mordlust   E:K-43:15; E:E-158:21

Mordmesser
Mordmesser   KS-413:30

Mordwüterich
Mordwüterich   E:K-63:2

Mordzug
Mordzug   E:K-19:31

morgen
morgen   E:K-28:30; E:M-137:10; 139:11,
  12; 141:34,35; 142:1; KS-324:2; 331:4;
  354:35; 355:2; 378:1; 387:28   (13)
morgens   E : M-131 : 35; 132 : 15, 18,
  32; 136:23; KS-383:5; 388:18; 425:1,
  21; 436:8,31; 452:27   (12)
morgenden   E:V-167:25

Morgen
Morgen   E : K-18 : 31; 19 : 3; 29 : 32;
  33:27; 37:18; 41:6; 43:32; 49:4; 57:6;
  64 : 36; 71 : 28; 75 : 25; 83 : 34; 90 : 19;
  95:6; E:M-133:20; 140:5; 142:1; E:V-
  175 : 19; E : B-197 : 6, 22; E : F-211 : 12;
  213 : 33; E : C-220 : 34; 223 : 8; 224 : 10,
  20; 226:27; 227:15; E:VAR-297:25; KS-
  328:11; 383:14; 391:5; 437:4   (34)
Morgens   E : M-109 : 17; 127 : 15; E : E-
  151 : 25; 159 : 11; E : Z-257 : 5, 25; E : AN-
  273 : 34; E : AB-289 : 16, 17; KS-344 : 21
                                      (10)

Morgenbrot
Morgenbrot   E:E-150:25

Morgendämmerung
Morgendämmerung   KS-390:38

Morgenröte
Morgenröte   E:E-150:11

Morgenstern
Morgensterne   E:V-175:34

Morgenstunde
Morgenstunde   KS-407:34

Moritz
M.   KS-376:19*

Morpheus
Morpheus   E:M-109:27

Mörser
Mörser   KS-386:14
Mörsern   KS-386:7

Moses
Moses   KS-343:6

Motiv
Motiv   E:M-132:36

motrix
motrix   KS-341:33

Möwenweiher
Möwenweiher   E : V-164 : 38;   167 : 5;
  169 : 22; 180 : 25, 36; 186 : 18; 189 : 3,
  21; 194:22,36   (10)

müde
müde   E : B-198 : 28; E : C-223 : 10; E : Z-
  258:33; E:AN-263:9; 276:34

Mühe
Mühe   E:K-67:26; 84:21; 93:26; E:M-
  117:32; E:B-196:15; E:Z-236:31; E:AN-
  278:38; E:AB-283:19; KS-344:1; 346:26;
  404:6; 455:9   (12)

mühevoll
mühevollen   E:V-164:29; KS-398:13

Mühlberg
Mühlberg   E : K-40 : 30; 41 : 9; 46 : 20;
  49:31; 52:5; 55:36; 96:6; 101:38

Muhme
Muhme   E:K-28:5,8

mühsam
mühsam   E:K-39:19; E:C-225:7

mühselig
mühselig   E:K-10:7
mühseligen   E:V-165:31

Mühseligkeit
Mühseligkeit   E:V-181:12

Mulattin
Mulattin   E:V-160:15; 162:10; 165:26

Mulde
Mulde   E:K-33:38; 35:34

Müller, Adam H.
Müller   KS-446:5; 447:22; 448:7

Müller, Cäcilie
M[üller]   E:VAR-293:21*

Müller, Franz
Müller   E:K-89:13; 101:16

Müller (Name)
Müller   KS-414:18

München
München   KS-414:8

Mund
Mund   E:K-30:2; 60:4; 81:31; 103:7;
   E:M-105:35; 138:29,32,38; E:E-149:32;
   E:V-194:14; E:F-214:16; E:C-224:3; E:Z-
   235:4; 253:30; 257:13; 259:7; E:AN-
   271:1; KS-320:25; 406:30,31; 442:24,
   28   (22)
Munde   E:K-92:22,37; E:Z-240:10,12
Mundes   E:V-165:18; E:AN-269:29,35

Mundlack
Mundlack   E:K-82:9; 100:34

Mundschenk
Mundschenk   E:K-22:4; 49:7,36; 52:6,
   24; 56:10; 66:28; 83:29

Mündung
Mündung   KS-396:19

Mundvorrat
Mundvorrat   E:V-167:28

Munition
Munition   KS-364:14
Munitionen   E:AN-275:23

munter
munter   E:K-11:20; 25:36; 93:1
muntere   E:M-124:3
munterer   E:Z-230:13
muntern   E:K-11:5

münzen
gemünzt   E:AN-277:1

mürbe
mürben   KS-397:10

murmeln
murmelnd   E: K-12:25; E: M-120:20;
   E:C-225:20
murmelt   E:C-224:12
murmelte   E:K-10:9; 11:3

murren
Murren   E:Z-245:34; 246:13
murrend   E:V-190:37

Muse
Musen   KS-446:20

Museum
Museum   KS-418:26; 420:35; 421:11

müßig
müßigen   E:F-210:25

Musik
Musik   E:K-79:37; E:C-216:3; 217:23;
   218:1; 221:23; 226:1; E:Z-253:14; E:VAR-
   293:19; 294:37; 295:15; 296:34; 297:19,32;
   298:9; KS-411:25; 412:3; 418:6; 432:31;
   443:37   (19)
Musiken   E:C-217:18; E:VAR-294:32

musikalisch
musikalischen   E: C-219:1; E: VAR-
   296:11; 297:5; KS-414:21; 418:9; 443:29
musikalischer   E:E-155:7

Musikmeister
Musikmeister   KS-443:26
Musikmeisters   KS-412:16

Musikstück
Musikstücks   E:C-218:33; E:VAR-296:6

Musikwerk
Musikwerk   E:C-226:26; E:VAR-295:38
Musikwerks   E: C-217:27; 218:23;
   E:VAR-295:3; 297:26

Muskel
Muskel   KS-377:29
Muskeln   KS-338:2

Musselinkleid
Musselinkleid   KS-399:29

müssen

muß   E:K-17:6; 20:7; 27:19; 28:27;
43:7; 103:20; E:M-118:20; 121:36;
122:2; 134:13; 137:26; E:V-164:31; E:Z-
235:14; 256:6; E:AN-268:27; 270:21;
279:28; 281:9; E:AB-289:18; KS-301:28,
29; 302:22,24; 306:20; 310:11; 312:13;
317:12; 322:34; 324:23; 332:28; 344:14;
347:3,35; 358:3,18,20,28,34; 359:32;
366:1; 368:8; 370:14; 373:24; 380:22,
31; 381:16; 383:24; 392:7; 393:18,
36; 396:25; 398:2,15; 405:2,5; 411:2;
447:30; 455:3   (58)

müsse   E:K-10:35; 11:28; 12:21; 18:27;
25:23; 27:1,4; 38:19; 39:33; 49:23,
29; 52:15; 60:20; 62:11; 69:32; 72:18,
38; 74:7; 75:9; 84:12,29; 85:3; 89:18;
95:34; E:M-108:14; 110:13,32; 113:22,
32; 117:2,37; 120:22; 126:16; 127:10;
130:13; 134:5,29; 139:36; 142:13,
17; E:E-149:18; E:V-171:29; 173:2;
176:29; 184:5; 187:3; 194:3; E:B-197:35;
E:F-211:25; E:C-218:15; 224:26; E:Z-
232:15; 255:18; E:AN-270:19; 275:7,13,
32; E:AB-289:35; E:VAR-295:28; 297:7,
8; KS-322:7,8; 326:28; 336:15,19; 339:23;
340:3; 389:10; 408:11   (70)

müssen   E:K-9:15; 47:19; 52:6; 55:5;
68:21; 86:21; 93:32; 96:18; E:M-111:7;
136:38; E:E-151:38; E:V-165:8; 179:25;
180:2; E:C-223:12; E:Z-244:28; E:AN-
264:3; 272:18; 273:15; 275:11,17,18; KS-
310:11; 314:30; 342:14; 363:27; 370:36;
374:21; 375:15; 381:24; 390:24; 393:33;
396:15; 397:14; 401:23; 417:9; 419:10;
448:28,31; 449:5; 454:13; 457:21   (42)

mußt   E:K-12:9; 91:6

müßt   E:K-159:15

mußte   E:K-12:36; 33:33; 36:7; 44:4;
54:14; 63:30; 64:5; 79:6; 81:1; 96:5; E:M-
109:3; 116:36; E:E-150:15; E:V-174:17,
28; 187:21,29; E:F-204:20; 213:6; 215:8;
E:C-225:35; E:Z-233:29; 256:18; E:AB-
286:3; 288:34; 289:26; KS-375:19; 390:7;
406:38; 443:13   (30)

müßte   E:M-122:29; 132:19; 133:9; KS-
305:28; 312:14; 325:14; 328:2; 336:31;
350:16; 378:10; 393:16; 436:24; 442:38
      (13)

mußten   E:V-190:35; E:AN-267:9; KS-
398:10

müßten   E:K-28:30; 59:10; 62:34; E:V-
180:29; E:VAR-296:26; KS-345:34

Muster

Muster   E:K-9:8; E:M-122:19; E:F-
209:2; E:VAR-292:9; KS-335:8,17

musterhaft

musterhaften   E:M-143:6

musterhafter   KS-403:29

mustern

musterte   E:K-102:11

musterten   E:K-11:15

Musterung

Musterung   KS-324:23

Mut

Mut   E:K-29:6; E:M-107:16; E:V-183:19;
E:F-202:34; KS-321:22; 376:12

mutig

mutig   E:E-149:7; E:V-189:8

mutige   KS-390:6

mutigen   E:Z-246:23

mutiger   E:E-146:23

mutlos

mutlos   E:K-23:3

Mutter

Mutter   E:K-46:28; 55:37; 59:36; 96:5;
102:19; E:M-104:6,18; 109:20; 110:22;
113:1,14,35; 114:1,12; 115:32; 116:18,37;
117:8,31,38; 118:7,10,13,21,33; 119:37,
38; 120:4,8; 121:1,33,38; 122:11,24,26,
27,37,38; 123:6,30; 124:8,12,37; 125:9;
133:29; 134:1,16,38; 135:3,19,23,28,32,36;
136:16,19,35,37; 137:5,11,19,29; 138:1,
2,33; 139:12,26,36; 140:36,36; 141:1,17,
22,27,34; 142:12; 143:17; E:E-145:20;
148:10; 150:29; E:V-162:17,23; 163:20,
32; 167:35,38; 168:5,16,21; 171:10,15,
20; 174:2; 175:19,23,35; 177:7; 178:20,
36; 179:9,20; 180:8; 181:7,15,22,25,31,
34; 182:17,19,27; 183:5,7,15; 184:16;
186:6,8,15,29; 188:18; 189:7,19; 194:9;
E:F-199:23; 201:27; 203:10; 211:19; E:C-
219:12,24,35; E:Z-229:28; 230:29; 240:32;
244:19,26; 248:7,21,34; 249:10; 250:14,28,
37; 258:3; 259:34; E:AN-272:11; 277:22;
KS-303:31; 318:29; 335:3,9; 370:6,26;
371:4; 398:37; 413:37   (155)

Mütter   KS-312:28

Mütterchen

Mütterchen   E:K-83:7; 97:30; 98:10;
102:21; E:V-164:24; 167:20

mütterlich
mütterliche   E:E-150:20
mütterlichen   E:M-122:30; 126:23; E:E-
159:10
mütterliches   E:M-122:20; 124:5

Mutterliebe
Mutterliebe   E:AN-277:15

Mutterwehen
Mutterwehen   E:E-144:23

Mutwille
Mutwille   E:AN-265:22
Mutwillen   KS-348:32; 411:30

mutwillig
mutwillig   E:K-56:28
mutwillige   E:M-121:27; E:C-221:18
mutwilligen   E:V-194:19

Mütze
Mütze   E:K-31:28; 81:38; E:F-200:17
Mützen   E:M-126:27; E:E-155:11

Myriade
Myriaden   KS-339:20

mz.
mz.   E:AN-274:26

N...
N...   E:AN-271:33
N...schen   KS-372:1

na
na   E:AN-264:29,31,38

nach
nach   E:K-9:21,29; 10:19,37; 11:27;
12:19; 13:5,10,27; 15:32,37; 16:15,
29; 19:5,30; 21:4,7,27,29; 23:25,
27; 24:7,15,17,25,32; 26:36; 27:1,
5; 28:5,7,8,21,31,35; 29:24; 30:9,
18; 31:16,16,19,24,34; 34:19,22; 35:1,
31; 36:10; 38:3,20; 39:4,21; 40:10,
16,17,37; 41:11,12; 43:2; 44:24,
29; 45:3,13; 46:8; 47:15; 48:7,11,
12; 49:5; 50:9,19; 51:8,33; 52:1,
11; 53:4,5,10,12,30,32,34; 54:24,27,
34; 55:2,10,33,38; 56:4; 57:4,6,12,
32; 58:13; 59:2,21,27; 61:11,37; 62:14,
28,33; 63:17,19,21; 65:27; 66:13,29,
34; 67:17; 68:10; 69:4,30; 70:2,8,
11; 71:30; 72:15; 74:10,24; 75:20,
22; 76:16,18,27,35,36,36; 78:10,14,

33; 79:22,25,33; 80:8,31,35; 82:11; 83:8,
26,29,31,33; 84:4,19,35; 87:5,8,13,16,
17,19,21,29; 88:11,18; 89:13,35; 91:16,
28,37; 94:7,8,14,19; 95:20; 96:28;
98:4,32; 99:1,12,14,18,20,27; 100:3,
21; 102:18; 103:19; E:M-104:2,2,17,
18; 105:5,31; 106:8,13,14; 108:9,
21,23,26; 110:33,38; 111:4,6,7,15,
31; 112:4,5,36,37; 113:13,17,25; 114:3,
3,38; 115:28; 116:1,2,3,5,9,36; 117:18;
118:13; 119:8,10; 120:9; 122:19; 125:8,
9,17,23; 126:17; 127:24,26,31; 128:8,12,
19; 129:23; 130:2,9,14; 131:9; 132:21,
33; 133:6,20,33; 136:17,30; 137:6,
21; 139:21; 140:2,4,21,26; 142:17;
143:8,14,24,26,26; E:E-146:1,13,30,
34; 147:16,34; 148:19,24; 149:20; 150:17,
19; 151:30; 153:8,15,19,20; 154:28; E:V-
160:9,12; 162:29; 163:2,13,32; 164:1,
5; 165:25; 166:23; 168:1,23,31,33; 169:19,
30,36; 170:11,38; 171:15; 172:23; 173:3,
35; 174:17,24; 177:11; 178:28; 182:24,
30; 183:2,7,26; 185:37; 187:14,14;
189:21,38; 190:22,36,36; 191:4,23,30,
33; 192:2; 193:1,15,20,23; 194:22; 195:7,
9; E:B-198:22,23; E:F-199:7,12,18; 200:4,
8,27; 201:16; 203:11,32; 205:26; 209:18,
37; 210:32; 211:7,23; 212:25,36,
38; 214:20,27; E:C-216:12; 218:3,
3; 219:25; 220:13; 221:25,25,27; 222:9,11,
13,15,26,27; 225:1; 226:5,16; 228:12;
E:Z-230:3,14,34; 232:18; 233:26;
234:14,18; 235:18,36; 236:14; 239:2,
3,5; 240:5; 241:8; 242:26; 243:11,
32; 246:18; 248:35,35; 249:3,38; 250:2,
15; 252:30; 253:15; 254:33,38; 255:5,
5,16,16; 256:28,38; 258:2,20; 259:10,
31; 261:6,11,12; E:AN-262:24,31; 263:31,
31; 266:4; 267:16; 268:12,17; 271:25;
272:10; 273:4,7,17,18,34; 274:5,12,12,14,
24,26; 276:23,28; 277:11; 278:13; 279:22,
26; E:AB-284:25,34; 287:13,28,28,
32; 288:1,15,18; 289:33; 290:11;
E:VAR-293:30; 295:16,16; 296:21,25,
27; 297:19,20; KS-301:31; 303:23; 304:9,
10,13,13; 306:6,31; 307:15; 309:38;
310:7; 313:10,15; 316:3,4; 317:20,
37; 320:32; 321:16,16,20; 324:8; 326:26,
31; 328:26; 331:15; 333:35; 334:6;
335:16; 336:32; 337:25,36; 338:1,10,
10; 339:16,18; 341:1; 342:5; 344:6,
17; 345:26; 347:18; 349:1; 350:2,24;
356:27; 361:9; 367:19,25; 370:23; 371:1,

24; 373:31; 374:3; 377:36; 380:20,
29; 382:27; 383:5; 386:20; 387:5; 388:23,
29; 389:6,22; 390:34,38; 391:3,5,12,
29; 392:4,20,34; 393:4,36; 394:10; 395:13;
396:34; 397:28; 398:4; 401:11; 402:33;
403:9,32; 408:12,17; 409:33; 410:3;
415:19,31; 416:34; 417:17; 418:9; 419:3,
8, 8, 11, 29; 421:8; 425:18; 426:4, 9,
20; 427:20; 428:2; 429:5,25; 430:3; 433:17,
17,31; 434:10; 435:7; 436:32; 437:4;
438:10, 32; 439:12; 441:15; 443:2,
17; 445:11; 446:10; 448:8; 450:3,6,11,
13; 454:21; 458:11,36; 459:23; 460:11
(591)

nachahmen
nachahmen   KS-433:30
nachgeahmt   E:K-96:22; KS-332:26
nachzuahmen   E:K-96:21

Nachahmungstrieb
Nachahmungstrieb   KS-333:22

Nachbar
Nachbar   E:K-24:37
Nachbarn   E:K-9:13; KS-378:18,36

Nachbarschaft
Nachbarschaft   E: V-161: 2; 172: 19;
E:F-210:3; E:Z-235:36; E:AB-286:4

nachbeten
nachzubeten   E:E-149:25

nachblicken
blicken   KS-325:5

nachdem
nachdem   E: K-14:17; 20: 29; 21: 33;
23: 21; 25: 2; 26: 32; 33: 11, 16; 34: 6,
24; 37: 30, 35; 46: 34; 50: 2; 53: 28;
54: 33; 55: 15, 27, 32; 58: 33; 61: 4,
19; 62: 37; 65: 2, 7, 19; 67: 15; 71: 14;
76: 9; 77: 30; 81: 10; 85: 20, 34; 88: 1,
28; 90:26; 91:36; 94:12; 95:32; 101:26;
102:30; E:M-107:25; 108:7; 110:5; 115:1;
120: 11, 14; 130: 22; 134: 1; E: E-144: 12;
153: 3; 157: 32; E: V-162: 30; 163: 30;
164: 35; 167: 10; 171: 21; 176: 9; 179: 3;
182: 16; 183: 8; 185: 18; 187: 10; 189: 3;
191: 21; 194: 21, 37; E: B-197: 24; E: F-
200: 12; 207: 14, 20; 214: 23; E: C-221: 7;
223: 16; 225: 18; 226: 2, 4; 227: 2; 228: 3,
15; E:Z-229:23; 230:27; 234:10; 239:31;
242:33; 244:32; 247:10; 257:17; 260:4;
E: AN-264: 34; 281: 31; E: AB-284: 2;
E:VAR-292:14; KS-324:8; 345:27; 390:12,
18; 427:30; 429:9   (99)

nachdenken
nachdachte   E:F-207:34
nachdenken   E: M-111: 24; KS-315: 31;
318:22
nachdenkend   KS-442:11
nachgedacht   KS-388:33
nachzudenken   E:M-119:26; KS-315:32

Nachdruck
Nachdruck   E:K-88:22; 89:38

nachdrücklich
nachdrücklich   E:E-144:12; 156:9
nachdrückliche   KS-380:12

nacheilen
nacheilen   E:E-154:32
nacheilte   E:M-105:12

Nachen
Nachen   E:K-34:38

nacherfinden
nachzuerfinden   KS-336:30

nachfliegen
flog   E:V-181:26

Nachfolge
Nachfolge   E:K-66:19

nachfolgen
nachfolgen   KS-447:8

Nachfolger
Nachfolger   KS-404:5

nachforschen
forschte   KS-318:10

Nachforschung
Nachforschungen   E: F-203: 33; E: C-
224:36; E:Z-241:21

Nachfrage
Nachfrage   E:K-46:25
Nachfragen   E:K-57:7

nachgaffen
gafften   KS-325:3

nachgeben
gab   E:K-125:22; 137:29
nachgegeben   E:AN-278:28

nachgehen
nachzugehen   E:M-114:16

Nachgiebigkeit
Nachgiebigkeit   E:K-65:5; E:V-177:36

nachher
nachher   E:K-22:19; 30:4; 56:38; 65:29;
93:29; E:M-108:29; 131:1,10; 132:28;
E:E-159:8; E:V-168:25; 170:19; 174:32;
180:18; E:B-196:18; E:AN-277:6; E:AB-
286:20; E:VAR-297:18; KS-319:26; 329:6;
331:23; 337:29; 338:5; 343:15; 346:12;
428:6; 429:30; 441:38   (28)

nachherig
nachheriger   E:AB-286:22

Nachkomme
Nachkommen   E : K-91 : 26;   98 : 38;
103:22

nachkommen
nachkömmt   E:K-81:19
nachzukommen   E:K-74:2

Nachkommenschaft
Nachkommenschaft   KS-377:15

nachlassen
nachließen   E:E-153:27

nachlässig
nachlässig   E:C-226:20
nachlässigen   E:Z-249:31

Nachlässigkeit
Nachlässigkeit   KS-455:11

nachlesen
nachlesen   E:K-103:20

nachliefern
nachgeliefert   KS-453:21
nachgelieferten   KS-460:8

nachmachen
nachmachen   E:AN-269:2
nachmacht   KS-345:12

Nachmittag
Nachmittag   E:E-153:25; E:Z-256:36

nachmittags
nachmittags   KS-389:19; 452:27

nachreiten
nachzureiten   E:K-85:28

Nachricht
Nachr.   KS-421:23
Nachricht   E : K-13 : 29;   30 : 6;   33 : 36;
35 : 2;   37 : 22;   43 : 22;   45 : 20;   54 : 12;
56 : 32;   57 : 9;   80 : 23;   87 : 1;   93 : 20;
99 : 21;   100 : 36;   E : M-106 : 29;   108 : 21,
23;   E : E-153 : 28;   E : V-174 : 22;   176 : 23;
184:18; E:F-199:10; 211:7; E:C-217:37;
E : Z-239 : 35;   241 : 33;   249 : 34;   256 : 2;
E:AN-273:22; 274:3; E:VAR-295:13; KS-
326:36; 363:7; 364:11; 365:6,18; 366:15,
27;   371 : 18;   388 : 3;   391 : 11;   395 : 1,
28;   396:16,27;   425:15;   427:14;   436:14
                                        (49)
Nachrichten   E : K-61 : 6;   66 : 12;   E : V-
168 : 34;   194 : 16;   E : F-211 : 21;   E : C-
219:16; KS-363:6,10; 364:4,5,27; 365:12,
13;   366 : 2, 18;   385 : 25, 35;   419 : 32;
421 : 20;   424 : 5;   428 : 20;   440 : 14;   458 : 5,
32   (24)

Nachrichter
Nachrichter   E:F-215:2

nachschicken
nachschickte   E:K-22:30
schickt   E:E-158:20

nachschreiben
nachzuschreiben   KS-336:28

Nachschrift
Nachschrift   KS-453:17
N.S.   KS-334:24; 368:17; 389:19; 417:26

nachspülen
nachspülen   KS-433:22

nachspüren
nachspüre   E:K-94:1
nachzuspüren   E:M-107:38

nächst
nächste   E : K-12 : 1;   E : M-141 : 38;   KS-
381:10; 458:10,35
nächsten   E:K-24:6; 37:18; 52:27; 71:28;
91:20; 96:9; E:M-104:21; 131:31; 139:10;
E:E-146:14; 148:18; 149:19; 152:33; E:V-
175:20; E:B-197:14,30; E:Z-232:2; E:AN-
273:34; KS-312:11; 315:16; 319:5; 383:19;
386 : 14;   388 : 13;   391 : 1;   409 : 13;   427 : 12;
453:4   (28)

nachstechen
nachzustechen   KS-428:36

nächstfolgend

nächstfolgende   E:V-167:19; KS-457:21
nächstfolgenden   E: K-37: 14; 64: 36;
E: M-133: 19; E: V-167: 30; KS-454: 24;
460:14

nachsuchen

Nachsuchen   E:AB-287:37

Nacht

Nacht   E: K-31:32,37; 36:5; 38:2; 40:6;
41: 5, 34; 44: 31; 57: 6; 63: 31; 71: 7;
100:11; E:M-105:18; 107:36; 116:9; 118:3;
136:15; 140:5; E:E-144:19; 149:33; 159:1;
E: V-161: 37; 162: 5, 8; 165: 3; 167: 12,
20, 28; 171: 8, 23; 179: 2; 180: 11; 181: 9;
184: 27; 187: 16; E: B-196: 25; 197: 3,
14, 30; E : F-202 : 20; 204 : 2; 205 : 29;
208 : 38; E : C-216 : 25; 223 : 9; 224 : 23;
E : Z-229 : 7; 231 : 38; 233 : 3; 234 : 16,
32; 235 : 10; 236 : 19; 237 : 22; 238 : 9,
34; 240 : 38; 242 : 11; 244 : 5; 252 : 7,
26; 253:8; 255:36; 256:22,26,33; 257:2,
26; 259 : 27; E : AN-273 : 25; 281 : 24;
E : VAR-294 : 8; KS-305 : 35; 374 : 28;
375:25; 387:10; 390:32; 391:2; 393:23,
25; 403:6; 424:13,27,30; 425:4; 436:24;
440:35; 441:1   (88)
Nächte   E:M-127:4; KS-306:4; 385:13
Nächten   KS-398:32

Nachteil

Nachteile   E:K-89:34; KS-430:4

nachteilig

nachteilig   E:AN-276:9
nachteiligen   E:AN-281:33

Nachtgedanke

Nachtgedanken   KS-327:29

Nachtigall

Nachtigall   E:E-150:6

Nachtisch

Nachtisches   E:K-81:5

Nachtlager

Nachtlager   E:Z-257:6

nächtlich

nächtlichen   E:K-40:30; E:M-105:7

Nachtmütze

Nachtmütze   E:AN-265:32

nachts

nachts   E:AN-276:25

Nachtwanderung

Nachtwanderungen   E:V-164:30

Nachtwind

Nachtwind   E:V-183:33

Nachtzeit

Nachtzeit   E:K-43:26; E:M-124:3; E:V-
193: 13; E: F-212: 16; E: Z-256: 11; KS-
336:16

Nachwelt

Nachwelt   E:K-52:22.

Nacken

Nacken   E: K-82: 8; 93: 9; E: M-138: 26;
E:E-147:19; KS-374:4

nackt

nackt   KS-325:13
nackten   E:AB-286:32; 287:6; KS-398:18

Nagel

Nagel   KS-335:22; 336:33

nagelfest

nagelfest   E:K-25:4; 32:26

Nagelschmidt

Nagelschmidt   E:K-65:26; 66:21; 67:18;
68:4; 74:12; 75:8,17,21; 76:11; 77:2; 79:9;
90:10   (12)
Nagelschmidts   E:K-67:33
Nagelschmidtschen   E:K-73:34
Nagelschmidtscher   E:K-73:9

nah

nah   E:E-149:8; KS-314:4
nahe   E: K-81: 11; E: E-148: 15; E: V-
171: 16; KS-302: 19; 376: 27; 383: 10,
15; 406:16; 411:9
näher   E: K-25: 30; 94: 2; E: M-111: 29;
E: V-166: 30; E: F-210: 27; E: C-219: 24;
KS-339:11; 383:19; 386:24; 428:2   (10)
nähere   E:K-23:31; E:M-112:14; 113:23;
E:C-228:1; KS-391:8; 409:11
Nähere   KS-409:27
näheren   E:K-87:26; E:M-108:26; 112:3;
119:8; KS-422:27; 450:8
nahes   KS-303:15

nahbelegen

nahbelegenen   E:V-171:33

Nähe

Nähe   E: K-29: 31; 45: 4; E: E-150: 24;
153:18; E:Z-257:20; E:AN-279:7; E:VAR-
297:16; KS-329:18; 384:24; 392:10   (10)

nahebringen

nahe brächte   E:K-93:34

nahegelegen

nahegelegenen   E:V-170:22
nahgelegnen   E:V-180:25

nahekommen

nahe gekommen   KS-322:12

nahen

nahen   E:K-29:3; KS-376:29
nahst   E:K-27:30
nahte   E:M-138:36; E:V-173:18

näherkommen

näher zu kommen   E:M-113:11

nähern

nähern   E:AN-275:13
näherte   E:K-11:8; 22:34; E:M-128:30;
136:24; E:E-154:36; E:V-191:7; E:AB-
290:16; KS-442:11

nahestehen

nahe stand   E:V-163:5

nahewohnen

nahe wohnt   KS-452:35

nähren

nähren   E:Z-259:25; KS-310:1

Nahrung

Nahrung   E: E-150: 26; E: V-161: 13;
E:AB-287:24; E:VAR-296:30; KS-442:27

Naht

Naht   E:K-29:2

Nähterin

Nähterin   KS-431:19

Najade

Najade   KS-342:7

Name

Name   E:M-116:31; E:V-164:14; 173:36;
E:AB-285:25; KS-333:4; 446:19; 448:12
Namen   E:K-9:10; 42:4; 43:10; 44:13,
13,30; 64:19; 67:18; 78:22; 83:10; 86:12;

92:18,19; 96:30; 101:23; 102:16; E:M-
107:25,28,31; E:V-163:26; 183:36; E:F-
203:18; 205:28; 210:6,15,23,36; E:Z-
231:18; 241:26; 256:18; E: AN-265:6;
274:22; KS-306:34; 351:11; 378:23; 379:7;
394:18; 402:12; 428:32; 444:21   (40)
Namens   E:K-46:2; 50:1; 51:21; 70:22;
E: V-168:27; E: F-209:12; 210:16; KS-
412:3

namenlos

namenlosen   E:E-158:32

namens

namens   E:K-9:5; 33:37; 37:7; 38:16;
98:35; E: E-144:5; E: V-160:5, 16;
161:9; 162:35; 163:23; 168:32; 186:16;
E: Z-229:3; E: AN-266:22; 271:11,
33; 276:4; E:AB-286:28,29; E:VAR-
292:6; KS-385:6; 432:2   (23)

Namensschwester

Namensschwester   E:M-108:36

Namensunterschrift

Namensunterschrift   E:Z-252:33

nämlich

nämlich   E:K-34:30; 48:1; 65:26; E:C-
227:34; E:Z-230:36; 256:6; E:AB-283:28;
E:VAR-298:3; KS-304:37; 327:21; 336:28;
337:31; 338:21; 341:32; 370:8; 385:9;
387:1; 396:19; 409:10; 415:29; 432:15;
433:13; 442:35; 452:26; 457:32   (25)
nämlichen   KS-451:26

Nanky

Nanky   E: V-162:35; 181:33; 182:12;
188:23,38; 189:17,17; 191:22
Nankys   E:V-187:31

Nantes

Nanter   KS-376:29

Napoleon

Napoleon   E: AB-283:5; KS-350:24;
351:28; 352:3, 20, 28; 353:2; 354:15,
18; 355:27; 368:12; 369:18; 373:14; 374:5;
375:2   (15)
Napoleons   KS-354:17; 396:2

Narr

Narren   E:F-214:1

Närrin

Närrin   E:M-131:29

Nase

Nase   E:K-18:36; 52:17; 60:29; E:V-165:30; E:AN-266:17; E:AB-288:28; KS-373:18

Nation

Nation   KS-321:6,6; 326:24; 352:18; 359:24; 381:27; 383:32; 384:3; 400:8; 406:35; 410:2,16; 415:2; 420:14; 421:10; 436:5; 446:24   (17)
Nationen   KS-420:16

National-Konvent

National-Konvents   E:V-160:24

Nationalbildung

Nationalbildung   KS-417:21

Nationalerhebung

Nationalerhebung   KS-382:13

Nationalfest

Nationalfest   KS-387:29

Nationalkraft

Nationalkraft   KS-381:14

Nationalsache

Nationalsache   KS-454:22

Nationalschuld

Nationalschuld   KS-405:13,32; 406:1, 21

Nationaltheater

Nationaltheater   KS-414:10; 417:20
Nationaltheaters   KS-414:29

Nationalversammlung

Nationalversammlung   KS-321:28

Natur

Natur   E:K-90:32; E:M-120:3; 124:18, 23; 127:6; E:E-147:26; 152:17; E:F-199:12; 214:11; E:Z-248:3; KS-301:9; 308:17; 310:27; 316:9; 318:7,32; 325:10; 327:19; 329:22; 346:22; 354:32; 398:18; 418:10; 421:2,5; 422:29; 449:30   (27)
Naturen   E:M-106:26

naturgemäß

naturgemäße   KS-388:25
naturgemäßere   KS-341:27

Naturgeschichte

Naturgeschichte   E:AB-286:25

natürlich

natürlich   E:V-182:20; E:F-209:16; E:AN-281:16; KS-308:5
natürliche   E:V-193:7; E:F-204:34; KS-329:35; 340:13
natürlichem   KS-348:18; 410:1
natürlichen   E:K-87:5; E:Z-229:11; 232:18; KS-333:35; 343:11; 407:2; 410:22; 426:26
natürlicher   E:Z-246:24; KS-329:29; 332:30; 348:6; 365:5; 435:16

Naturphänomen

Naturphänomene   E:AB-286:27

Naturwissenschaft

Naturwissenschaft   KS-392:4; 420:9

Neapel

Neapel   E:M-111:5,31; 113:17; 114:3; 115:9; 116:2,3,6; 117:23; 118:9; 119:8, 9,31; 126:31; 127:19,26; E:AN-271:31; 272:10; 274:23   (19)

neapolitanisch

neapolitanische   E:AB-288:31

neben

neben   E:K-11:34; 20:5; 30:19; 35:27; 67:16; 80:9; 102:4; E:M-128:37; E:E-158:7; E:V-168:18; 183:16; 187:37; 194:2; E:B-198:7; E:F-199:17; 200:15; E:Z-247:9; E:AN-277:23,27; 280:25; E:AB-284:37; KS-306:24; 307:33; 309:10; 313:19; 319:15; 322:28; 354:9; 447:1, 6   (30)

nebeneinander

nebeneinander   KS-303:13; 410:11

Nebenfrage

Nebenfrage   KS-356:33

Nebengebäude

Nebengebäude   E:K-71:1
Nebengebäuden   E:V-162:37; E:Z-236:30; KS-372:30; 424:13,21

Nebengemach

Nebengemach   E:C-223:10

nebenher

nebenher   KS-400:28,33; 403:10

Nebenstraße

Nebenstraße   E:E-146:16; E:AN-277:21

Nebenumstand
Nebenumständen   E:AB-289:37; KS-321:35

Nebenzimmer
Nebenzimmer   E:K-83:24; E:C-225:33; E:AN-273:15; 276:33; 277:2

nebst
nebst   E: E-157:17; E: Z-243:28; KS-400:29; 424:15; 425:20; 434:6,14; 454:7

nécessaire
nécessaire   KS-384:33

necken
geneckt   E:C-218:7; E:VAR-295:21
necke   KS-326:16

Neffe
Neffen   E:K-51:36; E:Z-230:8,28

negativ
negativ   KS-329:34
negativer   KS-341:31

Neger
Neger   E:V-160:5,18; 163:8,23; 166:2; 167:14,37; 168:25; 172:19; 176:18; 177:23; 178:10; 179:13; 180:15; 182:2, 14,35; 184:16,18,24,32,36; 185:6,11, 22,23,35; 186:10; 188:10,15; 189:5, 15; 190:5,31; 191:17; 193:13; 194:17, 20,27; KS-440:15,22; 441:5,8,14; 442:38; 443:5   (46)
Negern   E:V-161:1,28; 168:8; 169:28,38; 170:7,13,22; 189:25; 190:19,26; 194:32; KS-440:20; 441:21; 442:5   (15)
Negers   E:V-166:31; 179:19; 184:11; 188:28

Negerhaufen
Negerhaufen   E:V-180:31

Negerin
Negerin   E:V-162:7,9,36; 168:10

Negerknaben
Negerknaben   E:V-163:5; 195:4

Negerposten
Negerposten   KS-440:34

Negertrupp
Negertrupp   E:V-161:24
Negertrupps   E:V-179:27

Negoziation
Negoziationen   KS-396:14

nehmen
genommen   E:K-33:36; 46:35; 47:14; 75:36; E:M-112:28; E:E-152:6; E:V-168:31; 189:4; E:B-198:7,27; E:F-210:22; 211:24; E:C-219:15; 221:2,16; 224:28; E:Z-238:36; 240:16; 261:5,9; E:AN-272:1; KS-383:15; 427:4; 439:29; 455:29; 459:33   (26)
nahm   E:K-15:10; 18:12; 19:16; 25:29; 26:23; 30:22,31; 48:30,33; 50:2; 51:13; 52:7; 54:23; 60:29; 63:21; 80:25; 86:2; 92:13; 97:34; 98:15; 99:24; E:M-110:24; 119:16,24; 120:23; 133:18; 137:30; 138:7; 141:27; E:E-144:22; 149:30; 150:38; 153:3; 157:30; E:V-162:21; 164:33; 165:30; 168:21; 171:16; 172:12; 173:34, 36; 175:12; 180:21; 181:22; 182:38; 184:22; 186:15; 187:2; 189:34; 190:26; 191:24; 192:19; 193:22; E:F-199:15; 200:26; 201:2; 205:32; 207:16; 210:11; 212:6; 213:17,27; 215:4; E:C-226:16; E:Z-232:36; 233:9,11; 235:38; 240:19; 255:22; 256:13; 260:5; E:AN-279:2; 280:33; E:AB-288:18; 289:11; E:VAR-293:6; KS-343:5; 379:31; 392:38; 442:17, 26   (83)
nähme   E:K-62:31; 84:26; E:E-153:19; KS-329:1
nahmen   E:K-100:29; E:B-198:5; E:F-203:8; E:Z-247:30; KS-344:30
nähmen   E:V-171:5
nehme   KS-413:22,23
nehmen   E:K-20:22; 28:13; 50:27; 54:17; 62:19; 72:5; 80:33; 82:21; 86:5,34; 89:18; 94:28; E:M-108:25; 110:25; 117:17; E:V-161:10; 166:15; 170:5,11; 178:31; 185:8; E:C-218:20; 222:24; 225:4; E:Z-240:37; E:AN-262:16; 274:13; E:VAR-295:33; KS-302:5; 326:33; 328:23; 348:37; 368:8; 372:13; 389:9; 407:21; 412:6; 413:20; 415:15; 435:37; 437:32; 442:10; 443:33; 454:12   (44)
nehmenden   E:V-169:37
nehmt   E:V-184:34; E:Z-260:32
nimm   E:M-132:17; E:V-181:36
nimmst   KS-317:1
nimmt   KS-316:36; 412:26; 413:15; 444:18; 452:34

Neid
Neid   KS-416:21

neigen
neigte   E:E-146:1; 148:1; E:V-175:15;
183:35; E:Z-250:29

nein
nein   E:K-16:19; 48:36; 77:14; 92:9;
E:M-116:6; 123:10, 10; 124:21, 21;
127:34; 128:19; 130:7; 135:30; 136:31;
E:V-163:24; 168:30; 170:36; 172:16,
31; 181:18; 187:2; E:F-214:34; E:Z-
245:8; 250:5; E:AN-262:16; 266:29,
34; 267:3; 280:12; KS-302:21; 303:29,
29; 312:35; 319:8; 341:10; 352:5,
10; 353:26; 357:7; 358:5; 360:11   (41)

Nemesis
Nemesis   E:F-213:3

nennen
genannt   E:K-42:5; E:M-108:7; E:E-
156:6; E:F-209:11; E:AB-286:19;
289:1; KS-373:16; 411:27; 413:4,
27; 457:1   (11)
genannten   KS-371:33; 455:4
nannte   E:K-21:2; 36:16; 39:19; 41:13;
65:33; E:M-121:3; 137:10; E:E-152:12;
155:31; 156:5; E:V-161:15; 173:6; 175:16;
176:11; 186:21; 191:9; 192:26; E:Z-
232:25; E:AN-278:23; E:AB-288:5; KS-
394:22   (21)
nannten   E:K-56:12; E:Z-241:15
nenne   E:K-45:30; KS-304:37; 371:13
nennen   E:M-124:10; E:F-203:18; KS-
301:19; 303:22; 346:5; 361:10; 362:4;
368:31; 376:21; 378:24; 457:4   (11)
nennt   E:V-166:12; KS-301:10; 324:14;
331:36; 333:4

Nerve
Nerve   KS-302:1

Nervenfieber
Nervenfieber   E:C-217:24; 227:30;
E:VAR-294:38
Nervenfiebers   E:K-83:36; E:VAR-
297:22

Nervenschlag
Nervenschlag   E:Z-239:37

Nervensystem
Nervensystems   E:F-203:31

Netz
Netz   KS-344:7
Netze   E:AB-288:23
Netzen   E:AB-287:11

neu
n.   E:AB-283:20; KS-432:24
neu   KS-329:12; 342:28; 458:4
neue   E:K-10:13; 39:28; 68:28; 74:21;
83:33; 90:18; E:M-131:13; E:V-166:21;
194:11; E:AB-285:34; KS-327:34; 402:22;
411:11; 433:11; 446:31; 447:17   (16)
Neue   KS-447:16
neuem   E:K-21:33; 37:18; 64:2; 65:31;
66:36; 70:32; E:M-124:15; 141:9; 143:23;
E:E-144:18; 147:26; 157:24; 158:21; E:V-
183:9; 194:21; E:F-210:17; E:Z-242:13;
246:13; 248:33; E:AN-267:22; KS-369:19;
373:23; 391:4; 403:8; 411:8; 435:9   (26)
neuen   E:K-9:21; 23:18; 43:20; 98:5;
E:C-216:23; 217:7; E:AN-262:4; E:VAR-
294:6,21; KS-310:36; 386:13,14; 424:28;
433:14; 452:24   (15)
neuer   E:K-67:4; 75:12; KS-365:26
neuere   E:AN-276:1
neueren   KS-420:23
neues   E:E-151:27; KS-306:3; 413:26;
431:18
Neues   E:K-9:29; 10:16; KS-337:11
neueste   KS-391:11; 456:7
Neueste   KS-453:15; 455:19
neuesten   E:M-130:14; KS-333:33;
335:30; 392:4; 394:8; 400:16; 415:30;
417:8; 418:18

neuerlich
neuerlich   E:K-10:34; KS-429:32
neuerlichen   KS-418:32

neugebornen
neugebornen   E:M-143:13; E:Z-253:20

Neugierde
Neugierde   E:K-81:25; 86:18; 98:18;
E:F-207:36; E:AN-273:11

neugierig
neugierig   E:K-82:32; 92:24
neugierige   KS-432:27
neugierigen   E:K-54:15; 82:32

Neuheit
Neuheit   KS-307:2,10

Neuigkeit
Neuigkeit   KS-395:26

Neujahr
Neujahr   KS-459:10

Neujahrswunsch
Neujahrswunsch   E:AN-274:27

Neumark
Neumark   E:K-94:6

neun
neun   E: K-40: 23; E: Z-258: 2; E: AN-
274:14; E:AB-289:17; KS-387:17

neunt-
neuntes   KS-356:32

neunzehn
neunzehn   E:K-37:1

neunzig
neunzig   KS-387:17

Neustadt
Neustadt   E:K-76:16,23

neutral
neutral   KS-321:31
neutralen   KS-329:20

nicht
nicht   (1007)
nichts   (183)

Nichte
Nichte   E:K-90:35; 91:31; E:F-201:37

nichtig
nichtig   KS-348:36; 438:1
nichtigen   E:K-64:3; 84:12; E:Z-248:32
nichtiges   E:K-42:32

Nichtigkeit
Nichtigkeit   E:Z-237:18
Nichtigkeiten   KS-325:28

nichtsbedeutend
nichtsbedeutenden   E:F-209:23

nichtsdestoweniger
nichtsdestoweniger   KS-406:31

nichtsnutzig
nichtsnutzige   E:K-27:18; 50:8; 65:33
nichtsnutzigen   E:K-68:16

nichtssagend
nichtssagenden   E: M-133: 4; E: E-
152:26

nichtswürdig
nichtswürdig   E:K-25:23; 26:17; E:M-
124:13; KS-358:32
nichtswürdige   E: M-112: 17; 132: 12;
KS-322:18
Nichtswürdige   E:M-135:21
nichtswürdigen   E:K-14:26
Nichtswürdigen   E: K-56: 13; E: M-
121:4; 128:4; E:E-157:19; E:Z-253:12;
256:8
nichtswürdigsten   E:E-152:33

Nichtswürdigkeit
Nichtswürdigkeit   E:M-134:34

Nichtverkauf
Nichtverkaufs   E:K-46:31

nicken
nickte   E:F-200:21

Nicolo
Nicolo   E: F-200: 4, 9, 17; 201: 8, 19, 35;
203: 35; 204: 9, 17, 28; 205: 18, 32; 206: 1,
7; 207: 27; 208: 15, 19, 21, 26, 35; 209: 22,
27; 210: 1, 6, 10, 15, 33; 211: 9; 212: 1, 29;
213:9; 214:5,12,15,36; 215:14   (36)
Nicolos   E:F-204:38; 205:4,25,31; 210:28

nie
nie   E:K-30:28; 83:1; 89:30; 98:23; E:M-
121:28; 135:37; E:V-172:8; 175:30; E:F-
203: 36; 213: 12; E: Z-231: 37; 240: 10;
253:9; E:AB-287:29; 288:3; KS-304:36;
306:3; 307:11; 308:4; 309:29,29; 310:31,
31; 341: 10; 408: 13; 436: 15; 444: 36,
38   (28)

nieder
nieder   E:M-120:20
niedere   KS-381:19
niedern   KS-417:22

niederbeugen
beugte   E:F-206:38
nieder beugen   KS-376:15

niederblicken
blickte   E:M-113:15; 140:32

niederbrennen
niederbrennen   KS-372:26
niedergebrannt   E:K-33:28

Niederbrennung
Niederbrennung   KS-372:13

niederdrücken
niederdrückender   KS-305:23
niederdrückte   E:M-137:9
drückte   E:V-193:38

niederfallen
fällt   E:AN-277:27
fiel   E:K-27:9; 83:18; 122:17; E:V-188:18;
   E:F-213:29
niederfallen   E: Z-247: 9; KS-325: 32;
   404:26
niederfiel   E:K-35:27; E:F-204:17

niederfließen
niederflossen   E:V-175:27

niedergeschlagen
niedergeschlagen   E:VAR-296:27
niedergeschlagenen   E:K-55:33; 78:23;
   KS-384:29

niederhalten
niederzuhalten   KS-361:26

niederhängen
niederhing   E:V-176:8
niederhingen   E:F-202:35

niederkauern
niedergekauert   E:K-97:33

niederknieen
kniete   E:V-184:5
knieten   E:Z-249:26
niederknieend   E:Z-247:17
niederknieete   E:V-172:4
niederkniete   E:V-193:20
niederknieten   E:Z-260:3
niederzuknieen   E:F-205:18

niederkommen
niedergekommen   E: E-151: 32; KS-
   391:13
niederkam   E:F-204:38
niederkommen   E:M-124:26; KS-389:9,
   14; 392:22

Niederkunft
Niederkunft   E:M-126:24; KS-441:25

Niederlage
Niederlage   E:K-41:8; KS-364:13

Niederlande
Niederlande   E:AN-281:1
Niederlanden   E: C-216: 6, 14; 219: 17;
   E:VAR-293:24,32; KS-397:6

Niederländer
Niederländer   E : C-216 : 19;   E : AN-
   280:17; E:VAR-294:2

Niederländerin
Niederländerin   E:C-225:29

niederländisch
niederländische   E:C-225:28

niederlassen
lassen   E:C-223:4
läßt   E:C-221:33
ließ   E:K-102:6; E:M-141:9; 150:7; E:V-
   171:36; 183:16; E:Z-257:20; KS-339:9
niedergelassen   E:K-25:2; 80:34; E:E-
   149:36; E:Z-239:31; E:VAR-296:29
niederlassen   E:C-220:29; 223:13; E:Z-
   232:31
niederließ   E: K-60: 36; E: M-117: 20;
   122:12; E:V-168:18; 180:11; E:Z-245:25;
   253:16
niederzulassen   E:K-51:23; E:V-172:30

Niederlassung
Niederlassung   E : V-160 : 29;   163 : 6;
   167:6,13,19,26; 172:34; 181:24,38; 188:11;
   189:10   (11)
Niederlassungen   E:V-161:5; KS-443:1

niederlegen
legen   E:C-224:6
legt   E:B-198:9
legte   E: K-21: 25; 53: 26; E: M-135: 36;
   E:Z-229:29
niedergelegt   E: V-176: 9; E: C-227: 17;
   E:Z-252:5; E:VAR-296:37
niedergelegten   E:C-223:19
niederlegte   E:C-228:12
niederzulegen   E:K-53:10; KS-374:7

Niedermetzelung
Niedermetzelung   E:K-56:35

niedernötigen
niedergenötigt   E:C-221:7
nötigte   E:K-86:5; 97:1; E:M-120:8

niederrauschen
niederrauschte   E:K-35:38

niederregnen
niederregneten   E:V-167:22

niederreißen
riß   KS-413:12

niederreiten
niederreitend   E:K-31:38

niederschauen
niederschaute   E:Z-251:10
schauen   E:C-222:32

niederschießen
niederschießen   E:M-107:28; 125:38

niederschlagen
niedergeschlagen   E:K-21:37; 50:6
niederschlagenden   E:K-22:30
niederschlug   E:Z-236:28
niederzuschlagen   E : K-64 : 2;   E : B-
   197:13; KS-394:12; 414:34
schlug   E : K-89 : 18;   E : M-139 : 1;   E : E-
   158:19; E:F-205:14; KS-323:15

niederschlucken
niederschluckend   E:K-14:31

Niederschwebung
Niederschwebungen   KS-390:36

niedersehen
niedersah   E:K-20:11; 29:9; E:M-139:8;
   E:V-170:36; 182:25; E:F-210:29; E:VAR-
   292:28
sah   E : K-55 : 7; 85 : 14; E : M-116 : 8, 35;
   118:5; 129:2

niedersetzen
niedergesetzt   E:K-28:34; 48:26; 58:33;
   67:16; E:M-138:5; E:V-192:9
niedergesetzten   E : K-101 : 30;   E : Z-
   233:18
niedersetzen   E:K-90:26; E:Z-259:6
niedersetzte   E : K-45 : 9; 70 : 32; E : V-
   176:16; 178:15,37; KS-321:13
setzen   KS-438:25
setzt   E:AN-277:23
setzte   E : K-28 : 18; 31 : 12; 68 : 3; 70 : 5;
   76:10; 102:3; E:M-110:30; 115:34; 125:30;
   128:35; 134:16; E:E-147:24; E:V-175:16;
   186:4; E:F-205:27; E:Z-234:8
setzten   E : C-222 : 37;   E : AB-284 : 30
   (16)

niedersinken
niedergesunken   E : M-108 : 3;   E : B-
   196:32; E:C-220:11
niedersank   E:M-106:2; 118:31; E:E-
   144:24; E:V-192:24; E:B-196:17; 197:21;
   E:F-199:29; 212:29
niedersinke   E:K-19:37

niedersinken   E:E-149:11
nieder sinken   E:Z-239:28
niederzusinken   E:K-74:35
sank   E:K-103:8; E:M-125:10; 135:19;
   E:E-146:26; E:Z-238:11
sink   E:K-20:8

niedersteigen
niederstieg   E:K-32:31

niederstrecken
niederstreckte   E : F-203 : 4;   E : AN-
   268:15
streck   E:K-20:5
streckt   E:K-45:6

niederstürzen
niederstürzen   E:M-133:34
stürzte   E:M-140:38; KS-430:17

niederträchtig
niederträchtig   E:V-171:1; 176:38; KS-
   359:16
niederträchtige   E : M-121 : 27;   E : Z-
   233:5; KS-370:9
Niederträchtige   E : V-191 : 9;   E : Z-
   248:13
Niederträchtigen   E:Z-253:12
niederträchtiger   E:Z-242:30

Niederträchtigkeit
Niederträchtigkeit   E:M-132:24

niederträufen
niederträuft   E:C-224:5

niederweinen
niederweinend   E:V-193:9
niederweinte   E:Z-252:24
weinte   E:F-199:26

niederwerfen
niedergeworfen   E:V-190:2
niederwarf   E:E-158:7; E:Z-251:2; KS-
   338:7
nieder warf   E:Z-260:22
niederwerfe   KS-326:14
niederzuwerfen   E:V-163:9
warf   E : K-28 : 14; 31 : 10; 35 : 17; 63 : 5;
   90 : 23; E:M-120 : 36; E:E-145 : 19; E:V-
   192:25; E:F-214:11

niederziehen
niedergezogen   KS-390:12
niederziehen   E:M-137:35
niederzog   E:F-211:25
zog   E:K-28:37; E:M-124:16; E:E-151:11;
   156:18; E:V-172:15

15,26,35,38; 321:2,35; 322:20,38; 324:14,
17; 330:9; 339:38; 340:5; 341:3; 342:17;
343:36; 344:11; 347:8; 350:26; 353:2,
14; 354:21; 357:3,5,20,29,31; 358:18;
360:14, 23; 366:30; 367:23; 370:35,
37; 371:19; 374:3; 375:18, 22, 29,
30; 376:27; 377:1; 378:12,21,25; 379:12,
23; 380:21; 381:8,17,18; 383:13; 384:15,
17,17,22,37; 385:28,33; 387:20; 388:8,
10; 389:24,35; 390:19; 392:23; 393:29;
395:35; 397:3,30,32; 399:16,36; 401:30,
35; 402:13; 403:19; 404:24; 408:28; 409:5,
16; 412:15; 413:40; 417:34; 422:31;
424:29; 425:2; 426:35; 428:9; 429:6;
430:21; 432:32; 434:19; 435:18, 35;
436:24; 437:5,9,22; 440:4; 442:34; 444:5,
36; 445:17; 446:23,27; 448:13; 450:31;
451:1; 453:19; 455:3, 10, 22; 456:25
                                    (456)

nochmalig
nochmaligen   E:M-105:5; 132:21

nochmals
nochmals   E:M-142:14; E:C-224:35; KS-
313:13; 455:17

non
non   KS-384:22

Nonne
Nonne   E:C-217:36; 225:33; E:Z-253:23;
E:VAR-295:12
Nonnen   E: E-144: 21; E: C-216: 15;
217:11, 17; 218:8, 18, 22, 29; E: VAR-
293:33; 294:25,31; 295:22,31,35; 296:2
                                    (15)

Nonnenklöster
Nonnenklöstern   E:C-217:16; E:VAR-
294:30

nordamerikanisch
nordamerikanischen   KS-333:17

norddeutsch
norddeutsche   KS-380:27

Norden
Norden   E:M-104:2; KS-382:12
Nordens   KS-311:28

Nordländer
Nordländern   KS-311:24

nördlich
nördlichen   E:AN-277:16

Nordost
Nordost   KS-433:4

Nordwind
Nordwindes   E:K-38:6; E:Z-261:1

norwegisch
norwegischen   KS-401:7

Not
Not   E:K-13:20; 17:30; 42:6; E:Z-242:3;
KS-315:23; 322:4,23; 399:1; 400:9,31;
404:34; 427:8   (12)

Notar
Notars   E:K-100:4

Notdurft
Notdurft   E:K-34:4; KS-385:14

Note
Note   E:K-77:21; 78:23; 89:5

notgedrungen
notgedrungen   E:K-68:20; E:Z-238:35;
242:37

nötig
nötig   E:K-28:28; 72:3,7; 76:22; 80:6;
E:M-123:34; 128:36; E:V-188:4; KS-
308:27; 311:9; 320:7; 328:34; 334:16;
345:21; 433:23; 434:18   (16)
nötige   E:Z-237:30; KS-320:27; 337:27
nötigen   KS-413:40; 419:30; 428:20;
433:31
nötiger   KS-417:16

nötigen
genötigt   E:K-29:30; 40:37; 80:4; E:V-
185:8; E:F-199:3; 201:32; 206:16; 215:2;
E:C-224:24; E:Z-255:10; E:AN-281:5;
KS-448:10; 459:34   (13)
nötige   E:K-44:25; E:M-127:29
nötigen   E:K-48:18
nötigte   E:M-105:10; E:V-168:16; E:Z-
230:24
nötigten   E:AN-273:33

Notiz
Notiz   E:K-80:33; KS-372:13; 420:32
Notizen   KS-419:27; 426:24; 431:10

Notwehr
Notwehr   E:V-165:34

notwendig

notwendig E:K-51:19; 60:25; 69:27;
90:9; E:M-117:14,37; 121:37; E:E-149:18;
E:F-204:19; KS-323:16,24; 364:22; 366:1;
417:36 (14)
notwendige E:K-56:2; E:M-111:9; KS-
404:20; 406:37; 408:6
notwendigen E:K-14:36
notwendiger E:K-69:33; 84:23; 87:24;
KS-348:6; 372:21
notwendiges E:M-127:28

Notwendigkeit

Notwendigkeit E:K-51:22; 57:27; E:M-
121:32; 129:35; E:Z-233:16; KS-320:2;
369:16; 397:18

Notzucht

Notzucht E:K-67:35

November

Nov. KS-417:25
November KS-395:16,34

Novize

Novizen E:E-144:21

Nüance

Nüancen KS-306:34

Null

Null KS-321:17
Nullen KS-364:18

Nummer

Num. KS-372:2
Nummer E:AB-285:10,12; KS-460:27
Nummern KS-394:10,17
Nr. KS-398:30; 409:10, 10; 422:3,
9; 424:18,28; 426:3; 433:10; 451:23; 452:4,
22,23,33; 454:4; 455:22; 456:19; 459:28
(18)

nun

nun E:K-10:6,15; 12:16; 19:4,6; 20:19,
19, 22; 28:26; 31:11; 32:23; 33:21;
48:14; 74:32; 81:3; 83:12; 91:6,
22; 92:34; 93:3; 94:3; 98:24; 100:18;
101:33; 102:25; E:M-108:16; 109:3,
9; 110:15; 118:19; 119:17; 121:12; 130:24,
24; 132:4; 134:19; 135:2; 136:2,34; 138:8,
25; 139:10; 140:4,28; E:E-147:31; 154:38;
156:37; 157:13,22; E:V-161:27; 162:7;
163:33; 167:20,35; 170:20; 172:28; 173:24;
188:29; E:F-200:12; 209:35; 210:2,
10; E:C-217:21; 220:16; E:Z-229:31;

230:34; 234:35; 235:9,14; 236:20; 241:12,
30; 245:17; 248:15; 255:27; 256:12;
259:35; E:AN-264:11, 18, 27; 265:1;
269:6; 271:26; E:AB-283:33; 285:2,
19; 287:12; 289:28; E:VAR-292:16;
294:35; 297:3; KS-305:12; 306:23,25,
32; 307:37; 313:11; 318:19; 320:2;
321:4, 30; 322:22; 323:9; 325:32;
329:10; 330:4; 333:21; 341:35; 345:20;
350:26; 353:31; 357:8; 371:28; 372:7,
28; 374:16; 384:14; 387:16,25; 389:11,
32; 398:20; 400:32; 404:25,36; 405:24;
406:21, 34; 409:35; 413:11; 414:10,
13; 418:1; 419:29; 436:1,8; 450:30; 457:18
(138)

nunmehr

nunmehr E:K-24:36; 56:14; 74:1; 79:7;
89:16; 99:18; E:M-105:1; 123:18; 125:33;
143:8; E:F-200:7; E:C-226:19; E:AB-
291:4; KS-326:31; 368:23; 390:22; 395:14;
426:20; 453:25; 454:18,34 (21)

nur

nur E:K-10:4, 21, 29; 12:14; 13:23;
14:10; 16:2; 20:18; 21:31; 23:6, 19,
37; 27:35; 29:13; 30:16; 31:27; 34:3;
39:19; 40:2; 41:26; 46:38; 50:31;
54:38; 56:1, 15, 21, 27; 57:10; 60:5;
64:30; 65:6; 66:35; 67:28,37; 68:18,
37; 69:9; 70:6; 71:12; 74:6; 78:7; 84:12;
85:25; 86:20; 93:20; 96:34; 97:31; 98:9;
99:9; 100:32; E:M-106:7,12,33; 107:9;
110:10; 114:19; 116:9; 118:11,34; 121:16,
21, 35; 122:14, 21, 33; 123:9; 124:22;
126:16, 34; 127:11, 26; 132:27; 133:24,
29; 134:5,10; 135:2,10; 136:10,29; 137:1,
31; 138:14,16; 139:11,14,15,23; 143:4,
5, 11; E:E-145:19; 146:2, 35; 147:37;
148:4; 149:34; 150:33; 151:23; 153:14,
27; 154:22; 155:35; 158:38; E:V-160:10;
165:14; 166:34; 172:13; 173:12; 175:12,
31; 177:35; 180:31; 181:30; 187:15;
191:37; 193:20; E:B-197:31; E:F-200:21,
33; 203:9,21; 204:30; 205:9,13; 206:21,
27; 207:24,38; 208:10,20; 209:23; 210:36;
211:25,36; 212:11; 214:38; E:C-219:35;
224:16; 225:14; E:Z-229:19; 231:8,
37; 235:20; 236:37; 237:1, 15; 238:26;
239:5; 245:33; 248:25; 252:14; 255:14;
256:26; 258:9; 259:11; E:AN-264:14;
269:31; 272:21; 273:23; 278:11; E:AB-
283:19; 285:19; 287:23; E:VAR-292:25;
293:5; KS-301:24, 26; 302:11,15,19, 27,

Nürnberg

Nuß

Nußbaumholz

nutzen

Nutzen

nützlich

nutzlos

ny.

o

O...

ob

Obdach

Obelisk

oben

oben   E: K-19:3; 68:15; 70:21; E: V-182:26; E: Z-242:27; E: VAR-295:38; 297:23; 298:6; KS-385:10; 399:30; 446:11 (11)

obenein

obenein   E:K-91:11; E:M-114:8

obenerwähnt

obenerwähnten   E:B-196:23

obenhin

obenhin   E:Z-245:34

obere

oberen   E: M-104:4; E: B-196:2; E: Z-246:35

oberste   KS-360:13; 413:19

obersten   KS-355:20; 359:2; 361:27; 413:15; 426:7

Oberanführung

Oberanführung   E:K-76:12

Oberfläche

Oberfläche   E: AN-280:4; KS-397:1; 398:4

Oberhaupt

Oberhaupt   E:K-76:31; 89:10; E:V-181:6,36; 188:8

Oberlippe

Oberlippe   E:F-212:7; KS-321:24

Oberwallstraße

Oberwallstraße   KS-398:29

obgleich

obgleich   KS-307:1,38

obig

obige   KS-413:35

obigen   KS-388:1,2; 395:1

obiger   KS-402:5; 449:6

Objekt

Objekten   KS-334:29

Obrigkeit

Obrigkeit   E:K-43:7,8; 45:12; E:VAR-296:25; 297:7

Obrist

Obrist   E: M-104:25; 105:1; 109:7,30; 111:35; 115:17; 132:2,13; 133:3; 141:18; E:AN-268:22; E:AB-283:27; KS-370:20 (13)

Obristen   E:M-111:3; 141:15; E:AN-268:21; KS-367:27; 370:12

Obristin

Obristin   E:M-105:11; 110:27; 113:16; 117:15,23; 121:13,24,36; 122:14; 123:24, 30; 124:5; 130:29; 131:11,21,31,38; 132:5, 11,33; 133:16,25,34; 135:8; 137:6,17; 140:33; 141:3,6,15; 142:11 (31)

Obristlieutenant

Obristlieutenant   E:M-106:37; 107:21

obschon

obschon   E:K-13:16; 26:7; 75:20; 79:4; 85:31; 93:13,31; 98:18; E: M-110:26; 112:22; 114:20; 118:35; 119:18; 122:2; E:E-154:36; 158:36; E:V-164:13; 171:10; 180:14; 186:9; 189:32; 190:37; 191:37; 193:37; E:F-199:31; E:C-220:24; 222:25; 225:29; E: Z-239:22; 243:37; 245:33; 246:19; E: AN-278:15; E: VAR-295:33, 36; KS-322:19; 348:6,32; 383:11; 445:12 (40)

Observation

Observation   KS-429:18

obskur

obskure   KS-416:26

obskuren   KS-332:7

Obst

Obst   E:K-68:24

obwalten

obgewaltet   KS-421:6

obwalte   E:M-112:27

obwalten   E:K-27:19; 72:38

obwaltenden   E:M-124:38; E:Z-230:4

Ochse

Ochsen   KS-387:22

Ochsenpost

Ochsenpost   KS-388:3

Ode

Ode   KS-444:23

öde

öde   E:F-202:29; E:C-224:15; E:Z-248:9; E:AN-270:22; E:VAR-297:1; KS-314:31; 443:15

öden   E:Z-244:26; KS-398:18

Odem

Odem   E: K-45:3; 85:36; E: C-219:3; E:VAR-296:12; KS-354:26

oder

oder   E:K-9:14; 10:35; 12:23; 14:24;
17:29; 19:5; 24:18; 25:4; 27:31; 43:6;
46:1; 51:3,11; 57:10; 59:18,24,25,35,38;
64:31; 68:37; 69:28; 72:28; 73:2; 76:36,
37; 85:4; 93:32; 95:35; 97:13; 99:4; E:M-
104:28; 109:28; 110:13; 116:4; 121:37;
133:5; 141:35; E:E-152:36; E:V-161:13,
14; 165:18; 166:7,22,36; 168:9; 172:14;
179:6; 183:4; 184:5; 189:34; E:F-
203:18; 209:15; E:C-216:2; 219:21; 228:5;
E:Z-231:11,37; 232:15; 235:9; 240:10;
241:13; 249:12; E:AN-265:24; 269:5,
7; 271:32; 277:9; E:AB-283:22; 284:6;
285:3; 289:7; E:VAR-293:19; 296:26;
KS-305:21; 306:9; 307:7,28; 310:7,12,
22; 315:18,19,34,35; 317:15,32,33; 318:20,
27; 319:23,31; 321:24; 322:17; 323:29,
29,31; 324:8,9; 327:28; 328:2; 329:11,
11, 19; 330:5, 28; 332:16; 333:1,
3; 334:2; 335:3,4; 336:25; 337:6,
6, 20, 25; 338:5,7; 339:21; 340:2, 10,
27; 341:36; 342:24; 345:27,32,33; 346:29;
348:21; 349:6; 356:4,11,35; 357:29,
35; 359:25; 363:1; 365:27,32; 366:19,
22, 25; 367:10, 10, 12; 368:13; 369:4,
35; 372:9,17; 374:25; 375:22,35; 376:3,20,
21; 377:7,25,33,34,35; 378:22; 381:10,
10; 384:14, 16, 18, 19; 386:5, 7, 20, 21,
22; 387:7,9,10,10,11,13,23,25,25,25,26,
27,28; 388:4; 389:33; 392:5,6,8; 393:21,
35; 397:23, 24, 31, 36; 398:33, 33, 37,
37; 400:5,5,32,36; 401:26; 402:1,13,24,
24,25; 405:36; 406:22; 407:8,30; 409:17;
411:26, 27; 412:4, 6, 7; 413:35; 414:18;
418:4; 421:17; 422:7,34; 426:35; 431:15,
17; 433:6; 435:8; 438:15,35; 439:5,14,17,
31; 441:21; 444:12; 447:4,16; 448:18,
30; 453:19; 455:27; 456:33; 460:11
(249)

of

of   KS-440:12,12,12,13

Ofen

Ofen   E:B-196:12,17,31; 197:21; 198:18

offen

offen   E:K-39:15; E:M-122:35; 128:26;
129:4; E:V-185:30; E:F-210:23; KS-
342:15
offene   KS-323:27
offenen   E:K-32:29; E:V-191:15; KS-
407:10; 436:2

offne   E:V-189:14
offnen   E:Z-242:14
offner   E:Z-250:18; 259:37

offenbar

offenbar   E:K-50:27; E:M-142:15; KS-
342:30
offenbaren   E:K-74:19
offenbares   E:K-64:1

offenherzig

offenherzig   E:C-221:11; KS-365:14
offenherziger   E:K-27:3

Offenherzigkeit

Offenherzigkeit   KS-378:16

offenstehen

offen stehe   E:K-74:11
offen stehendes   E:M-129:32
offen steht   E:V-179:30
stand   E:M-143:19
stehen   KS-441:1
steht   KS-448:15

öffentlich

öffentlich   E:Z-232:14; E:AB-291:5; KS-
324:19; 367:29; 423:16; 427:22
öffentliche   E:K-20:33; 47:7; 49:13; KS-
383:14; 421:14; 436:38; 457:19,34; 458:28
öffentlichen   E:K-63:38; 79:16; 89:15;
94:20; E:M-130:4; 134:10; E:V-168:37;
174:12; E:C-226:15; E:Z-258:20; E:AN-
270:30; KS-333:11; 338:30; 391:9; 395:13;
396:18; 416:7; 419:29; 422:15; 435:22,
29; 458:3,31   (23)
öffentlicher   E:K-47:29
öffentliches   KS-324:5

officier

officier   E:AB-286:7

Offiziant

Offiziant   E:K-72:23,28,33; 74:9
Offizianten   E:K-73:1,6,25; KS-422:14

offiziell

offizielle   KS-457:18
offiziellen   KS-458:5
offizieller   KS-362:29

Offizier

Offizier   E:K-62:15; 63:15, 17; E:M-
105:30; 106:9,14,31; E:V-163:35; 164:12;
170:33; 171:35, 36; 180:27; 191:2;
E:C-217:4, 6; E:AN-277:31; 278:4,6,

13; 279:1,5; 280:12,16,33; E:VAR-294:19, 20; KS-432:2 (28)
Offiziere E:M-107:12; 108:10; E:AN-268:23; 278:19; KS-331:13,19; 436:16
Offizieren KS-331:30; 436:35
Offiziers E:V-180:27; E:AN-262:24; KS-367:15

öffnen
geöffnet E:V-168:9; E:F-200:12; 204:8; E:Z-252:15
geöffneten E:V-183:34
öffnen E:K-9:28; 32:38; 44:35; E:M-110:3; 135:12; 137:15; E:V-162:13; E:AN-275:15; KS-407:6
öffnet E:AN-276:21
öffnete E:K-13:32; 82:8; 102:34; E:M-115:6; 120:27; 138:25; 141:13; 142:26; E:V-162:1; 183:31; E:F-204:9; 205:5; 206:25; 207:22; 213:18,29; E:C-225:34; E:AN-271:19 (18)

Öffnung
Öffnung E:E-146:7
Öffnungen E:C-225:8

oft
oft E:K-24:24; 25:14; E:M-136:20; E:V-183:3; E:C-217:18; E:Z-252:27; E:AB-284:9; E:VAR-294:32; KS-309:34; 310:20; 311:34; 313:26; 314:25; 315:15,17,20, 21; 316:1; 318:34; 319:18; 320:23; 323:3, 26; 324:24; 329:13; 333:1,8; 339:32; 347:2; 348:36; 369:16; 393:17,33; 397:32; 413:28; 426:16,28; 440:18 (38)
öfter E:K-85:17; E:M-143:19; KS-400:19
öfters E:AB-285:35; 287:27

oftmals
oftmals E:VAR-295:7; KS-358:2; 369:2

oh
oh E:V-193:28

Oheim
Oheim E:K-49:31; 99:32; E:V-164:26; 166:35; E:F-211:28; E:Z-230:26; KS-369:22
Oheims E:V-169:21; E:C-216:10; E:VAR-293:28

ohne
ohne E:K-10:24,27; 12:5; 13:19,36; 15:29; 18:33; 22:5,36; 23:20; 29:36; 30:8;

31:21; 33:23; 34:38; 39:23; 45:4; 48:4, 38; 51:17; 53:1; 55:31; 56:23; 61:21; 63:27; 65:9; 67:7; 70:6,27,34; 72:5; 75:7, 10,11,30; 76:9,31; 77:32; 78:5; 80:33; 92:33; 100:14; 101:24; E:M-104:7; 106:31; 107:2; 111:8,34; 112:1,23, 30; 114:21; 115:9; 120:4; 126:2; 127:9; 128:35; 131:27; 133:35; 136:12; 142:28; 143:4; E:E-144:26; 149:32; 154:33; E:V-161:32; 162:25; 167:2; 172:18, 30; 176:4,7,20; 181:11,32; 183:29; 184:35; 185:18,30; 186:33; 188:12; 193:4, 29; 194:34; 195:10; E:B-197:16; 198:2; E:F-203:37; 204:12; 205:15; 206:6; 207:6, 11; 210:34; 211:5; 213:8; 215:7, 15; E:C-221:11; 224:1,26; E:Z-229:23, 31; 238:31; 239:7,23; 240:1; 241:6, 18; 245:5,20; 246:2; 248:3,18; 250:4, 13; 252:33; 254:23; 258:35; E:AN-262:23, 27; 265:30; 270:28; 274:10; 275:20; 277:4; 280:27; 281:10; E:AB-285:27; 286:33; 287:7; 289:8; 290:25; E:VAR-292:21; 296:36; 297:5,8; KS-302:38; 311:2, 3,4; 314:18,18,33,36; 315:21; 322:1; 323:28; 324:25; 325:6; 326:19; 327:2; 328:6; 329:5; 331:15,21; 339:20, 28; 340:5; 347:28; 348:25,30,33; 369:16; 371:27; 373:19,33; 374:20; 380:11; 381:6, 12; 382:3; 386:9; 388:25; 390:9,16, 20,26; 392:18,25,26; 393:32; 399:22; 400:13; 404:16,33; 405:6,27; 406:13, 20; 407:7,9; 410:3,5,28; 412:5, 9; 415:1; 421:32; 422:11,15; 423:19; 427:2, 8; 431:3; 436:3; 437:13,34; 438:26, 28; 440:8; 441:2; 442:10; 446:32; 447:3, 10 (216)

ohnehin
ohnehin E:Z-241:31; E:AN-272:19; KS-320:11

ohnfehlbar
ohnfehlbar E:C-227:25; KS-329:2; 345:6

ohngefähr
ohngefähr E:C-219:28; E:Z-239:13; KS-343:20; 385:29; 438:9,32,33

Ohnmacht
Ohnmacht E:K-14:8; 39:5; 86:14; E:M-106:32; 124:5; 130:34; E:E-156:11; E:V-174:35; 192:13; E:Z-251:25; 259:34 (11)
Ohnmachten E:K-83:33; E:M-109:16

ohnmächtig
ohnmächtig   E:K-20:8; 83:19; 103:8;
E:E-146:26; E:V-188:19; 191:20; E:F-
199:28; 212:28; E:Z-247:18; E:AN-277:27
(10)

Ohr
Ohr   E:K-92:8; E:M-138:20; 140:37; E:E-
154:38; 155:2; E:V-173:1; 181:14; E:F-
209:15; E:Z-253:14; KS-349:8; 422:36
(11)
Ohren   E:V-186:29; 193:3; E:B-198:16;
E:F-199:11; 206:38; E:C-223:38; E:Z-
232:22; E:AB-284:19

Ohrknorpel
Ohrknorpel   E:AN-267:6

Ökonomie
Ökonomie   KS-454:11

ökonomisch
ökonomischen   KS-388:9

Oktober
Okt.   KS-335:34; 386:29; 387:37; 391:16;
394:34; 395:10; 400:2,15; 404:11; 406:3;
430:30; 433:2   (12)
Oktbr.   KS-451:9
Oktober   KS-388:15*; 408:3; 411:21;
418:18; 424:26; 425:17; 426:2; 451:22;
452:13; 453:14,20,22   (12)
Oktobers   KS-459:35

Oktoberheft
Oktoberheft   KS-434:4

Okular-Inspektion
Okular-Inspektion   E:K-60:24,31

Öl
Öl   E:AB-286:30

Oldenholm
Oldenholm   E:K-98:35

Olearius
Olearius   E:K-98:36

Olymp
Olymp   KS-308:31

Omer
Omer   E:AN-277:16

Omra
Omra   E:V-184:34

on
on   KS-322:19

Onkel
Onkel   E: M-112: 31; 113: 4; 119: 30;
E:AN-273:34; KS-368:27,28,35; 369:36;
370:38
Onkels   E:M-115:11; 116:26

Onoreja
Onoreja   E:E-157:21

Oper
Oper   KS-338: 31; 411: 10, 22; 412: 32;
432:27,33

Opfer
Opfer   E: K-86: 21; E: V-174: 17; KS-
309: 31; 312: 10, 12, 12; 313: 4; 315: 24;
322:7,26; 372:22; 406:17; 436:14   (13)

opfern
opfern   E:Z-260:37; E:AB-291:6

Ophelia
Ophelia   KS-349:4

Oratorium
Oratorien   KS-443:30
Oratorium   E:C-218:19; 219:1; E:VAR-
295:32
Oratoriums   E:C-222:2

Orchester
Orchester   E:C-217:23; E:VAR-294:37
Orchestern   E:C-217:19; E:VAR-294:33

Orden
Orden   E:K-58:26; E:M-107:1; 140:18;
KS-303:25

ordentlich
ordentlich   KS-356:20
ordentlicher   E:K-25:22; 74:29

Order
Order   E:M-104:26

ordinär
ordinären   KS-387:15

ordnen
geordnet   E:K-91:38; E:F-207:30
ordneten   KS-413:8

Ordnung
Ordnung   E:K-24: 36; 41: 20; 42: 22;
51:4; E:M-109:10; 139:4; E:E-154:27;
E:V-171:6; E:AB-285:17; KS-311:24,
27; 321:26; 326:24; 327:1; 333:10; 340:10;
365:5; 405:25   (18)

Organ
Organ   KS-416:22

Organisation
Organisation   KS-387:21

organisch
organischen   KS-345:22

organisieren
organisierten   KS-428:12

Orgel
Orgel   E: E-155: 7, 16; E: C-218: 22, 33;
227:15,27; E:VAR-295:35; 296:5; 297:29

orientieren
orientieren   KS-393:26

Original
Original   E:F-211:31

Originalarbeit
Originalarbeit   KS-449:1

originell
originellen   KS-427:18

Ormez
Ormez   E:E-156:22,24,33; 157:12

Ort
Ort   E:K-18:37; 35:6; 42:4; 78:33; 80:38;
E: V-174: 12; E: F-205: 26; E: C-216: 11;
E:Z-234:16; 236:15; 243:3,14; E: AN-
269: 18; KS-338: 6; 386: 12; 389: 14, 16;
428:21; 437:21; 447:33   (20)
Orte   E: M-116: 19; KS-386: 23; 453: 5;
460:31
Orten   KS-317:7; 387:24
Orts   E:Z-238:15; KS-394:24; 400:28

ossiansch-
ossiansche   KS-328:2

Osten
Osten   E:C-225:21

Österreich
Österreich   KS-352: 15, 21, 22; 359: 3;
360:2,7; 373:26; 375:27; 380:3,5; 381:16;
382:5,16   (13)

Österreicher
Österreicher   KS-359:33; 368:9; 373:13;
375:7

österreichisch
öster.   KS-433:7
österreichische   KS-368:20; 381:7
österreichischer   KS-412:5

Ostindien
Ostindien   E:K-76:36

other
other   KS-440:13

Otto
Otto   E:K-37:4; 38:17,27; 39:8; 42:10

P...
P...   E: M-108: 23; 110: 30, 33; 116: 17;
E:AN-263:15; E:AN-272:6; 274:24; KS-
342:4; 368:33; 370:28   (10)
P...sche   KS-372:1

Paar
Paar   E:K-11: 24; 13: 34; 24: 22; 43: 32;
44: 32; 76: 22; 81: 25; E:E-157: 34; E: V-
171: 24; 186: 37; 187: 12; E: VAR-293: 2;
KS-306:35; 309:35; 419:16   (15)

paaren
gepaart   E:M-132:8

paarweise
paarweise   E:K-81:9; KS-328:10

Pachter
Pachter   KS-417:26

Pächter
Pächter   E:K-56:32

Pack
Pack   E:AN-264:30

packen
gepackt   E:K-31:31
packt   E:K-19:26

Pädagoge
Pädagog   KS-333:33

pädagogisch
pädagogische   KS-335:24
pädagogischen   KS-333:35

Page
Page   E:K-80:15; 83:26
Pagen   E:K-79:37

Pagenschule
Pagenschule   E:K-103:17

Paket
Paket   E:K-23:11
Pakete   E:M-114:31; KS-387:4; 459:22
Paketen   KS-386:1,8

Palast
Palast   E:E-149:1; KS-372:25
Palastes   E:M-106:1; E:Z-230:27

Palästina
Palästina   E:Z-230:14

Palisade
Palisaden   E:K-39:4; E:AN-275:16

Palm
Palm   KS-373:28

Palmarum
Palmarum   E:K-99:20; 100:21

Palmyra
Palmyra   KS-325:19

pandurenmäßig
pandurenmäßigen   E:AN-275:12

Panorama
Panoramas   KS-385:8

Pantomimik
Pantomimik   KS-339:4; 408:19

Paolo
Paolo   E:F-199:6; 200:10; 201:6

Pape
Pape   KS-430:11,16

Papier
Papier   E:K-25:9; 92:13; E:M-130:21;
133:4; 142:24; E:Z-253:3; KS-425:30
Papiere   E:K-46:12; 54:29; 67:24; 99:38;
E:M-125:2; 131:30; 143:14; E:Z-232:11,
33; 233:10; KS-436:19   (11)
Papieren   E:K-47:25; 48:26; 53:34;
54:22; 60:15; 61:5
Papiers   E:K-31:19

Papst
Papst   E:F-215:15; E:C-227:36; E:VAR-
298:5

Papsttum
Papsttums   E:C-216:25; 217:6; E:VAR-
294:8,21

par
par   E:AB-286:6

Paradies
Paradies   KS-307:27; 342:13; 343:14

paradox
paradox   KS-332:38
paradoxen   KS-348:32; 408:12

Paradoxe
Paradoxe   KS-337:17; 342:32

parallel
parallel   KS-322:32

paralytisch
paralytisch   KS-407:4

Pardon
Pardon   E:M-106:7

pari
pari   KS-387:27

parieren
parierte   KS-345:3,7,12

Paris
Paris   E:M-104:17; E:V-168:9,24; 169:10;
E:F-211:28; E:AN-272:7; E:AB-286:6;
290:6,11; KS-342:8; 343:23; 361:12;
363:1; 364:8; 365:11,15; 383:3,5,
20; 388:30; 390:34; 391:29; 419:8; 430:6;
431:10; 432:28   (26)
Pariser   KS-376:29; 431:22

Park
Park   E:K-91:4,10; E:Z-229:14; 230:37
Parks   E:K-91:8

Parlament
Parlament   E:AB-290:6; KS-395:32
Parlaments   KS-395:34

Parlamentsreform
Parlamentsreform   KS-396:7

parlant
parlant   KS-319:17

Parma
Parma   E:AN-280:18,26

Parnaß
Parnaß   KS-446:21

Parodie
Parodieen   KS-410:30

parodieren
parodiert   KS-319:17

Parole
Parole   KS-440:37

Parquet
Parquet   E:F-201:36; 202:14

Partei
Partei   E:K-41:16; E:V-180:28; 181:31;
E:Z-234:6; KS-369:10; 455:29
Parteien   E:Z-246:12; E:AB-285:7;
289:32

Parteikampf
Parteikämpfen   KS-396:1

Parterre
Parterre   KS-452:23

Parther
Parthers   E:Z-240:10

Partitur
Partitur   E:C-218:23,27,31; 226:1,20;
E:VAR-296:4; 297:25,27

Paß
Paß   E:K-12:9,14,27
Pässe   E:K-70:3,8,11,14,33; 78:13; KS-
372:9
Pässen   KS-428:34

Paßschein
Paßschein   E:K-10:19,20,34; 12:5; 13:13
Paßscheinen   E:VAR-292:19

passen
passend   KS-306:36; 393:16
passende   KS-403:16
paßt   KS-391:21
paßte   E:F-204:23; E:C-219:29,34

passieren
passieren   E:AN-275:20; KS-324:24;
397:28

Pastete
Pasteten   KS-439:31

Patent
Patent   E:K-68:18

Pathos
Pathos   E:M-122:37

Patriarch
Patriarchen   KS-384:28

patriotisch
patriotischem   KS-400:8
patriotischen   KS-458:12; 459:1
patriotisches   KS-367:20

Patriotismus
Patriotismus   KS-406:7

Patrizier
Patrizier   E:F-202:32
Patriziers   E:F-212:22

Patronen
Patronen   E:AN-275:25

Patrontasche
Patrontasche   E:AN-278:17

Patrouille
Patrouillen   KS-440:36

Paul
Paul   E:K-59:24

Pauli
Pauli   KS-429:11

paulisch
paulische   KS-429:14

Pausch
Pausch   E:K-25:4

Pause
Pause   E:K-51:33; 55:3; 70:2; 87:29;
91:28; E:M-111:15; 112:37; E:V-178:28;
182:24; 193:21; E:C-221:28; E:Z-253:15
(12)

Pech
Pech   E:K-40:6; E:F-202:21; KS-371:30,
35

Pechkranz
Pechkranz   KS-372:34
Pechkränze   KS-371:21,27; 372:19
Pechkränzen   E:C-221:19; KS-371:31

Pechkuchen
Pechkuchen   KS-429:32

Pedrillo
Pedrillo   E:E-156:31; 157:19; 158:19,
27

Pedro
Pedro   E:E-151:13

peinlich
peinlich   E:K-87:6
peinlichen   E:Z-249:14
peinlicher   E:F-207:35

Peitsche
Peitsche   E:K-31:27; 59:26; E:F-213:18, 27
Peitschen   E:K-19:36

peitschen
gepeitscht   E:F-202:28

Peitschenhieb
Peitschenhiebe   E:V-169:14

pekuniär
pekuniäres   KS-416:16

Peloton
Pelotons   E:AN-275:27

Pendel
Pendel   KS-339:28; 342:1

peremtorisch
peremtorischen   E:K-56:5

Periode
Periode   KS-320:5; 343:7

periodisch
periodisch   KS-458:14; 459:3

permanent
permanenter   KS-416:8

perpendikular
perpendikularer   KS-388:28

Persenschach
Persenschachs   KS-366:21

Perser
Persers   E:Z-240:10

Persiflage
Persiflage   KS-388:5
Persiflagen   KS-417:11

Person
Person   E:K-22:3; 27:35; 29:35; 31:17; 49:6; 50:15; 60:14; 70:25; 72:21,35; 77:29; 93:35; E:M-117:20; 130:19; 139:14,23, 26,31; 140:2; E:V-168:32; E:F-207:3; 208:33; 211:38; E:Z-234:1; 256:1; 257:11; E:AN-273:4; KS-395:32; 439:4,24   (30)
Personen   E: V-176:38; 188:1; E:C-219:26; KS-413:37; 444:12

Personal
Personale   KS-372:14

persönlich
persönlich   E: K-27: 20; E: M-134: 18; E:Z-235:9; KS-439:5
persönlichen   KS-450:30
persönlicher   KS-416:10

Persönlichkeit
Persönlichkeiten   KS-415:14; 457:6

Perthes
Perthes   KS-418:28; 420:34; 447:35

Pescherä
Pescherä   KS-373:2,3,17; 374:19,21,24, 27,28,29,30,30,35   (12)
Pescheräs   KS-374:34

Pest
Pest   E:K-45:4; KS-322:4; 381:10

Pestalozzi
Pestalozzi   KS-335:29

pestartig
pestartige   E:F-199:8

peste
peste   KS-321:38

Pestkranke
Pestkranke   E:V-170:31

Pestvergifteter
Pestvergifteten   E:M-141:14

Peter
P.   KS-419:2
Peter   E:K-59:24

Petersburg
Petersburg   E:M-111:7

Peterskirche
Peterskirche   KS-363:19

Petrarka
Petrarkas   KS-432:17

Petschaft
Petschafte   KS-428:36
Petschafts   KS-456:12

peut
peut   KS-322:19

Peyrouse
Peyrouse   KS-432:8

Pfahl
Pfahl   E:AB-283:29,30; KS-344:33
Pfähle   E:K-39:5
Pfählen   E:K-38:14

Pfand
Pfand   E:K-12:20
Pfande   E:K-12:23
Pfändern   E:K-46:23

Pfandbrief
Pfandbriefe   KS-387:26

Pfanndeckel
Pfanndeckel   E:AN-275:28

Pfannenflicker
Pfannenflicker   E:AB-284:16

Pfeife
Pfeife   E:K-20:7; E:AN-264:36,37; 265:1;
    KS-427:31,34

Pfeifenstiel
Pfeifenstiele   E:AN-279:11

Pfeifenstummel
Pfeifenstummel   E:AN-264:33

Pfeil
Pfeil   E:Z-231:1,9,15; 232:37; 234:14;
    260:22
Pfeile   E:Z-231:23
Pfeilen   KS-326:2

Pfeiler
Pfeiler   E:K-44:4,10; E:E-144:6; 145:37;
    155:12; E:C-223:25; KS-374:9
Pfeilern   E:C-217:26; E:VAR-295:2

Pfeilmacher
Pfeilmacher   E:Z-231:22

Pfeilschuß
Pfeilschuß   E:Z-229:15

Pfennig
Pfennige   E:AN-268:2

Pferd
Pferd   E:K-15:35; 19:32; 30:5; 35:17,
    25,28; 36:2; 44:19; E:M-128:12; E:AN-
    265:4; 270:8; 271:19,28; E:AB-289:4,
    15; KS-402:23,25   (17)
Pferde   E:K-9:18; 10:38; 11:10,11,18,
    20,28,32,35; 12:12,33; 13:2,17,23,30,38;
    14:22,37; 15:2,16,17,18,19,21,22,27; 16:4,
    26,34; 17:22,26,38; 18:9,15,21,25,27,32;
    19:2,9,17,36,38; 21:10,13,16; 22:6; 24:12,
    16,21,27; 26:13; 28:13,22; 31:5,21; 33:29;
    35:3,20; 36:6; 39:4; 46:18; 55:34; 56:22;
    57:23; 58:18,22; 59:14; 60:27; 61:17,28,
    37; 62:32,34; 63:26; 64:9,17; 65:10; 69:8,
    11; 74:3; 85:37; 101:15,26; 102:11,15;
    E:M-111:31; 129:37; E:F-199:15; E:AN-
    264:10,24; 265:11,17; 270:12; 271:15,
    19; E:VAR-292:13,14; 293:1; KS-325:7;
    393:21; 401:16   (102)
Pferden   E:K-9:26; 10:17,25; 14:10,31;
    16:22; 19:26; 21:21; 24:33; 29:33; 32:27;
    33:17; 36:23; 57:6,14; 58:9; 59:30; 60:19;
    62:3,27; 74:27; 76:15,17; 85:33; E:V-
    184:10; E:Z-233:26; E:AN-273:9; 274:1;
    E:AB-290:30; KS-401:10; 403:1; 424:15
                                      (32)
Pferdes   E:K-12:3

Pferdemangel
Pferdemangels   E:K-11:24

Pferdezucht
Pferdezucht   E:K-13:4; 24:4

Pfingsten
Pfingsten   E:K-36:29; 48:1

pflanzen
gepflanzt   E:K-31:9

Pflanzer
Pflanzer   E:V-161:5; 170:16,19,21;
    172:34; 177:13

Pflanzung
Pflanzung   E:V-160:4,16,31; 161:11;
    166:3, 19; 171:29; 179:19; 182:14,
    36; 187:6; 188:16; 191:2; KS-440:30
                                      (14)
Pflanzungen   E:V-160:25; 170:7;
    178:10; KS-440:20

Pflaster
Pflaster   E:K-35:37; 59:5; E:Z-246:7

Pflege
Pflege   E:K-13:37; 16:30; 63:29; 64:12;
102:24; E:M-104:22; E:F-203:10; E:C-
226:30; 227:22; E:VAR-297:35; KS-
395:18   (11)

pflegen
gepflegt   KS-441:24
pflege   E:K-48:2; E:V-180:37; E:Z-
236:30; KS-319:20; 383:9
pflegen   E:K-14:21; E:M-126:23; 136:7;
E:AN-279:9
pflegt   E:AN-276:22; KS-440:31; 448:25
pflegte   E:K-13:9; E:V-161:18; E:B-
196:10; E:F-199:4; 203:16; 212:26; E:C-
217:23; E:Z-231:38; 252:27; 256:10;
E:VAR-294:37; KS-432:24   (12)
pflegten   E:C-224:21

Pflegesohn
Pflegesohn   E:E-159:13

Pflicht
Pflicht   E:K-16:11; 72:36; 87:34; 88:19;
E:C-218:16; E:Z-232:1; E:VAR-295:29;
KS-315:35; 317:13,26,34,35; 357:22;
358:11; 368:29; 448:19   (16)
Pflichten   E:M-142:21

Pforte
Pforte   E:M-105:26; 128:26; 129:4; E:V-
189:11; E:AN-271:19
Pforten   E:E-148:23; E:Z-243:33

Pfosten
Pfosten   E:V-191:18

pfui
pfui   KS-359:14

Pfund
Pf.   KS-451:29; 452:7
Pfd.   KS-431:5
Pfund   KS-342:24; 396:23; 398:16

Phantasie
Phantasie   KS-313:16; 314:1; 336:18

phantastisch
phantastische   E:F-208:38; KS-313:33
phantastischen   E:F-212:37

Phantasus
Phantasus   E:M-109:27

philanthropisch
philanthropischer   KS-417:2

Philipp
Philipp   E:E-149:20; 150:8; 154:25;
157:25; 159:3; E:Z-229:12,28
Philippen   E:E-159:14

Philippo
Philippo   E:F-202:14

Philosoph
Philosoph   KS-333:37
Philosophen   KS-329:7; 332:5,12

Philosophie
Philosophie   KS-318:26; 420:9,21

philosophisch
philosophischen   KS-448:30

Phöbus
Phöbus   KS-446:1*, 3; 448:3, 6, 8, 13;
449:17; 450:7,22,24,29   (11)

Phöbus-Fassung
Phöbus-Fassung   E:VAR-292:3*

Phrase
Phrase   KS-322:21

physikalisch
physikalische   KS-396:28
physikalischem   E:AB-288:31

physisch
physisch   E:K-65:15
physische   KS-308:15
physischen   KS-310:25; 321:34

Piachi
Piachi   E:F-199:2, 10, 19, 26; 200:8,
12, 18, 26; 201:1, 4, 11; 202:5; 203:15,
27; 204:25; 205:16,19,27,34; 206:14,
35; 208:13; 209:37; 211:3,5; 212:12; 213:3,
25,34; 214:6,7,22,35   (33)
Piachis   E:F-200:5

Piccolomini
Piccolomini   KS-432:14

Pickelhaube
Pickelhaube   E:AB-283:32
Pickelhauben   E:AB-284:15

Pilgerabenteuer
Pilgerabenteuer   KS-422:25

Pinie
Pinie   E:V-187:28; 188:3
Pinien   E:E-149:24

Pinsel
Pinsel   KS-328:22; 336:15

Pionierkorps
Pionierkorps   E:V-169:28

Piper
Piper   KS-434:2,5; 437:23,28

pirnaisch
pirnaischen   E:K-53:36

Pirouette
Pirouetten   KS-342:25

Pistole
Pistol   E:K-45:5,6; E:M-125:25; 130:38;
   E:V-189:35; 192:18,24; 194:10,13; E:AN-
   276:36   (10)
Pistole   E:M-137:7
Pistolen   E:K-44:32; E:V-171:24; 192:6;
   E:B-198:6

Pistolenkugel
Pistolenkugel   KS-430:18

placieren
placieren   E:AN-269:5

Plackerei
Plackerei   E:K-50:8
Plackereien   E:K-24:20

plagen
geplagte   E:K-32:32; 57:3
plagt   E:AN-264:21,35
plagte   E:AN-281:24

plaisirs
plaisirs   KS-384:32

Plakat
Plakat   E:K-42:24; 43:25; 44:5; 45:11;
   53:5
Plakaten   E:K-66:4
Plakats   E:K-53:22; 79:12

Plan
Plan   E:K-24:37; 43:21; E:M-133:1,
   18; E:V-176:16; 181:35; E:F-212:14;
   E:Z-236:8; KS-316:9,12; 318:6; 388:13;
   448:28; 451:14   (14)
Plane   KS-446:11
Pläne   KS-310:5
Plänen   E:M-136:27; KS-313:25

Planke
Planken   E:C-225:7

planmäßig
planmäßige   KS-334:6

Plastik
Plastik   KS-423:24

Platte
Platte   E:F-210:12; E:C-220:9; E:AB-
   288:27
Platten   E:K-67:35; E:M-104:30; KS-
   335:3

platterdings
platterdings   E:K-37:29; 38:19; 90:1;
   93:30

Plattheit
Plattheit   KS-334:14

Platz
Platz   E:K-15:29; 18:22; 33:32; 36:9,25,
   29; 45:5; 54:18; 60:2; 61:13,31; 63:1,8,
   15; 82:26,33; 91:13; 92:30; 93:2; 102:20,
   33; E:M-104:26; 106:6; 109:4; 110:25;
   126:18; 127:10; E:E-157:36; E:V-161:29;
   193:8; E:F-215:17; E:Z-236:4; 254:30;
   E:AN-265:17; 268:19; E:AB-284:21; KS-
   314:31; 318:7; 346:13; 368:21; 372:24;
   383:6,9; 396:26; 397:4; 444:18; 447:1
                                             (47)
Platze   E:K-59:27; 93:6; KS-332:33
Plätze   KS-321:11
Plätzen   E:K-53:22; 63:38; 93:38
Platzes   E:K-35:38; 56:35; E:M-115:21;
   E:F-200:15; E:Z-243:33; E:AN-269:6;
   E:AB-283:29

platzen
geplatzt   E:AN-266:32

Pleißenburg
Pleißenburg   E:K-40:17; 41:26,37; 42:2

pleno
pleno   KS-371:25

plötzlich
plötzlich   E:K-15:6; 25:11; 30:21; 32:11;
   33:21; 35:36; 38:2; 44:22; 47:38; 73:14,
   31; 82:37; 84:16; 85:16; 89:6; 99:24; E:M-
   104:24; 105:22; 111:4; 116:34; 125:22;
   126:5; 133:11; 137:29; 140:27; 142:9;
   E:E-145:32; 147:9; 148:6,16; E:V-170:30;
   173:3; 178:19; 179:2; 184:9; 186:28; E:B-
   198:16; E:F-202:32; 204:4; 212:31; 213:8,
   21; E:C-218:25,30; 221:23,28; 223:15,

18; E:Z-229:15; 233:10; E:AN-270:11;
E:VAR-295:36; 296:2; KS-321:4,18,32;
323:6; 329:20; 330:37; 331:26; 345:26,
28; 404:18,27; 442:23   (65)
plötzliche   E:Z-238:4; KS-323:13
plötzlichen   E:K-95:9; 103:1; E:V-
173:17; 175:3; 177:36; 193:18; E:Z-
233:23; KS-439:38
plötzlicher   E:K-32:1; 98:27
plötzliches   E:F-208:26

plündern
geplündert   E:K-43:33
plündern   E:K-66:12
plündernd   E:K-80:15
plünderten   E:K-36:32

Plünderung
Plünderung   KS-436:17
Plünderungen   E:K-79:11

plus
plus   KS-384:12,13,22

plustern
plustert   KS-328:1

Plymouth
Plymouth   E:AN-270:27
Plymouther   E:AN-270:33; 271:2,6

Pöbel
Pöbel   KS-339:1

Poesie
Poesie   KS-348:27; 422:33; 423:4; 449:36

poetisch
poetische   KS-412:35; 417:5; 422:36;
449:21,33
poetischen   KS-448:30

Pol
Pol   KS-330:14; 427:13

Polarstern
Polarstern   KS-393:23

Polarverhältnis
Polarverhältnis   KS-332:31

Polen
Polen   E:K-27:5; 36:20; 77:35; 78:30;
99:5; E:AN-263:15

politisch
politische   E:K-27:7; KS-395:26; 396:9
politischen   E:K-88:33; KS-367:18;
373:2; 419:23

Polizei
Polizei   E:K-55:23; 63:30; 72:4,
35; E:F-200:2,13; KS-380:13; 390:5;
421:13; 423:29; 425:28; 426:31   (12)

Polizei-Offizianten
Polizei-Offizianten   E:K-98:26

Polizeibeamter
Polizeibeamten   KS-372:14

Polizeibehörde
Polizeibehörde   KS-425:13; 426:7;
427:3

Polizeibezirk
Polizeibezirks   KS-425:5

polizeilich
polizeiliche   KS-427:24; 429:24
polizeilichen   KS-426:24
polizeilicher   KS-424:1

Polizeioffiziant
Polizeioffizianten   KS-427:12

Polizeirapport
Polizeirapport   KS-425:17; 426:2
Polizierapporten   KS-424:10

Polster
Polstern   E:V-171:20; E:Z-252:10

Polykrates
Polykrates   KS-309:28

Pommeranze
Pommeranzen   E:AN-267:26,26,26

pomphaft
pomphafte   KS-366:26

Pontonhof
Pontonhof   E:AN-262:14

Popolo
Popolo   E:F-215:17

Port (au Prince)
Port   E:V-160:2,31; 161:28; 164:17;
165:14; 166:23; 169:36; 180:15; 189:21;
191:4; 193:2; 195:5   (12)

Portal
Portal   E:K-35:10; 44:7; E:M-106:8;
142:31; E:E-148:28; E:C-222:24; 225:25
Portalen   E:E-155:9
Portälen   E:C-218:6; E:VAR-295:20

Portefeuille
Portefeuille   E:M-115:1

Porträt
Portraite   KS-453:26
Porträt   E:M-131:17

Portsmouth
Portsmouth   E:AN-270:26
Portsmouther   E:AN-270:33; 271:2,8, 8

Portugal
Portugal   KS-430:4

Portugiese
Portugiese   E:V-177:20

portugiesisch
portugiesischer   KS-331:10

Posaune
Posaune   E:F-214:29; KS-364:8

Posaunenruf
Posaunenruf   E:Z-235:2

positiv
positiv   KS-329:28

Posse
Posse   KS-408:32,33
Possen   E:C-221:18; E:VAR-297:18

Post
Post   E: M-119: 5; E: AN-274: 9; KS-385:31; 386:36; 387:5,21; 452:35

Postamt
Postämter   KS-451:33; 453:8,10; 455:20; 459:16,18

Posten
Posten   E:K-37: 32; E: V-161: 35; KS-386:22; 387:15; 458:7

postfrei
postfrei   KS-447:33; 448:33

Posthaus
Posthaus   E:M-108:26
Posthause   KS-429:4

postieren
postierte   E:V-190:8

posttäglich
posttäglich   KS-455:20

Potentat
Potentaten   KS-419:18

Potsdam
Potsdam   E:K-23:27; KS-403:14
Potsdamer   KS-389:21; 393:4

Potsdamsch-
Potsdamsche   KS-427:32

Potter
Potter   KS-419:3

Pracht
Pracht   E: E-155: 7; E: V-171: 27; E: C-219:2; E:VAR-296:11

prächtig
prächtig   E:B-196:24; E:C-222:27; 225:9; E:Z-231:4; 252:10; E: VAR-298:9; KS-398:33
prächtige   E:Z-241:4
prächtiges   E:VAR-293:14; KS-399:28
prächtigsten   E:Z-257:15; KS-443:27

prachtvoll
prachtvollen   E:E-150:4

Prachtwerk
Prachtwerk   KS-399:14

Prädikant
Prädikant   E: C-216: 8, 20; 221: 22. 27, 32; 226:9; E:VAR-293:26; 294:3
Prädikanten   E : C-216 : 13; 219 : 20; 220:36; E:VAR-293:31

Prag
Prag   KS-433:4

prägen
geprägt   E:V-174:29

praktisch
praktischen   KS-334:13; 395:19

Prälat
Prälat   E:AB-286:23
Prälaten   E:E-153:30; E:VAR-297:24

Präliminar-Maßregel
Präliminar-Maßregel   E:K-52:28

Prämie
Prämien   E:M-119:5

Pränumeration
Pränumerationen   KS-457:20

pränumerieren
pränumerieren   KS-455:23

Präparat
Präparat   KS-425:30

Präsident
Präsident   E:K-49:34; 64:18; 77:5
Präsidenten   E:K-38:22; 64:23; 75:5,
20; 78:19; 79:30; KS-423:29

Präsidium
Präsidium   KS-427:13

prasseln
prasseln   E:AN-264:21

prassen
prassen   KS-307:14

Präzision
Präzision   E:C-217:18; E:VAR-294:32;
KS-409:16

predigen
predigen   KS-404:8
predigenden   KS-404:1

Prediger
Predigers   KS-394:5

Predigerhaus
Predigerhauses   KS-398:6

Predigt
Predigt   E:E-155:22,38; 156:14; KS-
394:27

Preis
Preis   E:K-11:23; 84:20; E:E-155:24;
KS-334:23; 381:23; 395:6; 459:13
Preise   KS-447:32
Preisen   KS-384:10

preisen
gepriesene   E:Z-255:13
pries   E:F-214:32; E:Z-232:6

preisgeben
gab   E:Z-255:24
gibt   E:Z-249:22
preis gab   E:K-68:13
preis gäbe   E:V-178:28
preis gaben   E:Z-241:15
preisgegeben   E:K-98:35
preis gegeben   E:K-63:13; E:V-166:6

Preisgebung
Preisgebung   E:Z-242:6

preiswürdig
preiswürdigen   KS-407:13

Prellschuß
Prellschusses   E:AN-278:23

Preßburg
Preßburg   KS-350:23

preßhaft
preßhaften   E:K-22:20

Presse
Presse   E:M-131:33

Preußen
Preußen   E: AN-262: 19;   KS-374: 1,
8; 380:27; 418:21; 424:7

preußisch
preuß.   KS-455:28
preußischen   E:AN-268:12; KS-459:14
preußischer   E:AN-263:34
preussischen   E:AN-263:29

Priester
Priester   E:M-116:4; E:F-214:28; 215:13,
16; E:AN-273:19
Priesters   KS-317:2

priesterlich
priesterlicher   E:E-155:33

Prince,Port au
Prince   E:V-160:2,31; 161:28; 164:18;
165:14; 166:24; 169:36; 180:16; 189:21;
191:4; 193:2; 195:6   (12)

Prinz
Prinz   E:K-40:8,12; 41:9; 49:30; 50:35;
51:16; 52:23,29; 54:6,17,27; 55:2,7,14;
66:37; 67:15,25; 68:19; 70:19; 71:3; 72:26;
79:4; 87:15,29; 88:10,19   (26)
Prinzen   E:K-39:36; 40:21,29,34; 49:33;
51:36; 54:4; 61:9; 67:32; 68:2; 70:3,7,
17; 72:19; 78:38; 87:10; 88:8,30; E:Z-
230:28; 243:28; E:AN-263:33; KS-403:13;
435:16; 444:19   (24)

Prinzessin
Prinzessin   E:AN-271:31,35; 272:2,10,
12,20,25,37; 273:11,16,20,25,30; 274:2,8,
10,25; KS-395:29; 444:11,17   (20)
Prinzessinnen   E:Z-243:28

Prinzip
Prinzip   KS-333:23

Prinzipal
Prinzipal   E:AN-276:8
Prinzipals   E:V-168:23; E:AN-276:3

Prior
Prior   E:Z-251:38; 255:19,38; 258:33, 36; 259:5,17

Prise
Prise   E:V-164:33; E:AN-279:2; KS-343:5

Privatangelegenheit
Privatangelegenheiten   KS-423:15

Privatauftrag
Privataufträgen   E:K-64:25

Privathaus
Privathäusern   E:K-63:37

Privatleute
Privatleute   KS-361:19

Privatsache
Privatsache   KS-361:6

Privatschreiben
Privatschreiben   E:K-89:19

Privatunternehmung
Privatunternehmung   KS-363:2

Privilegium
Privilegium   E:K-9:30; KS-410:18

prix
prix   KS-384:13

pro
pro   KS-400:24; 401:4,15,22; 402:23,23, 24,25

Probe
Probe   E:M-117:9; KS-329:15; 383:25; 431:6
Proben   E:K-29:7; E:Z-234:28

Probst
Probst   KS-403:12

Produkt
Produkte   KS-441:17
Produkten   KS-410:32

Profession
Profession   KS-448:18
Professionen   KS-441:36

Professor
Prof.   KS-388:21; 389:6,9
Professor   KS-423:12
Professoren   KS-395:15

Projekt
Projekt   E:C-220:37
Projekte   E:AN-275:23

Proklamation
Proklamation   KS-382:14; 453:33
Proklamationen   KS-382:3

proklamieren
proklamieren   KS-381:12

Promenade
Promenade   E:AN-262:4

prophezeien
prophezeit   KS-377:17

Prophezeiung
Prophezeiung   E:K-93:3, 11; 99:4; E:AB-286:5

Prorogatur
Prorogatur   KS-395:32

Prosodie
Prosodie   KS-385:12

prosodisch
prosodische   KS-348:20

Prospektus
Prospektus   KS-386:15; 388:12

Protestantin
Protestantin   E:C-227:9

Protzen
P...   E:AN-265:35; 266:1,8

Proviant
Proviant   E:AN-275:23

Provinces
Provinces   E:AB-286:6

Provinz
Provinz   KS-377:34; 434:32
Provinzen   KS-399:31; 424:5

provisorisch
provisorischen E:K-41:23
provisorischer KS-382:17

Prozeß
Prozeß E:K-51:22,36; 54:38; 56:14; 75:8;
77:10; E:E-144:29; E:Z-239:24; E:AN-
274:15; KS-392:11 (10)
Prozesse E:K-46:1
Prozessen KS-387:12
Prozesses E:K-21:1; 49:12; 89:21

Prozeßkosten
Prozeßkosten E:K-21:26

Prozession
Prozession E:E-144:21

prüfen
geprüft E:K-54:35; E:F-207:21; E:C-
218:24
prüfen E:K-69:21; 75:23; E:Z-244:8;
KS-343:31
prüfenden E:C-220:4
prüfte E:K-92:4; E:Z-230:38

Prüfstein
Prüfstein KS-303:27

Prüfung
Prüfung E:K-99:18; E:M-117:19; E:B-
197:28; KS-318:14; 324:19

Prügel
Prügel E:AB-283:31; 284:27
Prügeln E:K-19:20,36; E:AB-284:14,
20

Psalm
Psalmen E:K-45:8; KS-394:25

Publikation
Publikation E:K-68:10; KS-405:8

Publikum
Publici KS-427:15
Publiko E:AN-270:3; KS-338:32; 387:3;
400:19; 403:19; 415:15; 418:1; 425:14;
427:2,20; 439:18,30,38; 460:28 (14)
Publikum E:AN-281:29; KS-329:16;
330:18; 386:25; 387:30; 409:3; 412:33;
414:32; 415:4; 416:23,25,36,37; 418:11;
426:6, 11, 16, 25, 30; 432:30; 439:12,
25; 449:3; 451:10; 452:15; 453:14; 455:33;
459:12 (28)
Publikums E:AN-270:10; KS-392:32;
394:29; 395:20; 412:14; 434:8; 452:16,
35; 457:16,28; 458:23 (11)

publizistisch
publizistischen KS-388:4

Publizität
Publizität KS-426:14

Pudel
Pudel KS-401:7

puis
puis KS-384:30

Pult
Pult E:K-28:34; 45:3; E:C-226:20,33
Pulte E:K-44:34; E:C-218:36; 226:1

Pulver
Pulver E:V-161:36; 166:19; E:AN-275:8
Pulvers KS-386:8

Pulverfaß
Pulverfässer E:M-106:27

pulverisieren
pulverisiert KS-368:20

Pulverkammer
Pulverkammer KS-331:15,26

Pumpernickel
Pumpernickel KS-409:6; 417:27

Punkt
Punkt E:K-26:25; 47:11,11,37; 66:26,
26; 101:24,24; E:M-114:14; E:V-183:4;
E:AN-269:13; E:AB-284:4; 290:4; KS-
319:21,33; 341:36; 343:1; 397:31 (18)
Punkte E:M-106:19; E:Z-234:14; KS-
339:20; 341:34
Punkten E:K-37:13; 40:3; KS-440:30;
457:31
Punkts KS-345:25

Pünktlichkeit
Pünktlichkeit KS-459:11

Punktum
Punktum KS-364:15

Punsch
Punsch KS-332:16

Puppe
Puppe KS-341:29
Puppen KS-339:4,13; 340:2,26; 342:19,
26

Puttkamer
Puttkamer E:AN-268:9

Putz
Putz   KS-400:6

Putzlager
Putzlager   KS-399:2

Pyramide
Pyramiden   KS-363:18

Pythagoras
Pythagoras   KS-328:15

Q...
Q...schen   KS-372:30

qu'il
qu'il   KS-322:20

Quaderstein
Quadersteinen   E:F-202:17

Quadratmeile
Quadratmeile   KS-327:35; 397:1,7

Quadratstrich
Quadratstrich   KS-441:14

quälen
gequält   E:K-20:6
quälendsten   E:F-209:31
quält   KS-307:28
quälte   E:AN-263:17

qualifizieren
qualifiziere   E:K-49:28

Qualität
Qualität   E:K-49:38; 78:29; 88:12

qualité
qualité   KS-384:13

qualmen
qualmend   E:K-32:25

qualvoll
qualvollen   E:E-149:37; E:C-224:6

quant
quant   KS-322:18

Quark
Quark   E:AN-264:16

quarré
quarré   E:AN-275:30; KS-385:4

Quartal
Quartal   KS-457:21; 460:21

Quartformat
Quartformat   KS-447:26

Quast
Quasten   E:K-44:1

quatre
quatre   KS-385:5

Quelle
Quell   E:K-22:17; KS-320:20; 321:4;
  397:37
Quelle   E:E-148:7; E:F-202:1; E:C-
  223:34; E:AN-280:35; KS-380:1; 381:14;
  405:18; 417:11; 435:31; 437:31   (10)

quellen
quellen   E:AN-281:4
quillt   KS-337:27

quer
quer   E:K-59:26; 79:34; E:V-169:35;
  E:B-196:15,30; 197:20

Querulant
Querulant   E:K-24:16

Quetschung
Quetschung   E:K-29:26

qui
qui   KS-322:23

Quinenlos
Quinenlose   KS-394:27

Quinenlotterie
Quinenlotterie   KS-394:8

Quittung
Quittungen   KS-460:20

quod
q.   KS-362:24; 366:27

Quote
Quote   KS-405:22

R.
R.   KS-393:27

rabulistisch
rabulistischer   E:K-68:33

Rache
Rache   E:K-31:12; 35:25; 46:35; 68:12;
  E:M-134:30; E:E-145:11; E:V-160:24;
  166:11; 170:11; 171:2; 177:32; 178:27;
  191:11; E:F-212:9; 214:37; E:AN-277:26;
  E:AB-289:28; KS-369:28   (18)

rächen
rächen   E:F-209:4
rächt   E:M-108:29

Rachsucht
Rachsucht   E:K-84:27; E:V-161:7

Rad
Rad   E:K-43:17; 77:16; E:AN-266:33;
KS-310:30; 322:32; 430:27
Rade   KS-322:31

Rädelsführer
Rädelsführer   E:K-62:19

Radichi
Radichi   KS-444:34

Radikalkur
Radikalkur   E:Z-255:13

Radius
Radius   KS-393:27,30,30

raffiniert
raffiniertesten   KS-428:29

Ragusa
Ragusa   E:F-199:8; 200:4,6

Rahm
Rahm   KS-327:31

Rahmen
Rahmen   E:E-155:10

Rampe
Rampe   E:K-35:16; E:M-128:27; 129:26,
27,36; E:Z-243:25; 245:35

Rand
Rand   E:E-148:3; E:V-175:18; E:F-
202:17; KS-397:13
Rande   E:K-22:27; E:AN-279:8; 280:7
Rändern   E:C-225:16

Randglosse
Randglossen   KS-460:18

Rang
Rang   E:K-86:12; E:E-157:10; KS-
384:11; 443:29; 444:3
Range   E:Z-229:4; 241:4; KS-420:10

Ränke
Ränke   E:Z-256:29; KS-373:30

Raphael
Raphael   KS-337:6; 363:19

Rapier
Rapier   KS-344:22,24,26; 345:1

Rappe
Rappen   E:K-11:24,30,32,37; 12:24,25,
30,37; 13:34; 14:14; 15:5,14; 17:33; 18:11,
20; 19:25; 31:15; 33:7,8,15; 46:31; 47:13,
23; 48:12,19; 50:19; 52:18; 53:14; 54:26;
56:9,16,34; 57:19,27,32; 58:27,34; 59:10,
21,35; 60:7; 61:1; 62:21; 68:34; 77:1;
78:16; 87:20; 88:23; 101:22,37; KS-401:11
(51)

Rapport
Rapport   KS-424:12,16,19,26; 425:18;
426:9
Rapporte   E:M-107:12

rasch
rasch   E:V-179:9; E:Z-247:3
rasche   E:M-118:37
raschen   E:K-44:9; 61:32; E:F-206:37;
E:Z-230:15; KS-339:16
rascher   KS-404:24
rascheren   E:K-76:16
raschesten   KS-416:6

rasend
rasend   E:M-128:4; E:V-185:37; E:Z-
237:36; 240:1
rasende   E:M-121:8; E:E-157:15; E:V-
165:17
Rasende   E:Z-251:21
rasendem   E:K-38:15
rasenden   E:K-19:23; 41:28; 50:18; 64:4;
66:27; E:M-117:38; E:E-158:1; E:V-
174:16; 178:22; E:F-210:16; KS-369:18
(11)
Rasenden   E:B-198:21; KS-430:18
rasender   E:K-46:33
Rasender   E:Z-253:31

Raserei
Raserei   E:K-45:25; E:V-185:11

räsonnieren
räsonnieren   KS-416:32

Rasse
Rasse   KS-401:8

rasseln
rasselnd   E:AN-269:10

Rat
Rat   E:K-53:2; 64:30; 78:37; E:M-120:4;
E:V-185:10; E:Z-234:3; 240:8; KS-319:10;
413:19
Rate   E:K-99:1; E:M-120:2; KS-375:20

Rat
Rat   E: K-77: 12; KS-371: 23; 397: 18;
413:16; 425:28
Räte   E:K-13:14; 38:25; 100:1
Räten   E:K-13:11; E:Z-254:31

raten
rate   E:K-24:12; E:E-153:17; KS-319:4
riet   E:K-22:4

Ratgeber
Ratgeber   KS-357:24

Rathaus
Rathaus   E:AN-267:29; E:VAR-296:24;
KS-371:19
Rathauses   E:K-37:22

ratsam
ratsam   E:K-28:2; E:M-138:13
ratsamer   E:K-41:10
ratsamste   E:K-59:34; E:Z-234:1

Rätsel
Rätsel   E:AN-269:22; KS-304:24
Rätsels   E:Z-258:21

rätselhaft
rätselhaften   E:F-211:10

Ratsherr
Ratsherr   E:Z-258:19,28; KS-413:14

Raub
Raub   E:M-105:31
Raube   E:Z-248:10
Raubes   E:K-43:15

rauben
rauben   KS-302:12; 345:9
raubte   E:V-192:35; 194:11

Räuber
Räuber   E:K-9:17; E:V-177:12

Räuberbande
Räuberbande   KS-428:12

Räuberei
Räubereien   E:K-52:20

Räubergesindel
Räubergesindel   E:V-165:33

Räuberhaufen
Räuberhaufens   E:K-66:30

Raubgier
Raubgier   KS-380:28

Raubhund
Raubhunde   E:K-19:38

Raubnest
Raubnest   E:K-14:9; 17:15
Raubneste   E:K-16:36

Rauch
Rauch   E:K-32:24

raufen
raufte   E:V-193:34

rauh
rauh   KS-308:16

Raum
Raum   E: K-51: 26; 103: 6; KS-321: 33;
329: 30; 397: 19; 426: 8; 443: 27; 454: 8,
32
Räume   KS-326:21
Raums   KS-386: 6; 391: 25; 405: 23;
453:28

räumen
geräumt   E:F-212:13
räume   E:Z-251:2,6,6,7
räumen   E:M-109:3; E:E-151:35; E:F-
213:23; E:Z-245:5

raunen
raunte   E:E-154:37

rauschen
rauschen   KS-327:15
rauschend   E:C-226:38
rauschenden   E:AN-274:36; KS-432:36
rauscht   E:B-198:14

Ravelin
Ravelin   E:AN-275:18

Reaktion
Reaktion   KS-332:31; 406:36; 407:2
Reaktionen   KS-338:11

Realisierung
Realisierung   KS-313:25

Realschulbuchhandlung
Realschulbuchhandlung   KS-447:36

Rebell
Rebell   E:K-43:15
Rebellen   E:K-49:28; 50:18

Rebellion
Rebellion   E:K-15:15; KS-434:28

Rechenschaft
Rechenschaft   E:K-46:4; 52:5; 79:19;
89:15; 94:21; E:Z-233:22

Recherche
Recherchen   KS-372:32

rechnen
gerechnet   E:F-212:24; KS-368:25
rechne   E:M-117:3; KS-318:4; 401:3
rechnen   E:K-52:38; E:M-129:5
Rechnen   E:F-201:12
rechnenden   E:Z-235:32
rechnete   E:V-181:32; E:Z-256:30

Rechnung
Rechnung   E:K-46:25; E:F-203:30; KS-
319:26; 410:29

recht
recht   E:K-13:16; 17:14; 61:27; 92:30;
98:13; E:M-110:1; 123:27; 138:7; E:V-
172:10; E:B-197:1; E:F-200:29; 207:4;
E:Z-233:14; E:AN-278:36; 279:4; E:AB-
285:13; 287:29; KS-304:5; 308:13; 315:8;
317:23; 321:3; 323:11,12; 330:34; 332:4;
336:22; 347:11; 385:30,31; 387:8; 409:23;
418:14; 442:22; 446:23   (35)
rechte   E:K-36:22; E:M-140:30; E:E-
158:9; KS-315:20; 337:3; 344:34
rechten   E:AN-269:29; 280:29

Recht
Recht   E:K-15:30; 27:36; 28:27; 42:31,32;
43:1; 45:16; 47:31; 51:1; 53:16,18; 78:18,
25; 85:23; 100:22; 101:34; E:M-122:20;
131:3; E:F-211:38; 213:24; E:Z-233:31;
242:22; KS-316:16; 333:7,14; 338:17;
353:20,22,32; 412:35; 441:18   (31)
Rechte   E:K-51:35; E:M-142:20; E:AN-
269:23
Rechten   E:K-27:24,28

Rechte
Rechte   E:V-192:7
Rechten   E:K-101:15; E:E-158:24;
E:AN-271:3; KS-444:18

Rechtenfleck
Rechtenfleck   KS-335:33

rechtfertigen
gerechtfertigt   E:E-158:36
rechtfertigen   E:V-171:1; KS-311:27,
31; 392:32

Rechtfertigung
Rechtfertigung   E:K-67:22; E:Z-
240:20; E:AN-268:20; KS-402:7; 418:20

Rechtgefühl
Rechtgefühl   E:K-9:16

rechtlich
rechtlichen   E:K-50:13

Rechtlichkeit
Rechtlichkeit   E:K-64:6

rechts
rechts   E:K-51:7

Rechtsanwalt
Rechtsanwalts   E:K-87:33

Rechtsbegriff
Rechtsbegriffe   E:K-52:15

rechtschaffen
rechtschaffen   E:AN-276:5
rechtschaffenem   E:AN-265:26
rechtschaffenen   E:K-67:25; E:AB-
285:23; KS-328:27; 335:12
rechtschaffener   E:V-160:7
rechtschaffensten   E:K-9:6

Rechtschaffenheit
Rechtschaffenheit   E:K-51:15; 54:1;
KS-317:25

Rechtsdeduktion
Rechtsdeduktionen   E:Z-241:27

Rechtserkenntnis
Rechtserkenntnis   E:K-68:32; 70:28

Rechtsfall
Rechtsfall   E:K-69:37; E:AN-281:6;
E:AB-285:20

Rechtsfalls   KS-430:25

Rechtsfreund
Rechtsfreund   E:F-213:28

Rechtsgefühl
Rechtsgefühl   E:K-14:28

Rechtsgehülfe
Rechtsgehülfen   E:K-21:34; 22:31; E:Z-
240:6

Rechtsgelehrter
Rechtsgelehrte E:K-101:18
Rechtsgelehrten E:K-21:6; 87:17

Rechtsgrund
Rechtsgrund KS-434:11
Rechtsgründe E:Z-240:23

Rechtsinstanz
Rechtsinstanz E:K-22:5

Rechtssache
Rechtssache E:K-21:12,28; 68:9

Rechtsschluß
Rechtsschluß E:K-31:13; 32:8; 46:15;
50:17
Rechtsschlüsse E:K-45:17
Rechtsschlusses E:K-31:26

Rechtsspruch
Rechtsspruchs E:K-66:26; KS-430:27

Rechtsstreit
Rechtsstreit E:Z-258:16
Rechtsstreits E:K-67:30; 74:17

Rechttun
Rechttun E:K-50:31

recken
reckt KS-384:18

Redaktor
Redaktoren KS-365:26

Redaktion
Red. E:Z-234:17; KS-457:9; 459:38
Redakt. KS-333:36,38; 334:36
Redaktion KS-329:13; 333:34; 388:14;
395:11; 415:16; 425:12; 429:27; 434:15;
448:1,27; 449:17; 451:17,34; 452:13;
453:22; 454:13; 455:13; 456:13,20; 458:19;
459:8,32   (22)

Rede
Rede E:K-26:26; 31:3; 52:24; 55:14;
60:30; 73:21; 77:30; 86:13; 87:36; 90:34;
101:8; E:M-107:30; 120:19; 131:1; E:V-
169:20; E:F-208:10; E:AN-270:11; KS-
320:1,8,13; 322:33; 326:1; 337:23; 347:11;
348:2,24; 370:35; 403:16; 411:30; 420:35;
427:28   (31)
Reden KS-307:24; 346:8

reden
rede KS-303:35; 319:27; 358:8
reden E:M-134:27; E:V-193:16; E:AN-
278:11; E:AB-287:30; KS-329:19; 346:15;
365:23; 375:21
Reden E:K-96:37; KS-319:1; 322:27
redenden KS-448:15

Redensart
Redensart KS-408:35
Redensarten KS-409:8

redigieren
redigiere KS-362:17
redigieren KS-362:10

redlich
redlich KS-368:10; 374:29
redliche E:K-63:22; KS-427:9
redlichen E:F-206:22; KS-312:28;
380:15; 415:10,17

Redlichkeit
Redlichkeit E:K-21:22; E:Z-255:28

Redner
Redner KS-320:25
Redners KS-321:22

Redoute
Redoute E:AN-275:14

Reede
Reede KS-393:35

reflektieren
reflektierten KS-356:11

Reflexion
Reflexion KS-345:23

Reform
Reform KS-411:9

rege
rege E:F-208:31

Regel
Regel KS-301:24; 308:37; 323:6; 330:29;
332:6; 373:31; 408:22; 422:37; 441:8
Regeln KS-327:6,6; 385:10

regellos
regellosen KS-309:3,14

regelmäßig
regelmäßig E:C-224:20

regen
geregt   KS-336:13
regen   E:K-45:5; KS-398:36
regenden   E:F-201:28
regt   E:M-123:10
regte   E:M-127:16; E:F-199:29; E:C-219:2; E:VAR-296:11; KS-325:1
regten   E:E-151:16

Regen
Regen   E:K-9:25; 11:14; 12:31; 35:35; E:AN-269:9; KS-436:31

Regenbogen
Regenbogen   KS-384:25

Regenguß
Regenguß   E:K-35:37

Regensburg
Regensburg   KS-354:8; 373:10

Regenstein
Regensteins   KS-308:23

Regent
Regent   KS-382:18
Regenten   E:K-92:18; KS-380:15

Regentenpflicht
Regentenpflicht   E:Z-230:36

Regentin
Regentin   E:Z-229:29; 230:29; 231:31; 233:24; 255:21; 260:27; 261:8

Regentschaft
Regentschaft   KS-396:1

Regenwasser
Regenwasser   KS-397:38

regieren
regiere   KS-408:11
regieren   E:K-91:25; KS-339:21, 27; 396:13
regierst   E:K-81:30
regiert   KS-334:30; 412:25
regierte   E:M-106:25; KS-340:2

Regierung
Regierung   E:K-46:32; 50:33; 66:25; 70:30; 71:22; 80:6; 96:7; E:F-214:4; E:Z-229:13; KS-359:13; 361:7,17,19,23; 372:3, 12; 381:16,28,29; 405:6,10*,27; 406:19; 407:3,12,22; 432:7; 435:11   (28)

Regierungsbezirk
Regierungsbezirk   E:K-22:14

Regierungsgeschäft
Regierungsgeschäften   E:K-87:8

Regiment
Regiment   E:AN-262:3; 267:15; 268:9; 278:24; KS-370:8
Regiments   E:AN-265:34; KS-430:20

Regiments-Chirurgus
Regiments-Chirurgus   KS-425:26

Regimentschef
Regimentschef   KS-370:6,20

Regina
Regina   E:C-219:4; E:VAR-296:13

Region
Regionen   KS-392:35

regnen
regnete   E:K-91:33

regnicht
regnichtem   E:AN-270:16
regnichten   KS-403:6
regnigten   E:V-161:37

regulieren
regulieren   KS-337:33

Regulus
Regulus   KS-313:38; 314:13

Regung
Regung   E:M-136:21; E:F-199:26; E:C-227:2; KS-369:27; 378:26
Regungen   E:AB-283:5; KS-368:29

Rehbock
Rehbock   E:K-91:3,7,19; 92:37; 93:8, 12

reiben
gerieben   KS-433:15
rieb   E:M-113:10

reich
reich   KS-358:28,33
reichen   E:V-169:10; E:Z-231:10; 235:35; E:AN-276:3; KS-440:18
Reichen   KS-303:24; 307:5
reicher   E:V-168:27; 172:33; KS-307:1; 399:1
reiches   E:E-33:37; E:V-169:4
reichsten   E:E-144:8; KS-310:6

Reich
Reich E:K-92:19; E:M-122:34; E:Z-
253:27; KS-326:20; 340:30; 353:8,11,
18; 354:6; 368:4; 373:26; 375:2; 382:11,
20; 390:21 (15)
Reiche E:M-124:23; KS-327:26; 382:28
Reichs E:K-49:31; 89:9; KS-357:24;
377:26; 399:31

Reichard
Reichard KS-390:2,5,15

Reichardt
Reichardt KS-412:31

reichen
gereicht E:K-14:22; 20:29; E:V-187:16
reiche KS-389:3
reichen E:K-80:13; E:M-132:8; E:E-
150:30; 152:23
reicht KS-450:13
reichte E:K-68:23; 80:15; E:E-152:19;
E:F-203:13
reichten KS-315:17

reichlich
reichlich E:K-76:34; E:Z-241:2; 244:29
reichliche E:K-57:36
reichlichen E:V-165:12

Reichsankläger
Reichsankläger E:K-79:19

Reichsfreier
Reichs- E:K-36:16

Reichsgulden
Reichsgulden E:K-101:37
Reichsgülden E:K-20:15

Reichsmarschall
Reichsmarschall KS-437:36; 438:11,
15; 439:9,14,17,36
Reichsmarschalls KS-367:26; 434:5

Reichsoberhaupt
Reichsoberhaupt E:K-90:7; E:Z-234:4

Reichstag
Reichstag E:AB-283:24
Reichstage KS-382:28

Reichstagsfeierlichkeit
Reichstagsfeierlichkeit E:AB-283:21

Reichstaler
Reichstaler KS-400:36; 447:28
Rtl. KS-334:23
Rtlr. KS-395:6; 449:1

Reichsvasall
Reichsvasallen E:Z-229:21

Reichtum
Reichtum E:K-41:32; KS-306:33;
308:38; 422:26
Reichtümer E:K-84:26

Reife
Reife E:V-182:2; KS-405:26

reifen
reifen KS-306:2; 376:27; 406:35

Reihe
Reih E:AN-278:15,34
Reihe E:K-51:24; 98:33; E:M-113:14;
143:27; E:C-219:28; 221:35; KS-334:6;
402:36; 424:4
Reihen KS-322:28

Reil
Reil KS-395:15

reimen
gereimt KS-385:2
reimen KS-349:7

rein
rein E:M-116:28 E:F-208:15; E:Z-
253:17; KS-346:26
reine KS-303:6; 342:1
Reine E:K-75:19; E:M-111:9; 130:11;
E:V-183:6
reinen E:M-121:30; KS-435:23
reiner E:M-122:5; E:F-212:11; KS-
378:33
Reinere E:M-135:23
reines E:M-122:9
reinsten KS-345:32

Reinheit
Reinheit E:M-126:36; KS-347:23;
410:17; 411:32

reinigen
gereinigte KS-433:23
reinigen E:E-148:8; E:Z-239:34; 244:12;
KS-433:15

reinsprechen
rein spricht E:M-121:14

Reise

Reise   E:K-13:3; 23:38; 29:22; 30:10;
83:32; E:M-104:16; 112:11,36; 113:12;
115:2; 136:18; E:V-166:35; 168:22;
175:23; 188:18; E:F-199:11; 200:18; E:Z-
238:28; 239:14; 257:1; E:AN-263:30;
272:2; 276:12,15; 280:28; E:AB-283:3;
288:6,35; 289:19; E:VAR-292:15; KS-
310:11; 315:7,11,16; 342:14; 344:17;
392:30   (37)
Reisen   E:F-199:3,6; KS-310:5,8; 423:13

Reisegesellschaft

Reisegesellschaft   E:V-164:34; 176:17

reisen

gereiset   E:K-24:31
gereist   E:K-35:1; 70:19; 79:33; E:M-
116:2
reise   E:K-99:26; E:V-176:29; 186:12
reisen   E:K-12:5; 44:25; 69:17,30; 94:7;
E:M-113:17; E:V-177:37; E:F-200:14,
20
Reisende   E:K-20:36; 34:16
Reisenden   E:K-16:8; 74:18; E:V-161:3;
KS-325:18; 365:22; 391:12
reiseten   E:F-208:14

reißen

gerissen   E:K-33:12; E:E-158:28
reißen   E:K-92:20; E:M-126:12; E:Z-
238:33; 251:23; E:AN-267:32; KS-323:8
reißt   KS-322:23
riß   E:M-129:19; E:E-146:19; E:V-189:35;
190:16; E:F-204:22; E:Z-237:24
rissen   E:E-146:1

Reisewagen

Reisewagen   E:M-118:35; 119:4; E:AN-
273:8; 274:1

Reisiger

Reisigen   E:K-41:31; E:Z-241:8

Reitbahn

Reitbahn   KS-325:15

reiten

reit   E:AN-264:19
reite   E:AN-264:14; KS-401:14
reiten   E:K-10:12; 11:21,27; 15:34; 18:31;
19:18,28; 27:1; 31:24; 84:19; E:AN-
264:36; 265:10   (12)
reitenden   E:K-31:18; 83:29; E:AN-
275:22; KS-386:22

reitet   KS-385:32
ritt   E:K-9:18; 16:6; 59:32; 60:2; E:V-
187:35; 188:1; E:AN-274:5
ritten   KS-403:10

Reiter

Reiter   E:AN-263:35

Reitpferd

Reit-   KS-401:15

Reiz

Reiz   E:F-206:27; E:Z-252:28; KS-
307:10; 344:6; 347:22
Reize   E:F-212:30; KS-348:20; 377:26
Reizen   E:C-223:12; E:Z-232:9

Reizbarkeit

Reizbarkeit   KS-348:28

reizen

reizend   KS-348:3
reizende   KS-416:22
Reizende   KS-308:20
reizenden   E:M-104:11; E:V-173:4
reizt   E:V-165:33; KS-324:7
reizte   E:K-11:22

Reizung

Reizungen   KS-302:9; 306:29

reklamieren

reklamierte   E:K-77:22

Relation

Relation   KS-372:4

relativ

relativen   KS-312:1

Religion

Religion   E:K-30:17; E:F-214:24;
E:VAR-293:7; 296:21; KS-316:18,
34; 317:8; 420:9
Religionen   KS-317:13

Religionsspötterei

Religionsspötterei   KS-334:7

Religionstoleranz

Religionstoleranz   KS-316:24

Religionszwistigkeit

Religionszwistigkeit   KS-316:22

religiös

religiösen   E:C-219:32; KS-317:5
religiöser   KS-316:29

Reliquie
Reliquie   KS-450:19

Remigius
Remigius   E: Z-229: 7;   233: 4;   234: 17,
33; 235:10; 242:11; 244:5; 252:26; 255:36;
256:22; 259:27   (11)

Remigiustag
Remigiustages   E:Z-237:8

Renard
Renard   KS-385:6

Rendezvous
Rendezvous   KS-330:28

rendront
rendront   KS-384:33

renitieren
renitierenden   KS-371:24

rennen
rennt   E:AN-274:35

Rennstein
Rennstein   E:AN-267:20

Replik
Replik   KS-460:3

Repräsentant
Repräsentanten   KS-321:5

Republik
Republik   KS-381:11

requirieren
requiriert   E:K-58:30

requisite
requisite   KS-413:40

Requisition
Requisition   E: K-60: 18;   KS-365: 27;
368:13

Residenz
Residenz   E:K-21:19; 39:31; 42:14; KS-
403:25

Resignation
Resignation   KS-412:13

Reskript
Reskript   E:K-24:9

Resolution
Resolution   E:K-21:32; 24:12,14; 27:16;
31:3; 39:27; 40:1,10

Respekt
Respekt   E:K-50:38; E:AN-269:5; KS-
381:33; 430:21

respektive
respektiven   KS-386:12

respektmäßig
respektmäßiger   E:AN-275:38

respondieren
respondieren   KS-386:21

Rest
Rest   E:K-13:3; 26:34; 41:7; 53:33; 59:4;
86: 34; E: M-115: 22; E: E-159: 11; E: V-
195:12; E:VAR-292:15; KS-457:5   (11)
Reste   KS-403:21
Resten   E:K-74:25

restaurieren
restauriert   KS-391:2

restieren
restierenden   KS-451:1

Resultat
Resultat   KS-426:11
Resultate   KS-310:22

resultieren
resultierenden   KS-320:28

retten
gerettet   E:K-34:34; 56:38; 68:1; E:E-
148:13; 152:2,23; E: V-160:9; 174:33;
175:26; 188:35; E:F-211:34; E:Z-235:30;
KS-380:23   (13)
rette   E:K-33:9
retten   E:K-33:15; 63:17; 76:3; 83:11;
E:E-146:12; 148:24; 157:28; E:V-169:32;
174:16; 190:27; 193:24; E:B-198:29; E:F-
202:27; E:AN-277:5; KS-322:9; 370:38;
374:10,18; 381:8; 436:29   (20)
rettend   E:E-147:29
rettet   E:K-32:11; E:V-178:30
rettete   E:K-63:9; 100:20; E:V-195:8;
E:VAR-298:9
retteten   KS-436:19

Retter
Retter   E:M-106:36; E:E-146:23; E:V-
165:16
Retters   KS-360:3

Retterin
Retterin   E:V-192:37

Rettung
Rettung   E:K-77:19; E:M-127:9; E:E-145:15,21; 147:14; 156:13; E:V-161:32; 163:18; 177:6; 180:20; 183:25; 185:16; 187:26; E:Z-255:17; 260:1,15; KS-380:5, 12; 400:10   (19)

Rettungsmittel
Rettungsmittel   E:K-73:36

Rettungswerkzeug
Rettungswerkzeugen   E:V-194:2; E:AN-274:35

Reue
Reue   E:K-99:22; E:V-188:24; E:F-206:17; 214:27; E:Z-251:31; KS-370:34

reuen
reue   E:E-158:37
reuen   E:E-147:12; E:AN-281:15

Reukauf
Reukauf   E:K-25:34

Reuter
Reuter   E:K-40:16; 63:18; 85:32; 86:8, 32; E:Z-241:36
Reutern   E:K-40:15; 79:21; 81:16; KS-410:27

Reuterbedeckung
Reuterbedeckung   E:K-80:1

Reuterhaufen
Reuterhaufens   E:K-38:28

Revanche
Revanche   KS-331:2

Reverbere
Reverberen   E:M-107:32

revidieren
revidierte   E:M-107:8

Revolution
Revolution   E:V-168:37; 174:1; KS-396:5; 435:14

Revolutionär
Revolutionärs   KS-417:5

Revolutionstribunal
Revolutionstribunal   E:V-174:13

Reynestein
Reynestein   KS-440:18

Rezensent
Rezensenten   KS-414:31,35; 415:7

rezensieren
rezensieren   KS-416:33

Rezension
Rezensionen   KS-416:24

Rheims
Rheims   KS-390:34

Rhein
Rhein   E:V-174:37; E:Z-258:1; KS-331:34
Rheins   E:Z-236:6; 244:31

rheinbündisch
rheinbündischen   KS-367:15; 373:13; 375:6

rheinisch
rheinische   KS-350:16
rheinischen   KS-413:20

Rheinkampagne
Rheinkampagne   E:AN-278:12

rhythmisch
rhythmische   KS-339:34; 348:19

Rhythmus
Rhythmus   KS-339:21; 347:22; 348:3

Ribbe
Ribbe   E:AN-278:28

Ribbeck
Ribbeck   KS-403:12

richten
gerichtet   E:K-30:11; 31:16; 37:16; 56:25; 103:5; E:M-134:19; E:F-215:12; E:C-225:5; E:Z-242:24; 260:13, 34; E:AN-263:25; KS-381:1; 444:10   (14)
gerichtete   E:Z-239:1; 248:7; KS-391:17; 423:13
gerichteten   E:K-37:24; 48:28; KS-415:14
gerichteter   E:K-56:9
richten   E:K-17:23; 19:9; 46:5; 78:13, 27; E:F-206:34; 212:15; E:AN-269:5; KS-308:4
richtenden   E:K-61:20
richtet   E:Z-235:5

Richter
Richter   E:V-174:27; E:Z-241:31; 243:5,
30; E:AN-281:25; KS-413:19
Richtern   E:Z-243:1; E:AN-281:8

richtig
richtig   E:K-35:9; E:M-120:13; 127:9,
26; E:V-172:13; E:F-212:24; KS-306:37;
369:8
richtige   KS-310:20; 412:22
richtigen   KS-310:28
richtiges   E:K-15:38

Richtigkeit
Richtigkeit   E:K-12:8; 17:3; E:M-
121:23; E:V-181:5; E:B-197:25; KS-
347:23

Richtplatz
Richtplatz   E:K-43:37; 100:37; 101:12;
E:V-174:21,24; E:Z-258:35; E:AN-270:23
Richtplatze   E:E-145:25; 148:14; 151:19

Richtung
Richtung   E:K-33:35; E:C-225:19; E:Z-
231:35; E:AN-278:30; KS-337:9; 388:23;
389:8; 390:31; 392:19,36; 420:11; 421:7;
427:15   (13)
Richtungen   E:K-32:20; E:E-146:34;
147:34; E:B-198:22; KS-392:9; 393:3;
454:21

Ried
Ried   E:V-164:14; 186:16

Riegel
Riegel   E:K-20:8; 48:24; 91:9; E:M-
129:29; E:E-145:17; E:V-185:14; E:F-
207:9
Riegeln   E:K-13:35; KS-383:26

Riemen
Riemen   E:K-31:29; E:Z-249:19; E:AN-
278:17

rien
rien   KS-408:33

Righini
Righini   KS-411:13

Rigi
Rigi   E:V-195:12

Ring
Ring   E:K-35:21; E:V-181:3; E:Z-236:18;
237:9; 244:2; 257:26,32; 258:7,23,32;
KS-309:30   (11)
Ringe   E:M-142:34; E:V-194:38
Ringes   E:E-147:8; KS-378:19

ringen
Ringen   KS-337:35; 355:16

Ringer
Ringer   KS-338:9

ringförmig
ringförmigen   KS-343:1

Ringmauer
Ringmauer   E:K-37:31

rings
rings   E:K-93:6

ringsum
ringsum   E:B-198:25

Rippe
Rippen   E:AN-267:3

Rippenhälfte
Rippenhälfte   E:AN-266:36

Riß
Riß   E:E-155:30; E:AN-279:12

risum
risum   KS-334:36

Ritter
Ritter   E:K-11:9,21,26,34; 15:12; 18:9,
21,24; 28:22; 30:4; 32:16; 39:3,24; 58:14;
60:23; 61:22; 62:14; 65:16,24; 66:12; 67:3;
68:30; 73:14; 79:20; 80:3,29,37; 81:27;
83:20; 85:38; 86:2,7; 91:32; 92:35; E:M-
106:38; E:B-196:20,25; 197:2,4; E:F-
211:33; E:Z-229:19; 230:1; 232:29,36;
233:12,19,31; 234:35; 245:27,35; 259:14,
32; 260:6; 261:2; E:AB-288:34; 290:3,19,
38   (58)
Rittern   E:K-12:18; 15:7,25; 37:26; 54:9;
63:9; 64:34; 73:12; 102:37; 103:18; E:Z-
234:9,19   (12)
Ritters   E:F-204:2; 207:25; 208:2; E:Z-
233:14; 244:15

Ritterburg
Ritterburg   E:K-9:23

ritterhaft
ritterhaft   E:K-39:13; E:Z-233:27

ritterlich
ritterlichem   E:Z-260:9
ritterlichen   E: F-208: 24; E: Z-242: 37;
E:AB-283:25
ritterliches   E:K-94:17
ritterlichste   E:Z-246:37

Ritterschaft
Ritterschaft   E:Z-235:23; 243:24

ritzen
geritzt   E:Z-245:34

river
rivers   KS-440:13

rm.
rm.   KS-394:4

rmz.
rmz.   KS-386:29

Robe
Roben   KS-431:12

Robertson
Robertson   KS-433:2

robust
robuste   KS-335:27

röcheln
röcheln   E:V-193:21
röchelnd   E:V-192:33

Rochus
Rochus   KS-409:6; 417:27

Rock
Rock   E:V-162:1,27; E:C-228:7; E:AN-
278:18
Röcken   KS-369:8; 431:13

roh
rohe   E:AB-287:23
rohen   E:K-29:36

Roheit
Roheit   KS-326:25

Rolle
Rolle   E:K-74:15; 76:25; 95:25; E:M-
106:15; 112:13; KS-412:8,10; 414:13;
418:3; 428:17,24,32   (12)
Rollen   E:M-139:37

rollen
rollen   KS-303:28
rollte   E:K-47:1

Rollwagenbüchlein
Rollwagenbüchlein   KS-413:24*

Rom
Rom   E: F-199: 2; 200: 27; 201: 4, 38;
208:11; 209:20; E:AN-272:32; KS-333:20;
351:15

Roman
Roman   E:AN-272:26; KS-422:26
Romanen   KS-313:15

Römer
Römern   KS-327:1

Römergröße
Römergröße   E:E-152:29

Römerin
Römerin   E:AN-271:33; KS-369:4

römisch
römische   E:K-91:1; E:AN-268:11
römischen   E:K-89:9; KS-314:1

Ronde
Ronde   KS-339:16

Roß
Rosse   E:K-16:30

Rosalie
Rosalie   E:Z-257:32; 259:26
Rosalien   E:Z-256:8

Rose
Rose   E:K-56:4; E:E-155:14; E:C-225:9
Rosen   E:AB-283:27,34; KS-399:8,23

Rosenstrauß
Rosenstrauß   KS-399:26

Roßhändler
Roßhändler   E:K-9:5,28; 10:36; 14:25;
20:19; 22:36; 23:34; 33:19; 40:3; 45:1;
50:4,29; 51:10; 52:10,35; 53:8; 54:5,
21; 55:19; 56:7; 59:13; 60:14,26,35; 61:15,
18; 63:22,33; 64:26,28; 65:27; 67:6,6,23;
68:14,26; 72:31; 73:12,14; 74:5,20; 75:29;
78:34; 79:7,38; 81:28; 83:10; 85:1; 86:10,
12, 18; 95:10; 96:31; 97:1,34; 102:25;
E:VAR-292:6   (57)
Roßhändlers   E:K-49:11; 51:28; 66:36;
75:10; 80:36; 84:36; 89:26

Roßkamm

Roßkamm   E: K-10 : 14, 25, 26;   11 : 25;
12:34; 13:31; 15:14; 23:5; 25:9,29; 26:21,
30; 27:22; 32:9; 37:35; 42:1; 50:10; 73:16;
79:20; 96:10; KS-324:7   (21)
Roßkamms   E:K-13:22; 21:17,38

rostig
rostiges   E:AB-283:32

rot
rot   E:K-51:32; 61:7; 62:2; 80:27; E:M-
107:27; 110:21; 136:20; E:V-168:17; KS-
384:14
roten   E:K-25:7; E:Z-245:24; KS-413:20

Rotbart
Rotbart   E:Z-229:5,25,33; 230:3; 231:24;
232:5; 234:10,18; 235:25; 237:2; 239:8,
33; 242:13,29,33; 243:15; 244:17; 246:37;
254:35; 258:5,24; 260:16   (22)
Rotbarts   E:Z-240:12

Röte
Röte   E:K-17:13; 20:11; 44:14; E:M-
112:9; 128:33; E:E-155:3; E:V-176:36;
E:F-212:2; KS-369:23

rotledern
rotledernen   E:K-44:1

rötlich
rötliche   E:E-149:5
rötlichen   E:Z-234:26; 260:38

rotseiden
rotseidenen   E:F-207:26; 211:31
rotseidnen   E:K-20:16

Rotte
Rotte   E:M-105:25; 108:7; E:E-158:26;
E:V-174:16; KS-428:37
rotten   E:M-107:7

Rouen
Rouen   E:AB-285:21

rs.
rs.   KS-423:5

Rübe
Rüben   KS-332:2

Rubel
Rubel   E:M-143:15

Rubrik
Rubrik   KS-386:35; 429:23
Rubriken   KS-364:25

ruchlos
ruchlos   E:M-139:23
ruchlose   E:K-68:7

Ruchlosigkeit
Ruchlosigkeit   E:E-156:18
Ruchlosigkeiten   KS-333:4

Rückblick
Rückblicken   KS-347:18

rücken
gerückt   E:K-61:20; E:AN-278:24; KS-
386:24
rücken   E:M-127:18; KS-377:30; 383:11;
397:24
rückte   E:K-25:30; 36:2; 61:30; 81:38;
E:V-166:30; 173:19

Rücken
Rücken   E:K-33:20; 44:6; 46:1; 48:21;
59:27; 73:33; 81:32; 92:32; E:M-125:18,
24; 136:21; 137:20; E:E-146:30; 158:22;
E:V-180:6; 186:4; E:Z-252:20; E:AN-
267:1; KS-336:10; 337:8; 344:33; 387:23
                                           (22)

Rückerinnerung
Rückerinnerung   KS-304:7; 437:15

Rückfall
Rückfall   KS-395:29

rückgängig
rückgängig   E:K-85:5

Rückgrat
Rückgrats   E:AN-278:30

Rückhalt
Rückhalt   E:V-181:32; E:C-221:11

Rückkehr
Rückkehr   E:K-38:19; 39:27; E:M-118:8;
E:V-160:12; 167:13; E:B-196:9; E:AN-
272:9

Rückschrift
Rückschrift   E:K-21:38

Rücksicht
Rücksicht   E:K-53:7; 72:5; 78:6; 94:28;
E:M-117:18; E:E-144:26; E:V-185:7; E:Z-
248:18; KS-307:4; 309:20; 330:36; 332:8;
337:36; 403:34; 435:6,36; 447:10; 454:12
                                           (18)
Rücksichten   E:K-28:11; E:F-204:21;
E:Z-235:6; KS-410:25; 421:17; 451:12;
454:17; 456:8

rücksichtslos

rücksichtslos   E:K-50:32
rücksichtslose   E:Z-242:10

Rücksprache

Rücksprache   E:K-65:9; 87:24,35; E:M-
112:28; 142:18; E:V-176:7

rückwärts

rückwärts   E: V-163: 22; E: B-198: 18;
E:Z-250:24

Rückweg

Rückweg   E: K-40: 37; E: AN-267: 34;
270:23
Rückwege   E:C-222:29

Rückwendung

Rückwendung   E:K-80:25

Rückzug

Rückzug   E:V-189:20; 192:4; 194:18

Rudel

Rudels   E:K-81:7

Ruder

Ruder   E:K-34:38

rudern

rudern   E:M-116:33

Rudolf

Rudolf   E:Z-235:35; 237:16,24,31; 238:1

Rudolstadt

Rudolstadt   E:AB-283:3

rue

rue   KS-383:16

Ruf

Ruf   E: K-61: 38; 90: 32; E: M-104: 6;
112:15; E:V-188:20; E:Z-243:21
Rufs   E:Z-240:13

rufen

gerufen   E:M-108:28; 116:30; E:V-180:4;
KS-404:18
rief   E : K-9 : 26;   12 : 32;   15 : 17, 23,
25; 18:7; 19:14; 20:13; 26:35; 27:10,
21; 28: 6,12,26; 31: 21; 32: 36; 44: 19;
45 : 14, 24, 36; 46: 21; 63 : 2; 83 : 23;
98:31; 102:25; E:M-105:12,24; 114:27;
115: 11,17; 116: 3; 118: 19; 122: 9,18,
36, 38; 123: 6; 124: 8; 125: 15, 17, 19,
27; 128:1; 129:8,13,15,18,21; 131:25,
29; 132:4,25; 134:1; 135:6,15,20,28,33,

36; 136:36; 137:16,21,29; 139:3; 140:15,
23, 27, 33; 141: 1, 11, 15, 33; E: E-148: 10;
156: 7, 21, 24, 30; 157: 20; 158: 1, 4, 7, 16,
20; E: V-163: 15, 21; 164: 20, 32; 165: 25,
38; 173:28; 180:1; 183:35; 184:34; 185:27,
31, 37; 188: 31; 189: 34; 193: 14, 28, 32;
E:F-212:28; E:Z-233:26; 239:29; 240:18;
243:10; 247:16; 248:24,34; 249:15; 250:23,
30, 38; 251: 15, 21, 29; 252: 17; 253: 19,
24, 31, 36; 258: 31; 259: 4, 8, 36; 260: 26;
E:AN-264:5,12; 270:34; 271:4,25; 280:13,
32; E: AB-285: 1; KS-345: 18;   417: 35
(136)
riefen   E: K-56: 2; E: M-140: 13; E: E-
157:24; E:V-188:17; 192:27; E:AN-278:3;
280:34; KS-344:29
ruf   E:K-19:33; E:AN-264:37
rufe   E:M-123:28
rufen   E:K-14:24; 15:26; 19:22; 35:26;
85:20; 87:11; E:M-106:3; 120:7; 122:7;
123: 11, 22; 138: 13; E: E-154: 31; KS-
348:23; 413:21   (15)
ruft   E: K-19: 29; E: M-141: 15; E: B-
198:21; E:AN-265:11,19

rügen

rügen   KS-422:10

Rugera

Rugera   E: E-144: 6; 145: 35; 156: 36;
157:2,6,16; 158:2

Ruhe

Ruh   E:V-187:14
Ruhe   E: K-14: 24; 78: 5; 100: 7; E: M-
134:28; E:E-154:3; E:V-183:11; 184:29;
E: Z-230: 24; 246: 11; E: AN-275: 12;
E:VAR-296:31; KS-309:6; 341:15; 355:28;
370:1; 435:24; 446:20   (17)

Ruhebett

Ruhebette   E:Z-257:21

ruhen

ruhen   E:K-24:14; E:V-194:32; E:AN-
276:22; KS-342:28
ruht   KS-302:28; 356:16; 396:37
ruhte   E:E-151:26; 158:27; E:V-183:32;
E:F-213:18; E:C-225:38; E:Z-257:38
ruhten   E:E-150:9; E:V-189:13

Ruhestand

Ruhestand   E:V-160:19; E:F-202:11

ruhig
ruhig   E:K-9:11; 54:36; 65:38; E:M-
123:23; E:F-207:16; E:C-227:14; E:Z-
233:11; E:AN-266:7; 276:26; E:VAR-
298:9; KS-306:18; 370:37   (12)
ruhigen   E:K-37:1; E:F-207:12; 212:25;
KS-446:26
ruhiger   KS-318:14
ruhiges   KS-356:21

Rühle
Rühle   KS-301:5
R[ühle]   KS-319:2*

Ruhm
Ruhm   E:K-37:9; 50:24; 66:38; E:Z-
240:28; E:AN-271:14; KS-326:14; 333:38;
338:18; 377:23; 378:9,10; 412:26; 447:7
                                (13)
Ruhms   KS-356:2; 374:2

rühmen
rühmen   E:F-208:10
rühmt   KS-337:18
rühmte   KS-385:12
rühmtest   KS-347:20

rühmlich
rühmlich   KS-411:18; 419:5

ruhmredig
ruhmredigste   KS-383:28

ruhmvoll
ruhmvolle   KS-371:23

rühmwürdig
rühmwürdige · KS-444:14

rühren
gerührt   E:K-26:31; 28:37; 83:28; E:M-
120:33; E:E-150:14; E:V-173:6; 175:1;
E:F-213:10; E:AN-274:6
gerührten   E:M-107:8
rühren   E:M-128:35; E:E-156:10; E:V-
172:19; 176:4; KS-443:13
rührend   E:M-116:27; KS-347:1
rührende   E:K-31:2; E:M-132:31; E:Z-
250:22; KS-375:33; 413:25
rührenden   E:K-65:1; E:M-108:38;
131:4; E:V-174:4; E:F-202:13
rührender   E:Z-244:22
Rührendes   E:E-152:35; KS-398:30
rührst   E:M-123:1
rührt   E:K-45:6; KS-304:21; 312:29;
336:23; 378:6; 437:11

rührte   E:M-129:6; E:V-185:18; E:F-
203:22; E:Z-236:26; KS-345:4,15
rührten   E:K-14:17

Rührung
Rührung   E:M-110:7; 118:31; 135:29;
139:4; E:E-149:28; E:V-175:28; 191:8;
E:C-221:26; E:Z-240:31; 249:26; 250:29
                                (11)

Ruine
Ruinen   KS-325:18

Rumpf
Rumpfe   E:V-174:33

rund
rund   KS-337:14
runden   E:AB-288:26

Runge
Runge   E:K-58:3,34

Rußland
Rußland   KS-344:17

Russe
Russen   E:M-107:20; 108:15; 118:3,20;
143:27

russisch
russische   E:M-106:9,14,31
russischen   E: M-104: 25, 32; 105: 8;
107:14; 109:4
russischer   E:M-105:30

rüsten
gerüstet   E: M-126: 2; E: Z-243: 23;
245:13; KS-321:10; 332:32
rüsten   E:M-126:19
rüstest   KS-326:1

Rüsternbaum
Rüsternbaum   KS-424:23

rüstig
rüstig   KS-326:11
rüstige   E:K-103:22; KS-329:6
rüstigen   E: K-85: 17; E: V-188: 33;
E:VAR-297:14; KS-412:19
rüstigsten   KS-379:1

Rüstkammer
Rüstkammer   E:K-26:14; E:Z-231:10;
260:22

Rüstung
Rüstung   E:Z-245:31; 247:8

rütteln
Rütteln   E:Z-250:3
rüttelt   E:C-222:20; KS-354:33

rz.
rz.   E:AN-263:13; KS-414:23; 418:15

s.
s.   KS-414:26

S.
S.   KS-382:32; 391:16; 409:19; 454:16

Saal
Saal   E:K-11:4; 31:1; 32:12; 73:13,35;
   E:F-204:11,24; KS-332:13; 444:2; 445:10,
   15   (11)
Saale   E:C-223:34; E:AN-267:9
Saals   E:K-32:14
Säle   KS-443:27
Sälen   KS-336:21

Säbelhieb
Säbelhieb   E:V-190:1

Sache
Sache   E:K-12:32; 15:14; 21:20; 22:11;
   23:20; 24:11,14; 28:11,21; 29:23; 31:7;
   36:13; 43:8; 45:12; 48:17; 50:24; 51:16,
   29; 52:12; 53:4,11; 55:28; 60:37; 64:1,
   3, 25; 65 : 3; 68 : 27; 73 : 2; 76 : 27;
   77 : 3; 78 : 1; 79 : 5; 85 : 20; 87 : 13,
   31; 88:33; 89:8,11,17,35; 91:21; 94:9,
   29,30,32; E:M-107:38; 112:37; 115:30,
   38; 117 : 3; 119 : 28; E : E-153 : 9; E : V-
   171 : 6; 176:33; 186:36; 190:33; 195:6;
   E:B-197:14,27,36; E:F-204:31; 213:14;
   E : C-224 : 34; E : Z-231 : 21, 32; 232 : 13;
   233 : 22; 234 : 5; 236 : 8; 240 : 28; 243 : 13,
   24; 245:10; 248:37; 249:21; 259:10; 261:8;
   E:AN-281:30; E:AB-289:30; 290:2,5,19,
   20; E:VAR-292:32; KS-321:37; 333:12;
   336:22; 342:32; 352:13; 361:19; 368:2;
   371:25; 381:19; 390:2,7; 400:18; 415:1;
   421 : 5; 430 : 31; 437 : 14; 455 : 33; 456 : 2;
   457:5   (104)
Sachen   E:K-12:23; 13:35; 20:26; 27:15;
   65:22; 67:28; 77:18; 101:20; 102:18,21;
   E:M-125:32; E:V-171:19; E:B-198:24;
   E:F-210:5; KS-356:1; 381:7; 399:4,5;
   425:8; 428:4   (20)

Sachsen
Sachsen   E:K-21:31; 23:14; 39:21; 42:14;
   49:5; 53:6,19; 59:32; 77:36; 78:1,19,

32; 79:15,26,27; 82:15; 94:3,24,25; 97:26;
98:34,36; 100:37; 103:18; E:AN-279:6;
KS-350:10,12,13,15; 357:17,18,19,25,
28; 392:22   (35)

sächsisch
sächsische   E:K-69:8
sächsischem   E:K-9:23; 23:9; 78:15
sächsischen   E : K-13 : 5; 25 : 3; 78 : 29;
   89:35; 95:36; 96:26; 97:7
sächsisches   KS-447:28

sächsischerseits
sächsischerseits   E:K-89:7

sacht
sacht   E:F-204:9

sachverständig
sachverständige   E:M-123:34
sachverständigen   E:K-46:32

Sack
Sack   E:K-18:4

Saft
Säfte   E:Z-255:3

saftlos
saftlosen   KS-311:27

sagen
gesagt   E : K-13 : 12; 17 : 26, 36; 20 : 20;
   34 : 29; 45 : 11; 47 : 19, 34; 59 : 1; 62 : 28;
   66:8; 94:15; E:M-106:32; 120:16; 123:15,
   17,21; 129:6; 130:37; 131:11; 134:32;
   E:E-145:29; E:V-163:23; 176:11; 187:16;
   191:21; 194:4; E:C-224:34; KS-337:13;
   351:22,23; 356:9; 440:8   (33)
sag   E:K-43:9; E:M-125:37; E:AN-264:8,
   18,18,25,35; 265:4; 268:2; 279:38; KS-
   341:13; 343:38   (12)
sage   E:K-19:27,38; 27:13; E:M-110:12;
   132:4; E:V-163:24; E:AN-264:13,21;
   267:31; KS-304:29; 317:2; 341:11; 353:18;
   354:21; 356:34; 360:6; 364:15; 373:25
                                          (18)
sagen   E:K-23:37; 25:23; 28:24; 42:38;
   43 : 8; 44 : 17; 71 : 10; 90 : 24; 92 : 25;
   97:13; 99:8; 101:2; E:M-107:29; 113:9;
   118:32; 123:26; 132:16; 134:6; 135:2;
   139 : 3; E : V-163 : 30; 184 : 35; 192 : 35;
   E:F-205:15; E:C-227:10; E:Z-240:17;
   249:35; 256:31; E:AN-277:9; E:AB-
   285 : 20; E : VAR-296 : 36; KS-306 : 23,
   28; 312:18; 320:26; 321:11; 323:11;

328:24; 330:24; 334:1; 335:31; 343:4; 347:24; 348:35; 352:3; 362:14, 15; 368:19; 370:14; 374:27, 27, 28, 28, 29, 29; 376:3; 378:32; 384:4; 385:23; 387:10; 388:36; 391:26; 396:26; 400:38; 406:5; 408:33; 409:16; 412:6; 421:4; 437:33; 438:38; 445:16　　　　　　　　(72)
sags E:K-19:7
sagst E:M-135:31
sagt E:K-27:17; 92:9,30; E:M-123:23; E:V-192:32, 34; 193:30; E:Z-253:30; E:AN-264:31,38; 269:19; E:AB-283:12; E:VAR-298:7; KS-303:3; 310:33; 319:15, 17; 322:15; 330:23; 335:31; 336:7; 337:10, 11; 349:5; 355:4,8,9; 361:31; 362:18,21, 29; 376:34; 400:33; 408:4; 409:27; 411:24; 440:16; 442:34　　　　　　　　(38)
sagte E:K-9:28,32; 10:20,38; 11:27,32, 38; 12:5,18,19,26,29; 13:22; 15:15,21, 26; 16:5,16,26; 17:19,23; 18:6,25,29, 35; 20:9,11,19,35; 23:3,6,19; 25:25; 26:3, 10,37; 27:14; 28:15,29,32; 29:16,29; 30:5; 35:34; 39:10; 44:17,23; 45:5; 46:33; 47:6, 24; 48:8,13,28; 51:14,33; 52:8,26; 54:4, 37; 55:2,7; 56:18,26; 57:33; 58:22,32, 34; 59:9,21; 60:29,38; 62:24; 65:17; 68:7; 70:1; 72:7; 73:1,25; 80:10; 81:16,21, 30; 82:29; 84:1,11; 86:18; 88:4,27; 91:2, 22,29; 92:4; 93:2; 97:38; 98:13; 100:31; 102:30; E:M-109:19,21,23,26,37; 110:25, 31; 113:1,16; 114:1; 115:3,13,30; 117:23, 30,34; 118:10,17,36; 119:7,37; 121:13,18, 36; 123:10,13,19; 124:11,20,34; 125:14,30; 127:28; 128:13,32; 129:3,13,23; 130:11,23; 131:25,27; 132:21; 133:3,22; 134:5,19,38; 135:24,34; 136:19,29; 137:3,22,31; 138:1, 7; 140:35; 141:6,14,27; 142:1; 143:21; E:E-147:20; 150:35; 153:6; 154:16,22; 157:30; 158:37; E:V-162:3,7; 163:14, 33; 166:15; 167:38; 168:11,21; 169:3; 170:36; 172:23; 173:24,30; 174:6; 175:18; 177:7,19,28,36; 178:29; 179:24,33; 180:24; 181:8; 183:8; 188:8,32; 191:1; 193:34; E:B-197:2; E:F-208:28,31; 211:25; E:C-224:32; 227:6; E:Z-233:27; 242:34; 245:8, 17; 253:12, 29; 257:4; E:AN-262:4,15; 270:20; 271:27; 277:31; 278:6; 279:1; E:AB-286:14; 289:12; 290:16; E:VAR-292:26; KS-318:25; 319:30; 325:7; 331:30; 338:33; 339:26; 340:37; 341:10; 342:32; 343:10,28; 344:14,26,37; 345:20,34; 370:8; 379:18; 408:36; 436:13　　　　　(241)
sagten E:AB-287:6

sagts E:AN-268:35

Sainte
Sainte E:V-191:23; 194:32,34; 195:3

Sakrament
Sakrament E:Z-255:23
Sakraments E:K-48:6

Sakristei
Sakristei E: C-218:10; E: Z-253:22; E:VAR-295:24

säkularisieren
säkularisiert E:VAR-298:7
säkularisierte E: C-219:10; E: VAR-296:20

Sala
Sala KS-367:21

Salieri
Salieri KS-444:4,31

salomonisch
salomonischen KS-377:12

salve
salve E:C-219:4; E:VAR-296:13

Salve
Salve E:AN-275:26

Salz
Salz E:C-223:15; KS-398:13

sammeln
gesammelt E:F-207:30
gesammlet E:V-175:7
sammeln E:K-40:35; KS-312:8; 453:12
sammelte E:K-35:36; E:M-124:34; E:V-194:15
sammlen KS-434:18

Sammlung
Sammlung KS-432:15; 449:34
Sammlungen KS-343:26

samt
samt E: E-157:26; E: V-165:27; E: B-197:29; E: F-205:1; E:C-221:34; E: Z-231:23; 232:25; 242:27; E:AN-263:27; 280:27; E:AB-284:30; KS-460:30　(12)

sämtlich
sämtlich   E:V-161:32
sämtliche   E: M-143 : 35; E: E-159 : 17;
  E:V-160: 32; E: B-198: 33; E: F-201: 10;
  215:18; E:C-229:1; E:Z-234:3; 261:17;
  E: AN-283 : 1; E: AB-292: 1; E: VAR-
  298:12; KS-453:10   (13)
sämtlichen   E:K-88:34; E:AN-273:31;
  KS-424:21; 429:12
sämtlicher   E:K-61:21; E:V-189:14

Sand
Sand   E:K-80:26
Sande   E:AN-279:38
Sandes   E:C-223:28; KS-327:36

Sandhügel
Sandhügel   KS-373:18

sandig
sandige   E:AN-279:32

Sandow
Sandow   KS-425:20

sanft
sanft   E:K-27:23; E:M-128:38; 138:20;
  140:31; E:V-168:11; 181:13; 183:35; E:F-
  210:37; E:Z-252:18; E:AN-266:7; 276:25
      (11)
sanfte   E:E-149:36; KS-313:6
sanftem   E:F-210:33
sanfter   E:F-206:26; E:AN-269:7

Sänger
Sänger   KS-394:25; 412:19; 432:23

Sängerin
Sängerin   E:AN-271:32
Sängerinnen   KS-411:17

Sankt
St.   E:M-111:7; E:E-144:2; 145:5; 146:35;
  153: 20; 155: 20; 156: 15; 159: 17; E: V-
  160:1,2,12; 165:20; E:B-196:4; E:AN-
  271: 31, 35; 277: 16; E: AB-290: 12; KS-
  432:34; 441:4   (19)

Sarg
Sarg   E: K-30: 34; 31: 8; 103: 13; E: F-
  205:33; E:AN-265:33; 266:20; E:VAR-
  293:15; KS-402:33
Sarge   E:F-206:4

Satan
Satan   E:AN-264:11

satanisch
satanischen   E:E-158:26; E:F-212:14;
  KS-369:25

satirisch
satirische   KS-367:13
satirisches   KS-384:3

satt
satt   E:K-99:24

Sattel
Sattel   E:AN-265:17; KS-325:8

satteln
gesattelt   E:K-28:30
satteln   E:K-26:38; 44:19

sättigen
sättigen   E:V-178:9

Satz
Satz   E:AN-280:15; KS-317:13; 332:17;
  346: 6, 18; 363: 17, 23; 364: 3; 365: 3, 10;
  366:9; 391:25; 400:24; 443:19   (14)
Sätze   KS-317:14,18,25; 346:23
Sätzen   KS-381:6
Satzes   KS-400:34; 408:12

Satzung
Satzungen   E:Z-249:13

Sau
Sau   E:AB-284:4,8,10,17; KS-413:8,10,
  12

säubern
säubern   KS-346:32

sauer
sauren   E:AN-270:19

Säufer
Säufer   E:AN-267:16

saugen
saugen   KS-310:33; 376:17

Säugling
Säugling   E:E-148:23; E:V-187:38

Saul
Saul   KS-450:10

Säule
Säulen   KS-354:33

Saum
Saum   E:M-141:4; KS-378:5

säumen
säumen E:M-133:29
säumte E:M-138:34; E:E-159:4

Schachspiel
Schachspiel KS-377:28

Schachtel
Schachtel E:F-209:38

schade
schade E:K-10:2

Schädel
Schädel E:V-194:12

schaden
schadet KS-335:32

Schaden
Schaden E:K-46:31; E:AN-275:20
Schadens E:K-21:11; 46:19,22; 55:35;
69:14

Schadenersatz
Schadenersatz E:K-51:3; 102:22

schadhaft
schadhafte E:Z-255:11

schädlich
schädlich E:Z-254:21

Schaf
Schaf KS-322:17
Schafe KS-322:11

Schäfer
Schäfer E:K-57:19; 58:1,28,37; 59:12,
18,25; KS-322:13
Schäfers E:K-57:16

schaffen
geschaffen E:V-165:19
geschafft E:V-174:37
schaff E:K-94:11; E:M-131:7; E:AN-
264:34
schaffen E:M-117:13; 118:18; 132:20;
133:12; E:F-205:21; E:C-224:27; E:AN-
270:6; 280:3; E:VAR-297:9; KS-301:16;
312:5,15; 329:7; 332:5; 428:24 (15)
schafft E:K-15:24; E:AN-264:38
schafften E:AB-287:13

Schafott
Schafott E:K-86:31; 89:23; 103:11

Schaft
Schaft E:K-29:37

schäkern
schäkernd E:K-81:18; E:V-167:34

Schal
Schals KS-431:12,13

Schal-Fichü
Schal-Fichü KS-431:15

Schale
Schale KS-309:32; 347:32; 450:13

schalkhaft
schalkhaft KS-384:5
schalkhaften E:F-211:23

Schall
Schall E:K-79:36

schalten
schalten E:K-102:18; KS-381:32

Scham
Scham E: M-135: 10, 18; E: V-169: 10;
188:24; E:AN-276:31; KS-398:31

schämen
schämen E:AN-272:35; KS-324:22

schamlos
schamloser E:Z-252:11

Schamlosigkeit
Schamlosigkeit E:M-132:7; E:Z-248:17

schamrot
schamrot KS-359:32

Schande
Schande E:K-56:13; 65:6; E:M-127:35;
136:10; E:Z-236:11; 241:24,30; 249:23;
E:AN-272:14
Schanden E:K-91:18; E:Z-235:6

Schandfleck
Schandfleck E:M-126:38

Schandkerl
Schandkerle E:M-107:28

schändlich
schändlich E: M-122: 33; E: V-176: 37;
KS-359:16
schändliche E:K-14:7; 68:6; E:M-132:5;
134:28; E:Z-232:35; 240:8; 248:13; KS-
370:9
schändlichen E:K-62:17; 67:23; E:M-
135:26; E:F-211:12; 212:23
schändlicher E:V-193:13; E:Z-242:30
schändliches KS-428:14
schändlichste KS-416:9
schändlichsten E: K-16 : 24; E: M-
105:28; KS-370:18

Schändlichkeit
Schändlichkeiten   E:K-68:15

Schandtat
Schandtat   E:V-191:12; E:Z-236:38
Schandtaten   E:K-65:30

Schanze
Schanze   E:AB-290:17

Schar
Schar   E:K-35:7; 40:25; 52:2; E:F-215:10;
E:C-222:6; 223:2; E:Z-230:37

scharf
scharf   E: K-38: 6; 48: 7; 83: 13; E: E-
144:31; E:Z-231:9
scharfen   E:AN-274:5; 275:25
schärfer   KS-326:2
schärferes   KS-346:30

Scharfblick
Scharfblick   KS-310:27

scharfdenkend
scharfdenkender   KS-319:6

Schärfe
Schärfe   E:K-46:37

schärfen
geschärft   E:K-99:9
geschärfteste   E:E-144:28
schärfen   KS-407:22
schärft   KS-402:21
schärfte   E:F-206:20

Scharfeneck
Scharfeneck   E:AN-272:31; 273:6,9,28;
274:3,16,22

Scharfrichter
Scharfrichter   E:AB-290:37
Scharfrichters   E:K-103:11

Scharfschütze
Scharfschützen   E:M-105:21

Scharfsinn
Scharfsinn   E:F-212:23; E:C-221:14
Scharfsinns   KS-304:30

scharfsinnig
scharfsinnige   KS-356:10
scharfsinnigen   KS-338:20
scharfsinnigsten   KS-421:30

Scharlatanerie
Scharlatanerie   KS-384:27

Scharteke
Scharteken   KS-347:7

Schatten
Schatten   E: E-155: 14; E: V-165: 36;
188:4; E:C-217:9; E:Z-243:30; E:VAR-
294:23

schattig
schattigen   E:E-153:5

Schatz
Schätze   KS-301:8
Schatzes   E:K-54:32

schätzbar
schätzbaren   KS-454:8

schätzen
geschätzt   KS-409:26
schätzen   KS-415:4

schätzenswürdig
schätzenswürdig   E:M-121:26
schätzenswürdigen   E:AN-278:4
schätzenswürdigsten   KS-435:3

Schatzgrab
Schatzgräber   KS-418:13

Schätzung
Schätzung   E:Z-249:4; KS-381:22

Schau
Schau   KS-383:25

Schauder
Schauder   E:E-155:32

schauderhaft
schauderhaft   E:V-170:12
schauderhaften   E:C-220:30; 223:35

schaudern
Schaudern   E:M-106:26

schauen
schau   E:K-20:20
schauen   E:Z-258:32; KS-325:31
schaun   E:V-168:12
schaut   E:V-162:8

Schauer
Schauern   E:Z-251:13

schauerlich
schauerlichen   E: C-226: 23; E: VAR-
296:31
schauerlicher   E:V-173:12

schaukeln
schaukelte   E:V-173:14

schäumen
schäumend   E: K-62 : 12;   E : M-131 : 7;
E:Z-237:32
schäumende   E:AN-274:33
schäumte   E:K-24:23; E:VAR-293:3
schäumten   E:Z-253:2

Schauplatz
Schauplatz   E:M-104:2; E:C-225:4; KS-
443:28
Schauplatze   E:E-144:19

Schauspiel
Schauspiel   E : K-58 : 16;   81 : 12;   E : E-
151 : 24;   E : C-216 : 20;   225 : 23;   E : AB-
290:11; E:VAR-294:3; KS-390:20; 403:16;
410:14,19   (11)
Schauspiele   E:E-145:11
Schauspiels   E:K-82:31

Schauspieler
Schauspieler   KS-408:21; 409:18; 414:2

Schauspielerin
Schauspielerinnen   KS-414:22

Schecke
Schecken   E:K-11:17

Scheffel
Scheffel   E:K-47:20

Scheide
Scheide   E:V-186:11; E:Z-237:25; E:AN-
264:7

Scheidewasser
Scheidewasser   E:AB-286:31

Scheideweg
Scheidewege   E:E-149:19

Schein
Schein   E : K-10 : 27;   12 : 21;   13 : 14,
21; 33:30; 54:31; 71:23; E : V-162:37;
163 : 34;   E : VAR-292 : 20;   KS-367 : 24;
398:32   (12)

scheinbar
scheinbar   E:K-75:31; E:V-187:15; KS-
305:7; 310:6
scheinbare   E:F-207:17
scheinbaren   E:K-89:29; E:V-178:4
scheinbarer   E:F-210:29

scheinen
geschienen   KS-436:5
scheine   E : K-22 : 9;   52 : 16;   89 : 7;   E : M-
113:31; 114:15,25; 117:14; 121:7; 139:34;
KS-340:9,36; 343:5   (12)
scheinen   E:K-42:38; E:M-117:29; E:C-
223:10; KS-301:9; 306:30; 309:12; 311:14;
323:9; 367:18; 375:20; 428:17   (11)
scheinenden   KS-427:29
scheint   E : K-69 : 15;   92 : 4;   E : C-221 : 15;
E:AN-276:37; KS-301:15; 302:30; 309:22,
25; 311 : 2, 5; 314 : 24; 329 : 25; 333 : 30;
336:18; 337:26; 384:20; 388:24,32; 390:27;
393 : 1;   395 : 30;   406 : 8;   426 : 11;   432 : 30
                                       (24)
schien   E:K-15:37; 23:30,34,38; 29:34;
30 : 24, 34;   34 : 2, 32;   50 : 16;   52 : 26, 28,
33; 57:8,17; 60:5; 64:17; 73:21; 82:37;
89:38; 95:21; 101:11; E:M-105:32; 106:16;
113:19; 115:36; 124:10; 126:38; 129:34;
132:38; 138:2,22; 139:22; 143:30; E:E-
145 : 27;   147 : 13;   152 : 15;   154 : 36;   E : V-
160:8; 171:9; 178:14; 183:37; 194:16;
E:F-199:19; 201:27,38; 206:28; 207:18;
210:20; E:C-226:35; 227:32; E:Z-229:4;
231:9; 232:20; 239:9; 244:2; 246:14,
32; 255:31; 259:22; E:VAR-293:8; KS-
339:9,35; 344:7; 418:3; 430:20; 435:8,
25   (68)
schienen   E:K-58:21; E:V-194:29; E:C-
220:9

scheinheilig
Scheinheilige   E:F-207:9

Scheitel
Scheitel   KS-326:7
Scheiteln   E:M-141:33; E:C-222:16

Scheiterhaufen
Scheiterhaufen   E : Z-244:14; 259:1,6,
31; 260:35

scheitern
gescheitert   E:K-43:3; E:C-221:14
scheitern   E:V-184:26; KS-335:14

Schelde
Schelde   E:AN-280:19,23,25,29

Schelm
Schelm   E : AN-263 : 11;   KS-367 : 17;
374:29
Schelmen   KS-366:6

Schelmerei
Schelmerei   E:K-20:10; 91:15
Schelmereien   E:K-67:36

schelmisch
schelmischen   E:F-212:4

schelten
schalt   E:V-173:12
schelten   KS-353:13

Schemel
Schemel   E:K-82:22,36; 92:6,11; E:F-
204:16; E:C-225:38; E:AN-266:11; KS-
343:27

Schenke
Schenke   KS-346:3

Schenkel
Schenkel   E:V-191:37; E:AB-290:30;
KS-341:8,19

schenken
geschenkt   E:E-148:35; E:Z-252:3
schenke   E:K-102:14
schenken   E:K-66:23; E:M-113:17;
136:1; E:V-182:33; E:Z-253:30; KS-
305:18
schenkt   KS-320:23
schenkte   E:K-9:12; E:V-160:11; 185:24;
E:Z-242:3

Schenkung
Schenkung   E:M-143:15

Schenkwirt
Schenkwirte   KS-383:21

scheren
scheren   E:AN-265:6

Scherge
Schergen   E:K-43:5

Scherz
Scherz   E:K-25:20; 26:17,23; 90:34; E:M-
120:22

scherzen
scherzen   E:M-120:21
Scherzen   E:M-139:5
scherzend   E:M-120:9; E:V-173:1; KS-
341:17; 344:25
scherzest   KS-350:9; 355:13; 358:7
scherzte   E:M-109:29
scherzten   E:M-136:18

scherzhaft
scherzhafte   E:K-92:3
scherzhafter   E:K-82:23; E:F-211:30;
KS-394:27

scheuen
gescheut   E:K-47:20
gescheute   E:K-76:22
scheuen   E:B-197:23; E:F-200:36;
207:21; 210:18; KS-303:19; 311:6; 372:22
scheut   E:V-168:1; KS-428:26

Scheune
Scheune   KS-424:22; 425:20,22
Scheunen   E:K-37:20

schicken
geschickt   E:K-38:22; 53:32; 79:22;
87:19; 92:36; 93:19; E:M-111:5; KS-
354:7; 452:8
schicke   E:K-24:11; KS-364:18; 437:17
schicken   E:K-16:29; 24:18; 76:16; 78:14;
84:35; 87:13; E:M-116:6; E:V-178:10;
179:22; KS-451:31   (10)
schickte   E:K-31:31; 36:27; 80:35; 83:29;
91:14; E:M-123:27; E:V-170:23; E:F-
201:11; E:C-217:3; E:Z-257:32; E:VAR-
294:18; KS-435:6   (12)
schickten   E:K-71:35

schicklich
schicklich   E:M-121:18; E:C-226:14
schicklichen   E:M-114:33; E:C-217:27;
E:Z-240:5; 245:4; E:AN-266:14; E:VAR-
295:3
schicklicher   E:M-132:19; KS-337:24
schicklichsten   E:M-126:30; 139:27

Schicklichkeit
Schicklichkeit   E:K-62:27

Schicksal
Schicksal   E:K-37:23; 66:9; 93:29; E:M-
112:11; 126:6,32; 130:27; E:V-183:6;
E:C-226:6; E:Z-241:34; 245:7; E:AN-
266:23; KS-302:20; 306:1; 309:11,33;
310:29; 332:3; 337:34; 351:19; 368:22;
437:16   (22)
Schicksale   E:E-157:29; KS-305:23
Schicksalen   KS-396:4
Schicksals   E:M-132:23; KS-305:11;
413:31

Schickung
Schickung   E:F-203:9; E:Z-249:36

Schiedsrichter
Schiedsrichter E:AB-285:11

Schiedsurteil
Schiedsurteils E:Z-254:28

schief
schief E:K-10:18; E:AN-266:27
schiefer E:C-225:14

schiefgesenkt
schiefgesenkten E:E-146:6

schießen
geschossen E:M-108:22; 110:33
schießen E:AN-268:25
schießend E:K-35:12
schießt E:AN-276:36
schoß E:M-130:17

Schiff
Schiff KS-331:16,21
Schiffe E:V-169:29; KS-442:19
Schiffs E:AB-288:8

Schiffahrer
Schiffahrer KS-390:20

Schiffsbrücke
Schiffsbrücke E:AN-280:19

Schiffskapitän
Schiffskapitän KS-331:10

Schiffsleute
Schiffsleute E:AB-288:9,12

Schiffsmannschaft
Schiffsmannschaft E:AB-288:7

Schild
Schild E:K-71:8; E:Z-245:27; 246:4,
28; 247:9; KS-384:17,25

schildern
schildere E:C-222:14
schildern KS-432:23
schildert KS-384:4
schilderte E:K-50:12; 64:28; E:E-
155:28; E:F-214:28

Schilderung
Schilderung E:K-21:8

Schiller
Schiller KS-347:7; 412:35
Schillers E:AN-280:38

Schimmer
Schimmer E:M-107:32; E:E-149:35;
E:V-165:21; KS-309:1

schimmern
schimmern E:V-180:13
schimmernder KS-411:32
schimmerndes E:Z-243:22
schimmerte E:V-176:6
schimmerten E:Z-239:13

Schimpf
Schimpf E:F-206:12

schimpfen
schimpfend E:V-190:37

Schimpfrede
Schimpfreden E:K-14:31

Schimpfwort
Schimpfwörtern E:V-166:9; KS-
331:29

Schindanger
Schindanger E:K-15:27

Schinder
Schinder E:K-58:19; 59:30

Schinderei
Schinderei E:K-63:32

Schinderkarren
Schinderkarren E:K-61:22

Schinderknecht
Schinderknecht E:K-62:10
Schinderknechten E:K-77:15

Schindmähre
Schindmähren E:K-62:6

Schlacht
Schlacht E:AN-263:32; 269:4,19; E:AB-
283:7,9; KS-338:13; 355:7; 366:20; 367:8,
17; 373:15; 375:1; 376:11; 381:10 (14)
Schlachten KS-360:15

Schlächterhund
Schlächterhund E:K-93:7

Schlachtfeld
Schlachtfeld E:M-108:28
Schlachtfelde KS-364:23
Schlachtfeldern KS-349:3

Schlachtgesang
Schlachtgesang KS-376:9

Schlachtopfer
Schlachtopfer   KS-369:26

Schlaf
Schlaf   E: K-36:30; E: M-131:27; E: V-183:32; E:C-223:32
Schlafe   E:M-131:28

schlafen
geschlafen   E: V-169:26; 181:14; E: F-201:9; E:AN-276:26; E:VAR-296:37
schlafen   E : K-71 : 10; E : V-171 : 14, 21; E:B-197:16; E:F-213:6
schlafend   E:V-186:34; 189:27
schläft   E:Z-235:1; E:AN-266:6; 276:17
schlief   E: K-53:35; E: V-162:37; 189:17; E:F-204:3
schliefen   E:C-220:17

schlafengehen
schlafengehen   E:F-212:20

Schlafgemach
Schlafgemach   E: M-125 : 19; 130 : 33; E:V-179:17,31,36; 183:30; E:F-204:13; E:AB-289:21

Schlafkammer
Schlafkammer   E:V-183:14; KS-413:32

Schlaflosigkeit
Schlaflosigkeit   E:M-127:5

schlaflustig
schlaflustig   E:K-71:20

Schlafrock
Schlafrock   E:F-204:28; E:AN-265:32

Schlafsucht
Schlafsucht   KS-326:3

Schlafzimmer
Schlafzimmer   E : V-179 : 26; 180 : 9; 191:27; E: B-197:6; E: F-211:1; E: Z-237:23; 240:33; 252:31; 257:19; E:AN-276:20,29   (11)

Schlag
Schlag   E: K-83:28; E: E-158:14; E: Z-236:26; E:AN-274:6; E:AB-284:25; KS-404:27; 444:9
Schläge   KS-442:21
Schlage   E:E-151:21; E:B-197:18; E:F-200:19; 209:5; E:C-223:38; KS-309:33; 404:18
Schlägen   E:AN-267:16; KS-336:10

Schlagbaum
Schlagbaum   E:K-9:24; 10:13; 12:34

schlagen
geschlagen   E : K-37 : 13; 69 : 5; E : V-179:7; E:AN-264:2; KS-325:27; 358:29, 34; 374:3; 402:22
geschlagene   E:V-178:16
geschlagenen   E:K-49:32
schlage   E:AB-290:17
schlagen   KS-354:12; 377:32
schlägt   E:C-223:16; 224:8; E:Z-245:11; KS-377:29; 411:1
schlug   E:K-14:25; 17:35; 77:14; 103:16; E: M-127: 37; 128: 37; 135: 20; 136: 13; 140: 6; 142: 29; E: E-155: 18; 156: 21; E:V-168:11; 172:18; E:C-218:18; E:AB-284:11; KS-341:7   (17)

schlagfertig
schlagfertig   E : V-163 : 36; KS-330 : 1; 344:34; 345:14; 406:28

Schlagfluß
Schlagfluß   E:K-9:34; E:AN-277:3

Schlagraum
Schlagraum   KS-330:3

Schlagwärter
Schlagwärter   E:K-9:26

Schlamm
Schlamm   E:M-127:12

schlank
schlank   E:Z-231:6
schlanken   E: M-105: 34; E: V-172: 22; E:C-225:11

Schlauch
Schlauch   E:M-106:24

Schlaukopf
Schlauköpfen   KS-324:32

schlecht
schlecht   E:K-37:7; KS-305:13; 327:8; 333:30; 336:22; 368:25; 387:10
schlechte   KS-322: 21; 332:18; 357: 23; 365:13,18; 366:2,15,27; 442:13
schlechtem   E:AN-270:18; KS-441:29
schlechten   E : K-17 : 20; E : V-164 : 8; 170: 10; E : Z-240 : 13; KS-332 : 23, 26; 333:31; 364:27; 365:12
schlechter   E : K-75 : 30; KS-347 : 6; 348:15; 389:34
schlechtere   KS-324:4
schlechtes   E:K-18:15
schlechteste   E:V-186:2

schlechterdings

schlechterdings   E : K-91 : 12; E : C-227:11; E:VAR-297:12,28

schlechthin

schlechthin   E : C-227: 20; E : Z-232: 16; KS-337:36; 341:35; 342:36; 391:7; 393:25; 410:23; 440:23

Schlechtigkeit

Schlechtigkeit   KS-402:6

Schlegel

Schlegel   KS-419:10; 421:1; 450:27

schleichen

geschlichen   E:V-184:28
schleichen   E:K-81:19
schleicht   E:AN-276:34
schlich   E : K-38 : 4; E : E-149 : 23; E : F-212:19
schlichen   E:E-150:2

Schleier

Schleier   E : K-51 : 23; E : Z-251 : 26; KS-308:24; 310:26; 431:11,14
Schleiern   KS-431:14

Schleppe

Schleppen   KS-431:12

schleppen

geschleppt   E : K-92 : 38; E : M-108 : 4; E:AN-268:17
schleppte   E:M-105:27; E:V-174:19

schleudern

geschleudert   E:C-225:19; E:Z-247:11
schleudern   E:F-199:27
schleuderte   E:K-32:14; E:V-192:24

schleunig

schleunige   KS-371:11
schleuniger   E:K-17:30
schleunigst   E : M-106 : 19; E : C-222 : 6; E:Z-229:21
schleunigste   KS-427:13

schlicht

schlichten   E:F-200:31
schlichtes   E:K-50:31

schließen

geschlossen   E : K-52 : 25; 79 : 22; E : M-108:30; 138:27; KS-403:17; 460:16
schließe   E:M-125:21
schließen   E:M-116:5; E:C-224:3; E:Z-255:6; KS-312:16; 323:37; 410:4,7; 460:27
schließest   KS-352:13
schloß   E : K-14 : 23; 22 : 9; 49 : 21; 60 : 26; 95:10; 97:21; 101:20; E:M-107:27; 124:28; 127:9; 129:16; E:E-149:16; E:V-170:27; 171 : 28; 172 : 13; 173 : 7; 175 : 26; 176 : 29; 180 : 30; 183 : 29; 189 : 23; E : F-206 : 25; E:VAR-292:31; KS-321:1   (24)
schlossen   E:C-220:22

schlimm

schlimm   E:K-18:35
schlimmen   E:K-22:24; E:V-180:19
schlimmer   KS-375:23
schlimmsten   E:V-167:8; 181:25; E:Z-231:33

Schlingel

Schlingel   E:K-14:35

schlingen

schlingt   KS-330:31

Schloß

Schloß   E : K-9 : 33; 23 : 5; 32 : 6, 24, 31; 33 : 27; 41 : 19; 44 : 20; 46 : 9; 53 : 32; 62 : 16; 67 : 2; 75 : 3; 91 : 8, 18; 92 : 36; E : M-106 : 13; 107 : 3, 34; E : B-196 : 3, 5, 20; 197 : 32; 198 : 25; E : F-207 : 1; E : Z-229 : 19; 233 : 4; 237 : 32; 238 : 25; 241 : 20; 253:10; 256:37; 261:3; E:AB-289:7; 290:1   (35)
Schlosse   E:K-12:19; 29:18; 43:20; 47:27, 33; 49 : 37; 68 : 14; E : M-108 : 34; E : Z-229 : 15; 234 : 34; 239 : 13; 252 : 26; 256 : 10; 261:6; E:AB-287:33   (15)
Schlosses   E:K-29:10,31; 32:19; 34:33; 43:26; 100:30; E:M-105:17; E:Z-241:1; 243 : 26; 255 : 33, 37; 257 : 15; 260 : 7, 28   (14)

Schloßgraben

Schloßgraben   E:AB-287:34

Schloßhauptmann

Schloßhauptmann   E:K-70:9,20; 73:7; 75:1,26; 77:4
Schloßhauptmanns   E:K-72:33; E:Z-235:17

Schloßhof
Schloßhof   E: K-20: 1; 32: 10, 22; 93: 7;
E:M-105:28; 107:32

Schloßmauer
Schloßmauer   E:K-18:14

Schloßpforte
Schloßpforte   E:Z-238:1

Schloßplatz
Schloßplatz   E: K-15: 9; 33: 19; 58: 11;
61:11; E:Z-243:14,20; 260:28

Schloßraum
Schloßraum   E:K-32:2

Schloßtor
Schloßtor   E:K-12:22; 19:37
Schloßtore   E:K-19:19

Schloßturm
Schloßturm   E:K-99:2
Schloßturms   E:Z-252:8; 257:7

Schloßvogt
Schloßvogt   E:K-10:23; 11:14,29; 12:4,
10,19,26,38; 13:21; 14:10,17,35; 15:9;
16:2; 18:1,11,26; 19:25,29; 32:3; 48:16;
56:21; E:Z-250:7; 254:19   (24)
Schloßvogts   E: K-32: 29; 68: 36; E: Z-
250:1,13; E:VAR-297:31

Schlucht
Schlucht   E:E-148:7

schluchzen
Schluchzen   E:M-125:16; E:F-200:19
schluchzte   E:M-139:7

Schlucker
Schlucker   E:K-12:18

schlummern
schlummern   E:C-224:8
schlummernder   E:F-211:27
schlummerte   KS-306:12

Schlupfwinkel
Schlupfwinkel   E:V-174:22

Schluß
Schluß   E: K-24: 1; 31: 18; E: C-219: 8;
222:1; E:Z-230:17; 242:18; 243:17; 261:3;
E:AB-289:34; E:VAR-296:18; 298:6; KS-
322:38; 357:32; 360:5; 391:20; 405:21;
426:14; 442:34; 443:33; 451:14; 453:13
(21)

Schlußblock
Schlußblock   KS-379:2

Schlüssel
Schlüssel   E: K-32: 37; 33: 9, 11; E: V-
162:14; 163:9; E:F-204:22; 207:15; 211:9;
213:7; KS-407:8   (10)
Schlüsseln   E:K-35:22

Schlüsselloch
Schlüsselloch   E:M-138:22; E:F-209:11

schlußgerecht
schlußgerechtes   KS-362:6

schlüßlich
schlüßlich   E:K-27:7

Schmach
Schmach   E:K-50:15; 56:13; 64:13; 65:6;
E:M-128:2; E:AN-272:22; E:AB-289:13

schmachvoll
schmachvoller   KS-324:25

schmählich
schmählich   E:F-206:30
schmähliche   E:E-148:31
schmählichen   E:Z-235:16; 254:30

Schmähung
Schmähungen   KS-435:35

schmal
schmale   E:K-34:33
schmalen   E:V-183:30

Schmalz
Schmalz   KS-411:14; 414:16

Schmaus
Schmaus   E:K-73:23

schmecken
schmeckt   KS-307:10

schmeichelhaft
schmeichelhaft   E:M-111:17

schmeicheln
schmeicheln   KS-410:23
schmeichelt   KS-306:21
schmeichelte   E:F-209:3,17

schmeichlerisch
schmeichlerische   KS-383:30

schmeißen
schmeißen   E:K-15:27
schmeißt   E:K-63:2

schmelzen
schmelzend E:AN-263:23
schmelzt E:C-224:18

Schmerz
Schmerz E:K-22:24; 24:22,34; 33:1,
34; 35:38; E:M-110:36; 124:9; 125:5;
126:17; E:E-147:25; 152:37; 159:10; E:V-
186:28; E:F-200:14; 203:26; 214:10; E:Z-
244:21; 247:5; 248:6; E:AN-277:9; E:AB-
286:34; E:VAR-293:2; KS-301:11 (24)
Schmerzen E:M-121:31; E:AN-278:22
Schmerzes E:M-122:19; E:E-158:33;
E:V-192:22; E:Z-247:2; 249:24

schmerzen
schmerzen E:M-122:28

schmerzhaft
schmerzhafte E:V-186:14
schmerzhaften E:K-30:11

schmerzlich
schmerzlich E:V-174:10
schmerzlicher E:K-49:1

schmerzvoll
schmerzenvollen E:F-203:11
schmerzvoll E:Z-252:23
schmerzvollen E:Z-236:22

schmettern
schmetternd E:M-125:27; E:Z-246:29
schmetterte E:Z-247:9

Schmid
Schmid KS-419:2

Schmiedung
Schmiedung E:K-75:12

schminken
geschminkt E:F-205:13

Schmuck
Schmuck KS-432:23

schmücken
geschmückt E:K-62:37; 80:9; E:Z-
260:10
schmücken KS-351:10; 399:17

Schmutz
Schmutz KS-411:28

Schnaps
Schnaps E:AN-264:28

Schnauze
Schnauze E:AB-284:27

Schnee
Schnee E:K-31:1; KS-413:39

schneeweiß
schneeweißer E:K-35:12

schneiden
schnitten E:K-19:10

Schneider
Schneider KS-441:35

schnell
schnell E:V-162:15; E:C-227:2; E:AB-
287:8; KS-323:20; 376:23
schnelle KS-420:18

Schnelligkeit
Schnelligkeit E:K-40:27; 41:25; KS-
385:22; 436:7

schneuzen
schneuzt E:AN-264:24

schnöde
schnöder E:K-43:2

Schnupftuch
Schnupftuch E:V-190:25; 193:9; E:F-
200:16
Schnupftüchern E:K-60:4
Schnupftuchs E:K-85:15

Schock
Schock E:Z-231:23

schon
schon E:K-10:13; 11:11; 13:12, 24,
31; 14:8; 15:32,38; 16:27; 17:2, 26,
29; 21:1; 23:11,25; 24:31; 25:14; 26:11,
16; 27:12; 29:23; 30:15,31; 31:36; 32:10,
24; 33:10; 34:29; 35:4; 36:28,29; 37:14;
38:29; 40:29; 45:2; 47:34; 52:31,35; 53:4,
24; 54:11; 57:20; 58:18; 62:5; 63:11; 66:8;
68:17,17,38; 73:36; 80:16; 81:25; 83:17,
18; 85:17; 90:11,29; 94:15,22; 96:25;
100:37; E:M-104:33; 105:17; 106:30,
37; 107:12,34; 110:2; 112:19; 118:21,
29; 119:33; 123:17,38; 124:4; 125:12;
126:32; 127:32; 129:27; 132:14,26; 133:2,
8,32; 134:14; 135:5; 137:13,18; 138:18;
139:2; 140:18; E:E-144:28; 145:29; 146:9,
16; 148:2,6,15,21,26,36; 149:8,12; 150:11,
23; 151:29; 152:34; 153:28,32; 154:2,

18; 155:7; 156:1,14; 158:5; E:V-161:38;
163:6; 170:5; 172:10,16; 174:26; 176:6,
11; 178:31; 180:4; 181:26; 184:15,30,32;
185:22; 187:32; 190:11,35; 191:30; 192:4,
10,20,29; 193:26; 194:5,16,17,33; E:B-
198:25; E:F-199:23; 200:2; 201:16,29;
202:28,30; 203:1,24; 204:3; 205:10; 207:8,
19,31; 208:15; 210:28; 211:2,26; 212:13,
28,36; 213:6,37; E:C-216:21; 217:1,
32; 218:23; 219:28; 220:16,26; 222:21;
224:13; 225:17; 228:1; E:Z-229:14;
232:20; 233:7,25; 236:24; 237:5; 238:11,
13; 239:3,18; 241:5; 246:10,26,29; 247:38;
248:31; 254:9; 256:5,7; 258:17; 261:5,
6; E:AN-263:32; 264:20; 265:7,10;
266:7,11,30; 267:4; 276:17,25; 277:6,
18; 281:24; E:AB-284:21; 285:35; 287:5,
30,37; E:VAR-292:18; 294:4,16; 295:7;
296:31,38; 297:3,23; KS-302:3; 304:26;
308:30; 309:19; 310:19; 311:22; 315:14;
316:25; 318:5; 319:33; 320:12, 23,
27; 322:33; 323:26,32; 324:2,6,22,35;
325:10; 331:25; 332:18; 337:13; 338:33;
339:32,33; 341:25; 351:22,23; 354:20,
21; 355:36; 359:19; 364:6; 367:7; 368:22;
370:9; 373:35; 376:37; 380:30; 384:11;
388:26; 389:15; 397:2,4,16,18,27; 406:26,
29; 407:5; 410:30; 412:34; 413:28; 416:3,
21;. 418:33; 420:33; 425:31; 428:10,
30; 437:8; 440:8; 443:9,14; 445:8   (292)

schön

schön   E:K-96:36; E:M-110:4; E:B-
196:24; E:C-225:3,35; E:AN-269:27;
273:12; KS-306:3; 311:36; 389:18; 432:19
(11)
schöne   E:M-126:4; 141:36; E:E-152:18;
E:V-193:34; E:AB-288:36; KS-308:24;
313:35; 326:32; 351:10; 357:6   (10)
Schöne   KS-308:20; 346:24,26; 423:2,
16
schönen   E:M-126:25; E:B-196:21; E:F-
202:4; E:Z-235:11; E:AN-270:23; KS-
310:4; 312:30; 326:30; 340:34; 351:16;
367:19; 378:27; 413:19   (13)
Schönen   KS-340:3
schöner   E:K-81:31; E:F-206:23; KS-
399:30
schönere   KS-310:2
schöneren   KS-310:36
schönerer   KS-302:29; 303:15
Schöneres   E:V-172:8
schönern   KS-303:2

schönes   E:F-203:19; E:AN-271:34
Schönes   KS-309:19; 378:31
schönste   E:E-149:33; E:Z-235:15; KS-
303:17
schönsten   KS-406:17

Schönberg
Schönberg   KS-425:7, 9; 427:21, 30;
428:2,4,5,25

schonen
schonen   E:V-189:8

Schönfeld
Schönfeld   KS-418:14

Schöngeist
Schöngeistern   KS-332:12

Schönheit
Schönheit   E:F-200:30; KS-305:1;
311:23; 314:17; 346:21; 356:31; 446:27

Schönheitssinn
Schönheitssinnes   KS-347:9

Schönpflästerchen
Schönpflästerchen   E:AN-269:28,34

Schonung
Schonung   E:E-156:4; E:Z-237:33

schöpfen
schöpfen   KS-320:29; 398:2

Schöpfer
Schöpfer   E:E-154:5

Schöpfung
Schöpfung   KS-301:28; 302:8; 443:34;
444:36

Schoß
Schoß   E:K-28:37; 91:33; 97:34; 102:10;
E:M-135:22; 138:23; E:E-150:8; E:V-
172:15,19; 173:31; 193:18; E:F-210:33;
E:C-228:13; E:Z-236:32; 260:17; KS-
378:31; 406:34; 435:23   (18)
Schoße   E:M-121:11

Schoßhund
Schoßhund   KS-401:8

schottisch
schottischer   KS-441:37

Schrank
Schrank   E:V-162:15; 181:22; 182:20,
29; E:B-198:7; E:F-204:7; KS-413:38
Schränke   E:Z-241:2; E:AB-285:35

Schranke

Schranke   E:K-14:29; E:AB-284:23
Schranken   E:K-51:25; 77:10; 94:21;
100:26; E:Z-233:18; 234:20; 242:21;
243:24,36; 245:4; 248:37; 259:14; E:AB-
283:29,33; 290:23; KS-335:25; 348:23;
404:25; 448:24; 456:27   (20)

Schreck

Schreck   E:V-167:35
Schrecken   E:M-108:18; 109:35; 127:3;
130:37; E:E-148:34; E:V-178:18; 188:17;
E:F-204:17; KS-331:27; 342:10; 427:8
                                          (11)
Schreckens   E:K-44:38; E:Z-247:13; KS-
434:20

schrecken

schrecke   KS-326:14
schreckt   E:Z-253:25

Schrecken

Schrecken   E:F-199:10; E:C-226:37;
E:Z-236:36

schreckenblaß

schreckenblaß   E:K-33:16

Schreckenstat

Schreckenstat   E:V-194:11

schreckenvoll

schreckenvoll   E:E-146:17; 156:16
schreckenvollen   E:C-227:13

schrecklich

schrecklich   E:Z-250:33; KS-437:1
schreckliche   E:C-227:35; E:AN-274:9;
E:VAR-298:4
schrecklichen   E:E-147:1; 150:36; E:V-
174:4; E:Z-256:4; 260:17; KS-306:18;
435:34; 437:17
schrecklicher   E:M-141:18
Schreckliches   E:C-222:30
schrecklichsten   E:E-151:37

Schrecknis

Schrecknisse   E:F-214:29
Schrecknissen   E:Z-251:13

Schreckschuß

Schreckschuß   E:M-114:10

Schrei

Schrei   E:C-224:13

schreiben

geschrieben   E:K-75:13; 79:10; 98:22;
E:M-127:20; E:C-226:10; E:Z-252:32;
KS-374:34; 449:9; 457:2
geschriebene   E:C-220:36
geschriebenen   E:V-179:17
geschriebener   E:C-219:19
schreibe   E:M-114:31
schreiben   E:K-26:19; E:M-130:2; E:V-
187:9; KS-434:18,23; 437:9
Schreiben   E:F-201:12
schreibst   KS-328:20
schreibt   E:AN-276:35; KS-384:16,23,
29
schrieb   E:K-26:24; 45:37; 76:11; E:M-
119:31; 133:14
schrieben   E:K-56:28

Schreiben

Schreiben   E:K-24:9; 57:31; 64:21; 70:9;
74:23; 75:28; E:M-124:36; E:V-167:26,
28; E:Z-232:23; 233:30; 236:2; 241:10;
242:17,26; 256:30; 258:30; E:AN-272:38;
273:3; KS-371:16; 386:20,31; 388:17;
402:29; 405:17; 411:20; 415:17; 456:10,
16   (29)
Schreibens   E:Z-236:15,21; KS-383:3;
388:2; 423:19

Schreiber

Schreiber   KS-426:3; 432:8

Schreiberei

Schreiberei   E:K-23:22

Schreibpapier

Schreibpapier   KS-447:27

schreien

geschrieen   E:E-151:33
schreien   E:V-190:7; E:AB-284:5,8
schreit   E:K-20:1
schrie   E:E-148:23; 154:21; 157:2

schreiten

geschritten   E:K-47:9
schreiten   E:Z-242:20; KS-366:11
schritt   E:E-149:6; E:Z-230:34

Schrift

Schrift   E:M-130:17; E:F-205:28; KS-
336:29
Schriften   E:K-44:34; E:M-143:35; E:E-
159:17; E:B-198:33; E:F-215:18; E:C-
229:1; E:Z-261:17; E:AN-283:1; E:AB-
292:1; E:VAR-298:12,12; KS-456:34;
457:2   (13)

Schriftgelehrter
Schriftgelehrten   E:AN-263:25

schriftlich
schriftlich   E: K-88 : 32; E : M-128 : 22; 130:10; E:E-153:16
schriftliche   E:K-37:28; 57:5; KS-448:32
schriftlichen   E:K-13:14; E:VAR-292:19
schriftlicher   E:M-142:18

Schriftsteller
Schriftsteller   KS-416:19; 419:4

Schritt
Schritt   E: K-15: 35; 29: 24, 25; 61: 25, 33; 63:10; 70:35; 75:38; 83:31,31; 92:9; 95:16; 103:2; E:M-104:11; 114:18; 115:27; 116:12; 117:37; 131:3; E:V-163:22; E:B-198:15; E:C-226:11; E:Z-244:13; 246:23; 250:30; 253:5; 256:20; KS-368:35; 436:26, 36   (30)
Schritte   E:K-23:20; 73:37; 91:29; 93:9; E:M-111: 10,38; 113: 3; 117: 4; 128: 32; E: E-148: 17,36; 152: 34; 154: 29; E: V-160: 24; 165: 6; 183: 24; 185: 28; 192: 22; E:Z-230:6; 232:9; KS-309:11   (21)
Schritten   E:K-28:10; 29:22; 44:9; 62:8; E: M-118: 29; 129: 30; E: B-196: 30; KS-407:13
Schrittes   E:K-23:15

schrittweis
schrittweis   E:K-15:34; E:M-130:1

schüchtern
schüchtern   E: K-43: 35; 62: 33; E: M-116:1; 129:2; 131:2; E:E-147:15; 148:11; 156: 28; E: V-164: 5; E: C-226: 26; E: Z-258:9   (11)
schüchternen   E:K-44:38

Schuhflicker
Schuhflicker   E:E-156:24

Schuld
Schuld   E:K-14:30; 16:3; 56:22; 68:31,33; 77:27,32; 78:10; 84:13; E:M-122:21; E:Z-244:10; 245:19; 247:22; 248:18; 251:32; 253:17; 261:15; E:AN-267:24; KS-313:18; 346:4,7; 348:33; 367:11; 422:27   (24)

Schulden
Schulden   E:K-39:10; 50:32

Schuldforderung
Schuldforderung   KS-377:35

schuldfrei
schuldfreien   E:M-126:10

schuldig
schuldig   E:K-10:6; 101:36; E:M-107:21; 117:31; E:Z-234:37; 241:12; 251:19,19; 254:4; E:AN-262:30; 264:29; 278:5; KS-322: 14; 357: 27; 369: 35; 378: 35; 409: 5; 434:23; 449:3; 456:28   (20)
schuldigen   E:AN-281:26; KS-381:33

Schuldigkeit
Schuldigkeit   E:AB-290:36

schuldlos
schuldlosen   E:Z-251:34

Schuldlosigkeit
Schuldlosigkeit   E:Z-242:31

Schule
Schule   E:F-201:11; KS-324:31; 328:25; 334:3,3; 335:25; 336:6; 342:7; 347:18; 348:29,31; 352:31; 415:30   (13)
Schulen   E:K-38:8; KS-333:26; 420:23; 423:1

Schüler
Schülern   KS-307:36

Schullehrer
Schullehrer   E:C-219:20; 226:9

Schulmeister
Schulmeister   KS-427:18
Schulmeisters   E:K-9:6; E:VAR-292:7

Schulter
Schulter   E:K-23:3; 26:2; E:E-151:14; E:V-174:11; 176:8; 190:1; 192:12; E:AB-288:11
Schultern   E: M-105: 23; 108: 24; E: V-194:24; E:Z-260:5

Schulterknochen
Schulterknochen   E:V-191:20

Schulze
Schulzen   KS-424:22; 425:9; 428:3

Schuppen
Schuppen   E: K-33: 7, 10, 14, 16; 56: 38; E:AB-287:22; KS-325:32

Schurke
Schurken   E:AN-262:20

Schürze
Schürze   E:V-179:13

schürzen
geschürzt   E:F-205:12
schürzend   E:V-185:17

Schuß
Schuß   E:M-108:28; 125:26; 130:33; E:V-
189:38; 192:21; E:AN-268:15; 277:2,
7; 278:15; KS-355:34; 430:19   (11)
Schüsse   E:K-40:32; E:M-105:17; E:V-
190:4; E:AN-264:20

Schüssel
Schüssel   E:K-86:33

Schuster
Schuster   E:E-156:34; 157:20; 158:9;
KS-441:35

Schußweite
Schußweite   KS-386:6

Schußwunde
Schußwunde   E:V-191:35

Schutt
Schutt   E:K-38:9; E:E-146:12; 149:1;
E:B-196:4
Schutte   E:E-146:21

schütteln
schüttelt   E:AN-264:28
schüttelte   E:K-15:24; 26:31; 28:24;
E:V-172:38
schüttelten   E:V-193:3

schütten
schüttete   E:K-80:26; E:V-178:34

Schutz
Schutz   E:K-23:10; 39:26; 40:8; 45:30,
36; 55:18; 66:10; 89:32; 97:15; E:V-
166:24; 170:5; 177:2; 178:17,31; 181:29;
189:2; E:F-199:5; 215:4; E:C-217:5;
218:12; 221:16; 222:7; E:Z-233:9; E:VAR-
294:20; 295:26; KS-435:29   (26)
Schutze   E:V-169:22; KS-446:28
Schutzes   E:K-45:31

Schütze
Schütz   KS-423:12
Schütze   E:K-55:6

schützen
schützen   E:K-27:25,28; E:V-160:23;
167:15; 186:37; KS-307:30,31; 360:1
schützt   E:K-45:35
schützte   E:K-37:30; 92:1

Schützenplatz
Schützenplatz   KS-389:20
Schützenplatzes   KS-390:13

Schwaben
Schwaben   E:Z-243:25; 255:5; 258:21;
E:AN-270:16

schwach
schwach   E:V-194:28; E:Z-250:37; KS-
437:12; 445:1
schwache   KS-333:36; 449:27
schwachen   E:K-13:38; 65:1; E:M-
107:32; 131:4; KS-369:37

Schwachen   E:V-165:35
schwacher   E:K-32:34; 35:29; 56:18
schwächer   KS-345:23
schwächeren   E:F-214:12

Schwäche
Schwäche   E:M-130:30; KS-443:11,21
Schwächen   KS-415:3

Schwachheit
Schwachheiten   KS-322:14

Schwager
Schwager   E:E-158:5; E:Z-229:32; 232:4,
7
Schwagers   E:K-39:16

Schwägerin
Schwägerinnen   E:E-151:8

Schwan
Schwan   E:M-116:27
Schwans   E:M-116:25,31

schwanger
schwanger   E:M-109:26
schwangern   KS-436:21

Schwangerschaft
Schwangerschaft   E:V-169:10

Schwank
Schwanks   E:K-11:6

schwanken
schwankend   KS-317:9
schwankende   E:F-209:7
schwankte   E:V-194:25

Schwanz
Schwanz   E:K-97:5; KS-325:3; 366:27

Schwarm
Schwarm   E:K-15:7

Schwärmer
Schwärmer   E:C-221:38

Schwärmerei
Schwärmerei   E:K-36:17; E:C-216:18;
E:VAR-294:1

schwärmerisch
schwärmerischen   E:Z-232:17

schwarz
schwarz   E: V-168: 15; E: AN-274: 3;
E:AB-290:15; KS-403:19
Schwarz   KS-427:19,25,27,34; 428:1,17
schwarze   E: F-212: 33; E: Z-260: 25;
E:AB-288:11; KS-401:12
Schwarze   KS-441:13,24
schwarzem   E:K-31:1; KS-384:19
schwarzen   E:K-58:8,32; E: V-172:17;
E:F-200:30; E:C-220:7; KS-384:8; 442:36
Schwarzen   E:V-160:3; 161:34; 166:11,
18; 169:27; 170:4; 177:16; 178:16; 180:29;
190:33; 191:33; KS-440:10,27; 441:34;
442:1,6   (16)
schwarzes   E:F-212:20; E:AN-269:28
schwärzeste   KS-436:6

schwarzgelb
schwarzgelben   E:K-11:18

schwatzen
schwatzen   E:E-150:12; E:VAR-296:3

schweben
schwebend   E:F-202:27
schwebende   KS-397:14
schwebte   E:K-68:27; E:V-186:30; E:C-
217:2; E:Z-242:2; 243:13; E:VAR-294:18

Schweden
Schweden   KS-418: 24, 31;   419: 13;
434:16; 435:12
Schwedens   KS-435:9

schwedisch
schwedischen   KS-436:4

Schwefel
Schwefel   E:K-40:7; E:F-202:21; KS-
371:30,35

Schwefelfaden
Schwefelfaden   E:K-17:14; 20:18

schweigen
geschwiegen   E:M-140:9; E:VAR-296:36
schweig   E:M-132:26
schweige   KS-366:17
schweigen   E:K-15:12; E:M-131:16; E:E-
152:11; 156:10; E:V-186:37; KS-367:6
Schweigen   E:Z-257:20
schweigend   E: K-33: 25; 85: 8; E: V-
171:37; 192:11; E:F-209:35; E:C-220:9;
E: Z-237: 29; E: AB-283: 11; KS-315: 13;
341:6   (10)
schweigender   KS-361:25
schwieg   E:K-17:13; 46:13; 55:7; E:M-
116: 35; 120: 11; 140: 33; E: E-150: 35;
155:17; E:V-173:25; E:AN-279:2; KS-
379:25   (11)

Schwein
Schwein   E:AB-283:30,34; 284:1,13,20,
23,24,26,28
Schweine   E:K-18:18; 19:1; E:AB-283:22

Schweinehirt
Schweinehirte   E:K-58:35; 59:16,30
Schweinehirten   E:K-59:24

Schweinekoben
Schweinekoben   E: K-18: 13, 16, 17, 18,
32,35; 19:16; 20:12,15,27   (10)

Schweiß
Schweiß   E:K-17:21; 84:34; 93:24; E:V-
193: 11; E: C-224: 4; E: AN-264: 17; KS-
345:10; 356:20; 379:27
Schweiße   KS-301:13

Schweißfuchs
Schweißfuchs   E:K-11:16,36

Schweißhengst
Schweißhengst   E:K-11:22

Schweiz
Schweiz   E: V-164: 14; 195: 11; E: Z-
243:25; 255:6; 258:22; 261:13; KS-418:19;
419:11
Schweizer   KS-413:38

Schweizer
Schweizer   E:V-177:11; 186:16

Schweizerfamilie
Schweizerfamilie   KS-414:7; 417:31

schweizerisch
schw.   KS-421:23
schweizerischen   KS-421:20

schwelgen

schwelgen   KS-307:14

Schwelgerei

Schwelgerei   E:Z-252:11

Schwelle

Schwelle   E:M-132:19

schwellen

geschwellt   E:K-35:35
schwellend   E:V-172:3
schwellt   KS-377:29
schwoll   E:K-13:32

Schwemme

Schwemme   E:K-19:18,28,29

schwer

schwer   E:K-33:32; 40:15; 64:34; 67:23;
77:7,29; E:M-129:33; E:E-151:10; E:C-
227:8; E:Z-242:6; E:AN-279:36; KS-
305:15; 316:26; 324:10; 346:24; 434:21;
435:28   (17)
schwere   E:F-203:2
schweren   E:K-40:36; 42:10; E:V-191:35;
E:C-223:27; E:Z-236:22; KS-377:2
schweres   KS-330:35

Schwere

Schwere   KS-342:1

Schwerenot

Schwerenot   E:AN-265:2

Schwerin

Schwerin   E:K-28:5,7,8,31; 29:10; 53:32

schwerlich

schwerlich   E:K-51:6; E:V-169:8; E:C-
227:11

Schwermut

Schwermut   E:M-113:6; E:E-147:11;
E:F-204:36

schwermütig

schwermütig   E:V-186:20

Schwerpunkt

Schwerpunkt   KS-339:26,31; 340:7,19;
341:34
Schwerpunkte   KS-341:28

Schwert

Schwert   E:K-35:19; 40:19; 41:17; 42:27,
33; 43:14,15; 45:18; 46:34; 51:29; 54:13;
61:16; 63:6; 66:37; E:E-158:11,24; E:V-
186:11; E:Z-233:12; 237:24; 243:4; 245:3,
27; 246:5,38; 247:9; 248:26; 249:7; 254:8;
E:AN-264:7; E:AB-290:30,34   (31)
Schwerte   E:K-94:34
Schwerter   E:K-44:3
Schwertes   E:Z-245:30
Schwerts   E:Z-237:35

Schwester

Schwester   E:K-79:30; E:C-217:22,35,
37; 218:25; 225:27; 227:18,25; E:Z-
236:37; 256:34; E:VAR-294:36; 295:11,
13,36; 297:22; KS-319:27; 320:10; 331:34;
434:5; 450:4   (20)
Schwestern   E:Z-239:19; 241:2; 244:20;
248:11; 250:15; KS-412:9; 423:8,9

schwesterlich

schwesterlichen   E:E-145:12; KS-416:4

Schwiegervater

Schwiegervater   E:E-151:13

schwierig

schwierig   KS-428:16

Schwierigkeit

Schwierigkeit   KS-386:9
Schwierigkeiten   E:K-85:6; E:V-189:22;
E:F-208:6; KS-392:25; 393:8

schwimmen

schwamm   E:Z-257:22; E:AB-288:8
schwammen   E:F-202:37
schwimmen   E:K-19:30; E:AB-287:21
schwimmenden   KS-430:22
schwimmt   E:AN-280:9

schwindeln

schwindeln   E:M-109:15

schwinden

schwinden   E:M-124:15

schwindlich

schwindlichen   KS-308:4

Schwindsucht

Schwindsucht   E:V-161:18; 169:16

schwingen

geschwungen E:E-158:29
schwang E:K-15:30; E:E-158:11; KS-325:1
schwingen E:C-218:38; E:VAR-296:9; KS-321:8; 333:19

Schwingung

Schwingung E:K-101:26

schwören

schwor E:V-175:30; 190:18
schwöre E:M-122:4; 123:32; E:V-177:33
schwören E:V-172:8

Schwung

Schwung KS-342:27

Schwur

Schwüre E:M-122:32
Schwüren E:AB-289:26

se

se KS-322:23

sechs

sechs E:K-11:33; 73:27; 79:21; 80:24; E:M-119:13; E:F-210:6; E:C-219:11; 220:16; 221:9; 226:27; E:Z-260:22; E:AN-268:2; 274:1; KS-324:9; 372:9; 398:9; 405:23; 435:37 (18)
sechsten KS-407:34
sechstes KS-354:1

sechsjährig

sechsjährige KS-413:5

Sechswöchner

Sechswöchner KS-324:15

sechzehn

sechzehn KS-350:4

sechzehnt-

sechszehnten E: VAR-293: 23; KS-343:20
sechzehnten E: K-9 : 4; E: C-216 : 5; E:VAR-292:5
sechzehntes KS-360:4

sechzig

sechzig E:V-169:14; KS-342:24
sechzigstes E:V-160:18; E:F-202:5

See (fem)

See E:F-202:19,30,36; KS-327:24

See (masc)

See E:E-149:5

See-Erscheinung

See-Erscheinungen E:AB-288:5

Seedienst

Seedienst E:AB-286:11

Seefahrer

Seefahrer KS-393:12,17,33

Seekadett

Seekadett E:AB-286:20

Seelandschaft

Seelandschaft KS-327:9; 454:31

Seele

Seel E:AN-264:25; 265:16; 267:32
Seele E:K-20:35; 24:29; 25:23; 43:14; 44 : 10; 60 : 38; 77 : 1; 86 : 28; 95 : 13; 99 : 10; 103 : 19; E : M-111 : 9; 122 : 35; 129:14; 130:21; 133:9; 135:25; 136:32; E:E-145:26; 147:27; 149:25; 151:29; 156 : 32; E : V-170 : 38; 172 : 11; 174 : 3, 29; 193:34; 194:5; E:F-212:11; 214:30; E:Z-233:1; 240:14; 244:10; 251:16; 254:7; 255:26; 260:25; KS-301:32; 302:4; 304:2, 9,13; 305:14; 306:15; 309:19; 311:1,10, 16,20,33; 312:4; 321:10; 324:22; 334:31; 340:17; 341:33; 342:5,9; 345:13; 347:30; 380:14; 411:32; 434:21 (64)
Seelen E:E-150:3; 156:6; E:C-218:37; E:VAR-296:9; KS-303:2; 306:22; 397:5, 7; 448:22

seelenvoll

seelenvollen E:K-30:27

Seeoffizier

Seeoffiziers E:AN-271:34

Segen

Segen E:M-132:17; 141:29; KS-310:35; 379:29
Segens E:AN-275:16

segnen

gesegnet E:K-28:16; E:F-206:8; E:AN-274:17; KS-351:9,18; 358:18
gesegneten E:M-109:22; 123:21; KS-407:13
segnen E:K-9:15; KS-445:18

Segnung

Segnungen E:Z-230:32

sehen

gesehen E:K-89:11; E:M-110:1; 116:26;
E:V-167:27; 172:8; 177:10; 180:13; E:F-
207:38; E:Z-240:11; 244:34; E:AN-
263:28; 265:21; 272:32; 280:1; E:AB-
290:1; KS-301:23; 343:23; 410:31; 413:28;
423:22; 439:1 (21)
gesehn E:K-93:23
s. KS-414:26
sah E:K-9:28; 10:15; 11:31; 12:35;
24:24; 35:11; 43:31; 44:35; 69:32;
72:4; 73:33; 74:2; 76:3; 91:23;
E:M-113:34; 114:34; 115:32; 120:35;
128:30; 133:34; 135:17; 138:25; 142:16,
32; 143:11; E:E-147:1; 149:9,16;
151:12; 152:19; 154:13,32; 158:31; E:V-
163:1; 168:19; 171:15; 173:20; 175:1,
12; 185:25; 186:21; 187:17; 193:31; E:F-
206:3,16; 210:36; 213:20; 215:2; E:C-
224:24; E:Z-239:28; 244:20; 250:23;
252:29; E:AN-268:20; 278:16; E:AB-
287:34; 288:5,7; KS-341:23; 344:34,
36; 374:9; 385:11; 437:6 (64)
sähe E:K-93:31; E:C-217:8; E:VAR-
294:23; KS-343:33; 398:35
sahen E:K-11:13; E:E-151:18; 155:34;
E:AB-287:12; 288:12; KS-413:18; 417:26
sahst KS-354:28
sehe E:M-112:12; 113:8; 115:28; 130:11;
E:C-222:18; KS-319:8; 369:22; 409:7
sehen E:K-17:3; 20:34; 24:36; 36:36;
50:20; 71:14; 93:33; 95:2; 100:15; E:M-
106:33; 108:23; 125:15; 135:14; 142:38;
E:E-152:10; 154:18; 157:14; E:V-168:14;
179:14; 195:14; E:B-198:13; E:F-204:12;
208:8; 211:6; E:C-226:8; E:Z-235:21;
250:4,6; 254:37; E:AN-270:28; E:AB-
284:17; 289:8; E:VAR-296:33; KS-301:7,
13; 303:28; 309:11; 319:21; 334:27;
340:33; 342:10,14; 345:22; 367:22; 368:6;
383:33; 397:17; 405:5; 408:13; 427:22;
444:9; 447:9; 448:9; 449:6; 459:33 (55)
sehn E:F-201:20; KS-301:19; 314:3;
417:24; 418:35; 438:8
seht E:K-14:18; E:V-164:7; E:Z-232:34;
245:13; 259:20
siehe KS-319:26; 451:21
siehst KS-400:37
sieht E:B-196:5; 198:25; E:C-224:8;
E:AN-265:6,19; 273:12; 276:24; KS-
317:28; 321:2; 323:3,26,35; 324:8; 348:36;
361:9; 365:31; 376:36; 377:1; 409:36;
413:14,32; 431:13; 441:20 (23)

Sehne

Sehne KS-393:31

sehnen

sehne E:F-205:26
sehnen KS-313:11

sehnlichst

sehnlichster E:M-119:19

Sehnsucht

Sehnsucht E:V-183:13; E:F-209:33;
KS-301:30; 303:23; 309:38; 327:24

sehr

sehr E:K-11:22; 17:9; 51:29; 52:29;
57:15,18; 64:27; 66:33; 67:1; 73:37;
74:4; 77:1; 78:23; 82:31; 84:31; 94:29;
99:6; 100:10,14; E:M-106:9; 110:9,
32; 111:17; 114:24; 115:4; 119:27; 120:13,
17; 122:13; 123:3,4; 127:9; 130:7; 139:7,
36; E:E-150:14; 151:2,9; 154:19,
24; 157:23; E:V-175:1; 177:29; 179:20;
189:19; E:B-196:24; E:F-200:14,
22; 201:7; 203:17; 205:18; 209:3,
22; E:C-220:24; 221:5; E:Z-230:9; 237:5;
242:5; 258:9; 261:9; E:AN-263:16; 270:4,
16; 272:13; 281:9,13; E:AB-288:26,
28; 289:10; 290:4; KS-306:36,38; 308:4;
311:9; 316:26; 323:13; 324:19; 333:3;
334:23; 339:13,30; 340:8,16; 369:8;
393:28; 394:14; 396:28; 397:13; 400:10;
409:26; 411:8,18; 417:8,12,35; 421:10;
424:28; 425:35; 427:28; 431:13; 437:12,
14; 447:2; 449:25; 455:9; 459:17 (106)

Seide

Seide E:K-30:35; E:VAR-293:16; KS-
399:19

seiden

seidenen E:K-81:18; 82:4
seidnen E:F-212:26

Seidler

Seidler KS-426:3

Seife

Seife KS-433:26

Seigerstunde

Seigerstunde E:M-136:33

Seil

Seil E:AB-284:22

sein

bin   E:K-10:6; 17:11; 19:19,33; 27:26;
46:11; E:M-117:31; 119:17; 123:20,22,23;
136:1; E:E-156:22; 158:2; E:V-164:12,24;
174:25,33; 191:13; E:Z-249:18; 254:11;
258:32; 260:20; E:AN-264:29; KS-304:3;
306:23; 307:4; 318:6; 320:37; 327:35;
332:1; 337:21; 350:8,11; 367:23; 368:16;
370:29; 371:9; 373:17; 387:12,14; 434:22;
437:8,12,30; 439:33; 440:3,8   (48)

bist   E:K-18:6; 42:31; 43:15; 46:4; 101:3;
102:1; E:M-123:3,27; 124:12; 135:26;
137:17, 26; E:V-163:15; E:Z-250:32;
251:18,19; 253:17,19,20; E:AB-285:2;
KS-350:7,9; 375:9   (23)

gewesen   E:K-10:11; 14:5, 21, 36;
16:26; 17:27; 18:24; 21:18; 29:30;
30:5; 33:23; 34:37; 50:11; 57:12,
15; 58:25; 64:13; 69:2; 72:3; 80:10; 87:13,
36, 37; 88:20; 89:30; 90:34; 96:29;
E:M-107:33; 110:36; 113:4; 116:27,31,
32; 120:23; 121:6,37; E:E-148:15; 149:27;
151:31; 157:15; E:V-168:15; 174:1,
15; 179:4; 182:37; 191:32; 192:38; E:B-
196:28; E:F-204:1; 205:20; 208:11,
26; 211:20; E:C-225:14; 226:23; 227:26;
E:Z-232:1; 233:4; 237:23; 240:14; 252:2;
254:34; 255:10,37; E:AN-263:34; 264:1,3;
279:28,34; E:AB-289:17; E:VAR-297:16,
36; KS-314:20; 336:9,38; 338:33; 370:11,
35, 36; 375:23; 379:1; 381:4; 389:5;
402:16; 406:3; 407:3; 410:34; 420:20,
35; 424:31; 426:13; 429:4,20; 431:35;
439:15   (95)

ist   E:K-9:34; 12:26,27; 14:36; 16:27;
17:4,7,22; 18:37; 19:6; 20:23; 27:33,
33,34; 28:2,28,38; 29:1,2; 36:3; 43:1,4,
13,14,16,18; 45:4,22,27,30,32,38; 47:3,
8; 52:19,23; 71:5; 81:31; 82:15; 86:28,
29; 90:32; 96:16; 98:12; 99:30; 100:15,37,
38; 101:4,33; E:M-115:8; 117:8; 118:38;
121:18,23,34; 122:3,5,8,22,23,24; 123:8,
13, 23; 129:1; 130:24; 131:25; 132:11,
14, 27; 134:3, 20, 21, 37; 135:3, 22,
25; 137:13,24,24; 139:3; 140:12; 141:1,
8,29; E:E-150:33; 156:26,31,33; 157:2,
2,6,7,12,21; 158:1; E:V-162:11,19,22,
25; 163:27; 164:14,17,19,20; 165:17,20,
23,37,38; 166:38; 167:2,38; 169:2; 172:32,
34; 174:29; 177:11,16; 179:27; 184:2;
.185:29; 186:2; 188:10,14,35; 193:30;
E:F-208:21; 212:10; E:C-221:14,
14; 224:12; 227:18,23; E:Z-232:36;

234:35, 37; 236:25; 239:30; 248:21,
36; 249:3, 15, 16; 250:33; 251:8, 13,
22; 253:10; 258:31; 259:10; 260:34;
261:17; E:AN-262:8, 17, 28; 263:25,
26; 264:11, 18, 27, 28; 267:23; 268:3,
7; 270:3; 271:5; 272:34; 273:9,30; 274:11;
276:27; 278:1; 279:4,9,20,31; 280:3,
29; E:AB-283:7; 284:23; 286:35; 287:1;
290:19; 291:7; E:VAR-292:29; KS-301:20,
34; 302:11,20,32; 303:1,2,7,8,14,17,19,
20,22,27,30,31; 304:2,5; 305:12,15,21,
22; 306:3,34; 307:3,5,21,38; 308:1,9,13,
16,27,34,35; 309:4; 310:12,28; 311:7,
15,36; 312:10,22,23; 313:8,10,14,17,
30,31; 314:31,32,33,35,36; 316:1, 10,
18, 23, 25; 317:12, 23, 35, 35; 318:10,
28, 32; 319:22; 320:5, 10, 19; 321:17,
33; 322:1,17,19,21,27,30,33,34; 323:5,
12,17,25,29,29,37; 324:6,9,18; 326:10,
18; 327:1,3,10,19,31; 328:15,25,29,29,
33,34; 329:15,22,27,28,29,33,33; 330:2,
5, 10, 17, 20, 24; 332:13, 17; 334:23,
32; 335:5, 6, 13, 19, 23, 29; 336:3, 4, 8,
33,34; 337:29,31,33; 341:14; 342:10,
13,15,17,22,30; 343:25; 345:19,21,30,
37; 346:6,24,26,28; 347:1,4,7,10; 348:13,
22; 349:8; 350:13,14,21,22,30; 351:8,
12,24,27; 352:2,5,9,12,24,28,29; 353:1,
11, 14, 14, 31; 354:33; 355:9, 10, 23, 33,
33; 356:23; 357:12, 16, 25, 26; 358:4,
11, 30, 33; 359:10, 20, 28; 360:13, 17,
26, 28; 361:4, 6, 16, 19, 23; 362:5, 22,
23, 28, 30; 363:17; 364:13, 15, 16, 17,
25; 365:3, 20, 31; 366:9, 25, 30; 367:6,
22, 24; 368:4, 24; 369:10, 14, 21, 32,
35; 370:10; 371:28; 372:3, 21; 373:9,
26, 28, 30, 33; 374:1, 5, 8, 12, 15, 18, 26,
27, 28, 29, 29; 375:18; 376:2, 3, 6, 15,
27; 377:36; 378:7, 9, 14, 18, 20, 29, 32,
35; 379:1; 380:22; 381:26; 382:9, 13,
30; 383:33; 384:10,14; 386:10,23; 388:26,
31; 389:17, 34; 390:1, 33; 391:2, 19,
32; 392:6, 25; 393:9, 16, 29; 394:17,
31, 33; 395:35; 396:4, 8, 11; 397:8,
9, 16, 25, 36; 398:7, 12, 26, 34; 399:7,
25; 400:12,18,21,26; 401:11,37; 402:14,
16; 403:24; 405:16; 406:8, 11, 13, 15,
20; 407:35; 408:36; 409:7, 11, 14,
32; 410:9,11; 411:1,3,8,14,16; 412:9,
15,35; 413:4,29,31,32,40; 414:9,13,20,
32; 415:6,11,27; 416:5,17,18,20,23,28,
35; 417:16, 24; 419:3,10,19,31; 420:4,
20,33; 421:20; 422:4,9,12; 424:13, 17,

21, 23, 25, 27, 29, 30; 425: 2, 7; 426: 28, 33; 427:28; 428:14,33; 429:5,9,18,20,23, 26; 431:18,33,35; 432:13,19,31; 433:20, 22; 434:7,11,14,18,21,23; 437:15,18,28, 29; 438:1; 439:36,38; 440:21; 441:7,19, 28; 443:4,21; 444:36; 446:24; 447:16, 26; 448: 17; 450: 6, 24, 25, 29; 451: 11, 16; 453:26; 454:6,7,21; 455:5,29; 457:2; 458:4,9,34; 459:13   (632)

ists E:K-20:13; E:E-157:24,25

sei E:K-10:22,28,31,36; 12:11; 13:13, 28; 14:5,34; 15:6,10; 16:3,11,24; 17:37; 20: 33; 21: 38; 22: 3, 4; 23: 32; 24: 3, 15; 25:4,14,15,18,20,23,23,32; 26:13, 21; 27:18; 29:3,12,34; 30:5; 31:26; 32:17, 34; 34:31; 35:1,9,21; 36:28; 38:37; 39:33, 37; 41:15,18,29; 42:1,2,5,17; 43:23; 44:28, 36; 45:1,11,28; 49:10,13,20,25,28; 51:5, 9, 11, 29; 52:9,36; 53: 29; 54: 12; 56: 19, 27; 57: 36; 58: 9; 59: 3; 60: 18, 25, 32, 33; 63:38; 65:9; 66:3,25,35; 68:10; 69:26, 33; 70: 18; 71: 27; 72: 23, 24, 35; 73: 31; 74:26; 75:22,28; 76:22,28; 77:32; 78:14, 27; 80:12,20,22; 81:29,36; 84:1,14,18,20, 33,37; 85:11,29; 86:11; 88:15,29; 90:8, 24; 93: 1; 94: 3; 95: 35, 37, 38; 96: 27, 34; 97: 12, 12, 15, 18, 20; 98: 20; 99: 17, 21; 102:11; E:M-104: 8; 107: 21, 22, 31; 108:5; 110:6,10,13; 111:17,21,29; 112:14, 19,20,22,31,31; 113:22; 114: 10, 24, 29, 37; 116:13,20,29; 118:4,12,26; 119:16, 23; 120:16; 121:2,7; 122:8; 124:13,19, 23; 125:9; 129:31; 130:1,14; 132:17; 134:7, 28; 138:13; 141:25; 142:12; 143:23; E:E-147:17,22,29; 152:7; 153:10,14,37; 154:15; 155: 37; 156: 29; 158: 37; E: V-163: 24, 30; 168:32,35; 171:16; 174:19,20; 176:33; 177:6; 178:26; 182:1; 184:20,26,26,29, 30, 31; 186: 7, 12, 16, 19; 187: 6; 188: 6; 191:2; 192:38,38; 194:8; E:B-196:32; E:F-199:21; 203:38; 204:28; 207:37; 208:32, 33; 210:9; 211:4,27; 212:1,12; 213:22,24, 25; 215:12; E:C-217:10; 218:2,20; 219:5, 30; 220:15; 222:22,31; 225:25; 226:7, 28; 227:26; 228:4; E:Z-230:17; 232:13, 27; 233:5,13; 234:6; 235:8,9; 237:24; 238:30; 239:38; 240:15; 241:12; 242:10, 31; 245: 5; 248: 27; 249: 37; 250: 5, 8; 251:29; 253:5; 255:17; 256:34; 257:5, 20; 259:12; 260:15; E:AN-263:9; 266:8; 269:6; 271:27; 273:14,24,27,31,35; 274:4, 7; 275:16; 278:1; 281:5,26; E:AB-287:8; 289:35; E:VAR-292:19; 294:24; 295:15;

296:3,15; 297:32,36; KS-303:1,6; 304:25; 307: 13; 315: 36; 317: 17, 32; 322: 12, 15, 26; 323:1,18; 324:1; 327:13; 329:10; 330:4, 24, 27; 331: 22; 337: 14; 340: 5, 9, 13, 23; 343:1,30,31; 346:4; 352:3,14; 353:19; 356:22; 366:25; 370:9,21; 377:4; 381:8, 10,28; 384:14; 388:8; 389:32; 391:26,27, 28, 29; 406:5,21; 410:5; 422:7; 426:18; 432: 8; 435: 16, 17; 436: 23; 439: 27, 32; 440:4; 442:27; 449:8; 453:16   (367)

seid E:K-45:8; E:E-156:21; E:V-162:7, 7; 164:1,8; 165:27; 185:37; E:C-227:9; KS-376:30,32   (11)

seien E:K-68: 38; E: M-107: 29; E: E-151:32; 155:26; KS-308:8; 314:23; 322:7; 392:1; 435:18

sein E:K-10:23,29; 13:5; 16:10; 19:8; 21: 18; 23: 3; 25: 38; 27: 25; 28: 4, 10; 31:20; 39:33; 41:1; 42:27; 44:29; 47:5, 16, 17, 19; 48:18; 53:20; 54:36; 59:14; 65:15; 67:34; 68:6; 69:19,29; 70:31; 71:5, 25; 74:29; 75:13,27,28; 76:31; 82:11,12; 84:32; 87:37; 88:20; 89:6,32; 95:4; 99:7, 28; 101:1; E:M-104:31; 105:33; 106:16, 18; 109: 29; 110: 18; 111: 9; 112: 6, 15; 113: 26; 119: 14; 121: 37; 122: 6; 124:21; 126:38; 127:12,15; 128:5; 130:11; 132:19; 135:1; 136:30; 138:12; 139:15, 18,28,30; 140:2; 141:38; 143:32; E:E-148: 22; 149: 18; 155: 29; E: V-173: 2, 10; 174: 28; 177: 3; 181: 31; 182: 15, 37; 183:37; 184:19; 185:7,21; 186:32; 187:7; 189:25; 191:6; E:F-199:19; 203:24; 206:31; 209:27; 211:16; 214:3,35,37; E:C-224: 9, 22; 226: 11, 15, 23; 227: 10; E: Z-229:4; 231:11,14; 233:17; 235:4; 239:13; 240: 28; 248: 5; 250: 14; 252: 17; 254: 9, 16,34; 257:29; E:AN-265:15,33; 266:3; 271:9; 273:8; 281:8,33; E:AB-284:30, 35; 287: 17; 290: 10; E: VAR-293: 30; 296: 26; 298: 10; KS-301: 34; 302: 18, 22, 25, 27; 303: 13; 304: 36; 305: 28, 30; 307: 17, 36; 309: 13, 21; 310: 11, 14, 15; 311: 17; 312: 14; 314: 20; 315: 7; 317: 12; 318: 29; 319: 6, 20, 34; 320: 17; 323: 1; 324: 3; 325: 12; 327: 25; 329: 12, 15, 26; 330: 11; 331: 3; 332: 5; 333: 6, 15; 334:17; 336:35,38; 337:4; 338:6,19; 340:2; 341:37; 342:34; 347:35; 348:4; 350:16; 351:17; 355:7; 356:25; 359:13; 362:18, 21, 23; 367: 17; 368: 10; 369: 4; 371: 2, 12; 372:11; 373:20; 374:10,36; 375:13, 22; 376:24; 381:11; 382:21; 384:2; 387:35;

388:11,34; 389:1,5,13; 390:28; 391:13; 392:15,33,36; 393:5,10; 395:5; 396:12, 25; 398:33; 399:2,3; 400:18; 402:6,11,14, 19,27; 403:21; 406:9,25; 407:19; 408:11, 19,25,29; 409:14,33; 410:34; 413:7,7,8,8, 9,12; 417:13,14; 418:5; 419:31; 420:14, 20; 422:19; 425:14; 426:13; 427:1; 429:4; 434:20; 436:1; 439:37; 444:1; 446:14, 16; 447:7; 450:20; 458:18; 459:7, 15   (274)

sei's   E:K-62:29

seist   E:K-94:11

sind   E:K-11:11; 15:17,18; 27:13; 47:7, 22; 61:28; 62:28; 65:13,13; 67:13; 71:6; E:M-110:28,30; 122:3; 135:24,37; 136:2; 140:15; 141:7; E:E-157:3; E:V-162:18; 164:17; 166:5,36; E:Z-249:10; 259:26; E:AN-264:9; 277:32; 281:11; KS-305:6; 306:38; 309:38; 310:18; 311:22; 313:9; 314:15; 315:2,3,23; 316:37; 317:5,7,14, 15,15,18,19; 321:5; 322:16; 324:9,20; 328:8; 329:13; 330:6,13,33; 332:9; 334:1; 335:17; 337:1; 338:26; 341:23,37; 342:11, 20; 345:20; 346:17,23,32; 348:4,20,37; 351:15; 352:19,27; 353:6; 356:29; 357:28, 28; 358:29,32,34; 361:7; 362:4; 366:20, 23; 369:6,12,12; 371:32,34; 372:29,36; 373:10; 375:1,7; 376:16; 377:22,27; 381:2, 20,23; 383:15,16; 384:5,19,23,37; 387:16, 30,33; 390:33; 391:20; 395:33; 397:27, 32,35; 399:12; 400:4,10,17,28,30; 401:28; 404:24; 405:6; 406:4,16; 407:21; 408:7; 409:35; 410:9; 411:4; 413:40; 415:4,14, 29,31; 422:31,35; 423:5,31; 424:10,20; 425:2,4,8,21,25; 426:13; 427:1; 428:34; 429:17; 434:4,33; 437:34; 439:22; 440:2, 14,28; 441:10,34; 442:3,6; 443:7; 444:10; 446:17; 447:4; 449:4; 451:12; 452:18, 25; 456:28   ·(174)

war   E:K-9:13; 10:12; 13:33; 14:1,29; 15:25,32; 17:16,30; 18:14,15,16,17,20,23; 19:9; 20:4,20; 21:13,25,30,34; 22:15,16, 17,23,25,29; 23:3; 24:21,30,31,38; 26:26, 33; 28:19; 29:22,29,30; 30:3,11,14; 32:8, 23,27; 33:27,34; 34:2,4,6; 35:26; 36:8, 9,38; 37:2,3,16,35; 38:6,24,26,30,30; 39:9,30; 40:7,19,22,37; 41:21,27; 43:25, 27,37; 44:5,31; 45:24; 48:25; 49:8,9; 52:31; 53:24; 54:2,19; 55:4,24,37; 56:3, 36; 57:11,26; 58:5,20,31; 59:28; 60:11, ·15; 61:8; 62:16,37; 63:13,25; 64:8,14, 29,33; 66:10; 67:10,25; 69:9,25; 70:34; 71:21,26; 73:10; 74:12,19,35; 75:5,16,

20; 76:1,3,8,9,35,38; 78:3,20; 79:11,18, 22,33; 80:10,23,24; 81:16; 82:12,27,34; 83:37,38; 85:22,25; 86:2,14,17,34; 87:4, 10; 88:37; 90:34; 91:12,22; 93:3,5,13,17, 20; 94:17,18; 95:14,29,31; 96:8,17,38; 97:27; 99:10,36; 100:8,33; 101:36; 102:23; E:M-104:13,16,20,32; 105:38; 106:6,28; 107:1,7; 108:15,18,25,30; 109:26; 110:5, 8; 114:20; 115:24; 116:18; 117:10; 118:1, 28; 119:6,19,29; 120:8; 123:16; 124:8, 36; 125:3,34; 126:8,30,33,35,37; 127:2,23; 128:13,23,37; 129:27,34; 130:2,7,16,23,29, 32; 131:1,14,21; 132:1,34,36,37; 133:21, 30; 134:19; 135:16; 136:22; 137:1,36; 138:6,10,18,35,38; 139:7,12,16; 141:12, 21; 142:31,35; 143:5,16; E:E-144:9,14, 20,27; 145:3,14,32,35; 146:23; 147:11,17, 33; 148:14,20; 149:2,3,4,8,21,32; 150:31; 151:2,14,21,25; 152:4,25,34,36; 153:2, 25; 155:28; 156:4; 158:8,26; 159:6,9, 15; E:V-160:8,17,23; 161:20,23,25,30, 34; 162:34; 163:2,3,7,35; 164:4; 165:21; 166:20; 167:32; 168:7,17; 169:14; 170:12, 16,26; 171:31; 172:4,8; 173:8,21,30,36, 38; 174:1,3,15,21; 175:10; 176:14; 178:17, 31; 180:6,14; 181:10,30; 182:17,20; 183:2, 15; 184:13,17; 185:3,8,8; 186:9,24,38; 187:9,29,30; 188:4,18; 189:12,19,23,28; 190:9,16,21,36; 191:38; 192:6,21; 193:11, 24; 194:4,5,6,10,13,15,33; 195:2,13; E:B-196:8,16,19,22,24,25; 197:17,19; 198:28, 30; E:F-199:2,9,11,17; 200:29; 201:14,18, 21,23,29,35; 202:14,23; 203:8,25,28,30, 33,35; 204:4,6,14,25,25,29; 205:3,10,14, 20,33,36; 206:1,19,22,31,36; 207:19,24, 27,38; 208:1,2,8,11,19,24,26,31; 209:27; 210:3,16,27; 211:13,29,30,35; 212:4,17, 33,36; 213:11,13,21; 214:9,14,22,30; E:C-216:8,11,11; 217:3,7,28,33; 219:5,11,34; 220:11; 221:14; 225:2,3,37; 226:14,22,37; 227:23; 228:10; E:Z-229:22; 231:5,7,7,9, 12,19,30; 232:1,14; 234:18,24,35; 235:13, 17,28; 236:8,9,31,38; 238:6,23; 239:8, 21; 240:35; 241:9; 243:10,20,25; 244:22; 245:14,34; 247:19; 248:6; 249:28; 250:5, 19,37; 252:36,38; 253:3; 254:25; 255:10, 30,33,37; 256:11; 257:31,33,36; 258:8, 17,18,25; 259:26; 260:22; 261:14; E:AN-262:26; 263:11,15,22; 265:35; 266:8,33; 267:1,7,33; 268:21,31; 269:27; 271:7, 11; 272:18,21; 273:11; 276:2,8; 277:2, 3,6,8,10; 278:19,32; 279:1,16,27,27,31, 33,34,34,35; 281:24,29; E:AB-285:16,18,

25,34; 286:10,12; 287:1,13,18,22,31,37;
288:10,14; 289:10,16,25,38; 290:4,8,15,
24,27,31; E:VAR-293:1,26,29; 294:18,22;
295:4,9,33; 296:14,21; 297:15; KS-306:14,
15; 308:26; 313:38; 321:6,24,30; 323:17;
331:12,19,23,34,37; 337:32; 338:31; 339:1;
343:20,37; 344:8,9,12,20,22,23,34,35;
345:7; 347:21; 348:24,31; 350:23; 357:20;
368:34; 370:10,28,28,35; 373:7,35; 374:7;
375:19; 379:3,29; 384:35; 387:11; 389:23,
25; 390:19,22; 391:6; 395:19; 402:36;
403:9,14,16; 404:36; 405:1,35; 407:4,10,
11,34; 409:23; 413:18; 418:4,6; 421:22;
424:28; 425:29; 426:21; 427:28,33; 428:10,
17; 429:11; 432:28; 435:12; 436:3,5,31,
32,35,36; 437:2; 438:11,27,34,34; 439:4;
440:26; 442:4; 443:11,20,28; 444:2,7,26;
445:13,21,23; 454:31,34; 455:27; 460:20
(702)

wäre E:K-10:11,34; 14:2,3,15,21; 16:26,
35; 20:37; 28:17; 29:13,15; 30:23; 33:23;
41:9; 42:3,4; 45:28; 47:10; 50:11;
51:20; 54:6,21; 55:17; 58:25; 59:9,21,
34; 60:20; 61:1; 64:13; 67:3; 68:22;
71:12; 72:3; 73:29; 80:20; 82:6,24; 84:6,
23; 87:14,21,34,36; 88:5,14; 89:14,31,
36; 90:9,13,38; 91:35; 92:2,5; 95:26;
97:7; 98:18; 102:30; E:M-104:10; 105:2;
107:33; 109:23; 110:34,36; 111:1,5,8,17,
21; 112:2,33; 113:7,11; 114:2,4; 116:2,3,
27,30,32; 117:13; 118:2; 119:11; 120:19,
23; 121:15; 122:33; 123:5; 124:25,
30; 128:2,2,4,6,19; 129:14; 131:11,
29; 132:30; 133:10,24,29; 139:23; 141:10;
143:31,34; E:E-145:36; 149:27; 152:3,
35; 153:18; 154:2; 155:3; 156:20; 157:14;
158:14; E:V-167:16; 168:7,15,20,24,28,
30; 169:4,18,27,34; 170:35; 172:16,21,23,
27; 176:26,38; 179:4,14; 180:32; 184:33;
E:F-200:24,25; 202:21; 206:7; 211:20;
E:C-226:26; 227:32; E:Z-248:22; 249:6;
254:35; E:AN-262:5; 263:7,34; 266:29;
277:5; E:AB-286:10; KS-308:37; 317:9,
24; 318:25; 320:7; 324:14; 325:29;
332:1; 335:19; 337:20; 338:33; 339:19,
26,30,34; 340:7,15,16; 341:10; 342:24,
37; 347:29; 350:26; 355:15; 359:16;
365:15; 367:9; 369:27; 374:11; 375:23;
376:23; 378:15,31; 380:13; 381:4; 385:27;
393:1; 396:24; 401:35,36; 405:24,
33; 406:3,14,36; 407:3; 410:26,26,
33; 412:13; 414:19; 416:25; 417:18,
19; 441:30; 449:14; 456:9; 460:13 (214)

waren E:K-15:19; 21:14; 26:5,33; 31:10;
34:21; 37:19; 38:18; 47:14; 49:37; 57:8,
13,19,28; 58:14,17; 63:10; 64:11; 65:25;
66:5; 68:2; 69:5; 73:12; 75:6; 79:5,13,31,
35; 94:6; 99:6; 100:1; 101:31; E:M-105:31;
126:17; 130:28; 136:18,28; 141:20,32;
142:36; E:E-150:13; 154:29; 157:37; E:V-
160:33; 161:31; 187:23; 189:18; 190:4,
12; 191:29,32; 193:32; 194:21; E:F-
201:26; 204:27; 210:9; 213:36; 214:13;
E:C-216:15; 218:2; 219:18; 222:10,13;
223:33; 225:11,14; E:Z-229:10; 230:19,
23; 233:7; 236:29; 237:4; 239:20; 241:20,
30; 242:24; 245:25; 247:37; 252:26,
36; 253:14; 257:16; 259:3; 260:36;
E:AN-264:4; 266:28; 267:36; 276:33;
278:25; 280:2; E:AB-284:13; 285:36;
286:4; 287:12,19,27; 288:24; 289:10;
290:28; E:VAR-293:33; 295:16; 297:14,
16; KS-314:7,14; 317:6; 327:8; 333:9,
23,30; 345:15; 346:10,14; 356:4; 370:32;
374:10; 385:9; 389:35; 394:3; 397:3; 399:1;
403:4; 407:30; 432:7; 434:27; 435:20,
23; 440:31; 443:13 (129)

wären E:K-11:19,20,36; 14:6; 15:15,
28; 17:24,28; 19:22; 21:16; 26:12; 52:10;
56:22; 57:15,24,34; 58:12,19,22,28,35;
59:26,31; 61:18; 65:11,12; 69:2; 70:22;
71:12; 76:19; 85:7; 88:16; 97:32; 98:1;
E:M-113:5; 115:26; 123:38; 136:5; E:E-
151:22,33; 153:13; E:V-166:26; 177:23,
27; 189:34; E:F-199:23; E:C-219:14,
37; 220:13,23; 222:17; 223:6; E:Z-241:20;
E:AN-264:2,3; 265:9; 266:30; 267:3;
E:AB-284:15; E:VAR-296:27; 297:20;
KS-302:20; 312:18; 327:33; 336:8; 339:28;
346:5; 370:36; 388:9; 394:28; 401:15;
414:30; 416:12; 430:7; 439:2; 440:22,25,
34,34; 449:9 (80)

warest E:K-17:29

wärest E:V-193:25

wäret E:K-18:24; E:V-165:27

wars E:K-18:35

wärs E:K-10:11

warst E:M-141:2; E:V-193:36

sein

Se. KS-403:2; 430:24

sein E:K-9:8,11,12,15; 10:28; 11:10;
12:7; 13:12,14,25,33; 14:27,28; 15:34;
16:14; 21:2,12; 25:5,15; 26:21; 30:5,
37; 32:14; 33:23; 34:28; 35:28,
28; 36:2; 43:13; 44:14; 49:16; 50:14,22,

26; 54:22; 55:35; 56:23; 59:20,22; 61:16; 62:5; 65:2; 66:5; 67:19; 68:27; 70:11; 71:20; 73:17,26,38; 74:4; 76:4; 77:16; 81:33; 82:1; 90:27; 91:3; 92:19; 95:4, 5; 98:8; 99:38; 100:15; 101:18; 102:10, 16; 103:11; E:M-107:17; 109:29; 110:35; 112:31; 113:1; 114:14,24,37; 115:15, 27; 116:38; 117:17; 118:4; 119:9, 15; 121:6; 125:1,19; 127:31; 131:18, 23; 133:29; 134:27,29; 135:14; 141:37; 143:21; E:E-145:35; 146:33,34,37; 147:12, 38; 150:1; 151:13; 154:34; 158:2; 159:7; E:V-160:18; 164:4; 168:19,35; 171:30; 173:6; 174:10; 175:1; 176:13; 183:26,32, 33; 184:28; 185:7; 186:21,33; 190:21, 27; 191:5; 193:9,28; E:B-197:15; 198:8; E:F-199:22; 200:3,10,16; 202:5, 16; 203:4; 204:3,12; 205:12,20,24; 209:13, 34; 213:24,29; 215:2,11; E:Z-229:17; 230:5; 233:3,11,13; 234:15; 239:26; 245:9, 19; 246:19; 248:22; 249:25,29; 253:4, 13; 254:7,24; 255:15; 256:11; E:AN-264:7; 266:32; 274:6,20; 276:35; 281:15, 35; 282:6; E:AB-285:22,25; 286:24; 287:29; 289:15; E:VAR-292:9; 297:5; KS-301:14,15; 303:25,25; 306:1; 307:28; 322:10; 323:22; 326:16; 330:13; 332:29; 337:21; 344:24; 358:2; 367:22; 370:20; 375:9, 32; 378:22; 379:33; 384:13, 17,24; 390:8; 392:36; 393:1; 397:19; 398:19; 405:4; 432:18; 433:25; 435:2, 11; 442:14; 447:33   (215)

seine   E:K-10:2, 31; 11:7; 12:8,11, 17; 13:3; 15:14; 16:14,14; 17:3,8,25; 21:4, 5,20; 22:8,30; 23:20,38; 24:25,29,36, 38; 25:2,23; 27:23,35; 28:26,31; 33:7, 29; 34:5,12,21; 36:13; 37:18,28; 38:16, 29; 40:12,25; 42:21; 43:30; 45:5; 47:30, 36; 48:5,14; 49:2,6; 51:27,38; 54:26; 59:8; 60:5,36; 64:19; 65:3,6,19,20, 32; 67:8; 68:9; 69:13,16,20,32; 70:1, 19; 71:11; 72:21; 74:32; 76:28,35; 77:1, 29; 79:24; 80:10; 81:38; 83:38; 84:1,2,17, 21; 85:23; 87:31; 89:30,35; 90:26; 91:23; 94:10,10,12,13; 98:16; 100:24; 102:31; E:M-104:26,27; 105:1; 106:23; 107:10, 15; 108:29; 110:8; 111:18,25; 113:12, 24; 114:19,32,34,34; 115:33; 116:21; 117:3,20,28; 119:18; 120:26; 121:8, 23,29; 125:25; 127:6,24,25; 129:37; 130:12; 132:38; 140:31; 141:31,31, 32; 143:23,23,28; E:E-147:2,3,12, 27; 148:2; 150:5; 154:7; 155:4,

24; 158:33,35; 159:5; E:V-160:11,17, 19; 162:6; 163:12,22; 166:4,13; 168:4,7, 13; 170:28; 172:11; 173:5,8,33; 175:17, 28; 176:12; 177:6; 178:27; 181:5, 30; 182:5; 184:6,31; 185:21; 188:32, 33,36; 189:33; 190:9; 191:1; 192:27, 37; 193:30; 194:7; E:B-196:10; 197:25; 198:31; E:F-199:4,7,23,28; 200:16,30, 32; 201:34; 203:5,10; 207:6; 208:27; 209:7; 210:37; 211:18,21; 213:5,10,35; 214:16, 30; E:C-218:15; 222:23; E:Z-230:10,18, 32,33; 231:37; 232:1,8; 233:8; 234:25; 237:33; 240:19; 245:21; 246:17, 22, 35; 247:6; 248:5, 6; 249:27; 250:11, 28; 253:9,16,19; 254:6,26; 255:26; 256:7, 14,25; 257:17; 260:4,25; E:AN-266:27; 267:17; 268:13,30,31; 271:21,24; 277:9; 278:25; 281:22,32; 282:7; E:AB-283:19; 285:32; 287:18; 288:35; 289:11, 20, 29; 290:31,31,36; 291:1; E:VAR-292:15, 24; 295:29; KS-306:13,15,18; 320:17; 321:10; 324:22,22,35; 330:36; 331:22; 338:22; 343:13; 344:35; 346:4; 359:20, 32; 370:27; 374:9; 375:20; 376:11; 382:4; 383:16; 384:18,22,23; 389:2, 16; 391:23; 395:30; 404:22; 408:16; 410:4; 413:34; 426:30; 427:10; 429:26; 431:3; 433:3,12; 436:2; 439:24; 443:11; 445:3, 21; 449:24; 455:29; 460:20   (320)

seinem   E:K-10:27; 12:13; 21:9,24,28; 23:5,28; 25:21; 29:20; 33:1; 40:31; 43:36; 44:8,31,34; 46:1,13; 48:1,9; 49:16; 51:1, 3,35; 52:29; 53:18; 54:22,34,37; 55:17, 26; 59:11; 60:27; 62:37; 63:9; 64:38; 65:21,37; 66:19,26; 68:24; 70:5,15; 72:12, 14,32; 73:22; 74:11,32; 83:31; 89:34; 93:29; 96:32; 99:23,32; 100:3; 101:13; 102:18; E:M-104:18; 109:28; 110:10, 34; 111:3,31; 112:18,34; 113:4; 116:23; 119:32; 128:20; 130:27; 132:30,35; 138:24, 34; 140:31; 143:5,19; E:E-144:9; 146:2, 18,32; 147:5,25; 150:8,8; E:V-160:8,20, 26,27; 161:24; 162:36; 167:31; 172:10,18, 23,33,34; 173:31; 174:32; 175:30; 176:24, 27; 178:32; 179:17,29; 180:15; 181:17; 182:5; 184:6,12; 185:9,26; 186:1; 187:13, 22; 188:11,13; 189:26,29; 192:10; 193:6; 195:4,14; E:B-197:6,10; E:F-199:6,17,30; 201:29,35; 202:9; 204:16,28; 205:5; 206:2, 36; 209:15,15; 210:14; 212:2; 213:28, 31,32; E:Z-229:4,5,14; 230:7,28; 231:2, 26; 232:30; 233:4; 234:14; 236:16; 242:4, 27; 243:9,27; 244:28; 245:5; 246:7,10,28;

17; 415:24; 425:15; 428:6; 439:4; 441:15;
442 : 14; 443 : 15, 17, 19; 444 : 6, 7, 18,
19; 445:3; 447:9; 450:3; 452:32; 458:7;
459:38   (362)

seines   E:K-12:3; 22:22,31; 23:16; 36:18;
38:27; 39:16; 40:37; 41:7; 46:2; 49:12;
50:1; 52:10; 53:15,33; 54:24; 55:35; 58:3,
6; 64:4; 66:22,38; 67:29; 70:38; 74:17;
76:12; 77:28; 78:3,22; 79:6; 83:1; 87:2,
23; 94:23; 95:7,9; 97:28; 98:1; 100:27;
101 : 23; E : M-104 : 28; 107 : 25; 108 : 19;
112 : 5; 116 : 25; 143 : 17; E : E-144 : 14,
19; 147:9; E:V-161:38; 169:21; 189:2,
9; 195:12,13; E:B-198:28; E:F-200:27;
210:16; E:C-221:4; E:Z-230:17; 240:13;
245 : 29; 246 : 26; 254 : 10; 255 : 27; 256 : 4;
258:10; 260:7,17,35; E:AN-262:24; 263:8;
265:34,35,36; 267:21; 274:18; 276:3,34,
37; 279:27; E:VAR-292:17; KS-301:14;
302:7; 305:33; 309:32,36; 315:30; 317:3;
320:28; 321:22; 359:18; 360:14; 374:2,
7; 375:27; 388:4; 400:5; 404:36; 407:6;
423:14; 430:19; 432:20; 455:33; 456:2
                                                           (105)

Sr.   KS-368:24; 371:17,26; 372:18,24;
388:20; 395:31; 403:13; 405:12; 437:36;
438:7,10,11,14,15,19,22,25,31,37; 439:4,
9,13,14,20,27,30,35,38; 440:6; 457:13
                                                            (31)

seinerseits

seinerseits   E:K-59:19; 74:1; E:M-105:3;
KS-341:22

seinethalben

seinethalb   E:K-23:12
seinethalben   E:K-47:26; KS-436:3

seinetwegen

seinetwegen   E:K-54:36

seinetwillen

seinetwillen   E:Z-260:36

seinige

seinige   E : K-91 : 36; E : M-121 : 16; KS-
320:18
seinigen   E:K-15:16; 61:18; 80:27; 84:17;
E:M-141:10; E:E-150:26; E:V-171:32;
175:4; 184:19; E:Z-249:28,29; 254:14,
22; KS-318:33; 369:9; 374:13   (16)

seit

seit   E:K-17:2,4; 22:24; 43:36; 88:16;
96:8,25; E:E-150:34; 151:21; E:V-163:7;

166 : 2; 170 : 5; 172 : 32; 177 : 26; E : F-
210 : 10; 211 : 26; E : C-219 : 28; 220 : 16;
E : Z-229 : 2; 230 : 10; 232 : 19; 235 : 17;
249:32; 256:16; E:AN-262:28; 270:2,27;
E:AB-285:26; 286:34; KS-338:30; 350:28,
29; 380:17; 402:15; 405:34; 406:3; 407:5,
31; 415:20; 416:2,20; 418:25,31; 419:5;
420:33; 434:26; 435:26; 438:18; 443:9,
14; 459:11   (51)

seitdem

seitdem   E:K-56:33; 99:15; E:C-226:30;
KS-304:10; 342:12; 441:33

Seite

S.   KS-376:32; 454:31; 456:24; 459:31
Seite   E:K-10:24; 15:11; 26:9; 36:22;
40:32; 49:14; 60:16; 81:3; 86:9; 90:16;
91 : 37; 92 : 12; E : M-120 : 18; 128 : 28;
129:32; 131:10; 136:8; 137:32; 139:1;
141 : 3; E : E-145 : 12; 153 : 1; 158 : 3,
6; E:V-177:7; 186:5,25; 187:3; 188:23;
189 : 16; 191 : 16; 194 : 27; E : F-202 : 16;
203 : 13; 210 : 18; E : C-220 : 28; 223 : 3,
13; 226:1; E:Z-230:25; 237:36; 240:9;
241:23; 242:19; 244:20,26; 246:38; 247:11;
250:28; 257:21; 260:14,26; E:AN-266:4,
32; 269 : 29, 35; E : AB-284 : 7; 286 : 36;
288 : 8; E : VAR-292 : 4*, 11*, 23*, 30*,
30*; 293:4*; 297:37; KS-315:8; 324:4;
325 : 26; 330 : 22; 340 : 5, 15; 345 : 25,
27; 412 : 15; 423 : 9; 428 : 24; 438 : 24,
36; 455:30   (80)
Seiten   E:K-41:13; 43:35; 51:33; 64:31;
67:30; 74:13; 75:10; 87:3; 96:16; E:M-
143:21; E:E-146:13; 147:29; 148:26; E:V-
171:5; 175:2; E:F-200:5; E:C-216:10;
219:25; E:Z-246:9; E:AN-264:21; 269:10;
278:2; E:VAR-293:28; KS-332:29; 333:36;
377:31; 379:28; 383:29; 397:8; 403:8;
405:15; 412:17; 414:21; 415:3,7; 416:23;
427:3   (37)

Seitenbewegung

Seitenbewegungen   E:Z-246:28

Seitenblick

Seitenblick   E:K-48:28; 49:5
Seitenblicken   E:K-66:15

Seitenflügel

Seitenflügel   E:K-32:19
Seitenflügels   E:Z-257:14

Seitengebäude

Seitengebäuden   E:K-32:24

Seitengemach
Seitengemach   E:Z-252:7

Seitenwendung
Seitenwendung   E:E-156:6

Seitenzimmer
Seitenzimmer   E:M-140:22

sekundär
sekundären   KS-407:14

selber
selber   E: V-175: 28; E: C-217: 18; E: Z-
234:6; E:VAR-294:32; KS-319:8; 342:30;
378:31

selbig
selbigen   KS-448:10

selbst
selbst   E: K-10:16; 11:1; 12:25; 20:22;
21:15,24,33; 25:34; 27:20,34; 29:18; 30:2,
37; 37: 22, 26, 33; 38: 9, 21, 36; 40: 8,
20; 42:9,30; 45:35; 49:14; 51:30; 52:28;
53: 15; 54: 7; 55: 2, 9; 60: 37; 64: 6,
24, 26; 65: 17; 66: 1; 68: 34; 72: 11,
37; 74: 31, 37; 75: 38; 76: 33; 78: 13,
29,37; 88:34; 90:14; 91:1,33; 93:35;
96:13,22; 97:25; 98:1; 100:22; E: M-
105 : 25; 106 : 22; 108 : 26, 35; 109 : 1,
13; 110: 3; 115: 16; 118: 29; 119: 31;
120:37; 121:23; 126:4; 127:3; 134:14,
16, 18, 31; 136: 37; 137: 33; 138: 2,
10; 139:18; 140:16; E:E-144:33; 147:21,
23; 152:18,36; 153:30; 155:16; 158:26;
E: V-161: 6; 164: 13; 165: 7; 167: 4;
171:4; 172:9; 175:6; 176:28; 180:19,
27,28; 181:9; 182:1,7; 184:5; 185:9,
15; 188:30; 189:4,19; 191:37; E:B-197:1,
14; 198:3; E:F-202:25; 204:30; 206:29;
207:11,27; 210:13; 211:38; E:C-217:6;
218: 32, 37; 221: 15; 225: 35; 227: 6,
26, 35; E : Z-231 : 1, 8; 233 : 7; 235 : 5,
8; 238:2; 240:23; 242:3; 243:28; 245:25;
247:13; 254:7,13,30; 255:12; 256:1,3,32;
257:15; 258:27; 259:23,28,32,38; 260:7,
26; E: AN-267: 7, 8; 270: 13, 23; 272: 25,
34; 276: 23; 277: 29, 32; E: AB-286: 23;
289: 8; 290: 9; E: VAR-294: 20; 296: 5,
8; 298:3; KS-301:31; 303:2,9; 305:3,7,
25,35; 306:2,26; 307:11; 310:6,17,29,31,
32; 311:3,4; 312:15; 313:27; 314:29; 316:1,
6; 317:21,21; 318:22; 323:11,25; 324:12,
16,19,25; 326:33; 327:7,20,23; 331:32,

36; 333:8; 335:18; 336:32,35,35; 337:26,
33; 338:17; 339:29; 340:2,36; 341:4; 346:4,
7; 348:16,25,31; 352:34; 353:30; 361:20;
367: 2, 29; 368: 12; 369: 16, 27; 370: 10;
373:11; 374:3,22; 375:4; 378:21; 381:18;
383:26; 384:21; 391:31; 392:16; 393:22,
23; 395: 2; 397: 38; 402: 21; 404: 32;
406:30; 412:7; 415:7,34; 417:8; 420:17;
423:18; 427:3; 428:17; 430:31; 432:21;
433:31; 435:35; 437:6,14; 440:27; 441:38;
443:31; 444:38; 446:33; 447:3; 449:26,
27; 453:18; 456:34; 459:38   (275)

Selbständigkeit
Selbständigkeit   E:M-127:13

selbstgewebt
selbstgewebter   E:F-207:14

Selbstlob
Selbstlob   KS-384:27

Selbstlosigkeit
Selbstlosigkeit   KS-381:28

Selbstmord
Selbstmord   KS-431:26

Selbstrache
Selbstrache   E: K-43: 2; 46: 24; 47: 9;
50:11; 52:14; KS-434:9

Selbstverlag
Selbstverlag   KS-450:32
Selbstverlage   KS-422:3

Selbstverleugnung
Selbstverleugnung   E:E-152:31

Selbstvertrauen
Selbstvertraun   KS-449:14

selbstzufrieden
selbstzufrieden   KS-321:13

Selbstzufriedenheit
Selbstzufriedenheit   E:M-126:9

selig
selig   E:F-214:35; E:Z-254:8
Selige   E:M-138:33
Seligen   E:M-129:17; E:E-152:11; KS-
336:17

Seligkeit
Seligkeit   E:E-148:12; 149:26

selten
selten   E:F-203:10; 206:27; E:Z-231:37;
   KS-307:9; 409:31; 449:6
seltenen   KS-347:13
seltne   KS-314:14; 423:21
seltnem   KS-444:12
seltner   KS-310:24

seltsam
seltsam   E:K-97:2; E:C-220:1; E:AN-
   280:13
seltsame   E:K-46:14; E:M-110:12; E:C-
   227:27; E:Z-246:17
seltsamen   E:K-86:4; E:M-123:31;
   141:24; E:Z-232:3; E:AN-278:19
seltsamer   E:E-151:17
seltsames   E:C-223:21

Semmel
Semmel   E:K-81:34; KS-410:4

senden
gesandt   E:K-42:27; KS-431:6
sende   E:M-125:1
senden   E:K-24:19

Sendschreiben
Sendschreiben   E:K-49:4; 68:4

Sendung
Sendungen   KS-448:1

sengen
sengen   E:K-66:11

senken
gesenkt   E:M-140:30; KS-309:32
gesenkten   E:V-172:6
gesenkter   E:K-14:33
senkte   E:K-47:38; E:E-147:2; E:V-177:9

senkrecht
senkrechten   E:AN-278:30; KS-390:36

Sensation
Sensation   E:M-109:25

Sensorium
Sensorium   KS-347:3

Seppy
Seppy   E:V-162:36; 189:17,17; 190:15,
   38; 191:22; 192:14; 194:23

September
Sept.   KS-454:16
Septbr.   KS-451:17
September   KS-315:28; 383:4; 424:12,
   16,19

Sergeant
Sergeant   E:V-169:28

seria
seria   KS-411:10

Sessel
Sessel   E:K-28:14; 60:14; 65:21; E:M-
   125:31; 137:8,35,35; E:V-164:3; 180:11;
   183:16; E:C-225:37; E:Z-232:30; 239:31;
   244:22; 245:24; KS-444:5,15,17   (18)
Sesseln   KS-444:3

Session
Session   E:Z-243:6

settlement
settlements   KS-440:12

setzen
gesetzt   E:K-36:20; 49:25; 64:12; E:E-
   145:13; E:V-194:14; E:F-214:17; E:Z-
   255:12; E:AN-279:35; E:AB-289:4; KS-
   313:16; 318:9,21; 335:9; 337:7; 378:15;
   382:10; 406:19; 410:33,35; 417:20; 421:22;
   423:31; 429:18; 456:33   (24)
setze   E:M-137:36; KS-364:17; 374:34
setzen   E:K-14:28; 16:34; 30:6; 42:9;
   48:12; 51:17; 60:25; 66:26; 78:7; 95:27;
   E:M-117:12; 137:34; 143:4; E:V-168:17;
   183:10; 195:15; E:F-203:31; E:Z-244:30;
   250:38; E:AN-263:21; KS-320:30; 338:3;
   341:16; 379:3; 394:19; 395:6; 438:24
      (27)
setzt   E:K-45:7
setzte   E:K-17:7; 33:24; 37:25; 39:26;
   51:14; 56:25; 80:26; 83:16; 98:13; E:M-
   106:17; 137:37; E:E-157:25; E:V-160:18;
   180:35; E:F-199:10; E:C-218:32; E:Z-
   241:37; 247:10; E:AB-289:15; E:VAR-
   296:4; KS-309:33; 318:8; 343:27; 373:36;
   390:7; 428:21   (26)
setzten   E:B-198:7; E:Z-253:8

Setzer
Setzer   KS-367:12

seufzen
geseufzt   E:E-149:9
seufzen   KS-374:16
seufzend   E:K-71:5

Seufzer
Seufzer   E:K-90:27; E:M-136:22; E:V-
   167:38; 173:30; KS-303:28
Seufzern   E:C-222:25; KS-388:9

Shakespeare
Shakespeare   KS-328:13; 348:36

shakespearesch-
shakespearesche   E:AN-268:26
shakespeareschen   KS-347:5

sicher
sicher   E:K-72:23; 95:38; 97:12; E:M-
123:8; E:V-165:37; 177:2; E:F-212:36;
KS-301:25
sichere   E:M-108:23
sicherem   KS-302:30
sicheren   E:V-168:33
sicherer   E:K-45:8; 97:18; KS-318:15;
404:24; 409:21
sicheres   KS-305:7
sichrer   KS-446:21

sichergehen
sicher zu gehen   KS-330:30

Sicherheit
Sicherheit   E:K-12:20; 16:12; 39:12;
57:29; 66:21; E:M-104:12; E:E-157:18;
E:V-167:29; 179:30; 181:7; 187:11;
191:18; E:Z-233:32; 244:6; KS-332:14;
343:31; 390:5; 415:33; 427:15; 435:25,
29; 436:23; 457:19,34; 458:28   (25)

sichern
gesicherten   KS-398:6
sichern   E:V-165:36; KS-301:2; 305:24
sicherten   KS-436:17

sicherstellen
sicher stelle   E:K-98:5
sicherzustellen   KS-361:24

Sicht
Sicht   E:K-31:16; 53:10

sichtbar
sichtbar   E:V-173:33; E:Z-258:3
sichtbarem   E:C-223:26
sichtbaren   KS-407:30

Sickingen
Sickingen   KS-379:8

sieben
sieben   E:K-18:23; 31:33; 33:29; 82:10;
E:E-158:25; E:V-172:25; E:AN-267:4

siebenjährig
siebenjährigen   E:AN-274:28
siebenzigjähriger   E:C-217:14

siebent-
siebente   KS-357:9
siebenten   KS-436:21
siebentes   KS-354:16

siebzehn
siebzehn   E:K-10:26

siebzigjährig
siebzigjähriger   E:VAR-294:28

siècle
siècle   E:AB-286:6

sieden
siedend   E:AB-286:30

Sieg
Sieg   E:M-126:10; E:V-192:3; KS-376:15
Siege   KS-430:31

Siegel
Siegel   E:F-211:37; KS-436:20

Siegelring
Siegelring   E:K-92:23; 96:12; 100:34

siegen
gesiegt   KS-338:5; 380:21
siegen   E:M-114:19; 120:3; KS-368:4;
375:35; 377:32
siegte   E:M-124:7; E:F-214:3; E:Z-254:5

Sieger
Sieger   E:AB-284:28

Siegerruhm
Siegerruhm   E:AN-270:30

Siegfried
Siegfried   E:K-70:10,16,21; 77:28

Siegsnachrichten
Siegsnachrichten   KS-430:5

Siegsruhm
Siegsruhm   E:AN-271:8

Sielzeug
Sielzeug   E:K-19:34; 20:14

Siena
Siena   KS-432:13

Signal
Signal   E:K-66:20; E:V-189:37
Signale   KS-440:31

signalisieren
signalisierten   KS-427:26

Signor
Signor   E:F-208:21

Signora
Signora   E:AN-272:30,30,36; 273:5,25

Silber
Silbers   E:Z-233:35; 234:12

Silbergeschirr
Silbergeschirr   KS-401:12

silberglänzend
silberglänzend   E:E-149:34

silbern
silberne   E:K-35:15
silbernem   E:K-91:35
silbernen   E:K-30:35; E:VAR-293:16;
   KS-378:5
silbernes   E:K-80:15

Simone (di Memmo)
Simone   KS-432:18

singen
gesungen   KS-379:10
sang   KS-442:22
sangen   E:C-225:11
singen   KS-376:10; 442:8,31
singend   E:VAR-296:34

Singspiel
Singspiel   KS-414:7
Singspiels   KS-418:12

sinken
gesunken   E:M-130:34; 138:6; E:VAR-
   297:20; KS-376:16
gesunkenen   KS-381:21
sank   E:Z-246:36; KS-370:31
sinken   E:M-105:29; 140:21; E:E-148:30;
   E:C-226:36; E:Z-246:26; KS-374:9
sinkende   E:K-41:4; KS-306:20
sinkenden   E:M-106:8
sinkt   E:C-223:10

Sinn
Sinn   E:M-130:21; E:F-210:3; E:Z-
   248:24; KS-303:34; 306:30; 307:6; 313:28;
   373:20; 414:4
Sinne   E:K-83:37; E:M-123:21; 128:10;
   129:34; 130:12; E:V-175:32; E:F-
   203:3; 212:37; E:C-223:5; 227:1; E:Z-
   251:22; 253:37; 254:2; 259:28; KS-302:8,

36; 310:28; 311:23; 319:30; 320:16;
334:29; 346:28; 369:37; 449:7; 457:2
(25)
Sinnen   E:K-26:20; 84:38; E:M-119:22;
   E:V-178:35; E:F-209:14; 213:26; E:VAR-
   297:14; KS-307:15
Sinnes   E:AN-281:11; KS-421:8

sinnberaubt
sinnberaubten   E:M-140:34
sinnberaubter   E:C-227:28

sinnen
sann   E:K-15:5; E:M-117:33; E:E-145:15
sinne   KS-311:32
sinnend   E:M-142:26

Sinnenwelt
Sinnenwelt   KS-329:2

sinnig
sinnige   KS-423:20

Sinnlichkeit
Sinnlichkeit   KS-307:32

sinnreich
sinnreich   E:C-222:36
sinnreiche   E:E-156:12
sinnreicher   KS-319:4

sinnverwirrt
sinnverwirrten   E:C-220:3

sintemal
sintemal   E:AN-274:32

Sinus
Sinus   KS-393:10

Sire
Sire   KS-322:15

Sirene
Sirene   E:AB-288:7,12,17
Sirenen   E:AB-287:3; 288:5

Sitte
Sitte   E:V-164:1; KS-332:24,26; 333:8
Sitten   KS-332:18; 420:7; 435:5

sittenlos
sittenloses   E:Z-256:11

Sittenlosigkeit
Sittenlosigkeit   E:Z-255:27

Sittenschule
Sittenschulen   KS-333:22

Sittenverbesserung
Sittenverbesserung   KS-326:27

Sittenverderbnis
Sittenverderbnis   E:E-155:33

sittlich
sittliche   KS-370:27

Sittlichkeit
Sittlichkeit   KS-335:1,27; 378:5; 381:21

Sitz
Sitz   E:K-41:22; 81:31; E:M-115:9; 117:35; 118:15; E:C-227:14; E:Z-259:9
Sitzen   E:E-154:11; E:C-220:19; 223:19; E:Z-247:14

sitzen
gesessen   E:M-116:23
saß   E:K-11:6; 30:25; 44:34; 79:38; 80:9; 81:33; 82:36; 86:36; E:M-109:18; 113:19; 126:26; 136:19; 138:23, 31; 143:11; E:V-179:15; E:F-209:37; 211:25; E:Z-232:29; 239:25; 243:27, 36; 254:20; E:AN-272:28; E:AB-290:14; E:VAR-292:24; 293:9   (27)
saßen   E:K-32:4; E:M-131:32; 140:6; E:E-150:8; E:C-220:7; E:AN-279:25; KS-413:16
sitze   E:Z-245:23; KS-319:18
sitzen   E:M-134:23; E:C-225:37; E:AN-266:11
sitzend   E:K-82:22; E:M-138:28; 142:25; E:V-183:1
sitzende   E:F-210:18
sitzt   E:M-136:34; KS-319:27; 342:6, 9

Sitzung
Sitzung   E:K-52:27; KS-320:32
Sitzungen   E:Z-232:3

Sitzungssaal
Sitzungssaal   KS-320:34

sizilianisch
sizilianische   KS-412:32

Skandal
Skandal   E:E-144:30

skandalös
skandalösen   KS-415:5

Sklave
Sklaven   KS-360:29; 377:17; 441:31

Sklavin
Sklavin   E:V-170:17

Sluys
Sluys   E:AB-290:7

Smith
Smith   KS-410:3
Smithschen   KS-455:28

so
so   E:K-9:32; 10:22; 11:28,34,35; 12:27, 28, 33; 15:22, 27; 16:19, 26, 32, 32, 33; 17:37; 18:13, 15, 31, 35; 19:9, 12; 20:17,18; 21:16,35; 22:23,37; 24:24, 34; 25:11,12,18; 26:15,23,36; 27:13, 15, 19, 27, 33, 36; 28:27; 29:5; 30:1, 21,28; 31:21,27,30; 32:21,36; 33:10, 32, 34; 35:3, 24, 30, 36; 36:8, 9; 37:7, 19; 38:6,37; 39:10; 40:26,35; 41:32; 44:4, 9; 45:13,27; 46:6,9,27,38; 47:7,10,21, 22, 28; 48:26, 33; 49:9, 18; 50:11, 16, 23; 51:5, 26; 52:19; 53:1, 23; 54:36; 55:13; 59:36; 60:19; 62:35; 63:21, 33; 64:3, 14; 65:22; 66:28; 67:23, 25, 28; 68:9,22; 69:18,20; 70:1, 28; 71:19, 20,27; 72:31; 73:38; 74:13,19,26; 76:3, 37; 77:14,18; 78:36; 79:13; 80:20; 81:1, 29, 38; 82:18; 83:4, 13, 18; 84:10, 33; 85:27; 86:9, 28; 87:3; 88:15, 20, 37; 89:24; 90:35; 91:35; 92:5, 9, 17; 93:3; 94:11, 18, 26; 95:13; 96:8, 16; 98:11, 23; 99:1, 7; 100:3; 101:9; 102:6; E:M-104:11; 105:6; 109:7, 22; 111:20,21,38; 112:7,25,25; 113:18, 24; 114:7,17; 115:28; 116:2; 117:1,9,11, 16,28; 118:2,19; 119:12,17,33,38; 120:6, 22; 121:2,26; 122:2,21,22,28,33,35; 123:8, 11,16; 124:34,37; 125:21; 126:30; 127:7, 15,38; 128:2,20,30,35; 129:13,33; 131:12, 28, 36; 132:24, 38; 134:13, 31; 135:12, 35,38; 136:4,5,20; 137:1, 4, 17, 24, 25, 26; 138:6; 139:17, 20; 141:7, 7, 29, 36, 38; E:E-144:29, 31; 147:2, 24; 149:33, 37; 150:2, 35; 151:17, 18; 152:8, 13, 19,36,37; 154:7,15,17,21,37; 156:9,9, 25; 157:12,25; 159:15; E:V-161:14; 163:1, 14,36; 164:11; 165:15; 167:17; 168:6,14, 14; 170:1,23; 171:1,11,29; 172:15; 173:26, 29; 174:5,11; 175:2,8; 176:5; 177:24,32, 34,37; 178:2; 179:2; 182:10,32; 183:3, 6; 185:11; 186:15; 188:3; 189:7, 23, 29; 190:33,35; 194:18,28; E:B-197:26; 198:8; E:F-199:14,29; 200:4,25; 201:8,

14, 33, 38; 202:34; 203:28; 204:20,31,
38; 205:36; 206:16,30; 207:3; 208:11,
19; 209:3,6,21; 211:9,19,33; 212:18;
213:8; E:C-218:28,30; 219:34; 220:6,
28; 221:6,10; 222:5; 223:21,23; 224:6;
226:16,24; 227:26; E:Z-231:14,29; 232:1,
7,13,22; 235:1,9,15,15,38; 237:24; 238:13,
17,19,20; 240:31; 241:28,37; 242:8,34,35;
243:10; 244:2,24; 245:19; 247:36; 250:5,
32; 251:9; 252:15,38; 253:7; 254:8,21,
22; 256:15,30; 258:20; 260:31; E:AN-
263:12; 264:1,25,32; 265:12,20; 266:15;
268:6; 270:18,19,24; 271:19,27; 272:18,
25; 273:1; 274:14; 275:1; 276:6; 278:33;
279:20; 281:10,33; 282:2,3; E:AB-284:9,
14, 37; 285: 9; 286: 1, 2, 17; 287: 10,
32; 288:2,5,12; 290:25,32; E:VAR-296:1,
2; 297: 11; KS-301: 24; 302: 22, 34,
35; 303:5, 7, 11, 19, 32, 32, 35; 304: 12,
19; 305:13,18,34; 306:3,16,28,30,32,
34; 307:34,35; 308:4,6,16,16,17,18,27,
33; 309:32,37; 310:1,12,30; 311:9; 312:6,
13,18,20,23; 313:19,20,21,23,26,28; 314:9,
15, 16, 21, 31, 32, 32, 34; 316: 7, 21, 21,
26, 30; 317: 35; 318: 31; 319: 4, 7, 13,
28, 36; 320:18; 321:11,14,21; 322:14,
38; 323:17, 20, 32; 324:9, 11; 325:20,
30; 327:18, 23, 31; 328:4, 21; 329:28,
34; 330:4,14,24,27; 331:38; 332:5,13,
24, 34; 333: 35; 335:10, 22, 32; 336:4,
9; 337: 1, 10, 14, 20, 21, 26; 339:9, 10,
20; 340:31; 341:12,18,37; 342:32; 343:3;
344:1; 345:15,19,20,24,29,30; 346:10,
13,15,17,22,24,26; 347:2,4,29; 348:3,
4, 18; 351:20; 353:27; 354:12; 355:8,
27, 33, 33; 357: 21, 26, 28; 358: 7, 8,
9; 360: 15; 361: 9, 11; 362: 4, 5, 18,
21, 23; 364: 15, 17; 365: 3; 366: 1, 9,
31; 367:22; 368:5,6; 369:7,30,35; 370:19,
32; 371:9; 372:31; 374:9,27,28,29,29,
35; 375:18; 376:16; 377:1,6; 378:9;
379:20; 381:7,19; 383:10,12,21; 384:4,
31; 385:12,29,30,32; 386:24; 387:9,9,
14,18,25,33; 388:27; 389:2,24; 390:17;
392:13; 393:26,32; 394:1,32; 395:28,31,
35; 396:25,27; 397:28,32; 398:15; 399:9,
20; 400:10,30,34; 401:6,18,34,35; 402:6,
11, 16; 403:17,30; 404:14,30; 405:1,2,
3,34; 406:15,26,28; 407:12,23; 408:8,
23,24,25,26; 409:19,31,32,33; 410:2,5,
26,33,36; 411:1; 412:22; 413:22,23,28;
414:33; 415:2,4,12,26; 416:18,30; 417:12,
16,19; 418:1,34; 419:19; 420:19; 421:10,

12, 34; 422:9,35; 423:23,30; 425:34;
426:12; 427:1; 428:29; 429:13; 432:7,
19,29; 433:22; 434:11,21,22; 435:28,
38, 38; 436:7,20,27; 437:9,28; 440:4,
18; 441:6,21; 443:4,11; 444:7; 445:11;
446:23, 27, 29; 447:20; 448:9; 449:4;
450:32; 451:1; 452:20,28; 455:5,26,
29; 457:7; 459:12   (770)

sobald

sobald   E:K-16:13; 21:4; 31:9; 32:9;
36:26; 37:3; 44:31,37; 45:23; 53:21; 54:17;
55:12; 58:6; 61:15; 62:14; 66:12; 70:13;
71:13,28; 72:4; 73:13; 74:37; 75:1; 80:34;
83:37; 84:24; 85:25; 87:9; 93:16; 101:3;
E:M-123:22; 126:24; 127:23; 128:23;
138:10, 16; 142:36; E:E-150:16; E:V-
176:14; 179:13; 180:31; 181:30; 183:13;
187:17; 189:11; E:F-200:21; 208:20,35;
213:20; E:C-224:8; E:Z-244:34; 248:5;
257:28; 261:12; E:AB-287:8; 289:10,
14; KS-321:26; 330:11; 331:13; 336:14,
31; 366:23; 381:26; 396:7; 410:12; 425:12;
428:21; 438:27; 448:10; 454:8   (71)

sodann

sodann   E:K-31:12; 44:19; E:M-130:24;
E:V-192:23

Sodom

Sodom   E:E-155:34

soeben

soeben   E:K-56:27; E:M-121:3; 127:37;
E:E-148:37; E:V-176:23; E:C-227:37;
E:Z-253:1,26; KS-306:32; 420:35; 422:24;
450:29   (12)

Sofa

Sofa   E:M-140:38

sofern

sofern   KS-391:5; 392:16

s'offre

s'offre   KS-384:34

sofort

sofort   E:C-218:21; E:Z-242:2; E:AN-
271:23; E:VAR-295:34

sogar

sogar   E:K-66:23; 67:32; 69:10; 71:17;
78:13; 90:11; 101:38; E:M-129:11; 139:32;
E:E-144:33; E:V-160:13,20; 161:8; E:C-
220:23; E:Z-236:17; E:AN-281:30; E:AB-
286:31; KS-307:4; 309:30; 310:28; 330:13;
331:36; 334:32; 340:36; 389:15; 408:34;
441:6   (27)

Söller

solvent

somit

somme

Sommer

Sommernacht

Sommertag

sonderbar

Sonderbarkeit

Sonderling

sondern

sondern E:K-23:31; 66:10; 69:10; 78:13;
90:7; E:V-177:10; 181:29; E:Z-244:16;
246:16; 251:33; E:AN-279:32; E:AB-
290:5; KS-313:14; 318:23; 322:31; 324:23;
331:7; 334:11; 335:20; 336:35; 346:4,
7; 347:32; 359:19; 366:11; 381:20,29;
388:12; 391:28; 392:26; 394:24; 424:7;
427:6; 433:16,23; 441:6; 443:15; 446:21;
448:23; 452:22; 456:34; 457:5; 459:14;
460:10   (44)

sonders

sonders E:AB-284:30

Sonett

Sonett KS-444:22

Sonne

Sonne E:K-33:30; 92:1; E:E-148:1;
150:23; E:V-163:19; 174:3; 177:28; E:C-
222:27; 225:15; E:Z-254:18; 258:32;
E:AB-290:26; E:VAR-296:38; KS-
306:3; 314:17; 363:17; 373:18; 379:5,
14; 441:9   (20)
Sonnen E:Z-253:28

Sonnenfinsternis

Sonnen- KS-407:30

sonnenklar

sonnenklar E:M-122:21
sonnenklaren E:K-69:9

Sonnenpferd

Sonnenpferde KS-446:22

Sonnenschein

Sonnenschein KS-305:12

Sonntag

Sonntag E:F-208:14; KS-394:22; 407:35
Sonntags KS-443:25; 451:26; 452:2

sonntäglich

sonntäglichen KS-403:34,37

sonst

sonst E:K-9:24; 18:5,20; 19:6; 46:2; 47:5;
48:17; 88:28; 90:38; E:M-109:13; 114:35;
117:4; 132:24; 134:33,36; 135:35; 136:35;
138:24; 140:33,34; E:E-145:1; 152:26,
28; E:V-172:34; E:F-203:18; 205:16; E:C-
224:20,23; E:Z-231:37; 241:13; E:AN-
262:25; KS-317:8; 323:6; 332:19; 335:12;
337:6; 344:10; 347:11; 348:23; 352:29;
371:12; 377:21,35; 385:26; 437:5; 439:5
                                            (46)

Sorge

Sorge E:K-65:20; E:M-106:34; 118:12;
E:E-148:22; E:V-163:13; 173:7; 179:23;
E:F-199:14; E:AN-265:35; KS-395:24;
442:37   (11)
Sorgen E:AN-275:12; KS-301:15

sorgen

gesorgt KS-403:8; 416:29
sorgen KS-313:12
sorgt KS-313:2

sorgenfrei

sorgenfreies KS-356:22

sorgenlos

sorglos KS-427:31
sorgenlose KS-376:22

Sorgfalt

Sorgfalt E:K-50:23; KS-411:1

sorgfältig

sorgfältig E:V-167:9
sorgfältigem E:K-91:11
sorgfältigste E:V-179:33

Sorglosigkeit

Sorglosigkeit KS-436:8

sorgsam

sorgsam E:V-182:4; 184:14; E:Z-257:16

Sorte

Sorte E:K-91:37

Souper

Souper E:AN-272:28

soviel

soviel E:K-10:20; E:F-206:28; KS-
346:29; 385:14; 388:6; 391:19; 395:4;
416:6; 417:14; 420:5; 440:34   (11)

sowie

sowie KS-419:22; 454:6; 459:19

sowohl

sowohl E:K-21:9,12; 25:34; 29:7; 46:19;
52:16,23; 55:6,35; E:M-112:28; 134:12;
E:V-176:17; 179:32; 189:6; 191:22; E:Z-
240:13; 244:15; 254:26; 259:33; E:AB-
283:27; KS-334:7,8,9; 372:28; 373:10;
375:1; 383:31; 386:25; 387:18; 399:34;
406:38; 414:21; 417:2; 420:10; 421:33;
427:4; 434:32,33; 435:27,30; 451:3; 459:34
                                            (42)

spalten
gespalten E:E-158:12
spalten E:AN-271:16
spaltet E:C-222:34

Spandau
Spandau KS-392:20,37

Spanien
Spanien E:E-150:19; KS-430:32

Spanier
Spanier E:E-144:5; KS-337:20

spanisch
spanischen E:AB-286:13; KS-350:2;
377:28; 410:27

spannen
gespannt KS-320:15
spannen E:K-18:1; KS-326:11
spannte E:M-134:17

spannenlang
spannenlanges KS-316:8

Sparofen
Sparöfen KS-433:13

Spartanerin
Spartanerin KS-369:4

Sparte
Sparte E:K-85:37

Spaß
Spaßes E:K-91:18

spaßhaft
spaßhafte E:AN-267:9
spaßhafter KS-384:37

spät
spät E:K-83:34; 88:10; E:V-184:5; 187:9;
E:F-204:2; E:Z-252:30; 256:36; E:AN-
273:25; 281:24; KS-365:32; 402:13 (11)
späte E:K-99:4
spätem E:AN-265:27
späten E:C-228:14
später KS-453:19
späteste E:AN-275:16

Spaten
Spaten KS-379:21,31

späterhin
späterhin E:V-176:30; E:F-201:17;
211:29; 213:31; E:C-223:9; E:Z-255:11;
257:36; KS-339:38; 392:37

Spaziergang
Spaziergang E:C-225:3; E:Z-237:10;
E:AN-276:19
Spaziergange E:K-26:18; 77:23

spedieren
spediert KS-386:14

Spedition
Spedition KS-452:11

speien
speit E:K-16:20
spie E:AN-270:34

Speise
Speise E:K-99:24; E:V-178:31; E:AB-
288:19
Speisen E:V-182:38; E:C-216:24;
223:14; E:Z-249:28; E:VAR-294:7

Speisekammer
Speisekammer KS-397:27

speisen
speisen E:K-73:18
speisete E:K-21:24

Speisesaal
Speisesaal E:F-204:6

Speiseschrank
Speiseschrank E:V-178:13

Speisetisch
Speisetisch E:F-209:37

Spektakel
Spektakel KS-410:28

Spekulation
Spekulation KS-421:6

Spenersch-
Spenersche KS-391:16
Spenerschen KS-391:18; 422:10

sperren
gesperrt E:AN-280:19
sperren E:K-41:34; E:F-199:14

Sperrung
Sperrung KS-398:11

Spezial-Verordnung
Spezial-Verordnung E:K-100:8

Spezialbefehl
Spezialbefehl   E:K-94:16
Spezialbefehls   KS-402:12

speziell
spezielle   KS-457:33; 458:27

Spezifikation
Spezifikation   E:K-46:29.

spezifisch
spezifischen   KS-392:27

spezifizieren
spezifizierte   E:K-20:27

Sphäre
Sphäre   E:AN-268:28; KS-450:25

Spiegel
Spiegel   E:V-180:6; E:F-208:32; KS-343:28; 344:5; 348:15

Spiegelfechterei
Spiegelfechterei   E:K-66:31

Spiel
Spiel   E:K-32:4; 51:9; 78:7; E:M-117:12; 132:23; E:C-217:16; E:Z-232:24; E:AN-272:27; E:VAR-294:30; KS-321:25; 328:27; 334:21; 336:17; 337:26; 344:8; 383:33; 408:25,27; 412:16; 414:17   (20)
Spielen   E:AB-283:25

Spielart
Spielart   KS-340:34

spielen
gespielt   E:Z-258:6; KS-418:15; 428:25
gespielten   E:Z-257:12
spielen   E:K-95:26; E:M-112:13; 139:37; KS-324:10; 330:30; 428:33
spielende   E:AN-277:19; KS-398:16
spielenden   KS-447:10
spielt   KS-340:23; 342:5; 384:25
spielte   E:K-25:7,8; E:M-106:15; 139:9; E:V-172:5; 183:34; E:F-210:12; E:Z-238:15
spielten   E:K-75:35; KS-409:22; 410:38; 413:6

Spieß
Spieß   E:K-71:8; E:V-189:4
Spießen   E:K-38:23; E:V-177:26; 194:28

Spießgeselle
Spießgesellen   KS-428:6

Spinat
Spinat   KS-441:17

spinnen
spinnen   E:AB-288:18

Spinnrocken
Spinnrocken   E:V-178:15

Spiritus
Spiritus   KS-425:31

Spittelmarkt
Spittelmarkt   E:AN-267:35

Spittelturm
Spittelturm   E:AN-267:36

spitz
spitz   E:K-20:3; E:M-121:36

Spitzbube
Spitzbuben   E:K-19:21

Spitzbüberei
Spitzbübereien   E:K-65:36

Spitzbübin
Spitzbübin   E:V-184:27

Spitze
Spitze   E:K-37:26; 38:17,27; 42:9; 71:37; 85:14; E:M-106:17; E:V-189:9; E:Z-231:8; 245:29; 247:13; E:AN-269:7,13; KS-326:15; 373:12; 374:16; 375:6,27; 411:12; 415:20; 436:16; 444:11   (22)
Spitzen   E:F-200:31; KS-340:12

spitzen
gespitzt   KS-349:8
spitzen   E:AB-284:19
spitzend   E:B-198:16

Splitter
Splitter   KS-343:24

Sporen
Sporen   E:K-36:3; E:Z-246:6,33; 249:20; E:AN-265:11
Sporn   KS-303:14

spornstreichs
spornstreichs   E:K-15:32

Spott
Spott   E:K-63:28; E:M-104:11

spüren
spürt   KS-338:12

St.
St.   KS-396:35

Staat
Staat   E:K-46:14; 51:28; 58:19; 63:37;
KS-318:33; 323:29,31; 324:1; 372:23;
377:9; 380:9; 381:7; 401:37; 416:8; 459:14
(15)
Staaten   E:K-45:27; KS-374:13; 421:16;
453:10
Staates   KS-396:11
Staats   E:K-45:26; 51:4; KS-333:16;
375:19; 400:10; 410:24

Staatsamt
Staatsämter   E:K-78:19

Staatsangelegenheit
Staatsangelegenheiten   KS-421:13

Staatsaufgabe
Staatsaufgabe   KS-405:29

Staatsbeamter
Staatsbeamte   E:E-152:21
Staatsbeamten   KS-359:2,3

Staatsbeschluß
Staatsbeschluß   E:K-52:8

Staatsbürger
Staatsbürger   E:K-49:22; KS-401:34
Staatsbürgers   E:K-9:9; E:VAR-292:10

staatsbürgerlich
staatsbürgerlichen   E:K-64:15

Staatsdiener
Staatsdiener   E:K-46:1; KS-333:12;
359:18,19

Staatsgewalt
Staatsgewalt   E:K-49:20; 50:26

Staatskanzlei
Staatskanzelei   E:K-75:5; 89:5
Staatskanzlei   E:K-24:12,19; 38:22;
49:34; 77:21; 78:20; 88:13

Staatskanzler
Staatskanzlers   KS-457:13

staatsklug
staatskluge   E:K-52:21
staatsklugen   E:K-68:30; E:C-217:8

Staatsmann
Staatsmann   KS-435:27
Staatsmänner   E:K-52:22; KS-351:11
Staatsmannes   KS-456:1

Staatsrat
Staatsrat   E:K-52:16; 87:34; E:Z-232:14,
20; KS-404:5
Staatsrats   E:K-52:27; 87:32; E:Z-232:3

staatsrechtlich
staatsrechtlicher   E:K-65:13

Staatsverbindung
Staatsverbindung   E:K-49:25

Staatsverwaltung
Staatsverwaltung   KS-455:28

Stab
Stab   E:F-212:21; 214:22; E:Z-249:16;
E:AB-284:37
Stabe   E:V-194:25

Stadt
Stadt   E:K-13:7; 22:15; 36:27,33; 37:17,
29,32,37; 38:3,4,13,16,28,32; 39:20,22,
28,35; 40:3,13; 41:13,28,31,32; 42:7;
53:35; 54:13; 55:31; 58:3,9; 61:2; 62:18;
63:32; 69:28; 71:35; 73:28; 77:9; 82:20;
87:10; 94:37; 100:11,19; E:M-104:4;
109:8; E:E-144:8,29; 145:10,32; 146:14,
30; 147:1; 151:30; 153:33; 154:28; 155:34;
156:23,34; E:V-165:15; 169:24,32; 170:15;
173:38; 195:7; E:B-198:23; E:F-199:9,
24; 200:28; 205:20; 209:26; E:C-216:8,
16,19,26; 217:4; 218:12; 219:31; 220:27,
35; 221:21; 222:27; 224:32; 226:4; E:Z-
230:25; 243:18; 258:20; E:AN-263:27;
268:17; 269:25; 274:33; 279:21; E:VAR-
293:26,34; 294:2,9,19; 295:26; 297:15,
24; KS-331:34; 332:11; 338:31; 371:23;
377:10; 380:10; 383:9; 386:23; 389:1,
5,9; 390:11,38; 392:34; 399:34; 401:12;
410:11; 413:4; 424:1,7; 426:17; 427:32;
429:6; 430:6; 439:33; 443:27,32; 444:4;
453:5   (127)
Städte   KS-360:19; 387:17
Städten   E:K-42:25

Stadtgericht
Stadtgerichts   E:K-23:22

Stadtgerücht
Stadtgerücht   KS-429:2

Stadtgeschwätz
Stadtgeschwätz   E:Z-232:21

Stadtgespräch
Stadtgespräch   KS-427:6
Stadtgesprächen   KS-435:21

Stadthauptmann
Stadthauptmann   E : K-22 : 13, 27, 32;
23:18,23,37; 77:22
Stadthauptmanns   E:K-23:27; 24:10

Stadtkasse
Stadtkasse   E:AN-263:1

Stadtneuigkeit
Stadtneuigkeiten   KS-411:7

Stadtsoldat
Stadtsoldat   E:AN-262:23

Stadtturm
Stadttürme   E:K-77:8
Stadttürmen   KS-425:4

Stadtvogtei
Stadtvogtei   E:Z-231:36

Stadtwache
Stadtwache   E:AN-262:24

Staël
Staël   KS-419:8,28
Stael   KS-450:26

Staffelei
Staffelei   E:M-109:12; 126:29

Stahl
Stahl   E:Z-231:9
Stähle   KS-326:10

stählen
gestählt   E:AN-277:26

Stall
Stall   E: K-12:38; 13:32; 15:28; 18:10,
16,26; 19:35; 20:12; 33:5; 47:15; 64:10;
E:V-189:16; KS-425:20   (13)
Ställe   E: K-30:32; 57:27; 65:15; E:V-
190:28,37
Ställen   E:K-13:8; 26:12; 31:17,26; 57:37;
60:22; E:V-190:6; KS-400:37

Stallbedienter
Stallbediente   KS-403:10

Stalltür
Stalltür   E:K-33:9
Stalltüre   E:K-18:10; 33:12

Stallwechsel
Stallwechsel   E:K-14:36

Stamm
Stamm   E:K-79:37; E:V-170:13; 187:28;
188:3
Stamme   E:E-150:7
Stämme   E:AN-262:15,16,19

stammeln
stammelte   E:M-143:1; E:V-192:33

stammen
stammende   E:V-165:33
stammst   E:K-91:25; KS-348:30

Stammhalter
Stammhalter   E:Z-235:37

stampfen
stampfenden   E:K-101:21
stampfte   E:V-163:25

Stand
Stand   E:K-21:11; 46:19; 55:34; 64:10;
95:27; E:F-212:3; E:VAR-293:14; KS-
345:35; 359:5; 423:31   (10)
Stande   E:K-93:20; E:M-107:31; 111:29;
116:32; 134:36; E:AN-281:8
Stände   E : AB-283 : 23; KS-320 : 34;
382:27; 405:15,25; 406:29; 435:6; 454:20
Ständen   E : E-152 : 20; E : C-218 : 4;
E:VAR-295:18; KS-320:33; 458:17; 459:6

standhaft
standhaft   E:K-75:14; KS-305:5
standhaften   KS-434:22

Standhaftigkeit
Standhaftigkeit   E : M-138 : 3; E : V-
183:19; KS-304:22,33; 312:27

Standpunkt
Standpunkt   E : K-82:35; E:Z-246:24;
KS-308:12,19; 416:33

Stange
Stangen   E:K-38:23

Stänkerei
Stänkerei   E:K-27:18
Stänkereien   E:K-24:20

stark
stark   E: K-30 : 34; 36 : 8; E: M-126 : 11;
E:V-181:31; E:F-214:11; E:AB-289:10;
E:VAR-293:15; KS-313:9; 344:19; 383:12
(10)
starke   E: Z-231 : 5; E: AN-271 : 17; KS-
312:37
starkem   E:C-225:14
starken   E:K-32:24; 39:26; 100:24; E:V-
169:37; E:AN-271:21; E:AB-283:28; KS-
371:20; 436:16
stärker   E:AN-264:3
stärkste   KS-328:5; 334:33
stärksten   E:V-194:24; E:AB-288:21

Stärke
Stärke   E:K-40:4; 52:35,38; E:V-189:5;
E:Z-248:3; KS-305:32

stärken
gestärkt   E:E-149:13; E:V-183:27
stärken   KS-304:15; 310:1
stärkendes   E:M-138:14

starr
starr   E: K-85 : 13; E: M-140 : 35; 142 : 33;
E:E-145:35; E:F-204:29; 207:29; E:Z-
244:34; E:AB-288:9
starrem   E:K-30:15
starren   E:F-200:30

Starrkopf
Starrkopf   E:AN-281:30

Starrsinn
Starrsinns   E:K-64:4

starrsinnig
starrsinnige   E:Z-246:18

Station
Station   E:F-199:33; KS-386:11,14

statistical
statistical   KS-440:11

statistisch
statistischen   KS-424:5

statt
statt   E: K-13 : 33; 28 : 35; 37 : 8; 68 : 30;
95:24; 99:7; E:E-152:26; 153:15; E:V-
174:21; 185:10; 189:30,35; 192:6; E:F-
201:19; 207:10; 209:35; E:C-221:32;
223:32; E:Z-250:19; 255:15; 257:1; 260:9;
E:AN-262:29; 277:1; KS-313:24; 333:23;
376:35; 386:7; 393:34; 402:23; 443:17;
449:10; 450:3; 457:6; 460:14   (35)

Statt
Statt   E:V-160:15; 168:26; E:F-200:27

stattfinden
stattfinden   KS-437:28
statt finden   E: K-75 : 13; E: V-182 : 9;
E:Z-232:15
stattgefunden   KS-439:11
statt gefunden   E:K-75:18

statthaben
stattgehabten   KS-434:10
statt gehabten   E:Z-241:10
statthaben   KS-437:26
statt hatte   E:AB-285:21

Statthalter
Statthalter   E:K-41:15; 65:36

stattlich
stattlichen   E:K-9:23

Statue
Statue   KS-343:25

statuieren
statuiert   KS-416:20

Statuierung
Statuierung   E:K-90:12

Statur
Statur   E:AB-288:10

Statut
Statuten   E:Z-261:14

Staub
Staub   E: K-15 : 24; 79 : 36; 97 : 28; E: E-
154: 5; E: C-219: 7; 221: 35; E: Z-235: 2;
246:36; 247:16; 254:10; 258:34; E:AN-
264:5; E:VAR-296:16   (13)
Staube   E:Z-251:5

stechen
gestochen   KS-443:19

Steckbrief
Steckbrief   KS-428:35
Steckbriefen   KS-428:13,30

stecken
gesteckt   E: K-20 : 16; 36 : 34; 75 : 24;
E:F-200:35; E:Z-236:25; E:AB-283:33;
285:27,32
stecken   E:K-17:16; 18:4; E:V-169:30;
194:3

steckend   E:V-186:11
steckenden   E:K-91:15
steckte   E:K-33:10; 36:31; 37:17; 38:3;
   41:13; 103:6; E:M-105:4; 106:25; E:V-
   160:28; 182:5; E:Z-257:28   (11)
steckten   E:Z-231:5

Stecken
Stecken   KS-330:27

Steglitz
Steglitz   KS-424:13; 425:10; 427:22,34;
   428:25

stehen
gestanden   E:K-22:22; 29:10; E:C-221:9;
   E:AN-281:36; KS-373:6; 396:29; 402:32
stand   E : K-14 : 2; 15 : 4; 30 : 20, 36;
   35:4; 37:16; 41:12,29; 54:8,20; 58:11;
   60:35; 68:24; 82:3,28; 91:37; 92:11,
   32; 95:8; 99:12; E:M-107:34; 118:16;
   120:33; 125:4; 128:32; 129:31; 137:23,
   37; 138:34; 140:17,34; 141:30; E:E-144:2;
   145:29; 146:24; 149:3; 150:23; 158:22;
   E : V-162 : 29; 174 : 26; 178 : 35; 179 : 7;
   180:7; 194:2; E:F-201:9; 203:16; 204:7,
   17; 206 : 2; 208 : 10; 210 : 24; 211 : 17;
   212:30; 213:9; 214:28; E:C-220:8; 225:15,
   19; 226:25; E:Z-233:12; 238:21; 252:16;
   E:AN-266:32; 278:33; KS-325:8; 338:20;
   344:32; 345:14; 430:14   (69)
standen   E:K-11:35; 13:32; 31:38; 56:38;
   65:22; 67:29; 72:7; 75:37; 77:18; 91:14;
   98:37; E:M-117:1; E:C-218:6; E:Z-243:34;
   E:AN-269:24; E:VAR-295:20; KS-325:2;
   354:8; 428:5; 442:11   (20)
ständen   E:AN-262:5; KS-346:12
stehe   E:K-33:10; 39:34; 85:27; 88:29;
   E:M-110:2; 112:32; E:AN-267:36; KS-
   325:14; 331:4; 354:9; 371:19   (11)
stehen   E:K-10:10; 12:22; 15:30; 18:19;
   19:2; 32:33; 47:21; 57:17; 60:16,27; 61:26;
   63:28; 71:8; 73:34; 92:31; E:M-126:30;
   128:35; 134:2; 142:4; E:E-154:35; 156:15;
   E:V-163:1; E:F-201:14; E:C-223:3; E:Z-
   232:7; 240:9; E:AN-263:24; KS-306:24;
   325:4; 341:15; 344:5; 348:24; 372:5; 377:1;
   387 : 27; 399 : 4; 416 : 3; 428 : 28; 456 : 34
                                        (39)
stehend   E:M-113:28; E:E-148:23; E:F-
   204:8
stehende   E:K-60:30; E:V-186:6; E:F-
   212:21,35; E:C-225:25; E:Z-260:27; KS-
   397:20; 411:30

stehenden   E : K-57 : 19; 86 : 13; E : Z-
   242:19; 243:22; 257:21; 260:15; E:AB-
   284:7; E:VAR-293:6
stehender   KS-424:23
stehn   E : K-27 : 15; KS-343 : 21; 356 : 1;
   371:10; 381:8
steht   E:K-47:33; 92:28; 102:27; E:Z-
   245:12; E:AN-262:25; 268:6; 280:24,28,
   38; KS-313:20; 319:36; 342:9; 359:11;
   360:15; 395:5; 401:12; 415:21,26; 420:29;
   441:31   (20)
stünde   E:K-28:30; 54:38; 60:30; 87:12;
   E:M-117:4; KS-304:1; 359:19; 385:30
stünden   E:K-61:18; E:M-111:32; E:V-
   191:24; KS-308:31

stehlen
gestohlen   E:K-59:25
gestohlne   KS-425:8
gestohlnem   KS-427:31
stehlen   E:AB-285:19; KS-428:16

steif
steif   E:F-201:8

Steigekraft
Steigekraft   KS-389:35

steigen
steigen   E : M-125 : 34; KS-390 : 14, 15;
   392:28
stieg   E:K-10:37; 15:21; 33:29; 39:3; 73:3;
   82:33; E:M-112:10; 142:29; E:E-155:2;
   E:Z-249:23; E:AN-271:19   (11)
stiege   E:C-223:34
stiegen   E:AB-290:29

steil
steile   KS-397:8
steilen   E:AN-279:8

Stein
Stein   E:K-85:16; 97:24; E:M-127:14;
   E:F-203:2; E:C-216:32; 222:16; E:Z-
   259:30; E:VAR-294:15
Steinen   E:K-32:15

Steinbruch
Steinbruch   E:AN-279:9,16,22
Steinbruchs   E:AN-279:29

Steindamm
Steindamm   E:K-10:4

steinern
steinerne   E:K-34:33
steinernen   E:K-33:4

steinigen
steinigt   E:E-157:4,4

Stelle
Stelle   E:K-70:6; 77:6; 99:29; E:M-137:3,
22,37; E:E-149:4; E:V-160:11; 175:6;
177:4; E:AN-274:6; E:AB-291:2; KS-
331:23; 332:14; 333:7; 417:20; 419:24;
445:19; 447:33; 448:34   (20)

stellen
gestellt   E:K-10:19; 25:24; 34:29; 59:20;
77:30; E:M-117:9; E:AN-271:2; E:AB-
284:2; KS-339:25; 382:25   (10)
stelle   E:Z-245:8
stellen   E:K-56:9; 81:8; E:V-163:14;
E:Z-233:25,33; 234:13; E:AN-262:7; KS-
310:14; 314:4; 337:8; 338:8; 376:8; 423:9;
447:1   (14)
stellt   KS-346:6; 383:25; 420:22
stellte   E:M-137:19; E:V-162:4; 168:5;
171:24; 178:13; 183:15; 187:27; 189:8;
190:24; 191:16; E:F-226:32; E:Z-250:28;
256:7; E:AN-262:8; KS-314:16   (15)
stellten   E:V-171:4; E:C-218:35

Stellung
Stellung   E:K-40:22; 42:21; 46:14; E:F-
207:2,38; 212:22; KS-327:26; 361:20

stemmen
stemmte   E:V-177:7; 186:24

Stendal
Stendal   KS-392:20

sterben
gestorben   E:K-9:34; E:V-189:19; E:F-
199:23; 211:35; 214:9; E:Z-229:10; 235:2;
E:AN-266:8; 271:9; 273:34; E:AB-288:24
                                    (11)
starb   E:K-30:28; E:V-174:8; E:F-200:11;
203:22; 205:2; E:Z-229:30; E:AN-263:18;
268:30; 277:29; E:VAR-293:11; 297:21;
KS-306:12   (12)
starben   E:C-228:14
sterben   E:K-58:21; 89:31; E:E-145:37;
E:V-177:33; 187:27; E:Z-255:18; 258:36;
E:AN-263:4,9; 265:32; 269:19; KS-
309:34; 322:15; 360:27; 375:35; 444:29
                                    (16)
sterbend   KS-306:17
Sterbenden   E:AB-288:20
stirbst   E:AN-269:14
stürbe   E:M-143:17

sterblich
Sterbliche   E:Z-248:21

Sterling
Sterl.   KS-396:23
Sterling   KS-398:16

Stern
Sterne   E:V-171:9
Sternen   E:V-194:6

Sternbald
Sternbald   E:K-26:38; 29:20,24; 30:4;
32:25; 35:18; 36:26; 43:25; 44:19,23;
53:30; 67:9; 71:29; 76:7   (14)

stetig
stetig   KS-324:7

stets
stets   E:Z-240:17; 259:29; KS-349:8;
378:38; 433:20

Stettin
Stettin   KS-386:20; 419:2
Stettiner   KS-387:6

Steuer
Steuer   E:K-34:38; KS-401:6,36; 402:10,
12,15,22; 455:2
Steuern   KS-379:28

steuerpflichtig
steuerpflichtig   KS-400:35

steuerverfallen
steuerverfallen   KS-401:7

Stich
Stich   KS-366:6; 409:20
Stiche   E:AB-286:36; KS-315:19
Stichen   E:K-32:5

sticken
gestickt   KS-399:6
gestickter   KS-399:22
gesticktes   KS-399:29
sticken   KS-333:2

Stickerei
Stickerei   KS-399:7
Stickereien   E:F-208:17

Stiefel
Stiefel   E:AN-264:32,33

Stiefkind
Stiefkinder   KS-307:1

Stiefsohn
Stiefsohn   E:F-201:7

Stiel
Stiel   E:Z-231:6

Stift
Stift   E:K-34:4,30; 36:4

stiften
gestifteten   E:C-219:30

Stiftsdame
Stiftsdame   E:AN-269:23

Stiftsfrau
Stiftsfrau   E:K-35:15

Stiftsvogt
Stiftsvogt   E:K-35:9,11,18

still
still   E:K-11:9; 73:15,22; E:M-105:22;
116:28; 138:26; E:E-149:34; 158:30;
E:V-184:19; 187:17; 192:6; E:F-203:25;
213:14; E:C-223:6; E:Z-235:19; E:VAR-
296:27; 297:19; KS-367:6   (18)
stillem   E:C-225:36
stillen   E:K-102:33; E:V-194:7; 195:1;
E:F-200:37; 202:12; 212:25; E:C-223:4;
E:AN-268:34; KS-315:20; 354:34   (10)
Stillen   E:M-111:23; E:E-159:10; KS-
313:5; 388:33; 390:5
stiller   E:K-14:32; 39:11; E:Z-249:26;
E:AN-262:7; KS-317:27

Stille
Stille   E:E-155:16; E:F-205:38; 215:17;
KS-402:31

stillen
stillen   E:V-180:20; E:Z-247:28

stillhalten
hielt   E:K-9:25
still halten   E:K-47:27

stilljammern
stilljammernd   E:V-176:4

stillküssen
küßte   E:E-154:22

stillschweigen
stillschweigen   E:V-170:11; E:AN-
282:2; KS-365:21
stillschweigend   E:E-153:4
stillschweigendem   E:K-68:30
stillschweigenden   E:M-127:22

stillstehen
stand   E:E-149:19; E:V-185:24
steh   E:AN-267:29
steht   E:AN-276:20

Stimme
Stimme   E:K-10:13; 14:33; 18:23; 30:20;
32:10,35; 35:14,23,30; 47:7; 49:15; 56:18;
65:1; E:M-124:17; 125:11; 131:4; 140:33;
E:E-146:21; 156:14,16; 157:2,38; E:V-
177:9; 184:11,19; 187:32; 188:9; E:F-
200:20; E:C-220:20; 221:29; 223:22; E:Z-
240:21; 257:19; E:AB-290:35; E:VAR-
296:32; 297:3; KS-327:15; 375:21; 412:18,
24; 414:17; 416:24   (42)
Stimmen   E:M-107:36; E:E-157:23; KS-
371:26; 432:35

stimmen
gestimmt   E:K-67:34; 80:11; E:M-
110:15; 130:7; E:C-218:25
stimmten   E:M-136:24; 139:14

Stimmung
Stimmung   E:K-63:36; 64:8; 75:38; E:E-
153:7

stipulieren
stipuliert   E:K-26:10

Stirn
Stirn   E:K-17:21; 61:36; E:M-113:10;
127:38; 135:7; E:E-146:31; 147:3; E:V-
172:37; 173:16,30; 183:35; 192:9; 193:12;
E:F-200:31; E:C-221:34; 224:4; E:Z-
260:3; E:AN-264:17; KS-356:21   (19)
Stirne   E:K-28:20; E:Z-252:19

Stock
Stock   E:K-25:28; E:M-120:23; E:V-
179:35; E:F-213:27; E:AN-280:33; KS-
336:15; 354:11; 397:25

stockblind
stockblinder   E:K-42:29

stocken
stocken   KS-323:36
stockte   E:K-101:9; E:M-117:29

stockfinster
stockfinstern   E:V-162:8

Stockholm
Stockholm   KS-434:31; 438:10,32

Stoff
Stoff   E:E-152:27; KS-313:12; 322:2; 412:32; 460:18
Stoffe   KS-347:35; 448:17
Stoffes   KS-449:22,33

stöhnen
Stöhnen   E:B-196:17,31

stolpern
stolpernd   E:Z-246:33

Stolpisch
Stolpischen   KS-405:15

stolz
stolzen   E:K-64:33; E:E-144:14

Stolz
Stolz   E:K-61:17; E:M-126:1,19; KS-314:7

stopfen
stopft   E:AN-264:38
stopfte   E:F-214:16

stören
gestört   E:K-28:11; E:Z-248:33
gestörten   E:VAR-296:26
stören   E:M-138:36; E:Z-257:4; KS-302:13; 311:24; 416:37
störende   E:C-221:18; E:VAR-297:18
störte   E:F-209:8

Störung
Störung   KS-445:10

Stoß
Stoß   E:K-29:37; E:Z-237:35; KS-344:24; 345:3,7
Stöße   E:Z-246:8; KS-345:9,11,15
Stoßes   KS-309:13

stoßen
gestoßen   E:AN-278:30; KS-426:18
stieß   E:M-105:33; E:E-145:17; E:V-186:1; 191:9; 192:24; E:F-202:17; E:Z-237:24; 246:36; 247:6; E:AB-290:34; KS-442:28   (11)
stießen   KS-324:33
stoße   KS-312:2
stoßen   E:V-167:14; E:AB-284:22; KS-344:37,37; 364:8
stößt   KS-307:8

stottern
stotternd   E:K-35:33; 80:21

strafbar
strafbar   KS-303:6

Strafe
Strafe   E:K-31:6; 34:13; 75:27; E:V-161:17; E:Z-241:28; KS-307:22; 317:18; 333:3; 413:24; 426:22   (10)

strafen
gestraft   E:F-206:30; 207:31
strafen   E:Z-249:21
straft   E:E-155:35

Strafwürdigkeit
Strafwürdigkeit   E:F-214:25

Strahl
Strahl   E:K-65:24; E:V-163:14; 164:37; 168:6; 187:30; E:C-225:15

strahlen
strahlender   KS-345:24

Stralsund
Stralsund   KS-316:3,3

stramm
stramm   E:AN-278:14

Strang
Strange   E:F-214:18

Straßburg
Straßburg   E:V-173:37; E:Z-231:22; 236:7

Straße
Straße   E:K-15:1; 20:8; 24:31; 39:16; 40:16; 57:11; 59:6; 60:2; 71:8; 74:18; 76:18; 79:35; 80:1,31; E:M-118:16; E:E-146:1,10; 149:7,8; E:V-166:8; 179:27; E:F-200:28; E:C-219:15; E:Z-241:8; E:AN-267:12; KS-334:16; 383:29; 384:8, 16,18,26; 407:11; 422:3; 424:18; 425:27; 426:4; 430:13   (37)
Straßen   E:K-54:10; 82:19; 95:17; 96:20, 27; E:E-145:8; E:C-223:31; KS-383:20; 397:24,27   (10)

Straßenecke
Straßenecken   KS-459:36

Straßenjunge
Straßenjungen   E:K-63:28

sträuben
gesträubt   E:K-14:37
sträubend   E:V-163:15
sträubenden   E:E-146:5; E:B-198:19;
  E:C-223:29
sträubte   E:M-120:3; 127:7; E:V-185:19

Strauchwerk
Strauchwerk   KS-401:27

streben
streben   KS-309:18
Streben   KS-420:2; 449:31
strebt   KS-421:11
strebte   E:E-157:1

strecken
gestreckt   E:Z-251:1
streckte   E:E-146:24; 158:4

Streich
Streich   E:K-17:21; E:AB-284:5
Streiche   E:Z-246:27
Streichen   E:AB-284:18

streicheln
streichelte   E:K-11:17; 96:24; E:V-
172:36; 175:19; E:Z-248:11

streichen
strich   E:K-28:20; E:V-192:8

streifen
streifen   KS-342:27
streifend   E:V-189:36
streifte   E:K-58:33

Streiferei
Streifereien   E:V-161:24; E:AN-262:26

Streifzug
Streifzug   E:K-51:37; 82:17

Streit
Streit   E:K-27:6; 42:32; 47:8; 77:37;
99:7; E:Z-245:38; 255:22; E:AN-281:13;
KS-305:30; 354:12; 438:35; 446:31; 457:8
(13)
Streits   KS-369:16

streiten
streiten   KS-447:3
Streitenden   KS-376:12
streitet   KS-302:18

Streitfrage
Streitfrage   KS-352:8

Streithengst
Streithengste   E:K-33:5

streitig
streitig   E:K-47:5

Streitigkeit
Streitigkeiten   E:AB-285:6

Streitpunkt
Streitpunkt   E:Z-234:23

Streitsache
Streitsache   E:K-41:16; 63:35; E:Z-
234:2; 243:4; KS-319:19

Streitsucht
Streitsucht   KS-334:19

streng
streng   E:M-120:17; E:AB-287:33; KS-
402:10
strenge   E:F-201:32; KS-441:30; 447:2
strengem   E:AN-265:25
strengen   E:K-90:2
strenger   E:AN-274:31
strengste   E:M-107:38; KS-372:17; 449:3

Strenge
Strenge   E:K-53:16; 89:29; E:E-145:2;
E:Z-249:14; 258:4; KS-364:3; 365:10;
447:11

Streu
Streu   E:C-224:22

Strich
Strich   KS-459:37

Strick
Strick   E:E-145:28,30; E:V-185:13
Stricke   E:V-186:8; 187:11; KS-429:9
Stricken   E:V-186:27; 190:3
Stricks   E:AB-283:30

Strickbeutel
Strick-   KS-399:31

stricken
strickte   E:M-126:28

Strickzeug
Strickzeug   E:M-127:3

striegeln
striegeln   E:K-31:30

Stroh
Stroh   E:K-33:7; 40:6; 71:10; 81:33; E:B-196:6,29; 197:19; 198:14; E:Z-249:32; 250:4,18,31; E:AB-284:4   (13)

Strom
Strom   E: E-147: 36;   KS-379: 22, 35; 417:18

strömen
strömen   E:E-153:33; KS-392:9

Strömli
Strömli   E:V-181:6,36; 187:34; 188:6,8, 22,31; 189:12,13,28,33,36; 190:8,13,15, 24,38; 191:17; 192:3,23,27,35; 193:8,20, 38; 194:7,15,22,33; 195:2,11   (31)
Strömlis   E:V-169:21; 181:35; 187:21; 188:20; 189:37; 190:30; 191:29; 192:15; 193:19

Strömung
Strömungen   KS-388:27; 392:1,13

Struktur
Struktur   KS-408:10

Strumpf
Strümpfe   E:M-126:27; E:V-162:19,27

Stube
Stube   E:K-26:1; E:M-137:23

Stubentür
Stubentüre   E:V-189:30

Stück
Stück   E: K-86: 33; E: V-166: 6; E: F-207: 14; E: AN-269: 36; 280: 8; KS-316:7; 336:32; 384:3; 386:34; 401:16, 22; 409:9; 411:2; 414:26; 417:37; 418:2; 427: 28; 432: 28, 36; 442: 26; 451: 24, 26, 31; 452:6; 459:31; 460:3,6,17   (28)
Stücke   E: M-133: 14; KS-409: 33, 36; 410:7,36; 418:12; 451:28; 453:20; 460:11
Stücken   E: K-47: 4; E: Z-242: 27; KS-331:36; 408:20; 410:30
Stückes   KS-414:14
Stücks   E:AN-270:9; KS-409:12

Stückchen
Stückchen   KS-408:34

Student
Studenten   E:C-216:23; E:VAR-294:6

Studentenspiel
Studentenspiel   KS-422:24

Studie
Studien   KS-304:31

studieren
studierende   E:C-216:7; E:VAR-293:25
studiert   KS-319:31

Studium
Studium   KS-313:14

Stufe
Stufe   E:K-32:33; KS-326:34; 423:24
Stufen   E:E-144:23; KS-398:2

Stuhl
Stuhl   E: K-51: 17; 97: 2; E: M-110: 27; 113:21,27; 137:16; 138:38; 140:21; E:V-164:10; 171:38; E:C-220:11; 221:7; 226:2; 227:4; E:Z-250:37; KS-321:13   (16)
Stuhle   E:M-138:34; E:C-226:25
Stühle   E:K-51:13
Stühlen   KS-383:27
Stuhles   E:F-204:8

Stunde
Stund   KS-413:15
Stunde   E:K-86:35; E:M-108:15; 124:13; 136:30; 141:38; 143:28; E:E-150:34; E:V-170: 29; 185: 9; E: F-205: 27; 209: 7, 36; 213:5; E:C-216:33; 217:10; 220:18; 223:2, 2,16; 224:6; 227:13; E:Z-236:15; 238:13; 243: 3; 244: 38; 245: 11; 246: 12; 252: 2, 12; 257:9; E:AN-266:7; 271:25; 273:19; 279: 7; E: AB-289: 3; E: VAR-294: 16, 25; 297:32; KS-331:3; 389:13,22; 441:9; 451:26; 452:3,24   (45)
Stunden   E: K-34: 26; 35: 4, 30; 38: 7; 40:34; 55:27; 76:5; E:V-175:37; E:AN-263:31; 276:25; 277:4; 281:14; E:AB-284:25; 289:38; E:VAR-296:37; KS-334:5; 336:25; 392:21; 393:19; 419:9; 436:32; 441:10; 444:2   (23)

stundenlang
stundenlang   KS-373:19,19
stundenlanges   KS-319:28

Sturm
Sturm   E:M-105:7; 114:10; E:AB-288:15; KS-305:11
Stürmen   KS-397:33; 398:5; 402:1
Sturms   E:M-106:15

stürmen
stürmen   E:K-12:17; 38:26
stürmte   E:K-9:26

Sturmglocke
Sturmglocke   E:K-35:14

stürmisch
stürmischen   E:V-161:37; 171:8

Sturmleiter
Sturmleitern   E:AN-275:17

Sturmwind
Sturmwind   E:Z-259:24
Sturmwinde   E:Z-246:1
Sturmwinds   E:K-40:28

Sturz
Sturz   E:E-149:12; E:Z-238:4

stürzen
gestürzt   E:M-112:12; 113:8; E:V-176:1;
    188:30; E:F-212:5; E:C-226:12; E:Z-
    241:30; 249:34
stürze   E:K-56:21; E:Z-248:19
stürzen   E:K-37:8; 67:4; E:V-180:17;
    E:F-208:5; E:AB-283:18; KS-382:7
stürzt   E:M-134:25; E:B-198:19; E:Z-
    249:16
stürzte   E:K-32:5; E:M-125:5; E:E-
    147:15; 148:24; 158:17; E:V-184:14;
    E:Z-244:2; 246:33; 247:14; KS-442:30
    (10)
stürzten   E:M-120:6; E:Z-251:27

Stute
Stute   E:K-10:5

Stuttgart
Stuttgart   KS-414:8

Stütze
Stütze   KS-302:27
Stützen   E:AB-286:15

stutzen
stutzen   E:AN-265:16; KS-404:33
stutzte   E:K-44:7; E:E-157:9

stützen
gestützt   E:K-96:23; E:V-186:20; E:F-
    210:12; E:C-220:9; 225:38; E:Z-238:7;
    242:22; 250:28; 258:13; 259:16; E:AN-
    268:34; KS-389:11; 406:31   (13)
stützen   E:Z-232:25; KS-339:11; 366:3
stützt   E:Z-234:32; KS-366:31
stützte   E:Z-234:24; 247:6; 252:23;
    260:17; KS-436:3

Stützpunkt
Stützpunkt   E:V-161:30

sub
sub   KS-428:35

Subjekt
Subjekte   KS-365:26; 411:11

sublim
sublimen   KS-417:17

Subskribent
Subskribent   KS-447:33

Subskriptionspreis
Subskriptionspreise   KS-447:28

Substanz
Substanz   KS-397:10

suchen
gesucht   E:AB-284:21; KS-411:11
suche   E:M-130:19; KS-303:36; 306:6;
    319:23,35
suchen   E:K-18:26; 22:7; 30:24; E:M-
    113:20; E:V-163:11; E:B-198:9; E:AN-
    275:33; E:VAR-293:8; KS-314:12; 334:13;
    391:31; 422:9; 451:10   (13)
Suchen   E:V-182:30
Suchens   E:AB-284:26
sucht   E:M-131:36; E:E-157:6; KS-342:3
suchte   E:K-17:25; E:M-131:14; 136:12;
    E:E-147:28; 158:34; E:V-173:26; 174:14;
    E:F-206:33; E:C-219:27; E:Z-247:27;
    KS-431:32   (11)
suchten   E:K-39:8; E:V-161:14; KS-
    333:25

Sucht
Sucht   KS-329:12

süddeutsch
süddeutschen   KS-414:27*

Süden
Süden   E:M-104:3

Südfrucht
Südfrüchte   KS-311:24

südlich
südlich   KS-392:21
südlichen   KS-311:29

Südost
Südost   KS-397:30

täfeln
getäfelt   E:B-198:27

Tafelrunde
Tafelrunde   E:K-11:27

taften
taftnem   KS-399:8

Taftgrunde
Taftgrunde   KS-399:10

Taftwand
Taftwände   KS-389:32

Tag
Tag   E:K-18:32; 19:1; 21:3; 33:26; 36:7; 41:34; 50:37; 53:35; 63:27; 71:21; 72:22; 88:10; 93:38; 100:11; 101:33; E:M-107:13; 113:12; 119:23; 121:25; E:E-145:23; 152:7,13; E:V-165:22, 24; 169:16; 176:6,14; 183:7; 194:16; E:F-205:35; E:C-216:25; E:Z-243:13; 252:36; E:AN-264:11; E:AB-290:8; E:VAR-294:8; 298:7; KS-334:27; 374:27; 378:28; 386:28; 389:17; 396:14; 436:20, 30; 460:10   (46)
Tage   E:K-13:27; 22:25; 30:12; 31:21; 37:33; 41:12; 42:37; 43:28; 55:5; 56:28, 33; 57:12; 58:1; 64:20; 69:16; 70:1, 8, 24, 30; 71:31; 79:20; 80:4; 82:11; 87:2; 88:32; 90:30; 91:20; 93:19; 94:13, 33; 96:1,9; 99:2,23; 100:7; 102:24; E:M-107:19; 108:19; 120:4; 126:16; 127:26; 132:28; 133:5; 136:8,14; 143:18; E:E-149:37; 152:35; E:V-161:5; 164:30; 166:36; 170:20; 176:26; 179:18; 181:37; 183:10; 191:23; 195:3; E:F-199:13, 13; 204:33; 205:6; 206:13; 209:18, 37; 212:13; 213:4; 215:5,7; E:C-216:13; 217:23; 221:1; 224:38; 226:23; 227:7; E:Z-230:24; 236:21; 241:5; 248:1; 249:32; 250:7,11; 252:25; 255:3, 3; 257:31; 258:26; 259:18; E:AN-264:1; 267:19; 270:23; 272:25; 273:7; 276:12, 12; 277:5; 278:33; 280:1; E:VAR-293:31; 294:37; KS-332:11; 336:25; 344:3; 354:26; 355:6; 370:28; 382:20; 385:12,13; 395:34; 402:34; 403:17, 20; 407:33; 409:21; 417:12; 428:18; 431:18,20; 435:33; 438:10, 32; 441:12; 443:15; 444:1; 452:26; 460:16   (127)
Tagen   E:K-16:18; 17:2; 29:24; 31:16; 44:28; 53:4,10; 69:29; 70:19; 72:16; 80:24; E:M-109:31; E:V-166:22; 176:18;

E:F-200:11; 210:10; E:Z-248:31; E:AN-274:12; 277:29; E:VAR-296:22; 297:30; KS-335:24; 370:11; 371:1; 385:20; 392:11; 426:5; 435:26; 453:4; 454:7   (30)
Tages   E:K-19:16; 37:3,14,18; 38:11; 40:14,35; 64:37; 70:35; 71:28; 95:6; 99:33; E:M-115:22; 139:10; 140:9; E:V-167:6,25, 30; 175:20; 182:11; 186:33; E:B-197:36; E:C-217:1,29; 220:1,34; 224:20; 227:16, 30; E:AN-266:5; 273:10,38; E:AB-289:3; E:VAR-295:5; 297:26; KS-334:5; 386:19; 391:1; 403:11; 408:3; 440:36; 452:25   (42)
Tags   E:K-40:29; 67:10; 68:1; E:F-214:7; E:AN-263:22; 271:9; KS-394:25

Tagblatt
Tagblatt   KS-455:18
Tagblatte   KS-451:22

Tagedieb
Tagediebe   E:K-63:28

tagelang
tage-   KS-393:15
tagelang   KS-344:5

Tagelöhner
Tagelöhner   E:E-152:21; KS-301:13; 441:11
Tagelöhners   KS-441:20

Tagereise
Tagereise   E:K-10:31
Tagereisen   E:V-165:14

Tagesanbruch
Tagesanbruch   KS-383:7

Tagesbegebenheit
Tagesbegebenheit   E:AN-262:2
Tagesbegebenheiten   KS-423:26; 426:26

Tagesereignis
Tagesereignis   KS-430:9

Tagesgeschichte
Tagesgeschichte   KS-361:21

Tageskritik
Tageskritik   KS-383:1

Tageslicht
Tageslicht   E:M-124:15; E:Z-248:16; 261:16

Tagesmitteilung
Tagesmitteilung   KS-429:26
Tagesmitteilungen   KS-427:24; 429:24

Tageszeit
Tageszeit   E:K-80:38

täglich
täglich   E:K-16:8; E:AN-279:21; E:AB-286:34; KS-316:35; 451:25; 452:2; 458:6; 459:9
täglichen   KS-458:7

Taille
Taillen   KS-346:15

Takt
Takt   KS-339:16

Tal
Tal   E:E-148:4; 149:24,26; KS-325:11; 376:9
Tale   E:E-149:26; E:Z-238:10
Tälern   E:K-67:19

Talar
Talaren   E:C-220:8

Talent
Talent   KS-404:28; 420:10; 444:13
Talente   KS-444:37

Taler
Taler   KS-399:32; 447:32; 459:17,17
Tlr.   KS-400:24,25,36; 401:4,9,9,15,22, 31; 402:23,24,24,25,25,25; 411:14   (16)

Talleyrand
Talleyrand   KS-362:3

Talquelle
Talquelle   E:E-149:35

Tambour
Tambour   E:AN-268:8,8,27

Tannenzweig
Tannenzweigen   E:K-80:8

Tante
Tante   E:K-34:5,31

Tanz
Tanz   KS-339:2, 13, 22, 34; 340:3, 30; 341:3; 342:30
Tanze   KS-342:20
Tanzes   E:Z-252:31; KS-339:24; 342:29

tanzen
tanzen   KS-341:12,13; 442:7,31
tanzt   KS-340:20
tanzte   KS-339:16

Tänzer
Tänzer   KS-338:31; 339:6; 340:2; 341:4; 342:3
Tänzern   KS-341:29
Tänzers   KS-340:17

tapfer
tapfer   E:AN-264:1; E:AB-284:9; KS-337:4; 435:4
tapferen   KS-375:28
tapfre   KS-350:30; 373:12

Tapferkeit
Tapferkeit   E:AB-291:1

tappen
tapp   E:B-198:15,15

Tarif
Tarifen   KS-383:30

Tartini
Tartini   E:F-201:31; 203:35; 205:13; 206:6; 208:3

Tartüffe
Tartüffe   E:F-213:20

Tasche
Tasche   E:K-91:34; 97:38; E:V-182:5; E:F-200:38; 214:10
Taschen   KS-427:30

Taschenspieler
Taschenspielern   KS-410:27

Tasse
Tasse   E:M-109:22

Tasteninstrument
Tasteninstrumente   KS-421:26,30

Tat
Tat   E:K-12:8; 16:32; 21:13; 36:21; 40:22; 49:24; 52:35; 62:2; 63:33; 64:29; 67:23; 69:8,19; 71:23; 74:16; 81:26; 82:32; 88:6; 90:4; 92:15,35; 93:11; 94:8; E:M-110:27; 114:7,15; 115:33; 117:28, 38; E:E-152:15; E:V-170:12,35; 175:8, 33; 180:13; 186:2,28; 193:7; E:B-197:18, 30; E:F-208:22; 210:13; 212:10; 213:13; 214:14; E:C-221:12; E:Z-231:29; 233:2,

14; 234:30; 237:2; 244:13; 254:37;
255:30; 258:10,35; 260:23; E:AN-264:4;
267:18; 282:1; E:AB-289:36; KS-330:36;
331:35; 332:9; 333:37; 335:1,15; 337:19,
25; 339:12; 343:29; 354:5; 359:25; 363:23;
380:24; 384:1; 389:17; 390:7; 406:10;
408:14; 410:24; 412:24; 413:34; 416:30;
435:3   (85)
Taten   E:E-152:28; KS-313:38

Täter
Täter   E:E-156:6; E:AB-285:28

tätig
tätig   KS-379:1; 426:12
tätige   KS-448:26
tätigste   E:F-201:21
tätigsten   KS-441:20

Tätigkeit
Tätigkeit   E : V-168 : 36;   KS-310 : 10;
312:12,13; 317:36

Tätigkeitstrieb
Tätigkeitstrieb   KS-311:35

Tatsache
Tatsache   E:AB-291:7
Tatsachen   KS-426:29

Tatze
Tatze   KS-344:34; 345:3,7,14

Taucher
Taucher   KS-412:32

Tauentzien
Tauentzien   E:AN-262:3

Taufangebinde
Taufangebinde   E:VAR-293:21

Taufe
Taufe   E:M-143:9

Taufzeug
Taufzeug   KS-399:28

taugen
taugt   KS-386:2

Taugenichts
Taugenichts   KS-332:28

Taumel
Taumel   E:V-160:24; 175:31; E:F-209:8;
E:Z-257:23
Taumels   E:K-86:15

taumeln
getaumelt   E:E-156:20

täuschen
getäuscht   E:K-45:21; E:M-123:34; E:V-
173:21; 186:7; E:Z-257:22; KS-308:11
täuschen   E : V-161 : 26;   KS-301 : 31;
383:33
täuschte   E:F-210:24

Täuschung
Täuschung   E:Z-255:38

Tauschverkehr
Tauschverkehr   KS-431:23

tausend
tausend   E:K-15:35; 29:2; 98:19,23; E:E-
144:4; E:V-176:10; E:Z-253:28; 259:14;
E:AN-279:15; KS-302:17; 305:4; 315:9;
332:28,30; 334:30,30; 360:18; 398:35
                                         (18)
Tausenden   E:K-38:14; 46:22

tausendästig
tausendästig   KS-378:3

tausenderlei
tausenderlei   E:K-69:35

tausendgliedrig
tausendgliedrig   KS-338:9

Teckel
Teckel   KS-401:2

Tee
Tee   E : M-109 : 18;   134 : 23;   KS-332 : 16;
439:31

Teetisch
Teetischen   E:E-152:27

Teil
Teil   E:K-26:34; 56:24; 65:30; 96:4; E:E-
145 : 32;   E: V-194 : 14;   E: F-202 : 4;   E: Z-
231 : 27,30;   261 : 9;   E: AB-287 : 21;   KS-
302:20; 310:16; 322:10; 342:3; 356:16;
367:1; 404:12; 405:23,25; 412:14; 418:1;
420:6; 442:10; 447:15; 452:35; 459:33
                                         (27)
Teile   E:E-155:27; E:Z-246:35; 247:36;
E:AB-288:25
Teilen   KS-329:31,35; 378:24; 433:21

teilen
geteilt   KS-346:33
teilen   E: M-139:31; E: V-165:12; KS-
309:11
teilt   E:V-177:17
teilten   E:Z-243:31; KS-439:21

teilhaftig
teilhaftig   E:K-48:35; E:F-214:33

Teilnahme
Teilnahme   E: K-65:35; 84:7; E: Z-
241:34; 242:2; E:AN-274:9; KS-436:34;
437:11; 450:26; 458:11,36   (10)

teilnehmen
Teil genommen   E:Z-235:9
Teil nehmen   E:E-153:34
teilnehmend   E:V-173:34
Teil nimmt   E:V-166:25
Teil zu nehmen   E:V-177:30

Teilnehmer
Teilnehmer   KS-449:11

teils
teils   E:K-9:21,21; 65:33,34; E:V-166:12,
14; 185:3,5; KS-347:5; 410:16; 415:20;
429:18,18; 443:30,31   (15)

Telegraph
Telegraphen   KS-385:21,22; 387:1

Teller
Teller   E:K-80:27; E:M-116:35; 139:8

Tempel
Tempel   E:E-157:4; KS-354:32; 379:10
Tempels   KS-377:13; 417:13

Temperatur
Temperatur   KS-308:16

teneatis
teneatis   KS-334:36

Teniers
Teniers   KS-339:17

Teppich
Teppich   KS-308:25
Teppichen   E:M-143:10

teremtetem
teremtetem   E:AN-265:19

Tessin
Tessin   KS-421:21

Testament
Testament   E:K-100:5; E:M-143:16

teuer
teuer   E: K-11:26; 47:21; 90:24; E: V-
189:19; E:B-196:26; E:F-201:14
teuern   E:E-148:34; E:Z-247:15; E:AN-
276:20; KS-306:13
teuerste   E: M-121:38; 122:11; 134:1;
135:28; 137:5; E: Z-239:29; 240:18;
250:27; 253:36
Teuerste   E:Z-235:30
teuersten   E:K-44:12; KS-312:10
teuerster   E: M-125:17; 137:20; KS-
368:28; 369:22; 370:38
teure   E: V-184:6; KS-434:17; 436:13,
38; 437:8
teuren   E: V-191:38; E: Z-234:31; KS-
403:21
teurer   KS-314:27; 347:15; 405:11;
407:19

Teufel
Teufel   E:K-20:17; 59:32; E:M-141:13;
143:30,32; E: F-215:11; E: AN-267:27,
34; 280:32; KS-366:6   (10)

Teufelsname
Teufelsnamen   E:AN-264:30

the
the   KS-440:11,12,12,13

Theater
Theater   KS-339:36; 384:2; 408:1;
409:27; 410:2,11,18,24; 411:11; 415:3,
10,17,26; 417:30; 420:8; 438:38; 458:13;
459:2   (18)
Theaters   KS-411:9; 415:21; 416:4,23

Theaterdirektion
Theaterdirektion   KS-409:35

Theaterdirektor
Theaterdirektor   KS-415:19

Theaterheiligkeit
Theaterheiligkeit   KS-417:7

Theaterkritik
Theaterkritiken   KS-416:8

Theaterkritiker
Theaterkritiker   KS-414:28

Theaterneuigkeit
Theaterneuigkeit   KS-414:6

Theaterpapst
Theaterpapst   KS-417:8

Theaterunternehmer
Theaterunternehmers   KS-410:15

theatralisch
theatralischen   KS-408:16

Theologe
Theologen   E:K-100:12,26

there
there   KS-440:12

Thinka
Thinka   E:M-116:30

Thomas
Thomas   E:K-54:2; 71:3; E:M-136:31, 33

Thorigny
Thorigny   KS-431:6

those
those   KS-440:12

Thron
Thron   E:K-43:11; 49:29; 51:23; E:Z-229:33; 230:8; KS-373:35
Throne   E:Z-232:19
Thronen   KS-305:34
Thrones   KS-308:16; 381:18

Thronerbe
Thronerben   E:Z-229:28

Thronfolge
Thronfolge   E:Z-230:19

Thronhimmel
Thronhimmel   E:Z-252:10

Thronsaal
Thronsaal   E:Z-230:27

Thüringer
Thüringer   E:AN-271:13,15,21,23,25, 27

thüringisch
thüringischen   E:K-44:23

Tieck
Tieck   KS-450:27

tief
tief   E:K-35:2; 95:23; E:M-133:37; 137:38; E:E-147:2; E:F-205:34; 206:10; E:C-221:37; 224:38; 228:13; E:Z-258:36; E:VAR-293:17; KS-308:21; 309:32   (14)
tiefe   E:E-147:11
tiefen   E:V-183:32
tiefer   E:V-183:36; E:C-221:25; KS-384:15,18
tiefere   E:K-16:6,6; KS-375:25
tieferes   KS-335:2
tiefste   KS-357:9
tiefsten   E:K-36:30; E:E-146:28; E:C-223:36; E:Z-240:14; 253:6

Tiefe
Tiefe   E:K-30:36; E:M-126:6; E:V-184:3; E:Z-238:5; KS-446:14

tiefgefühlt
tiefgefühlte   KS-309:38
tiefgefühltes   KS-305:7

tiefsinnig
tiefsinnigen   E:K-99:3

Tier
Tier   E:K-91:13; 93:9; E:AB-287:10
Tiere   E:K-11:16; 16:37; 18:12; 57:15; 58:17,21; 61:22; 68:38; E:E-146:22; KS-399:19   (10)
Tieren   E:K-33:21; E:AB-284:36

tierisch
tierische   KS-325:22
tierischer   KS-326:25

Tierreich
Tierreich   KS-322:5
Tierreiche   E:K-13:37

Tiger
Tiger   E:E-158:17

Tilgung
Tilgung   KS-405:13; 406:1; 407:16

Tilsit
Tilsit   KS-367:25; 374:11

Tinte
Tinte   E:K-26:19

Tirol
Tirol   E:M-135:4; 140:11

Tiroler
Tiroler   KS-358:13

Tisch

Tisch   E:K-21:25; 25:28; 46:13; 48:2;
52:7; 61:3; 86:9; 87:28; 90:36; E:M-
115:35; 130:38; 131:23; E:V-167:34;
171:25; 178:35; 186:4; E:B-198:5; E:F-
210:11,22; E:C-220:8; 222:38; 223:6,
13; 224:15; E:Z-252:32; 254:20; E:AN-
268:34; E:VAR-296:29,35; KS-389:3
                                    (30)
Tische   E:K-54:20; 68:24; E:V-170:37;
E:F-211:8; E:Z-239:25
Tischen   E:M-114:34; KS-376:28; 383:27
Tisches   E:V-190:3; 191:11

Tischchen

Tischchen   E:M-128:29

Tischecke

Tischecke   E:V-183:1

Tischtuch

Tischtüchern   E:C-223:19

Titel

Titel   KS-396:32,33; 422:4; 423:9;
446:11; 451:9; 456:32,36

Titus

Titus   KS-377:7

t...n

t...n   E:M-106:38; 107:21

to

to   KS-440:11

toben

tobend   E:Z-237:26

Tochter

Tochter   E:K-72:10; 79:29; E:M-104:13,
27; 105:11; 107:4,8,23; 109:26,37; 110:8;
111:18; 112:2; 113:31; 117:5,32; 118:22;
120:1; 121:2,5; 123:13,31; 130:31,34;
131:19; 132:24; 134:5,35; 135:20; 136:3,
16,27; 137:8,20; 138:5,17,26,30,38; 139:9,
38; 140:3; 142:38; E:E-144:10,12; 147:16;
148:1; 156:27; E:V-161:8; 162:11,16;
165:23; 167:23; 171:10; 176:15,34; 177:28;
179:14,21; 180:8,23; 182:18,33; 184:23;
E:F-208:16,19; E:Z-235:12; 236:11,23;
E:AN-271:33; KS-313:3; 436:21   (72)
Töchter   E:E-145:10; E:Z-243:31;
245:15,23; 247:15,26,33; 249:26; KS-
312:28; 368:36; 387:27   (11)
Töchtern   E:Z-243:29

Töchterchen

Töchterchen   E:M-132:16; E:Z-244:25

Tod

Tod   E:K-25:7; 33:23; 51:27; 86:32;
E:M-108:21; 125:31; E:E-145:28; 146:13,
24; E:V-161:25; 170:32; 181:26; 188:29;
192:35; E:Z-242:32; 247:34; 249:3;
253:25; 254:15,30; 260:18; E:AN-262:27;
265:28; 277:11; 280:32; KS-306:11;
322:8; 359:36; 377:13; 395:29; 435:11,
16; 439:38; 440:6; 441:32; 443:8   (36)
Tode   E:K-30:16; 94:34; 100:3; E:M-
104:18; 108:36; 111:17; E:E-147:27;
148:14; 157:25; E:V-163:8; 166:2; 174:9;
E:F-214:18,21; E:Z-230:10; 235:17;
254:15; E:AN-281:20; E:AB-284:34;
E:VAR-293:5; KS-306:18; 318:1; 371:7;
382:26; 420:28; 436:18; 450:3   (27)
Todes   E:M-140:29; E:V-166:27; 177:33;
189:34; E:F-212:31; 214:26; E:C-228:15;
E:Z-260:29; E:AN-264:18; 275:33; KS-
327:27; 376:13   (12)

Todesstrafe

Todesstrafe   E:V-161:23; E:AN-262:30;
E:AB-285:21

Todesstunde

Todesstunde   KS-407:34

Todesurteil

Todesurteil   E:K-99:18,37
Todesurteils   E:K-78:35; 89:28; 101:16

Todfeind

Todfeinde   E:K-68:1

todkrank

todkranken   E:AN-267:8

tödlich

tödlich   E:K-97:29; E:M-108:22; 110:33;
E:Z-247:37; 259:20

toll

toll   KS-429:13,20
tollen   KS-429:24
toller   E:AN-277:17; KS-409:6; 429:16

tollkühn

tollkühn   E:K-40:38

Tollkühnheit

Tollkühnheit   KS-334:9

Tollwut

Tollwut   E:AN-277:29

Ton

Ton   KS-408:3
Töne   E: C-226:22; E: AB-288:20; KS-320:5

tonartig

tonartigen   KS-396:35

Toni

Toni   E: V-161:9,19; 162:16,17,20,27; 163:11; 167:32; 168:18,21,28,28; 169:3, 17; 170:1,35,36; 171:18,22,25; 172:28, 30; 173:33; 174:7; 176:36; 177:6,8; 178:35; 179:5; 180:5; 181:8,16; 182:3,6,16,22, 24,38; 183:2,9,13; 184:1,38; 185:23,34, 37; 186:15,15,27; 187:15; 188:3,9,19; 189:4,9,11; 190:14; 191:7,12,25; 192:14, 20; 193:14,32; 195:15   (65)
Tonis   E:V-181:14; 193:21

Tonkunst

Tonkunst   E:C-226:37

Tonne

Tonne   KS-330:24
Tonnen   KS-398:3

Topf

Topf   E:V-178:34

topographisch

topographischen   KS-418:21

Tor

Tor   E: K-12:32; 31:38; 33:24; 100:27; E:E-146:25; 149:16; E:F-205:5; E:AN-265:7; KS-332:35; 403:9; 427:32   (11)
Tore   E: K-41:33; E: M-128:13; 133:21, 33; E: E-146:14; 148:18; 149:8; E: V-169:32; E:B-198:25; E:F-199:14; 200:12
                                           (11)
Toren   E: K-38:32; E: E-147:15; E: F-200:28; E:C-216:16; E:VAR-293:34; KS-303:22; 326:15; 372:26

Torflügel

Torflügel   E:K-20:7; E:Z-238:3

Torheit

Torheit   E:K-81:30; E:AN-276:24
Torheiten   KS-325:34

töricht

töricht   E:V-168:2
törichter   E:Z-248:33

Törin

Törin   E:M-140:36; E:Z-251:35

Torwächter

Torwächter   E:K-19:22; 31:37

Torweg

Torweg   E:K-43:26; E:V-177:20; 194:33
Torwege   E:K-24:26

tot

tot   E:K-9:34; 20:5; 65:11,13,14; 93:13; E: M-110:6; E: E-158:26; E: V-178:33; 191:34; E:C-219:5; E:Z-237:37; E:AN-271:7; E: AB-285:2; 290:32; E: VAR-296:15; KS-342:1; 368:21; 430:19; 436:13; 445:23   (21)

total

total   KS-368:20
totalen   KS-411:9

Totalität

Totalität   KS-334:33; 417:1

töten

getötet   E: K-91:19; 92:37; E:V-165:5; E:AN-262:9; 281:36; KS-413:33; 429:18
töten   E:V-177:12; 190:18; E:AN-277:2; KS-413:23
tötender   E:M-141:16

Toter

Toten   E:V-190:11
Toter   E:F-211:27

Totschlag

Totschlag   KS-333:5

tout

tout   KS-322:20; 384:13

Trabant

Trabanten   E: K-62:16; 63:15; E: AB-287:16

Tracht

Tracht   E:K-95:19

träge

träge   KS-441:11

tragen

getragen   E:M-140:19; E:E-157:26; E:Z-247:20; KS-387:23; 444:15
trage   E:K-97:11; E:AN-265:33

tragen   E:K-65:20; 73:4; E:M-108:23; 111:31; 136:4; E:V-176:2; 179:23; KS-310:1; 378:27; 442:37   (10)
trägst   E:K-27:12
tragt   E:V-163:36
trägt   E:V-170:32; E:AN-277:22; KS-335:7,10; 391:32
trug   E:K-17:15; 53:34; 67:31; 74:36; 94:38; 96:12; 97:38; 102:4; E:M-126:2; E:E-145:17; 147:20; 154:25; 159:1; E:V-161:29; 163:13; 164:6; 171:18,25; 172:27; E:F-201:1; 204:23,32; 205:23; 212:19, 33; 213:7; E:C-218:27,32; 225:27; E:Z-247:31; 256:37; 260:4; E:AN-269:27, 34; E:VAR-296:4; KS-375:34   (36)
trugen   E:K-83:24; E:V-194:24,38; KS-431:11
trügen   E:M-110:13; 123:10
trügt   E:M-123:10; E:V-165:9

Träger
Träger   E:K-103:14; E:M-108:24
Trägern   E:F-205:36; KS-445:9

Traggestell
Traggestell   E:Z-258:38

Trägheit
Trägheit   KS-342:20

Tragödie
Tragödie   KS-413:30

Tragsessel
Tragsessel   KS-445:8

Tranche
Trancheen   E:AN-275:14

Träne
Träne   E:K-22:33; 47:1; E:M-141:5; E:E-159:11; E:F-210:32; E:Z-249:24
Tränen   E:K-28:33; 30:29; 67:14; 102:33; E:M-123:4; 125:4; 133:38; 136:38; 137:30; 138:10,29; 142:22; E:E-147:33; 149:14, 23; 152:9; E:V-174:6; 175:4, 17, 27; 188:23; 193:9; 194:8,37; E:F-200:16; 201:1; 203:22; E:C-222:34; 223:15; E:Z-236:2; 240:31; 245:18; 248:8; 249:27; 251:4; 252:24; E:AN-268:34; 272:11; E:AB-283:18; 289:25; E:VAR-293:12; KS-301:21; 303:28; 306:2; 370:31; 399:2; 444:28; 445:2   (48)

tränenvoll
tränenvolles   E:Z-253:13

tränken
tränken   E:K-58:32

Transport
Transport   E:K-84:36; E:V-161:36; 166:19

transportieren
transportiert   E:K-75:1; 79:25
transportierten   E:K-85:33

trauen
trauen   E:AB-289:27; KS-314:33
traute   E:K-26:20; 84:38; E:M-115:3; 132:4; E:V-178:36; E:F-213:25
trauten   E:AN-278:20

Trauer
Trauer   KS-445:19

Trauerflor
Trauerflor   E:AN-268:33

Trauerspiel
Trauerspiel   KS-409:17; 413:26

Traum
Traum   E:V-179:8; 183:36; KS-317:24; 377:2
Träume   E:M-109:28; E:F-209:14

Traumdeuterei
Traumdeuterei   KS-394:9

träumen
geträumt   E:E-151:20; E:AB-289:34; KS-377:24
träumen   E:E-149:34; KS-394:17,18
träumend   E:V-178:24
träumst   KS-350:15
träumte   KS-344:36

Träumerei
Träumereien   KS-313:26

Träumerin
Träumerin   E:M-123:26

träumerisch
träumerisch   E:V-173:19
träumerische   E:C-222:22
träumerischem   E:E-151:26
träumerischen   E:V-173:3

traurig

traurig   E:K-74:4; KS-314:31; 351:19;
442:10,23
traurige   E:V-194:22; E:VAR-297:1; KS-
438:3
traurigen   E:K-76:4; KS-309:24; 437:2
trauriger   KS-327:25
traurigsten   KS-305:7

Traurigkeit
Traurigkeit   E:F-202:12

Trautmannsdorf
Trautmannsdorf   KS-444:19

Trauung
Trauung   E : M-142 : 35; E : Z-261 : 12;
E:AN-273:27

treffen
getroffen   E:K-81:27; 95:35; 96:22; E:V-
185:2; E:F-204:16; 210:17; E:C-220:1;
223 : 27; E : Z-259 : 20,24; E : AN-262 : 9;
266:33; E:AB-284:24; KS-345:6; 377:30;
385:26; 425:3; 430:18; 452:18   (19)
getroffene   E:M-128:15
traf   E:K-9:24; 11:4; 22:27; 33:2; 37:38;
60:8; 73:7; 77:35; 79:25; 81:31; 86:9; 94:3,
32; 96:16; 98:24; E:M-106:2; 108:28;
E:E-156:37; E:V-161:33; 181:7; E:F-
199:8; 204:3; 205:19; 209:37; 212:14;
E:C-216:15; 225:21; E:Z-252:34; E:AN-
270:34; 271:3; 279:14; E:AB-287:36;
E:VAR-293:33; KS-343:23; 344:22,24;
375:34; 383:6   (38)
trafen   E:K-82:21; 90:31; E:AB-284:9
treffe   KS-355:33
treffen   E:K-22:29; 85:38; 93:15; E:M-
115:12; 130:14; 137:26; E:V-180:32; E:Z-
243:16; 246:2; KS-357:34; 377:31   (11)
treffendes   KS-323:12
trifft   E : K-46 : 38; E : AB-284 : 26; KS-
400:20; 453:3

trefflich
treffliche   E:E-159:10; E:Z-239:12; KS-
423:18
trefflichen   E : F-201 : 5; 202 : 10; E : Z-
261:7; E:VAR-296:6; KS-346:26; 419:2;
436:2
trefflichste   KS-413:36
trefflichsten   KS-414:22

treiben
getrieben   E : K-56 : 37; E : Z-250 : 11;
E:AN-276:18; E:VAR-297:18; KS-311:18;
384:1
treibe   E:K-26:23
treiben   E:V-174:12; KS-309:9; 383:21;
386:27
Treiben   E:C-223:4
treibt   E:K-46:36; KS-428:14
trieb   E:K-21:21; E:E-146:17; E:V-170:7
trieben   KS-356:19

trennen
trennen   KS-302:23
trennt   E:K-98:10
trennte   E:V-174:33
trennten   KS-332:3; 436:8

Trennung
Trennung   KS-346:33

trepanieren
trepanierten   E:F-203:7

Treppe
Treppe   E:K-32:31; 34:34; 49:3; 98:26;
E:M-105:12; E:V-162:38; 163:31; 176:8;
184:36; 185:22; 194:31; E:B-197:37; E:F-
202:24,24; 207:17; E:C-218:26; 225:21,
34; KS-398:1; 444:14   (20)
Treppen   E:Z-257:14; KS-451:24; 452:5

treten
getreten   E:K-27:26; 54:19; 61:8; 62:38;
E:M-106:28; 113:22; 130:23; E:E-149:5;
157:38; E:V-164:3; 180:6; 194:6; E:Z-
249:29   (13)
trat   E:K-9:30; 14:32; 15:21; 17:11; 29:27;
44:33; 47:17; 51:32; 52:7; 55:3; 60:12;
73:13,32; 75:34; 76:8; 83:22; 87:22; 90:35;
97:29; 100:23; 102:32; 103:3; E:M-108:11;
109:36; 110:23; 118:30; 119:16; 125:30;
128:25; 143:11; E:E-150:28; E:V-171:7;
174:37; 179:20; 182:20; 183:31; 186:10,
21; 190:15; 192:15; E:B-196:10; E:F-
200:17; 204:12; 208:32; E:C-220:7;
E:Z-233:11; 237:34; 242:21; 258:30; KS-
344:32; 445:19   (51)
traten   E:K-11:3; 81:35; E:Z-233:30;
243:24,31; E:AB-283:33; KS-315:16
trete   KS-326:2
treten   E:K-34:22; 35:11; 47:26; 49:23;
100:15; E:M-114:35; 127:8; 128:13;

133:13; E:E-152:9; E:Z-247:22; E:AN-
278:21; KS-314:5; 335:25; 369:23; 408:8;
456:28   (17)
tretend   E:F-205:12
tritt   E:K-19:23; E:M-132:19; E:AN-
276:29; KS-311:33; 330:13; 332:32;
337:26; 345:29; 355:18; 398:31; 404:22;
419:24   (12)
trittst   E:K-43:11

treu
treu   E:K-31:33; KS-359:4
treuen   E:K-29:20; E:V-175:13; 195:15;
E:B-197:29; E:F-202:10; E:Z-256:27;
KS-395:24
treuer   E:M-132:9; E:V-160:7
treues   E:K-16:14; E:V-183:26
treuste   E:V-174:3
treusten   E:Z-247:23

Treue
Treue   E:K-9:13; 74:30; E:V-184:32;
E:F-205:9; KS-356:30; 359:9; 442:38

treuherzig
treuherzige   KS-361:4

treulos
Treulose   E:V-185:27

Tribunal
Tribunal   E:K-21:34; 23:15; 46:11,17;
50:5; 52:17; 53:13; 65:8; 70:29; E:Z-
233:33; 254:26; E:AB-290:6   (12)
Tribunals   E:K-24:15; 49:33; 50:21;
55:1,24; 77:6,11; E:Z-258:19

Tricktrack
Tricktrack   KS-330:29; 331:2

Trieb
Trieb   E:AB-288:21; KS-308:6; 311:19

triefen
triefte   KS-345:10; 356:21; 379:27

Trier
Trier   E:C-227:33; E:VAR-297:38; KS-
391:3

Trift
Triften   KS-325:3

Trinitatis
Trinitatis   E:Z-234:18

trinkbar
trinkbare   KS-397:37

trinken
getrunken   E:AN-264:27
trank   E:AN-267:28; E:AB-286:30
trink   E:AN-264:19
trinke   E:AN-267:33
trinken   E:V-168:16
Trinken   E:AN-281:10
trinkt   E:AB-286:34,35

Tritt
Tritt   E:K-33:22
Tritten   E:E-154:32

Triumph
Triumph   E:M-136:17; E:VAR-296:21;
KS-379:10; 444:6; 445:12

triumphieren
triumphierenden   KS-312:31
triumphierten   KS-324:35

trocken
trockne   KS-313:34
Trockne   E:AN-279:35
trocknen   E:M-115:20; KS-315:35

trocknen
Trocknen   KS-433:24
trocknete   E:K-17:21; 48:23; E:M-134:3

Troddel
Troddeln   E:K-30:35; E:VAR-293:17

Trödelweib
Trödelweib   E:K-95:17; 96:2,20

trois
trois   KS-385:5

trommeln
Trommeln   E:V-174:30

Trommelschläger
Trommelschläger   E:AN-268:28

Trompete
Trompeten   E:Z-247:11

Trompetenstoß
Trompetenstoß   E:AB-284:3

Tronka
Tronka   E:K-9:31; 11:1; 14:13; 15:7;
21:8; 22:2,3; 23:32; 24:3; 27:18; 31:14;
32:13,17,34; 34:1,11,31; 35:21; 36:14;
37:28; 45:16; 49:7,35; 52:6; 54:27; 56:10;
57:30; 58:29; 59:2,9,22; 60:17; 64:7;
77:32; 78:18; 82:13; 87:20; 88:22; 94:31;
101:25   (40)

Tronkenburg

Tronkenburg   E: K-13: 20, 27; 14: 38;
16:8, 23, 29; 17:5, 10, 20; 18:6, 9; 22:6,
25; 23:1; 24:13, 32; 28:21; 31:6, 24,
34; 33:2; 34:37; 44:32; 46:30; 48:11;
56:29; 57:12; 58:8; 59:12; 68:37; 101:35;
E:VAR-292:22   (32)

tronkenburgisch

tronkenburgische   E:K-34:20

Tropfen

Tropfen   E:C-224:4

Troß

Troß   E:K-11:11; 32:7; 34:24; 61:10; 72:6;
81:19; 86:26; 95:18; E:V-164:28; 167:1,
12; 184:12; 185:26; 187:14; 188:11; 189:1
                                     (16)
Trosse   E:V-167:29; 187:32

Troßknecht

Troßknechte   E:C-218:6; E:VAR-295:20
Troßknechten   E:K-54:9; E:C-217:15;
E:VAR-294:29

Trost

Trost   E: K-92: 35; E: F-203: 23; E: C-
218: 35; E: Z-236: 34; 244: 26; 254: 23;
E:VAR-296:7
Trostes   KS-306:16

trösten

tröste   E:K-20:25
trösten   E:M-126:15; 136:13; 141:7; E:E-
158:35; E:F-205:7; E:Z-248:12; E:AN-
270:20; KS-393:17,33
tröstet   KS-304:7
tröstete   E:K-72:8

Trostgrund

Trostgründe   E:M-124:33

trostlos

trostlos   E:K-89:31
trostlosen   E:Z-238:19

Trota

Trota   E:Z-229:17; 235:28; 239:12; 241:5;
242:21; 243:15; 244:16; 250:9; 254:26

Trotenburg

Trotenburg   E:Z-239:6

trotz

trotz   E:K-16:1; 30:7; 89:29; E:V-178:4;
E: F-203: 36; E: Z-231: 27, 30; 238: 33;
255:27; KS-343:14; 404:15   (11)

Trotz

Trotz   E:K-23:17; 37:25; 61:13; 66:18;
74:20; E:M-129:10, 11, 12; 136:9; E:E-
156:27; E:F-206:21; E:C-219:7; E:VAR-
296:16; KS-334:7; 336:14; 361:25   (16)

trotzen

trotzen   E:K-36:9

trotzig

trotzig   E:K-14:18,35; 60:2
trotzige   E:K-46:13
trotzigsten   E:K-88:22

trüb

trübem   KS-327:11
trüben   E:F-210:12; KS-305:10
trüber   E:K-24:6; KS-308:24
trübsten   E:K-34:29

trüben

trüben   E:M-141:11
trübt   KS-301:11

trübselig

trübselig   E:C-219:34

Trugbild

Trugbild   E:K-97:15

Trümmer

Trümmer   E:E-146:15; 155:26
Trümmern   E: K-39: 22; E: E-145: 34;
149:9; E:B-196:4; KS-377:12

Trunk

Trunk   E:V-192:13; KS-315:17; 334:21
Trunks   E:AN-267:22

Trupp

Trupp   E:M-105:21; E:V-167:14
Trupps   E:K-63:14

Truppe

Truppen   E:M-104:24,33; 105:8; 107:14;
108: 10, 20; E: V-164: 19; KS-323: 24;
373:13; 375:6   (10)

Truppenmarsch

Truppenmärsche   E:V-182:8

Tschirnhausen

Tschirnhausen   KS-379:5

Tübingen

Tübingen   KS-447:35

Tuch

Tuch E: K-26:1; 31:1; 102:34; E:M-
124:20; 125:33; 137:19,30; 140:21; E:V-
170:37; 171:26; 173:19; 175:1; E:F-
212:20,34; E:C-224:3; E:Z-245:24;
249:25; 252:24   (18)
Tücher E:F-202:18,35; KS-399:30

Tuchfärber
Tuchfärber E:F-202:15

Tuchhändler
Tuchhändler E:C-220:35; 221:2; 224:33
Tuchhändlers E:C-226:21

tüchtig
tüchtige KS-335:28; 411:11
tüchtigen KS-418:26
tüchtiger E:Z-235:30
tüchtiges E:K-42:23
tüchtigsten KS-414:21

tückisch
tückischen E:Z-246:8

Tugend

Tugend E:K-9:16; E:F-209:2; E:Z-
249:17; KS-302:29,34,37; 303:2,2,8,
12,12,14,16,19,21,30,30,32; 304:9,11,
18; 305:38; 306:26; 307:21; 313:37;
316:25; 317:18; 326:28; 327:4; 334:3;
335:27; 356:1; 378:5   (33)
Tugenden KS-312:25; 315:1,2,4,23;
332:36; 355:4; 417:23; 436:2

tugendhaft
tugendhaft E:M-123:32; E:AN-276:4
tugendhafte KS-303:5; 318:30
tugendhaften KS-305:37; 306:26;
380:15
tugendhafter KS-312:33
tugendhaftes E:F-205:2

Tumult
Tumult E:K-63:9; E:E-156:38; 157:11;
KS-313:1
Tumults KS-428:9

tun

getan E:K-13:29; 17:31; 29:23; 33:23;
47:12,19; 73:37; E:M-113:2; 122:37;
131:27; E:E-148:36; 152:36; E:V-175:29;
177:11; 183:25; 185:29; 186:3; 188:29;
193:10; E:B-197:26; E:F-210:14; E:Z-
243:2; 248:15,23; 252:12; 255:31; 256:20;
260:31; E:AB-284:11; 290:36; KS-316:33;

332:2; 351:31; 353:1; 392:31; 431:17;
447:16   (37)
tat E:K-43:13; 55:24; 68:27; 70:38;
91:29; E:M-104:13; 142:20; E:V-192:23;
E:F-200:33; 202:6; E:Z-244:14; KS-
327:22; 407:14; 416:11; 440:19; 442:20
(16)
täte KS-408:34
tu E:K-92:17; E:M-132:26; KS-351:6
tue E:K-30:26; 35:24; E:VAR-293:10
tun E:K-15:6; 18:5; 20:38; 23:20; 24:11,
21; 25:17,37; 28:11,20; 34:12; 48:8; 49:10;
59:38; 62:25,28; 64:34; 71:22; 73:3,
22; 94:18; 95:25; 98:3,14; E:M-106:22;
111:11; 113:5,20,33; 116:7; 119:10;
129:31; 130:8,24; E:E-148:5; 151:38;
156:11; E:V-164:11; 165:6; 167:20;
188:36; 189:7,29; 190:24; E:F-202:7;
212:26; 215:2; E:Z-229:33; 252:27; E:AN-
269:21; 270:19; 275:1; 278:7; E:AB-
288:35; E:VAR-293:1; KS-316:20,23,
30; 317:22; 324:16; 328:2; 336:11; 353:12;
355:22; 358:19; 359:29; 365:15; 368:13,
30; 376:4; 393:24; 399:37; 413:17; 416:5;
428:11; 460:20   (76)
tut E:K-55:11; 92:33; E:V-165:38;
166:29; E:AN-275:34; KS-327:19; 357:26;
359:34; 400:31

Tür

Tür E:K-15:25; 34:32; 44:35; 48:31;
53:36; 55:10; 71:8; 72:6; 75:37; 76:7; 86:2;
98:31; E:M-114:27; 115:6,11; 120:27;
129:28; 137:14; 138:20,25; 141:14,21;
143:11; E:V-161:38; 162:13,19; 163:13,31;
167:36; 173:18; 178:15; 180:1; 185:28,30;
190:27; 191:18; E:B-196:7; 197:24; 198:1;
E:F-204:9,12; 205:5; 207:22,32; 212:35;
213:18; E:C-220:7; 221:6; E:Z-239:19;
250:17; KS-417:13; 443:18; 444:15 (53)
Türe E:K-48:25,27; E:M-125:10,20;
137:1,15; E:V-168:9; E:AB-289:11; KS-
407:6,8; 444:10   (11)
Türen E:K-32:18; E:M-140:15; E:V-
167:9; 179:32; E:Z-242:14; 257:18; KS-
336:16; 441:2

Turc
Turcs KS-384:17

Türke
Türken E:K-27:5

Türkenkrieg
Türkenkriege E:AB-283:24

türkisch
türkischen E:V-169:1

Turm
Turm E:K-10:14; 32:3; 34:7; 39:25;
E:AN-267:30,31; E:AB-289:10
Türme E:C-225:12; E:Z-243:18; KS-
377:1

türmen
getürmt E:Z-246:3
türm KS-379:35

Turmwächter
Turmwächter E: Z-249 : 28; 250 : 2;
255:32; 257:8
Turmwächters E:Z-250:19

Turnier
Turniere E:Z-237:3

Türpfeiler
Türpfeiler E:K-36:32

Türsteher
Türsteher E: M-126 : 33; 128 : 14, 23;
133:22,30
Türstehern E:C-222:12

Tusch
Tusch E:Z-247:11; KS-444:16

Tycho
Tycho KS-338:17

Tyrann
Tyrann KS-302:12; 309:28

Tyrannei
Tyrannei E:V-160:26; 170:38

tyrannisch
tyrannischen E:M-130:31

tz.
tz. KS-346:8

übel
übel E:AN-271:5; KS-305:13; 311:7;
387:25; 401:13
üble KS-311:3
übelste E:F-209:30
übelsten E:M-130:3

Übel
Übel E:K-56:27; E:F-199:13; 200:9;
202:1; E:Z-255:15; KS-307:30; 379:34;
382:9; 435:12
Übeln E:F-202:31; KS-311:33

übelgesinnt
übelgesinnten KS-416:22
übelgesinnter KS-435:32

Übelkeit
Übelkeiten E:M-109:15

Übelstand
Übelstand KS-348:7

Übeltat
Übeltaten KS-426:31,32

üben
geübt E:C-217:17; E:Z-256:29; E:VAR-
294:31; KS-378:17; 406:14
geübtere KS-346:31
geübteste KS-324:12
üben KS-303:3
übte E:F-206:21
übten KS-344:19

über
über E:K-9:33; 10:9,18,25,27; 12:28,
34; 13:15, 15, 24; 14:6; 17:8; 19:1,
37; 20:3,36; 21:27,31; 22:24; 23:24; 25:14,
26; 27:3; 28:7; 29:28; 30:14; 31:25,
32; 32:2; 33:12,35; 34:33; 36:37; 37:23;
39:1; 40:4,18,28; 41:28; 43:17; 47:1,
36; 48:29; 49:21; 51:24, 32; 54:22,
31; 56:13,32; 59:26; 60:2; 61:7,35; 62:2,
8, 9, 13; 63:7, 15, 27; 64:34; 65:6,
22; 66:6, 13, 32, 38; 67:6, 23; 68:15,
16,20,26; 69:11; 72:29; 73:10; 76:26,
37; 78:22,24,35; 79:14,15,34; 80:26,
27,31; 81:10; 87:22,29; 88:36; 90:17;
92:32; 94:33; 97:27; 98:19,30; 99:17,
37; 101:26; 102:17; E: M-105:22;
107:27; 108:6; 110:21, 21; 111:8,
29; 117:24, 33; 118:23; 119:1, 9, 25,
32; 120:20; 123:7; 125:1,6,7; 126:10;
127:35; 128:7; 129:35; 130:21,29,30;
131:30; 132:18; 134:30; 136:18; 138:31,
31,37; 140:35; E:E-144:31; 146:6,12,
35; 147:13, 26, 31; 148:10, 29; 150:10,
14; 151:27; 152:13,14; 154:20; 155:32;
159:2; E:V-161:6; 162:26,30; 165:36;
166:11; 167:28; 171:8; 172:6,6; 173:4,20,
30; 174:13,37; 175:15; 177:12; 180:11;
182:34; 183:5, 29, 35; 188:2; 189:5,
38; 190:20,26; 191:3; 192:9,24,28; E:B-
196:16,30; 197:20; E:F-200:1,6; 202:19,
33; 203:29,33; 206:27; 207:34; 208:27,
36; 211:20; 212:20; 213:37; E:C-216:13,

26; 219:23; 220:18,33; 223:34; 224:9,
36; 225:17; 226:6,20,38; 227:14; 228:1;
E:Z-229:18; 231:25; 233:5,34,38; 234:3,
14,38; 236:36,37; 237:38; 241:6; 242:1;
243:6,12,18; 244:21,33; 245:35; 246:22,
26, 31; 247: 10, 15; 248: 12; 249: 17,
19; 250:10,29; 251:28; 253:7; 254:1;
255: 32; 256: 20, 24; 257: 14; 259: 14;
261:8; E:AN-263:23; 264:10; 267:7,9,25,
34; 268:7; 269:28,35; 271:15,23; 272:14,
22; 277:18; E:AB-283:14; 284:22; 285:22;
287:33; 288:4; E:VAR-292:20; 293:31;
294: 8, 17; 297: 6; KS-303: 28; 306: 1,
19, 27; 307: 5, 20; 308: 15, 15; 310: 8,
26; 312: 21; 313: 22; 314: 24; 315: 26*,
30,32; 319:18; 322:26; 323:23; 325:11;
326: 16,18,22; 328: 8; 338: 28; 339: 10,
35; 343: 8, 9, 19; 346: 32; 347: 17, 18;
356:23; 361:23; 368:35; 370:27,29; 373:2,
21, 29, 31; 376: 5, 16; 378: 18; 380: 5,
13; 381:22; 383:30,31; 388:15*; 389:29;
390: 10; 391: 18; 392: 12; 393: 3; 396: 2,
27; 398:1; 400:1*,15; 404:9; 405:9,10*,16,
19; 406:6; 413:17; 417:7; 418:30; 421:2,
25,29; 423:32; 426:28; 427:25; 428:24;
429:24; 431:11,26,33; 433:4,16; 434:7;
435: 12; 438: 3; 439: 22,23,37; 440:5,8,
10,14; 445:17; 448:9; 449:20; 453:32;
454:30; 455:15,26,27; 456:7,24; 457:18,
34; 458:28; 460:20 (382)
übers E:AB-288:35

überall
überall E:K-16:7; 19:10; 54:35; 88:15;
E:M-143:6; E:E-145:16; 146:36; 147:14;
149:35; E:B-198:27; E:F-202:23; E:Z-
261:15; KS-384:11; 385:9; 387:32; 435:15;
441:5 (17)

überantworten
überantworten KS-371:6

überaus
überaus E:K-30:27; E:V-173:4; KS-
411:32

überbieten
überbieten KS-384:1
überbietet KS-384:22

überbringen
überbracht E:K-77:4
überbrachten E:V-181:5
überbringen E:V-167:28; 180:27
überbringt KS-368:18

überdecken
überdeckte E:K-28:25; E:V-184:6

überdies
überdies E:K-28:5; 91:9; E:V-171:16;
KS-435:37; 449:2

übereilen
übereilt E:M-113:22
übereilten E:V-186:22

Übereilung
Übereilung E:E-152:2

übereinanderliegen
lagen E:K-87:29
übereinander liegen KS-388:27; 390:31

übereinanderschieben
schob E:M-131:29
übereinander schieben E:F-210:37

übereinanderwerfen
warf E:K-46:12

übereinkommen
kamen E:M-114:23
übereingekommen E:K-26:33

Übereinkunft
Übereinkunft KS-444:8

übereinstimmen
übereinstimme E:K-51:16
übereinstimmend E:AB-288:26
übereinstimmten KS-439:24
übereinzustimmen E:K-95:21

Übereinstimmung
Übereinstimmung E:F-210:18; E:AN-
281:4; KS-321:33; 416:12

überfahren
übergefahrne E:AN-266:22

Überfahrt
Überfahrt E:V-160:9; E:AN-267:6; KS-
442:14

Überfall
Überfall E:K-37:32; 40:30; E:M-105:7

überfallen
überfallen E:K-45:17
überfiel E:K-32:5

überfliegen
überfliegend   E:E-153:23
überfliegt   E:AN-272:37
überflog   E:M-128:34; 132:1; 140:30;
E:E-156:29; E:V-176:37; E:F-210:30

Überfluß
Überfluß   KS-301:8; 309:1; 414:3

überfüllen
überfüllt   KS-453:26

Übergabe
Übergabe   E:K-31:19; E:M-105:6; KS-
331:14

Übergang
Übergang   KS-323:14

übergeben
übergab   E:K-44:25; 53:3; 102:21,
30; E:E-156:7; E:V-179:21; E:Z-232:34;
233:12; E:VAR-297:28
übergeben   E:K-23:23,29; 31:5; 66:3;
68:8; 70:22; 75:29; 101:7,31; E:M-115:1;
E:V-181:6; 193:14; E:Z-231:21; E:AB-
287:17; KS-331:21,31; 419:30   (17)
übergebener   KS-347:6; 425:28
übergebt   E:Z-260:33

übergehen
ging   KS-321:21
übergangen   KS-404:3
übergehen   KS-359:33; 368:9; 453:27
überging   E:V-195:8

Übergehung
Übergehung   E:Z-234:21

übergroß
übergroße   E:K-21:35
übergroßer   E:K-64:6

überhand
überhand   E:V-169:37

überhäufen
überhäuft   E:V-160:10; E:Z-240:3

überhaupt
überhaupt   E:K-14:19; 67:29; 74:29;
75:11; 91:10; 94:2; E:M-107:20; E:V-
166:12; KS-318:27; 323:21; 324:3; 340:13;
347:24; 348:29; 350:6; 360:9; 361:4;
370:14; 380:21; 395:33; 396:30; 403:28;
408:17,20; 421:4; 434:28; 441:28; 451:11;
454:22   (29)

überheben
überhoben   E:K-57:28; 93:17; E:Z-
233:17

überirdisch
Überirdische   E:M-135:32
überirdischen   E:F-212:38

überlassen
überlassen   E:K-29:13; 69:23; 93:30;
E:E-154:3; 157:28; E:V-194:20; E:Z-
245:8; E:AN-275:32; 279:12; E:AB-
289:31; KS-390:7   (11)
überließ   E:E-147:24; E:F-202:7; E:AB-
289:11

überleben
überleben   KS-379:14

überlegen
überlegen   E:K-52:28; E:F-211:14; E:Z-
244:14; KS-338:6; 344:23
überlegt   E:V-183:9
überlegte   E:M-109:4; 129:31; 130:2
überlegten   E:M-115:27

Überlegenheit
Überlegenheit   E:V-185:6

Überlegung
Überlegung   E:K-40:10; 94:8; E:M-
104:31; E:E-153:20; KS-337:16,18,24

überlesen
überlas   E:K-26:9; 102:3; 103:4; E:C-
226:19
überlese   KS-400:19
überlesen   E:Z-232:12, 33; 233:10;
258:31; KS-455:10
überliest   E:AN-272:29

Überlesung
Überlesung   E:M-132:21; E:Z-236:25

überliefern
überliefern   E:Z-249:13; KS-375:2
überliefert   E:K-75:37; E:V-178:33; KS-
335:22
überlieferte   E:K-76:33

Überlieferung
Überlieferung   E:K-31:21; E:M-125:36

Überlistung
Überlistung   E:V-178:25

Übermacht
Übermacht   E:K-32:9; 37:38; 77:20;
E:AB-283:14; KS-331:17

Übermachung
Übermachung   KS-386:1

übermäßig
übermäßige   E:M-106:34

übermorgen
übermorgen   KS-378:1

Übermut
Übermut   E:C-227:7; KS-378:26

übernachten
übernachte   E:B-197:6
übernachten   E:K-15:1; 18:30; 80:38;
E:V-170:25; KS-372:27
übernachtende   E:V-181:1
übernachtet   E:K-81:20; E:V-178:2
übernachtete   E:E-159:3

übernehmen
übernahm   E:K-31:12; 42:19; 96:2;
E:V-171:11; 175:2; E:C-217:36; E:VAR-
295:12
übernehmen   E:K-25:18; 74:26; 79:6;
E:C-218:33; E:AN-265:36; E:VAR-296:6;
KS-376:7; 412:9
übernommen   E:K-74:15; E:C-221:4;
KS-416:9; 448:1; 452:12; 459:10

überraschen
überraschen   E:V-175:36
überraschende   E:V-188:10; KS-415:23
überraschendste   KS-335:13
überrascht   E:V-178:26

Überraschung
Überraschung   E:M-128:33

überreichen
überreichen   E:K-28:36; KS-444:22
überreicht   E:K-95:23; 96:14; 98:24;
KS-342:9
überreichte   E:K-22:37; 54:23; 67:21;
E:M-142:24

Überreiz
Überreiz   KS-356:10

überreizen
überreizt   E:B-198:26
überreizten   E:M-142:16; E:F-203:30

Überrock
Überrock   E:V-171:19

überrumpeln
überrumpelt   E:K-41:19

übersättigen
übersättigt   KS-384:35

überschatten
überschattend   KS-378:5
überschattet   E:Z-234:26

überschauen
überschaue   KS-325:34
überschaute   E:K-54:28; 55:4; 85:26

überschiffen
überschiffte   E:V-195:10

überschlagen
überschlug   E:K-9:19

überschreiten
überschritten   E:K-52:1

überschütten
überschüttete   E:Z-239:24

überschwappen
übergeschwappt   E:AN-280:5

überschwemmen
überschwemmt   KS-369:19; 379:20;
397:33

Überschwemmung
Überschwemmung   KS-313:15

überschwenglich
überschwenglich   KS-305:37
überschwenglichen   KS-304:37

übersehen
übersehen   E:VAR-297:26; KS-316:8

übersenden
übersenden   KS-453:12
übersendet   E:Z-258:8

übersetzen
übersetzt   KS-411:23; 437:18
übersetzte   KS-408:35

Übersetzung
Übersetzung   KS-420:28; 434:13
Übersetzungen   KS-434:1

Übersicht
Übersicht   KS-460:28

überstehen
überstanden   E:M-126:24

übersteigen
übersteige   KS-406:33
übersteigt   KS-397:7

übertäuben
übertäuben   E:AB-283:16

übertragen
übertragen   KS-414:20; 417:24; 448:10

übertreffen
übertrafen   KS-444:37
übertreffen   KS-314:2
übertreffende   KS-398:17

übertreiben
übertrieben   KS-376:33
übertriebene   KS-334:27

Übertreibung
Übertreibung   KS-384:27

überwältigen
überwältigen   E:M-124:6; E:E-158:15;
    E:V-191:34
überwältigt   E:K-102:7; E:M-133:37;
    KS-325:24; 445:2
überwältigten   E:K-32:16; 35:19

Überwältigung
Überwältigung   E:K-39:30; E:V-178:11

überweisen
überwiesen   E:Z-251:19
überwiesene   E:Z-241:14
Überwiesenen   E:Z-249:17

überwiegen
überwiegenden   KS-329:23

überwinden
überwand   E:F-199:14; 204:35
überwinden   KS-338:3; 393:11
überwunden   E:Z-248:29; 254:9; E:AB-
    290:25

überzeugen
überzeuge   E:M-122:8; KS-400:19
überzeugen   E:K-33:32; E:M-126:15;
    135:27; 136:34; E:AN-275:4; KS-302:33;
    306:8; 308:7; 381:16; 453:14   (10)
überzeugender   E:Z-240:22
überzeugt   E:K-71:17; 76:2; E:M-129:8,
    13; 136:2; E:V-167:36; 168:4; 183:14;
    E:Z-232:27; KS-306:25; 307:38; 314:29;
    318:6; 327:35; 332:1; 387:33; 390:35;
    442:21   (18)

Überzeugung
Überzeugung   E:M-134:12; E:E-145:24;
    E:F-209:8; KS-320:26

übrig
übrig   E:K-49:10
übrige   E:K-21:15; E:M-113:19; E:V-
    168:15; KS-458:9,34
übrigen   E:K-24:32; 31:32; 102:17; E:M-
    108:10; 113:36; 127:25; E:E-154:26; E:V-
    160:29; 166:18; 188:22; 192:6; E:AB-
    284:7; E:VAR-297:21; KS-307:31; 311:11;
    322:8; 334:34; 341:37; 378:11; 405:25;
    422:32; 433:12; 442:3   (23)
übriger   E:M-118:4

übrigbleiben
bleibt   E:C-222:5; KS-400:34; 401:30;
    414:34
blieb   E:K-41:32; E:V-176:5; 182:32;
    194:18; E:Z-255:38
bliebe   KS-347:31
übrig blieb   E:K-12:37; 14:9; 56:31;
    73:37; 92:16; E:AN-263:10; 266:18;
    272:10
übrig geblieben   E:K-54:2; 86:33; E:V-
    169:34; E:Z-242:10

übrigens
übrigens   E:K-24:14; 76:28; E:AN-
    267:10; 275:24; E:AB-287:1; KS-324:16;
    328:27; 407:35; 418:11; 433:29; 437:7;
    453:13; 460:20   (13)

übriglassen
übrig gelassen   E:K-59:5
übrig läßt   KS-408:28

Übung
Übung   KS-414:17

Uckermark
Uckermark   KS-428:14

Ufer
Ufer   E:F-202:38; E:AN-279:37; 280:3,5,
25; E:AB-287:9
Ufern   E:K-9:4; 25:13; 33:38; 77:24;
E:V-175:21; E:Z-236:6; E:VAR-292:5

Uferlosigkeit
Uferlosigkeit   KS-327:30

Uhr
Uhr   E:M-114:38; 131:35; 132:15; 136:23;
139:11,28; 140:6; 142:1,27; E:B-198:7;
E:AN-273:25; 279:25; E:AB-289:16,17;
KS-383:5; 388:18,21; 389:3,19,24,24,
26,35; 392:19; 402:30; 424:11; 425:1,
22; 436:8,13,25,31; 451:24; 452:3,25,27,
28   (37)

Uhrband
Uhrbänder   KS-399:18

Ulan
Ulanen   KS-430:10

ultra
ultra   KS-384:23

um
um   E:K-9:4; 11:6,7,12,15,23; 12:3,
32; 14:33,38; 15:29; 16:14,30; 17:15; 18:5,
8; 21:5; 22:12,29; 23:15,30,31; 24:21;
25:29; 26:7,19,36; 27:12; 28:18,31,35,
36; 29:11,18; 30:14; 31:30; 32:22; 33:4,
35; 34:37; 36:36; 37:5,11,32,33; 38:7;
39:37; 40:20; 41:26; 42:9,12,32; 43:30;
44:4,21; 47:12,30; 49:26; 50:10; 54:16,
26; 55:1; 56:32; 57:13; 58:11,16,18,
20; 59:22; 60:5,22,24; 61:13; 62:4,
11; 63:27,31; 64:31; 65:2,4,33,35; 66:10,
25,30,36; 68:12,27; 70:8,11,33; 71:7,
30; 72:37; 74:32; 75:19; 77:36; 78:10,
14; 79:32; 80:35; 81:12,34,35; 82:13,
14,20,32; 83:29; 84:20,28; 86:17; 87:14,
19; 88:10,20; 89:14,26; 90:20,23; 91:30;
94:12; 95:15,26; 96:20; 97:9,14,29,30,34,
35; 98:1; 99:8,11,31; 103:14; E:M-106:21,
34,36; 107:10; 108:37; 109:3; 111:2; 113:2,
13; 115:21; 116:11; 117:30,38; 118:34;
122:30,32; 125:33; 127:5; 128:24,
38; 129:27,37; 130:8; 132:4; 134:7; 135:5,
21,27; 138:16,19,38; 139:11,16,28,
34; 142:1,3,27; 143:22,23,31; E:E-145:11,
37; 148:19,24; 149:24,37; 150:3,
13; 151:38; 153:1,31; 156:17,22; 158:18;
159:12; E:V-161:2,29,34,35; 162:1,
6; 163:3,16; 164:1; 165:4,8; 166:12,
14; 167:22; 168:11; 169:30; 171:30; 172:5,
20,25,29; 175:4,12,16,20; 176:30; 177:31,
38; 181:9,13,14; 182:10,36; 183:19,
24; 186:37; 187:4,12; 188:20; 190:7,10,
13; 192:12; 193:30; E:B-197:4,13,36;
E:F-199:11,22,23; 200:16; 202:2; 204:4,
6; 205:24; 210:28; 211:6; 212:9; 213:13;
215:14; E:C-216:5,27; 217:35; 218:33,
37; 220:3,8,29,32; 221:22; 222:11; 223:6,
11,34,37; 224:6,14; 225:12; 228:1; E:Z-
230:32; 231:16; 233:2; 235:27; 236:3,
7; 237:7,15,33; 238:8,20,26,27,31; 239:16,
33; 241:24,36; 242:14; 243:34; 246:3,
25; 247:23; 249:10; 250:29; 251:5,
29; 253:16; 254:31; 255:9; 257:4; 259:1,
15; 260:5,36; 261:12; E:AN-262:19; 263:6,
32; 266:1,7,13; 267:29; 269:10; 272:32;
273:25; 274:13,35; 275:31; 276:6,16,
18; 277:10; 278:23,29,37; 279:14,22,
25; 282:4; E:AB-283:11,12,16,23,33;
285:19; 286:17; 287:36; 288:11; 289:16,
17; 290:11; 291:5; E:VAR-292:5; 293:1,
23; 294:10,20; 295:11; 296:5,9,29,33,35,
38; 297:25; KS-301:9; 303:2,19,36,37;
304:7,38; 306:7,37; 307:25,27,27; 308:20,
27; 309:8,10,30; 312:34; 313:26; 315:7,
16,19; 317:37; 320:15; 321:7; 323:17,
18,25; 324:8,20; 325:23,31; 326:28;
327:18; 328:23,32; 329:19; 330:13,29,
30,31; 331:32; 332:22; 333:18,37; 334:31;
336:16,28; 338:3,8,22; 339:10; 342:14,26,
28; 343:9,27,31,32,34; 344:7; 345:19,
21,35; 346:32; 347:3,33; 348:2,35;
350:30; 354:10,11; 355:11; 356:26; 358:4,
25; 359:9; 368:9; 369:4,7,25; 370:11;
371:21; 373:31; 374:18; 375:17,24; 376:4,
36; 378:24; 379:21,27,35; 380:10; 381:23,
32; 382:23; 383:6,8; 384:1,11,15,
17; 386:2; 388:20; 389:16,24,35; 390:19;
391:6; 392:14; 393:30; 397:7; 398:2,
15; 399:2,16; 400:4; 402:30; 405:7;
411:2; 412:15; 414:2,3,33; 417:16; 422:9,
35; 426:22,31; 427:11; 428:23,27,
29; 429:9; 430:16; 431:15; 434:18; 435:14,
15; 436:8,13,25,29; 437:20; 440:35;
441:38; 442:16,25,31; 443:14,30; 444:9,
13; 445:10,18; 446:26; 448:26; 452:16;
453:14; 460:19   (518)
ums   E:V-187:2

umändern
umgeändert   E:V-181:35

umarmen
umarmt   E:K-16:14; E:M-110:37; KS-
373:15
umarmte   E:M-118:34; 119:3; 137:32;
E:AB-291:4
umarmten   E:E-148:12; E:V-191:38

Umarmung
Umarmungen   E:AN-273:36

Umbau
Umbaus   KS-406:1

umbringen
bringt   E:E-158:9
umbringt   KS-413:3

umfallen
umfiel   E:AN-271:4
umzufallen   E:E-145:37

Umfang
Umfang   E:E-159:5; E:F-210:21; E:Z-
244:35; KS-382:9; 396:35; 420:5
Umfange   KS-390:28; 396:26; 406:3;
457:20; 458:1,29
Umfangs   KS-414:16

umfassen
umfasse   E:Z-251:3
umfassend   E:Z-253:24; KS-352:12
umfassende   KS-380:8
umfaßt   E:M-105:34; E:V-172:23; E:F-
213:15; KS-337:36; 338:9
umfaßte   E:M-122:17; 125:24; E:F-
202:34

umfließen
umfloß   E:Z-247:6
umflossenen   E:E-155:25

Umgang
Umgang   E:F-201:23; 208:6; ˙E:C-
218:16; E:VAR-295:30; KS-334:13
Umgangs   KS-370:1

umgaukeln
umgaukelte   E:K-80:11

umgeben
umgeben   E:Z-243:27; KS-301:14
umgebenden   E:K-49:6
umgibt   KS-313:23

umgehen
umgegangen   E:K-24:38
umgehe   E:B-197:12; E:F-199:14
umgehen   E:K-12:13; E:F-206:22

umher
umher   E:M-104:24; E:V-190:12; E:F-
199:9

umherführen
führte   E:E-153:22

umhergehen
geht   E:K-17:1
ging   E:AB-286:32

umherhängen
hing   E:V-194:13

umherhorchen
umhergehorcht   E:Z-257:18

umherklettern
kletterte   E:M-106:24

umherschicken
schickte   E:F-231:14

umherschleudern
umherschleudernd   E:E-146:15

umherschweifen
umherschweifte   E:M-107:6

umherschwimmen
umhergeschwommen   E:M-116:30

umherspähen
spähe   KS-306:6

umhersuchen
suchte   E:F-204:8

umhertragen
tragen   KS-302:13

umhertreiben
trieb   E:F-205:6

umherwandeln
wandelt   KS-325:27

umherwanken
wanken   KS-309:3
wankte   E:Z-236:22

umherwerfen
umhergeworfenen   E:V-164:5

umherziehen
zog   E:V-160:32

umhin
umhin   E:K-77:27

umirren
umirre E:Z-241:24

umkehren
kehrte E:K-12:18; 32:38; 62:13; E:M-130:24; E:E-147:22; 149:22; 154:33; E:F-205:15; KS-331:21
umgekehrt KS-330:2
umgekehrten KS-397:20
umgekehrter KS-327:1
umkehren KS-337:8
umkehrt E:AN-265:17; 276:32; KS-385:29
umkehrte E:K-18:5; 35:33; 61:3; E:M-118:20; E:E-146:38; E:V-179:12; 191:11; E:C-226:26; E:Z-259:32; 260:33; E:AB-288:12   (11)
umzukehren E:M-129:34; E:C-222:30; E:Z-239:5

umklammern
umklammernd E:V-178:21
umklammert E:AN-277:25
umklammerte E:Z-237:15

umkleiden
kleidete E:M-115:20

umkommen
umgekommen E:K-47:3; E:B-198:30
umkommen E:E-157:31; E:F-199:24; E:AN-282:5

Umkreis
Umkreis KS-312:32; 313:12

umlagern
umlagern KS-306:5

Umlauf
Umlauf KS-373:29; 435:23; 439:38

umlaufen
umlaufenden KS-435:35
umhergelaufen E:E-151:33

umliegend
umliegenden E:K-41:36; E:C-223:31; E:Z-235:24

umrasseln
umrasselt E:Z-247:8

umringen
umringen E:K-27:35; KS-407:24
umringenden E:K-92:34; E:C-224:2
umringt E:K-29:1; E:Z-238:14; E:AN-263:34
umringte E:K-29:37; 82:22; 103:2
umringten E:K-35:14; 62:14; E:E-149:15; E:V-185:35; 188:7; E:C-218:19; E:AN-268:23; E:VAR-295:32; KS-344:10

Umringung
Umringung E:F-207:20

Umriß
Umriß E:F-207:37; KS-336:36; 449:22, 26,33; 450:2
Umrissen KS-304:14; 384:6; 447:19

umschirmen
umschirmten E:E-148:27

Umschlag
Umschlag KS-456:36
Umschlage KS-447:24

umschlagen
schlug E:M-125:33

umschleichen
umschlich E:M-128:24

umschließen
umschloß E:K-36:25; E:V-192:11; 194:1; E:Z-252:18

umschlingen
umschlang E:V-185:16

umschnüffeln
umschnüffelte E:K-97:4

umschweben
umschweben KS-301:18
umschwebt KS-304:19

Umschwung
Umschwungs KS-420:25

umsehen
sah E:M-118:13; E:V-171:25
sahen E:K-19:5
sehn KS-314:11
umsah E:K-21:19; 61:29; E:E-148:12; E:B-197:24
umsehen E:M-106:14
Umsehen E:C-222:26
umsieht E:K-82:38; KS-342:5
umzusehen E:F-209:21

Umsicht
Umsicht   KS-448:27

umsinken
umsinken   E:V-192:17

umsonst
umsonst   E:M-130:37; E:C-222:18; E:Z-236:31; KS-307:28; 318:8; 343:37; 345:10; 379:28,35; 399:36   (10)

Umstand
Umstand   E:K-12:7; 21:13; 29:14; 34:7; 35:34; 57:29; 59:17; 60:25,30; 65:10; 72:29; 84:24; E:M-131:14; 139:34; E:V-180:13; 182:34; E:C-227:26; E:Z-233:3; 244:3; 255:35; E:AB-289:18; KS-324:18; 333:29; 339:15; 382:8; 417:34; 428:1; 440:5   (28)

Umstande   KS-459:33

Umstände   E:K-14:32; 25:38; 38:38; 47:7; 64:14; 68:20; 79:10; E:M-104:8, 12; 110:32; 122:2; 127:21; E:E-158:36; E:V-174:4; E:Z-230:4; 239:4; 240:24; E:AN-281:28; KS-302:26; 320:15; 334:1; 366:17,23; 428:32; 436:11; 449:24   (26)

Umständen   E:K-42:19; 49:10; 66:34; 69:20; 70:23; 75:36; 92:16; E:M-108:13, 27; 111:26; 124:38; 128:21; 129:31; 135:38; E:V-180:22; 181:32; E:Z-242:8; E:AN-263:12; 266:15; 279:26; KS-302:15, 23, 31; 304:35; 305:6, 26, 31; 320:28; 329:23; 371:23; 380:24; 390:16; 441:7   (33)

Umstandes   E:AN-263:21

Umstands   E:K-71:16; 84:15

umständlich
umständlich   E:K-91:38; 95:8,27; E:E-156:2; E:Z-232:5

umständliche   E:E-147:18

umständlichen   E:K-21:7; 99:18

umständlicheren   KS-386:17

umständlicherer   KS-451:13

umstehen
Umstehenden   E:K-33:15; E:E-156:36

umstellen
umstellt   E:K-59:7; E:Z-237:38

umstoßen
umzustoßen   E:Z-230:7

umstrahlen
umstrahlt   E:M-135:26

Umsturz
Umsturz   E:E-153:7; KS-321:25

umstürzen
umgestürzt   KS-396:11

umstürzten   E:K-32:28

Umwälzung
Umwälzung   E:M-122:31

umwandeln
umgewandelt   E:V-179:3; E:F-211:30; KS-415:23

umwandeln   KS-436:7

umwandelnden   E:F-209:2

Umweg
Umweg   E:K-76:18

umwenden
umwandte   E:K-101:6

umwendet   E:K-83:7; E:C-221:28

wandte   E:F-204:18; 211:6

umwerfen
umgeworfen   E:F-212:19

umwirft   KS-317:10

warf   E:AB-284:7

umzingeln
umzingeln   E:K-37:11

un
un   E:K-32:20; E:AB-286:7; KS-322:24; 384:33; 408:33

unabänderlich
unabänderliche   E:K-91:16; KS-416:34

unabänderlicher   E:M-104:12

unabhängig
unabhängig   E:K-77:1; E:V-175:21; E:Z-230:11; 249:20; KS-388:22

unabhängiges   KS-335:7

Unabhängigkeit
Unabhängigkeit   KS-381:18

unablässig
unablässigen   KS-395:24

unabsehbar
unabsehbar   E:K-51:24

unabsehbaren   E:K-55:22; E:Z-238:5; 253:26

unangenehm
unangenehm   E:F-211:22
unangenehme   E: K-40: 4;   E: B-197: 9;
E:AN-273:15
unangenehmen   E:K-13:25; 84:14
unangenehmste   KS-371:12
unangenehmsten   E:K-85:5

Unannehmlichkeit
Unannehmlichkeiten   E:M-113:31

unanständig
unanständigste   E: C-218: 6;   E: VAR-
295:20

Unanständigkeit
Unanständigkeit   KS-324:21

Unart
Unart   KS-316:2; 356:6,7,15

unartikuliert
unartikulierte   KS-320:5

unaufhörlich
unaufhörlich   E:Z-248:7; KS-308:1
unaufhörlichen   E:M-107:5

unauflöslich
unauflöslichen   E:Z-234:22

unausgesetzt
unausgesetzt   E:K-93:19; KS-415:25
unausgesetzte   E:K-72:35

unausgezogen
unausgezogen   E:B-198:6

unauslöschlich
unauslöschlich   E:V-174:28; KS-301:31;
304:34

unaussprechlich
unaussprechlich   E:K-41:30
unaussprechlichen   E:V-185:12; 192:8
unaussprechlicher   E: E-153: 5;   E: C-
221:25; E:Z-250:29

Unbarmherzigkeit
Unbarmherzigkeit   E:Z-251:33

unbärtig
unbärtig   E:Z-230:23

unbedeutend
unbedeutend   KS-427:28
unbedeutendem   KS-409:34
unbedeutenden   E:Z-254:38; KS-332:7

unbedingt
unbedingt   E:M-139:14; KS-448:23
unbedingte   E: K-78: 9;   KS-390: 17;
394:32
unbedingtes   E:C-226:13

unbefangen
unbefangenem   KS-458:12; 459:1
unbefangenen   KS-421:15
Unbefangenen   E:K-84:30

unbefriedigt
unbefriedigter   E:K-35:25

unbegreiflich
unbegreiflich   E:V-192:36; E:B-197:11;
E:C-221:14; E:AB-285:18; KS-336:3
unbegreifliche   E:K-80:22; E:M-119:35;
E:E-154:7; E:V-188:27; E:B-197:18,30;
E:F-203:8; E:Z-233:36; KS-325:25; 344:4,
6   (11)
unbegreiflichen   E:K-84:4; E:M-123:6,
33; 132:22; KS-440:5
unbegreiflicher   E:K-46:33; E:M-110:5

unbegrenzt
unbegrenzte   KS-327:11

unbegründet
unbegründet   E:K-27:33

unbegütert
unbegüterten   KS-399:34

unbehaglich
unbehaglicher   KS-327:25

unbekannt
unbekannt   E: K-60: 15;   82: 15;   E: M-
112: 18;   E: C-219: 30;   E: Z-258: 26;   KS-
314:19; 378:7; 425:2
unbekannte   E:Z-256:1; KS-447:16
unbekannten   E:M-114:6; E:C-216:10;
217: 30; 226: 33; E: VAR-293: 28; 295: 6;
KS-391:22; 393:26; 454:10,23   (10)
Unbekannten   E:F-207:10; 209:31
unbekannter   E: M-133: 7;   E: E-158: 7;
KS-400:11; 415:11; 453:32
Unbekannter   E:Z-252:32; 255:7

Unbekanntschaft
Unbekanntschaft   KS-324:15

unbemerkt
unbemerkt   E:F-210:31; E:Z-252:9

unberufen
unberufenen   KS-417:14

unberührt
unberührt   E:V-190:28; KS-421:12

unbeschädigt
unbeschädigt   E:E-148:27

unbescheiden
unbescheidnes   KS-449:14

unbescholten
unbescholtenste   E:Z-235:16

unbeschreiblich
unbeschreiblich   E : K-36 : 38; E : Z-236:38
unbeschreiblichen   E:V-193:15

unbesonnen
unbesonnenen   E:V-160:24

Unbesonnenheit
Unbesonnenheit   E:V-174:11; E:AN-274:5

unbesprochen
unbesprochener   KS-444:8

unbestimmt
unbestimmte   E:K-40:16
unbestimmtes   E:K-58:7

Unbeugsamkeit
Unbeugsamkeit   KS-375:34

unbewaffnet
unbewaffnet   E:V-187:7
Unbewaffneten   KS-447:4

unbewohnt
unbewohnten   E:Z-252:8

unbezwungen
unbezwungenen   KS-375:36

Unbilligkeit
Unbilligkeit   E:K-78:24

und
und   (4961)
u.   (2) KS-391:16; 432:36

undankbar
undankbaren   E:V-164:8
undankbarsten   KS-374:2

undarstellbar
undarstellbaren   KS-347:34

undenklich
undenklichen   KS-402:15

undeutlich
undeutlich   E:K-11:35; KS-339:5
undeutliche   E:Z-236:1; KS-304:17

unedel
unedlen   KS-313:17
unedler   KS-356:18

unedelmütig
unedelmütigen   E:K-86:19; E:Z-261:5
unedelmütiger   E:Z-241:16

unehelich
unehelichem   E:V-162:35

uneigennützig
uneigennützigem   KS-416:14

uneingedenk
uneingedenk   E:AN-267:22

uneingeschränkt
uneingeschränkte   KS-410:10
uneingeschränktes   E:Z-243:38

unelektrisch
unelektrischen   KS-329:20,28,34; 330:3

unempfindlich
unempfindlich   E:V-193:4

Unempfindlichkeit
Unempfindlichkeit   E: Z-230: 20; KS-348:26

unendlich
unendlich   KS-305:14; 308:25; 314:9; 316:7
Unendliche   E:K-50:30; KS-345:26,28
unendlichem   E:K-58:17
unendlichen   E:M-138:6; E:E-155:35; E:V-160:9; 175:15,27; E:F-206:26; E:C-227:2; E:AN-267:16; KS-327:10; 336:10
                                                      (10)
unendlicher   E:E-145:20; 156:32; E:V-183:19; KS-325:21
unendliches.   E:K-11:6; E:AB-284:27; KS-345:30
Unendliches   E: E-150: 11; KS-336: 4; 345:30

unentdeckt
unentdeckt   E:K-57:22

unerbittlich
unerbittlich   E:M-137:6; KS-336:19; 441:31
unerbittliche   KS-398:11
unerbittliches   KS-307:19

unerfahren
unerfahrne   E:AN-272:5

unerfreulich
unerfreulich   E:Z-251:9

unerhört
unerhört   E:K-40:7; KS-435:38
unerhörte   E:V-165:11; E:F-213:26
unerhörten   E:K-36:37; E:M-131:38; 135:38; E:AB-285:14
unerhörter   E:K-90:11; E:V-174:20; E:Z-241:28
unerhörtes   E:M-132:23; KS-376:27

unerkannt
unerkannt   E:K-53:33; KS-429:4

unerklärbar
unerklärbare   KS-311:3

unerklärlich
unerklärlichen   E:M-126:13
unerklärlicher   E:K-85:10

unerläßlich
unerläßlich   E:M-112:2
unerläßlicher   KS-323:17

unermeßlich
unermeßliche   E:K-54:11; E:E-155:7; E:Z-243:18
unermeßlichen   E:K-101:14; E:Z-258:38; KS-302:9; 377:22

unermüdlich
unermüdlich   KS-378:29

unersättlich
unersättlichen   E:K-84:27

unerschrocken
unerschrocken   E:E-148:24

Unerschrockenheit
Unerschrockenheit   E:E-152:30; KS-376:13

unerschütterlich
unerschütterlich   E:C-218:13; E:VAR-295:27; KS-304:34; 378:17
unerschütterlichen   E:Z-254:16
unerschütterlicher   KS-415:33

unerträglich
unerträglich   E:K-50:16; 63:37; 88:37; 99:10; E:M-126:35; E:Z-251:10; E:AN-272:18

unerwartet
unerwartet   E:AN-276:27
unerwartete   E:Z-230:21; 233:36; KS-405:21; 457:16,28; 458:23
unerwarteten   E:K-89:33; E:Z-255:19
unerwarteter   E:Z-240:11

unerzogen
unerzogene   KS-325:9

unfähig
unfähig   E:K-40:34; 88:30; 99:31; KS-395:33

Unfähigkeit
Unfähigkeit   KS-396:12

Unfall
Unfall   E:K-22:35; 57:33; E:M-106:29; E:Z-249:6
Unfälle   E:V-195:10

unfehlbar
unfehlbar   E:K-23:13; 26:34; 41:6; 49:17; 56:15; 94:38; E:M-114:21; 119:14; E:V-167:14; 193:25; E:Z-244:12; E:VAR-292:15; KS-311:13; 338:4; 390:10   (15)
unfehlbare   KS-410:6
unfehlbares   KS-335:11,16; 347:2
unfern   E:Z-236:5

unflätig
unflätigsten   E:M-127:12

unförmlich
unförmlichen   KS-329:24

unfreundlich
unfreundlichem   E:AN-270:18

Unfreundschaftlichkeit
Unfreundschaftlichkeit   E:K-78:24

unfruchtbar
unfruchtbar   KS-316:1; 317:15; 397:36
unfruchtbare   KS-311:25

unfühlbar
unfühlbaren   KS-309:12

unfürstlich
unfürstlichen   E:K-86:19

Ungarn
Ungarn   E:AB-287:5

ungeachtet
ungeachtet   E:K-88:26; 89:23; 94:36;
E:Z-235:33; E:VAR-297:12; KS-390:3;
393:15; 415:3,15

ungebührlich
ungebührliche   E:K-90:33
ungebührlichen   E:K-13:26

Ungeduld
Ungeduld   E:F-209:6; KS-405:8; 415:6

ungeduldig
ungeduldigen   E:M-112:10; E:V-174:31

ungefähr
ungefähr   E: M-104: 14;   E: E-144: 8;
E:AN-274:14; KS-413:14
Ungefähr   KS-408:31; 409:8

Ungefälligkeit
Ungefälligkeit   E:K-17:37; 18:6

ungegründet
ungegründeten   KS-314:29

ungeheuchelt
ungeheucheltsten   KS-387:35

ungeheuer
ungeheuer   E:K-84:10; E:E-158:7
ungeheuern   E:E-152:28
ungeheuersten   E:K-96:19; E:AN-268:6
ungeheuerster   KS-378:12
ungeheure   E: K-50: 11; E: E-145: 14;
147:19; E:AB-286:29; KS-397:5,20
Ungeheure   KS-313:8,10
ungeheurem   KS-396:26
ungeheuren   E:K-24:34; 97:31; E:E-
158:3; E:V-164:21; E:C-220:33; E:Z-
242:8; E:AB-284:25
ungeheurer   E:K-35:26; E:M-131:28;
E:V-192:26; E:AN-279:15; KS-321:4
ungeheures   KS-376:26

Ungeheuer
Ungeheuer   E:AB-288:22

ungemein
ungemein   KS-412:20

ungenannt
ungenannte   KS-427:27
ungenannten   KS-422:3

ungenutzt
ungenutzt   E:V-178:9

ungerecht
ungerecht   E: M-137: 11; KS-302: 22;
420:19
ungerechten   E: K-47: 3; E: Z-240: 26;
247:24
ungerechter   E:K-45:10
ungerechtesten   KS-374:2

Ungerechtigkeit
Ungerechtigkeit   E: K-22: 38; 42: 30;
44:11; E:M-125:7
Ungerechtigkeiten   E:K-16:7

ungesättigt
ungesättigter   E:E-158:21

ungesäumt
ungesäumt   E: M-107: 4; E: V-194: 18;
E:VAR-295:38; KS-430:25
ungesäumte   E:K-78:9; 88:17
ungesäumten   KS-372:10; 424:2
ungesäumter   E:E-152:32

ungeschickt
ungeschickt   E: K-78: 3; KS-310: 12;
313:28; 441:11
ungeschickten   KS-324:12

ungeschwächt
ungeschwächte   E:Z-246:27

ungesehen
ungesehen   E:M-138:33; E:V-189:26

ungesetzlich
ungesetzlichen   E:K-10:36

ungesprächig
ungesprächig   E:F-200:34

ungestört
ungestört   KS-301:3
ungestörten·   KS-436:9

ungestraft
ungestrafter   E:K-66:11

ungestüm
ungestüme   E:AN-274:32

ungeteilt
ungeteilten   KS-370:32

ungetrübt
ungetrübten   E:Z-238:5
ungetrübter   KS-445:13

ungewaltsam
ungewaltsame   KS-390:25

ungewiß
ungewiß   E:K-13:3; E:Z-232:13; E:AN-265:14; KS-317:9
ungewissen   E:K-44:16; 52:7; 62:8; E:B-197:24; E:F-210:17

Ungewitter
Ungewitter   E:K-40:26; KS-322:15
Ungewittern   KS-397:33
Ungewitters   KS-306:5

ungewöhnlich
ungewöhnlich   E: VAR-293: 14; KS-407:31
ungewöhnlichen   E:F-209:25

ungewohnt
ungewohnte   E:VAR-296:34

ungläubig
ungläubig   E:M-123:18; E:V-182:21
ungläubiger   E:M-136:32
Ungläubiger   E:Z-259:25

unglaublich
unglaublich   E:F-206:28
unglaublichen   KS-437:18

ungleich
ungleich   KS-308:34

ungleichartig
ungleichartig   KS-313:19
ungleichartigen   KS-309:8

Unglück
Unglück   E:K-14:3; 29:28; 56:21; 58:4; 74:33; E:M-117:7; 128:2; E:E-151:28; 152:24; 154:38; 158:36; E:V-188:13; E:Z-238:35; 246:31; E:AN-272:6; KS-301:19; 306:26; 308:2,29; 309:31; 310:20; 312:27; 359:29   (23)
Unglücks   E: E-153: 31; 159: 5; E: Z-245:16; KS-303:24

unglückdrohend
unglückdrohenden   E:M-114:17

unglücklich
unglücklich   E:M-114:22; E:E-150:34; KS-304:36; 308:35; 312:18
unglückliche   E:K-65:25; 89:24; 99:9; E:E-144:22; 154:14; E:F-214:7; E:Z-237:36; KS-374:5; 376:20
Unglückliche   E:M-108:35; 141:1; E:V-170:25; 185:8; E:Z-251:17; 256:2; E:AN-272:20; KS-341:8
unglücklichen   E:K-30:6; 34:2; 35:38; 56:32; 63:20; E:M-108:38; 124:33; E:V-179:9; E:F-202:20; E:C-220:3; 226:5; E:Z-250:16; KS-309:26; 311:26; 344:12; 428:27; 434:5,9; 436:30,37   (20)
Unglücklichen   E:K-80:12; E:E-148:12; 156:1; E:V-166:15,29; 167:17; 193:23; E:B-198:29; E:F-204:18; 206:11; 215:3; E:C-220:30; 224:14,31; E:Z-242:2; 259:3; 260:15; E:AB-283:14; KS-341:12   (19)
unglücklicher   E:M-105:19; E:V-174:27; E:AN-281:35; KS-404:32
Unglücklicher   E:Z-253:28
unglückliches   KS-357:28; 436:18
unglücklichsten   KS-308:35

unglückselig
unglückseligen   KS-314:28

Ungnade
Ungnade   E:K-77:33

ungroßmütig
ungroßmütigen   E:Z-240:26

Ungrund
Ungrund   E:K-13:15; E:VAR-292:20

Ungunst
Ungunst   KS-450:24

ungünstig
ungünstigen   E:M-112:13
ungünstigsten   KS-310:6

Ungünstigkeit
Ungünstigkeit   KS-393:9,10

Unheil
Unheil   E:E-153:36

unheilbar
unheilbare   E:Z-230:21
Unheilbaren   KS-326:13

Universität
Universität KS-324:26; 344:20; 395:15;
453:33

Universitätsklinikum
Universitätsklinikums KS-395:12*

unklar
unklar E:K-89:38
unklaren E:K-79:10

unlängst
unlängst E:C-219:30

unmächtig
unmächtig E:C-227:20; E:VAR-297:33

unmaßgeblich
unmaßgebliche KS-409:30

unmäßig
unmäßige E:K-56:24
unmäßiger KS-356:18

Unmenschen
Unmenschen KS-306:15

unmenschlich
unmenschliche E:F-215:9
unmenschlichen E:M-125:37; E:E-
157:5; E:V-161:7; 174:25; KS-336:13

Unmenschlichkeit
Unmenschlichkeit E:V-179:10; E:Z-
251:33
Unmenschlichkeiten E:V-177:29

unmittelbar
unmittelbar E:K-23:29; 39:30; 50:31;
54:38; 81:14; 84:34; 85:31; E:V-185:6;
E:F-213:19; E:C-225:27; E:Z-233:27;
261:16; E:AN-262:9; 279:32; KS-348:14;
358:12; 365:27; 410:26; 419:8   (19)
unmittelbare E:K-80:36; E:Z-256:21
unmittelbaren E:K-55:29; KS-334:12
unmittelbarer E:V-161:25

unmöglich
unmöglich E:K-16:25; E:M-107:32;
111:8,21; 135:11; E:V-173:8; E:AB-
289:35; KS-305:15; 317:21; 327:19;
342:36; 367:7; 369:33; 397:25; 429:5;
435:25   (16)
unmögliche KS-310:21

Unmöglichkeit
Unmöglichkeit E:M-126:14

Unmündigkeit
Unmündigkeit KS-404:21

Unmut
Unmut KS-301:11

unnatürlich
unnatürlichen E:F-211:21

unnennbar
unnennbares KS-303:36

unnötig
unnötig E:K-76:28
unnötige KS-448:35

unnütz
unnütz KS-317:16
unnützen KS-422:13
unnützer E:K-10:31; 24:15; 98:5

Unordnung
Unordnung E:K-24:35; 40:36; KS-
334:18; 399:24
Unordnungen E:K-20:37; E:C-222:4;
KS-343:10

unparteiisch
unparteiische KS-456:16
unparteiischen E:Z-242:22

Unparteilichkeit
Unparteilichkeit KS-415:13; 416:7

unpäßlich
unpäßlich E:M-110:13; E:V-170:26

Unpäßlichkeit
Unpäßlichkeit E:F-204:4; E:Z-236:22;
239:36
Unpäßlichkeiten E:M-109:13

unrecht
unrecht KS-369:3

Unrecht
Unrecht E:K-35:24; 43:13; 64:1;
82:13; E:E-154:20; E:V-171:5; 177:16,
29; 178:18; E:Z-230:5; KS-306:21; 460:5
(12)
Unrechts E:K-63:23

unrechtlich
unrechtlichen E:K-50:27

unreichlich
unreichliche E:K-82:2

unrein
unrein KS-328:21
unreine KS-417:11
unreinen KS-433:21

Unreinigkeit
Unreinigkeit KS-433:19
Unreinigkeiten KS-433:18

Unreinlichkeit
Unreinlichkeit KS-334:18

unrettbar
unrettbar KS-336:19

unrichtig
unrichtig E:V-189:23

Unruhe
Unruhe E:K-99:8; E:M-111:1; 112:38;
115:24; 118:6; 120:6; E:V-171:30; 179:24;
180:17; E:F-208:2; 209:25; E:C-222:10;
KS-370:27 (13)

unruhig
unruhig E:K-70:23; 85:14; E:M-117:35;
121:2; 123:29; 134:20; E:Z-233:2
unruhige KS-413:30
unruhigen E:E-154:32
unruhiger E:M-127:4; KS-381:8

unsäglich
unsäglich E:M-122:28; E:V-164:29
unsäglicher E:M-138:37; E:E-149:30;
E:B-196:15
unsägliches E:E-146:32

unschädlich
unschädlichen E:M-118:17

Unschädlichkeit
Unschädlichkeit KS-416:28

unschätzbar
unschätzbare E:M-134:4
unschätzbaren E:F-207:9; KS-416:3

unscheinbar
unscheinbarsten KS-328:31

unschicklich
unschicklich KS-406:8
unschicklicher E:K-88:20

Unschicklichkeit
Unschicklichkeit E:M-111:27; 139:36;
E:Z-245:35

unschlüssig
unschlüssig E:M-129:30; E:E-148:5

Unschlüssigkeit
Unschlüssigkeit E:M-112:27; E:C-221:38

Unschuld
Unschuld E:M-125:11; 126:2,15,36;
128:7; 129:8; 134:13; 135:25; E:V-181:23;
E:F-199:21; E:Z-232:27; 233:17; 240:21;
241:18; 243:9; 244:38; 245:12; 249:18;
254:17; E:AN-282:1; KS-306:19; 312:31,
32; 343:13; 345:35; 378:20; 435:24; 436:30
(28)

unschuldig
unschuldig E:M-131:25,26; E:E-157:7;
E:Z-259:12,16; E:AN-281:21; KS-306:8
Unschuldige E:Z-260:37; E:AN-281:26
Unschuldigen E:Z-248:20; E:AN-282:3
Unschuldiger E:E-152:1

unselig
unselige E:K-16:17; E:V-164:15; KS-
380:17; 413:30
unseligen E:AN-274:10; KS-369:13
unseligsten KS-318:34

unser
unser E:K-93:5; KS-302:11; 304:28,29;
310:13,16; 316:7; 335:23; 372:28; 446:6,
12; 448:15; 453:34 (13)
unsere E:V-165:3,37; E:C-221:29; KS-
369:6; 387:15; 420:23; 431:11; 435:17;
439:22; 446:33; 456:29 (11)
unserem KS-388:6
unseren KS-336:12,13; 386:21
unserer E:K-41:22; E:E-156:1; E:V-
165:32; 166:12; 181:38; E:C-221:20;
224:31; E:Z-252:35; KS-328:26; 330:22;
369:6; 388:13; 402:16; 412:14; 415:25;
435:26; 448:26 (17)
unseres E:V-163:38; 165:16; KS-304:30;
305:1; 310:32; 315:32; 316:14; 318:20,
23; 321:21; 330:8; 371:35; 382:16; 392:3;
417:13 (15)
unserm E:M-134:14; E:E-157:28; E:V-
163:38; 177:34; 178:1; KS-309:9; 368:33;
421:35; 422:36; 448:30; 449:3 (11)
unsern E:Z-244:30; 252:20; KS-304:35;
313:1,28; 314:37; 335:24; 336:10; 347:4;
380:18; 395:5; 400:13; 419:20; 421:3;
447:19; 448:28; 449:23 (17)

unsers　KS-302: 2, 2; 304: 30; 305: 4;
383:23; 411:9; 449:31

unsre　E:K-16:21; E:M-127:37; KS-302:7;
306:35; 308:3; 310:4,5,14; 315:7; 321:11;
342:23; 418:34; 446:19; 447:20; 448:9,
17; 455:9　　　　　　　　　　　　　(17)

unsrer　E:M-134:24; E:E-144:15; E:C-
223: 32; E: AN-275: 12; KS-301: 32,
34; 302: 4; 305: 3, 4; 307: 32; 309: 19,
21; 310: 8, 11, 31; 312: 36; 315: 10,
14; 316: 22; 323: 38; 333: 18; 335: 25;
336: 22; 342: 3; 407: 32; 409: 14, 18;
413:40; 421:9; 435:24; 446:24,26; 447:13,
15　　　　　　　　　　　　　　　　(34)

unsres　KS-310:27

unsicher
unsicher　KS-301:24

unsichtbar
unsichtbar　E:M-115:22; E:B-196:28
unsichtbare　E:C-225:5; KS-344:6
unsichtbaren　E:F-204:15; KS-325:24

unsinnig
unsinnig　KS-310:12

unsrige
unsrigen　KS-335:31

unsterblich
unsterblichen　KS-432:16

Unsterblichkeit
Unsterblichkeit　KS-317:23

unsträflich
unsträfliches　E:M-122:18

Unsträflichkeit
Unsträflichkeit　E:M-136:2; E:Z-237:20

untadelhaft
untadelhaften　E:E-145:1

Untätigkeit
Untätigkeit　E:E-158:35; E:C-222:1

untauglich
untauglich　E:M-109:15

unteilbar
unteilbare　KS-381:11

unten
unten　E: M-114: 29; E:Z-242: 27; KS-
385:10

unter
unter　E:K-9:13; 10:7,12; 11:7; 12:22;
15:13,25; 18:27; 19:18; 22:13; 23:11;
30:11; 31:38; 32:1,7,28; 33:14,24; 34:25,
26,34; 35:5,10,33; 36:12,19,24; 38:24;
39:6,25,36; 41:3; 42:19; 44:4,7,16,27,30,
33; 45:7; 47:24; 48:31; 49:17; 52:3; 53:9;
55:22,37; 56:5; 58:17; 61:10,14,17; 62:1,
17,34; 66:10; 67:14; 69:20; 70:23; 71:14;
72:6; 74:20,38; 75:12,26,31,35; 79:10,
34, 36; 80:29,35; 81:37; 83:35; 84:5,
6; 85:11,18; 86:32; 88:32; 91:32; 92:15,
33; 93: 37; 95: 18, 38; 96: 30; 97: 1,
10, 15, 19; 98: 22; 99: 24; 100: 18,
27; 101:14; 102:33; 103:11,13; E:M-
105: 8, 23, 25, 28, 36; 106: 16, 24; 107: 5;
108:13; 111:26; 120:4; 124:38; 125:16,
21; 126: 12; 128: 21; 129: 31; 135: 38;
140:4; 141:19; 143:11,12; E:E-145:34,
38; 146:5,21; 147:14,32; 149:17; 150:21,
29; 152:11; 153:5; 158:18; 159:4; E:V-
162: 3, 13; 163: 36; 164: 32; 167: 21;
169: 21; 170: 29; 173:4,17; 174:3,4,19,
30; 175:14; 176:10; 177:20; 180:1,22;
181:20,32; 186:13; 187:33; 188:26; 189:1,
36; 190:11; 191:26; 193:29; 194:7,33,
37; 195:1,13; E:B-196:17,31; 197:10,20,
21; 198:14; E:F-199:5; 200:3,7; 201:4,
37; 202:29,31,37; 203:38; 204:8; 205:6,
10; 206: 2; 207: 14; 208:9,17; 210:5,32,
35; 211:37; 212:6,31; 213:11; E:C-216:24,
31; 217:7,8,12,26; 218:12,18,28; 219:13;
222: 6, 24, 25; 224: 10; 225: 25; 226: 17;
227:3; 228:2; E:Z-229:4,16,26,31; 230:30;
231:34; 233:10; 235:28; 236:2; 237:14,
19; 238:3,29; 239:21; 240:5; 241:27; 242:8,
16; 243: 5; 245: 4, 18; 246: 3, 13, 28,
34; 247:7,11,13,30,31; 248:30; 252:10;
253:22; 254:1,9; 255:24; 256:33,37; 257:2,
19,35; 258:5; 259:38; 260:16; E:AN-262:5,
6,8; 265:29; 266:15; 268:34; 272:11; 273:3,
36; 274:21,22; 276:10; 277:19,20; 279:20,
26; 280: 20; E: AB-286: 13; 289: 25;
E: VAR-294: 7, 13, 21, 22, 26; 295: 2,
26; 296:4; 297: 27; KS-301:3; 302:31;
304:35; 305:6,7,11,22,25; 306:12; 312:24,
25; 313:16,32; 314:11; 317:10; 324:11;
325:27; 326:2; 327:11; 331:25,28; 332:37;
342:8; 347:18; 348:31; 355: 19; 357:25;
359:29; 361: 26; 364: 24; 365:4; 369:17;
371:23; 372:26; 374:15; 375:13; 376:12,
24, 25, 37; 378:14, 38; 380:24; 385: 27;
386:35; 387:28; 390:16; 395:15; 399:29;

403:6; 406:21; 407:35; 413:18; 420:36;
421: 28; 422: 32; 423: 8; 428: 23, 31;
430:30; 432:6; 434:20; 436:20; 441:6,
21,37; 442:9; 443:6; 444:15,16; 446:11,
28; 448:2,13; 451:9; 452:31; 456:18,
32; 459:36   (365)
untere   E:V-178:12; 181:21
unteren   E:M-105:13; KS-372:14
untern   E:Z-239:20

Unterbeamter
Unterbeamten   KS-371:16; 372:29

unterbrechen
unterbrechen   KS-320:11
unterbrach   E: K-18:14; E: V-179: 34;
    188:10; E:AN-270:11
unterbrechend   E:E-156:14
unterbrochenen   E: M-109: 11; E: V-
    193:21; E:F-200:20
unterbrochne   KS-444:28

unterbringen
unterbrachte   E:E-144:16
unterbrächte   E:V-167:8
untergebracht   E:C-224:29
unterzubringen   E:K-81:3; E:B-196:24

unterdrücken
unterdrücken   E:K-40:11; 66:14; E:M-
    120:16; E:E-152:12; E:V-182:35; 191:8;
    E: B-197: 33; E: C-224: 35; E: Z-254: 36;
    E:AN-278:38; KS-337:28   (11)
unterdrückend   E:V-173:30
unterdrückte   E: M-114: 32; 123: 24;
    E:V-181:18; E:F-204:20
unterdrückten   E:K-66:22; KS-375:29
unterdrückter   E:V-169:8; E:F-210:20

Unterdrücker
Unterdrücker   KS-375:8

unterfangen
unterfangen   E:V-170:5
unterfängst   E:K-42:28

Untergang
Untergang   E: E-144: 4; E: AN-274: 34;
    KS-322:8; 333:6
Untergange   E:E-148:2

Untergebener
Untergebenen   E:AN-263:16

untergehen
untergehen   E: K-93:33; E: M-126:16;
    KS-377:9
unterginge   KS-360:21
unterzugehen   KS-417:19

Unterhalt
Unterhalts   KS-404:37

unterhalten
unterhält   KS-382:8; 451:12
unterhalte   KS-366:18
unterhalten   E: M-127: 30; E: B-198: 9;
    KS-323:32; 415:6; 426:25; 438:29
unterhielt   E:K-55:26; E:M-116:15; E:F-
    211:17

Unterhaltung
Unterhaltung   E: K-82: 5; E: V-183: 1;
    E:Z-258:14; KS-438:33,34; 454:20
Unterhaltungen   E:E-152:26

Unterhaltungs-Blatt
Unterhaltungs-Blättern   KS-396:29
Unterh. Bl.   E:AB-284:32

unterhandeln
unterhandelte   E:F-199:33

Unterhandlung
Unterhandlung   E:K-47:26; 49:23
Unterhandlungen   KS-426:13; 448:11

unterjochen
unterjochen   E:M-130:32
unterjocht   KS-351:30

Unterjochung
Unterjochung   KS-355 : 5;   359 : 31;
    369:20

Unterköchin
Unterköchin   KS-413:9,9,13

unterkommen
Unterkommen   E:K-18:20; E:V-161:14;
    180:33; E:Z-238:9

Unterland
Unterland   KS-397:31,36

unterlassen
unterlassen   KS-367:30; 421:35

unterlaufen
unterlaufen   E:AB-284:29

unterlegen
unterlegen   E:M-132:37; E:Z-248:27;
253:34
unterzulegen   KS-370:19; 407:15

Unterleib
Unterleib   E:AB-288:9

unterliegen
unterlag   E:Z-248:28
unterliegen   KS-338:4

untermischen
untermischten   E:AB-283:16

unternehmen
unternehmen   E:V-167:12; KS-389:12
unternehmenden   KS-377:23
unternommen   E:K-51:38; KS-360:10;
375:30
unternommenen   KS-457:15,28; 458:22

Unternehmen
Unternehmen   E:K-66:25; 85:4; KS-
335:13; 355:34; 388:23; 393:6; 423:30
Unternehmens   E:K-53:15; E:Z-244:9;
KS-451:3

Unternehmer
Unternehmer   KS-390:18
Unternehmers   KS-418:27

Unternehmung
Unternehmung   E:K-33:33; 38:31; 48:3;
E:V-187:26; 189:7; E:C-219:23; E:Z-
230:16; 256:24; KS-421:5; 422:17; 447:9,
15; 449:11   (13)
Unternehmungen   E:V-166:21; E:C-
216:21; E:VAR-294:4; KS-329:10

Unteroffizier
Unteroffizier   E:AN-267:20

unterordnen
untergeordnet   E:K-25:22; KS-332:8
untergeordnete   KS-381:20; 416:25
untergeordnetem   KS-364:6

Unterpfand
Unterpfand   E:K-93:11; E:V-189:24

Unterredung
Unterredung   E:K-24:1; 84:11; 85:30;
E:M-114:5

Unterricht
Unterricht   E:M-109:11; KS-334:6,19

unterrichten
unterrichten   E:K-54:8; E:M-108:38;
120:25; E:E-159:6; E:V-181:16; 184:24;
E:Z-232:5; KS-361:5; 383:8,19; 440:21;
442:1   (12)
unterrichtet   E:K-34:7; 41:1; 74:19;
77:25; 85:22; E:M-114:12; 133:24; E:F-
210:1; KS-425:14; 426:27; 435:21; 439:2,
33   (13)
unterrichtete   E:K-95:27; E:M-107:23;
123:36; 127:34; E:V-161:14; KS-323:27
unterrichtetem   KS-396:15
unterrichteten   E:K-69:37

untersagen
untersagt   KS-405:1; 421:22

unterscheiden
unterscheiden   E:AB-287:7

unterschieben
unterzuschieben   E:K-95:24; E:B-
197:35

Unterschiebung
Unterschiebung   KS-412:1

unterschlagen
untergeschlagen   E:K-49:8
unterschlagen   E:K-43:6; 46:1

Unterschlagung
Unterschlagung   KS-365:21

Unterschleifshandel
Unterschleifshandel   KS-396:20

unterschreiben
unterschreiben   E:Z-253:6
unterschreibe   E:M-112:23; KS-454:25
unterschrieben   E:K-43:24; 70:18

Unterschrift
Unterschrift   E:K-25:33; E:M-142:23

unterschütten
untergeschüttet   E:Z-250:19
unterschüttete   E:B-196:6

unterste
unterste   KS-357:9
untersten   E:F-214:36

unterstehen
unterstehen   E:K-18:28

unterstützen
unterstütze KS-371:10
unterstützen E:K-21:20; E:V-176:36;
  KS-303:10; 381:29
unterstützt E:K-16:33; 42:22; E:M-
  107:16; 133:35; 136:3; KS-410:15; 423:31;
  447:12
unterstützte KS-338:21

Unterstützung
Unterstützung E:K-63:16; E:C-228:5;
  KS-311:8; 404:34; 421:6; 458:21
Unterstützungen E:V-161:15; KS-
  457:26

untersuchen
untersuche E:M-123:35
untersuchen E:K-17:6; E:B-197:14;
  E:VAR-297:11
untersucht E:V-187:11
untersuchte E:K-33:30; E:V-186:9;
  E:Z-245:33; E:AN-278:25; E:AB-288:23

Untersuchung
Untersuchung E:K-23:30; 52:11; 53:11;
  57:18; 99:3; E:M-120:11; E:B-197:23;
  E:C-221:10; 224:28; E:Z-231:21; 234:5;
  E:AN-266:24; KS-370:23; 417:9; 426:10,
  14; 431:32   (17)
Untersuchungen E:K-69:4; E:C-
  219:16; E:Z-230:38; 231:35; KS-434:10;
  437:26; 438:4

untertan
untertan E:K-42:31

Untertan
Untertan E:K-77:22
Untertanen KS-307:29; 375:28; 395:24;
  404:13

untertänig
untertänigst E:M-114:36

Untertänigkeit
Untertänigkeit KS-336:19

untertauchen
untergetaucht E:M-116:28

unterwegs
unterwegs E:AN-270:17

unterwerfen
unterwerfen E:B-197:28; E:Z-233:34
unterworfen E:K-71:26; 74:35; KS-
  307:21; 332:17; 390:33; 393:8; 396:5
unterworfenen E:K-36:16

Unterwerfung
Unterwerfung E:C-227:3; KS-378:13

Unterwürfigkeit
Unterwürfigkeit KS-361:25

unterzeichnen
unterzeichnet E:K-41:22; 44:12; 99:19
unterzeichnete E:K-70:10; KS- 459:9,
  25; 460:6
Unterzeichnete KS-455:26

unterziehen
unterziehn KS-421:15
unterzogen KS-416:18; 422:28; 450:8;
  458:15; 459:4

Untier
Untier E:AN-277:24

untröstlich
untröstlich E:M-108:30; E:AN-274:11

untrüglich
untrüglich E:Z-251:22

Untugend
Untugend KS-406:9
Untugenden KS-334:15

unüberlegt
unüberlegt E:M-117:11
unüberlegte E:Z-232:8
unüberlegten E:K-42:11

unüberschwenglich
unüberschwenglichen KS-409:8

unübersteiglich
unübersteiglichen KS-393:8

unüberwindlich
unüberwindliche KS-336:12
unüberwindlichen KS-383:32

unüberwunden
unüberwunden KS-446:30

unumwunden
unumwundene E:K-71:27

ununterbrochen
ununterbrochene KS-455:12
ununterbrochenen KS-440:24

unverantwortlich
unverantwortlichen E:K-84:8
unverantwortlichste E:AN-272:8

unverbesserlich
unverbesserlicher   E:AN-267:16

Unverbesserlichkeit
Unverbesserlichkeit   E:AN-275:2

unverbrennlich
unverbrennliche   E:AB-286:28,30

unverfälscht
unverfälschten   E:M-121:30

unverfänglich
unverfängliche   KS-361:4

unvergeßlich
unvergeßlichen   KS-407:32; 450:19

unverhältnismäßig
unverhältnismäßig   KS-398:13

unverhofft
unverhofft   E:Z-230:34

unverkennbar
unverkennbar   KS-301 : 33;   318 : 28;
403:24
unverkennbaren   KS-311:19

unverklausuliert
unverklausuliert   E:AN-269:18
unverklausulierten   KS-391:25

unverletzlich
unverletzlich   KS-321:28

unvermeidlich
unvermeidlich   KS-342:11
unvermeidliche   E:M-119:12; 127:19;
E:AN-275:33; KS-333:6; 334:26
unvermeidlicher   E:K-34:14

unvermutet
unvermutet   E:F-213:4
unvermuteter   E:V-184:12

unvernehmlich
unvernehmlichen   E:K-83:8

unvernünftig
unvernünftige   E:K-38:22

unverschämt
unverschämte   E:K-12:28
Unverschämten   E:M-121:4
unverschämtesten   E:C-218:7; E:VAR-
295:21

unverstanden
unverstanden   KS-450:18

unverständig
unverständiger   KS-323:36

unverständlich
unverständliche   E:K-95:33
unverständliches   KS-323:8

unverwandt
unverwandt   E:K-103:4; E:M-121:33;
E:V-178:29

Unverwerflichkeit
Unverwerflichkeit   E:AN-281:3

unverzüglich
unverzüglich   E:K-67:5; 75:3; 84:19;
88:9; E:V-178:12; E:F-206:17; KS-372:18

unvollkommen
unvollkommen   E:Z-260:30; KS-333:3
unvollkommene   KS-394:14
unvollkommenen   E:V-194:1
unvollkommnen   KS-304:2

Unvollkommenheit
Unvollkommenheit   KS-385:33

unvollständig
unvollständig   E:F-214:38
Unvollständiges   E:K-68:37

unvorsichtig
unvorsichtig   E:K-96:27
unvorsichtige   E:K-84:25

unvorteilhaft
unvorteilhaften   KS-305:26

unwahrhaftig
unwahrhaftigen   KS-377:4
unwahrhaftiger   E:Z-241:16

Unwahrhaftigkeit
Unwahrhaftigkeit   E:K-42:35
Unwahrhaftigkeiten   KS-326:9

unwahrscheinlich
unwahrscheinlich   E:K-64:8
unwahrscheinliche   E:AN-277:30

Unwahrscheinlichkeit
Unwahrscheinlichkeit   E:K-67:32

unwandelbar
unwandelbar   KS-301:25
unwandelbare   KS-415:27

unwert
unwert   KS-388:34

unwiderstehlich
unwiderstehlich   KS-309:13

Unwille
Unwille   E:F-206:25
Unwillen   E:V-163:25; 166:31
Unwillens   E:K-87:28; E:E-155:3; E:V-176:37; KS-369:23

unwillig
unwillig   E:M-116:8; E:B-196:11; E:Z-249:1

unwillkürlich
unwillkürlichen   E:K-95:11; E:B-198:3

unwirksam
unwirksam   E:K-40:9

unwissend
unwissend   E:K-59:37; E:M-134:26; E:E-146:31; E:Z-238:7
unwissendsten   KS-324:17

Unwissenheit
Unwissenheit   E:K-32:18; 46:2

unwissentlich
unwissentlichen   E:M-124:19

unwitzig
unwitzigen   KS-417:6

unwürdig
unwürdig   E:M-134:38

unzählig
unzähligen   KS-314:1; 433:2

unzeitig
unzeitiges   E:Z-245:7

Unzelmann
Unzelmann   E:AN-270:2,7

unzerstörbar
unzerstörbares   KS-305:8

unzertrennlich
unzertrennlichen   KS-416:4

Unziemlichkeit
Unziemlichkeiten   E:K-52:37; 77:27; 79:4

unzufrieden
unzufrieden   E:K-34:20; E:F-201:18; E:Z-233:20; KS-418:3
Unzufriedenen   KS-435:13

Unzufriedenheit
Unzufriedenheit   E:K-52:36

unzweckmäßig
unzweckmäßig   KS-455:27
unzweckmäßigen   KS-426:7
unzweckmäßigste   KS-417:3

unzweideutig
unzweideutig   E:K-98:9
unzweideutige   E:Z-248:26
unzweideutigsten   E:Z-241:34

Unzweideutigkeit
Unzweideutigkeit   KS-430:25

unzweifelhaft
unzweifelhaft   E:M-130:20; KS-316:15; 318:28; 341:19

üppig
üppig   E:C-223:13
üppigen   E:K-81:5
üppiges   KS-325:21
üppigsten   KS-311:28

uralt
uralte   E:C-217:29; E:AB-283:21; E:VAR-295:5; KS-335:21
uralten   E:C-218:27; E:Z-243:35; E:AN-262:25

Urbild
Urbild   KS-378:32

Ureinfalt
Ureinfalt   KS-384:28

Urenkel
Urenkel   KS-376:28

Urheber
Urheber   E:K-57:22; E:AB-286:3; KS-369:12; 426:35; 435:17
Urhebern   KS-427:5

Urlaub
Urlaub   E:Z-256:35

Ursache
Ursach   E:K-27:13; 28:37; KS-369:16;
418:4; 440:9
Ursache   E:K-51:18; E:M-136:36; E:V-
163:16; E:B-197:35; E:F-203:27; E:Z-
244:13; KS-308:8; 416:17
Ursachen   E: M-115: 28; KS-301: 29;
311:3; 328:31; 410:4; 437:35

Ursprung
Ursprung   E: M-126: 37; KS-326: 33;
333:19; 378:31; 396:36; 398:7; 437:32
Ursprungs   E:V-165:26

ursprünglich
ursprünglich   E:K-59:13; KS-400:27;
454:31
ursprüngliche   KS-329:26
ursprünglichen   KS-410:17

Urteil
Urteil   E:K-65:11; 94:35; E:M-121:15;
E:E-149:3; E:Z-240:29; 242:35; 244:16;
248:20; 253:32; 254:32; 259:9; KS-320:18;
324:20; 346:30; 355:32; 407:18; 455:1
(17)
Urteils   KS-304:30; 326:11; 422:31

urteilen
urteile   E:M-120:14; KS-316:6
urteilen   E: M-106: 15; 121: 23; KS-
306:31; 370:30; 448:9
urteilt   E:V-164:13

Urteilskraft
Urteilskraft   KS-408:4

usw.
usw.   E:K-43:19; KS-304:34; 348:3;
383:21; 387:36; 411:26; 414:8; 426:20;
444:20; 454:7   · (10)

V...
V...   E:M-104:19,28; 126:17; 128:8,12;
130:6; 131:9; 132:33; 133:6,21; 143:26
(11)

Vagabond
Vagabonde   KS-427:27
Vagabonden   KS-425:7; 426:10

Vakuum
Vakuum   KS-329:31

Val
Val   KS-427:34,35; 428:3

Valence
Valence   E:AB-288:23

Valerio
Valerio   E:F-213:28

Van
Van   KS-432:2

Vanini
Vanini   KS-409:23

Variante
Varianten   E:AB-292:1; E:VAR-292:1

Variation
Variationen   KS-409:5

Vasall
Vasall   E:AB-288:34; 289:1
Vasallen   E:Z-229:25

Vater
Vater   E : K-25 : 22; 59 : 36; 96 : 25;
E : M-104 : 8, 21; 107 : 1; 109 : 18, 29,
37; 110 : 22; 115 : 37; 116 : 2; 118 : 20,
22; 120:25,34; 121:5,7,18; 124:9; 125:9,
17,38; 127:2; 130:16; 134:12,25; 135:3,
15; 136 : 36; 137 : 21; 138 : 36; 139 : 12,
25, 37; 140 : 11; 141 : 19, 22; 142 : 10,
15; E:E-151:1; 153:14; 154:16; 156:26;
157 : 2; 158 : 2; E : V-165 : 20; 167 : 23;
168:26; 172:33; 173:38; 175:25; E:F-
199:22; 201:22; 202:14; 203:4; 208:21,
29; E:Z-239:36; 252:28; 258:6; E:AN-
272 : 1; KS-313 : 2; 325 : 20; 328 : 24;
344:31; 350:14,18; 351:6,13,22; 352:5,
33; 353:3,21,26,28; 354:13,20,29; 355:8,
13, 31, 35; 356 : 3, 5, 16, 17; 357 : 7, 20,
31; 358:2,5; 359:6,14,26,36; 360:11,20,
24; 413:37; 432:9   (102)
Väter   KS-312:28; 335:21
Vaters   E: M-120: 7; 125: 10; 131: 35;
138:27; E:V-169:6; 191:31; E:F-203:36;
E: C-221 : 4; E: Z-235 : 20, 33; 241 : 29;
253:10; KS-335:3; 398:36; 450:5   (15)

Vaterfreude
Vaterfreude   E:E-149:30

Vaterland
Vaterland   E:V-164:14; 195:10; E:C-
219:29; KS-310:13; 350:12; 351:5,8,24;
353:32; 356:30; 360:8; 369:32; 374:18;
376:9; 382:24; 458:16; 459:5   (17)

Vaterlande   E:M-112:34; E:V-160:27;
172 : 23; E : AN-273 : 1; KS-351 : 4, 27;
357:21,22; 368:9; 376:17   (10)
Vaterlandes   KS-351:26; 359:31
Vaterlands   E:AN-274:18

vaterländisch
Vaterländische   KS-421:10
vaterländischen   KS-457:15,27; 458:9,
22,35
Vaterländischen   KS-420:34
Vaterländisches   KS-418:26

väterlich
väterliche   E:Z-237:14
väterlichen   E : M-134 : 7; E : Z-236 : 5;
256:23
väterliches   E:E-149:4; E:Z-261:4

Vatermördergeist
Vatermördergeist   KS-354:31

Vaterschaft
Vaterschaft   E:V-169:11

Vaterstadt
Vaterstadt   E : V-168 : 20; 173 : 37; KS-
447:14

Veit
Veit   E:C-220:34; 221:2; 224:32

Velinpapier
Velinpapier   KS-447:30

Vendôme
Vendôme   KS-383:6

Venedig
Venedig   E:AN-272:32; 273:34; 274:4,
12

venezianisch
venezianischen   KS-331:11

Venus
Venus   KS-342:9

verabreden
verabredet   E:V-184:31
verabredete   E:C-221:32; KS-428:7,21
verabredeten   E:C-216:28; E:Z-256:33;
E:VAR-294:11

verabredetermaßen
verabredetermaßen   E : V-187 : 9; KS-
413:11

Verabredung
Verabredung   E:V-187:30; E:Z-252:6,
35; 257:10; KS-333:31; 453:2

verabscheuen
verabscheue   E:AN-275:27
verabscheuen   KS-369:19

verabscheuungswürdig
verabscheuungswürdigen   KS-354:23
verabscheuungswürdiges   E:Z-249:13

verabschieden
verabschiedet   E:Z-257:38

Verabschiedung
Verabschiedung   E : F-206 : 18; E : Z-
251:26

verachten
verachten   KS-336:37
verachtete   E:M-128:6

verächtlich
verächtlich   KS-356:26

Verachtung
Verachtung   E : K-39 : 11; 56 : 12; E : E-
152:31; E:V-187:22; E:Z-240:17; 242:7;
259:29; KS-313:29; 376:13

verachtungsvoll
verachtungsvoll   E:Z-251:36

verändern
verändert   E : V-188 : 28; KS-367 : 18;
421:17; 455:2
veränderte   E : F-199 : 28; 200 : 32; KS-
421:29
veränderten   E:Z-246:30

Veränderung
Veränderung   E:K-78:19; E:M-119:35;
E:C-224:11; KS-344:4; 392:26
Veränderungen   KS-390 : 32; 419 : 30;
458:9,34

veranlassen
veranlasse   E:K-86:24; E:VAR-296:34
veranlassen   E : K-85 : 7; KS-392 : 10;
394:31; 445:10
veranlaßt   E:K-51:26; 52:3; 72:32; E:V-
193:7; E:Z-236:38; KS-402:22; 449:22;
457:8
veranlaßte   E:E-158:13; E:AN-269:30;
KS-438:36
veranlaßten   E:K-71:34; KS-395:29

Veranlassung
Veranlassung   E : K-19 : 13, 14; 50 : 25;
E:F-203:20,33; E:C-220:33; E:Z-233:38;
E:AN-274:25; KS-394:11; 428:1; 437:36;
438:4; 439:18   (13)
Veranlassungen   KS-394:19

veranstalten
veranstalten   KS-367:20
veranstaltet   E:Z-252:27

Veranstaltung
Veranstaltung   E:K-81:27; E:M-143:18;
E:V-193:26; E:Z-229:21
Veranstaltungen   E : V-181 : 8; KS-
452:18

verantworten
verantworten   E:V-178:3; 191:16

verantwortlich
verantwortlich   E:K-80:6

Verantwortlichkeit
Verantwortlichkeit   KS-455:5

Verantwortung
Verantwortung   E:K-56:6; 94:22; E:Z-
236:12

verarbeiten
verarbeiten   KS-372:17

verbeißen
verbiß   E:K-14:7

verbergen
verbarg   E:M-135:21
verberge   E:F-210:36
verbergen   E : K-17 : 25; 84 : 22; 88 : 31;
E:M-117:33; E:V-173:28; 183:24; E:F-
212:5; KS-365:6,18
verbergend   E:Z-233:1
verbergt   E:V-179:31
verborgen   KS-423:17

verbessern
verbessert   KS-421:17

Verbesserung
Verbesserung   KS-421:25

Verbeugung
Verbeugung   E:M-112:35

verbieten
verbiete   E:M-133:13
verboten   E:K-69:9; E:V-161:23; 178:17;
E:AN-270:6,13; KS-361:21

verbinden
verbinden   E:K-78:1; E:E-156:9; E:AN-
278:21; KS-387:31
verbunden   KS-347:35; 357:24; 359:30
verbundene   E:K-51:19
verbundenen   E : K-76 : 25; KS-391 : 30;
395:22; 405:20; 445:7

verbindlich
verbindlich   E:Z-232:30
verbindliche   E : K-51 : 13; E : M-110 : 26;
112:35; 130:25
verbindlichen   E:K-64:24; E:M-105:36
verbindlichsten   KS-454:22

Verbindlichkeit
Verbindlichkeit   E : K-74 : 1; E : M-
111:20; 117:30

Verbindung
Verbindung   E:K-74:21; 75:12,18; E:M-
118:9; E:E-144:17; E:F-201:33; 203:36;
210:14; 211:17; E:C-221:9; E:Z-229:2;
240 : 24; KS-319 : 36; 329 : 23; 362 : 10;
414:18; 446:7; 447:12   (18)
Verbindungen   KS-368:36

Verbindungswort
Verbindungswörter   KS-320:6

verbitten
verbitte   E:K-76:29

verbittern
verbittert   KS-437:16

verbleichen
verblichen   E:M-108:25

Verblendete
Verblendete   E:Z-252:13

Verblendung
Verblendung   E:Z-259:28

Verbot
Verbot   KS-336:11
Verbote   KS-365:22
Verbots   E:F-203:36

verbrechen
verbrochen   E:K-81:37; E:V-177:22

Verbrechen
Verbrechen   E : K-78 : 26; 90 : 6; E : M-
134 : 29; E : E-144 : 5; E : V-183 : 20; E : Z-
248:14; E:AN-262:25; E:AB-285:31; KS-
426:35; 427:5; 430:10   (11)
Verbrechens   E:Z-251:18; KS-435:18

Verbrecher
Verbrecher   E:F-214:21; KS-428:11
Verbrechern   KS-426:32
Verbrechers   KS-427:12

Verbrecherin
Verbrecherin   E:Z-240:4; 241:14

verbrecherisch
verbrecherisch   KS-303:6
verbrecherische   E:K-75:12

Verbrecherkolonie
Verbrecherkolonie   KS-333:14

verbreiten
verbreiten   E:K-64:8; KS-438:5; 440:7
verbreitet   E:Z-244:22; E:AN-273:13, 20; KS-343:20; 428:14
verbreitete   E:E-153:28; KS-389:25; 414:27
verbreiteten   E:K-40:5; KS-439:30
verbreitetest   KS-347:16

Verbreitung
Verbreitung   KS-363:5,7; 421:35; 425:3; 434:12

verbrennen
verbrannt   E:K-77:17; E:AB-290:26
verbranntes   E:V-173:5
verbrenn   KS-401:25

verbürgen
verbürgen   KS-399:35; 435:30
verbürge   E:K-29:5

Verdacht
Verdacht   E:K-68:20; E:V-186:23; E:Z-232:4; 233:6; 239:33; 242:14; 257:37; E:AN-281:16; KS-437:29,32,35; 438:1   (12)

verdächtig
verdächtige   KS-429:30

verdammen
verdammt   E:K-56:17; E:M-130:2; E:F-215:12; E:Z-251:20; KS-336:21
verdammte   E:K-31:14
verdammten   E:AN-281:19
verdammter   E:C-223:36

Verdammnis
Verdammnis   E:K-43:17; E:V-165:28; E:Z-251:32; 255:26

verdanken
verdanke   E:M-134:4
verdanken   E:M-143:7; E:F-206:13; KS-338:18; 427:29
verdankt   KS-432:34

Verdeck
Verdeck   KS-331:14; 401:24

verdecken
verdeckte   KS-308:24
verdeckter   E:K-40:13

verderben
verderben   E:K-88:35; E:Z-241:13; 260:35; E:AN-277:25; KS-332:18; 334:26; 335:10; 369:11
Verderben   E:K-39:21; 45:4; 64:5; E:E-146:11; 148:35; E:Z-248:19; 251:35; KS-358:2; 376:11; 382:7   (10)
verderbt   E:C-226:38; KS-379:29
verderbte   E:M-135:25
verderbter   E:Z-255:2

verderblich
verderblich   E:K-38:6; KS-316:1; 359:28
Verderblichen   KS-326:13

Verderblichkeit
Verderblichkeit   E:K-44:21

verdienen
verdiene   E:M-117:19; KS-355:12
verdienen   KS-307:19
verdient   E:Z-250:35; 260:18; KS-306:32; 359:35; 392:17; 395:19; 396:34; 407:23; 414:11; 421:4; 433:12   (11)
verdiente   KS-411:12

Verdienst
Verdienst   KS-435:7; 443:37
Verdienstes   KS-385:32

verdienstlich
Verdienstliche   KS-422:17

Verdienstorden
Verdienst-   E:M-106:38

verdoppeln
verdoppeln   KS-427:11

Verdoppelung
Verdoppelung   E:V-170:15; E:C-217:21; E:VAR-294:35

verdrängen
verdrängen E:F-213:36; KS-410:35
verdrängt E:E-147:5; KS-409:2

verdrießen
verdrießen KS-455:10
verdroß E:K-46:14

verdrießlich
verdrießlichen E:K-46:12; 60:13
verdrießliches E:V-171:12

Verdrießlichkeit
Verdrießlichkeiten E:K-29:1

verdunkeln
verdunkelt KS-379:14

veredeln
veredelt KS-314:9

verehren
verehren E:M-135:35
verehrenden E:Z-230:33
verehrst E:K-83:8
verehrt E:Z-257:31; KS-447:15

Verehrung
Verehrung E:K-50:36; KS-355:12

verehrungswürdig
verehrungswürdigste E : M-122 : 5;
141:5; E:Z-244:36
verehrungswürdigsten E:K-44:12

vereinen
vereinter E:M-116:11

vereinigen
vereinigen E:K-40:21; KS-426:31
vereinigt E:K-52:22; 82:18
vereinigten E:F-202:1; 212:9; E:AN-281:1

vereinzelt
vereinzelten E:K-37:13

verengen
verengen KS-397:25

verewigen
verewigten KS-402:31; 403:4,15; 456:2

verfahren
verfahre E:K-88:22
verfahren E:K-23:36; 42:3; 53:16; 89:30;
E:M-112:2; E:Z-231:34; KS-338:1
verfährt KS-415:31
verfuhren KS-332:20

Verfahren
Verfahren E : K-26 : 31; 49 : 24; 73 : 38;
E : M-137 : 10; E : B-197 : 13; E : Z-246 : 19;
KS-337:31; 367:1; 372:20; 416:37; 433:14,
19,25,29   (14)
Verfahrens E:K-68:35; 78:9; 98:2; KS-324:21

verfallen
verfallen E:K-16:11; E:V-186:38
verfallenen E : K-36 : 24; E : M-126 : 25;
E:Z-247:29
verfallener E:K-25:32
verfiel E:K-74:16; 90:18; E:F-203:32;
208:35
verfielen E:Z-261:10

Verfälschung
Verfälschungen KS-428:33

verfassen
verfaßt E:K-23:23
verfaßte E:K-21:6; 31:13; 34:9; 36:9;
88:37

Verfasser
Verfasser E : M-134 : 18; E : AN-281 : 1;
KS-385 : 1; 391 : 22; 440 : 16; 442 : 4. 8.
34; 456:7,31,32   (11)
Verfassers KS-422:3; 456:23

Verfasserin
Verfasserin KS-419:32; 420:17,22

Verfassung
Verfassung KS-357:11; 382:29; 405:28,
34; 406:20

verfechten
verfechten E:Z-245:10

verfehlen
verfehlen E:V-187:27
verfehlt E:K-87:31

verfertigen
verfertigen E:VAR-293:16; KS-326:32;
341:8; 428:36
verfertigt E:Z-231:10,24; KS-372:19
verfertigte E:K-100:4

Verfertigerin
Verfertigerinnen KS-399:3

Verfertigung
Verfertigung KS-322:3

verfinstern
verfinstert   KS-407:34

Verfinsterung
Verfinsterung   KS-407:35

verflechten
verflochten   KS-304:35

verfließen
verfloß   E:K-18:32; E:V-183:6; E:F-204:38
verflossen   E:K-31:21; E:M-126:17; E:AN-272:25; 278:33; KS-309:38; 344:8; 406:13
verflossene   E:Z-236:19; 257:25
verflossenen   E:K-17:27; 96:29; E:M-120:38; E:V-165:3
verfloßnen   E:E-152:13

verfluchen
verfluchend   E:K-59:36; E:F-215:9
verflucht   E:M-124:13; E:Z-251:29,31
verfluchter   E:AN-265:4

Verfluß
Verfluß   E:AN-274:14

verfolgen
verfolg   E:K-45:16; KS-437:27
verfolgen   E:M-129:33; KS-321:35; 386:9
verfolgt   E:K-65:34; 93:9; E:E-158:1; E:V-162:19; 166:1; 194:34; KS-342:5; 415:33
verfolgte   E:K-54:13; E:M-125:20
verfolgten   E:V-170:22; E:F-199:21
Verfolgter   E:V-177:1

Verfolger
Verfolger   E:V-174:16

Verfolgung
Verfolgung   E:V-165:35; 189:25; E:Z-241:14
Verfolgungen   KS-434:26

verfügen
verfügen   E:M-118:27; 142:3; E:E-151:3; E:V-167:26; E:B-196:12; E:Z-253:4
verfügt   E:C-222:3; KS-371:19
verfügte   E:K-39:4; 55:31; 69:23; 73:4; 75:2; E:M-108:26; E:C-218:11; E:Z-250:15; E:VAR-295:24; 296:23; 297:25; KS-430:16   (12)
verfügten   E:C-216:32; E:VAR-294:14

Verfügung
Verfügung   E:K-50:6; 63:32
Verfügungen   E:K-10:28

verführen
verführe   E:K-15:15; 90:1
verführen   E:V-175:33; KS-329:12; 332:29; 345:4
verführst   KS-351:13
verführt   E:K-42:36; 45:21; 49:19; 50:7; E:M-125:8; KS-308:6; 311:19; 357:24
verführte   KS-351:14

Verführung
Verführung   E:F-201:30
Verführungen   KS-305:5

Vergangenheit
Vergangenheit   E:M-123:7; E:E-151:18; KS-306:10; 366:19; 373:21; 406:10; 420:10

vergeben
vergab   E:K-48:9,14; KS-306:17
vergebe   E:K-30:29
vergeben   E:K-30:28; 47:13; 48:11,18; 79:12; E:M-141:8; E:V-175:29; 178:23; 183:26; 186:23; KS-369:22   (11)
vergib   E:K-30:25; E:M-132:17; E:VAR-293:10; KS-354:20; 374:19

vergebens
vergebens   E:K-30:13; 38:18; 41:35; 43:27; 48:24; 63:8; 93:38; E:M-105:24; 108:37; 116:13; 131:14; 142:5; E:E-145:15; E:V-165:2; 190:8; 193:21; 194:4; E:B-198:28; E:F-214:23; E:C-217:3; 221:29; 222:8; E:Z-230:18; 233:19; 237:13; 238:27; 255:18; 260:16; E:AN-268:21; 275:17; E:AB-287:37; E:VAR-294:18; KS-303:36,37; 331:16; 342:2   (36)

vergeblich
vergeblich   E:K-57:8; E:F-203:9,25
vergebliche   E:K-93:25
vergeblichen   E:K-83:26; E:M-133:31; E:V-182:30; E:C-219:26; E:AB-284:25
vergeblicher   KS-305:30

Vergeblichkeit
Vergeblichkeit   E:Z-241:21; 244:9

Vergebung
Vergebung   E:K-64:32; E:V-173:16; E:F-213:13

vergehen

vergangenen E:K-103:21; E:Z-237:2;
240:16; KS-430:2
vergangenes KS-401:27
vergehen KS-354:26
Vergehen E:M-141:37
verging E:K-70:26, 26; E:M-131:38;
143:20
vergingen E:K-21:29; E:M-109:1; E:F-
209:24; E:AN-281:14

Vergehung

Vergehungen E:K-67:4; E:Z-241:28;
KS-322:9

vergelten

vergelten E:V-164:2

vergessen

vergaß E:K-95:31
vergessen E:K-29:13; 81:6; E:M-109:1,
32; 141:8; 142:12; E:V-169:13; E:C-
219:11; E:Z-248:14; KS-303:18,24; 316:5;
324:2; 353:13; 357:6; 405:34 (16)

Vergessenheit

Vergessenheit E:M-128:1; E:F-205:33;
KS-301:17; 331:27; 347:6

vergießen

vergießen E:AN-263:10
vergießend E:E-149:23

vergiften

vergiftet E:V-178:32
vergifteten E:V-168:15

Vergleich

Vergleich E:K-25:16, 21; 65:4; KS-
348:38; 443:5
Vergleichs E:K-94:25

vergleichen

vergleichen E:K-15:4
vergleichende KS-460:28
vergleichenden KS-420:15
vergleicht KS-332:24
verglich E:E-159:14
verglichen KS-334:33; 386:21; 456:34

Vergleichung

Vergleichung E:K-99:28; KS-323:33;
456:33

vergnügen

vergnügt E:M-136:18
vergnügten E:C-228:15
vergnügter E:M-136:32

Vergnügen

Vergnügen E:K-95:11; E:M-141:38;
E:E-151:5; E:AB-285:25; KS-306:37;
307:15; 308:22; 339:5, 35; 384:35,
35; 412:24; 414:33; 432:3; 442:33 (15)
Vergnügens E:Z-257:23; E:AN-275:9

vergolden

vergoldeten E:C-225:16

vergönnen

vergönnt KS-374:14; 436:32

vergöttern

vergötterte E:F-209:32

Vergötterung

Vergötterung E:F-212:23

vergreifen

vergriffen KS-394:28

vergrößern

vergrößern E:K-25:1
vergrößernden E:K-58:15
vergrößert E:C-223:2
vergrößerte E:Z-238:32; 255:13

Vergrößerung

Vergrößerung KS-402:19

Vergünstigung

Vergünstigung E:K-100:25

Vergütigung

Vergütigung E:K-64:17; 65:12; 69:13

Verhaft

Verhaft E:K-62:19

Verhaftbefehl

Verhaftbefehl E:K-51:20

verhaften

verhaften E:E-157:17
verhafteten KS-425:7; 426:9; 427:19

Verhaftung

Verhaftung KS-427:26

verhallen

verhallendes E:M-138:21
verhallt KS-375:22

verhalten

verhält KS-334:34; 337:34; 369:35;
415:2
verhalten E:M-105:1; 123:33; KS-
340:24

Verhalten
Verhalten   E:M-115:27; E:E-159:7
Verhaltens   E:M-107:26; 135:31

Verhältnis
Verhältnis   E:K-54:7,22; 63:36; 67:38;
85:25; E:M-127:8; E:V-170:3; E:AN-
269:24; KS-302:38; 315:11; 397:20; 416:2
                                                (12)
Verhältnisse   E:K-23:13; 99:6; E:M-
111:28; 127:25; 136:5; 139:17; E:E-153:7;
E:V-169:7; 188:25; E:Z-249:4; KS-305:32;
314:16; 319:25; 396:10; 419:25; 421:11;
450:30   (17)
Verhältnissen   E: M-139: 19; E: E-
156: 30; KS-302: 12; 305: 27; 310: 22;
318:23; 368:31
Verhältnisses   KS-404:10,12

verhältnismäßig
verhältnismäßig   KS-399:12

verhandeln
verhandelt   E: K-25: 15; 57: 21; 58: 2;
91:21

Verhandlung
Verhandlung   E:K-50:13; 52:25; 82:14
Verhandlungen   E:Z-234:6

verhängen
verhängen   E:Z-233:34
verhängt   E:K-43:18; E:M-134:30; E:E-
152:14; E:AB-285:22
verhängten   E:V-191:3

Verhängnis
Verhängnis   E:Z-234:38

verhängnisvoll
verhängnisvolle   E:K-100:21
verhängnisvollen   E: K-96: 1; E: Z-
244:24; 253:33; 259:18; KS-407:23
verhängnisvoller   E:K-87:2

verharren
verharre   E:AN-275:35
verharren   E:K-28:2
verharrte   E:M-113:28

verhaßt
verhaßt   E:M-132:27; E:E-145:27; E:V-
170:1; E:Z-240:14

verheeren
verheert   KS-356:24; 360:19
verheerten   KS-379:26

verheiraten
verheiratet   E:K-29:11; E:C-221:3; KS-
370:9; 387:28

Verheiratung
Verheiratung   E:F-203:32

Verheißung
Verheißung   E:K-96:3

verhelfen
verhalf   E:K-37:9
verhelfen   E:K-23:4; 51:1; E:M-118:35

verherrlichen
verherrlicht   KS-326:20; 351:12

Verherrlicher
Verherrlicher   KS-379:9

Verherrlichung
Verherrlichung   E:C-220:13

verhetzen
verhetzen   E:K-62:26

Verhetzung
Verhetzungen   KS-435:31

verhindern
verhindert   E:K-35:35; E:V-168:12; KS-
455:13
verhinderte   E: M-125: 21; E: E-146: 3;
E:Z-255:3; KS-439:2

Verhör
Verhör   E:K-67:6,15; 68:21; 73:15; E:M-
108: 6; E: Z-255: 32; E: AN-267: 21; KS-
428:2,8; 434:14,33; 437:7,23,26   (14)
Verhöre   KS-428:5
Verhörs   KS-434:6; 437:18

verhören
verhört   E:F-214:17
verhörte   E:Z-258:4; KS-437:20

verhüllen
verhüllte   E:Z-251:26

verhungern
verhungern   E:AN-281:27; 282:5

verhüten
verhüten   E: V-166: 23; KS-417: 18;
427:5; 440:35

Verhütung
Verhütung   E:E-153:31

verirren
Verirrte   KS-315:20
verirrten   E:C-227:8

Verirrung
Verirrung   KS-402:5

verjagen
verjagen   KS-429:19
verjagt   E:K-17:16; 63:17; KS-429:11

Verjagung
Verjagung   E:K-17:19

verjüngen
verjüngte   E:V-161:10

Verkauf
Verkauf   E:Z-258:9; KS-401:26; 442:5

verkaufen
verkaufen   E: K-12: 30; 25: 13; 27: 21;
    75:32; KS-441:19
verkauft   E:K-13:18; 27:34; 58:35; 59:31;
    E:V-170:20; KS-431:15,20; 442:15
verkaufte   E:K-31:30

Verkäufer
Verkäufer   E:K-26:25

Verkaufssaal
Verkaufssaal   KS-442:7

Verkehr
Verkehr   E:K-10:3; KS-334:13; 383:20;
    386:26
Verkehrs   E:K-22:21; KS-383:24; 385:20

verkehren
verkehrte   E:AN-271:4

verkennen
verkannt   E:V-173:13; KS-435:38
verkannten   KS-435:28

Verkettung
Verkettung   KS-394:20

verklagen
verklagt   E:K-79:8
verklagte   E:K-62:20; E:V-174:14

verkleben
verklebt   E:K-92:21

verkleiden
verkleidet   E:K-36:27; 38:4
verkleidetes   E:K-40:6

Verkleidung
Verkleidung   E:K-44:22
Verkleidungen   KS-428:31

verknüpfen
verknüpfen   KS-303:34

Verknüpfung
Verknüpfung   KS-311:7

verkrüppelt
verkrüppelten   KS-311:28

verkündigen
verkündigen   E:K-92:5
verkündigt   E:K-70:28

Verlag
Verlag   KS-459:9; 460:13
Verlage   KS-450:33

verlangen
verlange   E:K-46:17
verlangen   E:K-25:27; E:V-166:34; KS-
    432:17; 456:23
Verlangen   E: K-190: 30; KS-432: 17;
    456:23
verlangt   E:K-14:37; 43:24; E:V-166:38;
    E:AN-264:26; E:VAR-296:30; KS-312:12,
    12; 315:12; 368:5; 371:21; 452:30   (11)
verlangte   E:K-10:7; E:M-120:1; E:E-
    151:35; E:AN-281:31; KS-459:24
verlangten   KS-371:26

verlassen
verlaß   E:Z-251:3,7
verlasse   E:M-107:2; 125:1; KS-321:36
verlassen   E: K-14: 10; 16: 25; 27: 9;
    29: 32; 55: 10; 56: 2; 60: 3; 62: 1; 69: 16,
    28; 73: 28; 80: 17; 85: 2; 91: 5; E: M-
    104:19; 105:10; 113:37; 120:28; 122:16,
    22; 124: 28; E: E-156: 12; E: V-164: 15;
    177: 38; 182: 12; E: C-222: 22; 224: 13;
    E: Z-231: 37; 237: 27; 238: 31; 240: 26;
    241: 20; E: AN-262: 24; 263: 33; 272: 18;
    E:AB-284:19; 290:20; KS-321:12; 387:13;
    409:27; 419:10; 436:24   (42)
Verlaßne   KS-307:3
verlaßt   E:V-182:12
verläßt   KS-407:33
verließ   E: K-30: 30; 36: 4; 53: 32; 55: 8;
    65:21; 73:35; E:M-115:20; 124:14; 129:37;
    132:26; 142:17; E:V-178:14; 187:13; E:F-
    205:15; 208:33; E:Z-237:37; 256:35; KS-
    344:6; 443:9; 445:15   (20)
verließe   E:K-98:19

Verlassenschaft
Verlassenschaft   E:Z-241:29

Verlauf
Verlauf   E:K-20:31; 21:27; 24:7; 55:27; E:M-143:24; E:V-191:23; E:F-209:18; E:C-216:12; E:Z-236:14; 258:2; E:AN-266:4; 273:18; 277:11; E:VAR-293:30; KS-326:26   (15)

verlautbaren
verlautbart   E:Z-242:37

verlauten
verlauten   E:K-40:17; E:B-197:27

verlegen
verlegen   E:K-58:22; 65:8; 92:15; E:V-168:11; 186:9; KS-324:33
verlegene   E:AN-262:21
verlegenen   E:K-51:33; 80:18; E:M-107:37; 127:28
verlegnen   E:K-12:8
verlegnes   KS-323:10

verlegen
verlegt   E:M-104:3

Verlegenheit
Verlegenheit   E:K-52:2; 60:16; 84:21; E:M-110:22; 117:21; E:V-169:19; 173:27; E:F-212:4; E:C-217:28; 226:12; E:VAR-295:4; KS-454:12   (12)

Verleger
Verlegers   KS-418:28; 448:12

verleihen
verliehen   E:K-9:31

verleiten
verleiten   E:K-65:36
verleitet   E:K-37:38; KS-422:13

verletzen
verletzen   E:K-78:22; E:V-177:1; KS-369:30
verletzend   KS-324:6
verletzende   E:M-127:6; KS-369:4
verletzt   E:K-63:12; E:AN-266:29; 271:7
verletzte   E:Z-245:29

Verletzung
Verletzung   E:K-78:36; 89:14; 94:20
Verletzungen   E:E-152:4; KS-412:21

verleugnen
verleugne   E:K-78:29

Verleumder
Verleumder   E:Z-242:30

verleumderisch
verleumderischer   E:Z-255:25

Verleumdung
Verleumdung   E:Z-232:15; KS-334:19; 370:10; 416:9; 436:6
Verleumdungen   KS-435:22

verlieben
verliebte   E:AB-289:1
Verliebter   E:M-138:30

verlieren
verlieren   E:K-56:15; 92:19; 95:3; E:M-138:3; E:E-145:14; E:F-212:32; E:C-227:1; KS-310:30; 368:3; 412:28; 416:26   (11)
verliert   E:Z-240:20; KS-404:22
verlor   E:K-39:24; 71:11; E:V-174:4; E:F-211:9; KS-330:36
verloren   E:K-100:14; E:M-104:16; E:E-150:2; 157:14; E:V-161:32; 188:14; E:F-205:3; E:Z-235:19; 237:11; KS-302:21; 341:9; 343:14; 355:34; 364:14; 367:8; 381:11; 445:22   (17)
Verlorenen   E:K-99:22
verlornen   KS-393:21

verloben
verlobt   E:V-172:16; 191:14; 193:36; KS-368:34
Verlobten   E:V-181:30; 195:14

Verlobung
Verlobung   E:M-119:33; 140:7; E:E-159:17; E:V-160:1

verlöschen
verlöschend   E:K-35:37

Verlust
Verlust   E:K-16:3; 40:33; 41:4; E:AN-275:20; KS-381:3

verlustig
verlustig   E:K-16:35; E:Z-241:30

vermachen
vermachte   E:AN-263:18

Vermächtnis
Vermächtnis   E:V-160:20

vermählen

vermählen   E:M-117:10; 119:20,20,21;
141:20
vermählt   E:M-128:5; E:Z-235:21
vermählte   E:F-201:38; E:Z-235:36

Vermählung

Vermählung   E: M-111: 19; 117: 32;
128:2; 131:13; 139:15; 142:7,18; E:Z-
235:19; KS-371:1

Vermählungsfeierlichkeit

Vermählungsfeierlichkeiten   KS-384:31

vermehren

vermehren   KS-457:7
vermehrt   E:K-99:11

vermeiden

vermeiden   E: K-37: 35; E: M-115: 36;
131:5; E:V-193:25
vermeidend   E:M-116:15; E:V-184:14;
KS-412:21
vermied   E:M-134:9
vermiede   E:M-117:7
vermieden   KS-448:36

Vermeidung

Vermeidung   E:Z-245:16; 256:27

vermeintlich

vermeintliche   E:AB-287:10

vermessen

Vermessener   E:K-42:28
vermessensten   E:E-145:16

Vermessenheit

Vermessenheit   KS-321:8

vermieten

vermietete   E:E-145:8

vermischen

vermischen   E:Z-246:3
vermischt   E: E-152: 37; KS-346: 29;
409:6

vermissen

vermissen   E:K-39:23; E:V-181:25; E:F-
200:25; KS-314:12
vermißt   E: C-217: 21; E: VAR-294: 35;
KS-327:14
vermißte   E:V-182:21

vermittels

vermittelst   E:K-37:37; 96:9; E:V-187:4;
E:F-210:1; E:AN-280:19; E:AB-283:30;
285: 29; KS-326: 34; 340:31; 341: 2, 35;
385:24; 388:22,28; 389:30; 390:36; 392:27;
393:2,6,11; 402:11; 410:35; 431:7; 443:12
(24)

Vermittlung

Vermittelung   E:K-60:7; E:F-214:4

vermögen

vermochte   E:K-10:4; E:B-197:32; E:Z-
255:6; KS-445:2
vermöge   E:K-81:26; 84:30; E:V-193:26;
E:C-219:9; E:VAR-296:19
vermögen   E:B-198:9
vermögt   E:Z-240:25

Vermögen

Vermögen   E: K-54: 34; 99: 38; E: M-
125: 2; E: V-172: 29; E: F-202: 9; E: Z-
230:11; E:AN-263:19; KS-332:24; 335:7,
16; 404:22; 407:10   (12)
Vermögens   E: K-53: 33; E: M-112: 33;
143:17; E:V-195:12; E:F-201:25; E:Z-
235:32

Vermögensumstand

Vermögensumstände   E:B-196:19

vermuten

vermuten   KS-347:11
vermutete   E:AN-263:5

vermutlich

vermutlich   KS-411:15

Vermutung

Vermutung   KS-424:24

vernachlässigen

vernachlässigen   KS-316:32; 318:2
vernachlässigten   E: Z-256: 16; KS-
398:18

Vernachlässigung

Vernachlässigung   KS-410:25
Vernachlässigungen   KS-301:22

vernehmen

vernahm   E:M-138:20; E:F-207:3; E:Z-
249:30
vernehm   E:K-47:32
vernehmen   E:K-16:21; 82:28; 101:10;
E:M-112:8; E:C-221:8; KS-339:11

Vernehmen   KS-426:20; 430:3
vernehmt   E : C-227 : 11;   E : Z-235 : 9;
259:7; KS-376:23
vernimmt   KS-327:17
vernommen   E:K-32:10; 58:7; E:AN-
267:8; KS-320:36,37; 321:2

vernehmlich
vernehmlich   E:K-92:8
vernehmlichen   E:B-196:29

Vernehmung
Vernehmung   E:K-15:36

verneigen
verneigen   E:M-113:36
verneigte   E:M-116:38; 120:27,32; 142:2,
36

verneinen
verneinte   E:C-228:7

vernichten
vernichten   E: K-86:27, 27; KS-337:2;
369:11
vernichtend   E:Z-251:10
Vernichtende   E:M-123:12
vernichtender   E:K-93:15
vernichtet   E: M-141: 30; E: Z-252: 20;
KS-355:23; 368:21; 379:30
vernichtete   E:M-133:17

Vernichtung
Vernichtung   E:V-178:27; E:F-206:24;
E:Z-233:1; KS-310:34; 321:22; 415:5

Vernunft
Vernunft   E : M-138 : 8; KS-305 : 24;
316:23; 320:9; 370:3

vernünftig
vernünftig   KS-315:31; 318:21
vernünftige   KS-451:11
vernünftigen   E:Z-249:4
vernünftiger   KS-435:33

veröden
verödeten   E:K-31:11; E:Z-257:7,14

Verordnung
Verordnung   E:K-10:33
Verordnungen   E: K-12:11; KS-406:2,
37

verpflanzen
verpflanzen   KS-311:25,29
verpflanzt   KS-311:20

Verpflanzung
Verpflanzungen   KS-311:22

verpflichten
verpflichtet   E:K-89:10; E:AB-285:33
verpflichtete   E:K-26:26; 34:13; 39:32;
E:AN-266:1

Verpflichtung
Verpflichtung   E:K-69:10; E:Z-254:11;
KS-402:20; 410:21

verprassen
verpraßt   KS-309:34

verrammeln
verrammelten   E:K-38:14

Verrat
Verrat   E:V-171:1

verraten
verrät   KS-367:9
verraten   E:M-133:9; E:E-144:14; E:V-
167:3; 184:14; 191:13; E:F-207:7; E:Z-
231:3; 253:17
verrieten   KS-434:32

Verräter
Verräter   KS-375:9

Verräterei
Verräterei   E:V-164:2; 173:10

Verräterin
Verräterin   E: M-133: 10; E: V-184: 25;
185:10; 191:10

verräterisch
verräterisch   E:V-169:26
verräterischen   E:K-67:24; KS-359:29

verreisen
verreist   KS-387:11

verrenken
verrenken   E:K-19:12

verrichten
verrichten   E:M-133:30

Verrichtung
Verrichtungen   E:K-27:1

verriegeln
verriegeln   E: K-44: 35; 54: 15; 90: 25;
E:M-140:16; E:F-212:35
verriegelt   E:V-190:13; E:B-197:24; KS-
342:13
verriegelte   E:C-221:6
verriegelten   E:K-74:7

verrucht
verruchte   E:Z-239:32
Verruchte   E:Z-247:21
verruchten   E:Z-233:7

verrückt
verrückt   E:K-51:5; E:M-120:38; E:C-220:25; 224:28

Verrückung
Verrückung   E:K-41:22

Vers
Vers   E:K-30:25; E:VAR-293:9

versagen
versagen   E:V-161:22
versagt   E:K-45:30,34,36; E:M-132:30

Versailles
Versailles   E:AB-286:6

versammeln
versammeln   E:C-224:21; E:AN-273:32;
   KS-301:9; 413:16; 446:27; 448:21
versammelt   E:K-34:37; 46:9; 52:9;
   54:11; 55:4; 66:30; 81:29; E:E-147:35;
   E:V-161:1; E:Z-243:20; E:AN-273:11;
   274:8; KS-322:5; 389:7; 442:7   (15)
versammelte   E:E-157:5; E:C-216:22;
   E:Z-259:3; E:AB-289:28; E:VAR-294:5;
   KS-307:27
versammelten   E:K-11:15; 39:1; 68:12;
   E:Z-233:2; 259:19; 260:6; E:AN-273:26

Versammlung
Versammlung   E:E-155:17,32; 156:29;
   E:Z-229:21; 234:27; KS-331:20; 443:25;
   444:11; 445:18

versäumen
versäumt   E:K-48:3

Versbau
Versbau   KS-348:10,21

verschaffen
verschaffe   E:K-27:36
verschaffen   E:K-14:25; 15:31; 16:12;
   23:17; 28:28; 43:4; 53:16; 63:23; 78:5,
   18; 84:33; 85:24; 96:10; 100:23; 101:36;
   E:M-129:28; 139:25; E:V-180:34; E:Z-
   238:9; 257:9; 260:23; KS-326:29; 332:22;
   370:6; 381:34; 426:22   (26)
verschafft   E:K-21:23; 24:8; 45:13; 46:8;
   E:V-165:15; E:Z-258:33; KS-315:11;
   322:22; 324:17
verschaffte   E:K-36:20

verschämt
verschämt   E:K-29:8
verschämten   KS-398:27

Verschämtheit
Verschämtheit   E:V-172:18

verschanzen
verschanzten   E:V-161:5

Verschanzung
Verschanzung   E:Z-246:25

verscharren
verscharrt   E:K-101:3

verscheiden
verschied   E:B-196:17; E:F-203:14;
   E:AN-277:3
verschieden   E:K-57:23; E:C-227:32;
   E:Z-239:38; E:AN-266:3
verschiedenen   E:Z-253:23

verschenken
verschenken   E:F-210:4

verscheuchen
verscheuchen   KS-314:27

verschicken
verschickt   KS-459:24

verschieben
verschieben   E:AB-290:9
verschoben   E:V-173:20

verschieden
verschieden   KS-317:6,7; 319:14; 446:23
verschiedene   KS-319:14
verschiedenen   E:K-40:3; 52:26; E:M-
   119:27; E:F-203:7; E:AN-269:12; KS-
   339:24; 421:16; 425:4

verschiedenartig
verschiedenartig   KS-446:16
verschiedenartigsten   KS-448:16

Verschlag
Verschlage   E:K-91:7

verschlagen
verschlagenste   KS-375:8

verschleiern
verschleierten   E:Z-257:10

verschleudern
verschleudert   E:F-210:9

verschließen
verschließen   E:V-163:3; 167:10; 181:9;
   KS-312:18; 417:15
verschließt   E:M-140:15; E:V-179:33
verschloß   E:K-99:23; E:E-149:31; E:V-
   183:7; E:Z-238:3; E:AB-289:10
verschlossen   E:K-92:1; E:M-125:10;
   E:F-204:14; 206:9; 207:16; 212:36; E:C-
   223:5; E:Z-238:23; 257:16; KS-336:16;
   386:13   (11)

verschlimmern
verschlimmerte   E:K-87:1

verschlingen
verschlang   E:K-103:7; E:M-130:22
verschlungenen   E:C-225:11

verschlucken
verschlucken   E:K-73:21

verschmähen
verschmähten   KS-449:14

verschmerzen
verschmerzen   E:K-16:4
verschmerzte   E:Z-230:4

verschmitzt
verschmitzte   E:M-132:6

verschollen
verschollen   E:C-219:14
verschollenen   E:K-56:33

verschonen
verschonen   E:K-22:11; 24:20; 64:25;
   E:Z-232:27; 252:21; E:VAR-292:32; KS-
   437:7
verschont   E:E-153:29

verschränken
verschränkten   E:K-90:35; E:V-175:11;
   183:17

verschreiben
verschrieb   E:M-135:4
verschrieben   E:M-140:11

Verschreibung
Verschreibung   E:F-213:37

verschulden
Verschulden   E:K-29:36
verschuldet   E:K-63:33; E:V-177:20

verschütten
verschüttet   E:E-152:17

verschwägert
verschwägert   E:K-24:3

verschweigen
verschweigen   E:K-84:24
verschweigt   KS-362:22,27
verschwieg   E:M-122:36
verschwiegen   KS-375:15; 439:37
verschwiegenen   E:E-144:18

verschwenderisch
verschwenderisch   KS-408:27

Verschwendung
Verschwendung   KS-334:10

Verschwiegenheit
Verschwiegenheit   E:F-211:37

verschwinden
verschwand   E:K-32:11; 39:26; 44:20;
   49:3; 99:26; E:M-129:26; 141:23; 143:2;
   E:F-204:24; 211:1; E:AB-287:9,35   (12)
verschwinden   KS-342:31; 348:8
verschwindet   E:K-83:12; E:AN-276:33;
   KS-313:23
verschwunden   KS-396:8,11

verschwören
verschwor   E:K-56:19; E:F-215:11

Verschwörung
Verschwörung   KS-439:26

versehen
versah   E:K-13:1; E:VAR-292:12
versahen   E:C-216:26; E:VAR-294:9
versehen   E:K-10:23; 44:32; 87:8; E:Z-
   231:15; KS-395:9
versehene   E:C-218:4; 221:20; E:VAR-
   295:17
versehenen   E:K-22:26

Versehen
Versehen   E:K-88:4; KS-429:23
Versehens   E:K-14:34

versenden
versandt   KS-450:29; 459:23
versendet   KS-451:2

Versendung
Versendung   KS-385:35; 458:7

versenken
versenkt   E:V-179:15; 183:32; E:F-
   206:9; E:Z-239:24

versetzen
versetz   E:AN-264:30
versetzen   E:M-133:8
versetzt   E:K-86:15; E:M-138:11; E:V-
169:20; E:F-209:1; KS-340:19
versetzte   E:K-10:2,24; 14:18; 17:35;
18:21,27; 19:8; 29:2; 46:5; 69:32; 71:11;
72:26; 81:22; 84:38; 87:30; 92:17; E:M-
109:28; 110:15; 113:29; 117:15,27; 118:33,
38; 121:24,37; 122:14,26; 124:24; 129:7,
24; 130:20; 131:28; 132:5; 133:26; 134:32;
135:2,29; 136:2; 137:7,14,17; E:E-156:18;
E:V-162:24; 164:34; 167:4,16; 168:33;
169:8; 170:37; 176:37; 181:17; 182:6;
E:Z-248:27,38; 250:27,34; 252:22; 259:16;
260:31; E:AB-284:35; KS-316:4; 342:36;
343:5   (63)

Versetzung
Versetzung   E:F-210:35

verseufzen
verseufzten   KS-375:14

versichern
versichere   E:C-223:25; KS-373:17
versichern   E:M-130:13; E:AN-275:4;
KS-370:20; 374:29
versichernd   E:K-81:26; E:B-196:26
versichert   E:M-110:7; E:AN-270:14;
KS-315:35; 331:23; 352:15,16
versicherte   E:K-10:26; 12:11; 15:30;
17:36; 25:37; 31:29; 38:36; 51:18; 57:4;
68:21; 72:33; 74:6,9; 84:16,22; 85:26;
89:29; 102:9; E:M-106:3,35; 107:9,18;
110:1,9; 111:24; 114:21; 116:34; 118:17;
119:12,22; 120:24; 121:6; 123:4; 124:2,
29; 131:16; 142:15; E:E-158:35; E:V-
177:3; 184:24; E:B-197:25; E:F-212:2;
215:12; E:Z-236:20; 240:9; E:AN-263:35;
278:22; E:VAR-297:26; KS-339:4; 394:28
                                           (50)
versicherten   E:K-57:20; 68:38; E:F-
200:24

Versicherung
Versicherung   E:K-41:37; 44:27; 45:23;
84:6; E:M-112:20,21; 122:4; E:V-174:18;
180:18; E:C-220:22; 224:10; E:Z-248:1;
255:29; E:AB-290:17   (14)
Versicherungen   E:Z-240:22; 244:1

versiegeln
versiegelten   E:K-82:9; E:AN-274:3;
KS-432:5
versiegle   E:M-114:31

versinken
versank   E:E-145:33
versänke   E:V-193:29
versänken   E:E-156:11
versinken   KS-375:26; 377:11
versinkt   E:Z-258:34
versunken   E:K-41:18; E:E-147:1; 149:2;
E:F-212:30

versinnlichen
versinnlichen   KS-326:30

Versinnlichung
Versinnlichungen   KS-326:32

versöhnen
versöhnen   E:K-100:23; E:E-153:14;
E:V-177:32
versöhnt   E:K-48:34; E:M-141:7; E:E-
151:22; KS-369:27

Versöhnung
Versöhnung   E:M-124:10; 138:35;
139:13

Versöhnungsgeschäft
Versöhnungsgeschäft   E:E-153:16

versorgen
versorgt   E:K-75:33; 81:10; E:V-176:30

versperren
versperrt   E:C-225:7

verspotten
verspottet   KS-378:22
verspotteter   E:C-221:36

versprechen
versprach   E:K-12:13; 22:19; 23:10;
48:37; 69:29; 70:1; 74:28; 102:15; E:Z-
257:28; E:AN-266:1; 267:16; KS-389:23;
460:9   (13)
versprachen   E:K-21:20
versprechen   KS-449:29; 460:29
versprochen   E:K-52:12; E:V-189:6;
E:AB-283:34; E:VAR-292:14; KS-331:1

Versprechen
Versprechen   E:K-75:27; E:V-179:23;
195:4; E:F-206:19; E:C-228:2; E:AN-
266:9; KS-393:2; 443:35

versprützen
versprützte   E:K-32:15

Verstand
Verstand   E: M-123:14; 126:11; E:C-
217:18; KS-317:30; 324:23; 347:12; 356:9;
408:5,7,11; 412:20;   (11)
Verstande   E:VAR-294:32

verständig
verständig   E:Z-249:12
verständigen   E:K-79:2; KS-319:13
verständigsten   KS-412:14

verständigen
verständigen   KS-325:16

verständlich
verständlich   KS-442:18
verständlicheren   E:Z-254:3

verstärken
verstärkt   KS-321:21

verstatten
verstattet   E:K-16:23; 100:11; KS-420:6

verstecken
versteckt   E:K-20:17; 81:2; E:V-186:18
versteckte   E:K-81:17

verstehen
verstand   E:K-70:5; 84:16; E:M-143:1;
E:Z-260:31; E:AB-286:17; KS-442:30
verstände   E:K-59:23; E:M-109:23
verstanden   E:K-31:27; E: M-110:25;
E: V-180:34; E: F-200:21; E: Z-244:35;
E:AN-280:31; KS-357:16
verstehe   E: K-28: 12; E: M-115: 30;
120:14; KS-453:18
verstehen   E:K-22:7; 25:36; 27:2; E:M-
117:7; 119:23; 142:21; E: AN-280:26;
KS-346:23; 348:2; 442:14   (10)
verstehn   KS-338:26,26
verstehst   KS-319:11
versteht   E:K-16:22; 86:27; E:V-182:7;
KS-310: 26; 353: 30; 380: 23; 402: 21;
412:27; 427:3; 428:35   (10)

verstellen
verstellter   E:F-205:28

Verstellung
Verstellung   E:F-207:17; E:AN-275:29

versterben
verstorbene   E:V-160:17; E:AN-265:25
verstorbenen   E: K-94: 5; 96: 33; E: C-
224:30; E:Z-236:18; 257:30; KS-450:14

versteuern
versteuern   KS-401:16,22,32

verstimmen
verstimmt   KS-324:11

verstopfen
verstopfen   KS-380:2
verstopft   E:F-202:1

verstören
verstört   E:K-100:30; E:V-178:13; E:B-
196:26
verstörtem   E:E-155:2
verstörten   E: K-27: 22; 35: 10; E: E-
146:36; E:F-212:37
verstörter   E:M-129:29; E:F-204:22

verstoßen
verstieß   E:M-136:11
verstoßen   E: K-27:13; 45:24,24,26,28,
28; E:M-134:7
verstößt   E:K-46:6

Verstoßung
Verstoßung   E:M-130:31; E:Z-241:16

verstreichen
verstreicht   E:K-27:37
verstrich   KS-436:20
verstrichen   E:K-88:16; E:M-119:29
verstrichenen   E:K-70:35

verstreuen
verstreut   E:Z-238:10; 261:1
verstreuten   E:E-150:9

verstricken
verstricken   E:C-224:37

Verstümmelung
Verstümmelung   E:AN-267:1
Verstümmlung   E:Z-248:4

verstummen
verstummte   E:F-208:22

Versuch
Versuch   E:K-48:36; 60:23; 63:22; 89:24;
95:15; 99:14; E:M-129:38; E:E-145:17;
E:AN-276:6; KS-320:12; 343:34; 388:29;
389:11,30; 390:24,27; 391:6   (17)
Versuchen   E:K-43:3
Versuchs   E:K-100:22

versuchen
versuche   E:K-90:18; 93:34; E:M-133:31;
   E:F-215:6
versuchen   E:K-22:27; 93:28; E:M-
   113:13; E:V-165:8; E:AN-271:14; KS-
   336:17; 344:37; 402:8; 407:8
versucht   E:F-214:24; KS-382:3
versuchte   E:K-14:15; 30:13; E:V-
   175:10; E:F-208:26; KS-345:3

vertauschen
vertauscht   E:V-164:16

vertausendfachen
vertausendfachen   KS-312:7

verteidigen
verteidigen   E:M-104:26; E:V-161:30;
   KS-369:32; 446:17; 456:3
verteidigt   KS-381:24

Verteidiger
Verteidiger   E:Z-243:8

Verteidigung
Verteidigung   E:K-77:13; E:Z-236:34;
   239:9; 240:2,20; 241:18

Verteidigungsschrift
Verteidigungsschrift   KS-437:13

verteilen
verteilen   E:M-126:28
verteilt   E:K-34:26; 71:7; E:C-218:24;
   E:AB-290:27
verteilte   E:C-218:31; E:VAR-296:4

Verteilung
Verteilung   E:V-189:5

vertiefen
vertieft   E:K-44:7; E:C-225:23

vertikal
vertikal   KS-392:23

vertilgen
vertilgen   E:M-131:18; E:V-166:26
vertilgt   E:E-155:36

vertragen
vertragen   KS-316:24
vertrug   E:AB-287:30

vertrauen
vertrauend   E:V-189:8

Vertrauen
Vertrauen   E:M-120:7; 121:28; 136:1;
   E:C-226:13; E:Z-243:38; KS-362:12;
   400:7; 407:22
Vertrauens   E:Z-239:9

vertrauensvoll
vertrauensvolle   E:Z-245:3

vertraulich
vertraulich   E:M-134:5
vertraulicher   KS-330:34; 361:20

Vertraulichkeit
Vertraulichkeit   E:E-151:17

verträumen
verträumen   KS-318:12
verträumte   KS-318:10

vertraut
vertraut   E:M-126:33
vertraute   E:E-150:17
vertrauten   E:K-21:35; 49:36

vertreiben
vertreiben   E:F-214:1; KS-307:26
vertrieb   KS-373:34

verüben
verüben   E:K-64:1
verübt   E:K-16:8; 21:9; 23:1; E:E-156:3;
   E:V-171:1; E:F-212:10; E:Z-234:33;
   235:11; 258:36; KS-333:4   (10)
verübte   E:K-46:21
verübten   E:K-94:24
verübter   E:K-67:35

verunglücken
verunglückten   E:K-99:14

verursachen
verursache   E:K-21:35
verursachen   E:K-21:1; 44:38; E:AN-
   276:30
verursacht   E:K-29:28; E:AN-279:35
verursachten   E:K-98:26

verurteilen
verurteilt   E:K-77:15; 94:34; 102:6; E:E-
   145:4; E:F-214:17; E:Z-251:20; 254:29;
   E:AN-263:1; 268:18
Verurteilte   E:AN-270:17

Verurteilung
Verurteilung   E:K-88:3

Vervielfachung
Vervielfachung   KS-386:3

verwahren
verwahr   E:K-83:11
verwahren   E:AB-287:16
verwahrt   E:AN-275:16

Verwahrsam
Verwahrsam   E:K-97:16; E:Z-247:29

verwalten
verwaltete   E:F-201:21
verwalteten   KS-371:8

Verwalter
Verwalter   E:K-11:14,23,29; 12:24; 18:2,
   30; 19:20,31,35; 32:4; 48:16; 56:22,31;
   71:30; 73:17; E:AB-287:14   (16)
Verwalters   E:K-32:30; 68:36

verwandeln
verwandelt   E:K-95:2; E:E-145:6

Verwandlung
Verwandlungen   KS-376:29

verwandt
verwandt   E:K-22:3; E:V-160:17; KS-
   373:35

Verwandte
Verwandte   E: V-166:5; E: F-209:20;
   E:C-227:22; E:AB-289:29
Verwandten   E:K-34:12; 62:1; E:M-
   117:4; E:E-150:20; E:V-194:11; E:F-
   199:5; 205:37; 208:13; 209:34; KS-369:7
   (10)
Verwandtin   E:VAR-297:35

Verwandtschaft
Verwandtschaft   E: K-77: 31; E: V-
   165:36

verwarten
verwartet   KS-331:1

verweben
verwebt   KS-399:12

verwechseln
verwechseln   E:K-52:16
verwechselt   E:M-116:25

verwegen
verwegensten   KS-321:22

Verwegenheit
Verwegenheit   KS-321:31; 434:25

verwehen
verweht   E:C-219:7; E:Z-261:1; E:VAR-
   296:17; KS-402:1

verweigern
verweigern   E: K-86: 30; E: C-217: 10;
   E:VAR-294:24
verweigert   E:K-42:31; 43:1; 98:22
verweigerte   E:F-214:22
verweigerter   KS-431:27

Verweigerung
Verweigerung   E:K-27:31

verweilen
verweilen   E: K-18: 34; E: V-167: 29;
   181:38; KS-306:9
verweilenden   E:V-190:32
verweilst   KS-348:38
verweilt   KS-347:25
verweilte   E:V-175:35; KS-374:4
verweilten   KS-320:35

Verweis
Verweis   E:K-42:10; E:M-122:30; E:F-
   204:21

verweisen
verwies   E:K-69:37
verwiesen   KS-453:14

verwenden
verwendet   KS-411:1

Verwendung
Verwendung   E: K-76: 27; 87: 38; KS-
   367:25

verwerfen
verwarf   KS-370:33
verwerfe   KS-377:3
verworfen   E:Z-251:20; KS-377:17
Verworfene   E:Z-247:21

verwerflich
verwerflichen   E:K-77:25

verwesen
verwest   E:Z-235:2

verwettert
verwetterter   E:AN-265:5

verwichen
verwichenen   KS-394:22

verwickeln

verwickeln   E:M-118:12; E:C-221:10
verwickelnd   E:Z-246:33
verwickelt   E:K-68:28; 76:3; E:F-201:21;
    E:Z-231:11; KS-322:21; 387:12; 435:18
verwickelte   E:K-27:6; E:M-116:18
verwickelten   E:K-94:36; KS-319:19

verwildern

verwildertes   E:F-209:34

verwirken

verwirkt   E:K-75:27
verwirkten   KS-426:22

verwirren

verwirre   KS-350:18
verwirren   E:V-183:4; E:Z-254:2; KS-
    337:28; 344:24
verwirrt   E:K-45:15; 92:9; 97:38; E:M-
    135:9; E:E-150:31; 157:8; E:V-170:36;
    185:25; E:C-221:37; 226:24; E:Z-245:8;
    KS-343:35   (12)
verwirrte   E:M-115:16
verwirrten   E:M-107:30; E:V-176:5; KS-
    327:6; 373:3
verwirrter   E:V-175:31

Verwirrung

Verwirrung   E:K-17:25; 42:13; E:M-
105:15; 108:12; 140:20; E:E-150:32; E:V-
186:5; E:F-207:32; E:Z-254:7; E:AN-
276:31; KS-428:22   (11)

verwischen

verwischende   KS-415:28
verwischt   KS-373:21
verwischtes   E:M-125:5

verwitwet

verwitwete   E:M-104:4

verwöhnen

verwöhnten   KS-448:22

verworren

verworren   E:K-68:28; KS-322:37,38;
    328:8; 366:9; 434:19
verworrene   KS-320:3
verworrener   KS-304:8
verworrenst   KS-323:1

verwunden

verwunden   E:K-97:29
verwundet   E:M-116:17; E:E-151:11,
    14; 158:26; E:V-190:2; 191:37; E:AB-
    290:31
verwundete   E:Z-245:28
Verwundete   E:V-194:25
verwundeten   E:M-108:3; E:Z-235:29;
    E:AB-283:7

verwundernswürdig

verwundernswürdige   KS-325:24

Verwunderung

Verwunderung   E:M-110:5; KS-340:33

verwünschen

verwünschte   E:K-66:31
verwünschten   E:K-56:20
verwünschtes   KS-368:21

Verwünschung

Verwünschungen   E:K-39:17; E:E-
156:5; E:C-216:24; E:Z-238:3; E:VAR-
294:7

verwüsten

verwüstet   KS-360:19
verwüstete   E:K-37:34; E:V-160:30

Verwüstung

Verwüstung   E:K-56:35; E:AN-274:34

verzäunen

verzäunten   E:K-91:7

verzehren

verzehrte   E:AB-287:24

verzeichnen

verzeichnen   KS-340:14
verzeichnet   KS-420:22
verzeichnete   KS-379:6

Verzeichnis

Verzeichnis   E:K-20:26
Verzeichnissen   KS-404:2

verzeihen

verzeih   E:VAR-292:29
verzeihen   E:M-135:32,32; KS-309:4
verzeihn   E:M-122:29; KS-313:16;
    353:15
verziehe   E:AN-281:10
verziehen   E:M-143:22; E:Z-248:16
verziehenen   E:K-90:5

Verzeihung
Verzeihung   E:M-129:4; 132:38; 134:7, 8; E:Z-250:13; E:AN-272:19

Verzicht
Verzicht   E:M-142:20

verzieren
verziert   E:K-44:1

verzögern
verzögern   KS-397:21

Verzögerung
Verzögerung   E:K-21:35; 88:19; KS-371:12

Verzückung
Verzückung   E:F-207:2

Verzug
Verzug   E:K-55:31

verzweifeln
verzweifeln   E:Z-252:21
verzweifelt   E:M-110:34; KS-384:20
verzweifelten   KS-365:12

Verzweiflung
Verzweiflung   E:K-93:33; 99:8; E:M-134:25; 135:7; E:E-145:26; E:V-187:19; E:Z-239:28; 248:10; 249:16; 250:24; 251:24; 253:37; 256:5; 258:29; KS-305:23; 384:21   (16)

verzweiflungsvoll
verzweiflungsvoll   E:Z-251:11
verzweiflungsvollen   E:V-192:30

vest
Vester   E:AN-274:30

Vestris
Vestris   KS-341:4

Vetter
Vetter   E:K-50:4,18; 59:11; 62:5; 63:9; 70:21; 99:34; E:V-188:13,34; 191:2, 38; 192:4; 193:10; 195:14; KS-373:3, 17; 374:19,35; 417:27   (19)
Vettern   E:K-42:17; E:V-169:22; 193:35
Vetters   E:K-35:31; 56:30; 57:26; 58:7; E:V-191:32; E:F-209:19

Vicomte
Vicomte   E:AN-272:6; 274:23

Vieh
Vieh   KS-381:3; 398:4; 429:16,17

viehisch
viehischen   E:M-105:33

Viehseuche
Viehseuche   E:K-69:7

Viehstück
Viehstücks   KS-419:2

viel
viel   E:K-11:35; 16:33; 25:12; 82:13; 84:33; E:M-107:19; 141:36; E:E-149:23; 150:14; 152:4,13,37; 153:2; 159:2; E:V-175:8; 179:4; 180:28; 189:7; E:B-196:22; E:F-202:34; E:C-219:37; 224:23; E:AN-270:5, 20; E:AB-288:13; 289:14; KS-303:32, 35; 305:14; 311:35; 312:23; 324:22; 332:5; 339:5; 343:9; 345:19; 355:4; 358:27, 30; 364:16; 365:15; 407:12; 408:34; 431:17; 432:27   (45)
viele   E:K-100:10; E:M-112:25; 117:16; 127:38; E:E-144:4; E:C-225:10; E:Z-234:34; 235:25; 254:21; E:AB-287:31; KS-310:19; 322:7; 351:10; 357:31; 392:13; 403:33; 412:15; 453:17   (18)
vielem   E:K-32:7; 83:8; 91:33; E:M-125:16; E:V-182:30; E:F-202:37; E:AN-263:21; E:AB-289:33
vielen   E:K-74:38; 87:3; 98:23; E:M-118:2; E:E-150:21; E:V-170:6; 177:24; 194:37; E:F-210:5; E:Z-236:2; E:AN-262:28; 270:27; 279:20; E:AB-284:25; KS-310:5; 332:17; 351:9; 363:19; 367:6; 398:35   (20)
vieler   E:K-26:31; 29:16; 65:20; E:M-110:7; 115:35; E:E-151:12,17; E:F-208:37; 209:6; E:C-219:21; E:Z-231:31; E:AB-290:33; KS-328:34; 360:18; 399:29; 423:30; 446:23   (17)
vieles   E:M-131:12

vielfach
vielfach   E:K-29:1; E:C-225:11
vielfache   E:V-185:17
vielfachen   E:V-167:21
vielfacher   E:V-170:9
vielfachsten   KS-392:1

vielfältig
vielfältige   KS-418:32
vielfältigen   KS-446:12

vielleicht

vielleicht   E:K-10:22; 12:1; 18:19; 20:36;
23:2; 24:27; 25:24; 59:17; 69:21; 82:12;
84:29; 85:6; 87:36; 89:1; 95:1; 99:5;
E:M-108:33; 109:27; 111:7; 128:18; E:V-
173:1; 176:1; E:B-198:2; E:C-217:19;
228:5; E:Z-240:23; 248:31; 249:20; E:AN-
268:6; 279:8; E:VAR-294:33; KS-305:4,
22; 311:2,4; 313:14,17; 314:11,19; 319:15,
28; 321:23; 323:32; 324:3,26; 335:13;
342:14; 349:1; 355:36; 379:2; 381:8;
383:18; 384:8; 393:9; 398:26,36; 402:25;
413:29,31; 415:27; 416:10; 417:27; 438:22,
30; 439:12,25; 444:36; 449:35   (68)

vielmehr

vielmehr   E:K-34:12; 37:8; 39:32; 75:16;
76:30; E:V-172:31; 177:15; E:F-206:20;
E:C-219:22; E:Z-232:11; 247:37; E:AN-
273:23; KS-305:21; 306:35; 314:24; 319:8;
322:36; 323:1; 334:2; 337:2; 340:24;
348:11; 373:11; 375:3; 376:35; 378:27;
404:29; 407:1; 446:21   (29)

vielseitig

vielseitiger   KS-408:9

vielweniger

vielweniger   KS-338:13

vient

vient   KS-319:16,17

vier

vier   E:K-25:31,35; 40:15; E:M-119:13;
E:V-188:26; E:B-198:28; E:F-207:23;
E:C-216:18; 217:25; 219:6, 12, 24,
29; 220:3; 222:15; 223:16; 224:25; E:Z-
258:37; E:AN-273:9; 274:1; 281:14;
E:AB-289:16; E:VAR-294:1; 295:1;
296:16,23,35; KS-339:16; 385:21; 389:23;
401:11   (31)

vierfüßig

vierfüßigen   E:AB-287:6

vierhundert

vierhundert   E:K-52:35

viert-

vierte   KS-379:31
vierten   E:C-216:7; E:AN-267:19;
269:16; E:VAR-293:25; KS-343:36;
384:20; 385:13; 431:21; 453:13
vierter   E:K-26:34
viertes   KS-352:25

vierteilen

gevierteilt   E:K-77:16

Viertelbogen

Viertelbogen   KS-451:27; 452:3

Vierteljahr

Vierteljahr   KS-453:20; 455:23
Vierteljahren   E:AB-287:32

Vierteljahrgang

Vierteljahrgang   KS-460:8,14

vierteljährig

vierteljährig   KS-451:27; 452:5; 459:15,
16

vierteljährlich

vierteljährlich   KS-452:33

Viertelstunde

Viertelstunde   E:E-146:28; E:V-174:34;
E:F-211:7; KS-390:21

vierundzwanzig

vierundzwanzigste   KS-413:27

vierzehn

vierzehn   E:K-16:18; E:V-172:24; E:AN-
266:35

vierzehnt-

vierzehnten   E:Z-229:6
vierzehntes   KS-359:1

vierzig

vierzig   E:K-38:8

Villeneuve

Villeneuve   E:V-160:5, 22; 168:23;
169:15
Villeneuves   E:V-163:8

Violine

Violine   KS-444:33

Virtuose

Virtuosen   KS-335:30; 344:21; 444:3

vis

vis   KS-341:33

Vision

Vision   KS-370:33; 377:5

Vivatruf

Vivatrufen   KS-444:16

vive
vive   E:AB-283:17,17

Vizekönig
Vizekönig   E:E-151:36,37; 153:9,17
Vizekönigs   E:E-145:6; 149:2; 151:35

Vizeverwalter
Vizeverwalter   KS-400:26

Vogel
Vogel   KS-324:30,33,33; 325:11; 352:35; 353:12
Vögel   E:V-173:12; E:AB-285:3; KS-327:17
Vögeln   E:AB-284:36

Vogt
Vogt   E:K-10:32; 11:2; 19:19; 20:2

Vogtei
Vogtei   E:K-32:3,29; 34:7

Volk
Volk   E: K-38: 13, 29; 39: 18; 40: 1, 18; 41:20; 43:35; 55:4; 63:26; 82:22, 27, 38; 83: 7; 92: 28; 101: 20; 102: 36; E:E-147:14; 153:32; E:F-206:12; E:C-216:31; 223:33; E: Z-233:38; 259:14; E:AN-271:5; E:VAR-294:14; KS-326:25, 34; 351:1; 357:28; 359:28; 361:5,16,29, 29,31,31; 364:11; 365:6,18; 366:2,15, 18; 369:20; 381:31; 390:1,19; 411:33; 434:9; 435:34   (49)
Volke   E:K-61:14; 62:1; KS-322:8
Völker   KS-314: 26; 316: 25; 327: 1; 351:29; 357:29; 382:4
Völkern   KS-314:12; 378:36
Volks   E: K-37: 29; 38: 34; 39: 1; 49: 18; 55:38; 60:1; 63:11; 68:16; 75:1; 90:35; 92:21,34; 102:20; 103:13; E: F-202:38; E:C-224:2; E:Z-230:33; 242:5,24; 260:2; E:AN-270:31; KS-433:3; 454:20   (23)

Völkerrecht
Völkerrechts   E:K-78:36

Völkerschaft
Völkerschaften   E:AB-285:8; KS-442:2; 443:3

Volksbedrücker
Volksbedrücker   E:K-54:12

Volksblatt
Volksblatts   KS-396:32

Volksmenge
Volksmenge   E:C-222:7; E:Z-247:32

Volksstamm
Volksstamm   E:V-168:3

Volksverehrung
Volksverehrung   E:Z-232:18

Volkswut
Volkswut   KS-436:14

voll
voll   E:K-33:34; 42:35; 43:5; 58:24; E:M-122:37; 135:28; 138:29; E:E-147:7; 148:9; 149:28,33; 150:5; 151:31; 156:19; 158:32; E:V-170:27; 179:27; 183:18; 187:22; E:C-222:17; 223:20,27; E:Z-253:27; 256:24; E:AN-273:11; 275:5; KS-306:16; 399:9, 23; 435:5; 436:35; 444:2   (32)
volle   E:V-163:14; 165:24; 168:6
vollem   E:AB-289:15
vollen   E:E-144:20; 147:25; KS-304:37; 364:8; 435:7
voller   E:K-20:35; E:M-126:22
volles   E:AB-288:27

vollbringen
vollbracht   E:C-227:36; E:VAR-298:4; KS-354:11
vollbringen   KS-353:24

vollenden
vollenden   E:Z-257:1
vollendet   E:K-31:3; 72:4; E:M-120:12; 123:37; 132:25; E:E-149:29; KS-313:5
vollendeten   KS-450:11
vollendete   E:M-105:15
Vollendete   E:VAR-297:32
vollendeter   E:M-112:36

Vollendung
Vollendung   E: M-112:4; E: E-147:23; E:Z-261:13; KS-310:8; 328:21; 383:15; 407:20; 416:5

Völlerei
Völlerei   KS-334:21

vollführen
vollführt   E:Z-239:17

vollgültig
vollgültige   E:F-213:23

völlig

völlig E:K-21:27; 24:30; 26:2; 30:10;
47:37; 50:7; 66:10; 89:18; E:M-106:1,6,
31; 111:26; 113:8; 115:27; 121:17; 124:33;
126:32; 128:10; 129:8; 130:27; 143:6;
E:E-146:10; 157:13; E:V-176:14; 185:11;
194:11; E:F-213:20; E:Z-245:37; E:AN-
279:13; KS-328:28; 330:7; 356:26; 375:22;
380:29; 395:33; 402:2; 428:9,12; 433:23;
436:1; 438:1; 441:28   (42)
völlige E:K-26:29; 53:18; 94:31; E:Z-
238:13
völligen E:K-64:5; E:E-145:24; E:Z-
249:36; KS-320:3; 321:15
völliger E:K-57:29; 64:32; 82:35; E:M-
119:36; 121:6; KS-332:14; 364:3; 365:10;
374:36; 435:24   (10)

vollkommen

vollkommen E:K-76:1; E:F-205:31;
E:C-220:23; E:Z-256:5; E:AB-288:9;
KS-345:18; 442:30; 446:30
vollkommenen E:AN-277:32
vollkommenste E:Z-243:38
vollkommensten KS-347:4; 387:35
vollkommnem KS-388:30
vollkommnen E:M-128:7; KS-304:27;
311:11
vollkommner KS-313:21

Vollkommenheit

Vollkommenheit KS-315:34; 386:27;
408:9; 444:37

vollständig

vollständigste E:K-40:25

vollstrecken

vollstrecken E:V-187:1; KS-331:24
vollstreckt E:Z-254:33

Vollstreckung

Vollstreckung E:K-78:35; 89:27; 94:35;
E:AN-265:36; KS-430:26

vollzählig

vollzähliger KS-331:19

vollziehen

vollziehen KS-341:15; 395:32
vollziehn KS-355:6; 369:2
vollzogen E:E-147:17; E:AN-273:27
vollzogener E:K-35:32

Voltaire

Voltaires KS-457:3

Volume

Vol. E:AB-286:7

von

v.   (25)
von   (1684)
v[on] KS-319:2*
vom   (177)

vor

vor E:K-11:33; 12:29; 14:29; 16:18; 20:8,
11; 21:5; 23:33; 24:23, 32; 26:16;
27:10; 29:9,25,38; 30:16; 31:11; 35:4,
6, 17; 36:1, 29; 37:28, 32; 38:14, 32,
34; 39:30, 37; 40:3; 41:12; 42:36;
43:11; 47:38; 51:23,25; 54:14,27; 55:4,
7; 59:23; 60:4; 62:12; 63:32; 65:5; 66:26,
34; 67:36; 69:6; 70:19; 72:3, 5,
15; 73:5, 23, 30, 32; 74:10, 34; 75:22,
37; 77:10; 80:24; 81:38; 82:36; 83:31;
86:1; 87:20; 88:2; 90:23, 36; 91:15,
21, 27; 92:1, 9, 20, 30, 38; 93:21; 94:21;
97:9; 98:4; 100:25; 102:8; 103:2; E:M-
104:14; 110:16, 23; 111:31; 113:15;
114:27; 115:23; 118:6; 119:16,19; 120:19,
26; 122:12,35,35; 124:16; 125:12; 127:3,
38; 129:2, 25, 28, 29; 131:6; 133:33;
134:2; 135:7,18,19,37; 136:27; 137:9,
14,19,20; 138:25; 139:21; 140:20,30,32,
38; 141:9; 142:37; 143:2,30; E:E-145:19,
35; 147:6; 148:23; 150:11; 151:31;
153:9; 154:5; 155:9; 156:24; 158:11,
26, 31; E:V-160:22; 162:19; 163:11;
164:3, 8; 165:35; 167:5, 36; 168:5,
21; 169:10, 12, 32; 170:21, 36; 172:1,
20; 173:38; 174:6; 177:22; 178:15; 180:6;
181:28; 182:11; 183:32; 184:38; 186:24,
27; 188:22,23,29; 190:38; 191:16; 192:20,
24; 193:28; 195:5; E:B-196:7; 198:1;
E:F-200:28; 201:8; 203:18; 204:29;
205:28; 206:12,31; 208:1,25,32; 209:10;
212:16,19; E:C-216:16; 219:18; 221:9,
26; 222:15, 17, 24; 223:3, 5; 226:26,
33; E:Z-229:11; 231:13, 23; 233:18,
24; 234:20; 235:3; 237:5, 13, 17, 31;
239:3, 8, 19, 28, 34; 240:7, 24, 29, 29,
31; 241:6,32; 242:7,13,21,32; 243:21,
29; 244:18, 36; 245:9; 247:5; 248:15,
37; 249:18; 250:25,31; 251:2, 5, 8, 18,
37; 252:4, 16, 25, 37; 253:2, 15, 18, 27,
28, 35, 37; .254:6, 7; 255:17; 256:33,
38; 259:18; 260:3,6; E:AN-262:23; 264:5,
9; 265:7; 266:30, 35; 267:4, 11, 29,
35; 268:19; 271:15; 272:28,31,35; 275:14;

281:30; E:AB-285:15,17; 287:1; 289:2,23, 24,32; 290:5; E:VAR-292:28; 293:3,5,6, 34; 297:16,30; KS-304:1; 305:23; 307:13, 31; 308 : 26; 311 : 33; 317 : 3; 321 : 32; 322 : 33; 324 : 22; 325 : 8, 14; 327 : 9, 19; 331 : 26, 33; 333 : 17; 337 : 13, 19, 25; 341 : 10, 29; 343 : 13, 18; 344 : 5, 32; 345:29; 346:15; 348:35; 370:10,25; 372:25; 379:14; 380:19; 382:25; 383:11; 389:26; 392:11; 393:35; 396:18; 397:2, 12,15; 398:5; 403:1; 406:26; 407:19, 20; 410:30; 413:31; 417:14,23; 419:15; 426:14; 428:6; 432:13; 433:2; 435:34; 436:17,24; 437:24; 440:1; 441:8; 443:25; 444:2; 447:31; 454:7; 457:21; 458:11, 36   (371)
vors   E:AB-283:18

Vorabend
Vorabend   E:C-219:19

Vorahndung
Vorahndung   E:K-11:31; E:M-136:25

vorangehen
ging   E:V-194:23
vorangegangen   E: K-75 : 11; 100 : 38; E:E-147:11

voranschicken
vorangeschickte   E:V-167:15
vorangeschickten   E:AN-273:13

vorantragen
vorangetragen   E:K-44:2

voraus
voraus   E: K-27 : 12; 96:4; E:Z-232:26; E:AN-278:7,10; KS-302:32; 341:29; 389:6

voraussagen
vorausgesagt   E:M-112:11; E:Z-230:2

voraussehen
sah   E:V-185:5
vorausgesehen   E:F-205:24; KS-445:5
voraus sah   E:Z-232:21
voraussehn   KS-343:35
vorauszusehen   E:AN-266:8

voraussetzen
vorausgesetzt   E:Z-261:15
voraussetzen   KS-416:32
voraussetzt   KS-387:6
vorauszusetzen   KS-347:19; 437:28

Voraussetzung
Voraussetzung   E:K-95:21; KS-381:30
Voraussetzungen   E:M-111:37

Vorbehalt
Vorbehalt   E:Z-229:27

vorbehalten
vorbehalten   E:K-48:37; 87:26
vorbehielt   E:F-202:8

vorbei
vorbei   E:K-25:8

vorbeigehen
ging   E:F-206:35
vorbeigehen   E:M-108:31
Vorbeigehen   E:E-147:20

vorbeikommen
kömmt   E:AN-276:19

vorbeireiten
vorbeiritt   KS-383:10

vorbeisprengen
vorbeisprengt   E:AN-265:18

vorbereiten
vorbereitet   E:K-52:31; E:M-141:2; KS-428:33

Vorbereitung
Vorbereitung   E: K-48:4; 95:14; E:Z-252:1; KS-323:35

vorbeugen
vorbeugen   E:AN-272:22; KS-368:14
vorzubeugen   E:M-117:38; E:AN-266:2; KS-426:33

Vorbild
Vorbild   KS-337:7

Vorbote
Vorboten   E:E-155:31

vorbringen
bringe   E:K-46:10
vorbrachte   E: K-101:11; E:M-110:14; E:V-176:3; E:AN-267:10; 268:20; KS-339:8
vorbrächte   E:K-59:23
vorbringen   E:K-91:17; E:Z-240:2
vorgebracht   E: K-93 : 12; E:F-213:30; E:Z-239:35; KS-408:18
vorzubringen   E:K-67:21,22; 77:13

vordere
vordere   E:K-74:10; E:E-146:8; E:V-
182:18
vorderen   E:V-192:2; E:Z-231:7
vordern   E:K-71:8,15

Vordergrund
Vordergrund   KS-327:31

vordrängen
vorgedrängt   E:K-29:35

vordringen
drang   E:E-158:21
drangen   E:V-190:6
vordrang   E:Z-245:36; 247:28

voreilig
voreilig   KS-375:20
voreiliger   KS-370:19

vorfahren
fährt   E:AN-273:8
vorgefahren   E:M-140:12

Vorfall
Vorfall   E:K-16:9; 30:6; 62:9; 63:33;
64:28; 66:14; 72:31; 81:5; 82:26;
84:4; 93:26; E:M-108:38; 131:29; E:E-
144:25; E:B-197:8,34; E:F-202:13; 205:2,
17; 206:10; 207:34; 214:9; E:C-224:24;
227:33; 228:13; E:Z-229:18; 234:3;
236:36; 241:10; 243:7; 258:36; E:AN-
263:25; 267:8; 276:36; 277:17; E:AB-
288:4; E:VAR-298:1; KS-343:17; 370:25;
394:29; 418:33; 431:33; 436:12; 439:11
(44)
Vorfälle   E:V-182:31
Vorfalls   E:K-23:7; E:M-108:27; E:F-
201:5; E:AB-283:12; KS-344:12

vorfallen
vorfällt   KS-361:6; 362:11; 424:2
vorfielen   E:AN-266:26
vorgefallen   E:K-15:9; 30:14; 38:12;
52:5; 75:29; 79:4; 80:20; 88:29; 95:29;
E:M-107:22; 130:29; 141:25; E:E-153:37;
E:V-177:32; 181:15; 184:17; 188:24;
E:F-204:28; E:C-216:14; 218:5; E:Z-
239:32; 259:11; E:AN-277:9; E:AB-286:4;
E:VAR-293:32; 295:19; KS-391:29   (27)
vorgefallenen   E:K-49:11

vorfinden
vorfand   E:V-161:6; E:AN-266:19
vorfindet   KS-336:18
vorgefunden   E:VAR-296:35

vorführen
vorführen   E:K-71:29

Vorgänger
Vorgänger   KS-384:22

vorgängig
vorgängige   E:K-30:8
vorgängigen   E:K-15:36

vorgeben
gaben   E:K-68:34
vorgab   E:K-71:30; E:Z-234:22; 250:5
Vorgeben   E:K-66:20; 91:13; E:C-217:8;
219:13; 220:14; E:Z-236:16; 257:2,19
vorgegeben   E:K-89:32; E:Z-237:11;
255:35; KS-339:37
vorgibst   E:K-42:27; E:V-163:18; E:Z-
249:11
vorgibt   KS-320:18

Vorgefühl
Vorgefühl   E:K-44:38; E:M-121:28; KS-
445:18,21

vorgehen
ging   KS-344:3
gingen   E:K-18:21
vorgegangen   E:K-88:13; 89:6; 95:14
Vorgehen   E:K-68:4
vorging   E:K-44:11; 60:38
vorzugehen   KS-430:27

Vorgemach
Vorgemach   E:K-55:26

vorgestern
vorgestern   E:V-165:2; KS-429:3

vorgucken
guckten   E:K-19:4

vorhaben
vorhabe   E:V-176:17
Vorhaben   E:K-73:17; E:V-176:35;
186:33; 190:19
vorhabenden   E:C-218:1; E:VAR-
295:15

vorhalten
vorgehaltenen   E:K-92:7
vorhielt   E:K-77:12; 80:28

vorhanden
vorhanden   E:K-66:35; 86:36; E:M-
105:2; E:C-217:9; E:VAR-294:23; KS-
329:29; 332:12; 336:38; 342:17; 350:26;
352:19; 366:20; 369:27; 382:21; 391:32;
392:15; 405:35; 406:9; 420:14; 425:25;
439:15   (21)

Vorhang
Vorhang   E:F-207:26; 208:20; 211:32; 212:26
Vorhänge   E:V-184:15; E:F-213:17

vorher
vorher   E:K-51:20; 60:24; 74:30; 87:24; E:M-106:31; E:C-221:36; E:Z-257:16; 260:23; KS-333:9; 337:25; 428:18   (11)

Vorherbestimmung
Vorherbestimmung   KS-389:18; 390:34; 391:3,4

vorhergehen
vorhergegangene   KS-323:28
vorhergehenden   E:C-217:29; E:VAR-295:5

vorherkündigen
vorher zu kündigen   KS-310:3

vorhersehen
vorhergesehen   KS-444:25
vorherzusehenden   E:K-69:36

Vorherverkündigung
Vorherverkündigung   E:AB-286:8

Vorhof
Vorhofe   KS-308:31

vorige
v.   KS-405:13; 406:3
vorigen   E:K-21:11; 46:19; 55:34; KS-407:30; 452:26

Vorkehrung
Vorkehrungen   E:V-172:2; KS-425:3

vorkommen
kömmst   KS-377:6
vorgekommen   E:M-123:38; 143:33; E:V-168:32; E:F-206:23
vorkam   E:K-18:36
vorkommende   E:AN-275:19
vorkommt   KS-319:24; 409:12

Vorland
Vor-   KS-397:36
Vorland   KS-397:30

vorlassen
vorgelassen   E:M-133:22
vorzulassen   E:M-126:34

Vorläufer
Vorläufer   KS-458:8

vorläufig
vorläufig   E:K-84:36; 88:6; 89:3; E:V-174:2; E:AN-266:13; KS-387:20; 422:28
vorläufige   E:K-23:31; 88:23; E:C-219:25; KS-448:31
vorläufigen   E:K-76:14

vorlegen
lege   E:K-45:14
legt   KS-455:33
legte   E:M-142:19
vorgelegt   E:K-61:24; 70:12; KS-318:14; 460:31
vorgelegte   E:K-90:4
vorgelegten   E:K-70:26
vorlegen   KS-448:29; 449:4
vorlegt   KS-323:28
vorzulegen   E:K-79:15; 87:15; E:Z-234:2; KS-415:15

vorlesen
vorgelesen   E:K-99:37
vorlas   E:K-30:21; 32:9
vorzulesen   E:K-30:22; E:Z-229:23

Vorlesung
Vorlesung   KS-421:2

vorliegen
vorliege   KS-449:34
vorliegende   KS-375:18
vorliegenden   KS-422:19

vormalig
vormaligen   E:V-166:3; 168:23; 171:28; KS-432:7

vormals
vormals   KS-367:24; 404:1

vormittag
vormittag   E:K-17:33
vormittags   E:C-227:23; E:VAR-297:36; KS-404:7

Vormund
Vormund   E:K-100:6; KS-371:8
Vormunds   KS-360:2

Vormünderin
Vormünderin   E:Z-229:29

Vormundschaft
Vormundschaft   KS-376:4

vorn
vorn   E:M-136:19; E:AN-278:16; KS-444:5

vornehm
vornehmes   E:V-169:4

vornehmen
nahm   E:E-147:29; E:AN-271:14,24
nähme   KS-335:9
vorgenommen   KS-328:9
vornahm   E:AN-266:25
vornehmen   E:Z-231:10

Vorplatz
Vorplatz   E:M-105:16; 128:13; E:E-155:9; 157:38

Vorposten
Vorposten   E:V-191:24

vorquellen
vorquellendem   E:K-30:2; E:M-105:35
vorquellenden   E:E-158:32

Vorrat
Vorrat   E:K-40:24; E:Z-241:1; KS-371:35; 372:4

Vorrecht
Vorrecht   KS-307:17

Vorrichtung
Vorrichtung   KS-385:26; 443:12
Vorrichtungen   KS-433:31

vorrücken
vorgerückt   KS-368:4
vorgerückter   E:K-80:38
vorrückte   E:V-161:28
vorzurücken   E:K-95:16

vorrufen
rief   E:M-107:24; E:V-186:37

Vorsaal
Vorsaal   E:K-48:22; 71:10; E:Z-239:20

Vorsatz
Vorsatz   E:K-20:35; E:M-126:18; E:F-206:33; E:C-221:12; KS-329:1
Vorsatzes   E:AN-267:22,27,33

vorsätzlich
vorsätzliche   KS-425:23,25

Vorschein
Vorschein   KS-394:16

vorschieben
vorgeschoben   E:K-48:24
vorschob   E:V-171:26

Vorschlag
Vorschlag   E:K-11:13; 29:16; 49:10; 50:20; 64:20; 68:3; 75:19; 76:12; 81:8; E:M-118:25; 140:3; E:V-167:10; E:Z-233:29; 236:4; 245:14; E:VAR-295:37; KS-427:18   (17)
Vorschlage   E:V-187:8; KS-406:19
Vorschlägen   E:V-178:24

vorschlagen
schlag   KS-367:21
schlagen   KS-386:2
vorgeschlagen   E:M-139:34
vorschlug   KS-321:27
vorschlugen   E:K-18:2

vorschreiben
vorgeschrieben   E:B-196:16
vorgeschriebenen   KS-393:13

Vorschrift
Vorschrift   E:K-90:3; KS-317:11
Vorschriften   KS-317:5; 326:32

Vorschub
Vorschub   E:K-34:11

Vorschuß
Vorschuß   E:E-150:18

vorschützen
schützte   E:K-89:26; E:F-212:6
vorschützend   E:K-90:38

Vorsehung
Vorsehung   KS-355:26; 394:21

Vorsicht
Vorsicht   E:K-85:31; E:V-167:9; 183:7; 188:38; 194:30; E:Z-231:33; KS-321:32

vorsichtig
vorsichtigen   E:K-72:29

Vorsorge
Vorsorge   E:C-219:30; KS-390:4

vorspannen
spannt   E:K-17:33

vorspiegeln
vorzuspiegeln   E:V-176:23

Vorspiegelung
Vorspiegelung   E:F-203:38
Vorspiegelungen   E:K-66:11; E:E-159:4

Vorstadt

Vorstadt   E: K-25: 15; 36: 32; 37: 20;
53:36; 54:13; 103:15; E:V-174:16; E:F-
199:11; KS-372:1,30; 443:10   (11)
Vorstädte   E:K-13:7; KS-371:21; 372:13

vorstehen

vorstehende   KS-433:29; 449:21
vorsteht   KS-410:21
vorzustehen   E:K-25:22

Vorsteher

Vorsteher   E:F-200:22; E:C-220:2,12,
21

Vorsteherin

Vorsteherin   KS-399:15

vorstellen

stellen   KS-409:10,18
stellte   E:K-50:25; 60:16,34; 90:9; E:V-
188:7; E:F-201:4; E:Z-240:34; 253:4
stellten   E:Z-238:27
vorgestellt   E: AB-286: 13; KS-340: 22;
438:31; 447:19
vorstellen   KS-321:15; 326:24; 339:23;
354:30
vorstellt   E:AN-273:28
vorstellte   E:K-55:16; 86:5
vorzustellen   E:M-135:5

Vorstellung

Vorstellung   E: K-70: 33; E: M-110: 37;
116:23,24; 123:31; KS-302:30; 304:17;
308:28; 312:19; 319:35; 320:3; 322:37;
405:15,16; 449:27   (15)
Vorstellungen   E:K-30:7; 61:12; 77:38;
E:M-115:25; 116:7; E:F-200:5; KS-304:3;
321:4; 322:28; 323:25   (10)

vorstreben

vorstrebend   KS-399:11

vorstrecken

vorstreckend   E:Z-246:5

vorstützen

vorgestützten   E:Z-251:11
vorgestützter   E:Z-246:36

Vorteil

Vorteil   E:K-29:15; 40:38; 49:16; E:M-
119:32; E:V-189:25; E:AB-284:17; KS-
307:5; 323:23; 341:29,31; 342:19; 366:25;
384:10; 409:34   (14)
Vorteile   E:K-36:13; 40:2; 52:21; E:V-
169:5; E:F-213:34; E:Z-245:16
Vorteilen   E:K-41:4

vorteilhaft

vorteilhaft   E:M-112:14; E:Z-242:4; KS-
388:10; 408:28; 419:15
vorteilhaften   KS-305:27; 324:4
vorteilhafter   E:AN-263:7
vorteilhafteste   E:F-201:21

Vortrag

Vortrag   E:Z-232:20; KS-412:18

vortragen

trug   E:M-107:5
vorgetragen   E:K-52:27; 73:19; E:VAR-
295:32; KS-374:22
vortrug   E:VAR-292:26
vorzutragen   KS-364:11; 366:2,15

vortrefflich

vortrefflich   KS-408:25; 409:33
vortreffliche   E:M-112:25; 134:38; E:Z-
244:36; KS-342:2; 449:21
Vortreffliche   E: M-123: 19; 129: 20;
135:20; KS-420:13; 423:2
vortrefflichem   E:M-104:5
vortrefflichen   E: M-118: 2; 125: 7;
132:24; E:C-218:33; E:Z-250:20; KS-
404:5; 420:36; 450:6
vortrefflicher   E:M-137:26; KS-341:31;
345:20; 367:16
vortreffliches   E:K-16:5; KS-346:21
Vortreffliches   KS-378:30
vortrefflichste   E:V-177:15
vortrefflichsten   KS-432:21; 447:12

Vortrefflichkeit

Vortrefflichkeit   E:V-174:9; KS-336:23;
383:31

vortreten

trat   E:K-12:4
trete   E:E-156:37

vorüber

vorüber   E:M-110:5; 142:35; E:E-154:2;
E:V-176:26

vorüberfliegen

vorüberflogen   E:F-200:36

vorübergehen

geht   KS-401:28
vorübergehen   KS-328:11
Vorübergehen   E:K-72:7
vorüber gehen   E:V-178:9
vorübergehende   KS-409:1
Vorübergehenden   E:K-95:7
vorübergeht   KS-330:23; 413:14
vorüberging   E:C-225:24

vorüberziehen
vorüberziehen   E : V-166 : 9;   179 : 27;
187:29
vorüber zog   E:V-171:9

Vorwand
Vorwand   E : K-75 : 31;   85 : 18;   93 : 37;
95:38; 97:20; E:V-162:13; 174:19; 181:20;
E:F-205:6; E:Z-238:29; 245:4; 256:33;
E:AN-276:10; E:VAR-294:22   (14)
Vorwande   E:K-71:14;   88:33;   97:11;
E:F-208:17; KS-428:23
Vorwänden   E:Z-257:35

vorwärts
vorwärts   E:V-185:28

Vorwelt
Vorwelt   KS-325:29

vorwerfen
vorgeworfen   E:Z-242:32
vorwerfen   E:V-177:17
vorzuwerfen   E:E-158:37

Vorwissen
Vorwissen   E:F-203:37

Vorwitz
Vorwitz   KS-319:12

Vorwurf
Vorwürfe   E:K-84:9; E:M-108:32; E:Z-
230:22; 252:20; E:AN-272:15

vorzeigen
vorzeigen   E:K-87:32
vorzeigte   E:K-52:34; 67:32

Vorzeigung
Vorzeigung   KS-452:32; 456:12,18

Vorzeit
Vorzeit   KS-406:17

Vorzimmer
Vorzimmer   E : K-66 : 29;   E : M-110 : 2;
135:13; KS-445:17

Vorzug
Vorzug   KS-307:13
Vorzüge   KS-420:17; 446:15
Vorzügen   KS-347:25; 349:7

vorzüglich
vorzüglich   KS-398:27; 435:19
vorzügliche   KS-346:32
vorzüglichem   KS-444:12
vorzüglichen   KS-347:9
Vorzüglicheres   KS-414:12
vorzügliches   KS-409:17
vorzüglichsten   E:K-44:25; KS-307:1;
399:5

vorzugsweise
vorzugsweise   KS-307:16; 417:23

Voß
Voß   KS-408:3; 434:4; 454:16

vossisch
vossische   KS-451:21
vossischen   KS-414:26

Voyage
Voyage   KS-440:11

Vulkan
Vulkanen   KS-376:25

Vx.
Vx.   E:AN-269:21; 281:5; KS-328:17

Waage
Waage   E:M-104:31

Waageschale
Waageschale   KS-406:35

Wache
Wache   E:K-29:37; 37:28; 39:26; 54:18;
55:5,12; 60:26,33; 61:31; 62:14; 63:4;
66:3; 68:8; 69:24; 71:2,18; 72:28,32;
73:6; 74:38; 100:24; 101:32; 103:2; E:M-
106:16; 108:6; E:E-151:34; E:V-191:19;
E:C-217:5,10; 222:5,12; E:VAR-294:20,
24; KS-427:33; 430:13; 436:17   (36)
Wachen   E:K-37:31; E:V-187:10

wachen
wachen   E:K-41:35; 66:8; KS-326:18
wachend   E:V-178:24; 189:27

Wachs
Wachs   E:C-222:37; KS-335:5

Wachsamkeit
Wachsamkeit   KS-426:7; 427:10

wachsen
gewachsen   E:E-153:2
wachsen   KS-380:13; 398:5
wachsend   E:Z-230:16

Wald
Wald   E:K-10:10; KS-348:35; 400:32
Walde   E:E-147:24; E:V-187:5
Wäldern   E:K-66:35; 74:12; KS-325:10
Waldes   E:K-36:25; E:V-187:33

Waldberg
Waldberge   E:V-180:25

Waldmann
Waldmann   E:K-34:17; 35:7,32; 43:25; 44:19; 53:28

Waldung
Waldung   E:V-171:32; 179:22; 194:35

Wall
Wälle   KS-379:35
Wällen   E:M-107:7; E:V-195:6

Walplatz
Walplatz   KS-373:15

walten
walte   E:M-124:18
walten   E:C-224:26; E:VAR-297:8; KS-314:24
waltenden   E:Z-249:11
waltender   E:Z-246:32
waltet   E:E-147:13; KS-307:19; 308:14; 310:26; 313:5; 449:28

Walthersch-
Walthersche   KS-450:32; 451:4

Walze
Walzen   E:AN-280:2

wälzen
wälzende   E:V-193:6
wälzenden   E:Z-247:16; 260:11
wälzt   E:AN-277:20
wälzte   E:Z-258:30

Wams
Wams   E:K-14:26; 39:13

Wamsschoß
Wamsschöße   E:K-12:29

Wand
Wand   E:K-34:32; 36:36; 44:18; 48:30; 51:13; 63:6; 81:32; E:M-113:28; 125:23, 26; 131:18; E:E-146:8; E:V-185:14; 189:35; E:F-207:26; 213:18; 214:13; E:Z-237:25; 249:25; E:AN-276:37   (20)
Wände   E:M-137:28; E:E-145:38; KS-385:9; 398:33
Wänden   E:E-155:10; E:V-194:14

Wandel
Wandel   E:K-10:3; KS-313:27; 356:19

wandelbar
wandelbar   KS-302:27

wandeln
wandeln   E:F-206:29
wandelt   KS-306:19

wandern
wandern   E:F-213:19; KS-308:3; 309:2
wandernden   E:V-181:27
wandert   E:V-166:24

Wanderung
Wanderung   E:V-182:9; E:Z-238:27; 257:5; E:VAR-292:17
Wanderungen   KS-383:7

Wandpfeiler
Wandpfeiler   E:E-145:29

Wandschrank
Wandschrank   E:V-179:25

Wanduhr
Wanduhr   E:V-171:15

Wange
Wange   E:M-141:6
Wangen   E:K-25:8; 47:1; 96:23; E:V-176:12; 186:22; E:F-206:26; 208:27; E:AB-288:27; KS-301:11; 303:28; 369:23; 376:12   (12)

wanken
wanke   E:K-58:19; E:Z-253:38
wanken   E:E-147:30
wankend   E:K-58:2
wankenden   E:K-61:23; E:C-220:31; E:Z-242:5
wankt   KS-417:16
wankte   E:K-14:29; E:M-125:9; E:E-145:38; 149:10
wankten   E:Z-260:1

wann
wann   E:K-35:30; E:M-135:9; 141:33; E:Z-235:22; KS-350:28; 354:34; 355:1, 22; 409:12,13; 438:7,18   (12)

Wappen
Wappen   E:F-205:30; E:AN-274:20
Wappens   E:K-50:1

Ware
Ware   KS-383:25,25
Waren   KS-383:31

Warenausstellung
Warenausstellung   KS-398:26

Warenlager
Warenlager   KS-398:19

warm
warm   KS-308:27
warmem   E:V-171:33
wärmer   KS-377:29
wärmere   E:E-155:21
wärmste   E:M-119:25

Wärme
Wärme   KS-392:27

wärmen
wärmte   E:M-138:15

warnen
gewarnt   E:K-55:23; E:E-144:13; E:V-
184:30
warne   KS-326:15
warnen   E:K-97:10; KS-316:31; 422:21

Warnung
Warnung   E:K-68:11; KS-422:2
Warnungen   E:K-66:17

Warte
Warte   E:AB-289:7

warten
gewartet   E:M-106:12
warte   E:K-66:36; E:M-107:9; 110:2;
KS-317:32
warten   E:K-60:5; 72:18; E:V-167:37;
KS-358:3; 393:16
Warten   KS-309:17
wartend   E:K-48:31
wartet   E:M-135:14; KS-317:28
wartete   E:K-64:29; E:E-154:34; E:F-
214:26; E:Z-244:15; KS-444:6

Wärterin
Wärterin   KS-441:26

Wartung
Wartung   E:K-13:36; 63:29

warum
warum   E:K-19:6; 23:35; 27:21; 33:8;
98:21; E:M-121:2; 127:38; 137:3,6,24,
24; 142:8; 143:29; E:E-147:27; 158:8;
E:V-167:3; 172:35; 182:13; 193:9; E:B-
197:1; E:F-207:28; 209:13; 214:35; E:Z-
235:7; 253:30; E:AN-262:17; 267:21;
281:22; KS-317:34; 335:23; 348:22; 351:7,
21,31; 352:6,11,23; 353:29; 354:5; 355:14;
356:23; 358:6; 359:7,17,27; 360:12,25;
380:3; 403:36; 405:27; 409:31; 411:33
(52)

was
was   E:K-9:28; 10:6,16,22; 11:8; 13:11,
16,29; 14:1,11,12; 15:5,9,14; 17:10; 18:5,
29; 19:24,24; 20:4,20; 21:35; 22:35; 25:2,
10, 34; 27 : 3, 13; 28 : 15, 20; 29 : 28;
30:14; 31:22; 32:26; 33:20; 34:15,24,
28; 36:11; 38:12; 42:28; 43:9; 44:10,
36; 45 : 9, 32; 46 : 16, 29, 36; 47 : 5,
6; 50:36; 52:5; 53:26; 54:30; 55:8,
12; 56:34; 57:1; 59:23,29,38; 60:38; 62:25,
28; 67:18,22; 71:4; 73:16; 78:4; 80:20;
81 : 22, 36, 37; 82 : 6, 6, 28; 83 : 8, 17,
22; 84:10; 85:9; 86:22; 88:29; 90:24,
24; 91:17,22; 92:30,33; 93:12; 95:13,28,
33; 97:3,31; 98:11,14; 100:3; 101:10,34,
35; E:M-107:22; 109:16; 110:20; 113:9,
20,33; 114:1; 115:37; 116:15; 117:2,5,
20,33; 118:14; 119:37; 120:10; 121:3,
13,25; 122:7,8,23; 123:2,15,16; 127:32,
37; 129:28,30; 130:24; 131:24; 132:5,
10, 12; 134 : 26; 135 : 8, 22; 138 : 14, 19,
23; 139:3,15,25; 141:1,1,25,28; 142:9;
E:E-145:3,34; 146:31,37; 148:5; 150:13,
37; 151:18; 152:23,25; 153:36; 154:13,
35; 155:28; 157:12; 159:9; E:V-161:6,
29; 162 : 17; 163 : 4, 21, 35; 165 : 20,
22; 166 : 22, 29, 38; 173 : 26, 28; 175 : 5,
29; 176:3,10; 177:9,20,22,24,32; 179:1,
14; 181:15,38; 183:22; 184:16; 185:33,
35; 188:24,28; 192:10,18,34; 193:30;
194 : 8; E : B-197 : 32; E : F-199 : 20,
32; 202:6; 204:28; 205:21,24; 206:4;
207:1; 209:26; 211:6; 214:24; E:C-220:11,
27; 222:29; 223:21; 227:10; 228:1; E:Z-
229:33; 233:33; 234:35; 236:25; 239:30,
32; 240:1; 242:5,36; 244:23; 248:7; 249:1,
15; 251:16; 253:30,35; 259:11; E:AN-
264:6,9,14,29; 265:7; 266:10,14; 268:1,
3, 15, 20, 24; 270 : 20; 271 : 26; 273 : 29;
274:8; 277:9; 279:27,38; E:AB-284:35;

285 : 2, 19; 289 : 25; 290 : 29; E : VAR-
292 : 18; 296 : 34; 297 : 13; KS-301 : 19;
302:17; 303:18,20,22; 304:2,5; 306:23,
36; 309:19; 310: 27; 311: 32; 312: 10,
16; 313:31; 314:1; 315: 12, 13; 316:5;
317:11,23; 319:28,35; 320:26; 321:3,
3, 6, 9, 25; 322 : 17, 20; 323 : 11, 19, 29,
29; 324:1, 16, 32; 327: 20; 328: 5, 14,
15, 17; 329 : 23, 29; 331 : 35; 332 : 11,
34; 333:15; 335:15,29; 336:22; 337:11,
14, 31; 338: 12; 340: 22; 341: 13, 25,
37; 342:23; 343:3,38; 345:12,21; 349:2,
6; 350 : 22, 27; 351 : 17, 27; 353 : 3, 4, 5,
11; 354:13,18; 355:26; 356:22; 358:11,
18,20,22,31; 359:14,15,23,29,35; 360:1,
21,28; 361:5,17,29,31; 362:11,22,22,28,
30; 368:1,19; 370:7; 372:9; 373:21; 374:21,
25; 375 : 13; 376 : 3; 377 : 3, 9, 19, 20,
21; 378: 29; 380: 24; 382: 19; 383: 26;
384:26; 387:29; 391:29; 393:22; 394:1;
395:18; 398:33; 400:15; 401:20; 406:5;
408:18; 409:12,18; 412:18; 415:26; 416:15,
17, 19; 417: 19; 421: 16, 35; 423: 22,
32; 427: 11; 437: 30; 438: 34; 440: 7,
33; 443:36; 444:38; 445:6; 453:15; 460:28,
29   (418)

Wäsche

Wäsche   E:K-19:34; 20:14; 101:37; E:V-
162:18; E:Z-238:1; 241:3; 256:37; KS-
433:14,15,20,20,23,27   (13)

waschen

wasche   E:Z-251:4
waschen   KS-433:9
Waschens   KS-433:28
wusch   E:AB-286:31

Wasser

Wasser   E: K-58: 30; 59: 20; 83: 23;
E: V-171: 34; 173: 23; 192: 14; E: C-
224:22; E:AN-277:21; 279:32; 280:3,8,
10; E:AB-286:35; 287:9,25,34; 288:17,
21; E: VAR-296: 30; 297: 1; KS-313: 16;
315:17; 328:4; 358:23; 433:22   (25)
Wassers   E:K-59:4

Wasserflut

Wasserflut   E:AN-274:33

Wassermann

Wassermann   E:AB-287:15
Wassermänner   E:AB-287:3

wasserreich

wasserreichen   KS-456:35

Wasserstrahl

Wasserstrahl   E:M-106:25

Wassertier

Wassertier   E:AB-287:21

Wassertrinkerin

Wassertrinkerin   E:AB-286:29

Wasserwüste

Wasserwüste   KS-327:11

Waxholm

Waxholm   KS-434:7,16; 437:24

Wechsel

Wechsel   E: K-89: 6; E: M-130: 17; KS-
361:23; 378:35
Wechseln   E:K-46:23; KS-390:32

wechseln

gewechselt   E: K-26 : 5; E: V-193 : 37;
194:38; KS-349:4
wechseln   E:K-39:10; KS-314:26; 436:33
wechselnd   E:K-73:21; KS-446:18
wechselte   E:K-83:1; E:M-142:34; E:V-
192:16; E:Z-232:33
wechselten   E:F-212:2; KS-345:10
wechsle   E:K-98:8

wechselseitig

wechselseitig   E:E-152:22; KS-303:11

Wechselwirkung

Wechselwirkung   KS-321:20

wecken

geweckt   E:V-175:2; 189:31; 190:4
wecke   KS-326:4
wecken   E:V-185:3
weckte   E:V-162:16

wedeln

wedelte   E:K-97:5

weder

weder   E:K-24:4; 50:9; 68:8; 70:27; 81:27;
E:E-144:32; E:V-167:36; 170:26; 191:5;
E:F-205:16; E:C-223:7; E:Z-235:7; E:AN-
268:10; 275:8,9,10,21; 282:1; KS-319:30;
341:3; 357:3,5; 360:14; 381:17; 397:2;
399:36; 401:35; 432:31; 437:5,8; 450:30
(31)

weg

weg   E:E-157:1

Weg

Weg   E:K-10:5; 19:23; E:M-119:8; 128:1;
E:V-164:21; 169:35; 188:2; 191:4; E:F-
213:19; E:Z-233:29; 237:34; 238:34;
257:1; E:AN-270:22; KS-301:2; 303:12,
16,16; 308:38; 340:17   (20)
Wege   E:K-9:24; 12:10; 15:32; 47:28;
54:38; 66:20; E:M-130:13; 140:17; E:V-
162:35; 167:31; 182:6; 187:20; E:F-
206:29; 213:21; KS-303:20; 310:32;
315:20; 348:19; 356:4; 371:9; 387:32;
388:7; 410:1; 412:22; 416:6; 428:16   (26)
Wegen   E:M-124:18; E:E-147:36; KS-
308:2

wegbringen
weggebracht   KS-445:14

wegen
wegen   E:K-10:30; 11:24; 12:12,24; 13:4;
14:5; 17:30; 22:21; 23:8; 34:36; 36:6;
38:6,20; 39:9,14; 40:37; 42:11; 46:3,31;
48:3; 49:12; 51:21; 52:4,14,19,37; 53:14,
15,19,29; 54:26; 56:8; 57:18,29; 60:11;
63:22; 67:35; 68:10; 69:7,15,19,34; 76:17;
78:7,15,26; 79:9,12; 80:37; 81:7; 82:31;
84:3,8; 87:2,14,20,24,37; 88:33; 89:14;
90:5,36; 91:10,18; 94:4,20,23; 95:34;
98:37; 100:22; 102:27; E:M-107:25; 134:6;
137:1; E:E-145:1; E:V-161:19; 170:9;
175:36; 176:21,25; 177:32; 180:29; 182:8,
18,32; 185:4; 187:11; E:B-196:21; E:F-
201:24; 206:14; 210:8; E:C-217:20,27,32;
219:14; E:Z-229:28; 230:20,36; 233:17;
234:6; 237:22; 239:33; 240:14,35; 241:28;
242:1; 249:21; 251:32,33; 252:35; 254:27;
257:37; 258:10,14; E:AN-262:26; 271:12,
35; 272:13; 279:17; 281:3; E:AB-285:22;
E:VAR-294:34; 295:3,8; 296:24; KS-
324:15; 338:20,20; 340:12; 360:27; 367:1;
391:25; 393:34; 396:30; 397:9; 398:37;
401:6; 410:22; 411:25; 412:12; 414:16,
17,18; 421:20,32; 423:15; 427:19; 430:12,
25; 431:27; 436:37; 443:9; 448:21,23;
453:28   (155)

wegführen
wegführt   E:K-19:36
wegzuführen   E:K-18:28

weggehen
ging   E:M-131:30; E:AN-280:33
wegging   E:K-18:5

wegjagen
jagte   E:K-62:38
weggejagt   E:K-13:28; 18:7; KS-441:30
wegjagen   E:AB-285:1,1

wegkommen
wegkömmt   E:AN-264:8

weglassen
lasse   KS-367:11
weggelassen   KS-313:33
wegläßt   KS-422:11

Weglassung
Weglassung   KS-423:15

weglaufen
weggelaufen   E:K-14:20

weglegen
legte   E:F-213:27
weglegte   E:F-211:1

wegnehmen
wegnehmen   KS-358:35

Wegräumung
Wegräumung   E:K-39:4

wegreißen
wegrissen   E:V-193:35

wegschneiden
weggeschnitten   KS-327:32

wegsetzen
wegsetzte   E:M-113:21

wegspotten
wegzuspotten   E:F-208:27

wegstoßen
wegstößt   E:AN-264:15

Wegstreich
Wegstreiche   KS-312:5

wegtragen
weggetragen   E:Z-237:15; E:AN-271:7
wegtragen   E:V-191:21

wegwerfen
warf   E:AB-287:27
wegwerfen   KS-359:32
wegwarf   E:K-20:19

Wegwerfung
Wegwerfung   E:E-152:32; KS-334:8

weh
  weh   KS-357:26

wehen
  wehen   KS-359:31
  Wehen   KS-327:15
  wehenden   E:K-38:6

wehklagen
  wehklagend   E:Z-247:26

Wehmut
  Wehmut   E:V-174:6; 184:1; E:F-210:30

wehmütig
  wehmütige   E:Z-250:22
  wehmütigen   E:K-100:28; E:C-225:2

wehren
  wehren   KS-379:21; 380:1,11
  wehrt   E:E-158:25
  wehrte   E:M-106:7

wehtun
  weh tun   E:K-86:31

Weib
  Weib   E:K-9:12; 16:14; 21:2; 24:5; 25:5;
    27:15; 28:16; 32:30; 82:36; 93:18; 95:24,
    30; 96:23; 98:27; 100:31; 101:6,8; E:M-
    121:13; E:E-148:7; 150:1; E:V-183:26;
    E:Z-238:6; 241:12   (23)
  Weibe   E:K-21:29; 93:38; 96:33; 99:15;
    E:M-124:25; E:AB-288:10; KS-441:25
  Weiber   E:M-140:11; E:V-161:15; 188:6;
    189:1; E:C-225:6; E:Z-230:12; 238:24;
    KS-360:22; 377:14; 410:37; 441:25,29
                     (12)
  Weibern   E:E-151:31; E:F-205:5
  Weibes   E:K-93:11; E:V-160:15; KS-
    315:26*,29; 318:25,28

Weiberrolle
  Weiber-   KS-410:37

weiblich
  weibliche   E:F-201:28
  weiblichen   E:M-104:31; E:F-209:36;
    E:C-217:20; E:VAR-294:34; KS-398:28
  weiblicher   E:K-81:31
  weibliches   E:E-147:37

weich
  weich   E:M-135:30; 136:8

weichen
  gewichen   E:M-135:38; E:C-227:25;
    E:VAR-297:37
  weichen   E:K-12:35; 20:6; E:M-141:33;
    E:V-175:31; E:AN-266:4
  wich   E:M-141:2; E:F-203:13;
  wichen   E:V-173:11

weichlich
  weichlichen   KS-448:22

Weide
  Weide   KS-398:4

weigern
  weigere   E:K-15:16
  weigert   E:E-150:37
  weigerte   E:K-75:14; 94:2; E:Z-238:24
  weigerten   KS-315:18

Weigerung
  Weigerung   E:K-86:23; E:M-108:34;
    E:V-190:22

Weigl
  Weigl   KS-414:8; 417:31

Weihe
  Weihe   KS-413:34

weihen
  geweihtes   KS-436:18
  weihen   KS-357:23

Weihnachtsausstellung
  Weihnachtsausstellung   KS-398:23

Weihnachtsfeiertag
  Weihnachtsfeiertage   KS-404:7; 460:12

Weihnachtsfest
  Weihnachtsfest   KS-398:25
  Weihnachtsfestes   KS-399:16

Weihwasser
  Weihwasser   E:M-141:21

weil
  weil   E:K-10:5; 12:36; 13:8; 14:35,36;
    15:14; 18:29; 19:8,8,11; 27:18,23; 39:33;
    42:30; 43:23; 47:21; 48:24; 55:23; 56:31;
    57:15; 60:3; 65:14; 73:38; 76:28; 92:15;
    95:29; E:M-106:7; 114:3; 122:4; 126:37;
    E:E-144:10; 149:21,38; 154:2; 159:6,
    6; E:V-160:8,15; 161:10; 165:19; 166:29;
    170:18; 172:21; 175:5,25; 182:7; 186:29,
    29,30,31,32; 187:8,11; 193:16,23,24,25;

E:F-203:19,24; 205:2,4; 210:2,7,27; E:C-216:11; 218:18; 223:10; 224:33; 225:3,6; 226:7; E:Z-235:6; 240:26; 245:2; 255:29, 32; 260:19; E:AN-263:4; 266:18; 276:24; 281:21; E:AB-284:24; 287:19; 289:35; 290:9; E:VAR-293:29; KS-305:14,15,29; 307:11; 308:5,19; 309:22; 310:35; 311:7, 10,23; 315:22; 317:8,12,21,35; 318:3, 4; 319:34; 323:5,23; 324:33; 331:37; 333:2; 342:21; 347:33; 351:8,9,10,10,24; 352:2, 12,15,24; 353:14,30; 354:6; 358:9,31, 35; 359:8,18,28; 360:13,26; 362:20,21; 367:1; 373:28; 374:31; 429:13; 442:16; 457:2 (140)

Weile
Weile   E:K-14:18; 17:13; E:M-130:9

Weimar
Weimar   KS-413:27; 447:36

Weimaraner
Weimaraner   KS-414:1

Wein
Wein   E:K-15:25; 20:24; 26:36; 80:13, 25; 81:4; E:V-165:4; E:C-216:24; E:Z-230:13; E:VAR-294:7; KS-450:13   (11)

Weinberg
Weinberge   E:V-175:24

weinen
weinen   E:V-175:11; 191:26; E:F-201:7; 205:19
weinend   E:K-28:24; E:M-125:7; 141:8; E:E-159:3; E:V-186:28; E:C-228:7; E:Z-254:20; E:AB-289:12
weinenden   E:K-72:9; E:M-123:20
weint   E:M-136:34; KS-366:31
weinte   E:K-28:14; E:M-137:23,33,38; E:E-147:6; E:V-186:4

Weinlese
Weinlese   KS-450:16

Weinmarkt
Weinmarkt   E:AB-283:28

Weinmüller
Weinmüller   KS-444:33

weiß
weiß   E:K-30:38; E:M-141:32; E:AB-288:11
weiße   E:V-161:13,29; 162:18; 166:11; E:AB-288:28; KS-331:30

Weiße   E:V-191:13; KS-433:27
weißen   E:K-101:1; 102:38; 103:5,7; E:V-166:8; 182:13; 187:10; E:B-198:32; KS-384:9,19   (10)
Weißen   E:V-160:4, 29; 161:3, 15, 31; 164:17; 166:13,23; 169:27,30; 170:1, 9,17,38; 177:25; 178:7,17; 180:28; 195:6; KS-440:24   (20)
Weißer   E:V-162:8,19,20; 173:2; 178:1
weißes   E:V-171:26; KS-373:22

weise
weisen   E:K-66:15
Weisen   KS-304:19; 305:38; 325:4; 378:13
weiser   KS-413:19

Weise
Weise   E:K-10:31; 21:14; 22:35; 24:17; 26:28; 49:14,25; 50:30; 51:13, 34; 52:1; 55:23; 65:35; 67:1,17; 68:23; 72:25; 73:17; 74:6; 75:31; 82:24; 84:37; 87:36; 88:38; 89:16,28; 90:8, 33; 91:17; 92:3; 93:20; 95:34; 98:6, 11; 99:29; 101:9,35; E:M-105:20; E:V-170:6; 171:11; 174:27; 177:17; 180:10; 183:6; 184:12; 186:14; 188:10,27; 193:8, 13; E:B-196:14; 197:9; 198:30; E:F-200:1; 201:13; 202:7; 208:15; 211:30, 34; 213:11; E:C-218:1, 7; 221:25; 222:22; 224:36; 226:5, 14; 227:27; E:Z-230:21; 231:4; 235:30; 237:5, 9; 241:6, 17; 246:38; 248:26; 249:9; 254:38; 255:8,26; 257:18; 260:14; E:AN-267:10; 278:28; 281:35; E:AB-286:15; E:VAR-295:15, 21; KS-310:32; 325:25; 326:17; 329:6, 11, 33; 330:9, 12; 331:8, 38; 333:24; 334:26; 336:12; 337:4; 339:29, 33; 341:17; 351:11; 367:31; 369:11, 30; 371:5; 376:18; 381:32; 383:23, 28; 384:10,20; 385:31; 386:18; 388:25; 390:10, 17, 26; 394:14, 27, 33; 405:21, 36; 406:37; 408:6; 410:7; 413:3,18; 416:28, 34; 417:4; 422:37; 435:33; 438:1; 457:16, 29; 458:24   (142)

weisen
gewiesen   E:K-59:3; KS-305:36
weisen   E:K-64:23
wies   E:K-55:29; E:Z-230:22

Weisheit
Weisheit   E:K-52:9; E:Z-248:22; 254:12; KS-302:17; 307:36; 326:4

Weissagung

Weissagung   E:K-90:36; 91:31; KS-376:23; 377:4

weit

weit   E:K-63:7; 66:28; 76:37; 80:37; 90:4; 95:30; 97:18; E:M-118:37; 139:19; E:E-146:15; 150:5; 152:19; 155:9,25; E:V-174:11; E:F-199:27; 202:19; E:Z-240:22; 241:31; 250:30; 257:34; E:VAR-296:22; KS-308:22,38; 312:22; 322:17,35; 331:7; 337:2,24; 346:30; 351:17; 370:19; 378:25; 389:2; 404:32; 417:10; 434:25; 446:29; 449:25   (40)
weite   E:V-163:10; 185:33; E:F-202:29; KS-387:14
weitem   E:M-137:12; 143:12; KS-339:37; 406:33; 410:29; 441:19
weiten   KS-302:19; 327:26
weites   E:E-148:4

weiter

weiter   E:K-13:19,21; 14:3; 16:6; 18:31; 29:4,17; 31:7; 35:1; 57:15; 80:31,33; 92:33; 95:16; 97:25; E:M-110:18; 111:6; 115:31; 119:26; 122:24,25,26; 130:36; 131:5; 137:10; E:E-149:22; 151:23; 155:5; 156:17; E:V-175:5; 176:29; 184:35; E:F-211:8,36; E:Z-237:31; 257:35; E:AN-268:3; E:AB-290:2; E:VAR-292:21; KS-316:31; 342:30; 366:10; 386:14; 393:19; 433:22; 459:17   (46)
weitere   E:K-22:5; 48:4; 63:31; 65:9; 80:7; E:V-176:7; 195:10; KS-347:28; 405:17; 410:3   (10)
Weitere   E:K-103:20
weiteren   E:K-48:38; 53:1; 55:31; 84:35; 88:7; 89:3,17; E:M-115:22; KS-329:5; 331:15   (10)
weiterer   KS-458:17; 459:6
weiteres   E:K-75:7,30; 77:32; E:Z-229:31; KS-422:11
weitre   KS-425:3

Weiterschaffung

Weiterschaffung   E:K-80:36

weitläufig

weitläufig   E:K-29:15; 50:3; 76:19; 91:38; KS-352:12; 456:8
weitläufige   E:K-32:20
weitläufigen   E:K-10:18; 33:4; 52:2; 57:32; E:M-128:24; E:B-196:5; E:C-225:22; E:Z-241:1,27; 242:16   (10)
weitläufigeren   KS-386:17

weitläuftig

weitläuftig   E:K-67:12; E:V-160:17; KS-451:12
weitläuftigen   E:K-69:4; E:F-201:20; 202:4; KS-440:20
weitläuftiger   KS-451:14
weitläuftiges   KS-420:28
weitläuftigsten   E:K-85:5

Weitläuftigkeit

Weitläuftigkeit   E:K-70:25

welcher-welche-welches

welch   E:K-45:25; E:M-123:7,8; 126:9; 132:36; 134:3; E:E-154:14; E:V-175:20; 176:16; 177:5; E:C-221:5; E:Z-232:34; 239:32; KS-338:7; 343:17, 29; 349:5; 376:10; 418:4; 444:6   (20)
welche   E:K-18:9; 31:4; 49:7; 70:31; 71:18,33; 80:22; 81:28; 84:37; 97:7; 98:36; 99:21; E:M-106:21; 111:29; 115:35; 119:38; 126:6; 127:22; 131:9; 138:11; E:E-144:33; 145:8,25; 148:29; 151:10, 24; 153:29; 154:30; E:V-161:13, 17, 38; 162:22; 163:33; 165:11; 168:22; 169:17; 173:33; 178:35; 183:9; 184:16; 185:28,30; 186:17; 187:15,35; 188:36; 189:4; 190:13; 194:24; E:F-199:9; 200:2; 201:5, 15; 208:38; 210:10, 15; 212:5; 214:2; E:C-216:24; 217:22; 219:23,26,28; 220:20; 222:9,12; 223:31; 225:10,13,24,34; 226:10; E:Z-230:1, 18, 31; 234:23; 235:23; 243:19, 32, 35; 249:10; 253:2; 254:20; 256:18; 258:1, 15, 26; 259:1,34; E:AN-266:27; 272:2, 13; 276:8; 278:28; 280:1; E:AB-284:7, 17; 286:3; E:VAR-294:6,36; KS-301:33; 314:4; 318:29; 319:27; 321:34; 326:19; 327:5; 330:12; 332:25; 333:7; 337:1; 338:2, 3; 339:28; 340:11; 341:7; 343:10, 15; 348:31; 349:8; 362:10; 365:24; 373:10; 375:1; 376:29; 378:37; 380:21; 401:34; 402:10; 404:35; 405:8; 411:22, 25; 418:2; 419:15,32; 420:11,17; 423:12. 21; 425:8,32; 426:19,24; 428:32; 432:34; 437:26; 439:37; 440:20,30,34; 441:35; 442:38; 443:16, 24; 444:21; 448:22, 24; 449:4,7; 450:4; 457:23; 459:21   (163)
welchem   E:K-9:10; 13:32; 18:18; 24:29; 26:1, 25; 27:24; 29:25; 30:18; 31:13; 39:23; 40:8,12,30; 41:29; 45:26; 52:31; 54:8; 56:38; 64:18; 68:36; 69:17, 21; 76:18; 78:33; 81:15; 89:38; 97:19,

22; 100:9,21; 102:5; E:M-111:38; 116:17; 124:37; 126:29; 127:10; 130:15; 132:29; 142:19,34; 143:5; E:E-144:31; 145:37; 149:2, 9; E: V-163:18; 168:4; 175:9; 177:6; 178:14,16,24; 186:6; 189:12, 16; 192:3; E:B-196:11; 198:32; E:F-204:16; 206:24; 208:25; 211:25; 212:16; 213:17; 214:5,20; E:C-218:2,20; 220:8; 222:21; 225:4; E:Z-230:14; 234:16; 236:15; 239:37; 245:4; 248:35; 250:11; 252:16; 260:36; 261:4; E:AN-263:21; 265:32; 268:13; 273:7; 274:16; 276:22, 35; 280:8; E:AB-288:31; E:VAR-298:2, 8; KS-317:1; 319:20, 22; 320:16, 31, 34; 321:10,16; 326:7; 337:30; 344:33; 363:7; 365:6; 369:18; 374:15; 376:1; 377:29; 384:2; 402:33; 406:23; 410:28, 32; 411:30; 416:2; 428:10; 434:21; 439:11; 445:13; 450:13   (122)

welchen   E:K-12:23; 14:33; 22:28; 25:7, 21,24; 44:5; 52:34; 59:17,32; 77:36; 79:7, 10; 81:8; 84:20; 85:10; 86:11,15; 89:20; E:M-119:27; 134:19; E:E-144:21; 152:16, 26; E:V-174:23; 185:14; 186:8; E:F-201:20; 202:18,22; E:C-224:26; 226:11; E:Z-243:2; 247:19; 255:33; 259:2; E:AN-276:18; E:VAR-295:16; 297:7,38; KS-319:33; 321:1; 325:13,31; 326:23; 329:10; 335:17; 338:6; 348:37; 354:33; 376:27,30; 380:27; 381:23; 389:21; 390:10; 393:32; 394:20; 396:8; 399:29; 403:20; 414:35; 419:17; 446:13; 449:23   (65)

welcher   E:K-21:7,22; 27:12,16; 38:31; 39:28; 41:17; 42:6; 44:28; 52:2; 54:19; 60:17; 61:25; 69:29; 74:35; 75:4, 29; 76:14; 77:25; 78:25; 80:5; 87:29; 89:30; 91:21,28; 92:12; 99:5,9; E:M-104:26; 107:33; 110:16; 112:38; 123:4, 31; 125:7; 130:31; 133:9; 134:6, 16; 136:11; 139:6; 143:3; E:E-144:4; 145:2; 148:12; 154:25; 157:7,22; E:V-160:16; 170:27; 173:35; 177:14; 178:4; 185:13; 187:21,28; 188:15; 191:7; 193:21; E:F-203:35; 210:1,9; E:C-217:2,31, 33; 227:8; E:Z-230:20; 244:21; 246:11; 252:6; 261:7; E:AN-265:35; 274:21; 276:12; E:AB-287:8,15; E:VAR-295:7, 8; KS-302:28; 311:11; 318:21; 319:25; 320:33; 323:38; 326:3; 336:20; 340:33; 348:30; 352:21; 356:6, 34; 357:1, 3, 5; 358:30,33; 367:29; 376:22; 379:4, 9; 394:9; 410:11; 412:20; 413:16; 414:14; 415:6; 423:17; 427:33; 433:17; 434:12;

437:31; 443:18; 445:20; 447:29; 448:34; 450:3; 452:33; 454:4,5,33   (120)

welches   E:K-26:32; 86:27; 98:11; E:M-110:29; 116:30; 126:29; E:E-144:6; E:V-163:2; E:F-203:32; E:C-216:29; 218:19; 225:36; 227:31; 228:6; E:Z-256:10; E:AN-270:3; 274:20; 279:31; E:AB-289:38; E:VAR-294:11; 296:1; KS-311:1; 327:2; 356:29; 362:27,29; 366:24; 375:22; 381:19; 382:11; 389:34; 411:4; 413:27,30; 414:19; 416:22; 417:18,33; 418:31; 424:24; 425:23, 31; 427:6; 432:17; 447:16,16; 449:21; 451:10; 454:17; 455:18; 460:10   (51)

welk
welken   E:K-92:22

well
well   KS-441:1

Welle
Wellen   E:E-146:23; E:AN-274:33

Welt
W.   KS-431:24

Welt   E:K-9:15; 13:20; 15:38; 16:10; 19:7; 24:29,34; 25:20; 40:23; 41:18; 42:21; 47:2; 52:22; 56:17,19; 59:29; 65:4; 73:30; 76:2; 81:31; 84:23; 88:2; 91:27; 97:3, 29,30,34; 100:22; E:M-104:11; 112:18; 115:28; 123:2, 37; 124:31; 126:13, 19; 127:11; 128:6; 129:10; 130:4; 131:24; 132:11; 133:27; 136:9; 139:11; 143:22; E:E-145:30; 149:21; 150:14; 151:34; 152:13, 27; 155:27; 156:4; E:F-199:31; 202:11; 213:25; E:C-222:30; E:Z-240:30; 241:23; 242:7, 32; 249:18; 251:27; E:VAR-292:22; KS-301:8; 302:9; 307:15; 308:10,15; 310:25; 321:34; 323:8; 327:26; 328:29; 329:6; 330:10; 332:33; 333:14; 334:28; 335:11, 15,28; 342:14; 343:1; 344:27; 345:11, 12, 22, 38; 352:30; 356:22; 360:9; 361:5; 362:11; 364:19; 374:26; 377:15, 22; 378:25; 386:5; 387:14; 396:4; 444:30   (104)

Welten   KS-306:20; 313:21

Weltall
Weltall   KS-309:15

weltbekannt
weltbekannt   E:K-78:27; 80:23

Weltbetrachtung
Weltbetrachtung   KS-301:1

weltbürgerlich
weltbürgerlichen   KS-349:1

weltfrei
Weltfreien   E:K-36:16

Weltgebäude
Weltgebäude   KS-338:19

Weltgericht
Weltgericht   E:E-155:29

Weltidee
Weltidee   KS-448:25

Weltkunde
Weltk.   E:AB-283:20; KS-432:24
Weltkunde   KS-418:18

Weltlauf
Weltlauf   KS-326:22

weltlich
weltlichen   E:Z-260:19

Weltordnung
Weltordnung   E:M-122:31

Weltregierung
Weltregierung   E:K-41:23; KS-378:14

Weltteil
Weltteile   KS-302:13; 385:21
Weltteils   E:V-165:24

Weltweisheit
Weltweisheit   KS-327:7

wem
wem   E:K-42:16; E:V-172:10; E:AN-
270:29; KS-308:33,34; 312:9; 352:33;
409:5; 456:31

wen
wen   E:K-57:21; 97:19; E:M-140:26,33,
34; E:F-206:5; 213:24; KS-315:4,4; 337:6;
358:18   (11)

wenden
gewendet   E:K-70:18; E:M-127:5
wandte   E:K-12:6; 15:35; 25:5; 28:14;
35:24; 36:1; 38:1; 51:31; 55:9; 59:4; 71:11;
73:32; 98:31; 99:27; 103:10; E:M-110:7;
113:1; 115:15; 129:22; 131:6; 140:27,37;
E:E-148:19; 156:26; E:V-171:12; 178:19;
179:38; 185:28; 186:5; 190:17; 194:12;
E:Z-237:18; 239:27; 243:1; 258:33; E:AN-
270:11; 272:19; E:AB-290:34   (38)

wenden   E:K-19:19; 55:2; 60:37; 64:26;
90:14; E:M-105:18; 130:10; E:E-148:6;
E:V-176:25; 179:29; E:C-216:12; E:Z-
238:7; 239:2; KS-310:14; 436:38; 437:21;
451:5,34; 452:10,33; 459:18   (21)
wendet   E:K-92:26; E:AN-265:3; 272:30;
273:16; E:AB-283:17

Wendung
Wendung   E:K-28:36; 52:21; 57:25;
61:19; 62:23; 66:38; 89:34; E:M-130:7;
E:E-145:15; 153:19; 158:13; E:V-172:33;
E:Z-232:19; 233:23; 255:19; 261:8; KS-
333:10; 391:20; 396:4; 416:11; 422:34
                                                (21)
Wendungen   E:K-68:33; 72:29; KS-
347:2

wenig
wenig   E:K-10:20; 14:5; 15:14; 17:27;
18:25; 23:25; 26:22; 29:24; 30:3; 46:27;
48:29; 56:21; 62:2; 63:33; 64:24; 67:26;
71:20; 79:5; 93:21; 100:33; E:M-110:4;
111:35; 112:22; 116:8; 120:22; 121:9,36;
126:23,25; 136:16; 137:31; 139:8; 142:25;
E:E-148:4,36; 150:31; 152:29; 153:22,
27; E:V-164:35; 165:4; 166:37; 190:29,
33; E:F-206:19; 207:21; 210:27; 212:16;
E:C-218:26; 219:34; 220:17,17; E:Z-
231:32; 234:30; 243:8; 245:10; 248:31;
257:7; E:AN-270:33; 277:28; E:VAR-
295:37; 297:30; KS-308:12,17,19; 326:5;
330:9; 332:20; 341:22; 343:32; 345:1,
34; 362:4; 364:7; 375:30; 385:34; 391:21;
392:2,31; 398:3; 430:31; 441:8   (82)
wenige   E:K-13:26; 33:16; 57:12; 58:1;
65:29; 79:2; E:M-126:16; 127:26; 132:28;
E:E-150:33; E:V-174:31; 184:8; E:F-
202:10; 209:37; E:C-217:23; E:Z-235:18;
239:5,37; 248:1; E:AN-272:9,24; 277:4;
278:33; E:VAR-294:37; KS-338:26; 409:4
                                                (26)
wenigen   E:K-44:20; 53:4; 71:36; E:F-
201:16; 208:25; E:Z-248:3; KS-303:1;
304:26; 393:19; 426:5   (10)
weniger   E:K-30:33; 38:7; 69:18; 82:32;
E:M-108:14; E:V-184:38; E:C-225:30;
E:AN-273:23; 276:6; E:AB-285:31;
286:17,35; KS-303:19; 313:26; 324:22;
343:9; 370:36; 390:21   (18)
wenigsten   KS-308:11

Wenigkeit
Wenigkeit   KS-409:15

wenigstens

wenigstens   E:K-12:20; 22:10; 24:18;
29:38; 34:35; 51:4; 52:32; 87:7; 90:21;
96:22; E:M-109:27; 115:7; E:E-156:25;
E:V-178:33; 180:2,22; 183:37; 184:26;
E: F-201: 38; E: C-217: 7; E: Z-230: 3;
233:20; 237:29; 238:8; 241:15; 246:18;
E:AN-278:16; 280:35; E:AB-285:19;
E: VAR-292: 31; KS-307: 35; 309: 18;
310:7; 323:20; 326:36; 336:26; 340:2,
10; 356:4; 386:4; 393:23; 435:8; 441:16;
443:27; 460:11   (45)

Wenk

Wenk   E:K-60:1; 62:15; 70:10,16,21;
72:34; 73:7; 75:2

wenn

wenn   E:K-9:16; 10:10; 11:28; 12:1,
33; 15:2,21; 16:9,37; 17:7,29; 18:24;
19:3; 20:17,21; 21:15; 23:13; 24:22;
25:17; 27:2,10,12,26,29,32,34; 28:4,
9,26; 29:4; 31:25; 33:22; 36:34; 41:8;
42:2; 43:11; 45:6,38; 46:6,25,37; 47:7,
27; 48:18; 50:6; 51:22; 52:1,16; 53:12,
29; 55: 6, 18; 56: 1; 58: 24; 60: 30,
32; 64:22; 67:3; 71:12; 73:22; 74:24;
83: 4; 85: 31; 86: 25; 87: 30; 89: 32,
35; 90:15; 92:29; 95:25; 98:1,29; 100:38;
E:M-109:20; 110:15; 111:16,32; 112:6,
15; 113:10,17,30; 115:4; 116:1,12; 117:12,
23,35; 118:38; 119:12; 120:38; 121:14,
22, 32; 122: 13, 18, 20, 30; 123: 7, 11,
25; 128: 1; 129: 17; 131: 34; 132: 11,
22, 27; 133: 9; 134: 30, 35; 135: 4,
12; 136: 10, 37; 137: 4, 9, 17; 139: 18,
23, 28; 140: 9; 143: 32; E: E-147: 22,
30; 150:14; 151:17; 153:18; 156:20; 157:6,
15, 17; 158: 13; 159: 14; E: V-161: 23,
31; 162: 23; 163: 25; 165: 8, 15, 22,
33; 166:22,32; 167:4,6,11,30; 168:2,8,
15; 173:23; 174:5; 175:23,35; 176:26;
177: 3, 37; 181: 18; 182: 3; 184: 29;
185:9; 186:34; 188:14; 190:19; 191:3;
E:B-196:3; E:F-208:23; E:C-220:25,
27; 221: 8; 223: 24; 224: 22; 225: 7;
226: 30; 227: 28; E: Z-248: 8; 250: 26,
31; 254: 1, 34; 261: 17; E: AN-263: 35;
265:8; 267:11; 269:20; 274:32; 277:34;
279: 10; 280: 8; E: AB-285: 2; 286: 35;
288:12; E:VAR-293:2; KS-301:24; 302:15,
15, 16, 34; 303: 5, 7, 25, 34; 304: 17, 27,
29; 305:24; 306:4,27; 307:18,23,24,26,
32; 309:21; 310:29; 312:3,5,5,7,8,17,

32; 313:9; 314:20,28; 315:15; 316:10,28,
33,34; 317:23,26,34; 318:7,15; 319:3,
17, 23, 26, 33, 36; 320: 15, 17; 321: 13,
17, 35; 322: 6, 12, 13, 33, 37; 323: 9,
26, 30; 324: 7, 19, 24; 325: 4, 7, 9, 15,
29; 327:32; 328:3; 329:18,27; 330:15,
16; 331:3; 332:23,32,35; 333:6; 335:2,
11,15,19,21; 337:14,19,22,25,29; 338:5,
18; 339:31; 340:4,37; 341:11,33; 342:4,
8, 23; 345:15,29; 347:11,27; 348:1,16,
36; 349: 4; 351: 18; 352: 19, 32; 353: 1,
11, 13, 18; 354: 9; 355: 2, 3, 23; 358: 1, 7,
9; 359: 8, 12, 34; 360: 6, 17, 20, 21, 21, 26,
29; 361:8; 363:18; 366:10,20,30; 367:7,
17; 369:9,27,31,33; 370:4; 371:1; 372:25;
373: 5; 374: 10, 20, 26; 375: 10; 376: 11,
15, 23, 37; 377: 31; 378: 32; 379: 12, 19,
29; 380:8,23; 381:2,9; 383:20; 384:34;
385:26; 387:8; 391:25; 392:13; 393:1,6,
14,18,20,29,31; 394:30; 395:33; 396:10,
11, 24; 398: 31; 400: 2, 3, 7, 31; 401: 10,
14; 402:10; 404:11,23,24,25,33,35; 405:24;
406: 9, 12, 34, 36; 407: 19; 408: 13, 28,
35; 409:31; 410:5,7,24,31; 412:11,13,
27; 415:24,35; 416:16,30; 417:17; 418:1;
422:34; 426:33; 428:16; 431:17; 434:13;
435: 37; 443: 15; 446: 16, 23, 25; 447: 8,
31; 449: 14, 15; 450: 17; 453: 1; 460: 4,
12   (430)
wenns   E:VAR-292:29

Wenzel

Wenzel   E:K-9:31,32; 15:7; 21:8; 22:1;
27:17; 31:13; 32:5,17,34; 34:10; 35:21;
37:27; 42:17; 43:23; 54:26; 57:30; 58:6,
29; 60:20; 63:8; 78:17; 87:20; 88:21;
94:31; 101:25; 102:5   (27)
Wenzels   E:K-58:4

wer

wer   E:K-13:29; 14:12,20; 28:13; 44:10,
36; 45:15,25,28,33,36; 46:3; 48:17; 57:35;
80:12; 81:36; 86:11; 98:4,7,20; 100:35;
E:M-107:29; 132:16; 134:15,20,21,31,
31,31; 135:2,2,2,38; 136:22,22,34,35,
35; 137:13; 139:10; E:E-156:26,34,36;
E:V-162:2; 163:6,15,17,30; 164:8; 165:38;
169:18; 184:8; 186:12; E:B-198:21; E:F-
207:37; 208: 21,32; E:C-220:5; 225:24;
227:12; E:Z-239:25; 250:8,16; E:AN-
270:22; 277:8; E:VAR-297:29; KS-309:27;
317:9; 332:4,38; 338:8; 343:7; 347:7,
10; 350:7; 352:27; 353:19,22,31; 354:3,14;
355:19; 357:12; 363:24; 369:34; 382:24;

385:12; 404:22; 406:10; 452:30; 459:15
(91)

werben
geworben   E:K-29:11

Werbung
Werbungen   E:Z-235:27

werden
geworden   E:K-83:37; 84:37; 98:12;
102:26; E:M-107:21; 132:36; 138:35;
E:V-168:17; 172:33; 181:10; 185:21;
191:12; E:F-201:31; 208:31; E:Z-243:9;
E:AN-268:3; E:VAR-297:19; KS-314:15;
316:25; 321:31; 332:1; 338:19; 378:18;
389:24; 390:28; 423:5   (26)
gewordene   KS-452:16
ward   E:K-30:38; 31:4; 33:32; 37:12;
42:26; 44:2; 51:32; 63:19; 65:34; 70:29;
71:17; 75:1,24; 77:8,10,15; 79:20; 82:21;
87:3; 89:21; 91:9,12; 94:34; 98:25;
102:6; E:M-105:22; 107:27; 109:30,
33; 114:12; 115:34; 118:4; 124:37; 127:5,
14; 140:3; 142:34; 143:9,18,25; E:E-
144:29; 145:7,18; 148:17,32; 151:9,28;
152:9; 153:33; 158:30; E:V-187:33; 190:1;
E:F-200:5,11; 202:3; 203:5; 206:9; 207:35,
36; 211:23; 214:6,17; E:C-218:24; 219:1,
7; 227:17,33; E:Z-234:33; 235:38; 236:8;
237:15; 242:12; 244:22; 247:20; 248:28,
33; 249:34; 255:12; 257:11; 260:10; 261:1,
6; E:AN-262:9; 267:19; 268:18; 271:7;
277:28; E:AB-283:29; 285:16,21; 286:18,
21; E:VAR-296:10,17; 297:10; 298:1,
7; KS-327:23,23; 331:12; 349:5; 353:8;
373:10; 375:34,36; 390:4,13,17; 417:35;
418:11; 430:10, 23; 435:6; 445:2.
11   (115)
werde   E:K-10:22; 23:4; 25:24,27; 28:11;
36:34,36; 42:5; 44:29; 47:28; 51:7; 56:17;
70:12; 76:15; 83:15; 89:24; 94:32; 95:22;
E:M-111:6,7,38; 112:7; 113:24; 114:11,
13,22; 115:34; 118:27; 120:31; 125:3;
128:21; 130:10,20,26; 133:6; 138:2,8;
140:35; E:E-151:4; E:V-169:12; 176:25,
32; 177:34,35; 178:8; 179:29,36; 184:30;
187:4,8; 191:16; E:F-199:13; 213:24;
E:C-222:21; 223:21; 224:10; E:Z-242:36;
245:1; E:AN-275:33; KS-302:33; 308:28;
326:20; 353:13; 368:7; 375:10; 381:11,19;
383:18; 401:21; 404:18; 415:29; 437:21;
448:37   (73)

werden   E:K-19:14; 22:7; 26:35; 27:26,
32; 28:27, 31; 30:10; 31:7; 48:34,
35; 49:17, 19; 51:36; 52:5; 53:14,
17; 56:17; 62:35; 64:11; 65:14;
68:23; 70:13,14; 75:9; 77:17; 82:14;
89:16; 90:22; 91:20,26; 93:29; 94:26,
35; 95:15, 37; 97:10; 98:28; 99:3,
17; 102:17; 103:17; E:M-110:28,28; 111:6,
13; 112:7,16; 114:8,22; 115:38; 119:24;
121:11; 122:13, 34; 123:12; 124:11,
32; 131:9; 133:28; 134:30; 138:2;
139:26; 140:35; E:E-147:30; 152:17;
153:30; 154:1,17; E:V-162:20; 165:5,
16; 169:8; 174:5; 176:21,32; 180:3; 184:26;
194:35; E:F-207:32; 214:19,21,33; 215:7,
12, 14; E:C-216:17; 217:31; 218:15,
17; E:Z-233:9; 234:29; 238:36; 239:10;
242:15; 248:2,17,38; 249:5; 250:32; 254:8,
19, 21; 258:9,12; E:AN-262:11; 263:8;
264:2; 268:18; 272:8; 275:18; 276:9;
277:34; 280:29; 282:4; E:AB-284:37;
286:16; 288:3; 289:19; E:VAR-293:35;
295:7,28,30; 298:3; KS-302:5,6; 303:27,
28; 304:24, 36; 308:7, 11; 310:14, 16,
24; 315:21; 316:26; 318:29; 321:12;
322:7; 323:2, 27; 324:2; 326:31,
35; 327:3; 330:18; 331:14; 332:13,14,
26,28; 333:2,10,16; 334:4,5,11; 335:15,20,
22; 336:33; 337:32; 339:17; 340:6,18,29,
32; 341:12; 344:16; 346:8; 349:4; 357:21;
358:14,32; 363:8; 365:7; 366:9; 368:2;
370:7; 371:5; 372:20; 373:24; 376:5;
377:14; 378:2; 379:15; 380:20,21,23;
381:9,13,24; 382:26,29; 384:24; 386:15;
387:28; 392:17; 394:1; 396:7; 397:14,25,
29; 398:10,15; 399:37; 401:6; 402:21,23,
24; 403:19,20; 404:2,4,17,19; 406:18,
18; 407:25; 409:2, 4, 32; 411:3, 12,
27; 413:22; 414:15; 416:27; 417:20,26,
32; 418:35; 421:10; 422:13,28; 424:8;
425:35; 426:6,27; 427:4; 428:37; 431:15;
434:19; 437:27; 438:32; 441:24, 31,
38; 442:15; 445:1; 446:17,18; 447:4,
7, 8, 9, 19, 30; 448:12, 31, 34; 449:16,
34, 37; 450:8; 451:2, 15; 452:8, 20, 23,
29; 453:4,5,28,34; 454:6,9; 456:9,13,
33,34; 457:14,24,26,33; 458:7,8,11,15,
21, 30, 33, 36; 459:4, 15, 23, 24; 460:26,
31   (300)
werdet   KS-372:33
wird   E:K-17:32; 27:29,32; 42:38; 43:6,
12; 46:28; 47:31; 82:12; 83:11,
14; 91:24; 92:20; 100:38; E:M-113:18;

117:9; 118:12; 121:12; 131:36; 141:29, 37; E:V-162:19; 165:22; 166:28; 167:31; 180:1,3; 182:2; E:F-214:37; E:Z-234:36; 244:32; 249:9; 254:17,17; 260:20; 261:15; E:AN-263:1; 264:24; 268:10; 269:19, 20; 270:24,24; 273:19,22; 275:35; 280:9; E:AB-284:28; 285:19; 286:7; 287:4; 289:13; KS-301:25, 27, 30, 32; 304:4, 16; 309:20; 310:13; 311:37; 312:1, 19; 315:7; 316:23,26; 320:12; 321:19, 21; 322:38; 323:21,36; 329:21; 330:13,37; 332:4; 334:16,19; 335:25,28,31; 338:12; 339:32; 345:23; 354:27; 357:21; 358:2, 19, 27, 30; 359:35; 360:18; 362:18, 21, 23, 23; 363:25; 366:3; 371:9; 372:31; 374:20; 376:26, 28; 377:29; 380:9; 381:11; 382:25; 383:18, 26; 384:1, 4, 6; 389:12; 390:23; 392:28,29; 394:14; 395:14; 396:12,14,15,27; 398:20; 400:10; 402:2, 14, 17; 403:21; 404:8, 14, 33, 35, 37; 407:33; 408:19; 409:13,20,26; 410:5, 12, 29; 411:33; 412:7, 31; 413:23, 24, 39; 414:10,15,20; 418:29; 419:31; 420:11, 20; 421:12,15,34; 422:25; 423:18; 425:14, 14; 426:10,16,34; 427:9; 430:30; 431:16, 24; 432:32; 433:15, 19, 21, 24, 28, 29, 30; 434:22; 438:30; 441:26; 444:31; 447:10, 14; 448:35; 449:4, 6, 30, 32; 450:6, 18, 34; 451:9,14,15,22,32; 452:3; 453:13, 17; 455:17; 456:12; 457:24; 458:3,15, 30; 459:4,11; 460:28   (207)

wirst   E:K-17:3; 46:24; 55:4; E:M-134:35; 136:10; E:V-182:8; KS-316:20; 355:1; 375:10

worden   E:K-13:28; 14:6, 34; 15:15; 16:24; 17:16; 18:7; 21:14, 37; 26:5; 29:30; 30:4,11; 37:4; 41:9; 42:16; 43:1, 26; 45:28; 46:11; 47:11; 49:25; 56:6; 66:3; 68:38; 69:9; 70:22; 74:14; 78:20; 79:13; 87:34; 89:36; 90:9; 91:21; 92:38; 94:17, 22; 100:1,1,12; 101:31; E:M-104:3; 108:5; 110:33; 111:5,20; 116:17; 134:7; E:E-144:14; 145:13,36; 147:17,22; 149:3,18; 151:25; 152:3; 155:37; 156:4; E:V-160:10; 164:17; 167:16; 168:24; 173:21; 174:22, 33; 177:27; 178:26; 187:29; 191:38; E:B-196:8; E:F-206:30; 210:2,9; 211:29; 212:1, 10; E:C-217:3; 226:28; 227:24; E:Z-229:22; 230:19; 231:19; 232:36; 235:11; 237:6; 249:3, 33; 250:14; 254:9, 29, 34; 255:33; 257:16,31; 258:2,8,16; E:AN-262:29; 266:31; 267:5; 271:7; 279:35, 36; E:VAR-294:18; 297:23, 31, 33,

37; 298:10; KS-310:18; 323:1; 339:1; 348:22; 352:4; 356:25; 360:19; 361:10; 364:15; 366:25; 368:25; 374:11; 377:22, 27; 378:7; 381:2; 388:31; 394:28; 400:4, 10,12,12; 401:36; 403:9,33; 405:7; 406:15, 25; 407:21; 410:33; 413:28; 414:1, 9, 13, 33; 415:6, 12; 418:7; 419:3, 31; 421:17,22; 425:6,8; 426:35; 431:33; 432:14, 29; 434:7, 8; 437:19; 439:32, 34; 444:37; 447:27; 449:2, 25; 450:25, 28,30; 452:18; 453:21; 454:6   (173)

würd   E:K-20:15; E:M-117:28; 121:21

wurde   E:K-99:7; E:E-145:4,12; E:V-174:37; E:F-201:38; E:C-225:6; E:AN-281:15,18; E:AB-286:12; 289:36; 290:24, 25, 30; E:VAR-295:33; KS-402:30, 35; 403:12; 409:17; 428:8; 429:12; 457:1
(21)

würde   E:K-9:8,15; 10:26,30,33; 11:1; 12:1,21; 14:25; 15:31; 18:4; 20:37; 21:1, 17; 23:14; 25:38; 27:4; 38:1; 41:5; 42:4, 9; 43:29; 45:1; 47:18; 49:18; 50:6; 52:4, 28; 56:15; 68:28; 70:4; 73:22; 74:7; 75:23, 35; 78:36; 84:32; 85:7; 86:29; 88:20; 89:2, 32; 91:3, 5, 14, 17; 98:7; E:M-104:9; 105:2; 106:4; 107:10; 108:17; 109:22, 26, 29; 110:18; 111:27; 112:4, 27, 33; 113:13, 30; 114:8, 20, 22; 115:6, 16; 116:11; 117:7; 119:9, 9, 14, 23, 23; 120:25; 122:29,34; 124:4,11,20,27, 32; 126:24,28,30; 128:9; 132:33; 133:23, 26, 28; 136:20, 29; 138:17; 139:11, 15, 28; 140:8; 142:15, 21, 28, 38; 143:32; E:E-146:12; 149:21; 151:6; 152:34; 153:10,31; 159:8; E:V-166:33; 167:3, 15; 168:2,9; 171:3; 173:24; 175:8,26,31, 36; 176:27; 177:5; 178:33; 179:14; 180:20, 33; 181:1,25,31; 182:37; 183:22; 185:7, 12; 186:35; 189:26; 190:19,22; 191:6,6, 11; E:F-200:25; 209:8; 210:24; 211:8, 16; 213:1; 215:13; E:C-218:17; 220:28; 227:25; 228:3; E:Z-232:22; 233:34; 235:1; 239:9; 244:12; 245:9; 248:2, 5; 252:15; 254:32; 255:14; 256:32; 257:29; E:AN-265:32; 266:3; 273:32; 279:23; E:AB-284:2; 286:16; E:VAR-292:9; 293:30; 295:30; KS-302:27; 304:19,23, 24; 305:30; 306:24; 311:13; 314:18; 316:30; 319:29; 320:26, 29; 321:36; 324:22; 326:29,31,33,35; 329:2; 331:14; 332:35; 333:5; 335:1, 10; 336:12; 338:4, 19; 339:25, 38; 341:3, 19, 30; 342:23, 33; 345:6; 351:19; 358:1, 10; 359:9;

wesentlich
wesentliche   KS-421:25; 422:10; 457:31; 458:26
wesentliches   KS-336:32

Weser
Weser   KS-396:19

weshalb
weshalb   E:V-186:25; 193:19; E:Z-245:1; KS-456:35

Weste
Weste   E:K-10:17; E:V-171:37

westfälisch
westfälischen   E:C-219:9; E:VAR-296:19

Westfriesland
Westfriesland   E:AB-288:16; KS-413:4

Westindien
Westindien   E:V-168:31

westlich
westlich   KS-392:19

westwärts
westwärts   KS-392:37

Westwind
Westwind   E:E-146:33

Wette
Wette   KS-411:1

Wetteifer
Wetteifer   KS-403:29

Wetter
Wetter   E:K-12:16; E:C-225:3; E:AN-270:17,18,21; KS-441:29

Wetterschlag
Wetterschlag   E:K-35:26

Wetterstrahl
Wetterstrahl   E:M-140:29; E:V-185:2

wetterstrahlen
wetterstrahlte   E:E-158:24

Wettkampf
Wettkampf   E:AN-270:30

Wettlauf
Wettlauf   KS-446:29

wichtig
wichtig   E:V-176:33; E:AN-279:31; KS-455:30
wichtige   E:M-115:4; KS-308:8; 395:28; 449:35
wichtigen   E:K-89:1; 97:8; 99:1; KS-359:10; 372:24
wichtiger   E:F-207:35
wichtigste   KS-334:32
wichtigsten   KS-368:12; 458:4,32

Wichtigkeit
Wichtigkeit   E:K-44:24; 84:18; 85:21; 88:33; 95:36; E:V-182:37; E:Z-258:18; E:AN-262:26; KS-395:2; 420:24   (10)

Wickram
Wickram   KS-413:24*

wider
wider   E:K-43:32; E:Z-232:35; 236:13; E:AN-265:15; 281:29; KS-367:24

widerfahren
widerfahren   E:K-14:2; 20:25; 94:31; E:E-157:12; E:Z-239:30; KS-351:27; 439:36

widerhallen
widerhallenden   E:AN-279:17

widerlegen
widerlegen   E:K-45:11
widerlegt   KS-414:30

Widerlegung
Widerlegung   E:Z-232:27

widerrechtlich
widerrechtlich   E:K-56:8

widerscheinen
widerscheint   E:V-165:24

widersetzen
widersetzten   E:M-139:20

Widerspenstigkeit
Widerspenstigkeit   E:AN-270:7

widersprechen
widersprächen   E:M-117:26
widersprechen   E:K-99:30; E:M-119:2; KS-459:34
Widersprechenden   KS-346:29
widerspricht   KS-308:1; 316:19; 317:31
widersprochen   KS-430:5

Widerspruch

Widerspruch KS-312:2
Widersprüche KS-318:34
Widerspruchs KS-311:18; 330:20

Widerstand

Widerstand E:K-68:31; E:V-169:38;
191:34; E:F-206:20; 212:38; E:Z-229:24;
KS-321:10; 393:7
Widerständen KS-338:10

widerstehen

widerstehen E:M-111:11

widerstreben

widerstreben KS-359:25

widerwärtig

widerwärtig KS-324:6
widerwärtige E:K-19:11
widerwärtiges E:V-171:12
widerwärtigste KS-417:4
widerwärtigsten E:K-24:24

Widerwillen

Widerwillen E:K-77:2; E:E-154:36;
E:AN-265:29

widmen

gewidmet KS-379:19
gewidmeten E:AN-275:3
widmen E:M-126:21

widrig

widrig KS-312:20
widriger KS-393:33

wie

wie E:K-9:19; 11:18; 13:26,33,35; 15:28,
36; 16:2,9,22,24,25,32; 19:4,33; 20:28,
32; 23:29; 24:32; 27:15,29; 28:6; 29:7,
29; 30:28,38; 31:27,33; 34:4; 35:16; 36:9,
11,35; 37:11; 40:7; 42:33,38; 43:24; 45:23,
35; 47:7,14,19,23,34; 48:36; 49:7; 51:24,
29; 52:8,18; 53:12; 57:20,25,33; 58:13;
59:28; 64:10,37; 66:8,34; 67:28; 68:9,
17,30; 69:15,17,26; 70:15,33; 71:5,6,25,
30; 74:10,15; 75:22; 79:22; 82:12; 83:14;
85:25; 86:36; 87:11; 88:15,28; 89:31; 90:9,
28,31; 91:12; 92:10,24; 93:4; 94:15,
30; 95:30; 96:15; 98:6; 99:14; 100:2,
31; E:M-106:31; 107:11,19,35; 108:16,
18, 23, 33; 109:21, 25; 110:4, 8, 10,
29; 111:16; 113:23; 114:25; 115:25;
116:19, 22, 23; 117:20, 26; 118:23;
119:6, 33; 120:14, 23, 33; 121:15, 19,

29; 122:35, 38; 123:15, 16; 124:17, 30,
33; 126:5, 28; 127:15; 129:8; 131:10,
25; 133:31; 134:29,32; 135:9; 136:1,17,
36; 137:1; 138:21,22,30,31,33,34; 139:5,
21, 26, 35; 140:7, 19, 24, 28; 141:30, 32,
35; 143:14,32,33; E:E-145:29; 146:11,
24; 149:34; 150:14, 26; 151:30, 32,
34, 37; 152:1, 6, 14, 18, 38; 154:18,
36; 155:15,19,34,38; 156:9,31; 159:7,
15; E:V-161:15; 163:1, 18; 164:13,
16; 165:20,25; 166:12,38; 168:5,14,20,
20; 169:25,27,31,32; 171:30,31; 172:27,
29; 173:7,11; 174:6,11,33; 175:16; 176:6,
8; 177:10; 178:20; 179:33; 180:11,
38; 181:7,14; 182:20; 183:8; 184:27,
31; 187:23; 188:25, 26, 29; 189:30;
194:3, 4; E:B-196:16, 25; 197:17, 23,
26; 198:27; E:F-200:1; 201:27; 202:15,
25, 27; 204:15, 25, 29; 205:36; 207:22;
208:19, 23, 29; 209:5, 16, 27; 210:13,
32; 211:22; 212:4, 19, 26; 213:9, 14,
26; 214:11; E:C-217:17,35; 218:30,34,
37; 219:18,33; 220:6; 221:25; 222:14,15;
223:35; 224:29; 225:5; E:Z-230:10,12,14,
15,26; 231:9,27; 233:27; 234:14,22; 235:5,
15; 237:28; 239:11,35; 240:1; 241:6,18,
35; 243:10; 245:13,38; 246:1; 248:24,
30; 249:13,30; 250:3,27,37; 251:4, 21,
26; 252:27; 253:5,12,20,21,22,26,27,29,
38; 255:14; 257:4,11; 258:37; 259:8,17,
20,24,30; 260:34; E:AN-262:20; 264:2,
26; 265:33; 266:8, 19; 267:10; 268:10,
17; 269:19, 27; 270:4, 14, 22; 272:21,
23; 273:12; 276:5; 277:8,13; 278:1,
23,35; 279:7; 280:7,29; E:AB-283:11;
284:30; 285:7, 35; 287:6, 21; 288:14;
E:VAR-292:24; 294:31; 295:11; 296:2,
7, 9, 21; 297:11, 23; 298:6; KS-302:27,
38; 303:34, 35; 304:9, 12, 24; 305:18,
34; 307:20,25,29,36; 308:12,15,17,19,
25,27; 309:14; 310:5,12,17,19,20,25,32,
35; 311:2; 313:2,3,4,5,30,37,38; 314:4,
17,25,29,34; 315:15,17,33,34,35; 316:6,
8, 10, 21; 320:14, 17; 321:19; 322:30,
31; 323:16, 24, 28; 324:13; 325:2, 4,
9, 11, 11, 14, 27, 32; 326:12; 327:29;
329:13; 330:24; 331:12,22; 332:10,17,
19; 333:26; 334:34; 335:1, 18, 20, 26,
28; 336:3, 37; 337:34; 338:9; 339:8,
19; 340:8, 26, 31; 341:22, 23, 33; 342:7,
26; 343:9, 34; 344:7, 12, 16; 345:11, 19,
24; 346:10, 23; 347:1, 8, 19, 34; 348:15,
24, 36; 351:15, 20; 352:36; 354:30;

356:1; 358:13; 360:15; 361:7,12; 362:5,
23; 365:3,31; 367:6,17,24,29; 368:5,
6, 13, 14, 18, 23, 35; 369:8; 370:3, 28,
37; 371:26; 372:4; 373:22,35; 374:17,
22; 375:17, 17; 376:20, 23, 28; 377:6,
17,28; 378:9; 379:7; 380:30; 381:7,7,
19; 383:12,25; 385:28; 386:18; 387:8,
24; 389:11; 390:1; 392:7; 394:24,
27; 396:24; 400:26; 402:21,34; 403:17,
20; 404:1, 27, 34; 405:3, 34; 406:8, 20,
34; 407:22,23; 409:9,22,26,36; 410:3,
24; 411:5,24; 412:8,16; 413:17; 414:13;
415:2, 24; 418:6, 14; 419:32; 421:5,
12; 422:4,12,30; 423:23; 426:16,33; 428:5,
7,9; 430:31; 432:23; 434:25; 436:10; 437:1,
8; 440:8, 26, 31, 37; 441:22; 444:4, 8,
26; 446:16,20,21; 447:3,7; 448:36; 449:7,
8; 452:25,28; 455:5; 456:29; 457:2; 458:9,
11,15,34,36; 459:4; 460:15,17   (640)

wieder

wieder   E:K-12:1, 16, 22, 27, 34; 14:10;
15:35; 17:2; 18:1; 19:4; 20:19; 21:17; 22:6;
24:13,28; 26:30; 29:24; 31:20; 37:21; 39:7,
24; 41:7; 44:28; 46:7; 47:25; 48:19,
25; 50:33; 53:31; 55:8,10,13,37; 57:16,
20; 58:38; 60:36; 61:3, 26, 31; 62:8;
64:10; 65:28; 69:14,29; 73:34; 74:26;
75:26; 76:5; 79:24; 81:5; 86:36; 87:6,
9; 91:38; 93:25; 98:15; 99:15; 100:1;
101:10,36; 102:12; E:M-105:19; 106:32;
107:13; 108:15; 109:11, 31; 110:38;
112:19; 114:11; 115:33; 116:8,13,29,35,
38; 117:1,10,35; 119:14,35; 122:34; 123:7,
23; 124:7; 125:29; 127:16; 129:21; 130:35;
132:18; 136:10, 17, 24, 28, 30; 137:8;
138:7, 35, 37; 139:2; 141:37; 142:27,
36; E:E-146:29; 147:12,33; 148:2,6,28,
35; 149:13,23,23; 150:11; 151:29; 153:19,
27; 154:18, 23; 158:34; E:V-160:15;
171:31; 173:22; 175:7; 178:3,37; 179:11;
180:18; 182:17, 25; 187:17; 188:30,
37; 190:8; 191:18; 192:26; 193:18;
194:15,17; E:B-197:37; 198:12; E:F-
199:16; 200:1,4,9,12; 204:37; 205:5,
6; 206:25; 207:32; 209:29,30; 210:31;
212:15; 213:12,36; 214:38; 215:4, 7,
14; E:C-218:9; 220:32; 222:11; 224:14,
17; 227:4; E:Z-230:33; 235:21; 236:31;
238:25; 245:36, 37; 247:3; 248:30,
33, 36; 249:5; 251:29, 30; 253:9, 27;
254:10,24; 257:3,32; 261:3,13; E:AN-
267:19; 270:21; 271:2, 24, 28; 272:33;

274:1; 276:32; 278:18, 31, 34; 280:2,
3; E:AB-284:21; 287:36; 288:3; E:VAR-
292:15; 295:22; 296:38; KS-304:20;
309:33; 310:35; 316:3; 318:12; 321:21,
30; 323:17,26; 324:2,9; 332:8; 333:11,
30; 334:30; 340:15; 342:15; 343:37; 345:4,
26, 28, 30, 34; 350:30; 355:1; 357:21;
362:27; 367:19; 373:19; 377:2, 16,
33; 378:1; 382:21; 386:10,13; 387:26,
27; 390:12,23; 393:33; 394:16; 405:2,
4; 410:17; 411:4,10,13; 413:8; 415:28;
417:27; 429:32; 431:21; 433:18; 438:20;
441:30; 442:29; 444:38; 445:8,13   (268)

wiederabholen
wiederabholen   KS-453:34

wiederbekommen
wieder bekommen   E:K-13:23

wiedererkennen
wieder zu erkennen   E:K-96:14

Wiedererstattung
Wiedererstattung   E:K-57:37

wiederfinden
findet   KS-421:8
wieder fand   E:Z-237:10
wiederfinden   E:M-137:4; E:F-214:37
wiedergefunden   E:E-152:34
wieder gefunden   KS-343:15

wiedergeben
gab   E:K-54:37
geben   E:Z-253:25
wiedergab   KS-309:30
wieder gebe   E:K-28:22
wiedergeben   E:V-191:6
wieder zu geben   E:K-30:13

wiedergewinnen
gewann   E:Z-238:22

wiederhaben
wieder haben   E:K-15:20

wiederherstellen
wiederherstellen   E:Z-240:30
wiederhergestellt   KS-353:11
wieder hergestellt   E:K-16:27; 75:4;
    E:Z-248:4; KS-441:28
wiederherzustellen   KS-353:8,20,33
wieder herzustellen   E:K-65:10; E:M-
126:26; E:Z-249:7; KS-329:27

Wiederhersteller
Wiederhersteller   KS-382:17
Wiederherstellers   KS-360:3

Wiederherstellung
Wiederherstellung   E:K-21:10; 46:18;
55:34; 60:23; 88:24; E:M-110:38; E:F-
203:5; E:C-228:4; E:Z-249:38; 254:33;
256:3; KS-353:17   (12)

wiederholen
wiederhol   E:K-46:8
wiederhole   E:Z-253:14
wiederholen   E:M-121:8; 128:9; 129:16;
KS-355:1
wiederholt   E: E-154:1; E: V-176:11;
E:Z-239:1; KS-302:10; 354:34; 409:4;
411:3; 417:32
wiederholte   E: K-26:16; 29:4; 92:3;
98:16; E: M-110:24; 117:27; 119:21;
122:11; 140:25; E: V-180:21; 192:34;
E:AN-280:12; KS-321:1; 337:15   (14)
wiederholten   E:K-16:21; 66:17; 77:38;
E: M-109:13; 138:4; E: E-156:36; E: V-
183:38; E:C-217:3; 222:28; E:AN-273:36;
278:20; E:AB-289:27; KS-409:34   (13)
wiederholtes   KS-456:23

Wiederholung
Wiederholung   E:V-190:31

Wiederkauf
Wiederkaufs   E:K-53:29

Wiederkehr
Wiederkehr   E:V-161:16; E:F-212:37

wiederkehren
kehrte   E:K-30:16; E:E-148:18; E:VAR-
293:5
wiedergekehrt   E:V-167:33; E:C-222:9
wiederkehre   E:V-176:18
wiederkehren   E: M-113:17; 126:31;
E:Z-250:12
wiederkehrend   E:M-120:5
wiederkehrenden   KS-458:14; 459:3
wiederkehrendes   E:E-146:33
wiederkehrte   E:V-161:25; E:F-211:8;
E:Z-248:6

wiederkommen
kam   E:M-136:30
wiederkömmt   E:V-182:3; E:AB-289:14

Wiederkunft
Wiederkunft   E:F-209:6

wiedernehmen
wiedernehmen   E:K-15:22

wiedersehen
wiedergesehen   E:AB-288:2
wiedersehen   E:M-130:26
wieder zu sehen   E:M-125:3; KS-438:19

Wiedersehen
Wiedersehen   E:K-98:29
Wiedersehn   E:K-98:29; E:AN-265:20

wiedertreffen
wiedertreffen   E:K-98:30

wiederum
wiederum   E : K-37: 19;   KS-404:27;
429:29; 460:16

wiefern
wiefern   KS-392:33

wiegen
wiege   E:M-143:14; E:F-211:24
wiegte   E:F-209:14
wog   KS-379:5
wogen   KS-376:11; 379:23
wogte   E:E-155:8; E:Z-245:38

Wien
Wien   E : K-79 : 14;   87 : 13, 21;   88 : 8,
18; 94:19; KS-411:17; 414:8,20; 421:2;
443:11,24   (12)
Wiener   E:K-88:13; 90:22; E:AB-287:4;
KS-395:17

Wiese
Wiesen   E:V-175:24; E:AB-288:17

wieviel
wieviel   E:AN-263:6; KS-304:7; 358:25;
371:30; 388:36

wild
wild   E:K-27:28; E:V-177:28
wilden   E:K-46:23; E:F-210:37; E:AB-
284:36
wilder   E:V-170:31
wildes   KS-328:15
Wildes   E:K-91:10
wildeste   E:V-187:19

Wilder
Wilden   E:K-45:34; KS-379:11

Wildheit
Wildheit   E:M-141:16; E:V-166:13; KS-
326:26

Wildnis
Wildnis   E:V-165:1

Wilhelm
Wilhelm   E:Z-229:2; 260:21
Wilhelms   KS-418:21
Wilh.   KS-419:10

Wilhelmine
Wilhelmine   KS-315:27*

Wille
Wille   E:K-30:5; 64:28; 102:16; E:M-
114:14; 117:13; E:Z-261:17; KS-396:8
Willen   E:K-11:6; 14:38; 25:17; 27:13;
28:37; 43:33; 47:4,13; 50:11; 77:36;
82:14; 86:17; E:M-112:35; 117:30;
121:30; 132:4; 133:18; 143:22; E:V-
163:16; 167:23; 183:25; 187:2; E:F-
199:24; E:C-217:34; E:Z-229:26; 230:7;
253:17; E:AN-278:23; E:VAR-295:10;
KS-303:3; 304:15; 312:35; 317:20; 353:24,
32; 355:11; 359:9; 381:27; 414:4   (39)
Willens   E:K-26:13; 69:26; 78:14; E:M-
139:22; E:V-181:30; E:Z-233:27; 253:3;
E:AN-265:36; KS-369:29; 382:17   (10)

willfahren
willfahren   E:Z-241:32

willfährig
willfährig   E:V-170:18

Willfährigkeit
Willfährigkeit   E:K-85:12

willig
willig   KS-456:28

willigen
willigen   E:M-140:1; KS-336:37
willigte   E:E-154:21; E:F-214:3; E:Z-
230:22; 234:8; 236:3; 242:23
willigten   E:Z-238:37

Willkür
Willkür   E:K-77:20; E:V-166:6; KS-
394:10

willkürlich
willkürlich   KS-381:32; 389:30; 390:26
willkürliche   KS-392:14
willkürlichen   E:K-78:8; E:Z-249:1; KS-
412:2

Willmann
Willmann   KS-424:22; 425:9; 428:4

Wilmersdorf
Wilmersdorf   KS-429:29

Wilsdruf
Wilsdruf   E:K-57:12,19,24,31; 58:2,28;
59:1,13,25
Wilsdrufer   E:K-58:36; 59:18; 60:18

wimmeln
wimmelnd   E:K-80:17

Wind
Wind   E:K-10:8; E:F-200:2; KS-388:22;
389:23,32; 393:16; 436:32
Winde   E:E-147:38; E:F-202:28; KS-
388:27; 390:30,32; 393:8,12,18,34
Winden   KS-393:9
Windes   KS-392:5

Windbeutel
Windbeutel   E:AN-277:33

Winde
Winden   KS-399:27

Windeltreppe
Windeltreppe   E:K-32:2

winden
winden   KS-326:17

Windstoß
Windstoß   E:K-12:31

Windung
Windungen   KS-338:10

Winfried
Winfried   E:Z-235:12; 236:9,21

Wink
Wink   E:K-66:36; 74:8; 80:28; 102:2;
E:E-155:28; E:Z-245:26; 250:36
Winke   E:V-171:11; KS-394:21; 428:7

Winkel
Winkel   E:K-32:14; E:M-125:4; E:V-
162:28; 171:24; 180:7; E:B-196:11;
198:32; E:F-200:35; 204:7; 212:34; E:C-
227:21; E:Z-233:12; E:VAR-297:33; KS-
344:25   (14)
Winkeln   E:K-33:31; E:F-207:23

winkelziehen
winkelziehender   E:K-69:34

winken
winkte   E:K-48:37; E:E-152:11; E:V-
194:32; KS-445:9

Winter
Winter   E : AN-272 : 32;   KS-338 : 29; 413:39

Winters   KS-411:16; 412:31; 443:23

Winterhalbenjahr
Winterhalbenjahrs   KS-443:33

Winterquartier
Winterquartiere   KS-377:33

Wintersaat
Wintersaat   E:K-69:19

Wintertag
Wintertag   E:K-93:14

Winterzeit
Winterzeit   E:C-223:24

Wipfel
Wipfel   E:E-147:31; 150:6; KS-378:4

wir
uns   E: K-16:32; 46:21; 53:7; 80:12; 81:19; 91:2,3,4,12; 92:34; 93:4,9, 12; 98:30; E:M-110:28; 113:17; 118:12; 121:25; 128:3; 132:14; 136:23; E:E-150:34; 157:28; 158:9; E:V-164:30; 165:2, 15,28,31,33; 166:9,11,12; 167:17; 177:9; 179:28; 188:35,35; E:C-221:24,28; 222:25, 27,31,31; 223:30; 227:14; E:Z-243:3, 3; 244:32; 245:14; 254:2,15; E:AN-279:21, 26; KS-301:33; 302:2,12,26,28; 306:8, 32; 307:30,31,32,34,35; 308:9; 309:4, 5, 11, 11, 17, 18, 20, 22; 310:6, 14, 24, 29; 313:25; 314:19; 315:11,18,19; 316:8, 11, 12, 16; 317:9, 10, 11, 21; 318:21, 33; 320:22,23; 321:5; 323:18,20; 324:8,8, 22; 325:16; 329:15; 330:21,21,33; 332:3, 14; 333:18; 334:25; 335:21,31; 336:3, 16, 19, 26; 337:11; 338:18; 342:13, 29; 345:29; 348:15,32; 361:11; 366:10; 367:19; 370:8; 383:25; 387:18,33; 388:3, 5; 395:2,9; 400:11; 407:16,20,24; 408:12; 410:18; 411:5,15; 412:11; 415:11,14, 24; 416:29,31; 417:11,15; 422:28,31, 34; 423:1; 424:10; 435:23,25,34,36; 436:8; 447:6,7,18,31; 448:9,19,31; 449:7,12,15, 20,26,30; 451:13; 452:16; 453:32; 454:5, 7,10,12; 455:12; 456:17,25,29; 459:21,21, 34   (188)

wir   E: K-16:20; 27:12; 53:5,6; 69:17, 22; 77:37; 90:30; 91:4,5,14; 96:17; 98:30; 99:27,29; E:M-110:28; 117:24; 121:18;

134:22,26,26,33; 135:12; 137:15; 140:15, 27,34; 141:7; E:E-156:11; E:V-162:23, 23,25; 163:36; 164:30; 165:3,14,16,31,33; 166:5,5,7,13,14,20,23,26; 167:17; 175:5; 177:10,11; 179:25; 180:4; 192:34; 193:26, 26, 37; E:C-221:11; 222:28; 223:19,29, 30; 224:33,33; E:Z-243:3; 245:14; 252:21; 260:36; E:AN-262:16; 278:13,24; 279:21, 24,25; KS-301:7,13,21; 302:4,13; 303:18, 18; 304:27,29,36; 306:28; 307:17,30,31, 32; 308:10; 309:2,3,6,10,17,21; 310:11, 14,15,16,17,24,24,27,31; 313:25,26,27; 314:3,15,37; 315:14,15; 316:6,6,8,12, 15; 317:19,20; 320:37; 321:2,5,11; 323:19, 26,37; 325:15,30; 330:33; 331:6; 332:3, 14; 333:19; 334:1,1; 336:8,9,9,13,14, 21; 342:12,13,28; 343:23; 344:22; 345:22, 34; 348:36; 361:11; 363:26; 366:10; 367:2; 371:28; 372:4,5,7,11,33; 374:24,25,26,27, 28,28,29,29,29,29; 376:1,6; 380:17,19,19, 20; 382:16; 385:30; 386:2,17,24; 387:20, 28,31,33; 388:2,3; 390:24; 391:20; 392:33; 393:14,22,26; 394:1,13; 395:4,6; 399:33; 400:12; 402:6; 403:26,36; 405:7; 406:16; 408:13,18,22,26,34; 409:1,15; 412:13, 26; 413:34; 414:1,11; 415:12,13,24; 416:1, 2,20,31,35; 417:6,19,26,27; 418:5,29; 419:19; 421:3,4,34; 422:6,9,17,28,30,35; 423:31; 424:5; 428:37; 434:11,13; 435:20, 21,24,30,34,36; 436:8; 446:10,19,25,29, 33; 447:3,4,5,20,30; 448:9,12,19,25,28, 31; 449:2,4,4,7,12,12,14,15,20,23,26, 29; 453:25,28; 454:9; 455:9; 456:9,25,28, 28; 457:1,7; 459:33   (291)

Wirbel
Wirbel   E:K-42:30; E:V-180:17

wirbeln
wirbeln   KS-342:6

wirken
gewirkt   KS-399:19

wirken   KS-311:36; 312:5; 333:25; 334:13,29

wirkenden   E:AN-279:12

wirkt   KS-332:10

wirkte   E:K-48:25; E:Z-242:3

wirklich
wirklich   E:K-16:2; 18:17; 58:1; 71:25; E:M-133:7; E:E-157:34; E:Z-241:12; 244:10; 255:36; 256:36; E:AN-262:8; KS-305:24; 308:10; 312:17; 314:28; 363:23; 376:36; 397:15; 425:25; 426:12   (20)

Wirklichkeit
Wirklichkeit   E:V-184:4; KS-313:23

Wirksamkeit
Wirksamkeit   KS-408:8

Wirkung
Wirkung   E:K-22:25; E:M-116:7; E:AN-
269:20; 279:27,34; KS-305:20; 309:12;
322:36; 328:2; 432:29   (10)
Wirkungen   E:C-217:33; E:VAR-295:9;
KS-310:22; 312:37; 328:30; 404:16; 417:2

Wirkungskreis
Wirkungskreis   KS-311:37; 318:9
Wirkungskreisen   KS-458:18; 459:7

Wirt
Wirt   E : C-224 : 7, 18; E : AN-264 : 4,
5; 265 : 19, 21; 268 : 2; E : VAR-297 : 2,
11
Wirte   E:K-9:21
Wirts   E:C-223:12; 224:1

Wirtin
Wirtin   KS-331:35

Wirtschaft
Wirtschaft   E : K-11 : 25; 32 : 32; 54 : 2;
E:V-166:5

Wirtshaus
Wirtshaus   E:K-29:31; 44:30
Wirtshause   E:K-29:30; 36:5; 82:25

Wirtsleute
Wirtsleuten   E:F-199:33

wischen
wischen   E:M-136:38; E:C-222:33; 224:3
wischt   E:AN-264:23
wischte   E:K-28:33; E:F-201:2

wissen
gewußt   E: K-12:15; 47:10,17; 56:21;
68:37; E:E-144:18; E:V-186:26; E:AN-
266:12; KS-336:14; 370:7; 396:3   (11)
weiß   E:K-20:4; 27:13,34; 43:9; 45:12;
47:31; 69:23; E:M-130:24; 136:22; E:V-
161:27; 174:10,33; 182:13; 185:14; E:C-
227:12; E:Z-245:9; E:AN-268:3; 276:18;
281:7; E:AB-290:18; KS-303:33; 304:2;
305:9; 310:35; 311:34; 321:3; 322:20;
323:38; 325:14; 332:25; 351:32; 353:5;
355:29; 361:29; 368:35; 369:24; 370:3;
401:16; 423:14; 435:2; 436:15; 437:21;
438:3; 439:28; 440:1   (45)

weißt   E:K-27:27,30; E:Z-248:34; KS-
350:21; 352:1; 355:30; 400:26
wisse   E:K-10:21; 13:31; 43:14; 58:37;
59:16; 77:14; 81:28; E:M-111:5; 118:33;
119:37; 127:32; 128:17; 133:12; E:E-
154:14; E:V-174:18; 192:37; E:VAR-
297:29; KS-337:24   (18)
wissen   E:K-14:25; 15:31; 24:18; 29:5;
37:30; 39:32; 50:21; 76:24; 77:36; 79:8;
83:4; 91:6; 96:22,31; 97:31; 100:3;
E:M-110:10; 113:32; 124:22; 129:24;
133:9; 134:29; 135:34; 142:7; E:V-177:23;
191:17; E:F-207:36; 213:25; E:Z-235:7,
14; 238:20; 256:6; E:AN-279:28; 280:29,
36; KS-314:15; 319:3; 322:1; 323:11,
37,37; 336:21; 341:33; 342:21; 373:21;
374:21; 383:24; 405:18; 413:34; 417:6;
436:10; 446:17,33   (53)
wißt   E:V-164:16,38; E:C-221:17; 224:29;
E:Z-260:18
wußte   E:K-42:15; 57:21; 59:29; 95:29;
E:M-106:37; 109:16; 110:20; 113:9,37;
132:16; 138:15; E:E-159:7; E:V-170:26;
172:9; 175:7; 178:20; 180:21; E:B-197:1;
E:F-199:32; 202:25,26; 203:19; 205:8;
207:27; 208:14; 209:13; E:C-217:8; 228:1;
E:Z-239:11; 246:29; 257:9; E:AN-269:24;
E:AB-284:12; 285:33; E:VAR-292:18;
294:22; KS-320:26; 343:3; 344:35   (39)
wüßte   E:K-67:22; E:M-121:22; E:C-
220:27; E:AN-280:15; KS-343:10
wußten   E:M-117:1; E:E-151:18; E:V-
192:18; E:Z-237:1; KS-413:17; 435:22
wüßten   E:V-165:36; KS-417:19

Wissen
Wissen   E:K-56:23; E:M-104:7
Wissens   E:K-52:10; 87:23; E:V-169:1;
182:25; E:AN-268:9; KS-330:9; 371:35;
392:3

Wissenschaft
Wissenschaft   E:K-49:18; 51:6; 82:30;
83:1; 93:32; 98:20,23; KS-326:28; 356:31;
420:11; 434:8,24   (12)

wissenschaftlich
wissenschaftlichen   KS-455:31

wissentlich
wissentlich   E:M-124:22

Wittenberg
Wittenberg   E:K-35:22; 36:3,9,22; 38:3;
39:21,35; 41:11; 42:12; 43:19; 44:24,

29; 49:15; 51:2; 56:3; 76:18; E:C-216:7;
E:VAR-293:25   (18)

Witterung
Witterung   E:K-10:10,19; E:AN-272:3;
KS-397:11

Wittib
Wittib   E:Z-235:12,14

Witwe
Witwen   E:M-123:38

Witz
Witz   E:K-13:15; E:AN-268:6,27; 272:24;
KS-325:4; 349:3; 356:12; 378:18; 410:32

witzig
witzig   E:K-66:33; KS-346:4,5,11; 384:21
witzigen   KS-388:2; 417:6

wo
wo   E:K-10:4,5,35; 11:11; 13:6,7,10; 16:7,
20; 17:28; 18:12; 19:6,26,27,38; 22:13;
27:1; 30:11; 32:17,33; 35:20; 36:6; 39:5,
25,33; 44:31; 45:27; 48:2; 57:1; 58:11,
36; 60:27; 63:26; 67:11; 75:3,25; 76:5,
6; 82:26,28; 83:38; 85:3,38; 86:10; 91:14;
95:12; 97:11; 103:11,19; E:M-105:17,
28; 106:1,18; 107:7; 108:23; 115:19;
119:8, 23; 129:1; 131:23; 135:9,
13; 137:13; 143:6; E:E-144:9; 147:36,
37; 148:20; 149:4; 150:17,20; 151:3,
7; 153:17; 154:6; 156:18; E:V-164:16,
33; 166:16; 169:1,18,18; 171:13; 173:38;
174:18, 35; 182:22; 183:32; 184:20,
28; 188:3,6; 191:23; 194:36; 195:4,
6,9; E:B-196:10; E:F-199:22; 200:8;
201:11; 203:23; 204:33; 207:6; 211:3;
E:C-218:29; 219:9,17; 222:25; 225:19;
228:12; E:Z-229:19; 238:1; 243:3,
14; 245:30; 248:21; 254:11; 256:38;
261:15; E:AN-264:15; 265:6,24; 267:28,
35; 268:19; 269:18; 272:32; 273:34;
274:35; 275:32; 277:13; 278:17,18; E:AB-
284:4,34; 285:36; 287:32; 289:5; 290:1;
E:VAR-292:18; 296:18; 298:6; KS-301:25,
26; 302:5,6,7,8,27; 308:23; 310:26;
316:23; 320:7; 321:38; 322:1; 323:3,
31,35; 327:24; 331:22; 332:30; 336:17;
340:9; 342:17; 343:1; 350:16, 17,
19; 352:16; 355:33; 356:11; 357:34;
358:14; 373:18; 379:34; 381:10; 383:17;
386:9; 387:32; 389:14; 392:11; 402:13,
32; 403:11; 406:16; 410:9,17; 412:28;

419:11; 423:3; 428:3; 432:3; 438:18;
449:31; 451:15; 452:31; 453:5; 455:22
                                (199)

woanders
woanders   E:K-19:1

wobei
wobei   E:K-40:16; 72:24; 74:9, 28;
94:1; 95:29; E:M-107:26; 111:33;
129:12; E:E-153:11; E:F-202:4; E:AN-
268:26; 269:14; KS-332:14; 364:13,
16; 371:26; 454:9   (18)

Woche
Woche   E:K-27:37; 70:26; E:Z-255:4,4,
18
Wochen   E:K-13:18; 18:34; 21:27; 23:26;
25:32,35; 65:29; 87:6; 88:16; 93:21;
E:M-109:14; 110:17; 113:27; 119:14,
27; 126:24; E:E-144:27; E:V-172:25;
177:22; E:F-201:16; 205:1; 209:24;
E:Z-231:26; 248:3; 260:22; 261:6;
E:AN-266:4; 274:1; E:VAR-292:15; KS-
336:25; 406:27; 411:2; 441:26; 460:9,
10   (35)

Wochenbett
Wochenbett   E:M-124:29
Wochenbette   E:M-143:10

Wochenlager
Wochenlager   E:M-122:14; 136:5

wochenlang
wochen-   KS-393:17
wochenlang   KS-393:15

wöchentlich
wöchentlich   KS-459:23
wöchentlichen   KS-457:33; 458:27

wodurch
wodurch   E:K-17:19; E:V-170:1; E:C-
221:12; 227:37; KS-416:1; 422:12

wofür
wofür   E:AN-263:19

wogegen
wogegen   E:K-39:34; E:M-140:1

woher
woher   E:K-27:27,30; 98:20; E:V-179:15;
186:12; KS-407:9

wohin

wohin   E:K-24:19; 38:21; 60:33; 72:13;
81:37; 99:26; E:M-105:18; 107:18; E:E-
145:16; 159:2; E:V-175:7; 179:36; 186:12;
E:Z-238:7; 239:1; 247:32; E:AN-273:18;
E:VAR-297:13; KS-302:8; 310:15; 356:34;
357:3,8; 379:33; 437:21   (25)

wohl

wohl   E:K-10:29; 11:35,37; 12:35; 13:2,
4; 14:15; 17:11; 28:38; 30:26; 36:7; 39:8,
38; 47:12; 54:36; 56:1; 67:4; 69:37;
70:5; 73:22; 76:34; 78:3; 83:11; 85:5;
87:8; 93:32; 97:18; 98:32,32; E:M-
106:33; 107:35; 110:9; 113:12; 114:2,
11; 117:6,34; 121:34; 125:12; 138:8,
12; E:E-146:28; 154:17; 158:16; E:V-
164:13; 166:33; 170:35; 178:20; 179:16;
180:28, 37; 182:23; 184:33; 186:30;
E:F-200:23; 205:13,21; 208:24; 211:4;
212:11; E:C-219:35; 226:22; E:Z-
234:35; 235:5; 237:1; 238:12; 239:6,11,
21; 244:14; E:AN-262:5,6; 264:19; 265:19;
268:20; 275:34; 277:8; 280:24; E:AB-
285:33; 289:18; E:VAR-292:13; 293:10;
KS-301:20; 303:13; 305:10; 306:32; 307:7;
311:33; 312:9; 315:29; 316:16; 318:28,
31; 319:20; 320:6; 325:12; 337:15; 343:10,
33,36; 346:29; 349:9; 353:25; 355:26;
356:23; 359:25; 360:16; 378:22; 380:8;
383:11; 388:36; 392:25; 398:25; 399:4;
401:33; 403:26; 406:24,38; 407:27; 413:18;
414:19; 417:6; 447:2   (123)

Wohl

Wohl   KS-375:28; 395:24

wohlan

wohlan   E:K-27:32; 45:12; 46:5; 91:22;
92:17; 93:3; E:V-167:16; 177:35

wohlauf

wohlauf   E:AN-273:30

Wohlbehagen

Wohlbehagen   KS-306:37

wohlbekannt

wohlbekannten   E:K-102:37; E:F-206:3
wohlbekanntes   E:K-76:4

wohlbeleibt

wohlbeleibt   KS-383:13
wohlbeleibten   E:K-58:31

wohlbewaffnet

wohlbewaffnete   E:K-76:23

wohleingepackt

wohleingepackt   E:K-29:20

Wohlergehn

Wohlergehns   E:AN-275:15

wohlerzogen

wohlerzogene   E:K-24:29
wohlerzogenen   E:M-104:6
wohlerzogener   E:M-134:33
wohlerzogenes   E:F-205:3

Wohlfeilheit

Wohlfeilheit   KS-383:31

wohlgefallen

wohlgefällt   E:K-96:18

wohlgefällig

wohlgefällig   E:K-67:16; KS-326:17
wohlgefälligste   KS-383:27

wohlgekleidet

wohlgekleideter   E:E-150:27

wohlgemeint

wohlgemeinte   E:K-63:22

wohlgenährt

wohlgenährt   E:K-9:18
wohlgenährten   E:K-13:34; 15:19

Wohlgeruch

Wohlgerüche   KS-307:25

wohlgeschlossen

wohlgeschlossene   KS-447:11

wohlgestaltet

wohlgestaltet   E:AB-287:18

wohlhabend

wohlhabender   E:F-199:2

Wohlklang

Wohlklang   E:VAR-297:5; KS-348:3
Wohlklangs   E:C-218:38; E:VAR-
296:10; KS-347:22

wohlriechend

wohlriechenden   E:V-171:34

Wohlsein

Wohlsein   E:K-101:21
Wohlseins   E:E-153:1

Wohlstand

Wohlstand   E:K-46:26; KS-313:3
Wohlstandes   KS-406:24

Wohltat
Wohltat   E:K-48:6,34; 100:17; E:E-
152:14; E:V-164:1; E:F-214:33
Wohltaten   E:V-160:10,19; E:Z-238:18

Wohltäter
Wohltäters   KS-312:30

Wohltäterin
Wohltäterin   E:AN-272:17

wohltätig
wohltätig   KS-446:18
wohltätige   E:K-22:16; 34:1; KS-313:5;
315:9; 405:4
wohltätigen   KS-403:27

Wohltätigkeit
Wohltätigkeit   E:K-9:14; KS-312:26;
315:3; 404:15

Wohltun
Wohltun   KS-306:14

Wohlwollen
Wohlwollen   E:K-21:23; 94:37; E:Z-
242:4; KS-314:30; 369:25; 420:14; 436:34;
439:19
Wohlwollens   E:AN-275:26

wohnen
wohne   E:V-163:6; E:AN-271:17
wohnen   KS-377:13
wohnt   E:V-162:10; 163:17; KS-314:28;
384:8
wohnte   E:K-76:5; E:M-129:15; E:Z-
236:30; 257:1
wohnten   E:E-150:20; E:V-160:31; E:Z-
258:1; E:VAR-296:23

Wohngebäude
Wohngebäude   KS-425:20
Wohngebäudes   E:C-225:22

Wohnhaus
Wohnhaus   KS-424:17
Wohnhauses   E:F-202:5

Wohnort
Wohnorts   KS-453:9

Wohnung
Wohnung   E:K-23:33; 29:17; 54:10;
55:32; 74:8; E:M-109:9; 143:3; E:E-159:2;
E:V-174:17,34; 175:22; E:F-213:5; E:AN-
266:10; E:AB-285:32; E:VAR-296:28;
KS-443:10; 445:21   (17)
Wohnungen   E:V-194:29; 195:1; E:F-
214:32; E:C-222:35; KS-422:14

Wohnzimmer
Wohnzimmer   E:V-178:12; 181:21;
182:18

Wölbung
Wölbung   E:E-146:4; E:Z-232:32

Wolf
Wolf   E:K-42:34
Wölfe   E:C-223:24; KS-328:5

Wolke
Wolke   KS-388:36; 389:4
Wolken   E:E-147:13; E:V-171:8; E:AN-
267:32; KS-305:10; 327:16; 378:6; 407:24

wolkig
wolkigsten   KS-393:23

Wolle
Wolle   KS-399:22

wollen
gewollt   KS-393:37
will   E:K-12:33; 15:19,22; 19:19,26,27,28,
29; 20:22; 27:25; 28:11,13; 47:2; 48:8;
62:28,28; 83:4; 86:26; 92:25; 101:2;
E:M-129:24; 131:36; 132:13; 135:10,
34; 136:4,9; 137:5,15; E:V-167:23; 170:5;
179:36; E:F-214:35,35,36; E:C-221:10;
E:Z-240:28; 254:8; 258:35; E:AN-264:8,
13,35; 265:5; 269:5; KS-306:25; 307:37;
317:4,37; 318:19,32; 319:12; 321:3;
322:16; 338:12; 348:1; 352:3; 353:27,
28; 365:32; 367:17; 369:3; 376:9,
11; 379:20; 381:6; 385:23; 388:19; 389:12,
13,14; 405:31,34; 406:1; 423:8; 433:30
(75)
wills   E:K-17:18; 86:31
willst   E:K-27:21; 29:5; 45:9; 48:9; E:M-
123:25; 124:9,9; 135:12; 141:36; E:F-
214:32,34; E:AB-284:36; KS-319:3   (13)
wolle   E:K-9:21; 11:8; 12:30; 15:28;
16:38; 18:25; 21:2; 22:10; 25:5,18,
36; 26:15; 28:35; 31:27; 44:36; 47:25;
48:4; 51:1; 65:18; 70:31; 72:14,
15,28,37; 73:3,16; 74:26; 76:7,24,
28; 78:4; 79:8; 85:24; 86:22; 88:34; 90:14;
94:9; 100:3; E:M-107:18,29; 110:15,20,
26; 114:3,35; 115:16; 124:22; 125:15;
126:16; 127:11,15; 129:28; 132:25; 133:5,
12; 137:34; 139:25,31; 140:2; E:E-
150:31; 154:22,35; 157:30; E:V-166:23;
175:20; 188:29; 190:24; E:B-197:3,

Wollust

wollüstig

womit

Wonnegefühl

woran

worauf

woraus

worein

worin

Worms

Wort

29; E:V-168:21; 173:36; 181:18; 184:1,
35; 186:15; 193:22; E:F-203:29; 205:15,
16; 206:14; 207:5; 211:9; 213:30; E:C-
227:34; E:Z-236:34; 240:20; 243:36;
245:10,19; 249:33; 251:37; 257:31; 259:7;
E:AN-267:19; 281:32; 282:6; E:VAR-
296:36; 298:1; KS-303:36; 304:25; 331:14;
344:12,12; 359:25; 373:29; 374:24; 382:11,
13; 411:25,29   (60)
Worte   E:K-25:25; 38:24; 39:10; 42:21;
44:21; 45:15; 79:2; 91:1; 92:25; 93:5; E:M-
121:30; E:E-154:38; E:V-175:17; 193:32,
37; E:F-213:14; E:Z-244:35; 252:19,22;
253:14,25; 261:16; E:AB-287:31; KS-
303:33; 348:10; 375:20; 376:33; 456:29
                                            (28)
Worten   E:K-17:7,13; 24:2; 25:5; 28:18;
36:2; 48:20; 51:31; 59:4; 61:32; 62:6,
30; 83:16; E:M-113:35; 124:4; 135:19;
E:V-168:17; 170:34; 171:7; 174:37; 186:3;
190:34; E:Z-232:34; 233:13; 249:23,31;
250:36; 251:24; 254:19; 259:13,31; 260:30;
E:AN-262:28; KS-306:6; 340:19; 354:22;
444:26   (37)
Wörter   KS-306:36
Wörtern   E:F-210:19

Wortbrüchigkeit
Wortbrüchigkeit   E:K-66:2

Wortklang
Wortklang   KS-348:21

wörtlich
wörtlich   E:E-156:6; KS-408:35

Wortspiel
Wortspiele   KS-349:4

Wortwechsel
Wortwechsel   E:K-14:11; 35:10

worüber
worüber   E:K-77:29; E:AN-270:13

worunter
worunter   E:K-37:2; 83:9; 101:13

wovon
wovon   E:K-96:3; E:V-187:38; E:Z-
257:37; KS-305:30

wovor
wovor   KS-325:15

wozu
wozu   E:K-49:27; 75:18; E:M-109:6; E:Z-
238:2; KS-311:30; 315:4; 353:6; 416:32,
35

Wrede
Wrede   E:K-49:34; 50:22; 52:32; 53:3;
55:2,25; 60:6

wühlen
wühlen   KS-309:9

Wundarzt
Wundarztes   E:K-30:8

Wunde
Wunde   E:V-190:9; 192:32; E:F-203:2;
E:Z-245:32; 255:1; E:AN-278:25; KS-
376:16
Wunden   E:K-40:36; 49:32; 64:37; 75:4;
E:F-211:34; E:Z-247:35; 259:20

Wunder
Wunder   E:M-106:22; E:E-148:13; E:C-
227:36; E:VAR-298:4; KS-423:3

wunderbar
wunderbar   E:K-84:10; E:V-175:31;
183:27; E:C-222:1; E:Z-248:30; KS-309:8
wunderbare   E:K-98:11; 101:6; E:E-
147:3; E:V-173:32; E:F-208:4; KS-328:8;
343:19; 376:22,26
wunderbaren   E:K-98:16; E:C-227:7;
E:Z-256:3; 260:1; KS-422:34
wunderbarer   E:M-120:6; E:C-218:34;
E:VAR-296:7

Wunderblatt
Wunderblatt   E:K-98:24

wunderlich
wunderliche   E:K-82:10,28; KS-328:29
wunderlichen   E:K-81:20; 96:24; E:AN-
266:15; KS-326:3,24
wunderlicher   E:V-173:28
wunderliches   E:M-121:12

Wunderlichkeit
Wunderlichkeiten   E:AN-265:27

wundermild
wundermilden   E:E-149:33

wundern
wundere   E:K-78:24
wundern   KS-332:35
wunderte   E:K-72:29; 87:22; E:M-
107:35

Wundfieber
Wundfieber   E:AN-278:33
Wundfiebers   E:M-116:24

Wunsch
Wunsch   E:K-73:18; 78:3; 79:6; 86:28;
90:2; 102:10; E:M-104:18; 106:35; 107:8;
111:12; 119:19; 139:32; 140:1; E:E-
144:33; E:B-197:31; E:F-208:7; 215:11;
E:C-226:8; E:Z-234:8; 235:21; 238:37;
242:24; KS-302:6; 309:29; 371:9; 394:33;
426:26   (27)
Wunsche   E:V-176:27; E:AN-273:8
Wünsche   E:M-113:11; 117:28,29; E:F-
202:10; E:AN-275:21; KS-302:1; 308:4;
315:21; 452:16
Wünschen   E:K-65:3; 82:18; E:M-
111:22; 112:10; E:V-170:18; KS-307:36;
371:1

wünschen
gewünscht   E:M-117:32
wünsche   E:K-38:21; 55:13; 68:9; 86:5;
88:6; E:M-124:38; 131:19; KS-305:16;
314:22
wünschen   E:K-28:17; E:M-120:22;
128:4; KS-307:34; 308:9; 311:35; 347:31;
360:16; 399:10; 403:26; 408:28; 448:26;
452:9   (13)
wünschest   E:V-172:29
wünscht   E:V-166:10; KS-336:24; 371:3;
415:2
wünschte   E:K-28:3; 53:31; 69:14; 78:38;
98:17; E:M-114:38; E:E-147:25; E:V-
171:23; 183:25; E:F-200:18; 209:21;
214:3; E:Z-230:7; 235:22   (14)
wünschten   E:K-34:22; 57:28; 68:29;
KS-385:7; 404:6; 435:13

wünschenswert
wünschenswert   E:M-111:30

Würde
Würde   E:M-122:1; E:Z-244:21; KS-
305:6; 415:24
Würden   ...E:Z-230:31

würdig
würdig   E:F-213:20; KS-311:37; 356:20;
369:28; 376:5; 378:9; 406:17
würdige   E:K-22:37; E:E-151:9; 157:15;
KS-340:35
würdigen   E:K-38:28; E:M-104:18;
143:6; E:Z-240:34; KS-328:26
Würdigen   KS-326:5

würdiger   E:K-10:2; 35:23; E:Z-239:10;
E:AN-272:34
würdigste   KS-458:10,35

würdigen
gewürdigt   KS-420:11; 435:7; 458:12;
459:1
würdigen   KS-346:21
würdigt   E:Z-252:19

Würdigkeit
Würdigkeit   E:M-136:7; E:E-154:23;
KS-391:19

Würdigung
Würdigung   KS-416:15; 449:3

Wurf
Wurf   E:K-63:7; E:M-141:22
Würfe   E:C-223:28

Wurfpost
Wurf-   KS-386:5

Würgengel
Würgengel   E:K-54:12

Wurm
Wurm   E:Z-251:5; KS-409:19
Wurme   E:E-150:29

Wurst
Würste   KS-413:10

Würzburg
Würzburg   KS-315:28

Wurzel
Wurzel   E:Z-246:5
Wurzeln   E:K-16:6; KS-378:3

Wüste
Wüste   E:K-42:34; KS-375:22
Wüsten   E:M-124:1; KS-332:33

Wut
Wut   E:K-24:23; 62:12; 63:13; E:M-
131:6; E:E-157:24; E:V-160:22; 170:22,
31; 186:28; 192:20; 193:7; E:F-214:11;
E:Z-236:37; 237:31; 253:3; E:AN-277:26;
E:AB-290:33; E:VAR-293:3   (18)

wüten
wüten   E:V-165:19
wütend   E:M-106:21; E:V-184:34;
189:37; 190:7
wütende   E:E-157:8
Wütende   E:V-185:31
wütenden   E:K-62:38; 63:18; E:M-
105:31; E:E-158:14
wütete   E:C-216:6; E:VAR-293:24

Wüterich
Wüterich   E:K-37:6; 57:2; E:V-163:26; 166:17

wütig
wütigen   E:AB-288:15

x
x   KS-393:29,30

x.
x.   E:AN-268:28; KS-326:21; 338:13

Xares
Xares   E:E-158:8

Xaviera
Xaviera   E:F-201:31; 203:35; 205:13, 25; 206:6,18; 208:3,21,30,35; 211:16
(11)
Xavieras   E:F-205:28
Xavieren   E:F-208:15; 211:14; 214:2
Xavierens   E:F-211:23; 212:4

xy.
xy.   KS-347:13; 407:27; 408:29

xyz.
xyz.   E:AN-268:4

y.
y.   KS-329:8; 337:15; 412:29

Young
Youngs   KS-327:29

yz.
yz.   E:VAR-298:11

z.
z.   KS-327:8

Z.
Z.   E:AN-271:28

Z...
Z...   E:M-113:25; 114:3

Zahl
Zahl   E:K-31:33; 52:3; E:M-108:8; E:V-190:5; KS-364:18; 397:3,4; 401:1; 457:23
Zahlen   KS-340:26

zahlen
gezahlt   E:K-26:35
zahle   KS-401:19
zahlen   KS-400:34
zahlt   KS-459:16

zählen
zählte   E:K-36:21

Zahlenlotterie
Zahlenlotterie   KS-394:10

zahlreich
zahlreiche   E:C-223:14
zahlreichen   E:Z-241:7; E:AN-269:26; KS-443:25

zahm
zahm   E:AB-287:31

Zahn
Zähne   E:V-165:18; E:F-201:2; E:AB-288:28

Zange
Zangen   E:K-77:15

Zanksucht
Zank-   KS-334:18

zart
zarte   E:K-50:23; E:F-212:31; E:Z-247:36; KS-412:20
zarten   E:K-80:2; E:M-143:5; KS-411:31
zartere   KS-346:30
zartes   E:AB-287:20

Zartgefühl
Zartgefühl   KS-324:6

zärtlich
zärtlich   E:C-222:29
zärtlichen   E:E-144:11; E:Z-256:14; KS-312:28; 371:4
zärtlichste   E:M-104:15; E:E-151:7
zärtlichsten   KS-371:10

Zärtlichkeit
Zärtlichkeit   E:M-136:7; E:AB-289:21
Zärtlichkeiten   E:V-170:29

Zauberin
Zauberin   KS-313:23

zauberisch
zauberischen   E:C-226:34

Zauberkreis
Zauberkreise   E:K-51:34

Zauberrute
Zauberrute   KS-404:27

Zauberstab
Zauberstab   KS-386:23

zaudern
zaudernd   E:E-154:13
zauderte   E:M-105:6; E:E-157:23

Zaum
Zaum   E:V-190:10

Zaun
Zaune   E:K-19:12; 20:5
Zäune   KS-379:19

Zäuner
Zäuner   E:K-87:18; 88:21; 101:19

Zeh
Zehen   E:AN-265:9; E:AB-287:19

zehn
zehn   E:K-31:29; 36:8; E:V-163:27; 166:21; E:AB-286:21; KS-398:9

zehnfach
zehnfachen   E:V-177:33
zehnfacher   E:M-132:7; KS-386:22

zehnmal
zehnmal   E:M-132:7; E:AB-285:31; KS-343:36; 386:24

zehnt-
zehnten   KS-357:32
zehntes   KS-357:10

Zeichen
Zeichen   E:K-77:32; 83:27; 90:37; 91:2; E:V-169:26; 173:15; 181:4; E:C-216:29; 221:21,32; 226:34; E:Z-232:11; 255:24; E:AB-289:23; 290:22; E:VAR-294:11; KS-316:37; 407:33; 428:7; 435:12; 442:13; 444:7,32; 445:3   (24)

Zeichenkunst
Zeichenkunst   KS-419:4

Zeichnung
Zeichnung   KS-399:22; 450:5,13

Zeigefinger
Zeigefinger   E:K-30:25

zeigen
gezeigt   E:K-16:31; E:M-107:3; 134:15, 16; 141:36; 143:20; E:E-152:30; 153:10; E:V-170:18; 180:16; E:Z-258:11; E:AN-263:35; KS-406:28; 425:23   (14)
zeige   E:K-50:24

zeigen   E:K-16:36; 17:31; 47:2; 95:9; E:M-132:32; 139:11; E:V-164:31; E:F-211:6; E:AN-273:32; KS-315:9; 324:5, 7; 343:34   (13)
zeigt   E:V-177:15; E:AN-274:10,15; KS-329:32; 366:31; 383:22; 403:27; 416:15; 421:6; 425:26   (10)
zeigte   E:K-13:21; 14:16; 17:13; 25:32; 30:24; 90:19; E:M-107:24; E:V-171:20; 189:12; E:F-213:19; E:Z-247:35; 252:38; E:AN-267:5; E:AB-287:9; 288:21; 289:6; E:VAR-293:9; KS-428:22   (18)
zeigten   E:K-64:35; E:V-194:18; E:AB-286:26; KS-409:19

zeihen
geziehen   E:Z-251:19; 253:18; 259:12
zieh   E:K-44:12

Zeile
Zeile   E:VAR-292:4*, 11*, 23*, 30*, 30*; 293:4*
Zeilen   KS-434:23

Zeit
Z.   KS-376:32
Zeit   E:K-9:7,29; 12:27; 22:12,21; 24:7, 31; 28:4; 44:28; 57:13; 69:29; 72:30; 83:1, 19; 87:3; 88:15; 89:1,19; 90:21; 93:4; 95:3; 96:26; 99:5,11,31; E:M-106:6; 109:33; 111:24; 112:5,25; 113:18; 119:13; 139:7, 7; E:E-147:23; 150:30; 159:8; E:V-167:11; 169:25,31; 170:14; 176:19; 182:20; 193:25; E:F-200:37,37; 202:22; 203:21; 206:35; 212:32; E:C-222:33, 33; 223:32; 227:35; E:Z-235:10; 236:7; 237:7,30; 240:37; 243:13; 248:6; E:AN-262:23; 263:32; 264:18; 265:21; 269:27; 270:2; 271:29; 275:21; 279:14,25; E:AB-285:15, 26; 287:32; 288:1; 289:23, 23; E:VAR-292:8; 296:3; 298:4; KS-304:31; 305:17; 308:7; 309:7; 312:1, 8; 315:23; 320:9; 322:22; 325:32, 32; 326:26; 332:36; 336:8; 341:4; 345:31; 353:7; 356:23; 364:30; 370:2,25; 371:34; 375:17; 376:3, 19*; 378:4; 380:18, 23; 385:7, 23; 386:19; 388:36; 389:4, 12; 390:35; 393:21,29; 396:18; 398:22; 402:1; 404:34, 35; 406:9; 407:23, 31; 408:21; 410:30; 417:15; 418:31; 419:5; 421:31; 424:23; 428:21,28; 431:31; 433:26; 446:26; 452:28   (138)
Zeiten   E:K-29:10; 80:9; E:E-150:37; E:Z-248:22; KS-304:8; 310:2; 313:31;

314:25; 317:6; 326:21; 346:10; 378:38;
387:16; 402:15; 417:19; 423:3; 434:4
(17)

Zeitalter
Zeitalter   KS-326:8; 376:1; 377:7

Zeitgeist
Zeitgeist   KS-447:11

Zeitgenosse
Zeitgenosse   KS-432:18
Zeitgenossen   E:AB-286:23; KS-376:20,
20

Zeitgewinn
Zeitgewinn   KS-386:22

Zeitlang
Zeitlang   E : M-120 : 12; 128 : 34; KS-
323:32

Zeitlichkeit
Zeitlichkeit   E:Z-251:20

Zeitpunkt
Zeitpunkt   E : K-41 : 11; 87 : 33; E : M-
126:30; KS-314:21; 337:24; 406:16

Zeitraum
Zeitraum   E : K-69 : 6, 28; E : C-219 : 19;
E:AB-289:37; KS-406:12
Zeitraums   E:C-227:19

Zeitschrift
Zeitschrift   KS-375 : 11*, 12; 418 : 26;
420:36; 421:9; 446:18; 450:25

Zeitumstand
Zeitumstände   KS-450:24

Zeitung
Z.   KS-431:24
Zeitung   E:AN-270:5; E:AB-287:4; KS-
373:5; 391:16,18; 414:26; 419:18; 422:10;
451:21; 454:16   (10)
Zeitungen   E:M-104:7; 130:14; 131:20;
133:7; KS-363:24; 366:1; 409:14; 419:23;
427:26; 452:9; 458:8; 460:3,17   (13)

Zeitungsartikel
Zeitungsartikel   E : M-132 : 29;   KS-
373:2,9
Zeitungsartikels   KS-373:20

Zeitungsblatt
Zeitungsblatt   E:M-131:22; 134:23
Zeitungsblattes   E:M-132:21

Zeitungsexpedition
Zeitungsexpedition   KS-459:19
Zeitungsexpeditionen   KS-459:18

Zeitungsschreiber
Zeitungsschreiber   KS-374:33

Zeitungstag
Zeitungstage   E:M-131:31

Zelle
Zellen   E:F-205:7

Zeller
Zeller   KS-335:29

Zelt
Zelt   E:K-80:17,26,33
Zelte   E:K-79:34

Zeltleine
Zeltleinen   E:K-80:31

Zenge
Zenge   KS-315:27*

Zenit
Zenit   KS-389:1,4

zerbrechen
zerbrach   KS-401:25

zerbrechlich
zerbrechlichen   KS-306:33

Zerbröckelung
Zerbröckelungen   KS-397:12

Zeremonie
Zeremonieen   KS-316:30

Zeremonienmeister
Zeremonienmeister   KS-320:31; 321:14,
27

zerfallen
zerfallenden   E:E-155:26
zerfällt   KS-363:5

zerfleischen
zerfleischt   E:AN-277:27

Zerfleischung
Zerfleischungen   E:K-20:6

zerfließen
zerfloß   E:V-175:17; KS-445:2

Zerknirschung
Zerknirschung   E:Z-251:16

Zermalmung
Zermalmung   E:K-51:28

zerplatzen
zerplatzte   E:M-105:14

zerprügeln
zerprügelt   E:K-13:27

zerreiblich
zerreiblichen   KS-397:10

zerreißen
zerreißen   KS-322:26
zerreißt   E:AN-277:19
zerriß   E:M-126:7; 133:11; E:F-201:33;
    209:32; E:Z-242:27
zerrissen   E:K-99:22; 103:19; E:V-
    182:27; KS-397:11; 434:19
zerrissenem   E:V-193:31; KS-374:8
zerrissenen   E:K-43:21; E:M-133:14;
    E:E-156:1

zerren
gezerrt   E:M-105:26

zerschießen
zerschossenen   E:M-107:7

zerschlagen
zerschlagen   E:K-16:18,19
zerschlug   E:Z-251:22

zerschmelzen
zerschmolzenem   E:AB-286:31

zerschmettern
zerschmettert   E:K-58:25; E:E-145:36;
    148:37; 149:18; 158:29; E:V-194:13

zerschneiden
zerschneidend   E:K-73:24

Zersetzung
Zersetzung   KS-392:5,6

zerspalten
zerspalten   KS-397:11

zersplittert
zersplittertem   E:V-191:19

zersprengen
zersprengt   E:K-41:31
zersprengte   E:K-38:32

Zersprengung
Zersprengung   E:K-41:12; E:AN-268:12

zerstören
zerstöre   E:K-12:7
zerstören   E:C-221:1; KS-311:12
zerstörende   E:M-130:29; E:E-147:25
zerstört   E:C-226:24; KS-349:5; 356:24

Zerstörung
Zerstörung   KS-436:17

Zerstörungswerkzeug
Zerstörungswerkzeugen   E:C-216:27;
    E:VAR-294:9

zerstreuen
zerstreuen   E:K-63:26; 99:8; E:V-
    181:10; E:C-223:30
zerstreun   KS-307:27
zerstreut   E:K-44:9; 63:11; 81:5; E:M-
    142:11; E:V-173:33; 192:6; KS-304:20;
    345:34; 374:9; 377:15; 407:25   (11)
zerstreute   E:M-105:32
zerstreuten   E:K-32:17; E:M-108:11;
    E:C-223:3

zertreten
zertreten   KS-369:10
zertretensten   E:M-127:11

zertrümmern
zertrümmert   KS-350:25; 351:29; 353:8,
    18; 373:27
zertrümmertes   E:E-149:17

Zertrümmerung
Zertrümmerung   KS-351:26

Zetergeschrei
Zetergeschrei   E:M-105:29

Zettel
Zettel   E:K-82:9; 83:6; 84:20,22; 85:9,
    24; 86:22,29; 90:24; 92:21,24,29; 94:11;
    95:23,32,37; 96:14; 97:8,10,14,21,25,
    32; 98:3,6,22; 101:3,7; 103:3; E:V-179:18,
    21,25; E:F-205:29; E:Z-252:32; 253:6;
    256:19; KS-389:20   (37)
Zetteln   KS-389:15
Zettels   E:K-84:12,18,32; 85:21; 86:17;
    88:36; 90:21; 93:28; 95:15,36; 98:16; 99:1,
    16   (13)

Zeug
Zeug   E:K-83:9

Zeuge
Zeuge   KS-344:11
Zeugen   E:K-69:2; E:M-125:11; 142:14;
E:Z-237:18; E:AN-281:12; 282:1; E:AB-
289:2; KS-330:26

zeugen
gezeugt   E:C-221:3
zeugten   E:M-121:30

Zeugnis
Zeugnis   E:C-227:15; E:Z-244:4; 258:13;
E:VAR-297:30; KS-324:17; 370:5
Zeugnisse   E:AN-281:4; E:AB-286:2

Ziegelscheune
Ziegelscheune   E:K-36:24

ziehen
gezogen   E:K-10:27; 11:19; 17:24; 52:5;
80:1; 94:22; 99:1; E:M-112:16; E:Z-
258:12; KS-323:9; 339:25; 377:27; 387:22;
392:17,32; 405:7; 438:30; 441:35   (18)
zieh   E:K-12:10; E:M-137:10
ziehe   E:M-120:2; KS-320:5
ziehen   E:K-12:15; 20:37; 29:15; 46:4;
51:9; 74:17; 79:19; 89:15; E:F-211:13;
E:Z-256:12; E:AN-264:31; KS-332:8;
338:4; 339:38; 343:16; 393:13   (16)
Ziehen   KS-327:16
ziehn   E:K-35:14
zieht   E:K-19:11; E:AN-265:4; 269:8;
KS-343:24; 447:8
zog   E:K-45:5; 48:21; 58:32; 59:15;
62:37; 74:18; 80:32; 88:27; E:M-120:17;
123:27; 127:30; 140:26,36; E:E-158:11;
E:V-163:13; 181:2; 190:17; E:F-203:6;
E:C-224:24; E:Z-230:10; 237:6; E:VAR-
297:15; KS-310:23   (23)
zogen   E:K-63:15

Ziel
Ziel   E:K-43:16; E:Z-236:24; 255:12; KS-
375:32; 388:29; 393:13; 410:2; 446:30
Ziele   E:M-113:11

ziemlich
ziemlich   E:K-37:1; 95:20; E:M-119:32;
E:V-168:33; E:F-204:36; 208:33; KS-
340:22,26; 417:32; 418:7; 424:23   (11)
ziemlicher   E:K-74:18; E:Z-257:38; KS-
431:33
ziemliches   KS-362:11

zieren
zierte   KS-341:32

Ziererei
Ziererei   KS-341:32

zierlich
zierlich   E:C-222:36; E:Z-231:4; KS-
398:33; 399:20,25
zierlichen   E:AN-274:20

Zigeunerin
Zigeunerin   E:K-82:21; 90:31; 93:35;
95:26,28; 96:13,21,21,28; 100:35   (10)

Zimmer
Zimmer   E:K-17:11; 27:9; 34:8; 44:33;
51:14; 54:19; 60:12; 64:38; 65:21;
74:4; 75:33; 76:8; 83:22; 85:20;
90:25; 99:23; E:M-109:19,36; 113:34,
37; 114:34; 115:15; 116:38; 118:30;
119:2; 120:27; 122:16; 124:14,36; 125:16;
126:28; 127:31; 131:23; 132:27; 133:38;
134:25; 136:28; 138:9,19; 140:16; 141:26;
142:3; E:V-163:32; 164:5; 171:13,18,
27; 176:13; 177:38; 178:6; 179:19,
38; 181:10; 182:26; 183:8,31; 184:21,
37; 185:25,37; 187:14; 189:12; 190:15;
191:31,34; 192:2,15; E:B-196:9,16,23,27,
30; 197:4,12,16,20; 198:4,20; E:F-205:12,
15,24,31; 206:24,36; 207:13; 208:7,18,
34; 211:32; 212:20; 213:9,29; E:C-224:13;
226:31; E:Z-236:24; 237:37; 249:29;
250:15; 251:2,6; 252:7,36; 256:12; 257:7;
258:30; E:AN-269:31; 273:10,18; 276:21,
35; E:AB-289:22; KS-344:22; 385:29;
397:26; 398:31; 407:7; 430:17   (117)
Zimmern   E:B-196:5; E:Z-256:28
Zimmers   E:K-48:31; E:M-141:14;
E:V-162:29; 189:33; E:B-198:10,
32; E:F-207:7; 212:34; E:C-223:1; KS-
407:6   (10)

Zimmergeselle
Zimmergesellen   KS-424:17

Zimmermeister
Zimmermeister   KS-441:35

Zimmerwinkel
Zimmerwinkel   E:B-196:29; 198:13

Zinne
Zinnen   E:K-9:33; E:C-216:26; 225:13;
E:VAR-294:9; KS-377:11

zirkulieren
zirkuliert   KS-418:31

zischeln
zischeln   E:E-155:2

Zitadelle
Zitadelle   E:M-104:14,32; 105:4; 107:2;
E:AN-275:13
Zitadellen   KS-440:26

zittern
zittern   E:K-101:11
Zittern   E:C-218:19; E:Z-237:19
zitternd   E: M-124: 17; 125: 24; E: E-
146: 5; E: V-190: 14; E: VAR-292: 25;
295:31
zitternde   E:E-146:24; E:AN-274:34
zitternden   E: M-105: 26; E: E-155: 24;
E:V-183:38
zitternder   E: K-32: 35; 56: 18; E: E-
147:38
zitterst   E:M-123:16
zittert   E:V-162:26
zitterte   E:M-124:25; E:F-204:33
zitterten   E:AB-290:31

Zoddel
Zoddeln   E:K-15:5

Zofe
Zofe   E:F-205:13; E:Z-237:21; 256:29

zögern
zögerte   E:K-26:15,15

Zögerung
Zögerung   E:K-75:20

Zoll
Zoll   KS-399:9

Zöllner
Zöllner   E:K-9:29; 10:1

Zollwärter
Zollwärter   E:K-10:7; 31:37

Zorn
Zorn   E:E-158:11

Zoroaster
Zoroaster   KS-325:17

zr.
zr.   KS-415:8

zu
z.   (8)
zu   (2429)
zum   (184)
zur   (310)

zubereiten
zubereitet   E:K-91:20
zubereiteten   E:C-223:14

zubewegen
bewegte   E:V-188:1

Zubodenstreckung
Zubodenstreckung   E: E-146: 4; E: V-
185:6

zubringen
brachte   E:M-120:3
zubrachte   E:K-86:35; E:M-143:3; KS-
338:29; 420:1
zubrächte   KS-385:13
zubrachten   E:C-216:25; E:VAR-294:8
zubringen   E:B-197:4; KS-330:35
zubringt   E:AN-272:32
zugebracht   E: K-19: 17; E: M-104: 23;
E:V-170:30; E:C-216:13; E:VAR-293:31;
KS-437:3
zugebrachten   E:K-87:6; E:M-140:5
zuzubringen   E:V-179:19; KS-336:5

Zuchthaus
Zuchthaus   KS-333:1

zucken
Zucken   E:F-212:7; KS-321:24
zuckenden   KS-323:7
zuckt   KS-337:12
zuckte   E:M-107:37; E:E-156:8
zuckten   E:M-141:31; E:C-220:26

zücken
zücken   E:Z-245:4

Zucker
Zucker   KS-424:14

Zuckerplantage
Zuckerplantagen   KS-440:18

Zuckung
Zuckungen   E:Z-260:17

zudem
zudem   E: K-98: 3; KS-342: 19; 393: 14;
429:19

zudrängen
drängt   E:C-223:33

zudringlich
zudringliche   KS-383:30
zudringlichen   KS-417:14

Zudringlichkeit
Zudringlichkeit   E : K-69 : 38;   E : M-128:36

zudrücken
drückte   E : K-30 : 30;   E : E-148 : 33; E:VAR-293:12

zuerkennen
zuerkannt   E:AB-284:29
zuerkannte   E:AN-271:8; KS-430:27

zuerst
zuerst   E : K-18 : 36;   50 : 2;   E : M-127 : 3; E:VAR-298:1; KS-325:9; 326:25; 339:35; 372:26,34; 373:12; 375:5; 425:21; 431:30; 454:24   (14)

zufahren
fahr   E:M-115:10,12

Zufall
Zufall   E : K-21 : 16;   84 : 14;   85 : 10;   E : M-134:3; E:E-144:17; 145:28; E:V-185:14; E:F-204:35; 210:20; E:Z-248:33; E:AN-266:2; 269:29; KS-302:16; 309:30; 314:16; 427:29   (16)
Zufälle   E:M-119:38; KS-309:26
Zufällen   KS-310:6
Zufalls   KS-306:34

zufallen
zufallen   E:F-201:26; KS-414:19
zufiel   KS-371:7
zugefallen   E:K-22:15; 94:6; E:V-172:35; E:C-216:10; E:VAR-293:28
zugefallene   E:AN-274:13

zufällig
zufällig   E : K-63 : 14;   76 : 7;   E : E-159 : 9; E:B-196:9; 197:38; E:F-204:2; 205:19; 210:13; E:C-225:24; E:Z-231:36; 239:19; KS-407:6; 427:33   (13)
zufällige   E:E-146:3; E:B-197:34; KS-339:33
Zufällige   KS-348:28
Zufälligem   KS-346:29

zufälligerweise
zufälligerweise   E:K-10:22

zufertigen
zugefertigt   E:K-30:32
zuzufertigen   KS-372:6

zufliegen
zuflog   E:M-129:29

Zuflucht
Zuflucht   E:V-163:38; 165:2; 176:31

Zufluchtsort
Zufluchtsort   KS-374:13

zuflüstern
flüsterte   E:V-187:1
zuflüsterten   E:K-82:30

zufolge
zufolge   E : K-64 : 13;   67 : 28;   85 : 1;   E : V-176:24; KS-329:13; 395:30; 396:37

zufrieden
zufrieden   E:K-17:12; 66:20; 79:5; 102:1; E:V-182:15; E:AN-264:27; KS-347:10

Zufriedenheit
Zufriedenheit   E:K-13:18; 24:35; 87:31; 100 : 7;   E : F-202 : 2;   E : AN-275 : 10;   KS-301:16; 305:2

zufügen
zugefügt   E:K-63:23; 82:14; E:Z-230:5

Zufuhr
Zufuhr   KS-398:11

zuführen
zuführt   E:V-166:20
zugeführt   E:V-165:10
zuzuführen   E:V-161:36

Zug
Zug   E : E-154 : 27;   E : V-172 : 5;   187 : 34; 194:22,34; E:F-202:12; E:VAR-292:25; KS-403:5,10
Zuge   E : K-39 : 22;   101 : 9;   E : E-153 : 35; 154:32; E:V-182:5; 188:5; 189:24; 192:29; E:AN-272:7; KS-304:38   (10)
Züge   E : K-95 : 22;   96 : 35;   E : M-116 : 22; E:V-169:24; KS-336:28; 384:5
Zügen   KS-301:12; 304:17,26

zugeben
zugab   E:Z-230:15
zugeben   E:E-157:31; E:V-177:33
zugegeben   E:M-138:24; KS-393:22

zugedacht
zugedacht   E:AB-285:30; KS-448:31

zugegen
zugegen   E:AB-290:10

zugehen
gehen   E:AB-284:20
ging   E:K-73:14
zuginge   E:K-70:15

zugehörig
zugehörige   E:K-59:14
zugehörigen   E : K-58 : 12; 81 : 2; KS-425:20

Zügel
Zügel   E:K-12:3; 19:26; E:AN-264:10; 265:3

zugestehen
zugestanden   E:K-53:20; E:Z-234:12
zugestehen   E:K-96:18; KS-362:23
zugestehn   KS-385:32

zugleich
zugleich   E:K-9:6; 36:31; 45:15; E:M-109:37; 140:13; E:F-206:22; E:Z-246:9; 258:38; E:AN-281:28; KS-307:31; 378:10; 396:19; 422:26; 423:21; 424:14; 425:23; 426:28; 427:9; 450:7; 451:15; 452:9   (21)

zugrunde
zugrund   E:AN-269:5
zugründe   KS-381:1

Zugvieh
Zugvieh   E:K-14:5

Zuhause
Zuhause   E:K-57:11

zuhören
zugehört   E:AB-285:10

Zuhörer
Zuhörer   KS-444:38

zukehren
kehrte   E:K-48:20; E:M-137:20; E:V-186:3; E:Z-249:24
zugekehrt   E:M-125:24
zugekehrten   E:Z-251:15
zukehrend   E:V-180:6
zukehrte   E:K-33:20; 73:34; E:Z-253:13

zuknüpfen
zuknüpfte   E:K-10:18

zukommen
kam   E:K-16:32
kömmt   KS-400:18
zugekommen   KS-329:15; 424:11
zukam   E:AN-268:18
zukomme   E:AN-263:4
zukommen   E:K-64:4; E:M-118:9
zukommt   E:K-27:29; KS-326:13
zukömmt   E:K-47:23

Zukunft
Zukunft   E:K-22:19; 24:6; 83:15; 91:23; E:M-108:16; E:E-153:22; E:Z-229:14; KS-310:3; 316:4; 317:33; 318:3,11,16; 406:11; 407:14; 450:28   (16)

zukünftig
zukünftige   E:K-16:12
zukünftigen   KS-318:10; 409:28
zukünftiger   E:M-121:29

zulächeln
lächelt   KS-309:23

zulassen
läßt   KS-309:6
zulasse   E:K-89:29; E:V-175:23
zuließen   E:K-21:4; 23:13
zuzulassen   E:M-139:38; E:V-176:22

Zulauf
Zulauf   E:K-36:20; 50:28

zulaufen
lief   E:V-187:19

zuletzt
zuletzt   E:K-46:37; 89:33; 98:5; 99:10; E:M-118:1; 122:29; 136:22; E:V-175:34; 176:5; 182:32; E:F-208:32; E:Z-240:3; E:AB-285:32; 289:24; KS-321:24; 333:5; 344:25   (17)

zumachen
machte   E:V-162:12

zumessen
zumessen   KS-308:36

zumute
zumute   E:K-62:35

zumuten
zuzumuten   E:K-16:36

zunächst
zunächst   E : V-164 : 38; KS-302 : 35; 329:31,35; 375:24; 390:9; 451:33; 458:16; 459:5

Zuname
Zunamen   E:F-211:29; E:AB-286:20

Zunder
Zunder   E:V-181:12

Zündmaschine
Zündmaschinen   E:AB-285:35

Zunge
Zunge   E:F-204:29
Zungen   E:E-144:30

zunichte
zunichte   KS-417:4

zunicken
nickte   E:E-151:14

zuordnen
zugeordnet   E:K-69:24; 81:13; E:Z-247:38; KS-441:26
zugeordneten   E:K-89:22

zupfen
gezupft   E:K-26:2
zupft   E:C-222:20

zurasseln
zurasselte   E:M-129:30

zurecht
zurecht   E:K-14:33; E:M-138:32; E:V-173:20

Zurechtweisung
Zurechtweisung   KS-370:23

zureden
Zureden   E:Z-254:22

zurichten
zurichtete   E:K-40:35

zürnen
zürnen   E:C-224:1

zurück
zurück   E:K-44:29; 69:29; 70:9; E:M-118:29; E:AN-270:22

zurückbeben
bebte   E:E-148:32
zurückbebend   E:Z-250:31
zurückgebebt   E:Z-252:17

zurückbegeben
begab   E:K-55:37
begaben   E:K-80:32; E:V-182:19
zurückbegab   E:K-36:23; 48:32

zurückbehalten
behielt   E:K-52:32

zurückberufen
zurückberief   E:M-119:2

zurückbeugen
zurückgebeugtem   E:M-138:26

zurückbleiben
bleibt   KS-449:24
blieb   E:V-178:5
zurückbleiben   E:K-72:10; KS-322:34
zurückbleibenden   E:K-44:26
zurückbleibt   E:AN-280:8
zurückblieb   E:F-204:36
zurückblieben   E:M-139:20; E:AN-269:32
zurückgeblieben   E:K-22:25; 55:17; 84:6; E:M-113:7; 143:5; E:E-148:20; E:F-202:14; 203:32
zurückzubleiben   E:K-29:33; 76:32; 80:4,19; E:E-153:12; 154:16

zurückblicken
blicken   KS-306:9

zurückbringen
brachte   E:M-124:6
zurückbringen   KS-445:9
zurückzubringen   E:K-83:27
zurück zu bringen   E:K-39:7; E:Z-236:31

zurückdenken
zurück zu denken   E:F-209:31

zurückdrücken
zurückzudrücken   E:K-42:22

zurückeilen
eilte   E:V-176:12

zurückerwarten
erwarten   E:V-166:20

zurückfahren
fuhren   E:M-136:16

zurückfallen
fällt   KS-384:28
fiel   E:V-193:17; E:F-209:29
zurückfallen   E:AB-289:13
zurückfällt   KS-433:18
zurückzufallen   KS-345:36

zurückfliehen
zurückfliehenden   E:M-105:26

zurückfordern
fordere   E:K-46:27
fordert   KS-460:7

zurückführen
zurückführen   E:K-87:9
zurückzuführen   E:F-215:4; KS-428:2

zurückgeben
gab   E:M-133:15; E:C-227:38
zurückgab   KS-378:37

zurückgehen
ging   E:C-228:10
zurückgegangen   KS-367:8; 419:11
zurückgehen   E:E-151:23

zurückhalten
halte   E:K-24:17
hielt   E:Z-231:25
zurückgehalten   E:K-39:19; 68:37
zurückgehaltenen   E:K-87:28
zurückhalten   E:K-43:7
zurückzuhalten   KS-344:1; 359:11

zurückhaltend
zurückhaltend   E:V-188:24

zurückjagen
zurückjagten   E:M-105:19

zurückkämmen
zurückkämmte   E:K-61:36

zurückkehren
kehre   E: K-27: 37; 46: 7; KS-318: 13;
  321:37
kehrt   E:AN-274:15
kehrte   E:K-13:19; 21:27; 23:24; 38:2;
  E:M-106:5,20; 107:4; 109:9; 115:23; E:E-
  153:23; E:F-213:1; E:Z-230:30; 254:22;
  E:AB-289:15; E:VAR-292:19; KS-442:23
                                        (16)
kehrten   E:AN-274:26
zurückgekehrt   E:K-96:26; E:M-104:21;
  E: V-169: 2; 184: 13; E: AN-278: 31;
  E:VAR-296:28; KS-321:31
zurückgekehrten   E:K-65:38
zurückkehre   E:K-27:3
zurückkehren   E:K-10:35; E:E-153:20;
  E:V-166:32; 190:28; E:F-213:5
zurückkehrt   E:M-117:23; KS-357:23
zurückkehrte   E:K-38:12; E:V-185:31;
  E:F-212:17; E:C-228:14; E:AN-269:32;
  KS-320:35
zurück kehrten   E:Z-253:10
zurückzukehren   E: K-41: 11; E: M-
  112:5; E:AN-273:35

zurückkommen
kam   E:K-24:7; 43:34; 103:18; E:F-204:1;
  209:18; E:C-217:37; 229:6; E:AB-289:19;
  E:VAR-292:16; 295:12   (10)
komme   KS-442:34
kommt   E:AN-276:26
zurückgekommen   E: K-29: 34; KS-
  344:20
zurück gekommen   E:V-188:11
zurückkam   E: K-33: 4; 38: 32; 41: 32;
  102:13; KS-370:31
zurückkäme   KS-387:24
zurückkommen   KS-390: 25; 404: 30;
  453:29
zurückkömmt   E:V-177:37

Zurückkunft
Zurückkunft   E: K-13: 2; 39: 2; E: AB-
  290:9

zurücklassen
ließ   E: K-12: 38; 20: 14; E: Z-256: 17;
  E:AN-276:15; E:VAR-292:12
zurückgelassen   E:K-16:23; 18:3; 20:27;
  24: 13, 16; E: V-164: 25; 169: 23; E: AN-
  280:6
zurückgelassenen   E:K-14:14
zurücklassen   E:K-12:21,24,25; 73:19
zurücklassend   E:C-223:31
zurückließ   E:V-195:5
zurückzulassen   E:F-199:5

Zurücklassung
Zurücklassung   E: K-13: 27; 69: 24;
  94:13; E:M-108:9; 125:35; E:C-228:10

zurücklegen
zurücklegen   E:AB-289:35; KS-393:31
zurücklegte   E:K-85:9; E:Z-251:27
zurückzulegen   E:V-164:22; KS-389:23;
  393:30

zurückliefern
liefere   E:K-101:34

zurückmüssen
zurück muß   KS-327:13

zurücknehmen
nimmt   KS-431:19; 459:25
zurückgenommen   E:K-89:16
zurücknehmen   E:K-89:4
zurückzunehmen   E:M-116:13

zurückprellen
zurückgeprellt   E:AN-278:27

zurückreißen
riß E:E-151:28
zurückrissen E:M-107:13

zurückreiten
ritt E:M-130:1

zurückrufen
rufe E:V-179:10
zurück zu rufen E:Z-251:29

zurückschenken
zurückzuschenken KS-399:4

zurückschicken
schickte E:V-189:1
zurückgeschickt E:Z-258:1
zurückschicken E:M-113:25; 114:3;
KS-443:2

zurückschieben
schoben E:Z-233:6

zurückschlagen
schlug E:AB-284:10
zurückschlug E:K-58:26; 59:37

zurückschleudern
zurückgeschleudert E:K-35:25

zurückschmeißen
schmeißt E:K-12:33

zurücksenden
sandte E:M-142:22
zurücksenden KS-449:5

zurücksetzen
setzte E:C-227:4
zurücksetzte E:K-92:11

zurücksinken
sank E:K-93:24; E:Z-260:24

zurückspringen
zurücksprang E:Z-245:32
zurückspringe E:K-50:16

zurückstoßen
stieß E:M-129:25

zurückstürzen
zurückzustürzen E:K-56:28

zurücktaumeln
zurücktaumelte E:M-105:35

zurcktransportieren
zurück transportiert E:F-200:5

zurücktreten
trat E:K-59:36; 92:9
zurückträte E:K-25:36
Zurücktreten E:Z-234:1
zurückzutreten E:K-26:10,30

zurückverfügen
verfügten E:V-190:36
zurück zu verfügen E:V-179:26

zurückweisen
zurückgewiesen E:Z-259:29
zurückwies E:K-62:24

zurückwenden
wandte E:K-40:38; 44:16; 61:26; 86:36;
91:20; E:V-173:21; E:Z-260:8
zurückgewandt E:K-88:30
zurückwandte E:K-35:28
zurück wandte E:K-62:9

zurückwerfen
warf E:F-204:23; E:AN-271:23
zurückwarf E:Z-250:25

zurückwünschen
wünschte E:V-171:30

zurückziehen
zog E:M-106:8; E:F-202:10
zogen KS-438:26
zurückgezogen E:K-101:28; E:Z-
240:33; KS-323:6
zurückzog E:M-116:38
zurück zog E:Z-253:29
zurückzuziehen E:K-78:38; E:M-
104:28; 126:20

Zurückziehung
Zurückziehung E:K-88:23

zurufen
rief E:K-63:8; E:V-190:26; 194:32; E:Z-
260:33; KS-375:8
riefen E:V-192:36
ruft E:C-221:28
zurief E:K-32:11; 35:14; E:M-106:10;
E:V-188:5; KS-430:13
zuriefe E:V-190:19
zurufen KS-440:37
zurufend E:K-58:18

zusagen
sagte E:AN-278:10

zusammen
zusammen E:K-20:8; E:M-108:8

zusammenarbeiten
zusammengearbeitet   KS-399:32

zusammenberufen
zusammenberufen   E : Z-229 : 22;   KS-
382:27

zusammenbinden
band   E:V-162:29
binden   E:C-222:35

zusammenbleiben
zusammenbleiben   E:M-105:12

zusammenbrechen
zusammen zu brechen   E:C-223:28

zusammenbringen
bringe   KS-332:11
zusammenbrächte   KS-332:34
zusammengebracht   E:K-98:7
zusammengebrachten   E:K-65:27
zusammenzubringen   E:K-84:9

zusammendrängen
drängten   E:Z-259:15

zusammendrücken
zusammendrückte   E : K-45 : 29;   KS-
389:32
zusammengedrückten   E:K-60:4

zusammenfahren
zusammen gefahren   E:AN-267:4

zusammenfallen
zusammenfallen   KS-397:17
zusammenfallende   E:E-148:26
zusammenfiel   E:E-146:10

zusammenfalten
zusammen faltete   E:C-227:6

Zusammenfassung
Zusammenfassung   KS-323:33; 334:34

zusammenfinden
zusammengefunden   E:K-74:26

zusammenführen
zusammengeführt   E:Z-234:38

zusammenhalten
zusammenhielt   E:K-37:12

Zusammenhang
Zusammenhang   E : K-20 : 32;   E : V-
186:10; E:F-204:31; E:C-224:34; E:Z-
233:21

zusammenhängen
Zusammenhängendes   E:K-29:27

zusammenkauern
zusammen gekauert   E:B-198:10

zusammenklingeln
zusammengeklingelt   E:F-204:27

zusammenkneten
zusammengeknetet   E:K-13:37

zusammenkochen
kochte   E:M-138:13

Zusammenkunft
Zusammenkunft   E : K-82 : 17; 90 : 30;
E : M-139 : 33; E : F-205 : 26; E : Z-229 : 8;
256:21; 257:36
Zusammenkünfte   KS-434:30; 439:25

Zusammenlauf
Zusammenlauf   KS-380:11

zusammenlaufen
zusammengelaufen   KS-358:3
zusammenlaufen   KS-358:9

zusammenlegen
legte   E:M-142:26
zusammengelegten   E:K-44:6
zusammenlegte   E:M-130:23

zusammenlesen
zusammen gelesen   E:AN-263:24

zusammennehmen
zusammenzunehmen   KS-372:15

zusammenpacken
zusammengepackt   E:B-198:24

zusammenraffen
raffte   E:E-149:5
zusammengerafften   E:K-58:10
zusammenraffte   E:V-162:15
zusammenzuraffen   E:K-51:10; 65:31

zusammenrücken
zusammenrücken   E:K-18:25

zusammenrufen
rief   E:K-31:32

Zusammenschlag
Zusammenschlag   E:E-146:7

zusammenschlagen
zusammenschlug   E : K-92 : 32;   E : E-148:29
zusammenschlüge   E:K-40:28

zusammenschleppen
zusammengeschleppt   E:K-34:24
zusammenschleppten   E:K-32:27

zusammenschmieden
zusammengeschmiedet   E:Z-232:36

zusammensetzen
zusammengesetzt   E : F-202 : 22;   KS-401:37
zusammengesetzter   E:V-189:14
zusammensetzen   KS-341:20

zusammenspielen
spielen   KS-325:22

zusammenstecken
zusammengesteckten   E:K-71:33

zusammenstellen
zusammengestellt   KS-384:6
zusammengestellten   E:K-66:34

zusammenstürzen
stürzte   E:E-146:14
zusammenstürzen   E:E-147:31
zusammenstürzte   E:K-33:17; 40:32

zusammensuchen
zusammengesucht   E:K-79:24

zusammentragen
zusammengetragen   E:B-198:31
zusammentragen   KS-304:22

zusammentreffen
trafen   E:C-216:6; E:VAR-293:24
zusammentraf   E:F-208:5
zusammentrafen   E:AN-270:29

zusammentreten
zusammentraten   E : K-63 : 4;   E : AN-268:24

zusammenwickeln
zusammen wickelte   E:Z-242:28

zusammenziehen
zieht   KS-412:3
zog   E:K-47:32
zusammenzieht   KS-396:26
zusammenzog   E:K-65:24; 78:32
zusammenzöge   E:K-42:8
zusammenzuziehen   E:V-187:13
zusammen zu ziehn   KS-396:3

zusammenzimmern
zusammengezimmert   KS-339:1
zusammen gezimmert   E:Z-243:19
zusammenzimmern   E:VAR-293:15

Zuschauer
Zuschauer   E:Z-247:12; E:AB-290:13, 35
Zuschauern   E:Z-246:14
Zuschauers   E:Z-242:22; KS-454:6

zuschicken
schickte   E:Z-234:2; E:AN-274:19
zugeschickt   E:K-70:14; KS-367:28
zuschicke   E:K-76:26
zuschicken   KS-387:17

zuschleichen
schlich   E:M-138:17

zuschließen
schloß   E:F-207:32

Zuschnitt
Zuschnitts   E:F-212:18

zuschnüren
zugeschnürt   E:V-162:31

zuschreiben
schrieb   E:E-155:35
zugeschrieben   E:F-213:36
zuschreiben   KS-305:21
zuschrieb   KS-310:22

zuschreiten
schritt   E:V-183:29

Zuschrift
Zuschrift   E:K-89:26; E:M-119:30; E:Z-250:7; KS-394:5

zusehen
sah   E:K-30:37
zusehen   E:C-223:4

zusenden
zugesandt   KS-415:11
zusenden   E:V-180:2
zusendend   E:Z-246:2
zuzusenden   E:V-167:18

zusichern
zusichert   KS-317:30

zusiegeln
siegelte   E:F-205:29
zusiegelte   E:M-114:38

zuspringen
zuspringt   E:AN-277:23

Zustand
Zustand   E:K-29:34; 30:1; 60:19; 65:1;
86:38; 88:31; E:M-109:17; 119:37; 123:6,
6,7,35; E:E-144:26; E:V-175:38; 178:23;
E:C-227:29; E:Z-250:11; 255:3; E:AN-
265:31; 272:12; E:VAR-297:10; KS-
321:17; 323:38; 325:28; 330:10; 436:14;
439:1; 440:10,15; 441:5; 443:5   (31)
Zustande   E:E-146:32; E:C-217:38; E:Z-
236:23; 238:28; E:AN-276:9; E:VAR-
295:14; KS-389:31; 410:2; 440:19
Zustände   KS-408:15
Zustandes   E:M-121:10

zustehen
zustehe   E:Z-233:32

zustellen
zugestellt   E:K-31:4; 100:1; KS-400:12
zustellen   E:K-24:28; KS-432:10
zustellte   E:K-75:26
zuzustellen   E:K-21:17

Zustimmung
Zustimmung   E:V-174:2

zustoßen
zugestoßen   E:K-14:3; 84:14; E:M-
124:25; E:F-204:4; E:C-222:31; E:AN-
280:28; E:VAR-297:14; KS-322:13
zustieße   E:Z-238:36

zusudeln
zugesudelt   E:K-19:17

zutappen
tappten   E:AB-284:3

Zutat
Zutat   KS-347:28

zuteil
zuteil   E:M-142:34; E:F-202:3; E:Z-
234:36

zuteilen
zugeteilt   KS-428:18

zutragen
trug   E:AN-280:16
trugen   E:E-148:17
zugetragen   E:K-64:29; E:M-127:33;
E:E-144:31; E:Z-242:11; KS-313:32
zutrage   E:M-138:19
zutrug   E:K-82:26; E:AN-271:30; KS-
370:26

Zutrauen
Zutrauen   KS-440:23

zutrauen
zugetraut   E:M-134:34
zutraute   KS-320:18

zutrinken
trank   E:K-27:7

Zutritt
Zutritt   E:K-100:11; E:C-220:5

zutun
zugetan   E:M-104:16; E:F-201:26; E:C-
217:7; E:Z-240:35; E:VAR-294:22
zutun   KS-339:28

zuverlässig
zuverlässigste   KS-455:19

Zuversicht
Zuversicht   E:F-210:38; E:AB-290:21

zuviel
zuviel   E:AB-286:9; E:VAR-292:26

zuvor
zuvor   E:K-67:10; 68:30; 71:31; 73:8;
E:E-144:9; E:V-170:16; E:F-209:37;
214:7; E:C-216:22; 217:24; E:Z-257:27;
E:VAR-294:5, 37; KS-343:23; 370:37
(15)

zuvörderst
zuvörderst   E:K-76:11; E:M-107:25;
E:AN-266:26; 269:6; 272:27; 279:28; KS-
341:31; 381:16; 383:24; 386:11; 458:10,
35   (12)

zuvorkommen
zuvorkommende   E:K-86:6

zuwanken
wankte   E:Z-237:37

zuwege
zuwege   KS-387:21

zuweilen
zuweilen   E:K-96:7; E:M-142:38; E:E-
151:26; E:V-166:8; 180:37; E:F-199:3;
206:29; E:Z-240:16; E:AB-284:13; KS-
317:26; 332:21; 356:6; 362:29; 401:22
(14)

zuwenden
wandte   E:K-73:24; E:M-125:18
zuwandten   E:K-93:8
zuwendend   E:Z-247:4

zuwerfen
warf   E:K-61:33
zugeworfen   E:V-171:11
zuwarf   KS-430:14
zuwerfen   E:K-10:15; E:M-125:20
zuwirft   KS-387:4
zuwürfe   KS-386:11
zuzuwerfen   KS-388:11

zuziehen
zog   E:K-83:32; E:E-145:18; E:AN-277:2; 278:32
zugezogen   E:K-17:20; E:M-136:15; E:V-166:31; E:F-214:9; E:Z-239:37
zuzog   E:F-213:18
zuzöge   E:M-113:32

Zwang
Zwang   KS-404:32
Zwanges   KS-404:31

zwanzig
zwanzig   E:K-62:25; 76:26; E:V-190:5; E:AN-281:14; KS-442:38
zwanzigsten   E:F-201:36

zwar
zwar   E:K-26:23; 29:11; 37:1,21; 40:31; 41:4; 43:30; 47:29; 50:38; 53:12; 64:21; 76:21; 96:17; E:M-111:16,25, 37; 124:6; 130:35; 139:7; E:V-168:26; 172:20; E:B-196:15; E:F-200:8; 201:6; E:Z-241:31; 247:2; 256:21; E:AN-269:28, 34; 270:3; 272:13; 277:32; E:VAR-297:17; KS-307:38; 317:25; 319:9; 329:21, 34; 340:7; 341:14; 347:12; 367:24; 372:11; 382:8; 392:31; 397:30; 401:10, 20; 404:23; 409:35; 415:29; 449:5; 454:19   (53)

Zweck
Zweck   E:K-55:16; 80:28; 84:35; E:M-111:11; 129:33; E:V-176:22; E:C-228:6; E:Z-230:38; 256:22; 257:27; KS-302:35; 310:11; 315:36; 318:20, 22; 360:17; 361:23; 400:2; 402:32; 406:2; 407:3; 411:23; 426:25,27; 434:12; 435:15; 454:19   (27)
Zwecke   E:K-25:21; KS-318:32; 359:20; 361:6; 381:20; 416:16; 428:27
Zwecks   KS-395:4

zwecklos
zwecklose   KS-367:31

zweckmäßig
zweckmäßig   E:K-23:30; 54:6; 87:36; KS-338:6; 384:4; 386:6; 387:3; 391:29; 405:33; 408:17; 434:24; 455:27   (12)
zweckmäßige   KS-410:38; 431:4
Zweckmäßige   KS-422:18
zweckmäßigen   E:K-53:25
zweckmäßiger   E:K-64:16
zweckmäßigste   E:K-52:33; KS-322:25; 404:28
Zweckmäßigste   E:K-12:26; KS-414:19
zweckmäßigsten   KS-318:24; 382:29

Zweckmäßigkeit
Zweckmäßigkeit   KS-347:21; 402:4; 421:33

zwei
zwei   E:K-11:34; 13:33; 22:2; 26:29; 32:36; 35:30; 38:7,8,16; 52:15; 55:26; 57:14; 58:8; 59:13; 63:19; 71:7,9,9; 76:15, 17; 83:33; 92:38; 98:35; 99:23; 102:37; E:M-132:9,22; 133:5; 143:14; E:E-147:20; E:V-166:36; 176:18; 187:10,36,37; E:B-198:5; E:F-202:31; 203:17; E:C-222:38; E:Z-234:9; 246:1,1; 247:18; 254:2; 260:37; E:AN-262:6; 270:26; 272:31; 277:18; 281:11; E:AB-284:6; 286:26; 287:1; KS-308:31; 316:27; 324:31; 327:28; 329:25; 338:24; 352:19; 353:23; 358:27; 361:27; 362:17; 364:25; 384:18; 387:17; 390:29; 392:21; 400:29,35,38; 401:12,20; 408:5, 32; 409:9; 419:17; 429:29,32; 433:25,26; 436:22; 438:33; 441:10; 442:9; 444:1,21, 22; 445:22; 451:23; 452:5; 454:3; 457:31   (94)
zweier   E:K-14:37; 18:9; 32:18; 39:6; 100:16; E:V-164:29; 169:22,34; 190:11; E:Z-238:24; KS-345:25   (11)

zweideutig
zweideutig   E:K-89:37; KS-417:35
zweideutige   E:M-128:18
zweideutigen   E:K-42:11; 79:10; 85:12; E:Z-232:10
zweideutiger   E:K-51:16
zweideutiges   KS-321:24
zweideutigste   E:M-112:16

zweierlei
zweierlei   E:K-31:23

Zweifel

Zweifel   E : K-16 : 34;   60 : 25;   71 : 25;
100 : 14;   E : V-186 : 34;   E : C-224 : 26;
E : Z-241 : 38;   258 : 12;   259 : 25;   E : VAR-
297:8; KS-327:2; 328:6; 348:30; 374:20,
22; 377:27; 378:19; 392:19,26; 396:5;
404 : 16, 33;   405 : 6;   410 : 28;   412 : 5,
10; 415:1; 421:32; 422:15; 438:28   (30)
Zweifeln   E:M-133:2; E:Z-258:27

zweifelhaft

zweifelhaft   E:M-106:18
zweifelhaften   E:AB-285:7

zweifeln

zweifeln   E:K-69:18; 96:17; E:M-122:3;
135:9; E:E-147:23; KS-409:11,15; 414:12
zweifelte   E:K-94:2; E:F-210:34; 211:19;
E:Z-247:34
zweifelten   E:Z-237:13
zweifle   E:K-27:36; 47:11; E:M-111:16;
E:E-153:15; KS-340:17; 385:15; 443:3

zweifelsohne

zweifelsohne   KS-327:33; 329:5

Zweig

Zweige   E:E-150:5

zweijährig

zweijähriger   E:K-102:6

Zweikampf

Zweikampf   E : C-229 : 1;   E : Z-229 : 1;
242:38; 244:29; 247:24; 248:23; 253:34;
254:4,17; 260:12; E:AB-290:7   (11)
Zweikampfs   E : Z-243 : 11;   248 : 16;
252:14;   254:30;   255:1;   261:15;   E:AB-
288:33; 290:8

zweimal

zweimal   E:K-44:15; E:Z-232:11; 247:7;
KS-316:35; 419:9; 441:16; 459:23

zweirädrig

zweirädrige   KS-401:30
zweirädrigen   E:K-58:16

zweit-

zweite   E : M-111 : 19;   117 : 31;   131 : 7;
143:25;   E:E-146:10;   E:Z-234:23;   KS-
362:21; 384:11; 409:13; 420:8; 450:12
(11)
Zweite   KS-350:29; 353:34; 354:4
zweiten   E:K-19:16; E:M-109:26; E:E-
158:6; E:V-189:38; E:Z-230:35; 256:25,

31;   257:36;   E:AN-272:11;   E:AB-288:6;
KS-340:10; 434:14; 447:13; 454:21   (14)
zweitens   KS-305:15
zweiter   KS-317:10
zweites   E:K-36:10; E:M-117:11; 143:24;
E:AN-264:26; KS-322:31; 351:3

zweitausend

zweitausend   E:K-42:8; KS-306:10

zweitenmal

zweitenmal   E:M-118:21;   127:20;   KS-
343:34
zweitenmale   E:AN-274:24

zwingen

gezwungen   E : K-16 : 25;   E : M-110 : 32;
112:14; E:AN-281:29; KS-322:1; 374:7
zwang   E:K-33:14;   E:C-224:17;   E:Z-
246:12
zwangen   E:V-165:2
zwingt   E:V-177:31

Zwinger

Zwinger   E:K-100:9

Zwirnsfaden

Zwirnsfaden   KS-334:34

zwischen

zwischen   E : K-25 : 28;   32 : 27;   35 : 20;
48:33; 58:38; 75:18; 77:16; 84:17; 85:15;
95:28; 96:32; 102:36; E:M-125:32; E:V-
173 : 32;   E : F-201 : 2;   202 : 26;   210 : 19;
214:15; E:C-222:37; E:Z-243:30; 245:30,
38; 251:12; 254:14; 255:21; E:AN-278:27;
279 : 28;   E : AB-284 : 6;   287 : 19;   290 : 26;
KS-308 : 2;   321 : 33;   327 : 20;   329 : 6, 24,
26; 369:13; 370:26; 393:3; 396:20; 397:10,
37; 416:36; 439:13   (44)

Zwischenzeit

Zwischenzeit   E:AB-289:38

Zwist

Zwistes   E:Z-240:36

zwölf

zwölf   E:K-20:3; 44:2; 61:25; 69:7,29;
E:V-164:28; 166:22; 188:1; E:F-211:27;
E:Z-234:9; E:AN-281:7; E:AB-283:31;
KS-385:1   (13)

zwölft-

zwölfte   E:AN-281:20
zwölften   E:K-70:29; KS-357:33

Ziffern

1 KS-321:28; 324:30; 333:22; 338:15;
362:10; 363:6,9,11; 367:14; 371:30;
373:26; 380:7; 382:20; 388:15; 391:25;
396:37; 397:1,7; 399:6; 401:4,9; 402:24;
409:10; 418:25; 420:33; 421:28; 424:26;
426:9; 427:28; 437:26; 447:31; 451:9,
19*,22; 452:13,19; 453:20,20; 457:21,
31,33; 458:26; 459:17,17; 460:7,10,
14   (47)
[1]   KS-346:2; 385:18; 388:16; 408:2;
418:17; 423:27; 430:29; 446:2; 451:7
1/2   KS-392:19
1-6   E:VAR-292:4*
1-20   E:VAR-292:11*
2   E:M-143:35; E:E-159:17; E:B-198:33;
E:F-215:18; E:C-229:1; E:Z-261:17;
E:AN-283:1; E:AB-286:7; 292:1; E:VAR-
298:12; KS-321:28; 325:6; 333:26; 338:23,
25; 362:11; 363:6; 364:26; 368:26; 371:26,
26,33; 373:28; 380:16; 382:22; 389:19,
24; 392:1; 396:37; 399:18; 400:21;
408:3; 409:10; 421:28; 425:17,22;
428:35; 436:13; 437:35; 452:1*,27,
30; 457:25*;458:3   (44)
[2]   KS-346:9; 386:30; 389:27; 408:30;
418:23; 424:9; 431:1; 448:4; 451:18
3   KS-333:29; 371:15,26; 373:30; 380:26;
382:24; 392:16; 399:22; 401:9; 402:25;
418:18; 424:20; 425:4; 426:2; 429:8;
437:25; 438:3; 451:23; 452:4,22,
35; 458:20*; 459:17   (23)
[3]   KS-391:10; 409:25; 419:1; 425:16;
431:9; 449:18; 452:14
3ten   E:M-131:34
4   KS-328:14; 373:1*,33; 381:5; 382:27;
383:5; 389:26,35; 392:23; 397:1; 399:26;
402:30; 424:15; 438:7; 452:34; 453:4,
14   (17)
[4]   KS-391:14; 409:29; 419:7; 426:1;
431:25; 450:1; 453:23
5   E:AN-279:25; KS-374:1; 381:15;
392:19,31; 393:30; 395:16; 399:28; 400:21;
401:31; 420:35; 438:11; 452:25; 453:8,
22   (15)
[5]   KS-411:6; 419:12; 426:15; 432:1;
450:9; 453:30
5-6   KS-451:24; 452:3
6   KS-374:5; 381:25; 383:4; 393:6,27;
427:26; 435:33; 438:14; 450:29; 451:1;

452:25,28   (12)
[6]   KS-411:19; 419:21; 426:23; 432:11;
450:15; 454:1
6-7   KS-447:23
7   KS-374:8; 382:2; 383:5; 393:14; 398:30;
436:31; 438:18; 450:34
[7]   KS-412:30; 419:26; 427:16; 432:25;
450:21; 454:14
8   E:AB-285:30; 286:7; KS-368:31; 371:1;
374:12; 382:15; 393:22; 400:15; 401:22;
425:22; 426:5; 438:22; 451:29; 452:7,21,
27; 454:7; 460:16   (18)
[8]   KS-413:1; 420:27; 427:23; 433:1;
454:28
9   E:VAR-292:4*,30*; KS-368:32; 374:15;
430:30; 436:8,25; 438:28
[9]   KS-414:5; 420:31; 429:1; 433:8; 455:7
9-11   E:VAR-292:23*
10   KS-386:29; 388:18; 400:36; 402:23;
407:29; 424:11; 425:1; 434:16; 438:34;
447:28   (10)
[10]   KS-414:24; 421:19; 429:7; 455:14
11   E:M-131:35; 132:15; 136:23; 139:11,
28; 142:1,27; E:AN-273:25; 281:26; KS-
386:34; 388:20; 439:3; 454:4; 457:8
[11]   KS-415:9; 421:24; 429:21; 455:24
11tes   KS-456:3
12   KS-389:24; 400:23; 402:25; 439:8;
452:27; 454:31; 460:9
[12]   KS-417:29; 422:1; 429:28; 456:5
12x6   KS-460:9
13   E:AN-277:14; E:VAR-292:11*; KS-
376:32; 394:2; 439:11; 452:33; 460:10
[13]   KS-422:22; 430:1; 456:14
14   KS-387:37; 438:10,32; 439:17; 447:32;
454:4
[14]   KS-423:6; 430:8; 456:21
15   E:AB-288:6; KS-335:34; 384:33;
388:15*; 394:34; 395:34; 399:14; 401:15;
402:24; 431:5; 439:25   (11)
[15]   KS-423:10; 457:10
16   KS-315:28; 382:22; 402:25; 439:29;
460:16
[16]   KS-459:29
16-36   E:VAR-293:4*
17   E:V-187:36; E:AB-287:17; KS-401:1;
419:17; 439:35; 454:5
[17]   KS-460:1
17ten   KS-459:26
18   E:V-187:36; KS-453:19; 455:23;
459:15
[18]   KS-460:24
18me   E:AB-286:6

19   KS-456:24
20   E: AB-286: 34; E: VAR-292: 23*; KS-396:23; 398:15; 400:24; 417:25; 435:34; 436:8; 447:25
22   E:VAR-292:30*; KS-395:10; 422:4
23   E: AB-289: 35; E: VAR-292: 30*; KS-320:33
24   E:VAR-292:30*; KS-419:9; 460:15
25   E: K-11: 33; KS-391: 16; 451: 17, 21; 452:23; 454:16; 455:10,22; 456:20
26   KS-455:10
27   KS-404: 11; 406: 3; 424: 13; 443: 33; 455:10
28   KS-400: 2; 405: 12; 411: 21; 424: 12, 17; 433:2
29   KS-424:16
30   E: K-11: 34; E: AN-279: 36; E: AB-287:4; E:VAR-293:4*; KS-393:27; 400:36; 401:2; 424:19; 449:1
31   KS-445:23
34   KS-456:24
36   KS-436:32; 459:28
37   KS-433:3
42   KS-432:28
43   KS-396:35
50   E:AN-279:30; KS-395:6; 397:32
52   E:AB-287:2
56   KS-426:3
60   E: AN-279: 36; E: AB-285: 22; KS-382:22
71   KS-424:28
72   KS-451: 28; 452: 6; 459: 31; 460: 6,9, 22
77   KS-460:12
79   KS-460:11
93   KS-424:18
97   KS-433:10
100   E:K-26:6,27; KS-431:14
135   KS-414:26
139   KS-372:2
155   KS-422:10
191   KS-398:2
200   E:AB-291:3
240   KS-400:24
300   KS-334:23
400   KS-397:2; 398:3
430   KS-397:3
1000   E:AB-291:2
1560   E:AB-288:21
1608   E:AB-288:7
1647   E:E-144:3
1700   KS-397:5
1740   E:AB-288:15

1776   E:AB-287:11
1788   E:AN-271:32
1790   KS-395:31
1792   E:AN-278:12
1793   E:AN-274:24
1795   E:V-168:38
1800   KS-315:28
1801   E:AN-277:13; KS-338:29
1802   E:AN-274:26
1803   E:V-161:27; E:AN-277:17; 279:5; E:AB-287:4; 288:2; KS-443:14
1805   KS-350:21,22; 373:27
1806   KS-367:20; 443:9
1807   E:V-195:13
1808   E: AB-285: 20; KS-443: 23, 33; 446:10; 447:24
1809   E:AB-283:3; 286:7,26; KS-419:5; 433:11
1810   E: AB-283:4; KS-335: 34; 386: 29; 387:37; 388:15*; 391:16; 394:34; 395:10; 417:25; 434:16; 437:25; 440:14; 451:17; 452:13; 453:22; 454:16; 459:26   (17)
[1810]   KS-395:16; 404:11; 408:3; 411:21
1810/1811   KS-383:2
1811   KS-407: 29; 422: 5; 457: 22, 31; 458:26; 459:10; 460:7
2000   KS-368:25
3000   KS-371:21,31; 372:6
3200   KS-411:14
4500   KS-397:7
10000   KS-399:32
20000   E:M-143:15; E:Z-233:35; 234:12
30000   E:V-161:28

Sonderzeichen